KB000396

대당제국과 그 유산

—호한통합과 다민족국가의 형성—

석학人文강좌 57

대당제국과 그 유산
―호한통합과 다민족국가의 형성―

초판 1쇄 발행 2015년 5월 11일
초판 2쇄 발행 2016년 9월 30일
지은이 박한제
펴낸이 이방원
편 집 안효희·김명희·이윤석·강윤경·김민균·윤원진
디자인 박선옥·손경화
마케팅 최성수
펴낸곳 세창출판사
출판신고 1990년 10월 8일 제300-1990-63호
주소 03735 서울시 서대문구 경기대로 88 냉천빌딩 4층
전화 723-8660
팩스 720-4579
이메일 sc1992@empal.com
홈페이지 http://www.sechangpub.co.kr

ISBN 978-89-8411-523-1 04910
　　　978-89-8411-350-3(세트)

ⓒ 박한제, 2015

_ 이 책에 실린 글의 무단 전재와 복제를 금합니다.
_ 책 값은 뒤표지에 있습니다.

이 도서의 국립중앙도서관 출판시도서목록(CIP)은 서지정보유통지원시스템 홈페이지(http://seoji.nl.go.kr)와
국가자료공동목록시스템(http://www.nl.go.kr/kolisnet)에서 이용하실 수 있습니다. (CIP제어번호: CIP2015012682)

석학
人文
강좌
57

대당제국과 그 유산

─호한통합과 다민족국가의 형성─

박한제 지음

세창출판사

이 책은 한국연구재단이 주관한 '석학과 함께하는 인문강좌(제6기)'에서 2013년 8월 31일부터 9월 28일까지 4회에 걸쳐 「유목민족의 중원진입과 대당제국의 출현 -호한복합사회와 그 유산-」이란 제목으로 강연한 내용을 수정·보완한 것이다. 이 책은 '석학'과는 먼 거리에 있던 필자가 현재 우리나라 사람들이 중국에 갖는 다대한 관심과 의문에 대해 조금이나마 기여를 할 수 있을지도 모른다는 생각에서 강단에 서게 되었던 만용의 결과물이다.

이 책의 키워드는 '유목민족'과 '대당제국', 그리고 '현대중국' 세 가지다. 왜 '유목민족'과 '대당제국'을 주제로 잡게 된 것인가? 그것은 필자가 20대에 이 문제에 관심을 가진 이후 60대 후반인 지금까지 학문인생 대부분의 시간 동안 이와 관련된 책을 읽고, 생각하고, 글을 써왔기 때문이다. 아울러 '현대중국'이란 키워드도 역사는 과거를 주로 다루지만, 역사학자라면 현재와 미래를 염두에 두지 않을 수 없는 것이기 때문이다.

필자는 '대당제국' 이 네 글자를 이해하고 그 의미를 찾기 위해 40여 년을 연구실에서 보냈다. 처음부터 이 문제가 매혹적이어서 달려들었던 것은 아니었다. 1960년대 말에서 70년대 초에 걸쳐 대학을 다녔던 필자는 반정부 데모 학생들이 어지럽게 던지는 돌멩이들과 진압 경찰이 쏘아올린 자욱한 포연 속에서도 조국의 현실과 장래에 대한 걱정보다는 당장 학부 졸업논문으로 무엇을 쓸까를 더 고민하고 있었다. 그 현실이 어찌 역겹지 않았겠느냐마는 목구멍이 포도청이라 무슨 수를 쓰더라도 대학은 제때에 졸업해야 한다는 개인적인 구차함이 훨씬 더 절실하였기 때문이다. 논문 제목 신고

마감은 다가오는데 어떤 주제가 논문거리가 될 수 있는지를 파악할 능력조차 없던 필자에게 어느 선배가 던진 말 한마디가 평생의 일거리가 될 줄은 당시에는 전혀 예상하지도 못하였다.

인생이란 미리 정한 궤도를 따라가는 것이 아니라 참으로 작은 우연에서 시작된다는 것을 70년 가까이 살아보니 새삼 확신하게 되었다. 당(唐), 그것은 고구려·백제를 멸망시킨, 그래서 한국 사람들에게 별로 좋은 인상으로 남아 있지 않은 중국왕조 이름이다. 연구할 가치가 있어서, 또 재미있어서 이것에만 매달린 것도 아니었다. 나와 같은 범용한 역사학도에겐 그런 말은 가당치 않다. 그리고 사명감이 있어서 하나의 주제를 파기 위해서 평생을 투여한 것은 더욱 아니었다. 그럭저럭 하다보면 재미도 생기고, 다른 것보다 중요한 것같이 느껴졌고, 간혹은 이것을 만나지 않았더라면 어떠했을까 하는 망상도 하게 되었다.

학부 졸업논문으로 당송팔대가의 한 사람인 한유(韓愈)의 '배불론(排佛論)'을 다루게 되었다. 그야말로 '통과의례용' 논문을 제출하고는 어디 쥐구멍이라도 찾고 싶었다. 어쩌다 학문을 직업으로 삼게 되었고, 조교로 근무하던 시절, 혹시나 누군가 눈여겨볼까봐 학과 졸업논문 보관함에서 빼내어 자취집 작은 합판 책상서랍 제일 밑바닥에 비밀리 넣으면서 200자 원고지 83매의 초라하기 그지없는 그 글을 쓰던 때의 천박과 무식을 다시 한 번 절감하였다. 그래도 젊은 날의 초상의 한 편린이라 아직도 서재 캐비닛에 몰래 간직해 두고 있다. 그래도 성과라면 상당기간 중국 한족들에게 불교란 오랑캐 [夷族]의 종교요, 한족에게 오랑캐 혹은 오랑캐에 관련된 것이란 언제나 모조리 무시되고, 퇴출되어야 할 그 무엇이라는 사실을 깨닫게 되었다는 점이다.

'백의(白衣)'처럼 순결한 하나의 민족이 한 나라를 구성해야 한다는 의식에 젖어 있던 필자가 이 방면의 공부를 하면서 가졌던 최대의 의문은 현재의 중국이 한족만의 나라도 아닐 뿐만 아니라, 한족들이 이전에 '(동)물'처럼 멸시했던 오랑캐의 후손들과 함께 나라를 꾸려가고 있는 잡스럽기 그지없는 나라였다는 사실이다. 더구나 한족도 요·순 임금의 고결한 피를 받은 '화하족(華夏族)'의 후손들이 아니라 90여 개의 종족들이 합쳐진 잡종이며, 지금도 중국에는 공식적으로 55개의 소수민족, 공인받지 못한 400여 개의 군소종족들이 한족과 함께 살아가고 있는 이른바 다민족국가(多民族國家)라는 막중한 사실이다. 중국은 어느 한 민족만의 중국이 아니요, 우리가 이해하기 어려울 정도로 많은 민족들의 중국이라는 것이었다. 나뿐만이 아니라 우리는 너무 단일민족의 신화에 갇혀 살아왔다. 물론 민족국가가 갖는 장점도 많지만 고질적인 병폐도 당연히 있다. 대한민국보다는 한민족, 국가보다는 지방, 정의보다는 사리, 타협보다는 아집, 평화보다는 투쟁, 법보다는 온정을 우선에 두는 한국인이 가장 위대한 민족인 것처럼 알며 살아온 것도 이 때문일지 모른다. 사실 유엔 회원국 193개국 가운데 하나의 민족이 전체 인구의 절대다수(90% 이상)를 차지하는 이른바 '단일민족국가(Nation State)'는 이집트·한국·일본 등 대략 20개국에 불과하다는 사실은 어느 쪽이 대세이고, 어느 것이 정상인 것인지 곰곰이 생각해보게 한다.

바다에 겨우 떠 있는 불모의 돌섬 하나를 지키고 뺏기 위해 섬 주변의 여러 나라들이 모든 국력을 쏟아붓고, 최고 통치자들끼리 얼굴을 붉히는 이 각박한 시대에, 없는 것을 오히려 찾기 힘든 저 지대물박(地大物博)한 나라와 G2라는 엄청난 국력! 우리나라의 영토는 역사를 거듭할수록 작아지기만 하다가 그마저 두 동강이 나 있는데, 중국은 기하급수적으로 커나가기만 했고, 재중동포[朝鮮族]는 왜 피를 나눈 부모 형제들이 살고 있는 한반도보다 중국에 그 정체성을 두고 있는가라는 의문은 아직도 나의 뇌리에 달라붙어 떨어질 줄 모르고 있다. 또한 "중국은 구소련처럼 분열할 것인가"라는 희망 섞인 질문을 받을 때마다, 솔직히 그것은 우리들의 헛된 욕망에 불과하다고밖에 대답할 수 없는 그런 중국! 국경을 맞대고 이웃해 살면서도 나의 조국과 너무도 이질적인 제국 중국! 어쩌면 이런 유치하고 너절한 의문과 생각들이 40여 년 간이나 필자를 3-10세기 중국의 역사에만 매달리게 했던 것이다.

번식력이 아무리 월등한 종족도 동질성만을 고집하고 강조해서는 커지는 데에 한계가 있을 수밖에 없다는, 이처럼 극히 초보적이고 간단한 사실이 나의 평생 공부의 결론이다. '제국'은 황제국의 약자이지만, 최고 권력자가 '황제'라는 호칭을 칭하고 독자적인 연호를 쓴다고 해서 이룩되는 것은 아니다. 진정한 의미의 제국은 그 국가의 운영이, 그리고 국민의 사고와 행동이 '제국주의적'이어야 한다. 제국의 표피적이고 초보적인 정의는 '다민족 공존의 무대'이고, '각종 인종들을 하나로 만드는 용광로(Melting Pot)'라는 것이다. 중국의 역사에서 이런 '무대'와 '용광로'라는 이름에 가장 걸맞은 왕조를 찾는다면 바로 당나라다. 아무리 이질적인 것이라도 앞을 내다보고 한 번 더 돌아보고, 더 나아가 포용했던 나라다. 그래서 '대당제국'이라 불리는 것은 합당하다 여겨진다. 그럴 수 있는 능력은 말처럼 그리 쉽게 획득될 수 있는 것이 아니며 그런 능력을 획득하는 데는 당 이전 대륙 북반부를 살았던 중국인에게는 짧게 잡아도 300여 년의 모순과 갈등이 점철된 세월을 보내어야 했다. 반목과 질시로 점철된 이 고단한 세월 동안 공존을 위해 앞장서 고민하고, 타협과 화해를 위해 혼신의 힘을 쏟았던 영도자들은 한족들에게 오랫동안 사람으로 대접받지 못했던 오랑캐 출신의 영웅들이었다. 그들은 한족 출신처럼 매사에 세련되지는 않았지만 그래도 대당제국을 탄생시킨 영웅이었던 것만은 부정할 수 없다. 이 책은 그들이 제국을 건설하기 위해 쏟았던 열정과 숱한 고난에 대한 극히 초보적인 기록이다. 아울러 그들이 건설하고자 소망했던 제국의 모습과 그들이 남긴 유산이 현대중국을 만드는 데 어떤 면에, 어느 정도 기여했는가 하는 필자 나름의 참으로 엉성한 탐색의 성과가 바로 이 책이다.

이 책을 내는 데 특히 감사해야 할 분들이 있다. 제6기 「석학과 함께하는 인문강좌」 강연자로서 서울역사박물관 대강당에 필자를 서게 주선해주신 서울대 명예교수 권영민 선생과 토론을 맡아주신 김택민·이평래 선생에게 우선 깊은 사의를 표하고 싶다. 그리고 서양사와 현대중국에 대한 유익한 지식을 제공한 김덕수·유용태(이상 서울대 역사교육과)·조영남(서울대 국제대학원) 교수에게 감사를 드리고 싶다. 한편 이 책의 원고를 일독하고 스승의 주장을 감히 바로잡아 주기를 주저하지 않았던 한림대학교 최재영 교수와 주석 하나하나까지 일일이 확인해 준 서울대학교 유종수 석사 그리고 지도 그래픽 작업을 해주신 다큐멘터리 작가 윤태옥 선생에게도 고마움을 전하고 싶다. 또 이 책을 이 정도의 품위를 갖도록 꾸며 준 세창출판사 안효희 선생을 비롯한 편집부 여러분에게 치사하고 싶다. 아울러 한국연구재단 관계자 여러분, 그리고 500여 석의 자리를 꽉 메우기 위해 경향 각지에서 왕림하신 청강자 여러분에게 겉치레가 아닌 진정에서 우러난 고마움을 표하고자 한다.

끝으로 사사로운 일 한 가지를 첨가하자고 한다. 이 보잘것없는 책을 어머니의 영전에 바치고자 하기 때문이다. 이 책을 집필하는 동안 어머니는 노환을 앓으면서도 이 막내아들을 방해할까봐 고향에 가실 것을 고집하셨다. 지난 3월 31일 새벽 마지막 교정이 끝난 시간 전화벨이 울렸고 어머니의 부음을 듣게 되었다. 이제 염려 놓으시고 이 책 들고 꽃길 따라 '그 강'을 건너 반갑게 아버지를 만나시기를 기원한다.

2015. 4. 3.
관악산 아래 일청서실에서 박한제

차례

제 2 장 | 호한융합과 대당제국의 탄생

제 3 장 | 대당제국의 경영과 통치술

제 4 장 | 책을 끝내면서

제 1 장

—

대당제국의 실체와 외국인

I. 대당제국의 실체

1. 제국으로서의 당왕조

중국의 위진남북조(魏晋南北朝: 220-589)라는 400년 가까운 시대(정확하게는 370년)는 크게 보아 '대당제국의 형성사'였다고 할 수 있다.[01] 그리고 대당제국의 가장 큰 특징은 기왕처럼 신귀족제사회(新貴族制社會) 혹은 고대사회(古代社會)의 완성기로 볼 것만이 아니라, '호한통합(胡漢統合)'의 '세계제국(World Empire)'으로 보아야 한다. '대당제국'은 중국의 역사 전개에 중요한 역할을 수행했고, 현재 중국인에게 어느 왕조보다 사랑받는 왕조이지만 실상을 들여다보면 호족색(胡族色)이 짙은 왕조였다. 당나라 시대[이하에서는 '당대']를 제대로 이해하기 위해서는 당대 사회 전반에 배어 있는 오랑캐, 유목민족, 즉 '호(胡)'라는 인소를 무시하거나 가볍게 여겨서는 불가능하다. 그런데 이 부분을 연구하는 데 참 난관이 많다. 위진남북조-수당시대를 살았던 사람들이 남긴 진술 사료 가운데 '호'측이 남긴 것은 거의 없다는 엄중한 사실이 이 시대에 대한 정확한 실상을 이해하는 데 어려움을 주기 때문이다. 이 시대에 대한 기술은 당연히 인구 구성상 대부분을 차지하고, 또 문자를 장악한 한족(漢族) 문인·역사가들이 남긴 것뿐이다. 예컨대 몽골 쿠빌라이 정권이 성립한 1260년대 이후 몽골역사에 대한 해석은 한문사료를 중심으로 하는 연구와 무슬림 측 사료를 중심으로 하는 연구로 나누어져 있어, 작금에는 양

01　谷川道雄 교수는 그의 대작, 『隋唐帝國形成史論』(東京: 筑摩書房, 1971)에서 위진남북조시대는 대당제국의 형성사였으며, 그의 '共同體' 이론에 입각하여 '新貴族制'사회를 만들어내기 위한 시기로 보았다.

측 사료를 종횡으로 대조하여 일방적인 입장을 넘어선 연구들이 쏟아져 나오고 있다.[02] 그러나 필자가 연구하는 시대의 경우, 호족에 대한 편견과 멸시의 입장에 서서 서술한 한문사료에만 오롯이 의존할 수밖에 없다. 이분법적인 한계를 넘어 거시적인 관점을 제시할 수가 없기 때문에, 당연히 이 시대에 대한 그간의 연구는 심한 왜곡을 피할 길이 없었다. 필자의 연구는 가물에 콩 나듯이, 그리고 뜬금없이 불쑥 털어놓은 말들에서라도 의미를 찾고 그 실상을 복원하지 않으면 안 되었다.

이런 사정으로 당나라는 많은 사람들에게 한족이 세운 완벽한 정통국가로 여겨져 왔다. 당 태종도 중국의 어느 황제보다 더 한족적인 황제로 묘사되고 있다. 그러나 당시 서·북방 유목민족들은 당왕조를 '타부카치(Tabugach)', 즉 '탁발(拓跋)'이라고 불렀다. 즉 선비족(鮮卑族)의 일파였던 탁발이라는 종족이 세운 국가라는 것이다.[03] 중·고등학교 세계사 교과서를 보면 오호십육국 이후 만리장성[塞] 내로 진입한 유목민족들은 모두 한화(漢化)되었다고 대개 기록되어 있다. 그래서 그들은 약탈만을 일삼는 무문화의 야만인이라고 여겨지고 있다. 사실대로 이야기하자면 호인들이 일부 한화되기도 하였지만, 한인 또한 호화(胡化)되었으며, 종국에 가서는 양자가 '중국화', 더 정확하게 말하자면 '중화화(中華化)'되었다고 필자는 생각한다. 그런 면에서 호인의 한족화과정은 또한 한족의 호인화과정이기도 하다. 이를 '쌍방이 동질체가 되기 위해 서로 소용돌이치면서 뒤섞이는 방식'[04] 이라 할 수 있다.

02 김호동, 「몽골제국의 세계정복과 지배: 거시적 시론」, 『歷史學報』 217, 2013, p.85.
03 杉山正明은 "鮮卑 拓跋部를 축으로 형성된 代國−北魏−東魏−西魏−北齊−北周−隋−唐은 中華風의 왕조명을 띠었지만 실체는 '拓跋國家'라 불러도 좋을 국가·정권이었다. 匈奴 이래 遊牧系 武人의 전통·체질이 짙어 中華帝國의 典型이라 여겨지는 唐朝마저 '異族'이 만든 新中華'였다. 6인의 권력자가 그 밑에 배치된 4인의 영수들(關隴集團)이 바로 '오구즈·카간의 전설'의 先行者였다."라 했다(『モンゴル帝國と長いその後(興亡の世界史09)』, 東京: 講談社, 2008, pp.90−91) 또 森安孝夫는 北魏에서 隋唐까지를 '拓跋國家'라 했다(『シルクロードと唐帝國(興亡の世界史05)』, 東京: 講談社, 2007, p.53).
04 余秋雨, 『尋覓中華』, 北京:作家出版社, 2008, p.179. 「我的理論概括, 兩者構成了一個'雙向同體過旋互

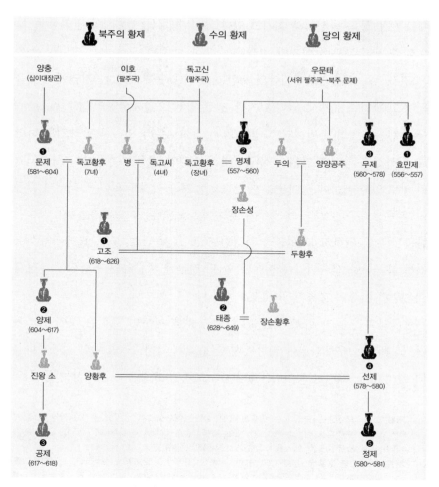

북주의 황제   수의 황제   당의 황제

양충
(십이대장군)

이호
(팔주국)

독고신
(팔주국)

우문태
(서위 팔주국 →북주 문제)

❶
문제
(581~604)

독고황후
(7녀)

병

독고씨
(4녀)

독고황후
(장녀)

❷
명제
(557~560)

두의

양양공주

❸
무제
(560~578)

❶
효민제
(556~557)

장손성

❶
고조
(618~626)

두황후

❷
양제
(604~617)

❷
태종
(628~649)

장손황후

❹
선제
(578~580)

진왕 소

양황후

공제
(617~618)

❸

정제
(580~581)

❺

도판 01 | 關隴集團의 家系와 婚姻圖(윤태옥 작도)

　이 책의 주제가 되는 '대당제국'을 건설한 주역은 혈통으로 보나 문화로
보나 호족색이 농후한 사람들이었다. 오호십육국−북조의 주도자가 호족이
라는 것을 인정하지 않는 사람이 없지만, 수나라부터 당나라까지 모든 황

生'的交融模式」

제는 모두 한족 출신이라 여기고 있다. 사실 황제들이 통치의 편의상 '한족'
으로 모칭한 부분이 있지만 그들은 순수한 한족은 아니었다. 수나라 양씨
는 경조(京兆) 화음(華陰), 지금의 서안(西安: 시안) 동부에 있는 지역에 본관을
둔 최고의 한족 문벌로 되어 있지만, 같은 양씨로 일족이었던 양소(楊素)는[05]
당시 산동지역의 문벌이었던 청하(淸河) 최씨로부터 멸시를 당하기도 하였
다.[06] 사실 수황실의 양씨는 북주시대 호족성인 '보육여(普六茹)'로 사성되었
던 적도 있기 때문에,[07] 이들을 이민족으로 보는 학자도 있다.[08] 더구나 그들
의 혼족(婚族)을 보면 거의 모두가 호족이었음을 알 수 있다[도판 01]. 그들이
한족 성씨를 칭하고 그 혈통을 가장한 것은 '국가 만들기(State Formation)'[09]를
위한 불가피한 선택이었을 뿐이다. 이런 점들을 계산하면 수황실이나 당황
실은 70% 이상이 호족의 피였다.

중국문화는 호와 한이 씨줄[縱]과 날줄[橫]을 이루며 형성된 것이라고 본
다. 그 비중을 수량화한다면 당연히 중국 고래 화하족(華夏族)의 전통문화가
더 큰 비중을 차지할 것이다. 그렇다고 호적인 요소를 무시해서는 중국 역

---

05 『隋書』(이하 중국 正史는 모두 北京: 中華書局에서 발행한 標點校勘本 『廿五史』를 사용하였다) 卷48 楊
素傳, p.1281, 「楊素字處道, 弘農華陰人也. 祖暄, 魏輔國將軍 · 諫議大夫. 父敷, 周汾州刺史, 沒於齊. 素
少落拓, 有大志, 不拘小節, 世人多未之知, 唯從叔祖魏尙書僕射寬深異之. …」

06 『隋書』卷76 文學 崔儦, pp.1733-1734, 「崔儦, …淸河武城人也. …世爲著姓. 儦年十六, 太守請爲功曹,
不就. 少與范陽盧思道 · 隴西辛德源同志友善. …越國公楊素時方貴倖, 重儦門地, 爲子玄縱娶其女爲
妻. 聘禮甚厚. 親迎之始, 公卿滿座, 素令騎迎儦, 儦故敝其衣冠, 騎驢而至. 素推令上座, 儦有輕素之色,
禮甚倨, 言又不遜. 素忿然拂衣而起, 竟罷座. 後數日, 儦方來謝, 素待之如初.」

07 『周書』卷19 楊忠傳, p.317, 「魏恭帝初, 賜姓普六茹氏」; 『北史』卷75 楊尙希傳 p.2579, 「文帝貴之, 賜姓
普六茹氏」; 『隋書』卷1 高祖紀上, p.2, 「齊王憲言於帝曰: "普六茹堅相貌非常, 臣每見之, 不覺自失. …"」;
(淸)趙翼, 『廿二史箚記』(王樹民 校證, 『廿二史箚記校證』, 北京: 中華書局, 1984) 卷28 「金末賜姓之例」,
p.637, 「如楊忠賜姓普六茹氏, 趙貴賜姓乙弗氏, 寇和賜姓若引氏, …. 其有倚爲腹心者, 則賜以皇族之
姓.」

08 王永興, 「楊隋氏族」, 『王永興說隋唐』(上海: 上海科學技術出版社, 2009), p.37, 「『魏書』卷一一三『官氏
志』在神元皇帝時餘部諸姓內入者中有普陋茹氏當卽『周書 · 楊忠傳』之普六如氏.」

09 후대 元 世祖 쿠빌라이가 유목방식을 약화시키고 중국방식을 도입한 것을 이렇게 이해했다(Timothy
Brook, The Troubled Empire in the Yuan and Ming Dynasties, Cambridge: The Belknap of Harvard
University Press, 2010, p.82).

사가, 아니 중국 자체가 제대로 이해되지 않을 뿐더러, 더군다나 우리가 그런 입장에 서야 할 아무런 이유도 없는 것이다. 최근 중국학계에서는 이전과는 다른 입장의, 보다 진보적인 견해들이 보이고 있다. 먼저 『오호흥화(五胡興華)』[10]라는 제목의 책이고, 다른 하나는 『또 다른 반쪽의 중국사(另一半中國史: The Other Half of China History)』[11]라는 책이다. 앞 책은 오호가 중국에 진입함으로써 중화제국과 중국문화를 혼란에 빠뜨렸다는 전통적인 역사관, 즉 '오호난화(五胡亂華)'[12]라는 전통사가들의 주장을 반대하는 입장의 것이고, 뒷 책은 호족, 즉 소수민족의 전신이 한족과 함께 중국 역사전개에 있어서 절반의 역할을 하였다는, 다시 말하면, 중국역사를 형성하는 데 기여한 두 주역 중 하나라는 주장을 담은 것이다.

필자가 중국의 민족문제, 그리고 위진남북조–수당시대에 일어난 여러 문제들을 해석하고 분석하는 방법으로 제시한 학설이 '호한체제(胡漢體制: Sino-Barbarian Synthesis)'이다. 호한체제란 필자의 첫 저서인 『중국중세호한체제연구』의 서언에서 밝혔듯이 중국 중원에서 호와 한, 즉 '유목적'인 것과 '농경적'인 것의 만남 이후 일어난 각종의 상호관계를 뜻한다. '체제'라는 용어에 대해 간혹 오해한 경우가 있었지만, 협의의 정치체제나 제도만을 지칭하는 것이 아니다. 정치체제 내지 제도가 여기에 당연히 포함되지만, 그것을 포

---

10 劉學銚, 『五胡興華–形塑中國歷史的異族–』, 臺北: 知書房, 2004.

11 高洪雷, 『另一半中國史(The Other Half of China History)』, 北京: 文化藝術出版社, 2012.

12 이 당시의 상황을 "四夷亂華"(『晉書』 卷56 江統傳, p.1529), "夷狄亂華"(『晉書』 卷56 江統傳, p.1534) 혹은 "戎狄亂華"(『晉書』 卷86 張祚傳, p.2246)라고 표기하는 것이 일반적이었다. 중국 正史에서 "五胡亂華"라는 표현이 가장 먼저 나오는 것은 『舊唐書』 卷29 音樂志2 "八音之屬"條의 기록이다(pp.1074-1075, 「八音之屬, 協於八節. …簏, 吹孔有觜如酸棗, 橫笛, 小簏 也. 漢靈帝好胡笛, 五胡亂華, 石遵玩之不絕音.」) 그보다 앞서 (梁)釋僧祐 撰, 『弘明集』(臺北: 臺灣中華書局, 1965) 卷11 (宋)何尚之, 「答宋文帝讚揚佛教事」條 pp.11-12에 「前史稱西域之俗, 皆奉佛敬法, 故大國之衆數萬小國數百, 而終不相兼并內屬之後習俗頗弊, 猶甚淳弱罕行殺伐. 又五胡亂華已來, 生民塗炭冤橫死亡者, 不可勝數」라 한 데서 처음으로 나타난다.

함해서 호한 양 종족이 한 지역·한 통치체제 내에서 병존하여 하나의 문화체제를 형성해 가면서 충돌·반목·융합하는, 즉 호한문제를 기축으로 돌아갔던 모든 사회현상들을 '호한체제'라는 말로 표현한 것이었다. '체제'의 영역(英譯)으로 'Synthesis'라 쓴 까닭은 호와 한이 양립하는 이중체제적 단계를 벗어나서 그것을 초극한, 즉 호적 체제와 한적 체제가 융합되어 나타난 그 다음 단계의 모습을 찾는 것을 연구의 가장 중심적이고 궁극적인 과제로 삼았기 때문이다.[13] 이것은 비트포겔(K. A. Wittfogel)과 풍가승(馮家昇: 펑지아성)이 제시한 '제3형태(문화)(Third Culture)'만을[14] 의미하는 것은 아니다.

이 학설을 처음 제시한 것이 1980년대 초반이었으니 이미 30년이 넘었다. 그러나 '한'의 개념 자체도 규정하기 힘들지만, '호'란 무엇인가를 정의하기는 더 어려운 문제이며, 호한체제의 실상을 열거하는 일도 아직 초보단계이다. 유목민족이란 그들의 생활·활동공간인 초원처럼 단순하게 규정되는 것이 아니고 다양한 형태를 띤다. '호'란 단어의 의미는 시대와 지역에 따라 다르다. 대체로 보면 전한시대까지는 흉노를 가리켜 '호'라 하였고, 오호십육국시대에는 흉노·선비·저(氐)·강(羌)·갈(羯)이 '오호'로 지칭되듯이 중국 북방-서북방의 초원지대에 걸쳐 활동하던 유목민족들을 가리켰다. 후한시대부터 소그드인을 비롯한 '서역인'을 호라 지칭하는 경향도 나타난다. 위진남북조시대에는 유목민 전반을 의미하는 쪽이 우세하였지만, 수당시대에는 특히 서역의 오아시스 도시국가 사람을 지칭하는 쪽이 대세였다. 아울러 간혹은 돌궐(突厥)·위구르(回紇·回鶻)를 '호'라 부르기도 했다. 이런 현상을 볼 때 각 시대 각 지역에 따라 '호'의 의미가 다양하게 사용되었음을 알 수 있

---

13 朴漢濟, 『中國中世胡漢體制研究』(서울: 一潮閣, 1988) 序文.
14 K. A. Wittfogel & Fêng, Chia-Sheng, *History of Chinese Society; Liao 907-1125*, Philadelphia: The American Philosophical Society, 1949의 Introduction, pp.4-14.

다. '호'의 가장 유효한 의미는 중국에 강한 충격을 준 서북방 출신의 외인(外人)·이국인이라는 의미일 것이다.[15] 아울러 '호한'이라는 용어의 문제인데, '호한' 혹은 '한호'처럼 글자의 선후가 그 역할의 주·부(主·副)를 나타내는 것은 아니다.[16] 호한이라는 용어는 이미 『후한서』에서 사료용어로서 초출한 후,[17] 『삼국지』와 『수경주』 등에 쓰이기도 하였지만,[18] 이후 그리 자주 쓰이지는 않았다.[19] 그러나 근래 중국학자들이 학술용어로서 애용할[20] 뿐만 아니라 동아시아 한자권 나라에서 널리 통용되고 있다.

당왕조(618-907)를 통상 '대당제국(大唐帝國)'이라 부른다. 먼저 대당제국이란 명칭부터 풀이하는 것이 순서인 것 같다. 당왕조가 중국사에 가지는 비중이나 의미를 따져 보면 사실 '대당제국'이라 불러도 마땅해 보인다. 당왕조가 중국 역사 전개과정에서 가지는 비중도 그러하지만, 진정한 의미의 '제국(Empire)'이라는 단어에도 적합한 왕조였다고 보이기 때문이다. 당왕조는 289년 간 지속된 중국 통일왕조 중의 하나이다. 당이란 명칭은 대당제국의 창업자인 고조(高祖) 이연(李淵)의 부친인 이병(李昞)이 북주(北周: 555-581)의

15　森安孝夫, 『シルクロードと唐帝國』, p.188.

16　胡漢은 영어로는 "Sino-Barbarian"이라 하는 데 반해 '漢胡'라고 하지 않고, '胡漢'이라 하는 것은 음운상의 문제로 보인다.

17　『後漢書』 卷73 公孫瓚傳, p.2363, 「劉虞從事漁陽鮮于輔等, 合率州兵, 欲共報瓚. 輔以燕國閻柔素有恩信, 推爲烏桓司馬. 柔招誘胡漢數萬人, 與瓚所置漁陽太守鄒丹戰于潞北, 斬丹等四千餘級.」

18　『三國志』 卷30 魏書 東夷傳濊, p.848, 「濊 … 今朝鮮之東皆其地也. 戶二萬. …陳勝等起, 天下叛秦, 燕·齊·趙民避地朝鮮數萬口, 燕人衛滿, 魋結夷服, 復來王之. 漢武帝伐滅朝鮮, 分其地爲四郡. 自是之後, 胡漢稍別, 無大君長, 自漢已來, 其官有侯邑君·三老, 統主下戶」; 『水經注』(臺北: 臺灣世界書局, 1970) 卷3 河水, 「又南過土軍縣西」條, p.38, 「吐京郡治故城, 卽土軍縣之故城也. 胡漢譯言, 音爲訛變矣.」

19　오히려 佛典에서 자주 사용되었다[(宋)贊寧等撰, 『宋高僧傳』(『大正新修大藏經』 第50卷 史傳部2, 東京: 大正一切經刊行會, 1927 所收) 卷17 護法篇 唐江陵府法明傳, p.813-3, 「胡漢交雜年代亦乖」; (梁)僧祐撰, 『出三藏記集』(『大正新修大藏經』第55卷 目錄部 所收) 卷13 傳上 竺叔蘭傳, p.98-2, 「善胡漢語及書」; p.98-3, 「旣學兼胡漢, 故譯義精允」

20　대표적인 학자가 陳寅恪이다. 그는 '胡漢分治'라는 용어를 사용하고 있다(萬繩楠 整理, 『陳寅恪魏晉南北朝史講錄』, 合肥: 黃山書社, 1987, 第七篇 「胡族的漢化與胡漢分治」).

창업공신으로 북주 무제(武帝) 보정(保定) 4년(564) 그 봉지(封地)를 당, 즉 현재 산서성(山西省) 성도(省都)인 태원(太原) 일대에 얻음과 동시에,[21] '당국공(唐國公)'이라는 작위를[22] 받은 데서 시작한다. 원(元)이 그 국호를 『주역(周易)』에서부터 글자의 의미[文義]로서 차용하기[23] 전까지, 중국 왕조의 명칭은 모두 그 창업자, 혹은 그 조상의 봉지의 이름에서 취하는 것이 원칙이었다. 산서성은 요도(堯都: 현재의 臨汾) 등이 있었듯이[24] 중국 역사상 가장 오랜 왕조의 발원지 중의 하나였다.

'제국'이란 무엇인가? 서양사에서 '제국'은 라틴어로 임페리움(Imperium), 영어로는 엠파이어(Empire)로 표현된다. 흔히 '제국'이라고 하면 근대의 '제국주의'를 연상한다. 그래서 제국이라면 "다른 나라의 영토를 직접적으로 점유해서 지배하거나 간접적인 방법으로 정치적·경제적 통제력을 행사하고 문화를 확산시키는 팽창정책 내지 그 지향을 실현한 국가" 혹은 "압도적인 힘을 통해 주변을 정복하여 광대한 영토를 보유하며, 주변의 어떠한 정치체제도 자기와 동등한 위치를 용납하지 않는 국가"를 의미한다. 그러나 제국이란 다양성과 이질성을 포용하고 동일성만을 고집하지 않는, 즉 '동화(同化)'

---

21 太原지역(정확하게는 山西省 翼城縣 남쪽)이 '唐'이란 명칭을 띤 것은 西周 武王이 殷(商)을 멸망시키고 나서, 그 次子이며 成王의 동생인 叔虞를 唐에다 봉한 데서 비롯되었다. 叔虞가 죽은 후에 그 아들 燮이 계위한 후[『太平寰宇記』(臺北: 文海出版社, 1980) 卷40 河東道1 幷州, p.326, 「按今州又爲唐國, 帝堯爲唐侯所封, …『帝王世紀』曰: 帝堯於唐, 又徙晉陽, … 又曰: …至周成王以封弟叔虞, 是爲晉侯」; p.331, 「故唐城在縣北二里, 堯所築, 唐叔虞之子燮父徙都之所也」] 그 땅에 晉水가 있기 때문에 唐國을 晉国이라 고쳤다. 이후 春秋시대 晉國의 기원이 된 것이다.
22 『周書』 卷5 武帝紀上 保定4年(564)9月 丁巳條, p.70, 「以柱國·衛國公直爲大司空, 封開府李昞爲唐國公(封開府李昞爲唐國公 … 太祖父昞封唐國公, 此唐有天下之號所自起也.)」
23 元에서부터 文義를 채용했다[『十二史箚記』 卷29 「元建國號始用文義」條, p.670, "三代以下建國號者, 多以國邑舊名. 王莽建號日新, 亦以初封新都侯故也. 公孫述建號成家, 亦以據成都起事也. 賨人李雄建號大成, 蓋亦襲述舊稱也. … 世祖至元八年, 因劉秉忠奏, 始建國號曰大元, 取'大哉乾元'之義, 國號取文義自此始. 其詔有曰: "…稱秦稱漢者, 著從初起之地名, 曰隋曰唐者, 卽因所封之爵邑, … 今特建國號曰大元, 取易經'乾元'之義云."」).
24 山西省에는 '堯都 臨汾' 외에도 '舜都 蒲坂' 그리고 '禹都 安邑'이 소재하고 있다.

보다는 '통합(統合)'에, '동의(同意)'보다는 '정의(正義)'를 지향하는 대국을 의미하기도 한다.[25] 이런 의미의 제국은 주변국의 외정에 간여할 뿐 내정에는 직접 간여하지 않는 경향이 있다. 그래서 제국을 "지배(영향)영역에 대한 통치적 메커니즘(제도, 조직, 인력, 정보 등)이 존재하지 않는 '네트워크형 통합질서'의 주재국가"로 규정되기도 한다.[26] 제국은 이처럼 다양한, 그리고 간혹은 상반된 의미를 가지고 있는 용어이다.

동양, 특히 한자문화권에서는 '제국'이란 '황제국(皇帝國)'의 약자이기 때문에 '황제가 다스리는 나라'이고, '황제'란 그가 획정한 세계에서 유일무이한 절대적 존재이다. 그러니 진시황의 진제국에서 선통제(宣統帝)가 마지막으로 퇴위한 청제국까지 모두가 '제국'이었다. 그러나 분열왕조의 경우 황제를 칭하더라도 대개 '제국'이라 부르지는 않고, 통일왕조라 하더라도 대외 영향력이 약한 송조나 명조의 경우 '대송제국' 혹은 '대명제국'이라 잘 칭하지는 않는다. 원제국은 제국이란 진정한 의미에서 가장 '세계제국적'이지만 '황제국'이라기보다 '몽골 칸국'으로 보는 것이 더 합당하다. 세력의 강함의 측면에서 보면 '진제국', '한제국', '당제국' 그리고 '청제국'이 제국이라는 이름에 합당한 것 같다. 누가 처음 불렀는지 알 수가 없지만, '대'라는 접두어를 붙인 것으로는 대진제국(大秦帝國), 대한제국(大漢帝國)보다 '대당제국(大唐帝國)', '대원제국(大元帝國), 대청제국(大清帝國)'이 우리들에게 보다 익숙해져 있다.

앞에서 '제국'이 두 가지 다른 의미를 지닌 단어라고 하였지만, 전근대시기에서 그것이 확장과 팽창을[27] 그 핵심어로 삼고 있는 곳은 한자문화권보다 서양이 아니었나 한다. 로마제국이 그러하였고, 대영제국이 그러하였기

---

25 木畑洋一 編, 『21世紀歷史學의 創造』, 東京: 有志舍, 2012, 總論「帝國と帝國主義」.
26 Hardi and Negri, *Empire*, Boston, Harvard University Press, 2000(윤수종 역, 『제국』, 서울: 이학사, 2001).
27 김택민, 「특별한 帝國 唐」, 『歷史學報』 217, 2013, p.37.

때문이다. '제국'은 간혹 '제국주의'와 동일시하면서 부정적으로 간주하곤 했다. 그러나 '제국'과 '제국주의'는 엄격히 구별하는 것이 현재 학계의 흐름이다. 세계 통합을 위한 "미래의 프로젝트로서의 제국"이라는 말이 제기되듯이[28] '제국'에 부정적 의미만 있는 것은 결코 아니다. '세계인의 통합의 중심', '이질성과 다양성의 공존무대', 혹은 '문명의 중심' 그리고 '세계질서의 주재자'라는 긍정적인 기능과 역할이 최근 강조되고 있다. 이런 의미를 갖는 제국으로 중국의 역대 왕조 가운데서 가장 잘 어울리는 것을 찾는다면 '대당제국'을 상기하는 것에 이의를 제기하는 자는 그리 많지 않을 것 같다.

이와 같이 다양한 의미를 가지는 '제국'은 지구상에서 수없이 명멸했다. 로마제국을 비롯하여 '비잔티움제국', '페르시아제국', '사라센제국', 그리고 '대영제국' 등이 그것들이다. 그 가운데 가장 표준적인 제국으로 드는 것은 뭐니 해도 고대의 로마제국이고, 근대의 대영제국이다. 대영제국도 비교의 의미가 있겠지만,[29] 대당제국의 비교대상은 역시 로마제국일 것이다. 로마제국이 어떤 제국이었느냐를 간단하게 상징할 수 있는 것은 다음과 같은 세 구절이 아닐까 한다. ① "로마는 하루아침에 이루어진 것이 아니다", ② "모든 길은 로마로 통한다", ③ "로마는 세 번(군대와 종교와 법으로) 세계를 통일(정복)하였다"[30]가 그것이다.

---

28 백영서, 「중국제국론의 동아시아적 의미: 비판적 중국연구의 모색」, 『第33次 中國學 國際學術會議 −主題: 帝國傳統과 大國化−』, 서울: 韓國中國學會, 2013, p.39.

29 19세기 프랑스 역사가 줄 미슐레는 "프랑스는 개인(person)이고, 독일은 민족(people)이며 잉글랜드는 제국(empire)이다"라고 말했다. 영국이 1차 대전 후 제국으로서 최대로 팽창하였을 때에는 전세계 지표의 1/4과 전세계 인구의 1/4인 5억 명을 제국 내에 포함하고 있었다고 한다(박지향, 『영국사 −보수와 개혁의 드라마−』, 서울: 까치, 1997, p.69).

30 독일의 법학자 루돌프 폰 예링(Rudolf von Jhering, 1818-1892)이 그의 저서 『로마법의 정신』[Geist des römischen Rechts auf den verschiedenen Stufen seiner Entwicklung, 1891(서울오 번역, 제1부 제5판, p.1)]에서 "로마는 세 번에 걸쳐 세계에 법칙을 부여했고, 세 번에 걸쳐 민족들을 통일했다. 첫 번째는 로마민족이 그 세력의 전성기를 누리고 있을 때 이룩한 국가의 통일이다. 두 번째는 로마민족이 이미 멸망한 후에 달성한 교회의 통일이다. 세 번째는 로마법의 계수(繼受)를 통하여 중세에 이룩한 법의 통일이다. 첫 번째

로마제국의 최대판도

지중해

도판 02 | 투라이누스 시기[30] 로마제국의 영토(위키 백과)

①은 로마제국의 형성과정을 말한 것이며, ②는 제국으로서 로마제국의 실상을 말한 것이며, ③은 로마제국의 성과와 유산을 말한 것이라고 정리할 수 있겠다. 다른 각도로 정리하면 ①은 제국('로마'라는 도시도)은 오랜 시간에 걸쳐 형성된다는 것이며, ②는 제국에는 사람과 물건 등 세계 모든 것들이 집중된다는 것이며, ③은 제국은 주변 지역을 물질적으로, 정신적으로 정복하여 그 유산을 후세에 전한 것이라고 할 수 있겠다.

"로마는 하루아침에 이루어진 것이 아니다." 잘 알다시피 로마는 라티움 지방의 한 도시국가로 시작되었지만, 오랜 시간에 걸쳐 이탈리아 반도, 시칠리아, 동·서 지중해로 팽창을 거듭해 대제국 로마를 건설했고, 지중해를 '우리의 바다(Mare Nostrum)'라 부를 수 있게 되었다. 아울러 로마의 종교, 법률, 아울러 제국의 중심 도시 로마 시가는 수백 년 동안 진행된 로마의 역사 발

가 무기의 힘을 통한 외적 강제에 의한 것이었다면, 나중의 두 번은 정신의 힘에 의한 것이다. 로마의 세계
사적 의미와 사명을 한마디로 요약한다면, 보편성의 사고를 통한 민족성 원칙의 극복이라 할 것이다.

전의 결과였다. 로마인들이 처음부터 일관되게 팽창주의 정책을 목표로 내걸고 끊임없이 제국적 팽창을 추구한 것도 아니고 점령지에 로마 문화를 일방적으로 강요한 것도 아니었지만,[31] 종국적으로는 후세 '제국'으로 통칭되는 강대국이 형성되어 가는 하나의 전형적인 과정과 그 모습을 보여준다고 하겠다.

"모든 길은 로마로 통한다.'[32] 로마가 가장 번성하던 시대[BC 27년-AD 476년; 좁게는 5현제의 '팍스 로마나'(Pax Romana: 96-180)시대][33] 로마의 도로(특히 군용도로)가 사통팔달로 열려진 상황을 말하는 것이다. 즉 제정로마시대에 유럽, 아프리카, 아시아로 통하는 모든 길들이 로마를 향하여 뚫려 있었기 때문이다.

"로마는 세 번 세계(여러 민족)를 통일시켰다." 먼저 무력에 의한 통일이다. 로마제국의 영토가 최대로 확대되었을 때는 이탈리아반도, 북부아프리카, 소아시아반도, 발칸반도, 히스파니아, 갈리아, 브리타니아, 게르마니아 일부, 시리아지방과 흑해연안에 이르는 지역이 모두 로마 군사력의 영향력 하에 두어졌다. 다음으로 로마 민족이 쇠퇴하기 시작한 후에 실현된 교회의

---

31 로마의 팽창과정에서 로마인들은 그리스문화의 영향을 더 받게 되어 그리스문화에 '정복'당했다는 자조적인 표현도 나왔고, 특히 그리스문화가 뿌리 내린 동지중해 세계에서는 그리스어가 여전히 공용어로 사용되어 문화적 정체성을 이어갔다. [김덕수, 「팍스 로마나(Pax Romana) 시대 지중해 세계의 언어들」, 『歷史學報』 210, 2011, pp.313-322.]

32 "모든 길은 로마로 통한다." 이 말은 17세기의 프랑스 시인이며 작가인 라 퐁텐(Jean de La Fontaine, 1621-1695)의 『우화』에 맨 처음 나온 것으로 알려져 있다(장 드 라 퐁텐, 『라 퐁텐 우화집(하)』, 민희식 역, 서울: 지식산업사, 2004, pp.418-421).

33 '팍스 로마나(Pax Romana)', 또는 '로마의 평화'는 로마제국이 전쟁을 통한 영토 확장을 최소화하면서 오랜 평화를 누렸던, 1세기와 2세기경의 시기를 지칭한다. 역사가들은 '팍스 로마나'라는 개념을 원용하여, 특정 강대국이 주도한 평화(간혹 폭력에 의한 강요이기도 하지만)가 등장하였을 때, 이와 유사한 신조어를 만들어냈다. '팍스 아메리카나(Pax Americana)', '팍스 아시리아카(Pax Assyriaca)', '팍스 브리타니카(Pax Britanica)', '팍스 자포니카(Pax Japonica)', '팍스 유로피아나(Pax Europeana)', '팍스 게르마니카(Pax Germanica)', '팍스 히스파니카(Pax Hispanica)', '팍스 미노이카(Pax Minoica)', '팍스 몽골리카(Pax Mongolica)', '팍스 오토마나(Pax Ottomana)', '팍스 시니카(Pax Sinica)', '팍스 시리아나(Pax Syriana)' 등이 그 예이다.

통일인데, 로마(서로마 제국)의 몰락 후 종교(그리스도교)에 의해 과거 지배영역의 사람들을 정신적으로 통일한 것이다. 끝으로 로마법의 계수를 통하여 중세에 이루어진 법의 통일이다.[34]

그러면 당왕조는 로마와 유사한 '보편성'을 갖는 제국이었던가? 아니면 그와는 별개인 '특별한' 제국이었던가? 사실 로마제국과 대당제국은 상이한 측면도 있지만 유사한 측면도 있다. 비교·검토할 부분은 다음과 같은 네 가지로 요약할 수 있다. 첫째, '황제정'의 문제이고, 둘째, '백성'과 '시민'의 권한의 문제이고, 셋째, 기미주와 속주의 문제이며, 넷째, 제국의 외국인에 대한 처우 문제 등이다.

첫째, 중국의 '황제정'과 로마의 '제정'은 근본적으로 다르다. 중국은 왕정에서 제정으로 변하였지만, 로마는 공화정에서 원수정(元首政)을 거쳐 제정으로 바뀐 것이다. 전단계가 다르기 때문에 최고 통치자의 존립 기반도, 통치권의 내용도 다를 수밖에 없다. 상제(上帝)와 대등한 위치에서 일군만민(一君萬民)적 절대 권력을 가진 대당제국의 황제는 중국 고대 황제가 갖는 이미지와 권력의 전통을 이어 받아 '절대신', '주재신'임을 의미하니, 그 이념상 단 한 사람밖에 존재할 수 없는 초월적 존재였다. 따라서 전쟁승리자, 존엄자 혹은 로마시민의 수호자라는 의미를 가진 '임페라토르(Imperator)'인 로마황제와는 질적으로 다르다. 임페라토르는 고대 로마, 특히 공화정 시대의 로마군 최고 사령관을 이르는 말이었는데, 이후 로마 제국의 황제 또는 황제권(왕권)을 가진 자의 칭호로 사용되었다. 즉 공화정 시기에는 대외 전쟁에서 승리를 거둔 군사 지도자의 칭호로 쓰였는데, 글자대로 해석하면 '임페리움(Imperium: 최고위 명령권)을 유지하는 자'로서 평시의 '최고 명령권자', 전시의

---

34 Rolf Knütel, *Spaziergänge im römischen Recht*(신유철 역, 「로마법 산책」, 파주: 법문사, 2008), pp.13-14.

'최고 사령관'을 의미했다. 더구나 한 왕조가 창업된 후 하나의 가문이 세습적으로 제위를 이어가는 대당제국의 황제처럼 특정 가문이 제위를 독점하는 것이 아닐 뿐만 아니라, 동시에 여러 명이 존재해도 상관없는 것이 바로 로마의 '임페라토르'였다. 그러던 것이 차츰 '원수(元首, 프린켑스, 즉 제1시민)'만이 사용할 수 있는 칭호로서 고정되었을 뿐이다. 민회(民會)와 원로원(元老院)의 인증을 받아 그 지위에 오르는 로마제국의 황제는 대당제국의 그것과는 다를 수밖에 없다. 소위 '오현제'들이 모두 스페인 출신이었다는 점을 상기하면 쉽게 이해가 된다. 대당제국의 황제권이 '하늘의 명령[天命]'에서 나오는 것이라면, 로마 황제의 통치권은 '인민'으로부터 나오는 것이었다. 따라서 양자 간의 차이는 명료하다.

둘째, 대당제국의 백성과 로마 시민이 누리는 권리는 매우 큰 차이가 난다. 로마제국의 시민은 그리스 민주정의 영향으로 자유와 주권(선거권 소유 등)을 누리지만, 중국은 그 점에선 완전히 다르다.

셋째, 대당제국의 '기미주(羈縻州)'와 로마제국의 '속주(屬州: Provincia)'의 경영방식상 차이다. 고대 로마에서 속주는 296년 사두정치체제 이전까지 본국 이탈리아 바깥의 가장 큰 행정 단위를 지칭하는 용어였다. 속주란 원래 영토적 의미와는 무관하게 정무관의 임무, 혹은 활동 범위를 뜻했으며, 로마가 최초로 점령한 해외 영토인 시칠리아 서부지역은 그런 의미에서 행정관의 통치 범위였다. 속주는 일반적으로 원로원 출신의 (퇴직한) 총독이 다스렸다. 속주는 시대적으로 공화정시대와 제정(帝政: 元首政-專主政)시대에 따라 다르고, 그리고 소속에 따라 원로원 속주와 황제 속주 등의 구별이 있었기 때문에, 기미주가 일률적으로 황제에게 속하는 대당제국의 그것과 다르다. 로마제국에서 일단 속주가 된 지역의 통치는 군사적 기능보다는 민사상의 기능, 예컨대 치안의 유지, 세금의 징수, 법의 집행 등이 주된 것이었다. 이 점도 군사적인 임무를 주로 지는 대당제국의 기미주와는 다르다. 로마의 속주는 잘 알다시피 '속주법(lex provinciae)'에 따라 다스려졌다. 속주에서는 세공(歲貢)을 징수했는데, 시칠리아나 사르디니아의 경우처럼 생산된 농산물의 1/10세, 토지 소유 직접세 혹은 인두세의 형태로 부과되었다. 세금 징수를 위해 인구조사 작업이 필요했으며, 징수 관리는 재무관이 담당했다. 반면 대당제국의 기미주는 공부(貢賦)와 판적(版籍) 자체를 중앙정부의 호부(戶部)에 보고조차 하지 않았다.[35]

그러나 기미주와 속주 간의 유사점 또한 있다. 양자가 모두 제국의 영토로 인식되고 있었다는 점이다. 로마제국의 총독은 속주법의 테두리 안에서 속주민에 대한 통치권을 지니고 있었지만, 무한정의 권한을 누릴 수 있는 것은 아니었다. 가렴주구를 자행한 속주 총독의 경우, 고발이 있으면 원로원이 조사하여 책임을 묻게 되기 때문이다. 속주의 경우, 정복될 당시의 반항 혹은 협조의 정도에 따라 기존의 왕가가 그대로 유지되기도 하고, 자치권의 강약도 각각 속주마다 차등이 있었지만 기존 통치자의 통치권은 나름으로 보장되어 있었다. 대당제국의 기미주는 후에 상술할 것이지만, 편입이전의 부락장 등을 그대로 유지하였고, 나름 자치권도 허용하였다. 그런 측면에서 로마제국의 속주는 대당제국의 기미주와 유사한 측면도 있다.

넷째, 외국인, 특히 엘리트에 대한 대우는 그 후박의 차이는 있지만 유사한 측면이 있다. 외국인이 로마에 와서 정치적 역량을 쌓아 '로마시민'이 되어 출세하는 경우가 많았으며, 심지어 황제까지 배출되었으니 대외 포섭력이나 흡인력의 경우 로마가 월등했다고 할 수 있다. 대당제국은 외국인, 특

---

35 『新唐書』 卷43下 地理志下 「羈縻州」, p.1119, 「自太宗平突厥, 西北諸蕃及蠻夷稍稍內屬, 卽其部落列置州縣. 其大者爲都督府, 以其首領爲都督·刺史, 皆得世襲. 雖貢賦版籍, 多不上戶部, 然聲敎所曁, 皆邊州都督·都護所領, 著于令式.」

히 피정복국의 수장뿐만 아니라 일반민에게도 사환(仕宦)의 길이 열려 있었으며, 당인이 쉽게 누릴 수 없는 고위 장군이나 관리의 지위까지 승진할 수 있었으니 중국 역대 왕조 가운데서 외국인에게 가장 열린 사회였다.

이상에서처럼 동서양의 대표적인 두 제국은 유사성과 상이성을 동시에 갖고 있다. 그런 면에서 세계제국을 한마디로 이렇다 저렇다 규정·정의할 수 없는 것이다. 다만 필자가 제국의 특징으로 정의한 '기회의 땅, 꿈을 실현할 수 있는 공간'이라는 공통성은 가지고 있다고 할 것이다.

그런데 최근 당왕조는 로마제국과는 거리가 있는 '특별한' 제국이라는 주장이 제기되고 있다. 특히 출현기간과 존속기간이 짧았던 점을 부각시키기도 한다. 그러나 대당제국도 하루아침에 이뤄진 것이 아니다. 대당제국은 통일제국 수나라를 이어 받았지만, 유목민족의 중원진입 이후 오호십육국-북조의 여러 나라를 거치고 수-당으로 이어지는 호족계열의 국가라는 점에서, 대당제국의 출현은 '제국으로 가는 긴 여정'의 결과물이었다. 오호가 세운 십육국과 선비국가인 북조 왕조들을 대당제국과 계보로써 직접 연결시킬 수는 없어도 엄연한 대당제국의 형성과정에서 뺄 수 없는 왕조들이었다. 특히 문제로 삼는 것은 존속기간이었다. 그래서 한 일본학자는 대당제국을 '순간대제국'이었다고 하였고,[36] 또 우리나라 김택민 교수도 거의 같은 시각에서 '특별한 제국'이라 하였다.[37] 모두 제국으로서 막강한 세력을 유지했던 시기가 너무 짧았던 것을 '순간' 혹은 '특별한'이라는 관형어를 붙여 한정된 제국이라고 보는 것이다. 사실 당제국은 경제적으로 길게 안정된 시기도 아니었고, '제국'이라 하나 그 위세를 떨치던 시기는 짧았다. 당왕조의 존속기간이 289년이라는 비교적 긴 기간이었지만, 실제 '대당제국'이라는 이름에 걸맞는

---

36 杉山正明, 『中國の歷史8: 疾走する草原の征服者』, 東京: 講談社, 2005, p.19.
37 김택민, 「특별한 帝國 唐」.

기간은 비교적 짧은 시기뿐이었다.

과연 그렇게만 볼 것인가. 대당제국의 존속기간을 구체적으로 따져보자. 당왕조의 국가체제가 안정된 630년대부터 안사(安史)의 난이 일어난 755년까지 고유영토 밖의 이민족을 제압하고 그 지역에 도독부·주를 설치하여 통제력을 확대하려는 정책을 꾸준히 견지했고, 이민족에게 중원을 유린당하는 일이 없는, 이른바 안정된 성세를 이루었다는 점에서 이 130년의 시기를 '세계제국'이라고 하는 데는 이의가 없다.[38] 그리고 그 판도는 현재의 중국의 면적보다 오히려 약간 더 넓었던 '대강역국가'이기도 했다. 그러면 이런 대당제국의 시간적인 길이를 가지고 다른 제국과 비교해 보자.

세계제국은 넓은 영토, 강한 통제력(지배력), 후세에의 강한 영향력 등을 그 제국의 가늠자로 볼 수 있을 것이다. 즉 지속적인 팽창과 확장을 통해 광범위한 지역을 장기적으로 유지하고, 정치적으로 안정된 체제를 유지한 존재가 '세계제국'이라고 한다면, 대당제국도 그런 전형적인 부류에 속하지는 않을 것이다. 그러나 로마가 가장 번성하던 시대(B.C.27-A.D.476)는 길게 503년이라 하나, 좁게는 오현제의 '팍스 로마나(Pax Romana: 96-180)'시대를 잡기도 하는데, 이는 고작 84년에 불과하다. 아울러 '팍스 몽골리카(Pax Mongolica)'라고 지칭되는 몽골제국도 논자에 따라 다르지만 짧게는 1206년부터 1260년, 길게는 1287년까지이니, 약 55-82년 정도일 뿐이다. 바투의 원정으로 킵차크 초원과 러시아를 장악한 것이 1240년대 초의 일이고, 훌레구의 서아시아 점거는 1260년대 초라는 것을 감안하면 사실상 '세계제국'으로서의 존속기간은 그보다 훨씬 짧아진다.[39]

필자가 대당제국을 보는 시각은 크게 두 가지다. 첫째, 세계제국으로서 당

---

38 김택민, 「특별한 帝國 唐」, pp.41, 65.
39 김호동, 「몽골제국의 세계정복과 지배: 거시적 시론」, pp.84-85.

왕조의 특이성은 원래 가지고 있던 고유의 자산만을 이용하여 세계를 정복하였거나, 통일을 이루었다기보다 이질적인 것을 한데 끌어 모아, 그것을 하나로 뭉치게 하고 그것을 동원하고 이용하여 제국의 힘을 극대화한 것이라는 점이다. 대당제국은 중국 역사상 최초로 '농경세계'와 '건조유목세계'라는 가장 이질적인 두 요소를 아울러서 '대세력권'을 형성했다는 점은 특히 중국 역대 왕조들 가운데서 홀시할 수 없는 특징이다.

둘째, 제국이란 이질적인 것이 공존할 수 있는 광장이어야 한다는 점이다. 이 지구상에 발명된 것, 그것이 사람이든, 물건이든, 사상이든, 종교이든, 포용할 수 있는 공간을 제공할 수 있는 폭을 가졌던 나라라야 제국이다. 인종과 종교, 민족과 언어의 차이를 뛰어넘어 자기 권역에 편입된 피지배자 내지 이주민들을 본국민과 대등하게 대우해주는 '상대적 관용'이 제국의 가장 중요한 요건이다. 그래야 세계인들에게 그들의 조국에서 이루지 못한 꿈을 이루게 할 수 있고, 자기가 가진 장기를 마음껏, 그리고 능력껏 발휘할 수 있는 '기회의 땅', '꿈(Dream)의 공간'이 될 수 있는 것이다.

'제국'이란 보통명사는 있지만 그 앞에 □□라는 표제어가 붙으면 각기 약간 다른 형태의 제국의 모습을 띤다. 로마제국이 사라센제국과 같을 수가 없고, 대당제국이 로마제국과 같을 수가 없다. 그런 면에서 당이라는 왕조는 확실히 '대제국'이었다. 당의 위령(威令)이 미치는 파도는 이전 시대나 이후 시대와 다르고, 또 그 문화가 미친 범위, 이질적인 문화요소에 대한 수용력, 그리고 후세에 미친 영향력은 세계 어느 제국에 못지않으며, 더구나 중국의 어느 왕조와 비교할 수 없다. 다시 말하지만 대당제국이 중국사에서 지니는 가장 큰 특징은 농경세계와 아울러 유목세계를 아우르는 '대세력권'을 형성했다는 점이었다. 이것은 후세의 '대원제국'이나 '대청제국'이 등장할 수 있고, 중화인민공화국(1949~, 이하 '인민중국'이라 약칭함)이 무난히 등장할 수 있는 기반이 되었던 점도 상기하지 않을 수 없다.

2. 대당제국에 대한 각국인의 평가

대당제국은 어떤 나라이며, 또 어떻게 평가되어 후세인에게 각인되고 있는 것일까? 먼저 그들의 후손인 중국인들의 생각부터 살펴보자. 제국주의 영국에 의한 식민지배 통치의 오랜 표징으로 남아있던 홍콩이 드디어 그 굴레에서 벗어나 반환되던 1997년, 상해(上海: 상하이) 학생 1,000명을 표본 집단으로 하여 설문 조사를 실시한 바가 있다. "과거부터 지금까지 수많은 중국왕조(정권) 중에서 어느 시대에 가장 살고 싶은가?"라는 질문에 과반수의 학생들이 '위대한 중국(Great China)'으로 '당대'를 들었다. 그다음으로 '현대 중국'이라고 답한[40] 의외의 통계 결과가 나타났다.

당과 현재의 인민중국이 어떻게 비쳐졌기에 이런 결과가 나왔던 것일까? 중국인들에게 역사는 시간이 흐를수록 좋아지기보다 나빠져 간다는 소위 '상고사상(尙古思想)'이 자리하고 있다.[41] 중국인들에게 가장 익숙해 온 이런 사관에 의하면 당나라시대가 '승평세(升平世)' 혹은 '태평세(太平世)'란 어림없는 일이고, 현재도 '쇠망세' 쯤에 해당될 것이다. 그런 면에서 당대는 물론 인민중국을 살고 싶은 시대로 드는 것은 중국인들의 상식적인 역사관에 비추어 볼 때 의외다. 그러나 대당제국을 가장 바람직한 나라였다는 그들의 인식의 근저에는 나름의 합당한 여러 가지 이유가 있을 것이다.

1997년 당시 중국의 실태는 G2라는 초강대국으로서 위풍당당하게 활약하는 현재와는 많이 달랐다. 교수의 월급이 고작 800원(元: 위안; 당시 환율로 따

---

40 Michael Laris, "Patriotism floods Beijing, 'washing clean' Hongkong humilation", *Washington Post*, 28 June 1997, p.A18.
41 全海宗, 「中國人의 傳統的 歷史意識과 歷史敍述」, 『韓國과 中國 −東亞史論集−』, 서울: 知識産業社, 1979, pp.67-71.

져서 우리나라 돈으로 8만 원 정도)이었을 정도이니, 일반인들의 생활수준도 상당히 낮았던 시절이었다. 다만 1997년에 중국인을 가슴 설레게 한 큰 사건이 있었으니 바로 홍콩이 중국으로 반환되었다는 역사적 사건이었다. 홍콩은 중국인에게 치욕적인 역사의 잔재였다. 수천 년 동아시아 세계의 맹주였던 중국이 서세동점의 거센 물결 앞에 최초로 굴욕적인 불평등조약을 맺고 자기의 영토였던 홍콩을 제국주의 '양이(洋夷)'들에게 할양하지 않으면 안 되었던 치욕적인 역사의 유물이 바로 그곳이었기 때문이었다. 그해 홍콩이 반환된 것은 중국인에게 대단히 중요한 의미를 띤다고 할 수 있다. 역설적으로 그들에겐 역사상 가장 '제국주의적'이었던 '대당제국'이 제1위로 올랐을 가능성도 있다. 당대야말로 군사력, 정치적 통합, 경제적 영향력, 문화적 개화라는 측면에서 정점에 위치했다는 사실이 반영된 결과가 아닐까! 대당제국은 중국인들의 '영광과 자부심의 상징'으로 여겨졌을지도 모른다. 그래서 현대의 노신(魯迅: 루쉰)으로 지칭되는 문화학자 여추우(余秋雨: 위치우위)는 "내가 가장 보고 싶은 역사는 당대의 역사다 … 당대는 역사의 뒤안길로 사라진 후에도 여전히 많은 이들에게 오랫동안 그리움을 전해주는 …" 또 "중화민족에게 최고의 존엄을 얻고 있는 당나라 …"[42]라 대당제국을 칭송해 마지않았던 것이다.

1위인 당대와 2위인 인민중국 사이에는 어떤 공통점이 있지 않을까? 필자는 역대 중국인들이 가져왔던 대당제국의 이미지가 현대중국이 처한 현실과 그들이 추구하는 방향과 일치하고 있다고 오랫동안 의심해 왔다. 먼저 양자는 '다민족국가', '복합사회' 그리고 '복합체제'를 지향하고 있다는 공통

---

42 余秋雨, 『尋覓中華』, p.205, 「如果現在要問我最想看什麼歷史圖像, … 我最想看的是唐代. 理由很簡單
－戰火每代都有 … 但唐代, 却空前絶後, 是古今之間唯一. 在昏暗的歷史天幕上, 它是一大閃電, 不僅
在當時照亮了千里萬里, 而且在過後還讓人長久的懷念.」; 및 p.352, 「曾經讓中華民族取得最高尊嚴的
唐代.」

점을 가지고 있는 것처럼 보이기 때문이다.

　대당제국이 그 강역 안에 들어온 다양한 민족들을 통합시켰다는 사실은 오늘날의 인민중국이 지향하려는 방향과 외형적으로 일치한다. 대당제국이 모든 문화적 관습, 즉 음악에서 문학, 음식에서 의복, 그리고 종교 그리고 의학까지 외국의 특이하고 유용한 요소들을 주저 없이 받아들이는 개방적 국가였다는 사실은 중국의 어느 왕조와 비교되지 않는 당왕조가 갖는 특징이다. 대당제국의 최대 장점은 '세계주의' 혹은 '세계성', '개방성'이란 몇 가지 단어로 요약할 수가 있다. 이런 대당제국에 대해 갖는 중국인들의 인식은 다양한 민족들을 융합하여 다원적 민족국가로서 강력한 세계국가를 추구해 가려는 국가적 방침과 대다수 중국인들의 의식이 결합된 것이 아닐까 하는 것이다. 그런 면에서 현재의 인민중국과 '중화민족'의 진로를 대당제국에서 찾는 것은 아닐까? 즉 '대일통(大一統)'이 전제되는 한 다양성이 보장되는 체제, 더 구체적 상황으로 들어가 중국이 홍콩에게 부여한 '일국양제(一國兩制)'로의 합의와 방향은 대당제국에서 그 모델을 찾은 것이 아닌가?

　다음으로 구미 서양인의 대당제국에 대한 관점을 살펴보자. 『케임브리지 중국사(Cambridge History of China)』 시리즈를 만들기에 앞서 중국 당대사만을 다룬 『당대사의 조명(Perspectives on the Tang)』이란 책이 있다. 그 책의 서문은 이렇게 시작된다.

"수천 년의 중화제국의 역사 가운데 당대는 위대한 시대 중의 하나였다. 당대는 역사상 전례 없는 물질적 풍요, 제도의 발전, 사상과 종교의 새로운 시작, 그리고 모든 예술부문에서 창조성을 이룩한 시기였다. 무엇이 이러한 엄청난 생동성을 가져오게 했다고 설명할 수 있을까? 첫째는 당왕조의 절충주의(Eclecticism)이다. 이것은 당이 이전 4백 년의 혼란된 역사로부터, 다양한 문화의 가닥을 한데 끌어모으는 방식이다. 둘째는 당의 국제주의(Cosmopolitanism)로서, 무수한 종류의 외국의 영향을 받아들이는 개방성(Openness)이다. 당 문명의 이런 성질들 때문에 당 문명은 보편적인 호소력을 가지게 되었다. 당에 인접한 주변국가의 사람들은, 당으로부터 항상 그들 자신의 고유한 문화를 변형시키는 요소들을 끌어내었다. 그리고 아시아의 각처로부터 많은 사람들이 당으로 몰려들었다. 한국과 일본으로부터 학생과 불교승려들이, 투르크, 거란, 위구르로부터 부족장과 무사들이, 중앙아시아의 오아시스 왕국으로부터 사신, 화가 그리고 음악가들이, 사마르칸트, 부하라, 인도, 페르시아, 시리아 그리고 아랍 등등에서부터 상인들이 당으로 몰려들었다. 당의 수도였던 장안은 단순히 거대한 제국의 수도로서의 기능만을 하는 도시는 결코 아니었다. 장안은 세계에서 가장 큰 국제도시(Cosmopolis)였을 뿐 아니라, 전 동아시아의 빛나는 문명의 중심이었다. 그곳으로부터 가장 최신의 불교교리, 최신의 시의 형식, 권위 있는 제도의 최신 모델뿐만이 아니라, 심지어는 가장 새로운 복식(服飾)과 헤어스타일까지 나왔다."[43]

이 글이 구미 학자들의 견해 전체를 반영하는 것인지는 확실하지 않지만, 당대사를 개관하는 서문에서 쓰인 것은 적어도 그 책의 편집에 동원된 당시 최고의 구미 학자들의 의견을 반영한 것이라고 보아도 큰 잘못은 없다. 특히 위대한 시대라는 평가와 함께 그것을 가져오게 한 요인으로 절충주의와 국제주의(개방성)를 들고 있는 것이 눈에 띈다. 장안을 단순히 한 왕조의 수도나 국제도시가 아니라 현재 미국의 뉴욕처럼 세계의 중심, 즉 메트로폴리스로 상정하고 있는 듯하다. 이런 위대한 '대당제국'의 출현의 근저에는 이

---

43 Arthur F. Wright and Denis Twitchett ed., *Perspectives on the T'ang*, New Haven: Yale Univ. Press, 1973. p.1.

전 300여 년 간 취한 '절충주의'가 특히 자리하고 있다고 본 것이다. 당대를 이 이상 더 높게 평가할 수는 없는 것이다.

다음은 일본인의 대당제국관이다. 어느 일본학자는 이렇게 평하였다.

"다른 '중화왕조'와는 격단으로 다른 당에 대한 '호의(好意)'와 '경의(敬意)'가 불가사의하게 세대를 넘어서 면면히 살아 있는 일본열도의 특이한 현상. 그렇게 된 것은 일본이 당에서 배웠다는 생각, 그리고 이백·두보·백거이 등으로 대표되는 시문 세계에 대한 동경이라는 극히 순량(淳良)한 부분이 이런 평가를 지탱하고 있는 것이다."[44]

대당제국과 그 문화는 일본인에게 오랫동안 '로망'이었다. 일본의 『시경』이라는 『만엽집(萬葉集: 만요슈우)』은 중국 남조 양나라의 소명태자 소통(蕭統)이 편찬한 『문선(文選)』에 적지 않은 영향을 받았고, 내량(奈良: 나라)시대 일본 시인들은 이 책을 필독서로 여길 정도로 중시하였다. 동대사(東大寺: 도다이사)의 정창원(正倉院: 쇼소인)에 수장되어 있는 대당제국의 유물은 고대 일본이 중국의 문물에 얼마나 영향을 받았는가를 여실히 보여준다.[45] 그래서 1970년대 전까지만 해도 중국 왕조 가운데 가장 많은 연구자를 확보했던 시대가 당이었다. 서세동점에 의해 서양문물이 들어오기 이전 그들이 아는 유일한 문명국은 중국이었고, 그들이 수입해간 소위 '율령(律令)'으로 지칭되는 정치제도는 거의 대부분 대당제국이 만든 것이었다. 그들이 당의 제도와 문물을 배우기 위해 수·당왕조에 파견한 소위 '견수사(遣隋使)'[46]와 '견당사(遣唐

44 杉山正明, 『疾走する草原の征服者』, p.27.
45 이해원, 『당제국의 개방과 창조』, 서울: 서강대출판부, 2013, pp.265-331.
46 氣賀澤保規 編, 『遣隋使がみた風景 −東アジアからの新視點−』, 東京: 八木書店, 2012.

使)'[47]는 그들의 역사 전개에 있어서 뺄 수 없는 존재였다. 따라서 세대를 넘어서 면면히 살아 있는 당에 대한 '호의'와 '경의'는 결코 일본열도의 불가사의하고도 특이한 현상은 아닌 것이다.

끝으로 우리 한국인들의 대당제국에 대한 관점과 평가이다. 우리나라 사람들의 대당제국에 대한 평가는 의외로 냉랭하다. 이런 점은 어린이 한국사 교재에서도 보인다.

> "신라와 당나라는 약속하기를 옛 백제영토와 평양 남쪽의 고구려 영토는 신라가 차지하고 나머지 북쪽은 당나라가 차지하기로 했습니다. 하지만 당나라는 약속을 어기고 백제지역에 당나라 통치기구와 군사를 머물게 했습니다. 그리고 당나라는 신라마저 멸망시키려 했습니다."[48]

즉 당나라는 '약속을 지키지 않는' 나라, '신의가 없는' 나라라는 것이다. 최근 문제되고 있는 '동북공정'에서 중국인들은 고구려와 발해를 당나라의 지방정권으로 편입하였다. 그런데 고구려는 다름 아닌 우리나라의 국호(고려: Korea)의 연원이 된 나라다. 고구려의 역사를 중국사의 일부라고 여기는 중국인을 우리들은 쉽게 이해할 수 없다. 그런 고구려를 멸망시킨 나라가 바로 당나라였다. 뿐만 아니라 중국왕조 가운데 요·금·원·청 등 이민족이 세운 왕조를 제외하고 한반도 국가를 침략한 것은 당이 마지막이었다. 그런 점에서 당에 대해 좋은 감정이 있을 리가 없다. 그보다 당을 대단한 나라로 보지 않는 데에는 그만한 이유가 있다. 바로 당 태종이 벌인 대외전쟁 가운데 그에게 유일한 패배를 안긴 전쟁이 바로 고구려 침략 전쟁이었

---

47 王勇, 『唐から見た遣唐使 —混血兒たちの大唐帝國—』, 東京: 講談社, 1998.
48 「디보의 한국사여행」, 『조선일보』 2013년 3월 18일, p.A26.

기 때문이다.[49]

또 우리나라 사람들에게 회자되는 '당나라 군대'론이다. 2010년에 일어난 천안함의 폭침과 연평도 피격사태를 두고 유행된 말이 바로 '당나라 군대'라는 것인데, 우리 군인(연평도 주둔 해병대)을 '당나라 군대'라고 불렀던 것이다.[50] '군기 빠진 군대' '오합지졸'의 대명사다. 그러나 "당나라 군대가 진짜 강한 군대"였고, "당나라는 이민족의 다양함을 용광로(Melting Pot)로 녹여낸 나라였다"는 반론도 제기되었다.[51] 사실 '당나라 군대'란 말은 유래도 명확하지 않고 또 시정에나 떠도는 우스갯소리에 불과한 것이지만, 우리들의 감정을 일부 반영하고 있는 것임은 분명하다.

또 하나 당나라의 고구려 침략 당시 안시성(安市城) 성주인 양만춘(楊萬春)의 활약이[52] 우리의 대당 감정과 연관된 것이 아닌가 하는 의문이 든다. 안시성 싸움에서 당태종을 통쾌하게 이겼다는 양만춘의 무용담이다. 양만춘은 645년(고구려 보장왕 4) 당태종 이세민이 고구려를 침공하여 개모성(蓋牟城)·요동성(遼東城)·백암성(白巖城)을 함락시키고, 고연수(高延壽)·고혜진(高惠眞)의 고구려·말갈 연합군대 15만을 무찌른 뒤 안시성을 공격하자, 군사·백성들과 힘을 합쳐 당나라군을 물리치는 혁혁한 공훈을 세웠다는 것이다. 당나라 군대가 성 남동쪽에 토산(土山)을 만들어 공격해 오자 성위에 목책을 쌓아 대응하였고, 하루에도 6~7회 교전을 치르는 치열한 공방전을 벌였다. 당나라 군대가 60여 일 동안 연인원 50만을 동원하여 성보다 높은 토산을 구축하고서 성안을 공격하자, 양만춘은 토산 공격에 나서 정상을 점령하고

---

49 森安孝夫, 『シルクロードと唐帝國』, p.183.
50 이진삼(전 국회의원)·신경민(국회의원, 전 MBC 앵커)의 발언이다.
51 김인규(한림대 경제학 교수), 「'당(唐)나라 군대'가 진짜 강한 군대다」, 『조선일보』 2011년 1월 5일.
52 그의 이름은 正史에 전하지 않고, 宋浚吉의 『同春堂先生別集』과 朴趾源의 『熱河日記』 등과 야사에만 나온다. 642년(영류왕 25) 淵蓋蘇文이 정변을 일으켰을 때, 연개소문에게 복종하지 않고 끝까지 싸워 성주의 지위를 유지하였다고 한다.

3일 동안 계속된 당나라 군대의 총공세를 물리쳤다. 겨울에 접어들면서 날씨가 추워지고 군량이 다하자 당나라 군대는 퇴각하였는데, 이때 성위에 올라가 당나라 군대에게 송별의 예를 취하니 당태종이 그에게 명주(明紬) 100필을 주면서 성의 방어를 치하하고 왕에 대하여 충성을 다하도록 격려하였다고 한다. 이런 이야기는 고려 후기의 학자인 이색(李穡)의 「정관음(貞觀吟)」이라는 시와 이곡(李穀)의 『가정집(稼亭集)』에 기술된 기사에 의하여 발원된 것으로 보인다. 양만춘의 이야기 가운데 당태종이 눈에 화살을 맞아 부상을 입고 회군했다고 하는 것도 거기에 근원한 것이다.

먼저 「정관음」의 문장을 살펴보자.

진양공자가 호걸들과 친분 맺어(晉陽公子結豪客)

풍운의 장한 회포 우주에 가득했네(風雲壯懷滿八極)

기운차게 한번 일어나 하늘 무기 휘두르니(赫然一起揮天戈)

〈수제〉의 버드나무 제 빛을 잃는구나(隋堤楊柳無顔色)

......

무수한 깃발은 계림에 내리는 새벽 비에 젖었는데(旌旗曉濕鷄林雨)

주머니 속 물건 취하듯 쉽다고 말하더니(謂是囊中一物耳)

눈동자[玄花]가 화살[白羽]에 적중될 것을 그 누가 알았을까(那知玄花落白羽)

......

머리 돌려 정관의 연호를 세 번 소리쳐 보니(回頭三叫貞觀年):

하늘 끝에서 슬픈 바람만 쌀쌀하게 불어오는구나(天末悲風吹颯颯)

－유림관에서 짓다(楡林關作)－[53]

53 (朝鮮)徐居正·梁誠之 撰集, 『東文選』[筆書體字木板影印本, 서울: 慶熙出版社, 1966] 卷8 「七言古詩」 貞觀吟楡林關作, p.88, 「晉陽公子結豪客, 風雲壯懷滿八極. 赫然一起揮天戈, 隋堤楊柳無顔色. 已踵股

또한 이곡은

"고려는 본래 해외에서 하나의 독립국으로 존속해 왔습니다. 그리고 그동안 중국에 성인이 나온 때가 아니면 아득히 떨어진 채 서로 왕래하지도 않았습니다. 그렇기 때문에 당 태종처럼 위엄과 덕망을 갖춘 제왕으로서도 두 번이나 군사를 일으켜 공격하였지만 아무 공도 세우지 못하고 돌아갔던 것입니다."[54]

라 하였는데 이 문장이 후세에 양만춘이 쏜 화살이 당 태종의 눈을 맞혔다는 이야기로 와전된 것이 아닌가 한다. 이런 전승 때문인지 양만춘은 아직까지도 우리나라 사람에게 영웅으로 굳건히 살아 있다. 한국형 구축함인 '양만춘호'는 '광개토대왕함'과 '을지문덕함'에 이은 세 번째 한국형 구축함이다. 구축함 세 개 모두가 고구려와 관련되어 있는 것도 특이하니, 우리나라 사람들의 대당 악감정의 정도를 측량할 수가 있을 뿐만 아니라 고구려를 멸망시킨 당에 대한 특별한 감정을 여실히 느낄 수 있다.

이상에서 보았듯이 여러 나라 사람들의 대당제국에 대한 평가는 다양하고 일면 과장된 면도 분명히 있는 것도 사실이다. 그렇지만 대당제국의 '제국'으로서의 존재를 부정하는 견해는 우리나라를 제외하고는 없는 것으로 이해할 수 있다.

周成武功, 宜追虞夏敷文德. 持盈守成貴安靖, 好大喜功多反側. 三韓箕子不臣地, 置之度外疑亦得. 胡爲至動金玉武, 嗍枚自將臨東土. 貔貅夜擁鶴野月, 旌旗曉濕雞林雨. 謂是囊中一物耳, 那知玄花落白羽. 鄭公已死言路澁, 可笑豊碑蹶復立. 回頭三叫貞觀年, 天末悲風吹颯颯」

54 (高麗)李穀 撰, 『稼亭集』『國譯 稼亭·牧隱集』, 서울: 國譯 稼亭·牧隱文集編纂委員會, 1980] 卷8 代言官請罷取童女書, p.169, 「高麗本在海外, 別作一國, 苟非中國有聖人, 邈然不與相通. 以唐太宗之威德, 再擧伐之, 無功而還.」

3. 대당제국의 실상

1) 당나라 군대

대당제국의 실상은 과연 어떠하였는가? 앞서 '당나라 군대'에 대한 이야기가 나왔으니 당나라의 군대가 실제 어떠하였는가라는 문제부터 따져 보자. 역대 중국 중원왕조에게 최대의 적은 서북방의 유목민족이었다. 그러니 당나라 군대와 가장 잘 비교될 수 있는 군대가 흉노와 대적해야 하는 전한시대의 군대일 것이다. 한무제의 흉노 정벌과 당태종의 돌궐 정벌은 그런 면에서 좋은 비교 대상이 된다. 그 병력과 성과를 비교해 보자. 기록에 의하면 전한시대 흉노의 총병력은 '활(시위)을 당기는 병사 30여 만[55]이었다고 한다. 그리고 흉노의 총인구는 '한나라의 1군(郡)에도 미치지 못하였다'고 한다.[56] 당시 흉노의 인구가 전한 1군에 상당한다고 하면 당시 전한의 군수는 54개였으므로 군대 수는 산술적으로 흉노군의 54배가 된다는 계산이다.[57] 전한의 인구가 얼마나 되었는가? 최초의 호구 조사가 행해진 것은 평제(平帝) 원시(元始) 2년(AD 2년)의 일이다. 그런데 그 당시 인구는 1,233,000호, 59,594,978구였다.[58]

이처럼 소수였던 흉노의 군대를 정복하기 위하여 한 조정은 오랜 기간 동

55 『史記』卷99 劉敬傳, p.2719, 「高帝罷平城歸, 韓王信亡入胡. 當是時, 冒頓爲單于, 兵彊, 控弦三十萬, 數苦北邊」; 『史記』卷110 匈奴列傳, p.2890, 「是時漢兵與項羽相距, 中國罷於兵革, 以故冒頓得自彊, 控弦之士三十餘萬.」 물론 이 병력은 漢武帝 시기의 것은 아니다.

56 『史記』卷110 匈奴列傳, p.2899, 「初. …中行說曰: "匈奴人衆不能當漢之一郡, 然所以彊者, 以衣食異, 無仰於漢也."」

57 中行說이 匈奴에 파견된 文帝 前元 6年(B.C.174) 前漢은 21개 郡, 12개 國으로 구성되어, 총 33개 郡·國이 있었다. 당시 諸侯國 안의 郡까지 포함하면, 총 54개 郡이 있었던 것으로 추산된다(周振鶴, 『西漢政區地理』, 北京: 人民出版社, 1987, [附]西漢郡國沿革表, pp.264-268). 그런데 尙新麗는 前漢末 匈奴의 인구는 대략 110만 명 정도로 추산하는데(「西漢時期匈奴人口數量變化蠡測」, 『人口與經濟』, 2006-2, 2006, p.65). 前漢 末을 기준으로 했을 때, 前漢의 인구를 대략 6천만 명, 匈奴의 인구를 대략 100만 명으로 잡으면, 匈奴의 인구는 漢의 60분의 1에 불과하다. 中行說이 활동한 시기의 인구 비율이 대략 54:1이므로, 匈奴의 전체 인구가 漢의 1개 郡에 불과하다고 한 中行說의 주장은 상당히 신뢰할만한 것이라고 생각된다.

58 梁方仲, 『中國歷代戶口·田地·田賦統計』, 上海: 上海人民出版社, 1980, pp.4-5.

안 제도를 정비하고 만반의 준비를 취하였다. 특히 군비를 조달하기 위해 염철전매와 균수·평준법 등 획기적인 경제정책을 만든 것도 바로 이때였다. 그런데도 전한의 군대는 흉노를 제대로 제압하지 못했다. 오히려 전한의 패배라는 것이 사실에 가깝다.

그러면 당의 돌궐 제1제국 정벌과정을 살펴보자. 당대의 기록에 의하면 돌궐의 병력에 대해 "활(시위)을 당기는 병사가 100여 만으로 북적(北狄)의 강성함이 그와 같음이 있어본 적이 없어 … 중하(中夏)를 가볍게 여기는 마음을 가졌다"[59]고 되어 있다. 단순하게 숫자만을 가지고 비교를 한다면 30여 만의 흉노병사에 비해 돌궐은 100여 만이니 3배가 넘는다. 반면 당 태종시기의 인구수는 300만 호 정도였으니[60] 전한의 호수의 1/4에 불과하다. 이런 인구를 가지고 전쟁을 치른다는 것이 가능했겠는가 하는 의문이 든다. 그런데 대유목제국인 돌궐을 중원왕조로서 전무후무하게 멸망시킨 나라가 바로 당나라이고, 당의 군대였다. 불가사의한 일이 아닐 수 없다. 왜 이런 일이 가능했겠는가를 규명하는 것이 대당제국의 힘을 이해하는 데 도움이 될 것이다.

흉노보다 훨씬 많은 수의 군대를 가진 강력한 유목제국 돌궐을 멸망시킨 데 대해 당 조정에서는 어떤 평가를 내렸던가? 전쟁 승리 축하연은 황성 삼청전(三淸殿) 옆, 24공신도를 걸어둔 것으로 유명한 능연각(凌煙閣)에서 열렸는데, 당시 권력에서 물러나 있던 고조(高祖) 이연(李淵)이 주최한 것이었다. 그 자리에는 귀신(貴臣) 10여 명과 제왕(諸王)·왕비·공주 등 황속(皇屬)들이

---

59 『舊唐書』卷194上 突厥傳上 始畢可汗, p.5153, "始畢可汗…. 隋大業中嗣位, 值天下大亂, 中國人奔之者衆. 其族强盛, 東自契丹·室韋, 西盡吐谷渾·高昌諸國, 皆臣屬焉, 控弦百餘萬, 北狄之盛, 未之有也, 高視陰山, 有輕中夏之志. 可汗者, 猶古之單于, 妻號可賀敦, 猶古之閼氏也"; 『新唐書』卷215上 突厥傳上 始畢可汗, p.6028, "隋大業之亂, …華人多往依之, 契丹·室韋·吐谷渾·高昌皆役屬, …. 梁師都·李軌·王世充等倔起虎視, 悉臣尊之. 控弦且百萬, 戎狄熾彊, 古未有也."

60 貞觀 13년(639)의 통계에 의하면, 戶數 3,041,871, 口數 12,351,681이었다(梁方仲, 『中國歷代戶口·田地·田賦統計』, p.78).

모였다. 자고로 연회에는 술이 빠질 수 없고, 술이 있으면 가무가 있기 마련이다. 모두가 거나하게 취해서 노래하며 춤추었다. 그 연회에서 많은 이야기가 오고 갔겠지만, 후세에까지 남아 있는 대화 기록 가운데 가장 의미 있는 것은 이연이 한 말이었다. 즉 한나라 고조는 흉노에 의해 평성(平城) 백등산(白登山)에서 포위를 당하고 굴욕적인 화의를 맺은 후 절치부심 보복을 도모하였으나 끝내 그 뜻을 이루지 못하였지만, 그의 아들, 즉 태종은 이전에 돌궐 가한에게 신하를 칭한 자기의 치욕을 통쾌하게 되갚았다는 요지였다.[61] 한왕조가 하지 못한 일을 당왕조가 해내었다는 자부심이다. 특히 당대에는 북방 유목민족 문제를 두고 진시황과 한무제를 당태종 등과 비교하는 사례가 몇 차례 보인다.

그러면 당왕조는 이런 적은 인구를 가지고 어떻게 그 많은 전쟁을 치렀으며, 또 승리를 쟁취할 수 있었는가? 당연히 당제국의 군대 구성에 관심이 갈수밖에 없게 된다. 대당제국을 지탱하는 군제가 바로 부병제(府兵制)였다. 부병제는 선비인을 중핵으로 하는 호한융합의 제도라는 것이 학계의 통설이지만, 원정에 나선 당나라 군대의 주력은 정작 이 부병도 아니었다. 대부분이 번병(蕃兵), 즉 오랑캐 병사였다. 중국의 저명한 역사학자 진인각(陳寅恪: 천인커)은 대외원정에서의 번장(蕃將)과 번병의 역할을 특히 강조한다. 다만이 병력을 통솔하는 장수의 구성이 시대에 따라 달라, 태종시기에는 부락추장 출신이었던 것이, 현종시기가 되면 한족호인(寒族胡人), 즉 부락민으로 변한다는 점을 지적하였을 뿐이다.[62] 이는 초기의 위무(慰撫) 차원에서 추장 위주로 번장을 채용하였던 정책이 점차 능력 있는 부락민까지로 그 범위를 넓

---

61 (宋)司馬光 編著, 『資治通鑑』(北京: 中華書局, 1956) 卷193 唐紀9 太宗貞觀4年(630)夏4月條, p.6065, 「上皇聞擒頡利, 歎曰: "漢高祖困白登, 不能報, 今我子能滅突厥, 吾託付得人, 復何憂哉! 上皇召上與貴臣十餘人及諸王·妃·主置酒凌煙閣, 酒酣, 上皇自彈琵琶, 上起舞, 公卿迭起爲壽, 逮夜而罷."」

62 陳寅恪, 「論唐代之蕃將與府兵」, 『金明館叢稿初編』, 上海: 上海古籍出版社, 1980.

혀가고 있음을 지적한 것이었다.

또 병원(兵源)의 광범위한 확대이다. 이 점과 관련하여 소그드인의 비중이 커진 것이 눈에 띈다. 당대의 소그드인이라고 하면 주로 상업활동에 종사하고 있는 것으로 종래 이해해 왔다. 당의 기간 병제인 부병제는 선비인을 중핵으로 하는 호한융합의 제도라는 것은 앞서 거론했지만, 이 가운데 호에 흉노·선비 등 소위 '오호'족 이외에 소그드인이 참여하고 있다는 사실이다.[63] 군대의 구성면을 볼 때, 오호십육국 이후 주로 호가 담당하던 군대가 그 범위를 확대해 가더니 마침내 한족과의 합작이라는 형태로 나타난 것이 부병제이다. 이 부병제에 소그드인이 참여했다는 것은 부병제가 보다 넓은 의미의 다민족 군대로 변모되었다는 것을 의미한다.

당나라의 전투력은 크게 ① 번장·번병으로 구성된 행군(行軍)과 ② 부병(唐人=호한합작)으로 나눌 수가 있다. 그런데 외인의 군사적 역할은 그 구성상의 비율에만 있는 것이 아니었다. 부병은 격렬한 공격전투를 감당하지 못한다는 판단 아래[64] 주로 번장과 번병 위주로 행군이 구성되었다. 당대에 활약한 이민족무장[번장]은 매거하기 힘들 정도였다. 유명한 인물만 들어도 초당의 아사나소니실(阿史那蘇尼失)부자·아사나사이(阿史那社爾)·계필하력(契苾何力)·흑치상지(黑齒常之) 등 공신 외에, 성당시기의 고선지(高仙芝)·안록산(安祿山)·가서한(哥舒翰)·사사명(史思明)·이광필(李光弼)·이회광(李懷光)·복고회은(僕固懷恩) 등이 우선 떠오른다.

이민족이 무관 혹은 병사로서 근무하는 경우 대내적인 치란(治亂)만이 아니라 당조의 외국 출병이나 외구 방어에 극히 중요한 공헌을 하게 되는 당

---

63 山下將司, 「隋唐初河西ソグド軍團 — 天理圖書館藏『文館詞林』『安修仁墓碑銘』殘卷をぐつて」, 『東方學』 110, 2005, pp.65-78; 森安孝夫, 『シルクロードと唐帝國』, p.134.

64 (唐)吳兢 編著, 『貞觀政要』(上海: 上海古籍出版社, 1978) 卷2 「納諫」, pp.66-67 「(魏)徵正色曰: "…且比年國家衛士(府兵), 不堪攻戰."」

연한 수순이다. 즉 정관 4년(630)에 투항한 아사나소니실 부자는 돌궐 힐리가한을 생포하는 데 공을 세웠고, 그 아들 충(忠)은 후에 설연타의 침입시에 전군(前軍)을 이끌고 나가 격파하였고, 고종 현경 5년(660)에는 거란을 격파하고, 총장원년(668)에는 토번과 대항하였으며, 곧 서역경영의 임무를 맡는 등 40년 간 당을 위해 분투했다.[65] 돌궐 처라가한의 아들인 아사나사이는 정관 9년에 투항한 이후 태종의 고구려 침략전쟁시기에 크게 공훈을 세웠으며, 이후 구자·돌궐 정벌에도 공훈을 세웠다.[66] 정관 6년 어머니를 따라 6,000여 가를 이끌고 당에 투항한 철륵(鐵勒) 별부의 계필하력은 고구려 침략에도 종군하였고, 토번·돌궐 정벌에 공훈을 세우는 등 당조에 충성을 다한 무관이었다.[67] 이상 열거한 무장은 주로 북적 출신 무장, 즉 번장들이었다. 한편 당왕조는 번장들을 관리하기 위해 초기 제위장군(諸衛將軍) 호를 주었는데, 이는 본래 가함(假銜)으로 외관(外官)이었지만, 점차 실직을 수행하는 내신(內臣)으로서 변해갔다는 점에서[68] 당조의 군사력뿐만 아니라 관계에서 번장들이 차지하는 비중이 후기로 갈수록 더 커져갔음을 알 수 있다.

65 『舊唐書』卷109 阿史那蘇尼失·忠傳, p.3290. 「貞觀初, 阿史那蘇尼失者, 啟民可汗之母弟, 社尒叔祖也. 其父始畢可汗以爲沙鉢羅設, 督部落五萬家. …及頡利政亂, 而蘇尼失所部獨不擁離, 突利之來奔也, 頡利乃立蘇尼失爲小可汗. 及頡利爲李靖所破, 獨騎而投之, 蘇尼失遂擧其衆歸國, 因令子忠擒頡利以獻太宗賞賜優厚, 拜北寧州都督·右衛大將軍, 封懷德郡王. 貞觀八年卒. 忠以擒頡利功勳, 拜左屯衛將軍, 妻以宗女定襄縣主, 賜名爲忠, 單稱史氏. 貞觀九年, 遷右衛大將軍. 永徽初, 封輔國公, 累遷右驍衛大將軍. 所歷皆以淸謹見稱, 時人比之金日磾. 上元初卒, 贈鎭軍大將軍, 陪葬昭陵.」

66 『舊唐書』卷109 阿史那社爾傳, pp.3288-3290. 「阿史那社尒, 突厥處羅可汗子也. …(貞觀)九年, 率衆內屬, 拜左騎衛大將軍. 歲餘, 令尙衡陽長公主, 授駙馬都尉, 典屯兵於苑內. 十四年, 授行軍總管, 以平高昌. …十九年, 從太宗征遼, 至駐蹕陣, 頻遭流矢, 拔而又進. 其所部兵士, 人百其勇, 盡獲殊勳. …二十一年, 爲崑丘道行軍大總管, 征龜玆. 明年, 軍次西突厥, 擊處密, 大破之, 餘衆悉降. …屬太宗崩, 請以身殉葬, 高宗遣使喩以先旨, 不許. 遷右衛大將軍. 永徽四年, 加位鎭軍大將軍. 六年卒, 贈輔國大將軍·幷州都督, 陪葬昭陵….」

67 『舊唐書』卷109 契苾何力傳, pp.3291-3294. 「契苾何力, 其先鐵勒別部之酋長也. …至貞觀六年, 隨其母率衆千餘家詣沙州, 奉表內附. …何力至京, 授左領軍將軍. …太宗征遼東, 以何力爲前軍總管, …二十二年, 爲崑丘道總管, 擊龜玆, 獲其王訶梨布失畢及諸首領等. 太宗崩, 力欲殺身以殉, 高宗諭而止之. …儀鳳二年卒, 贈輔國大將軍·幷州都督, 陪葬昭陵, ….」

68 李基天, 「唐前期 唐朝의 蕃將 관리와 諸衛將軍號 수여」, 서울大學校 東洋史學科 碩士學位論文, 2011.

다음으로 일반 병사들을 살펴보자. 안록산 반란군의 중핵이 되었던 것 역시 번병이었다.[69] 사실 당 전기부터 이민족병사의 징발은 일반적인 현상이었다고 하지만, 아사나사이·계필하력처럼 충성스럽고 재략이 있는 번장마저 대장으로 승진시켜 전임(專任)하지는 않았다. 반면 한족관료의 '출장입상 (出將入相)'이 일반적인 모습이었다. 그러나 현종시기 이림보(李林甫)의 건의로 번장을 대장으로 전임하게 됨에 따라 고선지·가서한 등이 등용되었고,[70] 안록산의 등장도 이런 사연이 전제되었기 때문이었다.[71] 특히 안사란 후 하삭(河朔) 반측지지(反側之地) 및 여러 번진병들은 호인 혈맥(血脈)이거나 호화한 성격이 두드러졌다.[72]

당나라 군대에 우리나라 출신은 얼마나 활약했을까? 한반도인으로 당나라에서 활약한 사람들을 우선 검토해 보자. 고자(高慈)·고진(高震)·고선지 (高仙芝)[73]·천남생(泉男生)·천헌성(泉獻誠) 등 고구려 계통이 많다는 것은 주지의 사실이다. 특히 고구려인은 무용으로 이름났다. 그 가운데 천헌성은 '활쏘기[能射]'로 유명했다.[74] 고구려가 멸망하기 전인 645년, 당군이 안시성

69 『舊唐書』卷200上 安祿山傳, p.5270, "諸蕃馬步十五萬"; 『舊唐書』卷9 玄宗本紀, p.230, "蕃·漢之兵十餘萬"; 『資治通鑑』卷217 天寶14載(755)11月甲子條, p.6934, "所部兵及同羅·奚·契丹·室韋凡十五萬衆, 號二十萬".

70 『舊唐書』卷106 李林甫傳, pp.3239-3240, 「開元中, 張嘉貞·王晙·張說·蕭嵩·杜暹皆以節度使入知政事, 林甫固位, 志欲杜出將入相之源, 嘗奏曰: "文士爲將, 怯當矢石, 不如用寒族·蕃人, 蕃人善戰有勇, 寒族即無黨援." 帝以爲然, 乃用思順代林甫領使. 自是高仙芝·哥舒翰皆專任大將, 林甫利其不識文字, 無入相由, 然而祿山竟爲亂階, 由專得大將之任故也.」

71 (唐)劉肅撰, 『大唐新語』(北京: 中華書局, 1984) 卷11 懲戒, p.173, 「先是, 郭元振·薛訥 … 等, 咸以立功邊陲, 入參鈞軸. (李)林甫懲前事, 遂反其制, 始請以蕃人爲邊將, 冀固其權. 言於玄宗曰: "…由文吏爲將怯懦不勝武事也. 陛下必欲減四夷 … 莫若武臣, 武臣莫若蕃將. …" 玄宗深納之, 始用安祿山, 卒爲戎首. 雖理亂安危係之天命, 李林甫奸宄, 實生亂階, 痛矣哉!」

72 陳寅恪, 『唐代政治史述論稿』, 上海: 上海古籍出版社, 1982, pp.35-37.

73 지배선, 『유럽문명의 아버지 고선지 평전』, 서울: 정아출판사, 2002.

74 『舊唐書』卷199上 東夷傳高麗, p.5328, 「男生以儀鳳初辛於長安. …子獻誠. …天授中, 則天嘗內出金銀寶物, 令宰相及南北衙文武官內擇善射者五人共賭之. 內史張光輔先讓獻誠爲第一, 獻誠復讓右玉鈐衛大將軍薛吐摩支, 摩支又讓獻誠. 旣而獻誠奏曰: "陛下令簡能射者五人, 所得者多非漢官. 臣恐自此已後, 無漢官工射之名, 伏望停寢此射." 則天嘉而從之. 時酷吏來俊臣嘗求貨於獻誠, 獻誠拒而不答, 遂爲

전투에서 패하면서, 이전에 점령했던 요동성·개모성 등지의 고구려인 7만 명을 당 내지로 옮겼다. 그 가운데 고연수(高延壽)를 비롯한 3,000명이 당 내지로 이주되어 융질(戎秩: 무인의 직급)을 받아 당나라 군대가 되었다. 당시 포로 가운데 당군의 장교와 병사에게 상으로 준 숫자만 14,000명이었다고 한다. 또한 연개소문의 아들 천남생은 동생 천남건(泉男建)의 쿠데타로 권력에서 밀려나자 당으로 망명했다. 기밀을 가지고 적군의 선봉에 서서 결국 고구려 멸망시키는 데 결정적인 공헌을 했다. 고자는 고구려가 멸망의 기미를 보이자 당으로 망명하여 영달을 한 사람이다.[75]

이 밖에 당나라에 중기까지 두드러진 활약을 한 번장으로는 고구려인 고선지와 안사란 시기에 활약한 왕사례(王思禮), 백제인으로 명장이었던 흑치상지(黑齒常之)[76] 등이 있다. 아울러 당나라 후기 산동지역 군벌인 이정기(李正己)와 제(齊)나라를 세운 이납(李納) 부자도 한반도(고구려)인의 후손이다.[77]

번장·번병의 활약은 국내반란의 진압에도 드러났다. 지역적으로도 북방 유목민족과 관련이 깊은 하북지역의 병사들이 주로 동원되었다. 예컨대 안사의 난의 평정에 동원된 삭방군(朔方軍)이라든지, 이광안(李光顏)의 회(淮)·채(蔡)의 평정과정, 그리고 방훈(龐勛)의 난과 황소(黃巢)의 난 평정 등에 동원된 사타부(沙陀部) 등 모두가 호병(胡兵: 蕃兵)이었다. 또 오대(五代)의 의아군(義兒軍)도 호인 부락의 풍속에 젖은 자들이 주류를 이루고 있다.[78] 이처럼 서북방 호족이 중원정권의 중요 병력 공급원이 된 것은 북조시대부터였으니

俊臣所構, 誣其謀反, 縊殺之, 則天後知其冤, 贈右羽林衛大將軍, 以禮改葬.」

75　특히 高句麗系 遺民의 당조에서의 활약에 대해서는 朴漢濟 譯注, 「고구려 유민 관련 금석문(泉男生·高慈·泉男誠·泉男産·泉毖·高震 墓誌銘)」韓國古代社會研究所 編, 『譯注 韓國古代金石文』, 서울: 駕洛國史蹟開發研究院, 1992; 지배선, 『고구려·백제 유민 이야기』, 서울: 혜안, 2006 참조할 것.

76　李文基, 「百濟 黑齒常之 父子 묘지명의 검토」, 『韓國學報』 64, 1991.

77　지배선, 『중국 속 고구려 왕국, 齊』, 서울: 청년정신, 2007.

78　陳寅恪, 「論唐代之蕃將與府兵」.

그 유래가 이미 오래되었다. "하북의 땅에는 사람들이 건강하고 용감하다[河北之地, 人多壯勇]"란 말처럼[79] 북위시대의 기(冀)·정(定)·영(瀛)·상(相) 등 여러 주의 영호(營戶), 둔병(屯兵) 등은 주로 호기(胡氣)가 넘치는 새외(塞外) 호족의 자손들로 구성되었다. 또 남북조 말기 이후 서역으로부터 소그드인들이 대거 중원으로 이주해 온 후 그들은 또 다른 장기로 인해 주요 병력 공급원이 되었다. 특히 이들은 당말 '사타부(沙陀部)'라는 이름으로 등장하여 결국 오대시대 중요한 정치세력으로 등장하여 후당(後唐: 莊宗 李存勖)·후진(後晉: 高祖 石敬瑭)·후한(後漢: 高祖 劉知遠)·북한(北漢: 劉崇 즉 後漢 高祖 劉知遠의 동생) 4개 왕조를 세운 것이다.[80] 여기다 또 요·금·원 등 이민족 왕조마저 이어지니, 오호십육국 이후 서북방 호족들은 새내 중원(정권 혹은 사회)과 밀접한 관련을 이어가고 있는 것이다.

여기서 고구려 침략과정에서 활동한 번장·번병을 잠깐 살펴보자.[81] 이 전쟁에 참여한 침략군도 당의 부병이 아니라 동돌궐게 번장·번병이 주류를 이루었다. 이 당시 동원된 번병 가운데, 영주도독 장검(張儉)이 이끄는 거란(契丹)과 해(奚)의 병력이 보인다.[82] 당시 참여한 거란 '번장'으로 우구절(於句

---

79 (宋)王應麟撰, 『玉海』(臺北: 大化書局, 1977) 卷138 「兵制」3 「唐府兵·符契·折衝府·十二軍」, p.2655, 「會要」: 武德三年七月十一日, 下詔曰: "周置六軍, …取象天官, 作其名號." 于是置十二衛將軍, 取威名素重者爲之, 分關內諸府隷焉. [軍名傳奕所造] 關內置府二百六十一, 精兵士二十六萬, 擧關中之衆, 以臨四方. 又置折衝府二百八十, 通計舊府六百三十三, 河東道府額亞於關中. 河北之地, 人多壯勇, 故不置府.」

80 沙陀는 處月이라고 하며 朱邪를 氏로 하였다. 원래 西突厥 十姓部落 이외의 一部였다. 그 조상은 北匈奴였는데, 후에 悅般이라 하였다. 烏孫의 故地인 熱海부근에 살았다. 지금의 新疆 准噶爾盆地서남쪽(현재 巴裏坤)일대에 유목하고 있으면서, 輪台에 예속되었다. 그 땅에 大沙丘가 있기 때문에 사타라는 이름을 얻었다. 唐末 朱邪部의 首領 朱邪赤心이 반란을 평정하는 데 공이 있어 李氏로 賜姓되었다. 인종상의 특징은 深目多須한 점이었다. 五代時期 沙陀集團中에서 많은 武將의 姓氏는 康·安·曹·石·米·何·史 등이었다. 모두 전형적인 이전의 昭武九姓인 소그드(粟特)胡人의 姓氏이다.

81 姜維東, 「唐麗戰爭中의蕃將」, 『長春師範學院學報』 2002-1; 姜維東, 『唐東征將士事迹考』, 長春: 吉林文史出版社, 2003.

82 『新唐書』 卷2 太宗本紀 貞觀 18年(644)7月 甲午條, p.43, 「營州都督張儉率幽·營兵及契丹·奚以伐高麗.」

折)과 해계 번장으로 소지(蘇支) 등의 이름이 보이니,[83] 당시 고구려 전투에는 북적·서융과 해·습·거란 무리들이 고루 참여하였던 것으로 정리된다.[84] 그리고 요동도행군대총관 이(세)적이 이끌었던 번병과 번장을 보면 다음과 같은 이름들이 보인다. 강하왕 도종(江夏王道宗), 장사귀(張士貴)·장검·집필사력(執失思力)·계필하력·아사나미사(阿史那彌射)·강덕본(姜德本)·국지성(麴智盛)·오흑달(吳黑闥) 등이 그들이었다.[85] 이들의 이름만 보아도 호족 냄새가 강하게 난다.

안사의 난의 주역 안록산(安祿山: 703-757)[86]과 사사명(史思明)도[87] 역시 서역 출신으로 6개 번어(蕃語)를 구사하고 그 장기를 발휘하여 변경 호시아랑(互市牙郎)의 업무까지 맡았다.[88] 안록산만큼 외국인으로서 급속 승진을 한 사람도 드문데, 그는 30세에 군대에 들어간 지 4년도 되지 않아 평로장군(平盧將軍)이 되었고, 40세 때에 일약 변경 번진인 평로군절도사(平盧軍節度使)가 되었다. 평화시대 변경 절도사가 되는 신화를 달성한 그는 천보10재(天寶十載)인 49세 때에 삼진절도사(三鎭節度使)와 동시에 '영평로·하북전운사·관내탁지·영전·채방처치가(領平盧·河北轉運使·管內度支·營田·採訪處置使)'라는 여러

83 『唐大詔令集』(上海: 學林出版社, 1992) 卷130蕃夷 討伐 「親征高麗詔」(貞觀18年12月), p.645, 「行軍總管 執失思力, 行軍總管契苾何力, 率其種落, 隨機進討. 契丹藩長於句折, 奚藩長蘇支, 燕州刺史李元正等, 各率其衆.」

84 『唐大詔令集』卷130蕃夷 平亂 「破高麗詔」(貞觀19年4月), p.649, 「先命行軍大總管英國公勣, 行軍總管 張儉等, 率領驍銳, 元戎啓行, 北狄西戎之酋, 咸爲將帥; 奚·靈·契丹之旅, 皆充甲卒.」

85 『新唐書』卷220 東夷傳 高麗, p.6189, 「於是帝欲自將討之, …以李勣爲遼東道行軍大總管, 江夏王道宗 副之, 張士貴·張儉·執失思力·契苾何力·阿史那彌射·姜德本·麴智盛·吳黑闥爲行軍總管隷之, 帥騎 士六萬趨遼東.」

86 『舊唐書』卷200上 安祿山傳, p.5367, 「安祿山, 營州柳城雜種胡人也. 本無姓氏, …母阿史德氏, 亦突厥 巫師, 以卜爲業. …少孤, 隨母在突厥中, …冒姓爲安. 及長, 解六蕃語, 爲互市牙郎.」

87 『舊唐書』卷 200上 史思明傳, p.5376, 「史思明, …, 營州寧夷州突厥雜種胡人也. …及長, 相善, 俱以驍 勇聞. …又解六蕃語, 與祿山同爲互市郎.」

88 牛致功, 『安祿山·史思明評傳』, 西安: 三秦出版社, 2000.

요직을 두루 맡게 되었다.[89] 즉 40세에서 49세 사이에 안록산은 한 지역의 절도사에서 삼진의 절도사를 겸하는 초속 승진을 할 수 있었던 것이다. 이런 고속 성장의 배경에는 양귀비나 현종과의 특별한 인연이 작용했다 해도 당왕조가 아닌 다른 사회에서는 절대 일어날 수 없는 일이다. 즉 당시는 호인이든, 아니든 능력만 있으면 크게 등용될 수 있었기 때문에 반란을 일으킬 수 있는 자리에까지 이처럼 급속하게 오를 수 있었던 것이다. 안록산이란 인물이 아무리 뛰어나도 당나라라는 여건이 아니었다면 이민족출신인 그가 한 지방의 행정·재정·군사 삼권을 함대로 휘두르는 절도사가 될 수는 없는 것이었다.

이처럼 당조는 외인을 본국인과 다름없이 그 능력과 역량에 따라 중용하였던 것이다. 고창(高昌)을 평정할 때에 돌궐 계필하력이 이끄는 군대가 '수만 기'였다고 한다.[90] 또한 돌궐 묵철가한이 일으킨 반란을 토벌하는 데 북정(北庭)도호부 아래에 속하는 여러 번의 병력 25만 기(萬騎)가 참가했다고 하니,[91] 대당제국의 병력은 거의 호족에게 의존했다고 해도 과언이 아니었다. 흔히 당 태종이나 무측천(武則天)을 '용인무사(用人無私)'를 한 황제의 대명사로 지칭한다. 만약 당대라는 시대적 환경이 아니라면 이상과 같이 호인을 등용하는 것은 결코 일어날 수 없는 일이었다. 이렇게 호인을 등용한 것은

---

89 『新唐書』卷225上 逆臣傳上 安祿山, p.6412,「天寶元年, 以平盧爲節度, 祿山爲之使, 兼柳城太守, 押兩蕃·渤海·黑水四府經略使. 明年, 入朝, 奏對稱旨, 進驃騎大將軍. 又明年, 代裴寬爲范陽節度·河北採訪使, 仍領平盧軍.」

90 『新唐書』卷221上 西域傳上 高昌, p.6221,「帝(太宗)復下璽書示(麴)文泰禍福, 促使入朝, 文泰遂稱疾不至. 乃拜侯君集爲交河道大總管, 左屯衛大將軍薛萬均·薩孤吳仁副之, 契苾何力爲葱山道副大總管, 武衛將軍牛進達爲行軍總管, 率突厥· 契苾騎數萬討之. 群臣諫以行萬里兵難得志, 且天界絕域, 雖得之, 不可守, 帝不聽.」

91 『全唐文』(北京: 中華書局, 1983) 卷253 蘇頲 命呂休璟等北伐制, p.2562,「自默啜虔劉肆暴 … 金山道前軍大使·特進賀獵毗伽欽化可汗突騎施守忠, 領諸番部落兵健兒二十五萬騎, 相知計會, 逐便赴金山道.」

그들이 가진 용맹성과 능력 때문이었으니, 주력병력이 이국인으로 구성된 당나라 군대의 강력함의 이유를 쉽게 짐작할 수 있다.

2) 당 관료조직 속의 호인

그러면 대당제국 내의 외국인은 얼마나 되었을까? 돌궐 제1제국이 멸망했을 때, 돌궐 항당자(降唐者)가 10여 만 구였다고 기록되어 있다.[92] 당시 새 외에서 새내로 들어온 중국인과 사이(四夷)의 항부자의 총수는 120여 만 구였다는 통계도 있다.[93] 정관 연간 총인구가 300만여 호(1500만 구)였으니, 120만은 8%에 해당한다. 또 정관에서 천보 연간까지 들어온 외국인의 총수를 170만 정도로 추정하기도 한다.[94] 파악된 인구가 늘어난 현종 개원 연간의 경우, 어떤 학자는 외국인의 비율이 대략 2.5%에 달한다고 한다.[95] 현재 서유럽은 10%를 상회하지만, 현재 우리나라 안의 외국인 비율이 2.5%라는 점을[96] 감안하면 대단한 비중이다.

문제는 외국인들이 당나라에 입국한 후 출국하지 않고 눌러앉은 자들도 적지 않았다는 점이다. 이 중에는 서역에서 온 조공사절도 포함되었는데 그

---

92 『資治通鑑』 卷193 唐紀9 太宗貞觀4年(630)夏4月條, p.6075, 「突厥旣亡, 其部落或北附薛延陀, 或西奔西域, 其降唐者尙十餘萬口.」

93 『舊唐書』 卷2 太宗紀, 貞觀3年(629)條, p.37, 「是歲, 戶部奏言: 中國人自塞外來歸及突厥前後內附 · 開四夷爲州縣者, 男女一百二十餘萬口」;『資治通鑑』 卷193 唐紀9 太宗貞觀3年(629)條, p.6069, 「是歲, 戶部奏: 中國人自塞外歸及四夷前後降附者, 男女一百二十餘萬口」; (唐)杜佑 撰, 『通典』(北京: 中華書局, 1988) 卷200 邊方16 北狄7 跋言, p.5494, 「大唐貞觀中, 戶奏言: 中國人自塞外來歸及突厥前後降附開四夷爲州縣者, 男女百二十餘萬口」라 되어 있다. 그러나 『太平寰宇記』 卷200 四夷27 北狄12 突厥失, p.686-上에서는 '百二十'을 '二百'이라 하고 있다.

94 傅樂成은 貞觀 4년(630)부터 天寶 4載(745)까지 115년 간, 突厥 · 鐵勒 · 高句麗 · 吐蕃 · 黨項 · 吐谷渾 및 西域諸國人 등 외국인으로 唐에 俘獲되었거나 降附하여 중국에 들어와 거주한 자를 170만 인으로 추정하였다(「唐代夷夏觀念之演變」, 『漢唐史論集』, 臺北: 聯經出版事業公司, 1977, p.213).

95 邱添生, 「唐朝起用外族人士之硏究」, 『大陸雜誌』 38-4, 1969, pp.68-69.

96 장희권, 「타자의 통합과 배제 – 전지구화와 한국의 로컬의 일상」, 『독일어문학』 56, 2012.

수만도 '수천 인'이 되었다고 한다.[97] 물론 전쟁 등으로 인해 귀로가 막힌 경우도 있었지만, 자의에 의한 선택일 가능성이 크다. 이들 '호객(胡客)' 중에는 이후 장안에 40여 년을 머문 자도 있었고, 정부로부터 보조를 받으면서도 처자를 두고, 전택을 소유하거나 대부업에 종사하는 자 등도 4,000명이나 되었다고 한다. 사신으로서 수십 년 상대국 수도에 머물고 있는 이들에게 보조를 끊고 이들을 귀국시키려 했지만 모두 귀국을 원하지 않았다. 그래서 나온 대책이 그들을 당의 신하[唐臣]로 전환하는 방법이었다. 예컨대 신책군에 편입한 후 왕자·사신들은 병마사에, 그 나머지는 병졸로 하는 방법이었다. 이런 조처를 통해 대당제국의 병력이 더욱 강해졌다고 하니,[98] 외국인의 당인으로의 전환이 국력 증강의 가장 유효한 방법이었던 것이다.

외국인들은 여러 지역에 분산되어 거주했을 것이지만 당연히 도성도 중요 집결지 중의 하나였다. 돌궐 멸망 후 정관 4년(631) 장안으로 들어와 거주한 자들이 '만가'에 가까웠으며,[99] 스스로 호적에 등록한 자만도 수천 호에 달했다고 한다.[100] 당의 도성 장안과 낙양 양경의 도시구조와 인구구성을 다

---

97 『新唐書』 卷170 王鍔傳, p.5169, 「天寶末, 西域朝貢酋長及安西·北庭校吏歲集京師者數千人, 隴右旣陷, 不得歸, 皆仰稟鴻臚禮賓, 月四萬緡, 凡四十年, 名田養子孫如編民. 至是, (王)鍔悉藉其名王以下無慮四千人, 畜馬二千, 奏皆停給.」

98 『資治通鑑』 卷232 唐紀48 德宗貞元3年(787)6月條, pp.7492-7493, 「初, 河·隴旣沒於吐蕃(胡注曰: 代宗初年, 河·隴陷沒), 自天寶以來, 安西·北庭奏事及西域使人在長安者, 歸路旣絶, 人馬皆仰給於鴻臚, 禮賓委付, 縣供之, …李泌知胡客留長安久者, 或四十餘年, 皆有妻子, 買田宅, 擧質取利, 安居不欲歸, 命檢括胡客有田宅者停其給, 凡得四千人, 將停其給. 胡客皆詣政府訴之, (李)泌曰: "…豈有外國朝貢使者留京師數十年不聽歸乎! 今當假道於回紇, 或自海道各遣歸國 … 有不願歸, 當於鴻臚自陳, 授以職位, 給俸祿爲唐臣. …" 於是胡客無一人願歸者, 泌皆分隸神策兩軍, 王子·使者爲散兵馬使或押牙, 餘皆爲卒, 禁旅益壯.」

99 (唐)劉餗撰, 『隋唐嘉話』(北京: 中華書局, 1979)上, p.5, 「於是入居長安者且萬家」; (宋)王欽若 等 編, 『冊府元龜』(臺北: 臺灣中華書局, 1981) 卷991 外臣部 備禦4, p.11638-下, 「其酋首至者, 皆爲將軍中郎將等官, 布列朝廷, 五品已上百餘人, 因而入居長安者數千家」; (宋)王溥撰, 『唐會要』(上海: 上海古籍出版社, 2006) 卷73 「安北都護府」, p.1557, 「近萬家」; (宋)王讜撰, 『唐語林』(北京: 中華書局, 1987, 周勛初 校證本) 卷3 「識鑒」條, p.265, 「且萬家」.

100 『新唐書』 卷215上 突厥傳上, p.6038, 「帝主(溫)彦博語, 卒度朔方地, 自幽州屬靈州, 建順·祐·化·長四州爲都督府, 剖頡利故地, …, 入長安自籍者數千戶.」

룬 『당양경성방고(唐兩京城坊考)』에는 당 조정에 사환한 약 40명 정도의 번인의 거주지역이 기록되어 있다.[101] 이들 숫자는 대개 저명인사들이기 때문에 통계로서 큰 의미는 없다. 다만 초당시기 장안에 등록된 인구가 대개 8만여 호 정도인데,[102] 이로 볼 때, 돌궐 1개 민족이 차지하는 비율이 장안 인구의 대략 8분의 1이나 되니 적은 숫자는 결코 아니다.

지금부터 1300여 년 전인 당시 당왕조 내에 거주한 이만한 외국인의 수는 정말 놀랄 만한 일이다. 그럼 그들은 당조에서 어떤 대접을 받고 어떤 활약을 하였던가? 기록에 의하면 "추장으로서 (장안에) 이른 자들은, 모두 장군 중랑장에 제수되었고, 이들이 조정에 열을 지어 서니, 5품 이상이 백여 명으로, 거의 조사(朝士)들의 반이 되었다"[103]고 한다. 한족관료와 구별하여 이들을 총칭해서 '번관(蕃官)'이라 부르는데 이 번관들의 비율과 활약이야말로 대당제국의 개방성을 여실히 보여주는 지표이다. 이런 경과로 이루어진 '화이일가(華夷一家)'의 상황은 공전미유(空前未有)의 사건이라 표현해도[104] 크게 틀린 말은 아니다.

당조가 이민족만을 위해 일정한 '무산관(武散官)'을 특별히 둔 것은 역사상 전후시대에 그 유례를 찾아볼 수 없는 일이었다. 즉 고종 현경 3년(658)에 정3품의 회화대장군(懷化大將軍)과 종3품의 귀덕장군(歸德將軍)을 둔 일이 그것이다.[105] 물론 당시에는 정원도 없고 월봉료도 규정되어 있지 않는 산

---

101 馬馳, 「『唐兩京城坊考』中所見仕唐蕃人族屬考」, 『史念海先生八十壽辰學術文集』, 西安: 陝西師範大學 出版社, 1996, p.621.

102 (宋)宋敏求 纂修, 『長安志』『宋元方志叢刊』(北京: 中華書局, 1990, 所收) 卷10 西市, p.128–上, 「南北盡 兩坊之地, … (長安縣所領四萬餘戶, 比萬年爲多. 浮寄流寓不可勝計).」

103 『資治通鑑』卷193 唐紀9 太宗貞觀4年(630) 5月條, p.6078, 「其餘酋長至者, 皆拜將軍中郎將, 布列朝廷, 五品已上百餘人, 殆與朝士相半, 因而入居長安者近萬家.」

104 傅樂成, 「唐代夷夏觀念之演變」, p.210.

105 (唐)李林甫 等 撰, 『唐六典』(北京: 中華書局, 1992) 卷5 兵部, p.151, 「正三品曰 … 懷化大將軍(皇朝所 置, 以授蕃官) … 從三品曰 … 歸德將軍(皇朝所置, 以授蕃官);」『通典』卷19 職官1 歷代官制總序 設官

관에[106] 지나지 않았지만, 고품에다 궁위(宮衛)를 담당하게 한 것은 특별한 대우임에는 틀림이 없다. 이후 덕종 정원(貞元) 11년(795)에 이르러 3품부터 9품까지 14계의 무산관이 정연하게 규정되어 매월 받는 요전(料錢)까지 책정되기에 이르렀다.[107] 이렇게 관품과 요전 등이 정비된 것은 당으로 투화(投化)한 번인의 숫자도 늘어나고, 당 관직 특히 무관 조직에 많은 번인이 참여하며, 관료로서 제 기능을 충실히 수행하고 있다는 것을 의미하는 것이다. 대부분의 번관은 직장이나 대우에 있어서 제도상 한인관료와 별 차별 없이 취급되었다.[108]

한편 당왕조도 호인들이 활약할 수 있는 넓은 공간을 제공하였다. 그 가운데 호족들이 능력을 발휘할 수 있는 호족계열의 관직도 많이 늘렸다. 여기서 주목할 관직은 '직관(直官)'이다. 어느 중국학자의 연구에 의하면 『당육전』 권2에 기록된 유품직관(有品直官) 정원[定額]이 465명인데, 이 숫자는 내관(內官) 2,621명[109]의 1/5을 차지하는 비율이라고 하였다.[110] 경관(京官) 가운데 5개의 직사관(職事官)에 1명의 직관이 배당되었다는 것이다. 경사의 여러 관사(官司)에 직관이 점하는 비율은 대단히 놀랄 만한 것이다. 직관은 북위시

沿革, p.486, 「懷化·歸德等將軍(並武散, 以授歸義蕃官.)」; 『令集解』(新訂增補國史大系本) 卷19 考課令, p.581, 「京官文武九品已上壹千貳百貳人表請, 內外官各出壹月俸料錢供軍. …今依來奏以逐群議. 其蕃官不在此例也.」

106 唐의 官制에는 階(文散官·武散官)-官(職事官)-勳(勳官)-封(封爵)의 네 가지로 구성되어 있는데, 職事官에 임명되면 반드시 階(散官)를 띠게 되고, 일정기간 在官하면 授勳을 받는 것이 통례이며, 高官으로 공로를 쌓으면 爵에 封해지는 것이 일반적인 예이다. 階-官-勳-封의 형식은 來唐한 外族뿐만 아니라 海外外臣에게도 國內官人과 같이 주어졌다.

107 『唐會要』卷100 歸降官位, pp.2136-2137, 「顯慶三年八月十四日, 置懷德[化]大將軍, 正三品, 歸化[德]將軍, 從三品, 以授初投首領, 仍隸屬諸衛 不置員數及月俸料. …貞元十一年正月十九日, 置懷化大將軍, 正三品, 每月料錢四十五千文. …歸化執戟長上 從九品, 十千文. 勅: 「準『六典』, 應投幕蕃官, 前承未置, 今蕃人向化, 近日漸多, 各位高卑, 須有等級, 其增置官品及料錢等, 宜依前件.」

108 池田溫, 「唐初處遇外族官制略考」, 『隋唐帝國と東アジア世界』, 東京: 汲古書院, 1979, pp.269-270.

109 『通典』卷19 職官1 官數, p.481, 「大唐一萬八千八百五員(內官二千六百二十一, 外郡縣官一萬六千一百八十五.」

110 李錦綉, 『唐代制度史略論稿』, 北京: 中國政法大學出版社, 1998, p.46.

대부터 나타난 근시관(近侍官)에서 유래된 것이다. 직진(直眞)·내행우진(內行羽眞)[111]이라거나 북부절흘진(北部折紇眞)·남부절흘진(南部折紇眞)·주객절흘진(主客折紇眞)·중도좌절흘진(中都坐折紇眞)·내외좌절흘진(外都坐折紇眞)[112] 등처럼 '□□진(□□眞)'이라는 명칭을 띤 관직들이 바로 그것인데, 이는 호족 특유의 관직이다. 아울러 이 직관은 당초기의 군직에도 보이니, 예컨대, 진왕(秦王: 李世民)·제왕(齊王: 李元吉)의 친사부(親事府)·장내부(帳內府)에 각각 설치된 고직(庫直)·구질직(驅咥直) 등의 관직들이 그것이다.[113] 당 초기에 들어서 북위시대의 명칭인 '□□진'의 형식에서 '□□직(□□直)'으로 바뀌고 있음을 짐작할 수 있는데, □□'진'자는 몽고어·튀르크어에서 '특정 사물을 맡는', '어떤 특정임무를 행하는' 직책의 관직명에 붙는 접미어이다. 이는 바로 『원사(元史)』 병지(兵志)에 나오는 '□□적(赤: ci)', 즉 '다루가치(達魯花赤)' 등과 동일한 것이다.[114] 이러한 관직들은 ① 유목적인 유풍(遺風)을 그대로 유지한 것임과 동시에, ② 조직적인 관료체제가 완비되지 않은 상황에서 유목민족이 통상 필요에 따라 즉자적(卽自的)으로 설정한 관료체계라고 할 수 있다. 북위와 원대가 다른 것은 전자는 탁발씨를 비롯한 선비인들 혹은 각종 호인들이 맡는 것이지만, 후자는 착취의 대상인 한인들이 주로 편성의 대상이 되었다는 점이다. 여하튼 당대의 직관은 주로 문화·예술·과학기술의 영역 30종에 가까운 계통의 관직에 호인 출신 고급인재들이 임명되었다.[115] 따라서

---

111 趙萬里編, 『漢魏南北朝墓誌集釋』, 北京: 科學出版社, 圖版 207 「奚智墓誌」.
112 山西省考古研究所·靈丘縣文物局, 「山西靈丘北魏文成帝《南巡碑》」, 『文物』 1997-12, 1997, p.77. 이 비는 文成帝가 도성 平城에서 山東의 여러 州를 南巡한 후 和平 2년(461) 귀로에서 北魏의 저명한 간선도로인 靈丘道 변에 세운 것으로 당시 수행한 관료들의 관직과 이름이 적혀 있다.
113 池田溫, 「唐初處遇外族官制略考」, p.271.
114 白鳥庫吉, 「東胡民族考」, 『白鳥庫吉全集』 4 塞外民族史研究上, 東京: 岩波書店, 1970, pp.170-171; Peter A. Boodberg, "The Language of the To-Pa Wei" Alvin P. Cohen comp., *Selected Works of Peter A. Boodberg*, Berkeley: University of California Press, 1979, pp.224-230.
115 李錦繡, 『唐代制度史略論稿』, p.46.

이런 관직은 당대 조정 내에서 호족의 활동무대를 크게 넓혔을 것임은 두말할 필요도 없다. 이 문제와 관련하여 주목되는 것은 이민족 기술관이 특히 많다는 점이다. 악무와 같은 연예부문, 천문·역술·의약 같은 과학기술, 역경(譯經)이나 수법(修法) 등 종교분야 등에 활약한 사람이 바로 그들이다. 이와 함께 국초부터 이들의 등용이 문제되었다. 고조 무덕 원년(618) 10월, 소그드인 무인(舞人) 안질노(安叱老)를 3품의 고관인 산기상시(散騎常侍)에 임용하는 문제를 두고 일어난 쟁론이 바로 그것이다. 악무를 사오(士伍), 즉 관료의 대열에 넣을 수 없다는 조야의 주장이 그것인데, 당시 고조가 그 간언을 끝내 받아들이지 않았던 것이다.[116] 이보다 앞서 북제시기에 후주(後主: 高緯)는 조묘달(曹妙達)을 '왕'으로, 안마구(安馬駒)를 '개부'로 봉한 것처럼 악무들을 크게 중용한 바 있다. 또 수조에서도 도성 대흥성(大興城)을 건설한 주역 우문개(宇文愷)의 활약 등 특수 기능인을 우대한 사례는 얼마든지 있다. 다만 당조에는 헌종 원화 연간에 신라인 김충의(金忠義)가 기교(機巧: 機械技術)로 하여 소부감(小府監: 從三品)에 이르렀고, 그 아들도 부음(父蔭)으로 양관(兩館: 崇文館·弘文館)의 학생이 되려 하자 그를 결국 퇴출시킨 사례 등이 있다.[117] 이 사례는 당조에서 관료들이 악인이나 공상인(工商人)들과 같이 사오에 서는 것을 기피한 것이었지,[118] 그가 신라인이었기 때문에 문제된 것은 아니었으니, 이민족에 대한 기피 자체는 아니었다. 이처럼 이민족은 광범위하게, 고관과 요직에 자리하고 있었다.

116 『舊唐書』 卷62 李綱傳, pp.2275-2376, 「時高祖拜舞人安叱奴爲散騎常侍, (李)綱上疏諫曰: "謹案周禮, 均工·樂胥不得預於仕伍. …雖齊高緯封曹妙達爲王, 授安馬駒爲開府, 旣招物議, …方今新定天下, 開太平之基. 起義功臣, 行賞未遍; 高才碩學, 猶滯草萊. 而先令舞胡致位五品, … 顧非創業垂統貽厥子孫之道也." 高祖不納」;
117 『舊唐書』 卷158 韋貫之傳, p.4173, 「轉禮部員外郎, 新羅人金忠義以機巧進, 至少府監, 蔭其子爲兩館生, 貫之持其籍不與, 曰: "工商之子不當仕." 忠義以藝通權倖, 爲請者非一, 貫之持之愈堅. 旣而疏陳忠義不宜汚朝籍, 詞理懇切, 竟罷去之.」
118 池田溫, 「唐初處遇外族官制略考」, p.263.

이민족 출신으로 그가 지닌 특기로 인해 영달한 대표적인 사례가 바로 불공삼장(不空三藏)일 것이다. 인도 태생인 그는 밀교(密敎)경전의 전역과 중국 밀교의 대성자임으로 하여 현종·숙종·대종 3대의 제사(帝師)로서 개부의동삼사·숙국공(肅國公)이라는 파격적인 대우를 받았다.[119] 또 인도 출신으로 4대에 걸쳐 당조에 사환하면서 사천대(司天臺) 직에 몸담은 햇수가 100년이나 되었던 구담씨(瞿曇氏: Gautama) 일족의 활약상은[120] 당대처럼 호족계열의 왕조에서나 볼 수 있는 특이한 현상이다. 특히 구담실달(瞿曇悉達)은 그의 저서인 『개원점경(開元占經)』에다 인도의 구집력(九執曆)을 기록으로 남겼다는 점에서 역법사(曆法史) 및 중국의 위서(緯書)·점후서(占候書)·천문서의 전래에 불멸의 이름을 남긴 것이다.[121]

선비인을 비롯한 잡다한 호인들이 한인과의 융합과정을 거쳐 고위 관직을 얻거나 어느 특정 방면에 최고에 오른 사람도 적지 않았다. 그 대표적인 예가 당대 중·만기의 저명한 시인인 원진(元稹: 779-831)이라 할 것이다. 그는 북위 종실의 후예로 십익건(什翼犍)의 14세손이다. 북위 종실 탁발씨는 효문제의 천도정책에 따라 낙양으로 옮겨와 본관을 '하남 낙양'으로 정하고 한족의 성인 원(元)씨를 칭하게 되었다. 원진은 절동관찰사(浙東觀察使), 그리고 상서좌승(尙書左丞), 무창군절도사(武昌軍節度使) 등의 관직에 올랐으며 죽은 후에는 상서좌복야(尙書右僕射)로 추증되었을 정도로 고관을 지내기도 하였다.[122] 특히 백거이(白居易)와 더불어 '신악부(新樂府)'운동을 제창하여 '원·백(元·白)'이

---

119 (宋)贊寧撰, 『宋高僧傳』(北京: 中華書局, 1987) 卷1 「唐京兆大興善寺不空傳」, p.10.

120 瞿曇羅(司津監)—瞿曇悉達(太史監)—瞿曇譔(司天監)—瞿曇晏(司天臺冬官正)의 4대이다. 瞿曇羅는 太史令직에 있으면서 「經緯曆」, 「光宅曆」을 編製했으며, 정오품의 司津監을 지냈다(池田溫, 「唐初處遇外族官制略考」, p.263-264). 1977년 발견된 瞿曇譔의 墓에 대해서는 晁華山, 「唐代天文學家瞿曇譔墓的發現」, 『文物』 1978-10, pp.49-53.

121 瞿曇悉達의 『九執曆』에 대해서는 藪内淸, 『隋唐曆法史研究』, 東京: 三省堂, 1944, pp.134-199를 참조할 것.

122 王拾遺, 『元稹論稿』, 西安: 陝西人民出版社, 1994, pp.1-39.

58 대당제국과 그 유산

라 병칭된 사람이니,[123] 당대 최고의 문인이자 고관·지식인이었다.

 태종이 제창한 소위 '화이일가'의 정책은 이후 당황실에서 계속 유지되었다. 예컨대 고종·무후시대에도 이민족의 활약은 태종 연간에 비해 적지 않았다. 이러한 현상은 더욱더 심해져 현종 천보 연간에 이르면 이민족 출신에게 소위 '방면지임(方面之任)'을 통째로 맡기는 현상이 보이기 시작하더니 연변의 10 절도사를 모두 호인에게 맡기는 현상까지 나타나게 되었다. 여기다 과거제가 본격적으로 시행됨에 따라 문관의 문약화 과정과 맞물려, 이민족 출신에게 지방 장관을 맡기자는 주장이 이임보(李林甫)에게서 나왔다.[124] 권력을 유지하고 총애를 독점하려는 이임보의 사욕에 따라 제기된 것이지만, 결국 "여러 도(道)의 절도(사)를 모두 호인으로 임용하는"[125] 지경에 이르게 되었다. 이처럼 외국인으로 당나라에 들어와 당인이 된 후 기존의 한족을 제치고 고관에 오른 자가 많았으니, 이는 한두 사례에 그친 것은 아닌 것이다. 그 원인은 한장(漢將)의 무기(武技)가 번장에 크게 미치지 못한 때문이었으니, 이런 현상은 상급은 물론 하급에 있어서도 역시 그러하였기 때문이다. 당시 능사(能射)·공사(工射)·선사(善射)로 지칭되는 자는 대개 이민족 출신이었다.[126] 이들은 그 직책에 대한 나름 자부심을 갖는 한편 한인에 대해

---

123 『新唐書』卷119 白居易傳, p.4304, 「初, 與元稹酬詠, 故號'元白'; 稹卒, 又與劉禹錫齊名, 號'劉白'.」
124 『舊唐書』卷106 李林甫傳, pp.3239-3240, 「國家武德·貞觀已來, 蕃將如阿史那社爾·契苾何力, 忠孝有才略, 亦不專委大將之任, 多以重臣領使以制之, 開元中, 張嘉貞·王晙·張說·蕭嵩·杜暹皆以節度使入知政事, 林甫固位, 志欲杜出將入相之源, 嘗奏曰:"文士爲將, 怯當矢石, 不如用寒族·蕃人, 蕃人善戰有勇, 寒族卽無黨援." 帝以爲然, 乃用思順代林甫領使. 自是高仙芝·哥舒翰皆專任大將, 林甫利其不識文字, 無入相由, 然而祿山竟爲亂階, 由專得大將之任故也.」
125 『資治通鑑』卷216 唐紀32 玄宗天寶6載(747)12月條, pp.6888-6889, 「自唐興以來, 邊帥皆用忠厚名臣, 不久任, 不遙領, 不兼統, 功名著者往往入爲宰相. 其四夷之將, 雖才略過阿史那社爾 … 猶不專大將之任, 皆以大臣爲使以制之. 及開元中, 天子有呑四夷之志, 爲邊將者十餘年不易, 始久任矣; …李林甫欲杜邊帥入相之路, 以胡人不知書, 乃奏曰:"文臣爲將, 怯當矢石, 不若用寒畯胡人; …"上悅其言, 始用安祿山. 至是, 諸道節度盡用胡人(胡注曰: 安祿山·安思順·哥舒翰·高仙芝, 皆胡人也), 精兵咸戍北邊 … 皆出於林甫專寵固位之謀也.」
126 『舊唐書』卷199上 東夷傳高麗 泉獻誠, p.5328, 「天授中, 則天嘗內出金銀寶物, 令宰相及南北衙文武官

경멸감을 가지게 되기도 했다.[127]

무직뿐만 아니라 당제국 재상의 경우 그 수가 총 369인으로 98족(族) 가운데서 나왔는데, 그들 조상 대부분이 '번인한화(番人漢化)'이거나 '한화번인(漢化番人)'의 경력이었다는 주장은 좀 과장되긴 해도 그렇다고 완전한 허구도 아니다. 이런 풍조는 초당시대에 시작하여 만당(晩唐)까지 큰 변화가 없었다. 예컨대 고조가 임용한 재상 16인 가운데 적어도 9인이 번인(番人)과 혈연상 인척관계에 있었으며, 최신유(崔愼猷)가 "선종(宣宗) 대중연간(大中年間: 847-860)에서 의종(懿宗) 함통연간(咸通年間: 860-873)까지 임용된 재상이 '모두 번인(番人)'"[128]이라 하였던 것은 반드시 과장만은 아닌 것이다.

3) 대당제국에서의 외국인의 활동

대당제국의 관료조직을 서술한 『당육전』에 의하면, 이 책이 저술되기 전까지 조공을 바치던 민족 혹은 국가는 총 300개였는데 서로 싸우다 멸망하였고, 저술 당시에도 남아 있는 나라가 70여 국이라고 기록되어 있다. 이들은 각자 토경(土境), 즉 독자의 영토가 있고, 당의 사번(四番)에 해당된다고 하였다.[129] 아울러 현종 천보연간에 고구려 출신 고선지 장군이 치른 연운보

內擇善射者五人共賭之. 內史張光輔先讓獻誠爲第一, 獻誠復讓右玉鈐衛大將軍薛吐摩支, 摩支又讓獻誠. 旣而獻誠奏曰: "陛下令簡能射者五人, 所得者多非漢官. 臣恐自此已後, 無漢官工射之名, 伏望停寢此射." 則天嘉而從之;」;「新唐書」卷110 諸夷蕃將傳 泉獻誠, p.4124,「獻誠, 天授中以右衛大將軍兼羽林衛. 武后嘗出金幣, 命宰相·南北牙群臣擧善射五輩, 中者以賜. 內史張光輔擧獻誠, 獻誠讓右玉鈐衛大將軍薛吐摩支, 摩支固辭. 獻誠曰: "陛下擇善射者, 然皆非華人. 臣恐唐官以射爲恥, 不如罷之." 后嘉納.」

127 「資治通鑑」卷204 唐紀20 則天后天授元年(690) 是歲條, p.6470,「是歲, 以右衛大將軍泉獻誠爲左衛大將軍, 太后出金寶, 命選南北牙善射者五人賭之, 獻誠第一, …獻誠乃奏言:"陛下令選善射者, 今多非漢官, 竊恐四夷輕漢, 請停此射." 太后善而從之.」

128 (五代)孫光憲撰,「北夢瑣言」(北京: 中華書局, 2002) 卷5「中書蕃人事」, p.97,「唐自大中至咸通, 白中令入拜相, 次畢相誠·曹相確·羅相劭, 權使相也, 繼升嚴廊. 崔相愼猷曰:'可以歸矣, 近日中書盡是蕃人.' 蓋以畢·白·曹·羅爲蕃姓也.」

129 「唐六典」卷4 尚書禮部 主客郎中, pp.129-130,「凡四蕃之國經朝貢已後自相誅絶及有罪見滅者, 蓋

(連雲堡) 전투 후 서역에서 당나라로 귀부해 온 사람들의 나라 수를 불림(拂
菻: 大秦: 동로마)·대식(大食: 아라비아) 등 72국이라 했다.[130]

　　이 나라들이 완전한 국가체제를 갖춘 것은 아닐지라도 그 수만은 대단히
많다. 물론 '조공'이 중국왕조가 일방적으로 쓰는 용어라 하더라도 그 교류
한 나라 수가 많음에는 변함이 없다. 공식적인 조공사절만이 중국에 온 것
이 아니라 여러 가지 동기와 목적을 가지고 온 외국인도 앞에서 본 바와 같
이 많았다. 이들로 인해 당의 도성 장안에는 이른바 '이국정서(異國情緒)'가
흘러넘쳤다. 대당제국은 세계 각처에서 온 사람들의 교류의 현장이었다. 각
종 다른 피부색의 사람들이 거리를 활보하고 다녔다. 인종의 박람회장이었
고 전시장이었다. 서역 방면에서 온 파사(波斯: Persia)인, 소그드(Sogd; 粟特)인
은 물론, 심지어 얼굴색이 검은 곤륜노(崑崙奴)까지도 있었다.[131] 특히 이런
흑인의 존재를 알리는 것으로 장적(張籍)의「곤륜아(崑崙兒)」라는 시가 유명
하다.[132] 또 당대에는 흑인용(黑人俑)이 많이 출토되고 있는 것에서 알 수 있
듯이, 흑인은 당대 사회에서 그리 진귀한 존재가 아니었던 것이다. 다만 당
대의 곤륜노는 아프리카인이 아니고 동남아 내지 남아시아 국가에서 그 조

三百餘國. 今所在者, 有七十餘蕃(謂三姓葛邏祿 … 渤海靺鞨 … 日本·新羅·大食·吐蕃·波斯 … 東
天竺·西天竺 … 突騎施等七十國, 各有土境, 分爲四蕃焉)」;『唐會要』卷49「僧尼所隷」, pp.1006-1007,
「會昌五年七月, 中書門下奏:"…又據『六典』, 主客掌朝貢之國七十餘蕃. 五天竺國並在數內.」

130 『新唐書』卷135 高仙芝傳, p.4577, 「天寶六載八月, 仙芝以小勃律王及妻自赤佛道還連雲堡, 與令誠俱
班師. 於是拂菻·大食諸胡七十二國皆震懾降附.」;『新唐書』卷221下 西域傳下大勃律小勃律, pp.6251-
6252, 「(高)仙芝至, 斬爲吐蕃者, 斷娑夷橋. 是暮, 吐蕃至, 不能救. 仙芝約王降, 遂平其國. 於是拂菻·大
食諸胡七十二國皆震恐, 咸歸附.」

131 崑崙奴는 '目深體黑'으로 표현되기 때문에(『宋史』卷490 外國傳 大食國, p.14118, 「其從者目深體黑, 謂
之'崑崙奴')黑人이라 할 수 있다. 崑崙奴의 존재는 이미 南朝 劉宋代부터 알려졌지만(『南史』卷16 王玄
謨傳, p.466, 「又寵一崑崙奴子名白主, 常在左右, 令以杖擊群臣. 自柳元景以下皆罹其毒」), 그 주된 출
현 시기는 唐代였다. 唐代 傳奇 중에 崑崙奴 磨勒의 故事(梁羽生의『大唐游俠傳』이라는 TV 연속극의 주
인공인 鐵磨勒이 유명. 玄宗 天寶연간의 安史亂시기를 배경으로 활약)로서 유명하다.

132 『全唐詩』(北京: 中華書局, 1960) 卷385 張籍4, p.4339,「『崑崙兒』: "崑崙家住海中州. 蠻客將來漢地遊.
言語解敎秦吉了. 波濤初過鬱林洲. 金環欲落曾穿耳. 螺髻長卷不裹頭. 自愛肌膚黑如漆. 行時半脫木錦
裘."」

도판 03 | 黑人俑 – 崑崙奴像 – 胡俑頭像

공품 형식으로 유입되었을 가능성이 크다.[133] 얼굴색만을 가지고 보면 장안 거리는 흡사 미국의 뉴욕 맨해튼 거리나 별반 다를 것이 없었던 것이다.

이처럼 대당제국 안에는 외국 사자, 유학생, 유학승, 상인, 노예, 여행 관광객들로 넘쳐났다고 하니 40대 중반에서야 겨우 외국행 비행기를 탈 수 있었던 필자에게는 당대의 이런 풍경이 경이롭기만 했다. 이들 외국인 중에서 한반도와 일본에서 온 사람, 구법승이 대단히 많았음은 주지의 사실인데, 특히 주목되는 것은 신라승의 활약이다. 신라 승려로서 당에 유학한 후 그 법호(法號)가 기록된 자가 130인이 넘었다고 한다.[134] 대당제국 사람으로 역사책(『구당서』와 『신당서』)에 이름을 남긴 사람 수가 2,624인에 불과하니,[135] 이 수는 대단히 많은 것이다.

의정(義淨)의 『대당서역구법고승전』에 기록된 승도(僧徒) 58인 가운데는

133 『隋書』 卷82 林邑傳, p.1832, 「其人深目高鼻, 髮拳色黑. 俗皆徒跣, 以幅布纏身」; 『舊唐書』 卷197 南蠻 · 林邑傳, p.5270, 「自林邑以南, 皆卷髮黑身, 通號爲'崑崙'.」 '崑崙'은 베트남 南海 중의 작은 섬인 崑崙島 (현재 중국명 崑山島)에서 유래했을 가능성이 크다.
134 嚴耕望, 「新羅留唐學生與僧徒」, 『唐史硏究叢稿』, 香港: 新亞硏究所, 1969, p.479.
135 毛漢光, 『唐代墓誌銘彙編附考』, 第1冊, 臺北: 中央硏究院歷史語言硏究所, 1981, p.2.

신라인이 8인, 고구려인이 1인이 있었는데 이들은 입당 후에 다시 서역으로 간 사람들이었다. 그런데 신라승의 비율이 1/6이니, 그 수가 얼마나 많았는가를 보여준다. 또 『경덕전등록(景德傳燈錄)』에 기록된 선문승도(禪門僧徒) 1,600인 중에 당인이 아닌 사람이 43인이었는데, 그중 42인이 신라인이었다.[136] 무종시기에 일어난 회창(會昌) 폐불(廢佛)시기 장안 좌가(左街: 즉 萬年縣)에 소재한 여러 사찰에 체재하고 있던 외국승으로 신책군의 심문에 불려들어간 자가 21인이었다. 그 중에 신라승이 10명으로 거의 반을 차지하였다.[137] 또 일본 승려 원인(圓仁: 엔닌)처럼 외국 승려로서 사부(祠部)의 첩(牒)을 가지지 못하여 환속되거나 본국으로 추방된 자 가운데 신라승도 많았다고 한다.[138]

당나라에 체재하는 사람 중에 신라 출신 노예['新羅奴']가 있었다는 것이 주목된다.[139] 신라노는 당시 '곤륜노(崑崙奴)·신라비(新羅婢)'라는 말이 연달아 칭해질 정도로 유명했다. 이와 관련하여 당 후기 중국의 해적선이 한반도 연해에 출몰하여 신라인을 약취해서 산동지방에 노비로 팔았던 사실이 있고,[140] 그것이 쉽게 근절되지 않고 있음을 알리는 기술도 있다.[141] 이후 해적

---

136 嚴耕望, 「新羅留唐學生與僧徒」, p.445.

137 (日本)僧圓仁 撰, 『入唐求法巡禮行記』(『入唐求法巡禮行記校註』, 石家莊: 花山文藝出版社, 1992) 卷3 會昌3年(843)正月條, p.413, 「廿七日, 軍容有帖, 喚當街諸寺外國僧. 廿八日, 早朝入軍裏. …諸寺新羅僧等…都計卄一人, 同集左神策軍軍容衙院.」 외국승 21인 중에 新羅僧이 10명이었다(김문경 역주, 『엔닌의 입당구법순례행기』, 서울: 중심, 2001, p.428).

138 『入唐求法巡禮行記』 卷4 會昌5年(845)5月條, p.463, 「有敕云: "外國[僧]等若無祠部牒者, 亦勒還俗遞歸本國者," …並無唐國祠部牒. 新羅國僧亦無祠部牒者多. 日本國僧圓仁·惟正亦無唐國祠部牒. 功德使准敕 配入還俗例.」

139 '新羅奴'의 존재는 新羅로부터 해적선의 掠賣에 의한 대규모의 奴婢 유입의 현황을 보이고 있다(玉井是博, 「唐時代の外國奴- 特に新羅奴に就いて」, 『支那社會經濟史研究』, 東京: 岩波書店, 1942, pp.223-230).

140 『舊唐書』 卷16 穆宗本紀 長慶元年(821)3月丁未條, pp.486-487, 「平盧薛平奏: 海賊掠賣新羅人口於緣海郡縣, 請嚴加禁絶, 俾異俗懷恩. 從之.」

141 『唐會要』 卷86 「奴婢」, pp.1861-1862, 「長慶元年三月, 平盧軍節度使薛平奏: "應有海賊詃掠新羅良口, 將到當管登·萊州界及緣海諸道, 賣爲奴婢者. 伏以新羅國雖是外夷, 常稟正朔, 朝貢不絶, 與內地無殊.

선에 대비한 해상왕 장보고의 개인적인 노력과 신라-당조의 공적인 단속에 의해 근절되었다.[142] 당시 해적들은 산동지역의 번진과 연결된 측면이 있었기 때문에, 당조는 신라의 청을 들어준다는 명분으로 신라에 파병을 요구한 바 있으며 신라에서 갑병 3만을 보냈다고 한다.[143] 여하튼 이런 외국노의 존재는 당대만의 현상은 물론 아니지만 전대에 비해 수적으로 현저한 특징을 보이고 있었던 것만은 사실이다. 그 원인은 당시의 시대풍조인 '이국정서' 혹은 '이국취미(異國趣味)'와 무관하지 않았던 것이고, 이런 상황을 통해 당대 사회의 다양한 인종구성을 엿볼 수 있다.

대당제국 안으로 들어온 사람들 가운데는 망국, 포로 등 타의에 의한 자들도 물론 있었지만 상당수가 자의로 입국한 자들이었다. 대당제국은 이처럼 '열린[開放] 제국이었고, 당은 열린 사회'였다. 열린 사회가 성립할 필수적인 조건은 '기회의 균등'이다. 연줄이 아닌 실력·기량으로 평가 받는 것이 바로 열린사회의 기본 조건이다. 국가가 필요해서이건, 개인적인 성취동기에서이건 간에 입국 후 별다른 차별대우를 받지 않아야 한다. 고구려인 고선지와 같은 이는 군사력으로, 파사인 아라감(阿羅撼)은 특수신분과 특수재능으로 당 조정에서 활약한 전형적인 인물이었다.[144] 당시 이민자들의 묘지

其百姓良口等, 常被海賊掠賣, 於理實難, …起今以後, 緣海諸道, 應有上件賊誌賣新羅國良人等, 一切禁斷,…" 勅旨: "宜依"… 大和二年十月勅: "…其新羅奴婢, 伏准長慶元年三月十日勅, 應有海賊誌掠新羅良口, 將到緣海諸道, 賣爲奴婢, 並禁斷者, 雖有明勅, 尙未止絶. …";「冊府元龜」卷170 帝王部 來遠, p.2056下,「穆宗長慶元年三月十日, 平盧節度使薛平奏: "新羅雖是外夷, 朝貢不絶, 其百姓多被海賊掠賣, 令請緣海州郡, 一切禁斷, 冀賊徒永息, 異俗懷恩." 從之.」

142 「冊府元龜」卷980 外臣部 通好, p.11517上,「(開成)三年秋七月, 新羅王金祐徵, 遣淄靑節度使奴婢, 帝矜以遠人.」;(唐)杜牧撰,「樊川文集」(四庫唐人文集叢刊本, 上海: 上海古籍出版社, 1994) 卷3「張保皐鄭年傳」, pp.16-17,「新羅人張保皐·鄭年者, …後保皐歸新羅, 謁其王曰: "遍中國以新羅人爲奴婢, 願得鎭淸海(新羅海路之要), 使賊不得掠人西去, …"自太和後, 海上無鬻新羅人者.」

143 (高麗)金富軾 撰,「三國史記」卷10 新羅本紀10 憲德王11年(819)秋7日條,「唐鄆州節度使李師道叛. 憲宗將欲討平, 詔遣揚州節度使趙恭, 徵發我兵馬, 王奉勅旨, 命順天軍將軍金雄元, 率甲兵三萬以助之.」

144 (淸)端方 撰,「陶齋藏石記」(淸宣統元年石印本, 中國東方文化硏究會歷史文化分會 編,「歷代碑誌叢書」第12冊, 南京: 江蘇古籍出版社, 1998 所收) 卷21「大唐故波斯國大酋長·右屯衛將軍·上柱國·金城郡

명이 낙양 부근에서 다수 발견되었다. 묘지명을 남길 만큼 이들은 이국 땅에서 나름 성공을 거둘 수 있었던 것이다.

외국인에게는 빈공급제(賓貢及第)라는 과거를 통해 나름 공식적인 출세의 길이 열려 있었다. 이것과 관련하여 특히 신라인 4인이 주목된다.[145] 먼저 김운경(金雲卿)이다. 그는 목종 장경(長慶) 연간(821-824)에 급제하여 연주도독부(兗州都督府) 사마(司馬)로 관직생활을 시작한 후, 무종 회창 원년(841)에 환국할 때까지 20여 년간 당 궁정에서 공직으로 근무했으니 그가 신라 사람인지 당인인지 분간하기 어려울 정도다. 최치원(崔致遠)은 희종 건부(乾符) 원년(874) 급제하여 선주율수현위(宣州溧水縣尉)로, 그리고 고병(高騈) 아래서 종사하며, 회남입본국겸송조서등사(淮南入本國兼送詔書等使), 전도통순관(前都統巡官)·승무랑(承務郞)·시어사(侍御史)·내공봉사자금어대(內供奉賜紫金魚袋) 등의 직책으로 10년 간 근무하다 희종 중화(中和) 4년(884)에 귀국했다. 김소발(金紹渤)은 건부 말(879) 급제하여 태학박사(太學博士)로 있다가 희종 문덕 원년(888) 귀국하기까지 10년 간 봉직했다. 김문울(金文蔚)은 소종 건령(乾寧) 연간(894-897)에 급제하여 전후로 공부원외랑(工部員外郞) 기왕부자의참군(沂王府諮議參軍) 윤책명사(允冊命使) 등의 직을 담당하다가 소종 천우(天祐) 3년(906)에 귀국하기까지 8-9년을 봉직했다. 당조에서 외국인들은 이처럼 '빈공급제'를 통해서 관직을 얻었고 관료생활을 했던 것이다.

『동사강목』을 보면[146] 장경 초년 김운경이 빈공과에 등과한 이후 당조 말년까지 신라 유학생으로서 급제한 자는 58인이었다고 기록되어 있다.[147] 빈

　開國公·波斯君丘之銘」, pp.213-214.
145 嚴耕望, 「新羅留學生與僧徒」.
146 (朝鮮)安鼎福 撰, 『東史綱目』(朝鮮古書刊行會 編, 서울: 景仁文化社, 1987) 卷5上 唐昭宗龍紀元年(889) 條, p.499. 「長慶初, 金雲卿, 始登賓貢科, 所謂賓貢科, 每自別試, 附名榜尾. 自雲卿後至唐末登科者五十八人. 五代梁唐之際, 亦至三十二人.」
147 穆宗 長慶(821-824)에서 五代 中葉(930년 전후)까지 신라인 빈공과 登第者는 90인이고, 유학생 중에 미

공과에 급제한 외국인을 '등선적(登仙籍)'이라 하는데, 신라 합격자로는 박인범(朴仁範)·최치원·박충(朴充)·김이어(金夷魚)·최승우(崔承祐)·김가기(金可紀)·최언위(崔彦撝: 崔愼之) 등이 있다.[148] 이들 가운데 최치원은 재당기간이 18년, 최언위는 24년이었고, 김가기는 당에서 그의 생애를 마쳤다. 당시 이들 유학생들은 유학생활이 끝난 후 본국에 돌아가 관료로 일하기보다 당왕조에서 활약하는 것을 더 선호했던 경향이 있다. 당시(唐詩) 가운데 "소년 때 본국을 떠나 이제 돌아가니 노인이 되었구나(少年離本國, 今去已成翁)"[149]라든지 "천애 멀리 떠나온지 벌써 이십 년, 대궐에서 세 조정을 거쳤다네(天涯離二紀, 闕下歷三朝)"[150]라는 구절이 있다. 외국에서 젊고 활기찬 시절을 보낸 후 노년에 들어 젊은 날을 회고하는 내용이지만, 그들의 이런 삶은 고국에 돌아가지 못할 특별한 이유가 없었다면 스스로 선택한 삶이었을 것이다.

이 밖에 일본의 아배중마려(阿倍仲麻呂: 아베 나카마로), 대식의 이언승(李彦升), 강국(康國: Samarkand)의 강겸(康謙) 등 외국인들의 활약이 특히 두드러졌다. 아배중마려는 17세인 717년(玄宗 開元 5년)에 당으로 유학을 가기 위해 고국을 떠나,[151] 당에서 태학에 입학하고 진사과에 합격하여 좌보궐(左補闕)에 이르렀다. 그 후 조형(晁衡: 朝衡)이라는 중국이름을 하사받고 삼조(三朝: 玄宗·肅宗·代宗) 50여 년 간 당 조정에 봉직했으며, 천보 12년(753)에 잠시 귀국하였다가 다시 당으로 돌아와 대종 대력(大曆) 5년(770) 장안에서 사망했

등제자는 그 수 배 혹은 수십 배이며, 太宗 貞觀 14년(640) 신라가 유학생을 파견한 이후 五代 중엽까지 300년 간 파견한 유학생이 2,000인 상당이라 하였다(嚴耕望, 「新羅留學生與僧徒」, p.441).

148 『東史綱目』 卷5上 唐昭宗龍紀元年(889)條, p.499, 「其表表知名者, 有崔利貞·金叔貞·朴季業·金允夫, 金立之 … 崔致遠·崔愼之 … 金文蔚等, 皆達于成材.」 方亞光, 『唐代對外開放初探』, 合肥, 黃山書社, 1998, pp.25-27에서는 빈공과 등제자 26명의 성명을 열거하고 있다.

149 (朝鮮)韓致奫 撰, 『海東歷史』(韓國學基本叢書本, 서울: 景仁文化社, 1973) 卷50 藝文志9 中國詩1, 顧非熊 「送朴(樸)處士歸新羅」, p.94.

150 『海東歷史』 卷50 藝文志9 中國詩1, 張喬, 「送朴充侍御歸海東」, p.94.

151 陳鐵民, 『王維新論』, 北京: 北京師範學院出版社, 1990, p.25.

다.[152] 숙종시기에 활약한 강겸은 빈공과를 통해 입조한 후 홍려경(鴻臚卿)까지 올랐다.[153] 이언승은 선종 대중 원년(847) 변주자사(汴州刺史)·선무절도사(宣武節度使) 노균(盧鈞)[154]의 추천으로 발탁되었다가 다음 해에 진사과에 우수한 성적으로 합격하였으니 외국인의 일반적인 코스인 빈공과의 출신과는 달랐다.[155] 위에서 든 이들 인사 외에 고구려, 신라, 백제, 일본, 대식, 파사, 안(安), 강, 천축(天竺) 등 다양한 국적을 가진 자들이 활동하는데, 이들은 대개 빈공과를 통해서 당 조정에서 활약했다. 세계역사상 전근대시대 동서 어느 나라에서 외국인이 공무원 시험을 치러 당당하게 공무원이 될 수 있었던 나라가 있었던가!

그래서 그런지 대당제국에는 외국에서 온 국비·자비 유학생들로 넘쳤다. 그들은 ① 국자학(國子學)에서 주로 공부를 했다. 태종 정관 연간에는 문교(文敎)의 문이 크게 확대되어 학사(學舍) 1,200간(間)이 증축되었으며, 신라, 고창, 백제, 토번(吐蕃), 고구려에서 온 유학생으로 구성된 국자학생 8,000여 인이 기숙하였다고 한다.[156] 도성에만 유학생이 있었던 것이 아니고 ② 지방주·현학(州·縣學)에도 유학생이 많았는데, 특히 일본·신라에서 온 유학생

---

152 『舊唐書』卷199 東夷傳 日本, p.5341, 「其偏使朝臣仲滿, 慕中國之風, 因留不去, 改姓名爲朝衡, 仕歷左補闕·儀王友, 衡留京師五十年, 好書籍, 放歸鄕, 逗留不去」;『新唐書』卷220 東夷傳·日本, p.6209, 「其副朝臣仲滿慕華不肯去, 易姓名曰朝衡, 歷左補闕, 儀王友, 多所該識, 久乃還, 聖武死, 女孝明立, 改元曰天平勝寶. 天寶十二載, 朝衡復入朝, 上元中, 擢左散騎常侍·安南都護.」
153 『新唐書』卷 225上 逆臣傳上 安祿山, p.6425, 「有商胡康謙者, 天寶中爲安南都護, 附楊國忠, 官將軍, 上元中, 出家貲佐山南驛稟, 肅宗喜其濟, 許之, 累試鴻臚卿. 婿在賊中, 有告其畔, 坐誅.」
154 『舊唐書』卷177 盧鈞傳, p.4592, 「大中初, 檢校尙書右僕射·汴州刺史·御史大夫·宣武軍節度·宋亳汴潁觀察等使.」;『全唐詩』卷488 盧鈞, p.5541, 「盧鈞, 字子和, 擧進士中第, 嘗爲李絳·裴度幕僚, 歷嶺南·山南·昭義·宣武節度. 大中時, 召爲左僕射, 後以太保致仕. 卒年八十七. 詩一首.」
155 『全唐文』卷767 陳黯「華心」, p.7986, 「大中初年, 大梁連帥范陽公得大食國人李彦昇薦於闕下, 天子詔春司考其才, 二年以進士第, 名顯然. 常所貢者不得擬.」
156 『新唐書』卷198 儒學傳上序言, p.5636, 「於是新羅·高昌·百濟·吐蕃·高麗等群酋長並遣子弟入學, 鼓笥踵堂者, 凡八千餘人.」;『唐會要』卷35「學校」, p.739, 「貞觀五年以後, 太宗數行國學太學, 遂增築學舍一千二百間. …已而, 高麗·百濟·新羅·高昌·吐蕃諸國酋長, 亦遣子弟, 請入國學. 于是國學之內, 八千餘人, 國學之盛, 近古未有.」

이 가장 많았다고 한다. 우리나라 사람들의 교육열은 삼국시대부터 세계최고 수준을 자랑했던 것이다.[157] 귀족가문 출신의 자제들이 개인자격으로 유학왔을 뿐만 아니라 국가에서도 이런 유학을 장려한 것처럼 보인다. 경종(敬宗) 보력(寶曆) 원년(825) 5월 태학생 최리정(崔利貞)·김숙정(金叔貞)·박승업(朴承業) 등 4인을 귀국시키고 새로이 김윤부(金允夫)·김립지(金立之)·박량지(朴亮之) 등 12인을 보내겠으니 그들을 숙위(宿衛)로 삼아 국자감에 배치하여 공부하도록 해달라는 신라왕의 상주가 있었을 정도였다.[158] 문종 개성(開成) 2년(837)에는 신라의 재당 유학생이 216인이었다는 기록이 있고,[159] 개성 5년(840) 4월 신라에 국상(國喪)이 있자 1차 귀국한 유학생이 105인이었다는 기록도 있다.[160] 이들 유학생은 일반적으로 10년을 한도로 귀국하도록[十年限滿還國] 규정되어 있었고, 신라 유학생은 항상 100-200인이 유지되었다.[161] 신라 유학생들의 학습과 체류비용은 신라와 당정부에서 분담한 것으로 이해되고 있다. 즉 서적 구입 비용은 신라정부가, 의식 등 생활비용은 당정부가 부담한 것이다.[162]

왜 신라인 유학생이 많았을까? 독특한 교육열 때문인가? 이 문제와 관련하여 특히 관심을 끄는 것은 유학생 가운데 빈공과에 합격한 신라인 대부분

---

157 한국은 교육열이 높은 나라로 미국 대통령 오바마도 지적한 바 있다. 2007년 미국 내 유학생 수를 보면 한국인이 10만 3394명(유학생의 14%)으로 세계 1위였다.
158 『冊府元龜』 卷999 外臣部 請求, p.11724下, 「敬宗寶曆元年 … 新羅國王金彦昇奏: "先在太學生崔利貞·金叔貞·朴季業四人, 請放還蕃. 其新赴朝貢金允夫·金立之·朴亮之等一十二人, 請留宿衛, 仍請配國子監習業." 鴻臚寺給資糧從之.」
159 『唐會要』 卷36 「附學讀書」, p.779, 「又新羅差入朝宿衛王子, 幷准舊例, 割留習業學生並及先住學生等, 共二百十六人.」
160 『唐會要』 卷95 「新羅」, p.2031, 「(開成)五年四月, 鴻臚寺奏: "新羅國告哀, 其質子及年滿合歸國學生等共一百五人," 並放還.」
161 嚴耕望, 「新羅留唐學生與僧徒」, pp.431-432.
162 『東史綱目』 卷5上 唐昭宗龍紀元年(889)條, p.499, 「新羅自事唐以後, 常遣王子宿衛, 又遣學生入太學習業, 十年限滿還國. 又遣他學生入學者, 多至百餘人. 買書銀貨則本國支給, 而書糧, 唐鴻臚寺供給, 學生去來者相從.」

은 그 성취동기가 다른 계층보다 뚜렷한 6두품 출신이었다는 사실이다.[163] 엄격한 골품제의 적용에 의해 출셋길이 제한된 6두품은 원래 신라의 건국과정에 합류한 족장이나 발전과정에서 합병된 대족장 등 고위층이었지만, 점차 주류에서 밀려나[164] 신라 후기가 되면 출세의 길이 차단되었던 것이다. 이런 신라인에게 대당제국으로의 유학은 그들의 신분상 옹색함과 울분을 획기적으로 바꿀 수 있는 기회가 되었던 것이다. 그곳에서 조국에서 못다핀 꿈을 펼쳤다.

다음은 숙위 혹은 숙위학생(宿衛學生) 문제이다. 숙위란 궁정을 보위하는 임무를 띠는 것을 말한다. 당대 숙위를 담당하는 무관[宿衛官]의 범위는 매우 넓다. 절충부의 위사, 삼위(三衛) 북아금군(北衙禁軍)으로 계통상 나눌 수 있고, 이들은 교대로 상번(上番)하였다.[165] 그런데 당대 '숙위학생'이란 당조에 신속하는 나라에서 왕자 등이 질자(質子), 즉 인질(人質)로서 대당제국의 도성에 파견되어 장기 체류하면서 궁성의 시위[宮衛]를 담당하는 친위적인 궁중

---

163 신라사회가 중앙집권적 귀족국가로 발전하면서 엄격한 신분제인 骨品制가 성립되었다. 그것은 骨制와 頭品制로 편제되어 있는데, 6頭品은 두품 가운데서 가장 높은 계급이다. 골품제에 편입되는 자는 王京人에 한했고, 중앙관직에 임명되므로 지배집단에 속했다. 6두품은 최고의 신분층은 아니었지만 중앙귀족이었다. 신라귀족은 골품에 따라 관직에 오를 수 있는 등위가 결정되어 있고, 타는 수레나 사용하는 기물·복색·거주하는 집의 크기에 제한을 받았다. 6두품은 제6관등인 阿湌까지 오를 수 있었고, 아찬에서 더 관등을 올려야 할 경우 重位制를 적용해 重阿湌에서 四重阿湌까지를 제수하며, 제5관등인 대아찬 이상으로 올리지 않았다. 834년(興德王 9)에 반포된 규정은 비록 眞骨과 6두품 신분을 구별하려는 의도가 짙게 깔려 있지만, 5두품이나 4두품에 비해 6두품에 대한 제한규정이 훨씬 적은 편이다. 6두품에 속한 중요한 가문으로는 우선 薛氏를 들 수 있다. 설씨는 元曉가 속한 가문으로, 본래는 押督國의 왕족이었다. 伽倻가 멸망한 뒤 왕족은 진골로 편입되기도 했으나, 대부분의 왕족이나 최고귀족은 6두품으로 편입되었다. 强首가 곧 이러한 사례에 해당된다. 고구려와 백제의 귀족 역시 멸망 후 일부가 골품제로 편입되었고, 신분이 높은 귀족은 6두품으로 편제되었다.
164 신라의 골품제는 대체로 聖骨, 眞骨, 6두품, 5두품, 4두품으로 이루어지는데, 4두품 이하는 거의 평민이나 다름없다. 성골은 직계 왕족끼리의 족내혼으로 유지되는 집단인데, 眞德女王을 마지막으로 끊겼고, 진골은 왕족이지만 방계왕족이나 귀족의 피가 섞인 집단이다. 진덕여왕 이후로는 진골에서 왕이 나왔다. 5두품 내지 4두품은 발전과정에서 합병된 6두품보다 못한 지위의 자들이라고 할 수 있다.
165 『唐六典』 卷5 兵部尙書, p.153, 「凡應宿衛官各從番第」.

수비군을 의미한다.[166] 숙위 혹은 숙위학생은 당과 신라의 교류면에서 중요한 연결고리였기 때문에 일찍이 우리 학계에서도 주목한 논제였다.[167] 당조는 이들에게 개방적이었으며 여러 가지 편의를 제공하였다.[168] 이것은 또한 대당제국의 '제국적 포용성'을 표현하는 하나의 표징이기도 하였다.[169] 이들 숙위학생은 글자 그대로 숙위와 학생의 합성어이기 때문에 단순히 군사적인 역할만으로 한정되는 것은 아니었으며, 국학(國學)의 입학이 첨가되는 종합개념의 외국인사였다.[170] 숙위가 당측으로서는 대당제국의 위상을 과시하는 의미가 있다면, 학생을 통해 선진문화를 섭취하게 하는 파견국 나름의 목적도 있는 것이다. 이러한 복합적인 명칭을 지닌 이들은 일종의 인질이지만, 다른 한편으로는 조공사로서 국가간의 정치·경제·사회·문화 전반에 걸친 다양한 중개 업무를 수행하는 외교사절이기도 하였다.[171] 숙위학생은 당대에 돌연 출현한 것이 아니고, 이미 중국 고대부터 있어온 세력간에 교환된 일종의 질자 형식이었다. 이것은 선진시대에 중국 내부세력간에 교환된 내부인질과 진한 이후 나타나는 외국과 교환된 외부인질로 구별할 수가 있다.[172] 당대에 교환된 것은 물론 당연히 외부인질이다. 외부인질로는 후한 광무제 건무(建武) 연간에 서역 18개국의 왕이 그 자식을 보내 인질로 하고

---

166 『舊唐書』 卷44 職官志3, p.1898, 「凡宿衛, 內廊閤門外, 分爲五仗, 皆坐于東西廊下. 若御坐正殿, 則爲黃旗仗, 分立於兩階之次, 在正門之內, 以挾門隊坐於東西廂. 皆大將軍守之.」

167 卞麟錫, 「唐宿衛制度에서 본 羅·唐關係 ―唐代'外人宿衛'의 一研究―」, 『史叢』 11, 1966.

168 『新唐書』 卷97 魏徵傳, p.3870, 「至是, 天下大治. 蠻夷君長襲衣冠, 帶刀宿衛. 東薄海, 南踰嶺, 戶闔不閉, 行旅不齎糧, 取給於道.」

169 『資治通鑑』 卷193 唐紀9 太宗貞觀4年(630)夏4月條, pp.6076-6077, 「(溫)彥博曰: "王者之於萬物, 天覆地載, …選其酋長, 使入宿衛, 畏威懷德, 何後恨之有!"」

170 『三國史記』 卷12 新羅本紀12 敬順王, 「論曰: "…以至誠事中國, 梯航朝聘之使, 相續不絶, 常遣子弟, 造朝而宿衛, 入學而講習. 于以襲聖賢之風化, 革鴻荒之俗, 爲禮儀之邦."」

171 申瀅植, 「新羅의 宿衛外交」, 『韓國古代史의 新研究』, 서울: 一潮閣, 1984, p.390.

172 楊聯陞은 人質의 종류를 ① Exchanged Hostage(交換人質), ② Unilateral Hostage(單方人質)[ⓐ External Hostages(外部人質), ⓑ Internal Hostages(內部人質)]로 나눈다(Lien-Sheng Yang, "Hostages in Chinese History", *Harvard Journal of Asiatic Studies* 15-314, 1952, pp.507-508).

그들 스스로가 도호(都護)가 되기를 청한 것이[173] 그 대표적인 예이다. 그러나 후한대에 보이는 외부인질은 이런 명칭상 유사점에도 불구하고, 당대의 '숙위학생'과는 다른 면이 많다. 특히 신라의 숙위학생은 신라 무열왕계 왕권이 성립되는 7세기 중엽에 대당제국과 신라 사이에서 고안된 일종의 외교사절이었기[174] 때문이다.

당대 질자의 특징은 거의 대부분 주변 민족이 당으로 질자를 파견한 경우이긴 하지만[175] 질자의 대부분이 중국 고대의 질자와는 달리 숙위 임무를 담당했다는 점에서 우선 다르다. 또 신라와 발해의 경우는 정례화된 제도로서 성립·운용되었다.[176] 여타의 경우 당조와의 관계를 맺는 과정에서 질자가 파견되었는데, 어느 정도 관계가 발전하면 파견하지 않았다. 그런 까닭으로 파견국의 의사가 그 성격을 좌우하였다 할 수 있다.[177] 또 이는 번인·번객 출신 무사가 수행한 숙위와도 다르다. 이민족(번인·번객)출신 무관의 경우 모두 숙위가 면제되었다.[178] 물론 희망하는 경우 약간의 확인 후에 기용되었지만,[179] 숙위가 의무는 아니었던 것이다. 그러나 숙위학생의 경우는 숙위가 중요한 의무였던 것이다.

숙위학생에서 두 가지 특징을 발견할 수 있다. 첫째, 당대의 숙위학생은

173 『後漢書』 卷88 西域傳, p.2924, 「(建武)二十一年冬, 車師前王·鄯善·焉耆等十八國俱遣子入侍, …願得都護.」
174 申瀅植, 「新羅의 宿衛外交」, p.353.
175 陸宣玲, 『唐代質子研究』, 陝西師範大學碩士學位論文, 2008; 成琳, 「唐代民族關係中的質子制度研究」, 陝西師範大學碩士學位論文, 2008.
176 新羅는 唐都에 '宿衛院'을 설치하여 두고 唐末 혼란시대에 본국과 문서연락을 취하고 있었다고 한다[(新羅)崔致遠 撰, 『崔文昌侯全集』, 서울: 成均館大學校 大東文化研究院, 1991) 卷1 表「謝不許北國居上表」, p.47, 「臣得當番宿衛院狀報, 去乾寧四年七月」].
177 申瀅植, 「新羅의 宿衛外交」, p.353.
178 『唐六典』 卷5 兵部尚書, p.154, 「蕃人任武官者, 並免入宿. 任三衛者, 配玄武門上, 一日上, 兩日下. 配南衙者, 長番, 每年一月上.」
179 『新唐書』 卷46 百官志 主客郎中, p.1196, 「蕃客請宿衛者, 奏狀貌年齒.」

거의 대부분 주변 왕조측이 당 조정에 요구해서 파견된 것이고, 둘째는 그 주된 임무가 황제의 숙위 임무를 담당했다는 점이다. 첫째의 경우 대당제국에서 선진문화를 배우겠다는 의미의 국비유학생이기도 하지만, 실질적으로 자국민의 이익에 부합하고 고정 간첩의 역할도 한 점도 있다. 그래서 앞서 말한 대로 신라와 발해의 경우는 그들의 요구로 정례화된 제도로서 성립·운용되었고, 그래서 '질자외교'라는 지적도 있다. 즉 질자는 인질 자체에 그치는 것이 아니고, 그것을 받아들이는 당조나 질자를 보내는 나라 양자 모두에 중요한 기능과 역할을 하고 있었다. 당조로서는 당연히 파견국을 통제하면서 그들이 황제의 의장대 역할을 하기 때문에 중화 황제의 위상을 증진할 수 있었을 것이다.[180] 필자는 후술할 당태종의 소릉(昭陵)의 14군장상이나 당고종 건릉(乾陵)의 61번신상의 이미지를 상상한다. 한때는 숙위질자를 본국으로 송환하고 이 제도를 폐지하려 했으나[181] 당-이민족 쌍방이 모두 상대에 대해 위상을 뽐내고 또 정보를 획득할 수 있는 등 나름 다양하게 이득을 얻는 측면이 있었기 때문에 당말까지 폐지되지 않고 존속하게 되었다. 당대에 총 23개국에서 파견된 숙위학생이 있었다.

둘째는 당대의 숙위학생의 운영이 매우 '유목적' 발상에서 나온 것이라는 점이다. 그 이유는 칭기즈칸의 친위부대 구성 원리와 유사한 면을 보이기 때문이다.[182] 즉 친위대의 전사들은 천호장·백호장·십호장들이 보낸 아들 한 명을 '인질(turqaq: 禿魯花)'로 분류·배치했던 것이다. 즉, 이들은 야간에 군

---

180 武人과 전혀 관계가 없는 譯經 婆羅門마저 衛部의 衛官으로 임명되는 등 다분히 儀仗化하고 있었다(池田溫,「唐初處遇外族官制略考」, pp.266-267).

181 玄宗 開元 10년(722) 閏5월에 諸蕃에 質子 宿衛者를 放還歸國시킨다는 詔가 내려지기도 하였다(『唐大詔令集』 卷128 蕃夷「放諸蕃質子各還本國勅」, pp.632-633,「敕: 我國家統一寰宇, 歷年滋多, 八方同文, 四隩來暨. 夫其襲冠帶, 奉正朔, 顒顒然向風而慕化, 列于天朝, 編于屬國者, 蓋亦衆矣. …今外番侍子久在京師, 雖威惠之及, 自遠畢歸, 而羈旅之意, 重遷斯在. 宜命所司勘會諸蕃充質宿衛子弟等, 量放還國; 契丹及奚延通質子, 并卽停追.」). 그러나 盛唐 이후 質子宿衛의 제도는 폐지되지 않고 존속되었다.

182 箭內瓦,「元朝怯薛考」,『蒙古史硏究』, 東京: 刀江書院, 1930, pp.211-262.

주의 천막 부근에 머물며 호위 임무를 수행하는 숙위(宿衛: kebte'ül)와 주간에 배치되어 호위임무를 수행하는 산반(散班: turuq'ud), 그리고 군주 주위에 활통을 차고 호위임무를 수행하는 전통사(箭筒士: qorchi) 등 대개 세 가지로 분류된 것이다. 이것이 나중에 케식(怯薛: keshig)이라는 친위조직의 기원이 되었다. 케식이라는 몽골어는 '은총', '사여', '순번', '당번'의 뜻을 가지고 있어 결론적으로 "은총을 입은 당번"의 의미인 것이다.[183]

제휴하거나 연합하여 지배하에 들어온 부락장의 자제를 질자 형식으로 확보하는 방식은 몽골보다 훨씬 이전 북위의 소위 '서기(序紀)'시대부터 있었다.[184] 반면 이러한 질자는 동진–남조에서는 보이지 않는다. 그리고 남조에서 외국인 출신을 금위군으로 쓴다는 것은 더욱 상상되지 않는다. 그런데 당대가 되면 외국인, 특히 호인을 궁정 숙위·의장(儀仗)으로 쓰는 사례가 빈번하였다. 이런 현상은 당대에 비로소 개시된 것이 아니라 이미 북조시대부터 있어 왔던 일이었다.[185] 일찍이 북위에 이미 그 선례가 있으니, 전기에는 소그드 안씨(安氏) 일문, 즉 안동(安同)·안원(安原)·안힐(安頡) 등 조손들의 전례가 있었으며,[186] 후기에는 사령(史寧) 등의 사례가 있었다.[187] 북위 전기의

183 김호동, 『몽골제국과 세계사의 탄생』, 서울: 돌베개, 2010, pp.107-108.
184 始祖 神元皇帝 力微시기에 沒鹿部大人 竇賓가 자신의 딸을 바친 것(『魏書』 卷1 序紀, p.3, 「元年, 歲在庚子, …依於沒鹿回部大人竇賓, 始祖有雄傑之度, 時人莫測, …久之, 賓乃知, 大驚, 將分國之半, 以奉始祖, 始祖不受, 乃進其愛女.」)과 力微 58년 그가 아픈 것을 틈타 烏丸王庫賓이 여러 부락을 부추기자, 力微이 大人의 長子들을 살해하겠다고 한 것을(p.5 「其年, 始祖不豫, 烏丸王庫賢, 親近任勢, …故欲沮動諸部, 因在庭中礪鉞斧, 諸大人間欲何爲, 答曰: "上恨汝曹讒殺太子, 今欲盡收諸大人長子殺之." 大人皆信, 各各散走」)을 볼 때 그 質任의 존재를 알 수가 있다.
185 北魏에서 唐初까지 庫眞(直)이 皇帝 혹은 諸王의 좌우에 親衛의 역할을 한 직책이라고 보았다(嚴耀中, 「述論唐初期的庫眞與察非椽」, 『晉唐文史論稿』, 上海: 上海人民出版社, 2013, p.53).
186 『魏書』 卷30 安同傳, pp.712-717, 「安同, 遼東胡人也. 其先祖曰世高, 漢時以安息王侍子入洛, 歷魏至晉, 避亂遼東, 遂家焉. …同長子屈, 太宗時典太倉事, …屈弟原, 雅性矜嚴, 沉勇多智略, 太宗時爲獵郎, 出監雲中軍事, …原弟頡, 頡弟聰, 爲內侍. …頡, 辯慧多策略, 最有父風, 太宗初, 爲內侍長.」
187 『周書』 卷28 史寧傳, p.465, 「(史)寧少以軍功, 拜別將. 遷直閣將軍·都督, 宿衛禁中. 尋加持節·征東將軍·金紫光祿大夫.」

금위무관은 주로 탁발선비나 기타 부종(附從) 부족 출신이었다고 하지만,[188] 정권 창업시에 협력했던 중추세력에서 선발하는 것만이 아니라, 오히려 아무 관련이 없는 자로서 단지 인물이나 능력 위주로 뽑기도 하였다. 특별한 배경이 없어 오로지 황제에 충성을 다할 수 있는 자를 선발하는 것이 오히려 유리한 측면이 있었기 때문이다. 이들은 반란 가문 출신보다,[189] 오히려 더 충성을 확보하기가 쉬웠을 것이다.[190] 물론 제왕 자신의 개인적인 성향과도 관련이 있을 것이다. 예컨대 호인을 숙위로서 많이 쓴 수양제나 당태종[191]이 그런 경우이다.[192] 특히 수대는 여러 위부(衛府) 가운데 좌위의 지위가 가장 높았는데,[193] 이들이 바로 숙위를 담당하는 자들이었다.[194]

당대의 경우 당조와 대적했던 세력들이 질자를 파견한 사례는 극히 드물었다. 예컨대 동돌궐은 돌궐 제1한국 시기에는 한 건도 발견되지 않으며, 위구르는 안사의 난 시기에만 보이고 그 이후에는 보이지 않는 것은 그 점을 말해준다. 즉 대립적 관계에 있는 두 세력이 신표로서 교환한 질자와는 달랐던 것이다. 그런 면에서 당대의 숙위학생은 중국 고대 적국 사이에 '인질'의 의미로 교환되었던 질자와는 그 성격이 판이한 것으로 이것은 오히려 북방 유목적 요소가 가미되어 당대에 출현한 특유의 제도라고 볼 수 있다. 아울러 숙위학생을 통한 '질자외교'가 쇠퇴한 이후 송대에 들어 세폐(歲幣)외교

---

188 張金龍, 『魏晋南北朝禁衛武官研究』, 北京: 中華書局, 2004, pp.659-712.
189 『隋書』 卷25 刑法志 隋, p.716, 「開皇舊制, 釁門子弟, 不得居宿衛近侍之官.」
190 畢波, 『中古中國的粟特胡人 —以長安爲中心—』, 北京: 中國人民大學出版社, 2011, p.95.
191 『舊唐書』 卷106 王毛仲傳, p.3252, 「王毛仲, 本高麗人也. …初, 太宗貞觀中, 擇官戶蕃口中少年驍勇者百人, 每出遊獵, 令持弓矢於御馬前射生, 令騎豹文韉, 著畫獸文衫, 謂之'百騎'. 至則天時, 漸加其人, 謂之'千騎', 分隸左右羽林營. 孝和謂之'萬騎', 亦置使以領之. 玄宗在藩邸時, 常接其豪俊者, 或賜飲食財帛, 以此盡歸心焉.」
192 畢波, 『中古中國的粟特胡人 —以長安爲中心—』, pp.95-118.
193 雷家驥, 『隋唐中央權力結構及其演進』, 臺北: 東大圖書公司, 1995, p.447.
194 『隋書』 卷28 百官志下 隋, p.778, 「左右衛, 掌宮掖禁禦, 督攝仗衛. 又各有直閤將軍(六人)·直寢(十二人)·直齋·直後(各十五人). 並掌宿衛侍從. …左右衛又各統親衛.」

로 변했다는 점을[195] 감안한다면 당대의 숙위학생은 나름 대당제국이라는 시대성과 합쳐 의미가 있다고 본다.

II. 대당제국의 외국인 정책

1. 대당제국의 외래 종교정책

대당제국의 도성 장안은 다양한 지역에서 다양한 사유로 흘러들어온 사람과 문물이 흘러넘쳤다. 풍경도 사람도 예사롭지 않았다. 북조 말기부터 서방의 종교가 중국으로 전래되기 시작하더니 장안에는 '파사호사(波斯胡寺)', '파사저(波斯邸)', '호현사(胡祆祠)', '현사(祆祠)' 등의 건축물이 즐비했다. 파사는 페르시아(Persia) 음역으로, 바로 현재의 이란을 가리킨다. 중국 서북방의 유목민을 가리키던 '호(胡)'도 그 범위가 넓어져 소그드(Sogd: 粟特)인 혹은 이란(Iran)인을 가리키기도 하였다.[196]

서방에서 도래한 이민족들은 이전부터 믿어왔던 그들 독자의 종교를 갖고 들어와 신교(信教)하는 데 아무런 규제나 장애를 받지 않았다. 북조에서는 북위 태무제시기와 북주 무제시기에 불교에 대한 탄압[法難]이 두 차례 있기는 했지만, 그 원인은 정치적·경제적 문제에 국한된 것이지 인종적 편견에서 비롯된 것은 아니었다. 불교의 유행과 더불어 서방의 종교들이 전래되었다. 광명과 암흑, 선과 악을 대립시키는 이원적인 종교교리를 지향하는 조로아스터교[Zoroaster教: 拜火教: 祆教]가 남북조말기에 중국에 전래된 후 이

---

195 유종수, 「唐 後半期 質子 外交의 성격」, 『서울大 東洋史學科論集』 35, 2011.
196 唐代 利言(龜玆人)의 作인 『梵語雜名』 등에는 '胡'에 대해 '蘇哩'(Su-li, Sogd)라는 음으로 표현되고 있어 호는 곧 소그드인을 의미하기까지 하였다(羽田明, 「ソグド人の東方活動」, 『岩波講座世界歷史』 6 古代 6, 東京: 岩波書店, 1971, p.424).

란인 거주지인 파사저를 중심으로 민간에 퍼졌다.[197] 현교의 신전이 장안 서시(西市) 근방에 처음 세워졌고,[198] 그 신전과 제사를 관장하는 이민족 고유의 관직인 살보부(薩寶府)도 설립되었다.[199] 그 장관인 살보는 시정오품(視正五品: 正五品相當官)이었다.[200] 그 외에 살보부현정(薩寶府祆正)-살보주현축(薩寶府祆祝)-살보부솔(薩寶府率)-살보부사(薩寶府史) 등 몇 가지 관직들이 갖추어져 있었다.[201] 이들 관직의 활동은 당 초기뿐만 아니라 수, 또는 북제시대에까지 소급시킬 수가 있지만,[202] 당대의 관품이 더 높고 속관도 정비되었다는 점에서 앞선 시대보다 더 중시되었다는 것을 알 수 있다. 이처럼 외국인이 전담하거나 외국인이 그 관청의 수장이 되는 이런 관료기구의 출현은 전후 중국 역사상 그 유례를 쉽게 찾아볼 수 없다. 그런 면에서 살보라는 관직과 살보부라는 관청의 출현이 갖는 의미는 과소평가할 수 없다.

살보란 원래 상주(商主)·대상(隊商)의 리더를 의미한다.[203] 당의 살보도 단순한 신관(神官), 즉 종교 관련 관청이 아니고 현신(祆神)을 신앙하는 호인집단의 통솔자인 동시에 민·형사권의 장악자로서의 성격이 부여된 것으로

---

197 陳垣은 516-519년 사이에 중국에 전래된 것이며, '祆'字는 당초에 들어서 나타난 것으로 본다(陳垣, 「火祆教入中國考」, 『陳垣史學論著選』, 上海: 上海人民出版社, 1981, pp.111-113.)
198 (唐)韋述 撰, 『兩京新記』(『兩京新記輯校』, 西安: 三秦出版社, 2006) 卷3 布政坊, 「p.34, 西南隅, 胡祆祠(武德四年所立, 西域胡祆神, 佛經所謂摩醯首羅也.);『長安志』卷10 布政坊, p.125-下, 「西南偶, 胡祆祠(祠內有薩寶府官, 主祠祆神, 亦以胡祝充其祠);」 당대의 祆祠는 西京(長安)에 4개소, 東京(洛陽)에 2개소, 그리고 지방에서도 있었던 것으로 본다(陳垣, 「火祆教入中國考」, pp.121-122).
199 崔宰榮, 「唐 長安城의 薩寶府 位置」, 『中央아시아연구』 10, 2005.
200 池田溫, 「唐代處遇外族官制略考」에는 이민족 고유의 관직에 대한 설명이 있다.
201 『通典』卷40 職官典22 秩品5 大唐 大唐官品(開元二十五年制定), pp.1102-1106, 「視流內視正五品: 薩寶; 視從七品 薩寶府祆正(武德四年, 置祆祠及官, 常有群胡奉事, 取火呪詛. 貞觀二年, 置波斯寺. 至天寶四年七月 敕: "波斯經教出自大秦, 傳習而來, 久行中國. …其兩京波斯寺宜改爲大秦寺. …") … 視流外 勳品: 薩寶府祆祝; 四品: 薩寶府率; 五品: 薩寶府史.」
202 『隋書』卷27 百官志中, pp.751-756, 「後齊制官, 多循後魏. …鴻臚寺, 掌蕃客朝會, 吉凶弔祭. …典客署, 又有群邑薩甫二人, 諸州薩甫一人.」;『隋書』卷28 百官志下 隋, pp.790-791, 「雍州薩保, 爲視從七品. … 諸州胡二百戶已上薩保, 爲視正九品.」
203 藤田豊八, 「薩寶につきて」, 『東西交涉史의 研究 −西域編』, 1933, pp.299-306.

보이는데, 이런 성격은 사산왕조의 유습이라 할 수 있다.[204] 이처럼 북조에서부터 성당시기에 이르기까지 중국에 내왕했던 이민족 중 이 소그드인을 관리하기 위해 도성이나 그 거주자가 많은 지방 각 주에 특별히 살보라는 관을 두었고, 이것을 관품령(官品令)에까지 등록했던 것은 분명 주목할 만한 일이다. 개원 25년령에 시품(視品)으로 등록된 것은 단지 살보 관련 관직뿐이다. 시품이란 황제에 직속된 유내(流內)·유외(流外) 품관과 구별되어 본래 왕공 이하 상급 훈관(勳官)에 소속하는 관부의 직원, 즉 '배신(陪臣)'의 범주에 들어가는 관리들의 품계였다. 당 초기에는 이런 시품이 많이 존재했지만 『구당서』 직관지에 기록된 바와 같이 한인 배신은 개원 전기까지 모두 폐지되고, 호인의 살보만이 남아 있게 되었다.[205] 이는 관제기구가 황제에 직속으로 일원화되면서 나타난 현상이지만, 그 과정에서 이민족의 살보부만이 예외로서 특이하게 남게 된 것이다. 이처럼 전후시대에 그 유례를 찾아볼 수 없는 살보부의 지속적 존립은 북조에서 수당시대에 걸쳐 소그드인이 동서무역에 기여한 큰 역할에 상응한 것이며, 그에 따라 이 기구가 대당제국의 관료체제 내에서 확고한 위치를 점하게 된 것이다. 즉 당 후기 해상으로 이슬람 상인들이 내왕하게 됨에 따라 광주(廣州) 등지의 외상(外商) 거류지역을 통치하는 번장(蕃長)이 나타난 것과[206] 함께 외국 전담 혹은 외국계열의 관직이 당당한 '대당관품(大唐官品)'[207]의 하나로 중국의 관료기구에 자리 잡

---

204 薩寶가 祆敎徒의 民·刑事 사무도 관장한 것으로 볼 수 있는데(『隋書』 卷83 西域傳康國, pp.1948-1849, 「有胡律, 置於祆祠, 決罰則取而斷之. 重罪者族, 次重者死, 賊盜截其足」), 이는 사산왕조시대의 大祭司가 司法大權을 장악한 전통을 따라서 "以胡祝充其(薩寶)職"한 것이라 본다(龔方震·晏可佳, 『祆敎史』, 上海: 上海社會科學院出版社, 1998, p.277).

205 『舊唐書』 卷42 職官志1, p.1803, 「流內九品三十階之內, 又有視流內 … 初以薩寶府·親王國官及三師·三公·開府·嗣郡王·上柱國已下護軍已上勳官帶職事者府官等品, 開元初, 一切罷之. 今唯有薩寶·祆正二官而已. …視流外亦自勳品至九品, 開元初唯留薩寶·祆祝及府史, 餘亦罷之.」

206 桑原騭藏, 『蒲壽庚の事蹟』, 東京: 平凡社, 1989, pp.90-91.

207 『通典』 卷40 職官典22 大唐官品, pp.1102-1103, 「視流內 視正五品: 薩寶; 視從七品: 薩寶府祆正」.

도판 04 | 大秦景教流行中國
碑(碑林博物館 수장)

고 있게 된 것이다. 이런 특이한 관제의 출현과 존재야말로 당왕조의 세계제국적 성격을 여실히 보여주는 예라고 할 수 있다.

또 그리스도교의 일파인 네스토리우스교[Nestorius: 景敎]라 불리는 외래 종교가 있었다. 이 종교는 태종 정관 9년(635) 대진국(大秦國) 아라본(阿羅本)이 이끄는 전도단이 왔다는 기록[208]에서 그 모습을 나타낸다. 네스토리우스교는 전래된 직후 파사교(波斯敎), 즉 페르시아교, 혹은 메시아교[彌施訶敎] 등의 이름으로 불리다가, 현종대에 이르러 '경교'라는 중국적 명칭으로 확정되었다.[209] '거대한 태양과 같은 종교'라는 뜻이다.[210] 현종 천보 4년(745)부터 이전 교당의 명칭이었던 파사사(波斯寺)가 대진사(大秦寺)로 개칭되었으며, 덕종(德宗) 건중(建中) 2년(781) 장안 의령방(義寧坊)에 「대진경교유행중국비(大秦景敎流行中國碑)」[211]가 세워졌다고 한다. 의령방은 서역물산의 집결지인 서시와도 가까워 중앙아시아, 서아시아 사람들이 집중적으로 모여 사는 구역이었다. 이 비석은 네스토리우스교

---

208 「大秦景敎流行中國碑」에는 "大秦國"이라 되어 있는데 사산왕조 페르시아로 여겨진다(김호동, 『동방기독교와 동서문명』, 서울: 까치, 2002, p.128).

209 (宋)志磐 撰, 『佛祖統記』(『大正新修大藏經』第49卷 史傳部1 所收) 卷54 歷代會要志 19-4 「事魔邪黨」, p.474-3, 「末尼火祆者, 初波斯國有蘇魯支, 行火祆敎. 弟子來化中國, 唐正觀五年, 其徒穆護何祿詣闕進祆敎. 敕京師建大秦寺, 武后延載元年, 波斯國拂多誕詣二宗經僞敎來朝. …天寶四年, 敕兩京諸郡有波斯寺者, 並改名大秦. …(會昌)五年敕, 大秦穆護火祆等二千人, 並勒還俗.」

210 佐白好郞, 『景敎の硏究』, 東京: 東方文化學院東京硏究所, 1935, pp.21-32.

211 무함마드 깐수, "'大秦景敎流行中國碑'碑文考」, 『金文經敎授停年退任記念東아시아史硏究論叢』, 서울: 혜안, 1996, pp.705-734.

가 전래된 635년부터 비문을 새긴 781년까지 중국에서의 기독교 활동상황을 알려주는 거의 유일한 자료다.[212] 경교가 가장 유행했던 시기는 고종 치세시기로 각 주마다 경교사원이 두어졌고, 조정의 보호 아래 전국으로 확산되어 도시마다 교회가 세워질 정도[寺滿百城]였다고 비문에 기록되어 있다.[213]

측천무후시기에 정치적 목적 아래 불교가 장려됨에 따라 경교가 위축되기도 하였지만, 현종시기에 다시 중흥을 이루고 숙종·대종시기에도 조정의 보호를 받았다. 경교는 중국의 전통적인 두 종교(유·도), 그리고 불교와의 습합과 더불어, 당 황실과의 밀착관계를 통해 나름으로 교세를 펴갔던 것이다. 경교는 회창 5년(845) 무종의 불교 탄압[회창폐불]과 동반한 소위 삼이교(三夷敎: 경교·마니교·현교)의 탄압에 의해 쇠퇴하게 되었다.[214] 탄압 당시 경교도는 최소 4만은 넘었을 것이라는 주장도 있다.[215] 8세기 말까지 상당한 족적을 남긴 경교의 유행은 대당제국의 개방성이 전제되지 않으면 이룩될 수 없는 것이었다.

또 3세기 초 페르시아인 마니(Mani: 摩尼)에 의해 창시된 마니교(Manichaeism)도 토화라(吐火羅)를 거쳐 측천무후시기에 중국에 전래되었다.[216] "망령되게

---

212 池培善, 「唐代 中國의 基督敎」, 『人文科學』(延世大) 68, 1992, p.248; 김호동, 『동방기독교와 동서문명』, pp.118-128.

213 「大秦景敎流行中國碑」 제15-16행에 "高宗大帝, 克恭纘祖, 潤色眞宗, 而於諸州各置景寺, 仍崇阿羅本 爲鎭國大法主, 法流十道, 國富元休, 寺滿百城, 家殷景福"이라 되어 있듯이, 高宗시기에 景敎는 그 세력이 거의 佛敎와 백중한 상태였다고 한다(林悟殊, 『唐代景敎再研究』, 北京: 中國社會科學出版社, 2003, pp.27-28).

214 『資治通鑑』 卷248 唐紀64 武宗會昌5年(845) 8月壬午條, p.8017, 「詔陳釋敎之弊, 宣告中外. 凡天下所 毁寺四千六百餘區, 歸俗僧尼二十六萬五百人, 大秦穆護·祆僧二千餘人, 毁招提·蘭若四萬餘區. 收良 田數千萬頃, 奴婢十五萬人, 所留僧皆隸主客, 不隸祠部.」

215 佐白好郎, 『景敎の研究』, pp.532-534.

216 陳垣에 의하면 唐武后 延載元年(694) 이전을 넘을 수 없다고 한다(「陳垣摩尼敎入中國考」, 『陳垣史學論 著選』, p.135).

불교라 칭하였다[妄稱佛敎]"라거나, "사람들을 속이고 헷갈리게 하였다[誑惑黎
元]"[217]라는 기록에서 짐작되듯이 마니교는 중국에 전래된 이후 기존의 불교
를 이용하여 상당수의 신자를 확보하였고, 독특한 교리와 교세 확장으로 당
왕조와 사회에 던진 충격도 컸던 것으로 보인다. 전래된 지 겨우 38년 만에
금지되었는데, 외국인이 가져온 종교를 중국인이 믿는 것을 이렇게 불허한
것은 드문 일이라 여겨지기 때문이다. 그 이유는 마니교의 유행과 그 신도
확보가 이렇게 명문으로 금지할 만큼 급속하고 뚜렷했기 때문이라는 주장
도 있다.[218] 여하튼 개원 연간에 개시된 마니교 금압조처는 그리 오래 가지
도, 그렇게 혹독하지도 않았다. 또 서호(西胡)들이 마니교를 믿는 것 자체를
금압한 것은 아닌 듯하다.[219] 마니교는 대당제국 중·후기 국제관계에서 큰
비중을 차지하는 세력의 하나인 위구르가 당왕조 내에서 부침하는 것과 밀
접한 관련을 맺고 있었다. 즉 "위구르의 성쇠가 바로 당조에서의 마니교의
성쇠"라고 지칭될 정도였다.[220]

당 대종(代宗) 대력(大曆) 3년(768) 위구르의 요청에 의해 장안에 마니교 대
운광명사(大雲光明寺)가 건립되고,[221] 또 헌종 원화 2년(807)에 장강 유역의
형(荊)·홍(洪)·양(揚)·월(越)주와 하남부·태원부 등지에 마니사가 세워졌
다.[222] 마니교가 762년 위구르의 국교가 될 만큼 숭배되었던 것은 마니교와

217 『通典』 卷40 職官典22 秩品5 大唐 大唐官品, pp.1102-1103, 「視流內 視正五品: 薩寶; 視從七品: 薩寶
府祆正.(開元二十年七月勅: "末摩尼法, 本是邪見, 妄稱佛敎, 誑惑黎元," 宜嚴加禁斷. 以其西胡等旣是
鄕法, 當身自行, 不須科罪者).
218 陳垣, 「摩尼敎入中國考」, p.137.
219 『通典』에서 "以其西胡等旣是鄕法, 當身自行, 不須科罪者"라고 하였기 때문에, "非西胡行之, 卽須科
罰", 즉 西胡 외의 중국인이 摩尼敎를 믿는 것은 금지의 대상이었다.
220 陳垣, 「摩尼敎入中國考」, p.141.
221 『資治通鑑』 卷237 唐紀53 憲宗元和元年(806) 條, p.7638, 「是歲, 回鶻入貢, 始以摩尼偕來, 於中國置寺
處之(胡三省注曰: "…按『唐會要』十九卷), 回鶻可汗王令明敎僧進法入唐. 大曆三年六月二十九日, 勅賜
回鶻摩尼, 爲之置寺, 賜額爲大雲光明. 六年正月, 勅賜荊·洪·越等州各置大雲光明寺一所.」
222 『舊唐書』 卷14 憲宗紀上 元和2年春正月 庚子(807) 條, p.420, 「迴紇請于河南府·太原府置摩尼寺, 許

카간 사이의 결합에서 그 이유를 찾을 수 있다.[223] 그 가운데 마니교도(특히 소그드인)들이 중국을 비롯한 주변국과의 무역을 통해 얻은 이익으로 카간의 경제적 토대를 마련해 준 것이 중요하게 작용했다.[224] 아울러 845년 당조에서 단행된 '회창폐불'도 위구르가 붕괴한 후에 일어난 것처럼, 마니교의 탄압도 위구르의 쇠망과 연관이 깊다.[225] 또 당조의 마니교 탄압의 이면에는 마니교도가 당조와의 견마무역(絹馬貿易) 과정에서 자행한 수탈 등 부정행위에서 비롯된 측면도 있다.[226] 그러나 회창 5년(845) 당조에 의한 종교탄압이 마니교 한 종교만을 대상으로 한 것이 아니었기 때문에,[227] 마니교의 쇠퇴가 반드시 위구르에서 비롯되었다고 볼 수만은 없다. 어쩌면 이 당시 배외의식의 발로는 불교 등 외래 종교가 준 경제적 폐해가 가장 큰 원인이 아니었나 여겨진다. 불교가 전교된 것은 엊그제 일이 아니어서 이민족 종교로 딱히 볼 수도 없고, 한유의 「불골표(佛骨表)」 등 논설의 출현 이면에는 궁중의 불교행사에 들어가는 막중한 경제적 부담이 문제가 되었기 때문이다.

위에서 본 바와 같이 부침은 있었지만 당시 세계 각지에서 창시된 거의 모든 종교가 이미 대당제국에 전래되었으며 '회창폐불' 이전에는 외국인은 물론 당인도 어느 종교라도 선택하여 신교할 수 있었다고 할 수 있다. 장안

之」「冊府元龜」卷999 外臣部 請求, p.11724. 「憲宗元和二年春正月庚子. 迴鶻使者請於河南府·太原府 置摩尼寺三所. 許之.」

223 摩尼敎와 위구르의 카간과의 결합과정에 대해서는 정재훈, 「위구르 유목제국사(744-840)」, 서울: 문학과지 성사, pp.302-319 참조.

224 林吾殊, 「回鶻奉摩尼敎的社會歷史根源」, 「摩尼敎及其東漸」, 北京: 中華書局, 1987, pp.91-92.

225 「入唐求法巡禮行記」卷3 會昌3年(843)4月條, p.416. 「中旬. 勅下. 令煞天下摩尼師. 剃髮. 令著袈裟. 作 沙門形而煞之. 摩尼師卽迴鶻所崇重也.」

226 C. J. Beckwith, "The Impact of the Horse and Silk Trade on the Economics of T'ang China and the Uighur Empire: On the Importance of International Commerce in the Early Middle Ages", Journal of the Economic and Social History of the Orient 34-3, 1991, pp.196-198.

227 「資治通鑑」卷248 唐紀64 武宗會昌5年(845)7月條, p.8016. 「餘僧及尼幷大秦穆護·祆僧皆勒還俗(胡三 省注云): 大秦穆護又釋氏之外敎. 如迴鶻摩尼之類. 是時勅曰: "大秦穆護等祠. 釋氏旣已釐革, 邪法不 可獨存. 其人並勒還俗, 遞歸本貫, 充稅戶, 如外國人送遠處收管."」

시내뿐만 아니라 지방 도시에도 여러 가지 종교시설이 공존하는 형세였다. 대당제국의 종교정책은 제왕의 선호에 따라 '선도후불(先道後佛)' 혹은 '선불후도(先佛後道)' 등 약간의 변동이 있기는 하였지만 백성들이 어떤 종교를 선택하든 크게 관여하지 않고 그들의 신교 자유를 가능한 한 보장하고 있었다. 특히 외국인들이 그 고유의 종교를 믿는 것은 삼이교의 탄압 이전에는 관여하지 않았던 것이다.

대당제국은 당시 세계 각국 사람들에게 기회의 땅으로 여겨졌다. 신라의 육두품의 자제들이 고국에서 펼칠 수 없는 꿈을 실현하기 위해 당나라를 찾았듯이 박해를 받고 본토에서 쫓겨난 이른 바 '망명종교'였던 네스토리우스교, 마니교 등이 대당제국 도성 장안에서는 귀빈대접을 받았다. 잘 알다시피 431년 종교재판에서 '이교도'로 판결된 네스토리우스는 페르시아로 도주하는 등 200여 년간의 긴 유랑 끝에 드디어 장안에 안착할 수 있었다. 반면 대당제국 이외의 땅에서는 종교분쟁이 끊임없이 벌어졌다. 페르시아에서는 조로아스타교가 마니교를 축출하였고, 이슬람교가 다시 조로아스타교를 축출하였다. 그러나 장안에서는 이들 종교들이 평안한 모습으로 공존했던 것이다. 이들 '망명종교'가 불교·이슬람교와 함께 중국 고유의 종교인 유교·도교와 어깨를 나란히 할 수 있다는 것은 대당제국이라는 환경이 아니면 불가능한 일이었다.

2. 상거래의 보장과 외국상인

예나 지금이나 신분이 낮은 민초가 외국에 가는 것도 어렵지만 외국에서 생활을 영위하기 위해서는 '상업' 이외에 다른 해답이 없다. 현재 세계에서 장사를 가장 잘하는 민족은 유태인이라 하지만, 그들이 가장 많이 모인 곳은 바로 자본주의가 번창한 세계제국 미국이고, 그중에서도 세계의 중심인 뉴욕이다. 대당제국이 태동하고 존속하던 4세기에서 10세기, 아니 그 이후 송·원시대까지 세계에서 장사를 제일 잘하는 민족은 바로 소그드인이었다. 소그드인은 중국의 사적에서 소무구성(昭武九姓), 구성호(九姓胡), 잡종호(雜種胡), 속특호(粟特胡) 등 다양하게 불리고 있다. 인종상으로는 이란 계통의 중앙아시아 고족(古族)의 하나이다. 언어상으로는 인도-유럽어계의 이란어족 가운데 동이란어의 한 지류인 소그드어(Sogdian)를 사용하고, 문자는 아랍문자(Aramaic Script: 亞拉姆: 阿拉米)의 일종의 변체인데, 통칭하기를 '소그드문'이라고 한다. 소그드인의 본토는 중앙아시아 아무르하(阿姆河: Oxus)와 시르하(錫爾河: Syrdarya) 사이의 자라프샨 강(Zarafshan: 天善河: 粟特水) 유역, 하중(河中) 지구(Transoxiana)라 불리는 지역이다. 서양 고전문헌에 말하는 '소그드지구(Sogdiana)'로서 그 중요 범위는 현재의 우즈베키스탄이고, 일부분은 타지키스탄과 키르기스탄에 속하고 있다. 중국 사적에는 이들 소그드 지역의 국가들이 다양하게 표현되어 있다. 북위 이전에는 강거(康居)라 하였고, 북위시대에는 속특, 실만근(悉萬斤), 미밀(迷密) 등으로 지칭되었으며, 수당시대에는 소무제국(昭武諸國)으로 칭해졌다. 이들 소그드인은 역사상 한 번도 통일제국을 형성한 적이 없었기 때문에 주변의 강대한 세력에 의해 장기간 통제되었다. 이들 나라들은 때로는 합쳐지고 나뉘기도 하여, 반드시 9개 나라에 그친 것이 아니었다. 따라서 흔히 소무구성(昭武九姓)이라 칭하지만 9성의 내용도 약간의 편차를 보였다.[228] 이들에 대해 『신당서』는 상업민족답게 "아이를 낳으면 석밀을 먹게 하고 손에는 아교를 쥐어주었는데, 이는 장성해서는 달콤한 말을 하여 상거래를 잘하고, 보화를 손에 잡으면 마치 풀처럼 달라붙어

---

[228] 『新唐書』卷221下 西域傳下 康, p.6243,「康者, 一曰薩末鞬, 亦曰颯秣建, 元魏所謂悉萬斤者. …始居祁連北昭武城, 爲突厥所破, 稍南依葱嶺, 卽有其地. 枝庶分王, 曰安, 曰曹, 曰石, 曰米, 曰何, 曰火尋, 曰戊地, 曰史, 世謂'九姓', 皆氏昭武. 土沃宜禾, 出善馬, 兵彊諸國. 人嗜酒, 好歌舞于道. 王帽氈, 飾金雜寶. 女子盤髻, 幪黑巾, 綴金鈺.」또 安·康·石·史·米·何·曹·畢·穆國을 지칭하기도 한다.

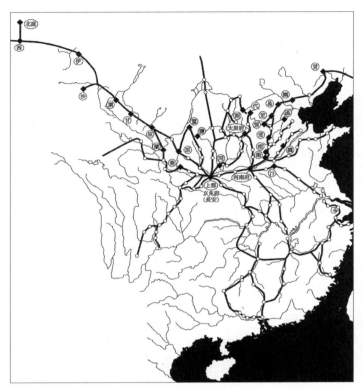

도판 05 | 唐代 소그드인의 촌락과 驛道圖(荒川正晴, 『ユーラシアの交通 · 交易と唐帝
國』, 名古屋大學出版會, 2010』)

떨어지지 말라는 것이다. 옆으로 쓰는 글을 익히고 장사에 능하며 이익을 좋
아하여 사내가 스무 살이 되면 이웃나라에 가고, 또 이익이 있는 곳이면 가지
않는 곳이 없다"229라 하였다. 이들은 대개 몇 가지 외국어를 구사하곤 하였

229 『新唐書』 卷221下 西域傳下 康, pp.6243-6244, 「生兒以石蜜啖之, 置膠於掌, 欲長而甘言, 持寶若黏云.
習旁行書. 善商賈, 好利, 丈夫年二十, 去傍國, 利所在無不至.; 『舊唐書』 卷198 西戎傳 康國, p.5310,
「生子必以石蜜納口中, 明膠置掌內, 欲其成長口常甘言, 掌持錢如膠之黏物. 俗習胡書. 善商賈, 爭分銖
之利, 男子年二十, 卽遠之旁國, 來適中夏, 利之所在, 無所不到.; (唐)玄奘 · 辯機 著, 『大唐西域記』(『大
唐西域記校注』, 北京: 中華書局, 1985) 卷1 「窣利地區總述」, p.72, 「風俗澆訛, 多行詭詐, 大抵貪求, 父子
計利, 財多爲貴, 良賤無差. 雖富巨萬, 服食麤獘, 力田逐利者雜半矣.」

는데, 예를 들어 안록산이나[230] 사사명처럼[231] 6개 국어(六蕃語)를 능통하게 구사하기도 했다. 이들의 재당생황은 최근 속속 밝혀지고 있다.[232] [도판 05]

전한시대 장건(張騫)이 소위 '출사서역(出使西域)'한 이후 중서간의 교통은 주로 육로, 즉 실크로드를 통하여 이뤄졌다. 그러나 북방 유목민족의 중원 진입과 강남왕조의 성립 이후 해상교통로를 이용한 인적·물적 교류도 활발하게 이뤄졌다. 당시의 교류는 거의 통상 위주였다고 볼 수 있으니, 인적 교류란 대개 상인의 왕래라고 할 수 있다. 장사가 제일 잘되는 곳은 사람이 많이 모이는 곳이고, 그곳은 예나 지금이나 도성, 즉 그 나라의 서울이 아닐 수 없다. 그 다음은 교통의 요지로서 물건의 출납이 집중되는 항구도시일 것이다. 그들의 활동무대는 장안(특히 西市)과 동남 연해 항구도시[寧波〈明州〉·溫州·泉州·福州·廣州 등지]에 집중되었다. 그들 외국 상인을 부르는 호칭은 "상호(商胡)·호상(胡商)·호고(胡賈)·번상(蕃商)·해상(海商)·해호(海胡)·서역고(西域賈)·외국상판(外國商販)·고호(賈胡)·박호(舶胡)·번여(蕃旅)·파사대상인(波斯大商人)" 등 다양하다. 특히 장안의 서시는 대당제국뿐만 아니라 실크로드의 기점으로 동아시아 최대의 상업 중심지였다. 서역 소무구성들이 중심이 된 장안 서시의 상업자본은 대단한 위력을 발휘하였다.[233] 서시에서 보주(寶珠: 보석)를 파는 호상은 특히 주목받았다.[234] 당 중기 이후에는 위구르와 아

---

230 『舊唐書』卷200上 安祿山傳, p.5367, 「安祿山, 營州柳城雜種胡人也. 本無姓氏, …母阿史德氏, 亦突厥巫師, 以卜爲業. …少孤, 隨母在突厥中, …冒姓爲安. 及長, 解六蕃語, 爲互市牙郎.」
231 『舊唐書』卷 200上 史思明傳, p.5376, 「史思明, …, 營州寧夷州突厥雜種胡人也. …及長, 相善, 俱以驍勇聞. …又解六蕃語, 與祿山同爲互市郎.」
232 소그드인의 취락 전반에 대해서는 榮新江, 「胡人遷徙與聚落」, 『中古中國與外來文明』, 北京: 三聯書店, 2001, pp.17-179를 참조할 것이며, 소그드인의 묘지(墓誌) 등 전반적인 신발견 고고 유물에 대해서는 榮新江·張志清主編, 『從撒馬爾干到長安 —粟特人在中國的文化遺迹—』, 北京:北京圖書館出版社, 2004를 참조하라.
233 『新唐書』卷217 回鶻傳上, p.6121, 「始回紇至中國, 常參以九姓胡, 往往留京師, 至千人, 居貲殖産甚厚.」
234 石田幹之助, 『長安の春』, 東京: 平凡社, 1967, pp.210-281.

라비아 출신 상인의 교역과 금융업 진출이 특히 눈부셨다. 장안의 큰 사찰, 혹은 낙양의 주요 건축물을 짓는 대토목공사에 거금을 기증한 자들도 대개 이들 출신 번상이었다.[235] 장안에는 수많은 외국인이 거주하며 왕래하였음은 주지의 사실인데, 특히 중앙아시아에서 온 사람들 중에는 중국식의 성을 칭하면서 살던 사람도 많았다.

이와 같은 외국인의 활발한 입당 흐름 속에서 대당제국 내에 외국인 집단 거주지가 형성된 것은 당연하다. 도성 장안은 물론, 돈황과 동남해안의 항구에 대규모의 외국인 거주지가 생겼다. 장안 남교에 고구려 유민의 집단거 주지인 '고려곡(高麗曲)'이 있었다고 한다.[236] 장안 등 대도시의 구역 단위 가운데 가장 큰 것은 방(坊)인데, 방 아래에 항(巷)과 곡(曲)이 있었다. 외국인들의 집단거주지의 형성과정에 따라 그 유형이 여러 가지였던 것으로 보인다. 먼저 유민의 자유로운 선택에 의한 거주지이다. 이 경우 그들의 조국으로부터 가장 가깝게 접근할 수 있는 연도에다 집단 거주지를 만들었다. 실크로드 연변인 하서주랑 지역, 특히 돈황에는 소그드인 등 서역계 주민의 집단거주지가 있게 된 것[237]은 당연하다. 내지인 양양(襄陽: 湖北省 襄樊)에서도 소그드 상인의 취락이 있었는데 이 지역은 비단 등 양질의 강남 특산품을 입수해서 장안으로 운반하는 지역이었기 때문이다.[238] 그런데 돈황에 신라인 거

---

235 『大唐新語』 輯佚 「則天后」, p.204, 「又造天樞于定鼎門, 並番客胡商聚錢百萬億造成.」

236 (宋)張禮 撰, 『游城南記』(『游城南記校注』, 西安: 三秦出版社, 2006), p.127, 「下(神禾)原, 訪劉希古, 遇瓜洲村(張注曰: …亦有長安縣有高麗曲, 因高麗人居之而名之也?」 愛宕元은 668년 고구려 멸망 이후 長安 南郊에 꽤 많은 고구려인들이 강제 이주되었을 것으로 추정하고, 이를 高麗曲 탄생의 배경으로 보았다. (愛宕元 譯注, 『游城南記』, 京都: 京都大學學術出版會, 2004, p.77). 또한 馬馳는 고려곡을 고구려 왕족의 거주지로 추정하였다.(馬馳, 「"唐兩京城坊考"所見仕唐蕃人族屬考」(『中國古都硏究』, 太原: 山西人民出版社, 1994), p.162)」

237 池田溫, 「8世紀中葉における敦煌のソグド人聚落」, 『ユーラシア文化硏究』 1, 1965; 石田幹之助, 「天寶 10載の差科簿に見ゆる敦煌地方の西域系住民に就いて」, 『東亞文化叢考』, 東京: 東洋文庫, 1973.

238 關尾史郎, 『西域文書からみた中國史』, 東京: 山川出版社, 1998, p.75.

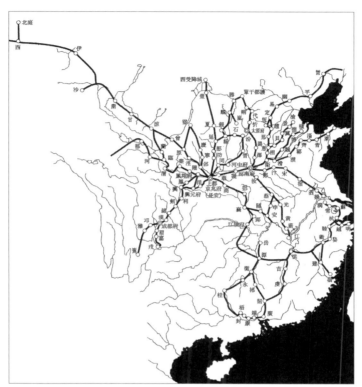

도판 06 | 唐代 驛道圖(荒川正晴, 『ユーラシアの交通・交易と唐帝國』, 名古屋大學出版
會, 2010』)

주지가 있었다는 주장이 한 때 제기되었지만,[239] 확증적인 증거는 없다. 둘째, 당정부의 정책에 의해 만들어진 집단거주지이다. 가장 대표적인 곳이 돌궐계 유민을 직접 수용하여 양마(養馬)를 목적으로 만든 육호주(六胡州)가 그 대표적인 예이다.[240] 또 서역인들은 주로 상업이나 양마 등 방면에 관련

---

239 那波利貞, 「唐代の敦煌地方に於ける朝鮮人の流寓に就いて」, 『文化史學』 8.9.10, 1954-56; 內藤雋輔, 「唐代中國に於ける朝鮮人の活動について」, 『朝鮮史研究』, 東洋史研究會, 1961.
240 朴漢濟, 「唐代 六胡州의 設定과 그 의미 -'降民'의 配置와 驪使의 一方法-」, 『中國學報』 59, 2009(『中國歷史地理論叢』 2010-2, pp.27-45에 재수록).

이 깊기 때문에 실크로드 연변에 집단거주지를 만든 것이다. 집단거주지의
조성이 자율적이든 계획에 의한 것이든 당 정부의 엄격한 통제 하에 있었을
것으로 예상된다. 실크로드 연변의 외국인 촌락도 그러하지만, 신라인의 거
주지인 신라방도 '방'이라는 명칭을 띠고 있다. 방이란 후에 상술할 것이지
만 주민생활을 통제하는 거주공간의 명칭이었다.

　무역과 관련된 번상(蕃商: 胡商)들의 분포 상황을 보자. 먼저 ㉮ 강회지구
(江淮地區)인데, 당시 대표적인 부서(富庶)지구로서,[241] 사람이라면 그곳에서
죽기를 바란다는[242] 양주(揚州)가 그 중심이었다. 그곳에는 파사인 등 서아
시아 출신 상인의 점포가 즐비했다.[243] 반란이 일어나면 약탈의 대상이 되
는 것은 당연히 돈 많은 외국상인이었다. 심지어 관료도 약탈자로서 그 예
외는 아니었다. 숙종(肅宗) 지덕(至德) 2년(757)에 양주자사(揚州長史)·회남절
도사(淮南節度使)였던 등경산(鄧景山)의 부름에 따라 반란 평정을 위해 양주
에 왔던 전신공(田神功)마저 그곳에 도착하자마자, 주민들의 재산을 크게 약
탈하니 당시 상호·대식·파사 등 상여(商旅)로서 죽은 자가 수천 인이었다
고 한다.[244] 다음은 ㉯ 동남해안으로, 특히 광주에는 인도 페르시아·말레이

---

241 『舊唐書』 卷182 秦彦傳, p.4716, 「江淮之間, 廣陵大鎭, 富甲天下, 自師鐸·秦彦之後, 孫儒·(楊)行密繼
　　踵相攻, 四五年間, 連兵不息, 廬舍焚蕩, 民戶喪亡, 廣陵之雄富掃地矣.;『資治通鑑』 卷259 唐紀75 昭
　　宗景福元年(892)6月條, pp.8430-8431, 「先是, 揚州富庶甲天下, 時人稱楊一·盒二(胡注曰: 言揚州居
　　一. 盒州爲次也), 及經秦·畢·孫·楊兵火之餘(胡注曰: 秦彦·畢師鐸·孫儒·楊行密也), 江·淮之間, 東
　　西千里掃地盡矣.」
242 『全唐詩』 卷511, 張祜, 「縱遊淮南」 p.5846, 「十里長街市井連, 月明橋上看神仙, 人生只合揚州, 禪智山光
　　(一作邊)好墓田.」
243 金相範, 「唐代 後半期 揚州의 發展과 外國人社會」, 『中國史研究』 48, 2007, pp.135-142.
244 『舊唐書』 卷110 鄧景山傳, p.3313, 「鄧景山, 曹州人也. 文吏見稱. 天寶中, 自大理評事至監察御史. 至德
　　初, 擢拜靑齊節度使, 遷揚州長史·淮南節度. 爲政簡肅, 聞於朝廷. 居職四年, 會劉展作亂, 引平盧副
　　大使田神功兵馬討賊. 神功至揚州, 大掠居人資産, 鞭笞發掘略盡, 商胡大食·波斯等商旅死者數千人.;
　　『舊唐書』 卷124 田神功傳, p.3533, 「尋爲鄧景山所引, 至揚州, 大掠百姓商人資産, 郡內比屋發掘略徧,
　　商胡波斯被殺者數千人.;『新唐書』 卷144 田神功傳, p.4702, 「劉展反, 鄧景山引神功助討, 自淄靑濟淮,
　　栗不整, 入揚州, 遂大掠居人貲産, 發屋剔窳, 殺商胡波斯數千人.」

시아 등에서 온 선박이 부지기수였고, 또 사자국(師子國: 스리랑카), 대석국(大石國: 大食國: 아랍), 골당국(骨唐國: 미상), 백만국(白蠻國: 유럽), 적만국(赤蠻: 아프리카) 등 다소 생소한 지역에서 온 사람들이 거주하고 있었다.[245] 10세기 시라프 출신 무슬림 작가 아부 자이드는 중국을 다녀온 경험이 있는 슬레이만이 851년에 기록한 내용에다 그 후에 자기가 얻은 정보를 합하여 황소(黃巢)의 난 도중인 회력(回曆) 264년(877-878)시기의 광주의 상황에 대하여 기록을 남겼다. 즉 "황소가 한푸(Khanfu: 廣州)로 진격한 후에 그 도시에 살며 장사하고 있던 12만 명의 무슬림, 유태인, 기독교도, 조로아스터 교도가 도륙되었다"[246]고 기록한 것이다. 이 사건이 벌어지기 반세기 전에 편찬된 자료에 의하면 광주에는 당시 74,000호가 거주했다고 하니, 이때 도륙된 숫자로 환산할 때, 전주민의 3분의 1 가량이 외지인이었다고 추정된다.[247]

㉱ 천주(泉州)항에는 상고가 운집하여 '시정에는 열 개의 대륙사람[市井十洲人]'으로 섞여있을 정도로 번영을 누렸다.[248] 특히 천주는 해상실크로드의 종점으로 마르코 폴로보다 1년 앞서 이곳에 온 야콥 단코나가 "빛의 도시" 짜이툰(刺桐)이라 명명한 꿈의 도시로 당시 서양인에게 알려졌다.[249]

당대 해상교통의 최고 요지는 역시 광주였다. 때문에 상호들의 선박이 거의 광주에 몰려들었다. 천주·명주·감포(澉浦)는 당말 및 북송시대, 화정(華

---

249 (日本)眞人元開 著, 『唐大和上東征傳』(北京: 中華書局, 1979) p.74. 「江中有婆羅門·波斯·崑崙等舶, 不知其數, 並載香藥·珍寶, 積載如山. 其深六·七丈. 師子國·大石國·骨唐國·白蠻·赤蠻等往來居住. 種類極多. 州城三重, 都督執六蠹, 一蠹一軍, 威嚴不異天子. 紫緋滿城, 邑居逼側.」
246 A. C. Moule, *Christians in China before the year 1550*, London: Society for Promoting Christian Knowledge, 1930, p.76; 向達, 『唐代長安與西域文明』, 北京: 三聯書店, 1987, p.34 및 p.39 注2; 김호동, 『동방 기독교와 동서문명』, p.156.
247 김호동, 『동방 기독교와 동서문명』, pp.156-157.
248 『全唐詩』卷208 包何「送泉州李使君之任」, p.2170, 「傍海皆荒服, 分符重漢臣. 雲山百越路, 市井十洲人.」
249 Jacob d'Ancona, *The City of Light*, London: Little, Brown and Company, 1997(오성환·이민아 역, 『빛의 도시』, 서울: 까치글방, 2000).

제1장 대당제국의 실체와 외국인 **89**

亭)·태창(太倉) 등은 원·명 이후의 요지였다.[250] 후한 말 이후 중국의 정치 중심이 남북으로 양분됨에 따라 해상 경영의 비중이 더욱 커졌다. 점차 광주가 해상교통의 중진이 되고, 육조시대에 광주자사는 한번 성문을 통과할 때마다 삼천만(三千萬)을 얻을 수 있었다는 일화가 있을 정도였으니,[251] 광주가 해외무역을 통해 대표적인 풍요지구로 부상하게 되었음을 잘 보여준다.

당 중기 이후 아랍상인 등은 해로를 통하여 광주에 도착하여 활동하기도 하였지만, 간혹은 수로를 타고 장안까지 진귀한 물건을 운반하여 이득을 도모하였다.[252] 당시 광주에서 중원으로 가기 위해서는 대체로 매령(梅嶺: 南昌 西郊 飛鴻山)을 통과한 후 강서(江西)에 들어가서 다시 홍주[洪州: 현재 江西 南昌으로 당조시기 江南(西)道에 속하며 豫章郡 혹은 洪州로 개칭됨]에 모이게 된다. 『태평광기(太平廣記)』에 누차 홍주 파사호인에 대해 언급되고 있는 것은[253] 그 때문이다. 다시 홍주에서 강을 따라 내려가 대강(大江: 長江)으로 들어가거나 혹은 동쪽으로 선하(仙霞)로 가서 고개를 넘어 전당강(錢塘江)을 돌아서 동쪽으로 지금의 강소(江蘇)로 들어간다. 대강으로 가는 길이 멀고, 또 풍랑이 험해 남하하거나 북상하는 자 대부분은 전당강을 통해 가는 길을 택한다. 그렇지 않은 경우, 강소에 이른 이후에는 양주에 모여서 여기서 대운하를 타고 낙양으로 간다. 이런 까닭으로 양주에 거주하는 상호가 비교적 많았던 것이다. 전신공이 양주를 대약탈할 때 대식·파사 상호로서 죽은 자가 수천 인에 이르렀다는 것은, 남해 해상교통로에서 내지의 도성, 즉 장안이나 낙양으로 향

250 向達, 『唐代長安與西域文明』, p.34.
251 『南史』卷23 王琨傳, p.627, 「(王琨)出爲平越中郞將·廣州刺史, 加都督. 南土沃實, 在任常致巨富. 世云廣州刺史但經城門一過, 便得三千萬. 琨無所取納, 表獻祿俸之半, 鎭舊有鼓吹, 又啓輸還. 及罷任, 孝武知其淸, 問還資多少? 琨曰: "臣買宅百三十萬, 餘物稱之." 帝悅其對.」
252 中村久四郎, 「廣東の商胡及び廣東長安を連絡する水路舟運の交通」, 『東洋學報』10-2, 1920; 「唐時代の廣東」, 『史學雜誌』28-3·6, 1927.
253 (宋)李昉等 編, 『太平廣記』(北京: 中華書局, 1961) 卷402 李灌條, 卷403 紫靺鞨條, 卷404 岑氏條, 卷374 胡氏子條에 모두 '洪州商胡'에 대해 언급하고 있다.

하는 길목에 바로 양주가 자리했기 때문이다. 해상무역로에서 도성으로 이르는 광주·홍주·양주·낙양·장안 지역이 외국상호의 집중지역이 되었던 것은[254] 자연스런 일이었다. [도판 06]

필자는 남해무역(南海貿易)의 실태와 당시 활약한 아랍상인 등을 감독하기 위해 설치한 시박사(市舶司)에 주목하고자 한다. 이것은 현종 개원 2년 전후 광주에 창설된 시박사(市舶使)가 발전된 것이다. 일반적으로 환관이 담당하는 시박사(市舶使)는 후의 시박사(市舶司)의 전신이 된 것이다. 시박사는 중국 당·송·원·명초까지의 각 해항에 설립되어 해상 대외무역을 관리하는 관청으로서 지금의 '해관(海關)'에 해당한다. 송·원시대 서역인 포수경(蒲壽庚: 宋末에 提擧市舶司로 활약)은 시박사로서 특히 두드러지게 활약한 사람이다.[255] 그는 '회회번객(回回蕃客)', 즉 아랍 출신으로 한화된 번객이라는 것이 정설인데, 서역인[色目人], 즉 소그드인 출신이라는 설도 있다. 천주에서 향료무역으로 갑부가 된 자로서 관리이기도 하지만 기본적으로 상인이었다. 권력을 이용하여 송말 천주 향료해외무역을 근 30년 동안 농단하였다. 당시 왕조가 허용한 각종 '합법'수단으로 이득을 취하고 재부를 늘렸던 포수경은 가동(家僮) 수천에 대량의 선박까지 소유한 거부였다. 원대의 경제를 주무른 색목인의 원류가 되었다고도 볼 수 있다.

여기서 수당시대의 동아시아 해상무역에 대해 잠깐 살펴보아야 할 것 같다. 흔히 견수사(遣隋使)와 견당사(遣唐使)라 불리는 일본의 조공무역선이 그것이다. 이 선박은 단순하게 '조공'에 목적을 두었다기보다 선진제도를 배워 일본 고대 통일국가[율령시대]의 체제를 정비하려는 목적으로 파견된 관리뿐만 아니라, 유학생·유학승도 탑승시켰다. 견수사는 개황 20년에 파견된 왜

---

254 向達, 『唐代長安與西域文明』, pp.34-35.
255 桑原騭藏, 『蒲壽庚の事蹟』.

국사를 포함하면[256] 총 4회에 걸쳐 파견되었는데,[257] 수 황제로부터 그 풍속이나 호칭이 '도리에 어긋난' 혹은 '무례'라는 평가를 받은 것은 주지의 사실이다.[258] 본격적인 견사선은 당대에 들어 파견되었다. 838년 등원상사(藤原常嗣: 후지와라노 쓰네쓰구: 796-840)를 대사로 하여 파견한 것을 끝으로 정지되기까지 대화(大化: 다이카)시대 8회(이전에 견수사선 3회를 포함하면 11회), 내량(奈良: 나라)시대 6회, 평안(平安: 헤이안)시대 2회를 합쳐 총 19(혹은 20)회에 걸쳐 파견되었다.[259] 이처럼 9세기 중엽 견당사선의 파견이 단절된 것은 당왕조의 세계제국으로서의 면모가 후퇴한 면도 있지만, 일본이 율령제도를 나름으로 이미 확립한 측면도 작용했을 것이다. [도판 07]

이 견당사선을 통해 공식적인 사신 외에 많은 인적 교류가 있었다. 당조의 외국인 구법승 가운데는 일본에서 온 자가 제일 많았는데, 사적을 뚜렷하게 남긴 승려만도 60-70인 정도로, 총 100인은 넘었을 것으로 추산되고, 짧게는 3-5년, 길게는 28년 동안 체류하기도 하였다.[260] 특히 자각대사(慈覺大師) 원인(圓仁: 엔닌: 794-864)은 최후의 견당사선 편으로 당나라에 도착한 후 회창폐불을 만나 장안에서 강제로 환속되어 10년 만에 귀국하게 되었는데,

256 『隋書』卷81 東夷傳倭國, p.1826, 「開皇二十年, 倭王姓阿每, 字多利思比孤, 號阿輩雞彌, 遣使詣闕. 上令所司訪其風俗. 使者言倭王以天爲兄, 以日爲弟, 天未明時出聽政, 跏趺坐, 日出便停理務, 云委我弟. 高祖曰: "此太無義理." 於是訓令改之.」

257 倭國으로부터는 4회, 隋側에서 보면 3회로 본다(氣賀澤保規 編, 『遣隋使がみた風景—東アジアからの新視點—』, 東京: 八木書店, 2012, p.354).

258 『隋書』卷81 東夷傳倭國, p.1825, 「大業三年, 其王多利思比孤遣使朝貢. 使者曰: "聞海西菩薩天子重興佛法, 故遣朝拜, 兼沙門數十人來學佛法." 其國書曰: "日出處天子致書日沒處天子無恙"云云. 帝覽之不悅, 謂鴻臚卿曰: "蠻夷書有無禮者, 勿復以聞."」

259 견당사는 전·후기로 나눌 수 있고, 그 파견 목적·조직·항로도 약간의 차이가 있다고 본다. 전체적으로 보아 16년에 1회 정도 파견된 것으로 보인다. 전기(1회부터 7회)는 朝貢 목적으로 船 2척에 평균 120인으로 구성되었으며, 航路는 北九州·博多→壹岐·對馬→韓半島 西海岸→黃海道→山東半島(北路로 百濟·新羅의 협조가 불가결); 후기(8회부터 20회) 신문화 기술을 배우려는 유학생·유학승·기술자로 구성, 船 4척, 500-600인 정도로 구성, 博多→五島列島→東中國海→長江沿岸(南路: 항해일수 매우 단축됨. 百濟멸망으로)(古瀬奈津子, 『遣唐使の見た中國』, 東京: 吉川弘文館, 2003, pp.3-9).

260 方亞光, 『唐代對外開放初探』, 合肥: 黃山書社, 1998, pp.29-30.

도판 07 | 견수·견당사의 경로도(氣賀澤保規, 『遣唐使がみた風景ーアジアからの新視點ー』, 東京: 八木書店, 2012에 수록된 「遣隋使の經路圖」를 바탕으로 윤태옥 작도)

그의 재당일기(在唐日記)인 『입당구법순례행기(入唐求法巡禮行記)』는 마르코 폴로의 『동방견문록(東方見聞錄)』, 현장(玄奘)스님의 『대당서역기(大唐西域記)』와 함께 세계 3대 여행기로 일컬어지고 있다. 원인은 일본 불교 발전에 지대한 영향을 미쳤으니, 천태종 산문파(山門派)의 개조(일본 제3대 天台坐主)가 되었을 뿐만 아니라 그가 중국에서 도입한 송경방식은 지금도 이어지고 있다. 신라 출신 혜초(慧超)스님의 『왕오천축국전(往五天竺國傳)』도 이때에 저술되었다.

대당제국시기 당나라에 체류한 신라인이 많았고, 특히 현재의 소북(蘇北: 강소성 북부)지역과 산동반도 일대에 주로 거주하고 있었던 것으로 추정하고 있다. 이들 신라인의 활동과 관련하여 원인의 『입당구법순례행기』는 중요한 자료를 제공한다. [도판 08] 원인이 방문했던 지방 가운데 신라인을 만났던 곳은 초주(楚州), 밀주(密州), 등주(登州), 청주(靑州), 치주(淄州), 장안, 사주(泗州) 등 다양한 곳이었다.[261] 그 밖에도 많은 지방에 신라인이 활동한 것은 두말할 필요도 없다. 장보고(張保皐)의 활약지역은 현재의 절강·복건·광동성의 해안지대에 미치고 있는데, 이들 지역에도 신라인의 흔적들이 발견되고 있기 때문이다. 『입당구법순례행기』에 구체적인 성명이 기록된 신라인은 47인인데,[262] 그 외에도 수수(水手), 상인 등 다양한 직업에 종사하고 있었다고 기록되어 있을 뿐만 아니라,[263] 일본의 조공사들이 신라선을 주로 이용하였던 것은[264] 이 선박들이 신라 일국의 무역선이 아니라 국제무역선으로 역할을 하고 있었음을 반증하고 있다. 8-9세기 신라인들의 해상활동지역은 황해는 물론 동·남중국해를 비롯하여 일본 근해, 그리고 중국의 운하지역 등으로 신라인이 당시 동아시아 해상무역을 주도하고 있던 것이다. 아울러 신라인 역관인 유신언(劉愼言)의 활약이 특히 두드러졌는데, 원인이 10년 간 당에 머물면서 수행한 구법활동도 그의 힘에 크게 의존했기에 가능했다는 사실에서 잘 알 수 있다.[265] 또 신라인과 관련된 신라방, 신라소(新羅所), 신라관(新羅館), 신라원(新羅院) 등은 모두 신라인의 재당활동과 관련된 건축

---

261 牛致功, 「圓仁目睹的新羅人 −讀『入唐求法巡禮行記』札記−」, 『唐代碑石與文化研究』, 西安: 三秦出版社, 2002, p.264.

262 牛致功은 譯語, 僧人, 官吏, 其他 47명의 명단을 들고 있다(牛致功, 「圓仁目睹的新羅人 − 讀『入唐求法巡禮行記』札記−」, pp.260-261). 그런데 김문경 교수는 이 책에 등장하는 "인물의 절반 가까이는 당나라 사람이나 일본 사람이 아닌 신라 사람이다"라 하였다(김문경 역주, 『엔닌의 입당구법순례행기』, p.8).

263 開成 4년(839) 圓仁이 楚州(江蘇省 淮安)에 도착하여 일본 조공사들이 귀국할 때 해로를 잘 아는 신라인 60여 인을 고용했다는 사실은(『入唐求法巡禮行記』 卷1 開成4年(839)3月17日條, p.128, 「各令船頭押領, 押領本國水手之以外, 更雇新羅人諳海路者六十餘人. 每船或七或六或五人. 亦令新羅譯語〈金〉正南商可留之方便.」) 이 지역에 많은 신라인이 다양한 직종에 종사하고 있다는 것을 암시하고 있다.

264 신라인들의 楚州에서의 활동은 무역업·조선업이 대부분이었으며 선원·선주 등이 많았다. 역관 金正南이 9척의 신라선과 60여 명의 신라인 선원을 고용하고 있었던 것은 이런 사정에서였다(김문경 역주, 『엔닌의 입당구법순례행기』, p.115, 주281).

265 일본의 다른 입당승인 惠蕚·順昌·仁濟 등 많은 스님들이 그의 도움을 받았으며, 일본과의 연락, 금품의 전달, 귀국선의 마련, 물품의 보관 등 모두가 그에 의해 이뤄졌다(김문경 역주, 『엔닌의 입당구법순례행기』, p.125, 주308). 劉愼言은 楚州 거주의 신라인으로 韓·日·漢語를 할 수 있는 통역자였다(〈日本〉釋圓仁·白化文 等 校注, 『入唐求法巡禮行記』 卷1, p.129).

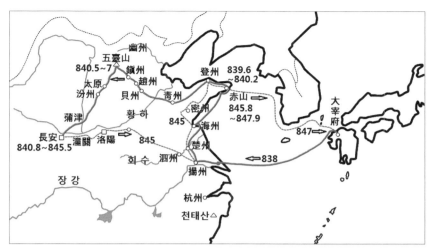

도판 08 | 『入唐求法巡禮行記』에 기록된 圓仁의 여행경로(氣賀澤保規, 『絢爛たる世界帝國−隋唐時代−』, 講談社, 2005에 수록된 「圓仁行程圖」를 바탕으로 윤태옥 작도)

물들이었다. 대당제국 말기는 중국왕조를 중심으로 하는 조공무역에서 민
간이 주도하는 교역체제로 동아시아무역의 질적 전환을 가져온 시기라고
할 수 있는데 그 주인공이 바로 신라 무역 상인이었다는 점은 그냥 지나칠
수 없는 부분이다. 이 당시 동아시아의 해상 무역에서 신라인 장보고의 활
약을 특히 빠뜨릴 수 없다.[266] 송·원시대 포수경의 활약은 어떤 면에서 장보
고라는 걸출한 인물이 먼저 등장했기 때문에 가능했던 것일지도 모른다. 장
보고나 포수경의 활동은 그의 특수한 수완도 작용했겠지만, 개방사회 대당
제국이 제공한 특수한 교역 환경이 전제되지 않으면 나타날 수 없는 것임은
말할 필요도 없다.

　　국제간의 거래의 지역범위와 빈도를 보여주는 것이 1970년 10월 서안 하

266 권덕영, 『재당신라인사회 연구』, 서울: 일조각, 2005, 제5장 「장보고와 재당 신라인」 참조.

가촌(何家村) 저장용 혈장(穴藏)의 발굴품에서 동로마의 금화, 페르시아의 은화와 함께 발견된 화동개진(和同開珎: 일본의 銀貨) 5매이다. 이것은 견당사를 통해 바쳐진 공물일 가능성이 크고 그 자체가 일본에서도 드문 화폐이기 때문이다.

3. 외국인의 법률적 대우

법에 의한 통치의 위력은 무력보다 강하다. 독일의 법학자 예링이 그의 저서 『로마법의 정신』 서두에서 로마의 법이 군대나 종교보다 "가장 평화적이고 가장 월등한 것이다"라 했듯이 제국의 통치와 운영에 있어서 법률의 정비는 필수적인 전제이다. 당대의 법이 바로 그러한 작용을 했던 것이다. 법이란 통치의 경제성을 담보해주는 것이며, 특히 잡다한 원류의 인구로 구성된 제국일수록 더욱 그러하다. 법과 질서는 표리관계에 있는 것으로 인간 세상에서 법이 전제되지 않고서는 질서는 보장될 수 없기 때문이다.

대당제국이 이국인에 대해 아무리 개방적이었다 해도 이국인이 당왕조의 영내에 마음대로 입국할 수 있는 것은 아니었다. 정해진 절차를 당연히 밟아야 했다. 외국 조공 사절의 경우 그 통관 업무는 예부(禮部) 주객랑중(主客郎中)이 맡았다. 외국인이 변경에 도착하면 해당 주(州)에서는 그 인원을 물어 '첩(牒)'을 발급해 주었다.[267] 만약 사절(예컨대 朝賀進貢)단인 경우 육로와 해로에 따라 약간의 차이가 있지만 대체로 수행인이 있으면 그 반은 변경에 머물게 하고, 조공을 바칠 사람만 내지로 이동하게 하였다.[268] 공식 사절단

---

[267] 『新唐書』 卷46 百官志1 禮部主客郎中, pp.1195-1196, 「主客郎中·員外郎, 各一人, 掌二王後·諸蕃朝見之事, …殊俗入朝者, 始至之州給牒, 覆其人數, 謂之邊牒」
[268] 『新唐書』 卷48 百官志3 鴻臚寺, pp.1257-1258, 「海外諸蕃朝賀進貢使有下從, 留其半於境; 緣海路朝者, 廣州擇首領一人·左右二人入朝; 所獻之物, 先上其數於鴻臚, 凡客還, 鴻臚籍衣齎賜物多少以報主客, 給過所」

의 경우 입국 절차나 이동에 있어 별다른 장애가 없었다. 주현과 도성을 유기적으로 연결하는 교통 시스템의 근간을 이루는 것이 바로 역전(驛傳)제도였다.[269] 장안의 도정역(都亭驛)을 중심으로 동서남북 각 지방의 주현에 이르는 전국적인 간선로가 건설되고, 그 위를 통과하는 역전 시스템이 잘 갖추어져 있었다. 그 역전을 이용하여 행로에 필요한 물자들을 공급받을 수 있었다.[270]

그러나 일반 외국인의 경우 율령 규정상에는 사사로이 변경을 출입할 수가 없었다. 당률에서 관문[271]을 사사로이 건넌 자는 도형(徒刑) 1년에 처하고, (관문을 거치지 않고) 관새(關塞)를 넘어 건넌[越度] 자는 가일등(加一等)한다고 규정한 것이 그것이다.[272] 즉 수육로(水陸路)의 관에는 관문[門禁]이 있고, 행인이 관문을 왕래하려면 모두 공문(公文)이 있어야 했다. 통행에 필요한 통행증인 '과소(過所)'나 공문 없이 사사로이 관문을 통과하면 도형 1년에 처해지고, 관문(혹은 津·濟)을 통하지 않고 넘어 건너면 도형 1년 반에 처해진다.[273] 이처럼 연변의 관새, 즉 국경을 통과하는 경우에는 반드시 과소를 발부받아

---

269 秦漢代의 驛傳에는 驛馬와 傳馬의 구별이 있었으니 驛은 騎를, 傳은 車를 지칭하는 것으로 驛馬는 1일 6 驛 정도, 傳馬는 4驛 정도 달리는 속도의 차이가 있고, 驛馬에 대해서는 「公式令」에, 傳馬에 대해서는 「廐牧令」에 규정되어 있듯이 양자는 구별되어 있었다. 즉 驛馬(긴급시의 교통수단)만이 아니라 그와 병행해서 傳馬(常行의 교통수단)도 운용되는 공용 교통시스템이었다고 보기도 한다(靑山定雄, 『唐宋時代の交通と 地誌地圖の硏究』, 東京: 吉川弘文館, 1963, p.53). 그러나 최근에는 특히 唐代의 교통 시스템에 대해 다양한 견해가 나오고 있다(荒川正晴, 『ユーラシアの交通·交易と唐帝國』: 名古屋, 名古屋大學出版會, 2010, p.161).

270 荒川正晴, 「唐朝の交通システム」, 『大阪大學大學院文學紀要』40, 2000.

271 군사·교통상의 요지에 관이 설치되어 있고, 슈·丞 등 관리가 있었다(『唐六典』卷30 三府督護州縣官吏, pp.756-757). 관은 총 26개가 있으며 상·중·하의 3등급으로 나뉘어져 있었다(『唐六典』卷6 刑部司門郎 中, p.195, 「司門郎中·員外郎掌天下諸門及關出入往來之籍賦, 而審其政. 凡關二十六, 而爲上·中·下 之差.」).

272 (唐)長孫無忌 等 撰, 『唐律疏議』(北京: 中華書局, 1983) 卷8 衛禁律 私度及越度關, p.172, 「諸私度關者, 徒一年. 越度關者, 加一等(不由門爲越).」

273 『唐律疏議』卷8 衛禁律 私度及越度關, p.172, 「[疏]議曰: 水陸等關, 兩處各有門禁, 行人來往皆有公文, …自餘各請過所而度. 若無公文, 私從關門過, 合徒一年. '越度'者, 謂關不由門, 律不由濟而度者, 徒一 年半.」

야 하는데, 과소는 도성에서는 상서성, 지방에서는 주에서 발급하는 것을 원칙으로 한다.[274] 국경의 관새를 넘어 건넌 자는 내지의 관보다 한 단계 더 무거워 도형 2년에 처하였다. 한편 외국인[化外人]과 사사로이 교역하는 것은 더 엄격하게 처벌하니 예컨대 비단 등을 사고 판 것이 1척(尺)이면 도형 2년 반이며, 3필마다 1등씩 가중하여 15필이면 유형 3천 리에 처한다고 규정되어 있으니,[275] 무엇보다 내국인과 외국인 간의 사적인 교류 자체를 엄격하게 규제한 것처럼 보인다. 외국인이 사적으로 관문을 넘는 것보다 더 엄격하게 처리하였다. 특히 사유가 금지된 무기[兵器]를 외국인에게 사사로이 준 자는 교수형에 처하며, 사신으로 가서 사사로이 무기를 교역한 자는 도적에 준하여 죄를 논하였다.[276] 아울러 불법 체류한 외국인과의 혼인에 대해서도 규제하였으니 혼인한 자는 유형 2천 리에 처했다. 아울러 외국인이 중국인의 부녀를 얻어 처·첩으로 삼으면 본국으로 데리고 갈 수가 없었다.[277] 이는 관의 허가가 없이 사사로이 혼인하는 것을 금지한 것이지, 중국인과 외국인의 혼인 자체를 금지한 것은 아니었다.[278] 사실 외국인이 중국인과 혼인한 사례도 많

274 『唐六典』卷6 刑部司門郎中, p.196, 「凡度關者, 先經本司請過所, 在京, 則省給之, 在外, 州給之. 雖非所部, 有來文者, 所在給之.」
275 『唐律疏議』卷8 衛禁律 越度緣邊關塞, p.177, 「諸越度緣邊關塞者, 徒二年, 共化外人私相交易, 若取與者, 一尺徒二年半, 三疋加一等, 十五疋加役流. [疏]議曰: 緣邊關塞, 以隔華夷. 其有越度此關塞者, 得徒二年, …但以緣邊關塞, 越罪故重.」
276 『唐律疏議』卷8 衛禁律 越度緣邊關塞, pp.177-178, 「私與禁兵器者, 絞. … 卽因使私有交易者, 準盜論. [疏]議曰: 越度緣邊關塞, 將禁兵器私與化外人者, 絞. 其化外人越度入境, 與化內交易, 得罪並與化內人越度交易同, 仍奏聽勅. 出入國境, 非公使者不合, 故但云越度, 不言私度. 若私度交易, 得罪皆同, … 又準主客式, 蕃客入朝, 於在路不得與客交雜, 並不得令客與人言語, …卽是國內官人百姓, 不得與客交關. 」
277 『唐律疏議』卷8 衛禁律 越度緣邊關塞條, pp.177-178, 「共爲婚姻者, 流二千里. … [疏]議曰: …又, 準別格; "諸蕃人所取得漢婦女爲妻妾, 並不得將還蕃內." …私作婚姻, 同上法, 如是蕃人入朝聽住之者, 得娶妻妾, 若將還蕃內, 以違勅科之」;『唐會要』卷100 雜錄, p.2134, 「貞觀二年二月十六日勅: "諸蕃使人所娶得漢婦女爲妻妾者, 並不得將還蕃."」
278 중국인이 외국인과 '사사로이' 交通·賣買·婚娶·來往하는 것을 금지한 것이었다(『冊府元龜』卷999 外臣部 互市, pp.11727-11728, 「又准令式, 中國人不令私與外國人交通·賣買·婚娶·來往」).

았다. 이처럼 국가가 허락하지 않는 개인의 자발적인 행동은 철저하게 규제되었던 것이다.

대당제국의 법률에서 두 가지 특이한 점을 발견할 수가 있다. 첫째, 유형(流刑)이 주형(主刑)으로서 성립한 것이다. 중국 형법사상 태(笞)·장(杖)·도(徒)·유(流)·사(死)라는 '오형(五刑)'체계가 성립하고 정비된 것은 수·당대부터였다. 진·한·위·진의 유형은 관리 등에 대한 감면 차원에서 사형을 대체하는 형벌로 행해졌거나, 율문에 근거하지 않은 특별한 경우에 집행되는 임시적인 형벌에 불과했다.[279] 그러나 북위에서 유형이 주형의 하나로 규정되기 시작하였고, 북주시대가 되면 유배지까지의 거리에 등급이 설정되었다. 당률에 규정된 유형의 원류는 한·위·남조의 유기(有期) 노역형인 '사천형(徙遷刑)'과 다른 형태인 강제이동과 종신복역의 '사변형(徙邊刑)'에 두고 있었던 것이다.[280] 그런 면에서 이런 유형의 주형화 과정을 북조의 영향이라고 보는 것이다.[281] 유형은 일종의 '추방형'인데, 유목민족에게 있어서 집단 혹은 공동체에서 격리되어 혼자 있게 되는 것은 바로 죽음을 뜻하는 것이기 때문이다. 선비법 체계 아래 부락에서 중죄를 범할 경우 성원을 황벽한 곳에 방축하여 죽음에 이르게 하는 관례가 있었다.[282] 유형은 바로 황제의 거소인 경사로부터 죄인을 멀리 추방하는 형식이다.[283] 한과 당 사이의 형벌을 비교할 때 현저한 차이점은 이전 형벌의 주된 계열 밖에 있던 유형이 북위·북제·북주 등 북조계통의 형벌체계의 영향에 의해 7세기 이후가 되면 수당의 형

---

279 薛菁, 『魏晉南北朝刑法體制研究』, 福州: 福建人民出版社, 2006, pp.216-218.
280 辻正博, 『唐宋時代刑罰制度研究』, 京都: 京都大學學術出版會, 2010, p.30.
281 鄧奕琦, 「封建五刑體系的改造与定型」『北朝法制研究』, 北京: 中華書局, 2005, pp.149-152.
282 『三國志』卷30 魏書30 烏桓鮮卑東夷傳, p.833. 「其亡叛爲大人所捕者, 諸邑落不肯受, 皆逐使至雍狂地.」
283 辻正博, 『唐宋時代刑罰制度研究』, p.88.

벌체계인 오형(五刑: 笞·杖·徒·流·死)으로[284] 성립하게 되었고, 또 오형 가운데 자유형(自由刑)인 도형과 유형이 중추적 지위를 점하게 된다는 점이다.[285] 당의 유형과 유사한 형태의 사천형이 한대에도 있었지만, 이것은 본형인 사형이 특사된 대형(代刑)이므로[286] 북위 이후에 성립한 유형과는 성질이나 기원이 다른 것이다. 둘째, 전술하였듯이 법률이 대단히 조밀하게 규정되었을 뿐만 아니라 특히 외국인에 대한 규정이 많다는 점이다.

여하튼 교역을 목적으로 하는 호상(胡商)들의 당나라 경내 출입은 세밀한 법률규정에도 불구하고 그리 어렵지 않았던 것 같다. 실크로드 변에서 발굴된 투루판[吐魯番]문서 등을 분석하면 이런 점은 쉽게 알 수가 있다. 예컨대 가솔(家率)과 노비·인부 및 말 등을 대동하고 도성 장안까지 장사하러 가기를 원하는 호상은 서주(西州)의 관청에서 각자의 나이, 동반한 사람 및 화물 내역 등과 무게를 조사받은 다음 보증인의 확인을 받은 후 통행증인 과소를 발급받을 수 있었다. 당의 통행증에는 '과소'와 '공험(公驗)'이라는 두 가지 종류가 있었다.[287] 일반 변경관문[邊關]에서 신상 내역을 조사받은 후 과소를 받았다면 이후 내지에서 경과하는 관소(關所)에서는 과소만을 제출하면 되었다.[288] 번객의 왕래에는 그 무게를 위와 같이 조사하지만, 관소 하나를 진입

---

284 中國古典에 보이는 五刑은 死·宮·刖·劓·黥(墨刑)이다.
285 仁井田陞, 『中國法制史』, 東京: 岩波書店, 1952/(1976增補版), pp.85-86.
286 大庭脩, 「漢代徒遷刑」, 『秦漢法制史研究』, 東京: 創文社, 1982, pp.165-166.
287 물론 이 밖에도 遞送과 供給을 보증하는 符券·遞牒이 있었지만 衛禁律疏에 의하면 이것과 구별되는 過所라 불리는 통행증이 있었다. 이는 원래 官人의 公務外의 통행을 보증하는 것이었다. 그런데 過所와 극히 유사한 성격을 가진 통행증이 바로 公驗이다. 그래서 기능면에서 차이가 없다고 보기도 한다(程喜霖, 『唐代過所研究』, 北京: 中華書局, 2000, pp.182-185). 발급처가 州냐 縣이냐의 차이로 보기도 하고, 公驗(行牒)은 인접하는 州縣으로의 통행에 대해, 過所는 그것을 넘어 통행하는 경우로 보기도 한다. 원래 官吏의 私行에 대한 보증서인데 실제로는 非官人(興胡, 行客, 百姓)에게도 발급된 것이라 본다(荒川正晴, 「ユーラシアの交通·交易と唐帝國」, pp.418-420).
288 宋眞, 「唐代 '胡商'의 中國 內地 活動과 蕃坊」, 『東亞文化』 48, 2010, p.57.

하고 나면 나머지 관소에서는 기찰(譏察)하지 않는다는 당령의 규정[289]처럼 쉽게 통과되었다.

사신이나 상인이 아닌 일반인이 이 과소를 얻는 데는 상당한 어려움이 있었던 듯하다. 838년 7월부터 847년 9월까지 9년 2개월 동안 당나라에 구법여행을 하였던 일본승 원인의 경우 공식적인 조공사가 아니었기 때문에 통행증을 발급받지 못하여 어려움을 겪었던 것에서 알 수 있다. 원인은 당나라에 남기 위해 필요로 했던 공험도 11개월 만에 갖은 고생 끝에 발급받을 수가 있었다. 또 귀국길에도 통행증을 받는 과정에서도 신라인의 도움을 받아 겨우 얻을 수 있었다. 공식 사절단이 아닌 신분은 그것을 보장할 소속이 필요했고, 그러기 위해서는 신청자의 신분을 보장해 줄 보증인이 필요했기 때문이다. 원인은 통행증 발급과정에서 신라방 사람들의 도움을 받았고, 그들의 주선과 보증으로 통행증을 겨우 받을 수 있었다.[290] 이런 어려움에도 불구하고 당나라에는 수많은 외국인이 현실적으로 체재하고 있었다. 그런 면에서 이런 입국절차를 배타적인 것만으로 해석할 수 없다. 현재 우리가 '세계제국'인 미국을 들어갈 때도 쉽지 않은 과정을 거쳐야 하고, 실제 불법 체류자가 많다는 사실을 감안할 필요가 있기 때문이다.

당대 외국인에게 '귀화(歸化)'가 허락되었다. '귀화'라는 것은 그 이전시대에도 행해진 것이지만 당대는 국초부터 있었을 뿐만 아니라, 오히려 외국인의 귀화를 장려한 측면이 있어보인다. 이를 '투화(投化)'[291] 혹은 '귀조(歸

---

289 『唐令拾遺補』(仁井田陞著, 池田溫編, 東京: 東京大學出版會, 1997) 關市令 補2, p.1395, 「諸蕃客往來, 閱其裝重, 入一關者, 餘關不譏」; 『新唐書』 卷46 百官志1 刑部, pp.1200~1201, 「司門郎中·員外郎, 各一人, 掌門關出入之籍及闌遺之物. …蕃客往來, 閱其裝重, 入一關者, 餘關不譏.」

290 金鐸敏, 「在唐新羅人의 활동과 公驗(過所) -엔닌의 공험 취득 과정에서 張保皐·新羅人의 역할을 중심으로-」, 『대외문물교류연구』(해상왕장보고기념사업회) 1, 2002.

291 『魏書』 卷27 穆亮傳, p.670, 「後高祖臨朝堂, …又謂亮曰: "徐州表給歸化人稟. 王者民之父母, 誠宜許之. 但今荊揚不賓, 書軌未一, 方欲親御六師, 問罪江介. 計萬戶投化, 歲食百萬, 若聽其給也, 則蕃儲虛竭."」; 『魏書』 卷 63 王肅傳, p.1408, 「詔(王)肅討蕭鸞義陽. …若投化之人, 聽五品已下先卽優授. 於是假

朝)'²⁹²라고 지칭하였는데, 귀화인에게는 10년 간 공과(公課)를 면제한다는 규정을 두었기 때문이다.²⁹³ 그런 점에서 대당제국은 외국인의 입국 자체를 막으려 한 것이 아니고, 단지 '법률에 의거한' 절차를 요구했던 것이었다.

이와 마찬가지로 당조는 재당 외국인에 대한 관리에도 상당한 관심을 기울였다. 이 문제와 관련하여 관심을 끄는 것은 소위 '번방(蕃坊)'의 관리체계이다. 대표적인 것이 산동에 있던 신라인의 거주지인 신라방과 광주에 있던 아라비아인의 방이다. 안사의 난 시기, 광주의 번방에서 아라비아인 5만이 살상되었다고 하니 방의 규모와 당시 얼마나 많은 아라비아인이 대당제국 내로 들어와 활약하였는지 짐작할 수가 있다. 앞에서 잠시 방과 항·곡에 대해서 언급했지만, 필자는 이 가운데 특히 방 구조 문제에 대해서 여기서 약간 설명해 두고 싶다. 방이 갖는 최대의 특징은 방내의 사람들을 둘러싸는 방벽(坊壁: 坊墻)과 방 내외의 출입을 통제하는 방문(坊門)의 엄격한 관리라고 생각한다. 이 두 가지 시설이 방내의 거주자의 생활 전체를 규제하는 것이었기 때문이다.

외국인의 집단 거주지를 지칭하는 '번방'²⁹⁴이란 용어가 언제부터 공식적으로 사용되었는가는 의문이지만, 번인의 집단 거주지에 '방'이라는 명칭을 붙였을 때에는 그 명칭에 상응하는 운영 시스템이 부대되었던 것은 확실하다. 사실 이런 번방이 어떻게 운용되었는가에 대한 자세한 기록이 없다. 단

肅節, 行平南將軍.」

292 『晉書』卷63 段匹磾傳, pp.1711-1712, 「匹磾欲單騎歸朝, (邵)續弟樂安內史泊勒兵不許. 泊復欲執臺使王英送於(石)季龍, 匹磾正色責之曰: "卿不能遵兄之志, 逼吾不得歸朝, 亦以甚矣, 復欲執天子使者, 我雖胡夷, 所未聞也."」

293 『通典』卷6 食貨6 賦稅下, p.109, 「諸沒落外蕃得還者, 一年以上復三年, 二年以上復四年, 三年以上復五年, 外蕃人投化者復十年」

294 蕃坊이란 용어가 처음으로 등장한 사료는 唐 文宗시기 활약했던 房千里가 찬술한 『投荒錄』이다. [(淸)顧炎武輯, 『天下郡國利病書』(四部叢刊三編本) 第29冊 廣東下, pp.104下-105上, 「投荒錄: …頃年在廣州番(蕃)坊, 獻食多用糖蜜·腦麝, 有魚俎, 蛀甘香而腥臭自若也.」]

지 도성 장안과 낙양을 비롯하여 현급(縣級) 이상의 도회에서 주민통제를 위한 물리적인 장치인 방제가 실시되었다는 점에서 당시 외국인 통제의 엄격함도 어느 정도 추측할 수 있다. 그러면 여기서 '신라방'의 통제 실상을 살펴봄으로써 당대의 외국인 거주지, 특히 '□□방'이라는 명칭이 붙는 외국인 거주지의 통제 실태를 짐작해 보자.

'신라방'이 일반 현급 이상 도시에 두어지는 방과 같은 규모였는지는 확인할 수 없다. '신라방'의 통제와 관리 상황을 알리는 기록은 원인의 『입당구법순례행기』 정도이다. 원인은 귀국하기 위해 장안을 출발하여 무종 회창 5년(845) 6월 13일 변주(汴州: 開封)에 도착했고, 6월 22일 사주(泗州)에, 6월 23일 우이현(盱眙縣)에, 6월 28일 양주(揚州)에, 7월 3일 초주에 도착하였으며, 7월 8일 초주를 출발하여, 7월 9일 연수현(漣水縣)에 도착한 후, 7월 13일 해주(海州)를 향해 출발하여 7월 15일 해주에 도착하는 일정이었다. 먼저 신라방은 어떤 거주공간인가이다. 그 구조와 관리인[役人]에 대해 먼저 살펴보자. 신라방에 대한 기사는 『입당구법순례행기』 권4 회창 5년 7월 3일, 7월 9일조와 회창 7년(大中원년: 847) 6월 5일조 등에 나온다. 7월 3일조를 보면, "먼저 신라방에 들어가 총관(惣管)인 초주의 동십장(同十將) 설모와 신라인 통역관[譯語] 유신언을 만났다"라고 되어 있다.[295] 그런데 이 총관인 설모는 설전(薛詮)으로 신라인이었다. 설전은 총관 외에 '동십장(同十將)'이라는 직책을 맡았으며, 또 '대사'라는 호칭을 띠기도 했다.[296] 이 밖에 '십이랑(十二郎)'[297] 등의 직책명

---

295 『入唐求法巡禮記』卷4 會昌 5年(845)7月3日條, p.480, 「先入新羅坊, 見惣官當州同十將薛 · 新羅譯語劉愼言.」

296 김문경 역주, 『엔닌의 입당구법순례행기』, pp.490-491. 白化文 등은 薛某는 楚州 주재 신라인 외교대표로서 현대판 '領事'에 해당하며, '惣官當州'와 '同十將'은 薛某의 官銜이고, '惣官當州'는 '惣官當州新羅人事務大使'의 簡稱이라고 보았다(白化文 等 校註, 『入唐求法巡禮行記校註』, p.481). 圓仁이 在唐新羅人으로 영향력이 있는 사람에게 '大使'라 부르고 있다. 장보고 · 장영 · 임대사 등이 그들이다(김문경 역주, 『엔닌의 입당구법순례행기』, p.491).

297 김문경은 崔暈이 맡은 이 직을 장보고 휘하의 병마사로 보았다(김문경 역주, 『엔닌의 입당구법순례행기』,

이 보이나 통역관을 제외하고 그것들이 구체적으로 어떤 역할을 하는 것인지 명확하게 알 수는 없다. 다만 총관이라는 책임자를 두어 '자치'를 행했던 것처럼 보인다. 따라서 번방이란 변경에 있는 도호부와 마찬가지로 당조의 간접지배구역 단위라 해도 큰 무리는 없을 것이다.

방내로의 출입과 생활 등에 대한 통제와 관리는 어떻게 행하여졌는가? 원인은 당초 신라방에 단기간 체류하다가 그곳에서 바로 귀국하려 하였다. 그러나 상급기관인 산양현(山陽縣)으로부터 체류와 출항을 허락받지 못했기 때문에 어쩔 수 없이 공식적인 출항장소인 등주(登州)를 통해 귀국할 수밖에 없었다고 한다.[298] 원인에게 신라방에서의 체류가 허가되지 않았던 것이다. 사주에 소속되어 있는 연수현에 소재한 신라방에 들어가려 하였을 때의 광경을 "연수현에 도착하여 먼저 신라방에 들어갔다(先入新羅坊)"[299]고 서술하거나 '방내(坊內)',[300] '방리(坊裏)'라는 표현 등에서 짐작해 볼 때, 신라방에는 외부와 격리된 물리적인 방어벽이 존재하고 있는 것은 분명하다. 그렇다면 그 출입의 정황은 어떠했던가? 신라방의 출입은 도성 장안의 방의 출입처럼 일정한 시간이 정해져 있었을 것이다. 방외인(坊外人)인 원인이 신라방에 도착하였을 때 "총관 등은 받아들이고자 하였지만 별도로 그 일을 전담하는 관리가 듣지 않아 인수증명서[領狀][301]를 작성하지 못하였다"[302]고 하였다. 즉

   p.495).
298 『入唐求法巡禮行記』卷4 會昌5年(845)7月3日條, p.480, 「登州是唐國東北地極, 去楚州一千百餘里. … 薛大使·劉驛語意欲得鉤留在新羅坊裏置, 從此發送歸國, 緣州縣不肯, 遂苦拘留不得也.」
299 『入唐求法巡禮行記』卷4 會昌5年(845)7月9日條, p.484, 「仍到縣, 先入新羅坊」.
300 『入唐求法巡禮行記』卷4 會昌5年(845)7月9日條, p.484, 「請停泊當縣新羅坊內, …便共使同到坊內.」
301 김문경은 '인수증명서'(김문경 역주, 『엔닌의 입당구법순례행기』, p.496)라 하였으나 白化文은 '今之保證書'(白化文 等 校註, 『入唐求法巡禮行記校註』, p.485)라 해석하였다.
302 『入唐求法巡禮行記』卷4 會昌5年(845)7月9日條, p.484, 「便共使同到坊內, 惣官等擬領, 別有專知官不肯, 所以不作領狀.」

(신라)방내의 출입을 담당하는 별도의 관리[專知官]가 있었던 것이다.[303] 또 원인이 보증하는 사람을 얻지 못해 총관도 이를 어쩔 수 없었다고 한다. 이 인수증명서를 얻으려면 먼저 보증해주는(識認)[304] 사람이 있어야 하였다. 원인처럼 "거쳐 지나가는[遞過] 사람이 이틀을 머물면[停留] 곧 칙(勑)을 위반한 것이니 죄가 된다. …설대사·유통역관이 내심으로는 신라방 내에 머물게[鉤留][305] 하여 이곳에서 귀국할 수 있도록 하고 싶었으나 주·현이 허락하지 않아 간곡한 부탁에도 불구하고 끝내 체류할 수 없었다"고 되어 있다."[306] 그렇다면 원인처럼 거쳐 지나가는 외국인의 경우 주현의 허가 없이 이틀, 즉 야간에 방내에 머무는 것이 불허되었던 것이다. 그런데 이처럼 외부인이 머무는 문제에 대해서 현[朐山縣]의 관리들도 마음대로 결정을 내릴 수 없다면서 사군(使君: 刺史, 즉 海州刺史)에게 서장(書狀)을 제출하라 지시하였다. 제출된 서장에 대해 자사가 최종적으로 내린 결정은 "칙에 따라 지나가도록 하되 주의 관리들은 이들이 감히 머물게 하지 못하게 고지하라"[307]는 것이었다. 신라방과 유사한 형태가 광주의 번방일 텐데, 거기서도 번장이 두어져 번방 내의 공적인 업무를 총괄하고 번상의 입공(入貢) 등의 일은 번관이 맡는 등 일정 정도의 자치가 허용되었다. 다만 번인이 범죄 등의 일을 저질렀을 때에는 광주 주부에 보내 사실을 심문하게 한 후 다시 번방에 보내어 실제 처벌을 행하도록 하였

---

303 白化文은 新羅坊內의 新羅 惣官 이하 客人의 招待와 往來를 책임지는 小官이 있었으며 그는 아마도 新羅人일 것이라 하였다(白化文 等 校註, 「入唐求法巡禮行記校註」, p.485).

304 '識認'은 당시의 법률용어로서 '證明', '識見', '確切' 등의 의미이다(白化文 等 校註, 「入唐求法巡禮行記校註」, p.485).

305 '鉤留'는 '短期停留'를 의미한다(白化文 等 校註, 「入唐求法巡禮行記校註」, p.481).

306 「入唐求法巡禮行記」 卷4 會昌5年(845)7月3日條, p.480, 「准勅'遞過之人, 兩日停留, 便是違勅之罪'云云. … 薛大使·劉譯語意欲得鉤留在新羅坊裏, 從此發送歸國, 緣州縣不肯, 逐苦鉤留不得也.」

307 「入唐求法巡禮行記」 卷4 會昌5年(845)7月 15-16日條, p.486, 「然縣司不自由, 事須經使君通狀. …刺史不與道理, 仍判云, "准勅遞過. 州司不敢停留. 告知者."」

던 것이다.[308]

이상과 같은 원인의 행적을 통하여 볼 때 외국인의 집단 거주지인 번방에는 나름으로 자치를 허용하였지만, 외부인의 체류는 이처럼 엄격하게 규제를 받고 있었음을 알 수 있다. 즉 신라방의 자치를 담당하는 총관은 물론, 현사·주사(州司)마저 이를 마음대로 전결하지 못하였다. 이처럼 번방 내에 외지인의 체류를 엄격하게 통제하였던 것은 개방적인 대당제국의 성격과 어긋나는 것처럼 보인다. 그런데 변주에서 해주까지 걸린 1개월이 조금 넘는 기간 동안 원인이 어딘가에 머문 것은 당연하다. 그러나 머문 곳이 신라방 안은 아니었다는 사실은 분명하다. 아마도 저(邸) 등 여행객에게 공식적으로 체류가 허용된 숙박시설이나 유사한 장소에 머물렀던 것이 아닐까 한다. 그리고 외부인이 주간에 번방 내에 들어가는 것을 크게 제약하지 않았지만, 야간활동을 극히 통제하고 있다는 사실도 확인할 수 있다. 즉 원인이 방내로 들어갔다는 것은 주간의 일이지, 야간은 일은 아니었기 때문이다. 규정상 '이틀'을 머물 수 없다는 것은 이틀은 하룻밤을 그곳에서 보낸다는 것이기 때문에 야간에 방내에 머물 수가 없다는 것을 의미한다. 이것은 번방이 아닌 일반 방의 규정과도 같은 것이다. 따라서 대당제국에서의 외국인의 집단 거주지 내에서의 활동도 당인과 마찬가지로 자유와 제약, 개방과 폐쇄가 공존하고 있었다고 할 수 있다.

대당제국 내에서 외국인들은 어떤 대우를 받고 있었던가? 『당률소의』 명례편의 율문에는 "무릇 화외인이 자국인 사이에 서로 죄를 범한 경우에는 각각 본국의 풍속과 법률에 의거하고, 타국인 간에 서로 범한 경우에는 (중국의) 법률로서 논죄한다"라 하고 이 율문의 『소의(疏義)』에 "화외인이란 번이

---

308 (宋)朱彧 撰, 『萍州可談』(叢書集成初編本) 卷2, p.19, 「廣州蕃坊, 海外諸國人聚居, 置蕃長一人, 管勾蕃坊公事, 專切招邀蕃商入貢, 用蕃官爲之. …蕃人有罪, 詣廣州鞫實, 送蕃坊行遣.」

(蕃夷)의 국가로서 별도로 군장을 세운 것을 말하며, 각각 풍속이 있고 제도와 법률이 다르다. 자국인 간에 서로 범한 경우에는 반드시 본국의 제도를 물어 그 풍속과 법률에 의하여 단죄한다. 타국인 간에 서로 범하였다는 것은, 예를 들면 고구려인과 백제인이 서로 범한 것과 같은 경우로, 모두 국가[중국]의 법률로 논죄하여 형량을 정한다"라 하였다.[309] 이 조항은 근대 독일법에서 비로소 채용된 이른바 '속인법주의'와 '속지법주의'에 근거한 것인데, 그것이 당률(예컨대 개원 25년〈733〉율)에 그대로 적용되고 있다.[310] 중국 역대 왕조의 율령에서 이런 속인법주의와 속지법주의의 규정이 처음으로 등장한 것은 7-8세기 당률에서였다. 이는 세계 어느 나라보다 가장 이른 것이다. 위의 두 가지 원칙이 실제 적용된 사례는 광주(廣州)에서 활동한 아라비아 상인이 쓴『슬레이만(Soleyman)의 여행기』의 기록에서 보이고 있다. 즉 그 책에서는 이슬람교도 사이의 소송은 교도를 재판관으로 하는 특별재판소에서, 그리고 해당 교도의 본국법으로써 재판하였던 사실을 기록하고 있다.[311] 따라서 속인법주의의 원칙이 그대로 적용되는 현장을 확인할 수가 있다. 아울러 이 양대 원칙은 송형통(宋刑統), 요제(遼制), 금율(金律), 고려율(高麗律), 안남여율(安南黎律) 그리고 일본율(日本律)에도 그대로 계승되었다. 다만 대명률과 청률은 예외였다.[312]

아울러 장례를 치를 때에도 당률에서는 분장(焚葬) 혹은 수장(水葬)을 금지

---

309 『唐律疏議』卷6 名例 律 化外人相犯, p.133. 「諸化外人, 同類自相犯者, 各依本屬法, 異類相犯者, 以法律論. [疏]議曰: '化外人', 謂蕃夷之國, 別立君長者, 各有風俗, 法制不同. 其有同類自相犯者, 須問本國之制, 依其俗法斷之. 異類相犯者, 若高麗之與百濟相犯之類, 皆以國家法律, 論定刑名.」

310 中田薰,「唐代法に於ける外國人の地位」『法制史論集』3-下, 東京: 岩波書店, 1934; 仁井田陞,「外國人 ─屬人法主義と屬地法主義」『中國法制史研究 ─法と慣習法と道德─』, 東京: 東京大學出版會, 1964, pp.17-21; 仁井田陞,「中華思想と屬人法主義および屬地法主義」,『中國法制史研究 ─刑法─』, 東京: 東京大學出版會, 1959, pp.398-452.

311 桑原騭藏,「蒲壽庚の事蹟」, pp.97-98.

312 仁井田陞,「中華思想と屬人法主義および屬地法主義」, p.418.

하고 있었지만, 번객들은 본국의 습관에 따라 소장(燒葬) 등을 하는 것도 허용되었으며, 외교사절이나 질자 같은 경우는 본국식의 장례를 치르는 데 필요한 물품도 관에서 지급해 주었다.313 그만큼 재당 외국인에게 그 본속(本俗)을 존중해 주었던 것이다.

여기서 잠시 '화외인'의 개념에 대해 설명할 필요가 있다. 『당률소의』에서 고구려인과 백제인을 '화외인'이라고 분명히 규정하고 있다. 그런데도 현재 중국은 고구려가 당조의 지방정권으로 치부하는 동북공정을 진행하고 있다. 당대의 화외인은 특수한 지위를 갖는 개념이었기 때문에 후술할 명대와는 달랐다. 위에서 보았지만 『당률소의』에서는 화외인을 "번이지국 가운데 군장을 따로 세우고 각기 독특한 풍속을 가지고 있으며, 법률이 다른" 것이라 규정했다. 즉 화외인이 되는 중요한 기준은 '별도로 군장을 세우고[別立君長]'이고 거기에다 '천자의 가르침을 받지 않으며[不存聲敎]' '책명을 받지 않는 [不接受册命]' 것이다. 그런 나라나 사람이 '화외'요, '화외인'이다. '화외인'의 반대개념은 '화내인'이다.314 그런데 무측천 성력(聖曆) 3년(700) 칙령에 의하면, 원래 '화외인'이었던 고구려·백제인 가운데 당시 고구려의 옛 영토에 살고 있는 일부 사람들이 '화내인(化內人)'으로 변하고 있다.315 고구려가 멸망한 후 그 일부 지역과 주민이 당의 '팔번(八蕃)'의 하나로 되었기 때문이다.316 즉

---

313 이런 내용은 『唐律疏議』에는 남아 있지 않으나 당대에 式으로 규정된 것이 『宋刑統』에 남아 있다((宋)竇儀 等 撰, 『宋刑統』(北京: 中華書局, 1984) p.287, 「(唐)主客式, 諸蕃客及使蕃人宿衛子弟, 欲依鄕法燒葬者 聽, 緣葬所須亦官給」).

314 『唐律疏議』 卷16 擅興律 征討告賊消息, p.307, 「若化外人來爲間諜, 或傳信與化內人」.

315 『唐會要』 卷100 雜錄 p.2136, 「聖曆三年三月六日勅: 東至高麗, 南至眞臘國, 西至波斯·吐蕃 及堅昆都督府, 北至契丹·靺鞨·突厥, 并爲八蕃, 以外爲絶域, 其使應給料各依式.」

316 『新唐書』 卷221下 西域傳下, pp.6264-6265, 贊曰: 「西方之戎, 古未嘗通中國, 至漢始載烏孫諸國, 後以名字見者寖多. 唐興, 以次脩貢, 蓋百餘, 皆冒萬里而至, 亦已勤矣! 然中國有報贈·册弔·程糧·傳驛之費, 東至高麗, 南至眞臘, 西至波斯·吐蕃·堅昆, 北至突厥·契丹·靺鞨, 謂之'八蕃', 其外謂之'絶域', 視地遠近而給費.」

화외인은 절역(絶域)에 사는 완전한 외국인을 지칭한다. 그런데 명률(明律)에 규정된 화외인은 당률의 그것과 완전히 달라진다. 즉 외국인에 대해 관용적이지 않았던 시대인 명대의 화외인은 "외이로서 항복한 사람, 침략하다가 포로가 된 자로서 여러 지방에 흩어져 살고 있는 사람"이었던 것이다.[317] 따라서 고구려는 당의 지방정권이라는 논리는 성립하지 않는다.

속지법주의에 표방된 외국인에 대한 관용이란 이민족의 언어나 문자를 발전시키고, 그 풍속·습관 및 종교상의 신앙을 그대로 유지시키며, 스스로 개혁할 자유를 허용하고 혼인법상에서 민족의 관습을 존중하는 것 등이라 할 것이다.[318] 물론 이러한 관용은 제어를 위한 교묘한 수단이라는 측면도 부정할 수 없다. 어느 시대, 어느 국가에서든 무한정하게 선의를 베푸는 경우는 없다. 얼마나 노골적이냐 아니냐는 선·후진성의 중요한 차이이다. 대당제국도 진정한 의미의 '착한 정권'은 당연히 아니다. 착한 정권은 '착한 기업'처럼 결국 환상이다. 환상이라도 없는 것보다 낫다. 사람들에게 꿈을 주기 때문이다. 다만 당시로서는 선진성을 확보하고 있었던 것은 분명하다. 당률이 어느 정도 선진성을 확보하고 있었는가를 확인하기 위해 서양법의 모태가 된 로마법을 잠시 살펴보자. 로마 고대법에서 외국인이 갖는 권리는 아무것도 없고, 신체재산에 대한 어떠한 법률상의 보호 규정도 없었다. 중세시대가 되어도 국왕이나 영주는 외국인을 강제적으로 예민(隸民: serfs)으로 하는 권리를 가졌다(Wildfangsrecht 규정).[319] 즉 외국인은 '물건[物]' 혹은 '동물' 이상의 권리를 갖지 못했다. "민족이나 국적에 의한 차별이 철폐되고 외

---

317 「大明律」(『大明律集解附例』, 光緒34年(1908)重刊本) 卷1 名例律, pp.84下-85上, 「凡化外人犯罪者, 並依律擬斷 纂註: "化外人, 卽外夷來降之人, 及取捕夷寇, 散居各地方者皆是."」

318 仁井田陞, 「中華思想と屬人法主義および屬地法主義」, pp.402-403.

319 hostis란 '敵'인 동시에 '外國人'이라는 의미의 단어여서, hostis는 누구나 잡을 수 있고, 그것에 속하는 재산은 주인이 없는 물건이었다(仁井田陞, 「中華思想と屬人法主義および屬地法主義」, p.398).

국인에 불리한 고법(古法: 토지소유권의 취득이나 상속 유산의 국고귀속)이 폐지되고, 모든 인간은 동포다"라고 선언된 것은 근대에 들어서였다. 그런데 고대 중국의 법도 서양의 고대-중세법이나 마찬가지로 화와 이는 엄격하게 차별되었다.[320] 특히 『이아(爾雅)』의 '구이·팔적·칠융·육만(九夷·八狄·七戎·六蠻)'에 대한 규정이[321] 그 좋은 예이다. 그런데 특이하게도 당대법과 송대법에서는 유럽 중세와 달리 군주가 외국인을 강제로 자기 예민으로 하는 규정(Wildfangsrecht)이 없고, 난파선을 타고 온 포착자(漂着者)를 잡아도 노예로 한다는 규정(Strandrecht)이 없었다. 이 원칙에 따라 고려나 일본적의 표류선과 표착자는 보호되어 특혜를 입게 되었던 사례가 있었다. 그리고 외국상인에게 자유로운 통상거래 및 그 생명과 재산의 보호를 구할 권리가 보장되어 있었던 것은[322] 그냥 지나칠 수 없는 법조항이라 할 것이다.

아울러 당대법에 특별히 법률로서 금지하지 않는 한 외국인이 호시(互市)에서 중국 정부나 일반 중국인과 사교역을 하고 서로 거래 계약을 맺을 권리(Commercium)가 있고, 또 사적이 아닌 '공허(公許)'를 얻는 경우에는 중국인과 혼인을 할 수 있었다(Connubium).[323] 즉 당대법 하에서 외국인은 특별히 법령이 금지하지 않는 한 원칙적으로 "계약과 혼인을 할 수 있는 권리

---

320 『書經』 武成篇의 '華夷蠻貊', 『左傳』 定公 10年條의 '夷不亂華', 『荀子』 정론의 '諸夏之局'과 '蠻夷戎狄之局'의 구분은 유명한 예이다. 또한 明의 丘濬이 "천지간에 대한계(계한)이 있으니 화이지별이다"(明)丘濬 著, 『大學衍義補』(北京: 京華出版社, 1999) 卷144 治國國平天下之要駁夷狄 內夏外夷之限下, p.1250, 「臣按, 天地間有大界限, 華夷是也. 華處乎中, 夷處乎外, 是乃天地以山川險阻, 界別區域, 隔絶內外, 以爲吾中國萬世之大防者也.」라고 하였다.
321 『爾雅』[(『十三經註疏本』) 卷7 釋地, p.221, 「九夷·八狄·七戎·六蠻, 謂之四海」].
322 仁井田陞, 「中華思想と屬人法主義および屬地法主義」, p.400.
323 『舊唐書』 卷177 盧鈞傳, pp.4591-4592, 「其年(開成元年)冬, 代李從易爲廣州刺史·御史大夫·嶺南節度使. 南海有蠻舶之利, 珍貨輻湊. 舊帥作法興利以致富, 凡爲南海者, 靡不捆載而還. 鈞性仁恕, 爲政廉潔, 請監軍領市舶使, 己一不干預. …由是山越之俗, 服其德義, 令不嚴而人化. 三年將代, 華蠻數千人詣闕請立生祠, 銘功頌德. 先是土人與蠻獠雜居, 婚娶相通, 吏或撓之, 相誘爲亂, 鈞至立法, 俾華蠻異處, 婚娶不通, 蠻人不得立田宅, 由是徼外肅清, 而不相犯.」

(commercium et connubium)"를 향유했던 것이다. 다만 전술한 바와 같이 외국인이 중국부인을 데리고 귀국하는 것은 금지되었다.

외국인의 토지 매입이나 노예 취득은 금지되었지만, 당대와 같은 전근대 사회에서 아래처럼 재산권이 보장되었다는 것은 특기할 만한 일이라 해도 좋다. 즉 외국인이 사망한 경우 재산 승계가 보장되었으니, 사망한 외국상인의 유산은 사망 중국 상인의 예에 따라 수행한 근친이 있는 경우 그가 임의로 수령하여 어디든지 가져가는 것이 허락되었다. 그렇지 않은 경우 관헌이 일단 수령해 둔 후, 후일 본국에서 그 친족을 증명하기에 충분한 문서를 가지고 와서 유산 반환을 청구할 경우 인도하였다. 문종 태화 8년(834) 이후 이 규정이 약간 변경되어, 그 유산 반환을 청구할 수 있는 친족의 범위를 부모·처·아들과 형제로 하고, 그것도 사자를 따라 중국 내에 체재하고 있던 자로 한정했다.[324] 처음에는 3개월이라는 기간을 설정했지만 상속인이라는 증거만 있으면 제한 없이 지급해 주었다.[325] 이런 조항은 오대[後周, 顯德5년(958) 7월 7일 칙]가 되면 폐지가 되고, 중국에 거주하는 자가 아니면 반환해 주지 않았으니,[326] 당대의 외국인에 대한 관대함이 잘 드러나고 있다.

이런 규정들은 확실히 당률의 선진성을 보이는 것이기도 하지만, 마냥 그런 장점만을 칭송할 수는 없다. 대당제국이 이런 법적용을 견지했던 것은 앞서 이야기한 대로 교묘한 통제술인 동시에 이타적인 측면보다 육·해상 실크로드를 통한 서방세계와의 무역에서 막대한 이익을 얻고 있었다는 경제적 실리가 작용한 것이었다. 즉 섭외적(涉外的) 외교관계를 유지하기 위해

---

324 『唐律疏議』에 기재된 것은 아니지만 『宋刑統』卷12 戶婚律「死商錢物(諸蕃人及波斯附)」, pp.199-200에 기재되어 있다. 仁井田陞, 「中華思想と屬人法主義および屬地法主義」, p.417.

325 『新唐書』卷163 孔戣傳, p.5009, 「舊制, 海商死者, 官籍其貲, 滿三月無妻子詣府, 則沒入. 戣以海道歲一往復, 苟有驗者不爲限, 悉推與.」

326 『宋刑統』卷12 戶婚律 死商錢物(諸蕃人及波斯附), p.200, 「其蕃人, 波斯身死財物, 如灼然有同居親的骨肉在中國者, 并可給付. 其在本土者, 雖來識認, 不在給付.」

속지법주의와 속인법주의를 견지한 것이라 보는 것이 더 올바른 해석이다. 속인법주의는 중국 측의 관용이라는 간판 아래 이해타산 관계를 따진 이후에 제시된 교묘한 제어의 방법이었던 것이다. 이런 책략적인 측면에도 불구하고 대당제국이 취한 이런 개방적인 민족정책은 과소평가할 수는 없다. 당 태종의 '호월일가'는 이전 화이관과는 격단의 차이가 나는 것이기 때문이다. 잘 알다시피 사이(四夷)에서 이(夷)는 오랑캐의 뜻이고, 융(戎)은 전쟁도구, 혹은 문명이 없는 병사 등을 지칭하고, 만(蠻)은 벌레 혹은 뱀을 지칭하며 적(狄)은 개를 말한다. 즉 모두가 벌레, 개 아니면 물건을 나타내는 단어들이다. 유목민족이 중원에 국가를 세우기 전에는 한족들에게 그들은 융·적·이·만에 불과할 뿐이었다.

그러면 이런 당대법은 현재에 어떻게 계수되고 있을까? 손문(孫文: 쑨원)의 「오족공화론(五族共和論)」은 한(漢)·만(滿)·몽(蒙)·회(回)·장(藏) 오족의 평등한 입장을 인정한 데서 출발한 것이다. 그러나 그 주장은 한족 중심의 동화주의[漢族中心主義]에 입각한 가부장적 일심동체론에 불과하며, 이적회유론(夷狄懷柔論)이라고 평가받는다. 그런 까닭에 손문은 만년에 이런 주장을 청산하고 1931년 국내소수민족문제에 대한 결의에서 확실하게 몽·회·장·묘 등의 민족과 한족은 각각 진정한 평등의 권리를 갖는다는 것을 표방하게 되었다. 아울러 중화인민공화국 성립 후 중국공산당의 영도 아래 민족억압제도를 폐지하고 민족평등을 실현한다는 명분으로 여러 가지 소수민족 우대정책을 실시하기 시작했다. 그런 차원에서 1951년 5월에 중앙인민정부 정무원은 '낡은 사회'에서 내려온, 소수민족을 차별하고 모욕하는 이름, 지명, 비갈(碑碣), 편련(匾聯) 등의 사용을 금지하고, 그에 해당하는 글자를 고칠 것을 지시하였다. 이 지시에 따라 일부 소수민족의 이름에다 '충(虫)' 또는 '견(犬; 犭)'자 변을 붙인 것과 기타 차별하고 모욕하는 뜻이 있는 민족 명칭들을 모두 고치도록 했다. 아울러 『옥편』에도 이전에 이적을 나타낼 때 부치던 '견(犭)' 대신 '인(亻)'변 등으로 바꾸었다. 예컨대 요족(猺族)을 '요족(瑤族)'으로 고친 것이 그것이다. 여러 소수민족은 이제 '번인'이나 '이적'이 아니고 한인과 등질의 '사람'이라는 것을 표방한 것이다.[327] 중국에서 발간된 책을 보면 "이는 (공산)당의 민족정책의 위대한 승리이며 소수민족인민들의 민족의식의 표현이기도 하다. 통계에 따르면 해방초기에 제기된 민족의 이름은 무려 300여 개나 되었으며 운남 한 개 성만 하여도 260여 개나 되었다. 이리하여 장기간 억압당하고 차별당하던 많은 소수민족들이 저마다 자기 민족의 이름을 내놓고 자기들의 민족성분을 공개하게 되었다"[328]고 설명하고 있다.

이런 신중국의 민족정책에서 대당제국의 정책과 그 유사성을 찾는 일은 그리 어렵지 않다. 잘 알다시피 중화인민공화국은 한족을 중심으로 하면서도 주변부의 다양한 이민족을 '소수민족'으로 정의하고 소수민족 전체를 통합한 '대가족'의 이념에 기초한 다민족국가의 건설을 추진해오고 있다. 한족에게 오랫동안 '오랑캐[夷狄]'라고 불리던 '이민족'을 한족과 평등한 '소수민족'이라 총칭하여 '중화민족'의 일원으로 간주하고 있다. 그러나 이민족 입장에서 보면, 중국의 자의적인 논리에 불과하다고 볼 수 있으며, 소수민족을 보호한다는 명분으로 한족 중심의 화이질서로부터의 이탈, 즉 '대가족'으로부터의 독립을 허락하지 않는 것에 대해 불만을 갖는 것은 당연하다. 다만 이러한 다소 일방적이라고 할 수 있는 통합의 방식은 이미 대당제국에서 시행되고 있음을 유의할 필요가 있는 것이다. 대당제국이 지향한 정책은 전통적인 '화이지변'의 논리보다 '호월형제' 혹은 '호월일가'라는 명분 아래 역내

---

327 仁井田陞, 「中華思想と屬人法主義および屬地法主義」, p.401.
328 馬寅 主編, 『中國少數民族常識』, 北京: 中國靑年出版社, 1984, p.13.

(城內)의 모든 사람들의 통합을 지향했다는 점에서 최근 중국 내에 거주하는 민족을 '중화민족'으로 규정하고, 국가 통일 및 국민 통합을 완성시켜 강력한 통일국가를 건설한다는 근대적인 '국민국가'의 지향을 목표로 하는 중국의 정책과 유사한 것이라 할 수 있다. 역내의 주민에게 스스로 민족 결정권을 갖게 하고 법률적으로 비교적 평등하게 취급하는 것은 '제국성' 국가에서 보이는 현상이라 할 것이다.[329]

4. 대당제국과 호류(胡流)

전통시대 중국문화는 오랫동안 동아시아문화의 연총(淵叢)으로서의 위치를 굳건히 지켰다. 그것은 세계 4대 문명 발상지로서의 선진성이 전제된 것이었다. 사실 중국문화의 선진성은 황하문명의 발상지인 중원이 주변에 있는 다양한 문화를 흡수·수용, 그리고 종합·통합할 수 있는 지정학적인 위치 덕분일 것이다. 중국문화 가운데 대당제국의 문화가 갖는 특징은 이런 장점을 더욱더 발휘한 결과로 나온 그 특유의 '개방성'과 '절충성'에 있다고 할 수 있다. 대당제국의 문화가 '국제색' 짙은 문화였다는 점을 부정하는 사람은 없다. 이런 특징은 어느 날 갑자기 나타난 것이 아님은 물론이다. 그 이면에는 중국이 갖는 지정학적인 장점 외에 이민족의 대거 중원 진입이라는

---

329 현재 중국 소수민족 가운데 호남성 서북 지역, 특히 우리나라 여행객이 많이 찾는 張家界 일대에 많이 거주하고 있는 土家族은 인민중국 성립 후 소수민족 우대 정책이 시행되자 한족에서 '토가족'으로 분리 선언했다. 현재 미국에서 10년마다 실시하는 인종센서스에서 자기가 어떤 인종(Race)인지 답할 때 가장 중요한 근거가 '자기 인종 결정권(Self Identification)이다. 미국 오바마 대통령은 2013년에 일어난 짐머만 사건(후드티를 입은 흑인 소년이 강도로 오인 받아 피살된 사건) 때 오바마는 "쇼핑할 때 도둑질한다고 의심받아 보지 않는 흑인은 거의 없을 것"이라며 "나도 포함된다"고 자신을 흑인(Black)이라 했다. 그러나 오바마를 흑인이라고 보는 사람은 27%에 불과한 대신, 혼혈인(Mixed Race)이라고 보는 미국인은 52%였다는 보도가 있었다(「조선일보」 2014년 4월 16일, p.A16). 오바마는 스스로 흑인이라 한 것이다. 물론 과거에는 '피 한방울 규정(One Drop Rule)'에 따라 흑인 피가 한 방울이라도 섞여 있으면 흑인으로 간주한 적이 있었다. 여하튼 이 보도에서 현재의 중국과 미국의 유사성을 엿볼 수 있다. 이런 것은 또한 당대의 현상이기도 하였다.

역사적 사건이 깔려 있었던 것이다. 문화는 특정지역이 갖는 고유한 문화의 축적뿐만 아니라 다양한 문화의 가닥을 흡수하여 종합함으로써 창조와 혁신의 공유를 통해 더 큰 발전을 기할 수 있는 것이다. 대당제국의 문화는 우수한 고유의 문화에다 다양한 문화를 통합한 것에 그 특징이 있는 것이다.

앞에서 당나라 내의 인구구성상 이민족이 차지하는 비중을 설명하였지만, 수많은 이민족과의 빈번한 접촉에 의해 당인은 상당한 정도 '호화(胡化)'되었다. 헌종 원화 연간의 사람인 진홍조(陳鴻祖)가 쓴 『동성노부전(東城老父傳)』에는 "현재 북방 호인[北胡]은 경사에서 섞여 지내면서 한족 여자를 처로 취하고 아이들을 낳으니 장안에서는 소년들이 호인의 마음[胡心]을 가지고 있게 되었다"라고 서술되어 있다.[330] 여기서 북호는 돌궐과 영주(營州)지역의 잡호(雜胡)로 추정되고 있다.[331] 즉 도성인의 심리적인 경향도 호적인 것에 경도되어 있음을 짐작할 수 있다. 이런 상황에서 당 태종의 태자 승건(承乾)이 돌궐어를 쓰고 돌궐복장을 입는 등의 행동도[332] 돌출적이다고만 말할 수 없는 것이다. 또 복식의 변모에 대해, 태종 정관초 장안의 풍경을 한인들이 호모(胡帽), 호인들은 한모(漢帽)를 쓰고 다니고 있었다고 묘사하고 있다.[333] 즉 호인은 한인과 외형상 별반 차이가 없었다. 중국의 중견학자가 대당제국의 문화를 '당운호음(唐韻胡音: Tang's Rhyme & Hu's Melody)'이라 표현했다.[334] 즉

---

330 (唐)陳鴻祖 撰, 「東城老父傳」(『唐代筆記小說』 第2冊, 石家莊: 河北教育出版社, 1994, 所收), p.60-上, 「今北胡與京師雜處, 娶妻生子, 長安中少年有胡心矣.」

331 向達, 『唐代長安與西域文明』, p.28, 注9.

332 『新唐書』 卷80 太宗諸子傳 常山王承乾, pp.3564-3565, 「又使戶奴數十百人習音聲, 學胡人椎髻, 翦綵爲舞衣, 尋橦跳劍, 鼓鞞聲通晝夜不絕. …又好突厥言及所服, 選穎類胡者, 被以羊裘, 辮髮, 五人建一落, 張氈舍, 造五狼頭纛, 分戟爲陣, 繫幡旗, 設穹廬自居, 使諸部斂羊以烹, 抽佩刀割肉相啗. 承乾身作可汗死, 使衆號哭剺面, 奔馬環臨之.」

333 『大唐新語』 卷9 從善, 「司法參軍尹伊異判之曰: "賊出萬端, 詐僞非一. 亦有胡着漢帽, 漢着胡帽, 亦須漢裏兼求, 不得胡中直覓, 請追禁西市胡, 餘請不問."」

334 葛承雍, 『唐韻胡音與外來文明』, 北京: 中華書局, 2006.

호(족)가 노래하고 당(한족)이 반주를 맞추는 것이 대당제국의 실상이라는 것이다. 당대의 호족, 즉 이족은 이처럼 대당제국의 한 구성원으로 당당하게 활약하고 있었지만, 이런 경지에 이르게 된 데에는 오랜 시간과 여러 가지 절차가 필요했다. 그런 시간과 절차란 오호십육국—북조시대라는 짧지 않은 시간과 복잡다단하게 얽힌 반목과 분쟁의 역사다. 이런 과정을 거친 후에 건립된 당나라에서는 외국인으로 살아간다는 것이 그리 불편하지 않은 환경이 조성된 것으로 짐작할 수 있다.

대당제국의 경내는 외국으로부터 온 사자, 유학생, 유학승, 상인, 망명객들로 붐볐다. 당시 세계의 모든 길은 대당제국의 심장인 장안으로 뚫려 있었다. 이런 현상은 이전 왕조, 특히 서진 말 영가의 난 이전과는 매우 다른 것이었다. 외국인들은 홀몸으로 중국에 오는 것은 물론 아니다. 그들은 외국[域外]의 물품뿐만 아니라, 음악, 무도, 기술 등을 함께 갖고 들어온다. 이것들이 당인들에게 전해지자, 당인들은 이들의 색다른 이국풍조에 열광했다. 이는 현재 세계 특히 중국에서 유행하는 '한류(韓流)' 열풍과 같은 것이었다. 뿐만 아니라 외국과의 빈번한 접촉으로 당의 문화도 외국에 전달·유포되었던 것이다. 사신들을 포함한 당인들도 아시아를 넘어 아프리카 지역에까지 당의 문화를 전파하였다.

대당제국시대는 호풍(胡風), 호속(胡俗)의 대유행시대다. 이를 필자는 '호류(胡流)'라고 지칭하고자 한다. 특히 육·해상 실크로드를 타고 대당제국 이전시대에 볼 수 없는 진기한 물건과 습속이 대거 전래되었다. 미국의 학자 샤퍼(Edward H. Schafer)는 그의 책에서 사람(人: Men), 가축(Dometic Animals), 야수(Wild Animals), 새(Birds), 모피와 우모(Furs and Feathers), 식물(Plants), 목재(Woods), 음식물(Foods), 향료(Aromatics), 약품(Drugs), 방직물(Textiles), 안료(Pigments), 공업용 광석(Industrial Minerals), 보석(Jewels), 금속제품(Metals), 세속

기물(Secular Objects), 종교기물(Sacred Objects), 서적(Books) 등을 일목요연하게 정리한 바 있다.[335] 아울러 일본학자 석전간지조(石田幹之助: 이시다 미키노스케)는 『장안의 봄』이라는 명저에서 장안의 호풍 하나하나를 리얼하게 묘사하였다.[336] 이미 이런 우수한 연구가 있기 때문에 본서에서는 필자가 생각하는 약간의 특징적인 면모만을 소개하고 그 의미를 새겨보는 정도에 급급해야 할 것 같다.

우선 가장 눈에 띄는 것은 사람들의 일상생활의 모습일 것이다. 호복·호모라는 일상의 복장뿐만 아니라 호식(胡食), 호약(胡藥), 호장(胡粧) 등이 조야의 인사에게 환영되었다는 점에 대해서『구당서』권45 여복지(輿服志)에 "(궁중에서 연주하는) 태상악은 호곡을 좋아하고, 귀인의 어찬(御饌: 美食)으로는 호식이 제공되고, 사대부가의 부녀들은 다투어서 호복을 입는다"고 요약되어 설명되고 있다.[337] 특히 호복에 대해서는『안록산사적(安祿山事跡)』에 "천보(742-756) 초에 귀유(貴游)·사서(士庶)는 호복 입기를 좋아하여 표피(豹皮)로 만든 모자를 쓰고, 부인은 보요(步搖: 걸으면서 흔드는 頭飾)를 머리에 꽂았다. 의복제도는 옷깃(襟)과 소매(袖)가 함께 좁고 작았다. 식자들은 내심 괴상하게 여기며, 그것들의 유행이 난리가 일어날 전조라고 여겼다"[338]고 하였다. 즉 일반 백성뿐만 아니라 사회지도층인 귀유·사서의 복장마저도 호족색이 짙은 의복들을 입고 다녔으니 얼마 있지 않아 오랑캐 세상이 될 것이라 우

---

335 Edward H. Schafer, *The Golden Peaches of Samarkand —A Study of T'ang Exotics—*, Berkeley: University of California Press, 1963.
336 石田幹之助,『長安の春』.
337 『舊唐書』卷45 輿服志, p.1958.「太常樂尙胡曲, 貴人御饌, 盡供胡食, 士女皆競衣胡服, 故有范陽羯胡之亂, 兆於好尙遠矣.」
338 (唐)姚汝能 撰,『安祿山事跡』(上海: 上海古籍出版社, 1983) 卷下, p.38.「衣冠士庶 … 家口亦多避地於江·淮[天寶初, 貴游士庶好衣胡服, 爲豹皮帽, 婦人則簪步搖, 衩衣之制度, 衿袖窄小. 識者竊怪之, 知其兆(戎)矣].」

려한 것이다.[339]

9세기 전반의 열혈 정치가이자 시인인 원진(元稹)은 「법곡(法曲)」이라는 악부시에서 "여자는 호부(胡婦)가 되어 호장(胡妝)을 배우고, 연주자(伎)는 호음(胡音)을 내고 호악(胡樂)을 힘써 연주한다. …호음과 호기(胡騎)와 호장이 오십년래 날아가는 새 모양으로 서로 경쟁한다"[340]라고 개탄해 마지않았다. 중국의 전통음악에 기초한 법곡이[341] 현종 천보 연간에 들어 호음과 섞여 연주되는 일이 벌어지기 시작했고, 이는 세상이 온통 호족의 것으로 기울고 있음을 보여주는 것이라 여겨졌기 때문이었다.[342] 앞서 이야기했듯이 원진은 선비 탁발족 출신인데, 그가 호류에 대해 이런 시를 짓는 것은 여간 아이러니한 일이 아니다. 호족 출신이 중국문화를 습득하면서 나름 변신하는 전형적인 모습을 보여주는 것이기도 하다.

필자는 앞에서 호란 중국에 강한 임팩트를 준 외인(外人)·이국인이라는 의미라고 정리한 바 있다.[343] 임팩트란 군사적인 충격만이 아니라 문물·예술 방면도 포함한다. 아래에서 이른바 '호'에서 전래된 것들을 구체적으로 살펴보자. 대당제국시기 '호'가 접두어로 붙는 말, 예컨대 호도(胡桃)·호과(胡瓜)·호마(胡麻) 등은 대개 서역 오아시스 농업지대의 산물이어서, 우리가 통

---

339 『新唐書』卷24 車服志, p.531. 「初, 婦人施冪以蔽身, 永徽中, 始用帷冒, 施裙及頸, 坐檐以代乘車. 命婦朝謁, 則以駝駕車. 數下詔禁而不止. 武后時, 帷冒益盛, 中宗後 … 宮人從駕, 皆胡冒乘馬, 海內傚之, …, 有衣男子衣而鞾, 如奚·契丹之服. …開元中, 而士女衣胡服, 其後安祿山反, 當時以爲服妖之應.」

340 (唐)元稹 撰, (『元稹集』(北京: 中華書局, 1982) 卷24 樂府) 「法曲」 p.282, 「女爲胡婦學胡妝, 伎進胡音務胡樂, …胡音胡騎與胡妝, 五十年來競紛泊.」

341 『新唐書』卷22 禮樂志, p.476, 「初, 隋有法曲, 其音淸而近雅. …隋煬帝厭其聲澹, 曲終復加解音. 玄宗旣知音律, 又酷愛法曲, 選坐部伎子弟三百敎於梨園, 聲有誤者, 帝必覺而正之, 號'皇帝梨園弟子'. 宮女數百, 亦爲梨園弟子, 居宜春北院. 梨園法部, 更置小部音聲三十餘人.」

342 (宋)郭茂倩 編, 『樂府詩集』(北京: 中華書局, 1979) 卷96 新樂府辭7 法曲, p.1352, 「白居易傳曰: "法曲雖似失雅音, 蓋諸夏之聲也, 故歷朝行焉." 太常丞宋沈傳漢中王舊說曰: "玄宗雖好度曲, 然未嘗使蕃漢雜奏. 天寶十三載, 始詔道調法曲, 與胡部新聲合作, 識者深異之. 明年冬而安祿山反."」

343 森安孝夫, 『シルクロードと唐帝國』, p.188.

상 연상하는 북방 유목지대에서 생육되는 것은 아니었다. 예컨대 '호마'는 서방 농업지대에서 온 마의 일종으로서, 이것이 북방 초원지대에서 생산될 리가 없다. '호좌(胡坐)'는 북방인지, 서방인지 구별되지 않지만, 호상(胡床)·호병(胡瓶)·호분(胡粉)·호초(胡椒)는 역시 서방에서 전래된 것으로 알려져 있다.

이들 이국적인 작물들은 전한시대 장건(張騫)이 가져왔다는 전설이 유포되었지만, 이런 전설은 주로 송대에 만들어진 것으로 사실과는 다르다. 이들은 대개 위진남북조·수당시대에 전래된 것이다.

'호식(胡食)'은 이스트균으로 발효한 빵, 즉 찐 빵을 가리키는 것으로 호병(胡餅)·유병(油餅)·노병(爐餅)·호마병(胡麻餅) 등이 그것에 속한다. 이것들은 모두 서아시아·중앙아시아에서부터 전해진 음식물이다. 3세기까지 동아시아에는 분식문화가 아직 행해지지 않았고, 대신 곡물의 낱알[粒]을 삶거나[煮] 혹은 쪄서[蒸] 먹는 이른바 '입식(粒食)'문화였다. 이후 서방으로부터 맥(麥)을 가루[粉]로 하여 빵 혹은 국수[麵]로 만들어 먹는 분식문화가 비로소 도입된 것이다. 원래 한자의 '면(麵)'이란 우동 등을 포함하는 '국수'라는 뜻이 아니고, 원래 '맥분(麥粉)'의 의미이다. '병(餅)'도 맥분을 구워서[燒] 만든 식품, 즉 빵이지, 미(米)로 만든 것이 아니었다. '노병(爐餅)'은 '노(爐)'에서 구운(燒) 빵'이고, '전병(煎餅)'은 '기름[油]으로 졸인[煎] 빵'이다.[344] 이처럼 분식은 서아시아에서 시작하여 오아시스 농업지대를 거쳐 전파되어 왔던 것이었다. 따라서 호식의 '호'는 대체로 서역을 가리키는 것이었다. 이는 호악(胡樂)의 대부분이 서역악을 가리키고, 그 가운데서도 다수가 구자(龜玆) 등 동투르키스탄지역에서 유래한 음악인 것과 같다. 호악이 대당제국의 음악에 준 영향은 다대했다. 대당제국시기에 호가(胡笳) 강적(羌笛) 갈고(羯鼓) 구자(龜玆)의 비

---

344 森安孝夫, 『シルクロードと唐帝國』, p.189.

파(琵琶) 등의 악기가 없었다면 대당제국의 웅장한 교향악은 절반정도밖에 형태를 갖추지 못했을 것이다.

'호복'도 또한 기마·유목민이 승마와 기사(騎射)를 하는 데 가장 편리하게 고안된 복장을 말한다. 그것을 개량한 것이 현재 양복[西洋服]이 된 것이니, 재료로는 벨트[靴: 틸]를 사용하고 다리에 착 달라붙는 것이 특징이다. 이런 호복은 이미 전국시대 조나라 무령왕(武靈王)이 북방 유목민과 대적하는 가운데 기마·유목민들의 '호복기사(胡服騎射)'의 풍습을 채용한 데서 시작되었는데,[345] 여기서 호란 북방의 흉노를 가리킨다. 그만큼 복식에서 호족이 준 영향은 일찍부터 있었다.[346] 양한시대를 거쳐 북조에 들어 호복은 조복(朝服)과 상복(常服)으로 개편되기 시작하더니 이후 북조를 거쳐 수당에 이르러 호복은 스스로 그 '호'라는 기원을 잃어버리기에 이른 것이다. 특히 북제시대 이후 유행된 호복은 이후 당송의 의관에도 큰 영향을 미쳤다.[347]

북조시대에는 여러 가지 호복이 유행하였지만 가장 대표적인 것이 고습복(袴褶服)이었다. 이것은 넓은 소매[廣袖]에 왼쪽 옷섶[左袵]의 짧은 윗도리[短袍] 형태로서[348] 말 위에서의 활동을 편하게 하기 위한 복장으로, 북방 유연

345 『史記』卷43 趙世家, 武靈王 19年春正月條, pp.1806-1807, 「於是肥義侍, 王曰: "簡·襄主之烈, 計胡·翟之利. 爲人臣者, 寵有孝弟長幼順明之節, 通有補民益主之業, 此兩者臣之分也. 今吾欲繼襄主之跡, 開於胡·翟之鄕, 而卒世不見也. 爲敵弱, 用力少而功多, 可以毋盡百姓之勞, 而序往古之勳. 夫有高世之功者, 負遺俗之累; 有獨智之慮者, 任驁民之怨. 今吾將胡服騎射以敎百姓, 而世必議寡人, 奈何?" 肥義曰: "臣聞疑事無功, 疑行無名. 王旣定負遺俗之慮, 殆無顧天下之議矣. 夫論至德者不和於俗, 成大功者不謀於衆. 昔者舜舞有苗, 禹祖裸國, 非以養欲而樂志也, 務以論德而約功也. 愚者闇成事, 智者未形, 則王何疑焉." 王曰: "吾不疑胡服也, 吾恐天下笑我也. 狂夫之樂, 智者哀焉; 愚者所笑, 賢者察焉. 世有順我者, 胡服之功未可知也. 雖驅世以笑我, 胡地中山吾必有之." 於是遂胡服矣.」

346 王國維 著, 『觀堂集林』(北京: 中華書局, 1959) 卷22 「胡服考」, p.1098, 「案中國古服如端衣, 袴皆在內, 馳草棘中不得裂弊. 袴而裂弊, 是匈奴之服, 袴外無表, 卽同於袴褶服也.」

347 (宋)沈括 撰, 『夢溪筆談』(『新校正夢溪筆談』, 北京: 中華書局, 1957) 卷1 故事1, pp.23-24, 「中國衣冠, 自北齊以來, 乃全用胡服. 窄袖·緋綠短衣·長靿靴·有蹀躞帶, 皆胡服也. 窄袖利於騎射, 短衣·長靿 皆便於涉草. 胡人樂茂草, 常寢處其間, 予使北時皆見之, 雖王庭亦在深薦中. 予至胡庭日, 新雨過, 涉草衣袴皆濡, 唯胡人都無所霑.」

348 (漢)史游 撰, 『急就篇』(長沙: 岳麓書社, 1989) 卷2, p.144, 「褶謂重衣之最在上者也, 其形若袍, 短身而廣

(柔然)에서 일반적으로 사용되던 복장이었다.[349] 통구(通溝)에서 발견된 고구려 무용총의 벽화에 말을 타고 두 손으로 활을 잡고, 수렵하는 자세를 한 사람의 모습을 보면, 상의는 좌임단의(左袵單衣), 하의는 바지(褲袴)를 입고 있는데 이런 종류의 복장이 바로 고습복이다. 이것은 대체로 가죽으로 만들고 홍색을 띠기 때문에 통상 '홍고습(紅袴褶)'이라 부른다.[350] 북위시대에는 위로 제왕으로부터 아래로 일반백성에 이르기까지 모두 이 옷을 입었을 뿐만 아니라, 조견지복(朝見之服)으로 규정되어 사용되기에 이르렀다.[351] 복장과 밀접한 관련이 있는 것이 바로 신발인데, 북조에서 유행한 신발은 가죽신, 즉 '화(靴)'였다. 이를 '호리(胡履)'라고 불렀기 때문에 당연히 호복의 일종인 동시에 전사들이 주로 입는 복장이었다.[352] 남조에서는 나막신[木履]을 신는 것이 일반적이었는데,[353] 이후 중국에 수피(獸皮)를 원료로 하는 가죽신[靴]이 유행한 것은 북방의 영향이라 할 수밖에 없다. 남조의 복색과 복식[袍·襌衣]은 북조의 것과는 다른 것으로, 크게 보아 한대의 것과 비슷한 것이었다.[354] 예컨대 남조 백관의 관복은 황(黃), 청(淸), 조(皂), 백(白) 등 계절마다 색깔이 달랐고, 옷 모양도 우임장의(右袵長衣)였다.[355] 이처럼 호복은 위진남북조시대 이후 북방 한족의 관서(官庶)들이 두루 입게 되어 위로는 제왕에서 아래

袖, 一曰, 左袵之袍也.」
349 『南史』 卷4 齊高帝紀, 建元3年(481)9月辛未條, p.112, 「蠕蠕國王遣使欲俱攻魏, 獻師子皮袴褶.」
350 戴爭, 『中國古代服飾簡史』, 北京: 輕工業出版社, 1988. p.88.
351 戴爭, 『中國古代服飾簡史』, p.87.
352 『舊唐書』 卷45 輿服志, pp.1954-1955, 「梁制云, 袴褶, 近代服以從戎, 今繼嚴則文武百官咸服之. 車駕親戎, 則縛袴不舒散也. 中官紫褶, 外官絳褶, 舄用皮. 服冠衣朱者, 紫衣用赤舄, 烏衣用烏舄. 唯褶服以靴, 靴, 胡履也, 取便於事, 施於戎服.」
353 『宋書』 卷3 武帝紀下, 永初3年(422)秋7月條, p.60, 「(武帝)性尤簡易, 常著連齒木屐, 好出神虎門逍遙, 左右從者不過十餘人」; 『宋書』 卷67 謝靈運傳, p.1775, 「登躡常著木履, 上山則去前齒, 下山去其後齒」.
354 戴爭, 『中國古代服飾簡史』, p.88.
355 戴爭, 『中國古代服飾簡史』, p.89 圖57에서는 南朝 百官의 朝服을 "著小冠, 褒衣博帶, 右袵長袍, 足著高齒履"로 표현하고 있다.

로는 서민백성에게 크게 유행하게 되었다. 당대는 고습이 백관의 조건지복으로 사용되었던 것인데, 특히 현종 개원 연간 이후에는 백관이 이 옷을 입지 않으면 처벌되었다.[356]

당대에 유행한 호복은 북방 유목민이 아니라 오히려 서방의 오아시스 인들의 영향이 더 컸다고 보기도 한다. 『대당서역기』권1에서는 소그드인의 복장에 대해 "치마도 윗옷도 폭이 좁아 몸에 꼭 붙었다"[357]라 서술하고 있는데, 이런 것이 바로 당대 중국에서 유행한 복장이다. 따라서 당대의 호복이란 이전 유목민족으로부터 채용한 복장을 지칭하는 것이 아니라 새로운 형식의 '서방전래의 복식', 혹은 '서역풍의 복식'이라 할 수 있다.[358] 당대는 복식에서 이처럼 호한 혼합의 모습을 보였다.[359]

당대는 복식만이 아니고, 종교·언어·미술 등의 방면에 호한 혼합이 진행되었다. 당대는 사방의 문화를 적극적으로 받아들이기도 하였지만, 반대로 사방에 영향을 주기도 하였다. 예컨대 서역인들이 당의 영향을 받아 한인 고유의 의복을 입고 있는 것에 대해서 혜초스님의 『왕오천축국전』에서 안서(安西)·우전(于闐)·언기(焉耆) 등 서역지역에서는 "사람은 한법(漢法)을 지키며, 머리를 싸매고 치마[裙]를 입고 있었다"[360]라 기록한 것에서도 알 수 있다.

이처럼 당대 '이국취미'라 흔히 이야기되는 '이국'의 해당국은 이란·인

---

356 (元)馬端臨 撰, 『文獻通考』(北京: 中華書局, 1986) 卷112 王禮考7 「君臣冠冕服章」, p.考1017, 「按袴褶魏晉以來, 以爲車馬親戎中外戒嚴之服, …至隋煬帝時巡游無度, 詔百官從行, 服褶袴, 軍旅間不便, 遂令改服戎衣爲紫緋綠靑之服, 則所謂袴褶者, 又似是褻衣長裾, 非鞍馬征行所便者, 與戒嚴之說不類. 唐時, 以袴褶爲朝見之服, 開元以來屢勅, 百官朝參應服袴褶, 而不服者, 令御史糾彈治罪.」

357 『大唐西域記』卷1「窣利地區總述」, p.72, 「服氈褐, 衣皮氈, 裳服褊急.」

358 原田淑人과 森安孝夫 등은 '唐代의 복식은 北方 유목민의 것보다도 西域 오아시스 도시민의 영향을 많이 받았다'고 본다(原田淑人, 『唐代의 服飾』, 東京: 東洋文庫, 1971, p.196, 森安孝夫, 『シルクロードと唐帝國』, pp.190-191).

359 原田淑人, 『唐代의 服飾』, p.191.

360 (新羅)慧超 撰, 『往五天竺國傳』(『往五天竺國傳箋釋』, 北京: 中華書局, 1994) 殘卷, p.178, 「□□□□□此卽安西鎭名數, 一安西·二于闐·三疏勒·四焉耆, …依漢法裏頭著裙.」

도판 09 | 胡旋舞: 敦煌 莫高窟 215굴(좌)과 220굴(우)의 벽화에서 모사된 그림
(羅豊: 『胡漢之間』, 文物出版社, 2004)

도·토하라를 포함한 서역 국가이고, 취미 대상은 그 계열의 문화·문물이었
다. 이들 서역계 문화를 가지고 와서 당 사회에 체현한 이국적인 얼굴의 '외
인'들은 상인·병사·악사·무용수 등 다양하였지만, 특히 당대 사회에 큰 파
장을 일으킨 사람은 호희(胡姬)·호아(胡兒)라 불리는 젊은 여성·소년들이었
다. 이들이 추는 호선무(胡旋舞)·호등무(胡騰舞)라는 댄스는 당대 사회에 대
단한 바람을 일으켰다. 특히 술집[酒肆]에서 남성 손님을 끄는 호희는 이란
계, 혹은 소그드 출신의 여성으로 보기도 하지만, 이들은 대개 파란색의 눈
동자를 가진 가냘픈 여인이었다.[도판 09]

호선무는 그 특징이 고속회전에 있었다. 반드시 무연(舞筵)이라 불리는 작
은 원형의 융담(絨毯: 모직물로 만든 담요) 위에서 뛰면서 한 발짝도 거기에서
벗어나지 않으면서 추는 춤이다.[361] 호선무를 추는 여인의 모습은 돈황 천

361 『新唐書』 卷21 禮樂志11, p.470, 「胡旋舞, 舞者立毬上, 旋轉如風」; 『新唐書』 卷35 五行志2, 訛言, p.921,
「又有胡旋舞, 本出康居, 以旋轉便捷爲巧, 時又尙之」; 『新唐書』 卷221下 西域傳下 p.6255, 「俱蜜者, 治

불동(千佛洞) 막고굴(莫高窟) 215호와 220호굴 벽화에 보이며, 1985년 영하(寧夏) 회족자치구 염지현(鹽池縣)에서 발굴된 쿠샤니아(何國) 출신 소그드인 가족묘 6개 중 제6호묘(7세기 말경) 입구에 2매 1조의 석제의 문비(門扉) 위에 호선무를 추는 남성상이 부조되어 있어 그 모습을 생생하게 볼 수가 있다. 양손에 긴 리본을 들고 선회하는 약동감은 백거이(白居易)가 "호선녀, 호선녀는 마음대로 비파를 뜯고 능란하게 손 놀리어 북을 치네. 풍악 소리 맞추어 두 소매 펼쳐 들고, 눈처럼 펄럭이며 다북쑥 구르듯 춤을 추네. 왼쪽으로 돌고 오른쪽으로 돌아도 지칠 줄을 모르니, 천 번 만 번 돌아도 끝날 줄을 모르네. 세상의 어느 것도 신묘하기 이에 비길 수 없고, 달리는 바퀴나 회오리바람보다 날쌔노라"[362]라 묘사한 바로 그대로이다. 물론 호선무는 호희만이 추는 것은 아니었다. 무측천의 일족으로 돌궐 제2제국에서 포로생활을 하였던 무연수(武延秀)[363]나 안록산도 호선무를 잘 췄다는 기록이 있다. 안록산이 현종 앞에서 호선무를 추어 은총을 얻게 된 것으로도 유명하다.[364] 특히 나체는 아니지만, 얇은 실크 셔츠만 입고 호선무를 추는 여성의 모습은 당시 남성의 애간장을 태우기에 충분한 것이었다.

반면 호등무는 호선무처럼 급속 회전을 주로 하는 것이 아니고 신체 전체

山中. 在吐火羅東北, 南臨黑河. 其王突厥延陀種, 貞觀十六年, 遣使者入朝. 開元中, 獻胡旋舞女, 其王那羅延頗言爲大食暴賦, 天子但尉遣而已.」

362 (唐)白居易 著, 『白居易集』(顧學頡 校點, 北京: 中華書局, 1979) 卷3 諷諭3 「胡旋女」, p.60, 「胡旋女, 胡旋女, 心應絃, 手應鼓. 絃鼓一聲雙袖擧, 廻雪飄飄轉蓬舞. 左旋右轉不知疲, 千匝萬周無已時. 人間物類無可比, 奔車輪緩旋風遲.」

363 『舊唐書』卷183 外戚傳 武承嗣附子延秀, p.4733, 「延秀, 承嗣第二子也. 則天時, 突厥默啜上言有女請和親, 制延秀與閻知微俱往突厥, 將親迎默啜女爲妻. …延秀久在蕃中, 解突厥語, 常於主第, 延秀唱突厥歌, 作胡旋舞, 有姿媚, 主甚喜之. 及崇訓死, 延秀得幸, 遂尙公主.」

364 『新唐書』卷225上 逆臣傳上 安祿山, p.6413, 「(安祿山)晚益肥, 腹緩及膝, 奮兩肩若挽牽者乃能行. 作胡旋舞帝前, 乃疾如風, 帝視其腹曰: "胡腹中何有而大?" 答曰: "唯赤心耳!" 每乘驛入朝, 半道必易馬, 號'大夫換馬臺', 不爾, 馬輒仆, 故馬必能負五石動者乃勝載. 帝òng祿山起第京師, 以中人督役, 戒曰: "善爲部署, 祿山眼孔大, 毋令笑我." 爲瑣戶交疏, 臺觀沼池華僭, 帘幕率緹繡, 金銀爲筹筐·爪籬, 大抵服御雖乘輿不能過. 帝登勤政樓, 幄坐之左張金雞大障, 前置特榻, 詔祿山坐, 褰其幄, 以示尊寵.」

를 사용하여 뛰며 회전하는 약동적인 것으로 웅크린 듯하면서도 급히 땅을 차면서 비상하고 편 채로 몸을 거꾸로 하는 등 변화가 격렬한 것인데 호선무와 함께 건무(健舞)로 분류된다. 상당한 체력을 사용한다는 점에서는 같지만, 호선무는 우아한 데 비해 호등무는 곡마술(아크로배트)적이고, 전투적이다. 중당시인 이단(李端)의 「호등아(胡騰兒)」라는 시에 잘 표현되어 있다.[365]

대당제국은 수많은 호인들이 일으킨 '인류(人流)'와 수많은 호물이 일으킨 '물류(物流)'의 거센 물결 속에서 중국 전통적인 것을 합쳐 보다 질적으로 높은 수준의 문화를 만들어냄으로써 수천 년의 중국 역사 가운데서 위대한 시대의 하나를 열었음은 두말할 필요도 없다. 당왕조에 사절을 보낸 왕조가 70여 개국이었다.[366] 또 현종 천보 연간에 귀부한 국가와 지역을 '72국'[367]이라고 한 기록도 있다. 당황제의 표현을 빌리면, 이런 상황은 '만국래정(萬國來庭)',[368] '화이대동(華夷大同)'[369]의 형국이었다는 것이다. 과장이 있기는 하지만 턱없는 말은 아니라 하겠다. 이런 국면이 나타난 바탕에는 '자고로 중화를 귀히 여기고 이적을 천시하는(自古貴中華 賤夷狄)' 민족차별 관념이 퇴출된 점이 있다는 것은[370] 더 말할 필요가 없으며, 대당제국의 개방적이고, 포용적인 정책이 외국인의 활동을 활발하게 한 것은 물론이다.[371]

---

365 『全唐詩』 卷284 李端 「胡騰兒」, p.3238, 「胡騰身是涼州兒. 肌膚如玉鼻如錐. 桐布輕衫前後卷. 葡萄長帶一邊垂. 帳前詭作本音語. 拾襟攪袖爲君舞. 安西舊牧收淚看. 洛下士人抄曲與. 揚眉動目踏花氈. 紅汗交流珠帽偏. 醉卻東傾又西倒. 雙靴柔弱滿燈前. 環行急蹴皆應節. 反手叉腰如卻月. 絲桐忽奏一曲終. 嗚嗚畫角城頭發. 胡騰兒. 胡騰兒. 故鄉路斷知不知.」
366 『唐會要』 卷49 「僧尼所隷」, p.1007, 「主客掌朝貢之國 … 七十餘蕃.」
367 『新唐書』 卷135 高仙芝傳, p.4577, 「八月, 仙芝以小勃律王及妻自赤佛道還連雲堡, 與令誠俱班師. 於是拂菻·大食諸胡七十二國皆震慴降附.」; 『新唐書』 卷 221下 西域傳下大勃律, pp.6251-6252, 「仙芝至, 斬爲吐蕃者, 斷娑夷橋. 是暮, 吐蕃至, 不能救. 仙芝約王降, 遂平其國. 於是拂菻·大食諸胡七十二國皆震恐, 咸歸附.」
368 『唐大詔令集』 卷3 帝王 「改元貞觀詔」, p.13.
369 『唐大詔令集』 卷10 帝王 「會昌二年冊尊號赦」, p.56.
370 馬馳 『唐代蕃將』, 西安: 三秦出版社, 1990, p.7.
371 Edwin O Reischauer, "Note on T'ang Dynasty Sea Routes", *Harvard Journal of Asiatic Studies* 5-2,

5. 현대판 세계제국 미국과의 비교

당왕조의 제국성을 과도하게 미화해서도 안 되지만, 그렇다고 한계만을 부각해서도 안 될 것이다. 예컨대 고선지나 흑치상지가 고구려 혹은 백제 등지에서 온 이방인이었기 때문에 모함을 당해 죽었다는 식의 해석은 잘못된 것이다. 그 점은 다른 왕조와 비교하면 오답이라는 것을 쉽게 알게 된다. 대당제국의 실상을 분명하게 보기 위해서는 위로는 로마제국, 아래로는 현대판 세계제국인 미국과 비교하는 것이 가장 간편하고 유효한 방법이 될 것이다. 특히 미국은 그 자체가 '제국'일뿐더러 중국과 유사하게 '소수인종 우대정책(Affirmative Action)'이 한동안 유지되었던 나라이기 때문이다. 로마제국과의 비교는 앞에서 다루었기 때문에 본장에서는 미국의 현실상황과 비교해 보도록 하겠다. 필자는 미국의 프로야구(MLB)를 좋아한다. 여기서 메이저 리그 야구에서 나타난 인종문제를 가지고 실마리를 열어보자.

흑백차별에서 비롯된 인종간의 갈등과 차별 행위는 오늘날에도 미국사회의 어두운 한 단면으로 남아 있다. 출신국가나 피부색에 관계없이 종국적으로는 '미국인으로 통합한다'는 '인종의 용광로(Melting Pot)'의 정신은 시도 때도 없이 도전받고 있다. 그러나 다수의 미국인은 인종문제에 대해 이

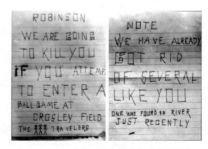

도판 10 | 신시내티 구장에 붙여진 재키 로빈슨에 대한 협박문(민훈기 기자 제공)

성적인 판단을 하고 있고, 그런 사람들이 미국을 이끌고 가는 힘이다. 그러나 지금으로부터 60여 년 전인 1940년대에까지 미국의 국민스포츠인 메이저

1940, pp.143-144.

리그 야구에 흑인은 선수로서 참여할 수 없었다. 흑인을 경멸하는 의미의 '니거(Nigger)'라는 단어를 아주 당연하게 사용하던 그때(1947년), 28세의 재키 로빈슨(Jackie Roosevelt Robinson; 1919-1972)은 1947년 4월 15일 흑인으로서는 최초로 메이저 리그 데뷔경기를 가졌다. 그가 브루클린 다저스(LA Dodgers의 전신) 1루수로서 데뷔한 것은 메이저 리그 야구사에서뿐만 아니라 미국 역사의 전개과정에서도 기념비적인 사건이었다. 그에게 "우리 운동장에 발을 들여놓는 순간 너는 죽음을 각오해야 할 것(Robinson WE ARE GOING TO KILL YOU if YOU ATTEMPT TO ENTER A BALL GAME AT CROSLEY FIELD - THE *** TRAVELLERS)"이라는 협박 편지가 날아든 것은 당연했고, 그 장소는 원정지인 신시내티 구장이었다.[도판 10] 그가 1군 선수로서 데뷔했으나 원정경기를 가면 동료들과 같은 호텔을 사용하지 못하고 심지어는 식당에서 같이 식사를 하지 못하는 경우가 대부분이었다.[372] 이런 장면을 1100-1400년 전의 대당제국과 비교하면 대당제국 쪽이 오히려 더 선진적이라는 느낌이 들 정도다.

현재 미국은 혼혈 흑인 버락 오바마를 국가수반인 대통령으로 선출한 나라다. 그러나 미국사회에 흑백문제가 해결되는 데에는 아직도 많은 시간이 소요될 것 같다. 미국이라는 대륙에서 흑백의 공존을 위해서는 아직도 갈 길이 멀다는 이야기다. 다만 그 방향으로 조금씩 나아가고 있고, 전 국민이 노력하고 있다는 것은 사실이다. 이 문제를 두고 가장 큰 거보를 내디딘 것은 1863년 링컨 대통령이 주도한 노예해방선언(Emancipation Proclamation)일 것이다. 물론 미국은 노예해방선언 이후에도 이른바 '분리 평등(Seperate but Equal)'이라는 인종차별정책이 상당기간 유지되었다. 즉 평등하다는 정신은 인정하지만 함께하는 것은 싫다는 심정적 차별을 법적으로 규정한 것이

---

372 민훈기, 『민훈기의 메이저리그, 메이저리거』, 서울: 미래를소유한사람들, 2008. pp.148-154.

다. 열차의 백인 칸에 탄 혼혈 남성 호머 플래시의 유죄를 인정한 1896년 미국 대법원의 이른바 '플래시 대 퍼거슨 판결(Plessy v. Ferguson)'이 바로 그것이었다. 그 결과 병원·열차·버스·이발소, 심지어는 수도꼭지·매춘업소까지 흑과 백이 이용하는 공간이 제도적으로 분리되었다. 이후 흑인은 교육의 질과 시설이 열악한 학교에 진학할 수밖에 없었고, 성인이 된 이후에도 열악한 생활에서 쉽게 탈출할 수가 없었다. 미국의 '분리 평등'이라는 뿌리 깊은 관행에 균열을 가한 결정타는 흑인 학부모가 1954년 반기를 들고 일으킨 '브라운 대(對) 토피카 교육위원회(Brown v. Board of Education of Topeka)'사건이었다.[373] 1955년 앨라배마 몽고메리에서 일어난 '로자 파크스(Rosa Lee Louise McCauley Parks)사건'과 이를 계기로 시작되어 11개월이 넘는 대장정이었던 버스승차거부 운동, 미국 대법원의 흑백분리법에 대한 위헌 판결, 마틴 루터 킹 목사의 희생 등을 통해 미국은 흑백 공존의 길을 아주 천천히, 그리고 지루하게 걸어가고 있는 것이다.

사실 인종 차별은 통상 '제국'이라 불리는 복합사회에서 불가피하게 또 다반사로 발생하는 일이다. 각기 다른 나라에서 각각의 얼굴색을 가지고 자기의 조국에서 펼치지 못한 꿈을 안고 제국으로 모여들기 때문이다. 제국다움은 이들 각종각색의 인종과 국적의 사람들 사이에서 생기는 반목과 모순을 얼마나 약화시키고 조화롭게 하느냐, 그 노력이 얼마나 진지하냐에 달려있는 것이다. 미국 메이저 리그에서는 '인종과 성별 보고서(RGRC: Racial and Gender Report Card)'라는 것을 매년 작성해 공개한다. 다양한 인종이 공존하는 미국의 특성답게 프로야구에서도 공정하고 평등한 기회를 부여하고 성이나 인종의 차별을 방지한다는 취지하에 전문가들로 구성된 기구가 다양한

---

373 「미국 黑白 분리평등 정책은 어떻게 시작되고 폐지됐나」, 「조선일보」, 2014년 4월 26일, p.A14.

조사와 연구를 한다. 선수, 구단주[2(소수인종)/30(팀 총수)], 사무국 직원, 단장 (4/30), 코칭스태프(39.1%) 등이 그 조사 대상이다.

이 가운데 제일 중요한 것은 당연히 선수의 인종 분포일 것이다. 항상 그 렇듯이 2013년의 통계를 보면 백인 선수의 비율은 62.1%로 가장 많다. 그 뒤를 중남미계 선수가 28.2%를 차지한다. 동양계 선수는 2.1%인데, 전년의 1.9%에 비해 조금 늘었다. 2013시즌 개막전에 오른 선수 중에 흑인의 비율 은 8.3%였다. 우리가 볼 때는 흑인 선수가 훨씬 많게 느껴질 수도 있지만, 중남미계 흑인 선수는 미국의 인종 보고에서 라틴계로 구분된다. 고무적인 것은 2012년 드래프트 1라운드에 뽑힌 31명의 선수 중에 흑인 선수가 7명으 로 22.6%나 된다는 점으로 1992년 이후 최다라고 한다. MLB에서는 매년 4 월 15일을 '재키 로빈슨 데이'로 지정하고 전 선수가 42번을 달고 뛰며 다양 한 흑인 청소년의 야구 참여를 독려하는 프로그램을 시도하지만 비율이 좀 처럼 늘지 않는다. 선수들의 출생지로 구분하면 미국 외의 나라나 영토에서 태어난 선수가 241명으로 28.2%를 차지해 역대 4번째로 높은 비율이다. 미 국을 포함해 총 16개국의 선수들이 MLB에서 뛰고 있다. 한국에서 태어난 추신수와 류현진도 28.2%를 차지하는 외국 출생 선수의 일원이다.[374] 2012 년 센서스에 따르면 미국에 사는 유태인은 540만~680만 정도다. 인구 비율 을 따지면 2% 조금 넘는다. 하지만 그들은 미국을 지배하고, 세계를 이끈다. 스포츠도 마찬가지다. 추신수와 류현진을 스카우트한 것도 유태인이다. 현 재 MLB 30개 팀 가운데 8개 구단의 오너(또는 파트너)가 유태계다. 야구는 오 히려 적은 편이다. 미국의 다른 프로스포츠 NBA(농구), NFL(풋볼), NHL(하키) 중에는 절반이 넘는 곳도 있다.[375]

374 민훈기, 「[민기자 MLB 리포트] 2013 MLB 인종, 성별 보고서」, 『민기자 칼럼』, 2013년 6월 27일.
375 백종인, 「[야구는 구라다2] 류현진–추신수 스카우트한 건 유태인 〈상〉」, 『스포탈코리아』, 2014년 12월 22일.

미국의 마이너 리그에는 200개가 넘는 팀에서 7,000여 명이 넘는 선수들이 뛰고 있다. 100명 중 97명은 '이곳'을 벗어나지 못한 채 은퇴하고 만다. 아무도 알아주지 않는 이곳이 바로 '마이너 리그'다. 즉 마이너 리거 중 3%만이 메이저 리그의 입성이란 꿈을 실현한다는 이야기다. 메이저 리거는 30개 팀 750명이다. 메이저 리거의 수명은 평균 3년에 불과하다. 미국 스포츠 저널리스트인 존 파인스타인(John Feinstein)이 최근 펴낸 『너의 이름은 아무도 모르는 곳에서(Where nobody knows your name)』란 책에서 "이들은 모두 어렸을 때부터 지역에서 이름을 날리던 유망주다. 이들 중 마이너 리그가 최종 목표였던 사람은 아무도 없다"고 하였다.[376] 메이저 리그보다 마이너 리그가 현실의 삶에 훨씬 가까운 모습을 하고 있다. 부와 명예가 보장된 꿈의 무대 메이저 리그, 출세를 위한 치열한 삶의 현장에 기회 획득의 평등이란 바로 그 사회 공정성의 표징이다.

순혈주의는 이제는 야구뿐만 아니라 다른 스포츠에서도 설 자리가 없다. 2014년 여름을 달구었던 브라질 월드컵은 독일의 우승으로 끝났다. 매스컴에서는 독일 국가대표팀의 우승의 원동력 찾기에 바빴다. 공통적인 결론은 '혼혈주의의 승리'라는 것이다. 이제 독일은 나치 영도하의 게르만 민족의 단일성과 우수성을 표방한 '게르만 민족주의' 국가가 아니다. 즉 탈순혈주의로 다양한 혈통의 선수들을 포용하면서 1990년 독일 통일 이후 첫 우승을 차지하였을 뿐만 아니라 다문화사회로 변모하는 독일 통합에 기여하고 있다는 것이다.[377]

본래 유럽에서 다국적 축구팀으로 성공한 것은 프랑스였다. 지네딘 지단

376 임민혁, 「"마이너리거 7000여명, 그들 모두 유망주였다 … 꿈을 좇는 데는 그만큼 代價가 따르는 법"」, 『조선일보』, 2014년 4월 12~13일, p.B2.
377 민학수, 「獨, 24년 만에 월드컵 우승. 10년 大計로 유소년·獨리그 키워… '뉴 저먼 사커(New German Soccer)' 황금시대 열다」, 『조선일보』, 2014년 7월 17일, p.A2.

(Zinedine Zidane: 알제리계), 유리 조르카예프(Youri Djorkaeff: 아르메니야계), 릴리앙 튀랑(Lilian Thuram: 카리브해 프랑스령 과들루프섬 출신) 등 이민자 출신 선수들을 대표팀에 받아들였던 프랑스가 변화의 신호탄을 쏘며 1990년대 말 2000년대 초 세계 축구의 최강으로 군림했다. 1998년 프랑스 월드컵 우승은 이들이 엮어낸 작품이었다. 반면, 독일은 '게르만 혈통'의 순혈주의를 강조하면서 문호를 개방하지 않았다. 그러나 2000년 감독을 맡았던 루디 펠러(Rudi Voller) 감독, 그 뒤를 이어 전차군단의 수장이 된 위르겐 클린스만((Jurgen Klinsmann) 감독은 과감히 기존의 틀을 깼다. 특히 탈순혈주의를 표방한 요아힘 뢰브(Joachim Low)가 지난 2006년 독일의 대표팀 감독으로 취임하면서 큰 변화를 보였다. 이 과정에서 가나 출신 이민인 게랄트 아사모아(Gerald Asamoah)를 시작으로 다비트 오돈코어((David Odonkor: 나이지리아계), 제롬 보아텡(Jerome Boateng: 가나 혼혈), 카카우(Cacau: 브라질에서 귀화), 메주트 외질(Mesut Ozil: 터키계), 사미 케디라(Sami Khedira: 튀니지 혈통) 등이 속속 독일 대표팀의 흰색 유니폼을 입었다. 2014년 브라질 월드컵 우승은 이민자 가정 출신 선수들이 독일 출신 선수들과 조화를 이룬 결과다. 이에 반해 결승전 상대인 아르헨티나는 자국 태생의 순 백인 선수들로만 구성돼 대조를 보였다. 히틀러는 게르만민족의 순수성만을 강조하여 강국으로 부상하려 하였지만 돌아온 것은 패망이었다. 1990년 10월 통일 이후 독일사회가 탈순혈주의로 나간 결과가 바로 월드컵에 반영되었다고 하면 과도한 억측일까?

혼혈주의의 장점은 무엇인가? 왜 혼혈주의로 가야 하는가? 아무리 좋은 선수와 전술을 갖고 있더라도 뭉치지 못하면 모래알에 불과하다. 독일이 아르헨티나 전에서 보여준 모습은 '원팀'[378]의 결정체였다. 동료들이 상대 반칙

---

378 "독일 대표팀은 이른바 '원팀(One Team) – 원 스피릿(One Spirit) – 원골(One Goal)' 정신을 가장 잘 구현했다. 득점한 선수가 무려 8명이나 된다. 아르헨티나의 리오넬 메시나 포르투갈의 크리스티아누 호날두 같

에 걸려 넘어질 때마다 벤치에 앉은 선수들이 모두 일어났다. 연장 후반 오른쪽 눈두덩이가 찢어지는 부상을 당한 바스티안 슈바인슈타이거는 끝까지 경기를 뛰겠다며 벤치에서 상처를 꿰매고 출전해 동료들의 승부욕을 자극했다. 메시의 화려한 개인기와 아르헨티나의 철통수비도 하나로 뭉친 전차군단을 막기에는 역부족이었다. "독일은 최고의 선수를 보유했든, 그렇지 않든 문제가 되지 않는다. 왜냐면 최고의 팀을 가졌기 때문"이라는 주장 필립 람의 말은 "팀보다 위대한 선수는 없다"는 평범한 진리를 다시 되새기게 한 것이다.[379] 콘크리트의 혼합성을 상기할 필요가 있다. 시멘트만이 아니라 모래도 자갈도 있어야 되는 것이다.

대당제국의 과거제도는 순혈주의를 타파하였다. 주·현 등 지방에서 치르는 과거와 빈공과가 마이너 리그에 진입하는 관문이었다면, 대식국인 이언승이 합격했던 진사과는 이국인의 메이저 리그 진입을 알리는 최종 관문이었던 것이다. 가까운 신라로부터뿐만 아니라 저 멀리 중앙아시아 오아시스 국가, 그리고 열사의 아랍 반도로부터도 적지 않은 젊은이들이 메이저 리거가 되기 위해 달려왔던 것이다. 장안은 세계 각국에서 온 사람들로 붐볐다. 이들 가운데 돈과 명예를 얻어 나름 꿈을 이룬 사람은 극소수에 불과했다. 그 많은 사람들이 자기 조국에서, 그리고 특정 분야에서 다른 사람들보다는 뛰어나다고 여기고, 대부분 법을 어겨가며 달려왔지만, 그들 대부분이 대당제국이라는 큰 무대의 '이너서클'에 들 정도는 되지 못한다는 사실에 금방 좌절했다. 그러나 이미 천여 년 전 이들에게 이런 꿈을 꿀 수 있고, 그 꿈을 펼칠 수 있는 공간을 제공하고 있었다는 것은 매우 중요한 의미가 있다. "너

은 슈퍼스타는 없었지만 여러 중량급 선수들이 자기 역할을 백분 소화하며 팀을 최강으로 만들었다."(김성주(MBC 월드컵 중계 캐스터), 「김성주의 아빠 어디야?」 독일식 '원팀'정신으로 해낸 세 남자의 한 달 간의 합숙생활」, 『경향신문』, 2014년 7월 14일.

379 박상경, 「'전차군단' 독일의 시대, 정상복귀 비결은?」, 『스포츠조선』, 2014년 7월 14일.

의 이름은 아무도 모르는 곳에서" 박찬호나 추신수처럼 자기 이름을 드높이 들어 올리고 상상을 초월한 돈을 벌 수 있는 그 공간 말이다.

그러면 미국은 왜 이런 통계수치를 매년 내며 발표하는 것일까? 그것은 소수인종에 대한 배려이고, 미국사회의 통합을 위한 노력의 일환이다. 링컨 대통령이 노예해방선언을 한 지 100주년이 되던 1963년 8월 23일 마틴 루터 킹 목사가 워싱턴에 있는 하얀 링컨 동상 앞에서 "나에게는 꿈이 있습니다. 언젠가에는 나의 어린 네 자녀가 피부색이 아니라 인격에 의해 평가받는 나라에서 살게 되는 날이 오리라는 꿈입니다(I have a dream that my four little children will one day live in a nation where they will not be judged by the color of their skin but by the content of their character)"라는 유명한 연설을 하였다. 이후 인권문제가 해결된 것처럼 보이다가 어느 날 갑자기 다시 처음으로 돌아간 듯 보이는 것이 미국이란 나라다. 다시 말하면 이런 보고서의 작성과 공표는 '제국의 건전성'을 제고하고 유지하려는 목적인 것이고, 그것이 바로 제국을 더 강하게 만드는 일이기 때문이다. 대당제국의 외국인에 대한 관용의 수준이 현대판 제국인 미국에도 절대 떨어지지 않는다는 것을 쉽게 알 수가 있다.

다음으로 제국의 법 적용에 대해서 잠시 살펴보자. 대당제국과 미국의 법률 적용의 문제를 한번 비교해 보자. 미국 캘리포니아 다이아몬드시 연방하원위원을 지낸 재미교포 김창준(1939-) 씨는 미국을 '제도적 사회'라고 규정한다. 제도 내에서는 자유를 맘껏 구가할 수 있지만, 제도에서 어긋난(즉 제도 밖의) 행위는 피도 눈물도 없는 곳이 미국사회라는 것이다. 영국도 그러하다. 영국의 역사는 이성교배(異姓交配)로 요약될 수 있다. 왕실만 보더라도 독일·덴마크·프랑스·네덜란드의 피가 섞여 있다. '해가 지지 않는 제국'은 인종과 언어와 역사가 다른 사람들을 거대한 용광로에 넣어 섞어 만들어낸 결과물이었다는 뜻이다. 이 이질적 요소들의 통합에서 필연적으로 따르는 무질서를 어떻게 극복했는가? 철저한 법치다. 도로교통 위반, 불법집회 등 공권력에 대한 도전, 이런 게 영국에서는 모두 돈으로 환산돼 청구된다. 처음엔 저항하지만 얼마 있지 않아 소용없다는 것을 알게 된다.[380]

이런 점을 당나라에 대입시켜 보자. 당률은 중국고대로부터의 모든 법률을 총결한 것이어서, 어떤 면에서는 더 이상 완비하여야 할 것이 없다 할 정도로 꽉 짜인 법제사회의 근간이 되었다. 그리고 엄격한 법 적용도 그러하였다. 비근한 예로 야금(夜禁)제도를 보자. 황제가 미리 짜둔 시간에 따라 모든 백성은 움직이게 되어 있다. 당나라의 현급 이상의 도시에는 도시를 장벽으로 둘러친 공간을 석쇠처럼 엮어서 만든 도시구조를 가졌다. 매일 저녁 정해진 시간에는 방내로 들어가야 하며 이튿날 새벽 북이 칠 때까지 나와서는 안 된다. 세계제국 미국의 법에 대해 김창준 씨는 누구든지 법 앞에 평등하다는 원칙 아래 법을 어긴 자는 예외 없이 처벌하는 법 만능주의로 바뀌면서 감정이 '메마른 법치국가'가 됐다고 평가한다. 그래서 법을 집행하는 경찰에 대항하는 사람은 곧 법 자체에 대항하는 것으로 간주해 그대로 총을 쏴 사살하는 사례도 부지기수로 늘어났다고 했다. 한국은 이와 반대로 악법은 안 지켜도 된다는 이론 아래 법에도 눈물이 있고 인정이 있는 나름의 독특한 전통이 담긴 법치국가로 발전했다고 본다. 이러다보니 이런 전통을 남용해 오히려 경찰을 구타하는 어처구니없는 일들이 생기고 법을 만드는 국회 안에서도 기물을 파괴하는 무법사회로 변하고 말았다고 분석한다.[381] 미국의 법과 한국의 법 적용의 차이는 무엇일까? 바로 이것이 '제국'과 그렇지 않은 나라의 차이가 아닐까? 이런 사실을 감안하면 대당제국이 어떤 나라였던가를 쉽게 이해할 수가 있게 된다.

---

380 문갑식, 「[문갑식의 영국통신] 한국인 大國을 꿈꾸는가」, 『조선일보』, 2014년 7월 21일.
381 김창준, 「[김창준의 숨겨진 정치 이야기] 〈57〉 제도와 국민성Ⅱ」, 『한국일보』, 2009년 04월 29일.

III. 대당제국의 유산

1. 현대 중국의 실상

현대 중국이 계승한 대당제국의 유산을 검증하려면 먼저 현재 인민중국이 가지는 특징부터 파악하는 것이 당연한 순서일 것이다. 현대 중국의 특징은 뭐니 해도 땅덩어리는 크고 없는 것이 거의 없는, 이른바 '지대물박(地大物博)'이라는 네 글자로 요약해도 좋을 것이다. 현재 중국의 인구는 공식적인 통계에 따르면 13억이라 하지만, 실제로는 17억이라고 하기도 한다. 세계 인구를 대개 70억 정도로 잡고 있으니, 세계 총인구의 1/4이 중국인이다. 네 사람 중에 한 사람이 중국인이니 참 아득하고 기가 막히기만 하다. 그저 굉장하다고 말할 수밖에 없다. 그런데 중국인이 어찌하여 이처럼 많아졌을까? 자연 번식의 결과인가? 반드시 그것만은 아닌 것 같다. 그러면 먹을 물자와 역병의 치료 등 생장환경이 다른 나라보다 월등하게 좋았던 것일까? 그런 것도 아닌 것 같다. 중국은 역대로 만성적인 빈부격차와 풍흉의 극단적인 차이 등 생장환경이 반드시 좋은 것만은 아니었기 때문이다.

중국의 영토는 넓다. 그 크기야 중국보다 큰 나라도 있다. 러시아, 캐나다, 그 다음이 중국이니, 세계 제3위이다. 3위라 해도 참 큰 나라임에 틀림이 없다. 면적 960만km²(9,632,922km²)[382]이며, 남북으로 위도 3°58′에서 53°10′까지 펼쳐져 있으니, 그 위도 차는 49° 이상으로 거리로는 5,500km이다.[383]

---

[382] 공식적인 중국의 면적과 인구는 다음과 같다. ① 면적은 960만㎢로서 러시아-캐나다-중국순이다. 이 면적은 한국 전체면적의 44배(남한의 96배)이며, 세계 육지의 1/15, 아시아대륙의 1/4, 러시아(17,075,000㎢) 캐나다(9,976,139㎢)에 이어 세계 제3위)]; ②인구는 {12억 6583만인(『中國2000年人口普查資料』, 北京: 中國統計出版社, 2002; 김추윤·장삼환, 『중국의 국토환경』, 서울: 大陸出版社, 1995, p.20.]으로서 남한의 24배라고 하였다. 한편 다른 통계에 의하면 면적 9,598천㎢이며, 인구 130,584만 인이라 한다.[원정식역, 『중국소수민족입문』, 서울, 현학사, 2006)}.

[383] 낮과 밤의 길이도 차이가 난다. 하짓날 廣州는 13시간 35분, 漠河 16시간 55분이다. 동짓날 廣州는 10시간 43분, 漠河는 7시간 30분이다. 北回歸線이 臺灣-廣東-廣西-雲南 4개 省을 지난다. 전국토의 10%가 열

한편 동서로는 동경 73°22′30″에서 동경 135°2′까지이니, 경도의 차이는 61°, 거리로는 5,200km 내외이다. 이처럼 중국은 크기도 하지만, 세계에서 가장 이질적인 지형과 생산여건 등 자연조건이 이처럼 다양한 국토를 가진 나라도 드물다. 땅은 남북으로 아열대에서 한대까지 펼쳐져 있고, 동서로는 동쪽의 북경과 서쪽의 신강 우루무치는 대충 4시간 이상 시차가 난다고 한다. 미국처럼 동부·중부·서부 세 시간대를 나누는 것이 아니라, 북경시간 하나만을 사용하는 독특한 나라다.[384] 아울러 지구상에 존재하는 거의 모든 지형을 다 갖추고 있다고 해도 지나친 말이 아니다. 산악-초원-스텝-사막-평원지대가 그것이고, 호면이 해발 -154m인 애정호(艾丁湖: 아이띵 후)[385] 가 있는가 하면 세계 최고인 해발 8,000m 이상의 히말라야 산을 품고 있다. 실로 없는 것이 없는 나라다.

역사적으로 보면 중국은 계속 커지기만 한 나라였다. 중간에 간혹 작아지기도 했지만, 그것은 더 크기 위한 후퇴였을 뿐이다. 현재의 영토는 청나라 강희제(康熙帝)시기에 확정된 것이지만, 그 이전의 역사를 보면 서주의 영토는 (조)송의 1/5 정도였고[386], 송의 영토는 현재의 1/2 정도다. 송 이후 몽골남부·티베트·신강·만주[387]로 영토가 계속 크게 확대되었다. 그러면 현재의 거대한 중국은 어떠한 경로로 만들어진 것일까? 현재의 중국을 만드는

대. 대부분이 아열대와 온대이다.
384 이는 중국의 황제가 중국의 공간(Space)뿐만 아니라 모든 백성의 모든 시간(Time)을 장악한 전통적 유산이라 할 수 있다.
385 중국 최저지대로서 艾丁은 위구르어로 '月光湖'라는 의미이다. 吐魯番분지 동남 30km에 있는 鹽湖이다. 湖面의 해발은 -155m이다. 반면 세계 최저는 死海로서 湖面이 해발 -422m이다.
386 (宋)洪邁 著, 『容齋隨筆』(上海: 上海古籍出版社, 1978) 卷5「周世中國地」, p.64,「成周之世, 中國之地最狹, 以今地里考之, 吳·越·楚·蜀·閩皆爲蠻, 淮南爲群舒; 秦爲戎, 京東有萊·牟·介·莒, 皆夷也. …其中國者, 獨晉·衛·齊·魯·宋·鄭·陳·許而已, 通不過數十州, 蓋於天下特五分之一耳.」
387 이들 지역에 대한 명칭을 중국에서는 西藏(省), 新疆, 東三省(遼寧·吉林·黑龍江省)으로 부르고 있다. 이 가운데 신강은 18세기 말 乾隆帝가 정복하고 병합한 후 '새로운 강역'이라는 뜻으로 붙여진 한자어이다. 엄격한 의미에서 '동투르키스탄' 혹은 '중국령 투르키스탄'이라 하는 것이 옳다.

데 결정적인 기여한 과거의 왕조 혹은 시대는 언제였던가? 혹자는 청대라고 한다. 그 물음에 가장 정확한 답을 얻기 위해서는 먼저 현재의 중국은 어떤 인구 구성을 가진 나라인지를 알아봐야 한다. 영토의 반 이상을 갖고들어오거나 정복했던 소위 소수민족집단의 내원과 구성부터 살펴서 찾는 것이 가장 설득력이 있는 답변이 될 것이다.

현재 중국의 영토는 23개의 성(臺灣 포함)과 5개 자치구(自治區: 內蒙古·廣西·寧夏·新疆·西藏), 4개 직할시(北京·天津·重慶·上海), 2개의 특별행정구역(香港·澳門), 30개 자치주(自治州: 吉林1, 甘肅2, 靑海6, 新疆5, 湖南1, 湖北1, 貴州3, 雲南8, 四川3), 그리고 95개 자치현(自治縣)으로 구성되어 있다. 이 구분에서 눈여겨 보아야 하는 것은 '자치'라는 접미어가 붙는 한족과 다른민족의 집단거주단위이다. 흔히 중국을 내중국(Inner-China)·외중국(Outer-China)으로 이분하기도 한다.[388] 또 하나는 이른바 '호환용선(胡煥庸線: Hu Line)'인데, 즉 중국 서남의 운남성 등충(騰衝)과 동북의 흑룡강성 흑하(黑河=헤이허; 璦琿=아이군)를 잇는 대각선인 '등충-흑하선(騰衝-黑河線)'으로 구분하는 방법이다. 이것은 1930년대 역사지리학자 호환용(1901-1998) 선생에 의해 제시된 중국 영토의 이분적 구분선인데, 중국 영토 내의 인구밀도의 차이, 강수량의 차이, 지형적인 차이로서 양분한 것이다.[389] 다시 말하면 인구의 분계선이요, 지리적 분계선, 기후적 분계선, 역사적 분계선[390]인 이 호환용선에 의해서 서북은 소수민족지구, 즉 자치구지역, 동남은 한족이 주로 거주하는 성(省)지역으로 구분된다. 이로 볼 때 중국 현재 영토의 확보는 소수민족의 내천(內遷) 없이,

---

388 妹尾達彦, 「中華の分裂と再生」, 『岩波講座世界歷史』 9, 東京: 岩波書店, 1999, pp.8-12.
389 胡煥庸, 「中國人口之分布 −附統計表與密度圖−」, 『地理學報』 2-2, 1933, p.11.
390 이 胡煥庸線의 개념은 이후 발전되어 이 線에 의해 중국은 서북과 동남부로 이분되는데 서북부는 ① 游牧 혹은 狩獵을 위주로 하는 部族的, ② 血緣的, ③ 多元信仰, ④ 非儒敎的 생활방식의 중국이고, 동남부는 ① 農耕的, ② 宗法的, ③ 科擧的, ④ 儒敎的 생활방식의 중국으로 이분하는 분계선으로 정착되었다.

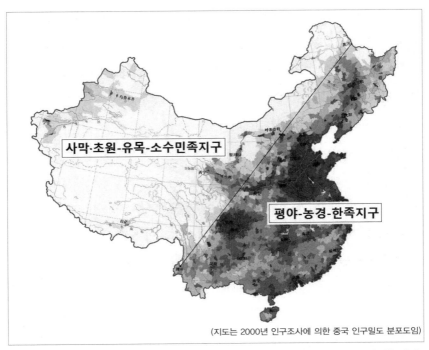

(지도는 2000년 인구조사에 의한 중국 인구밀도 분포도임)

도판 11 | 흑하(黑河)—등충(騰衝)선[호환용(胡煥庸)선 :Hu Line](中國人口密度圖를 바탕으로 윤태옥 작도)

순수하게 척토(拓土)에 의한 것이 아님을 쉽게 알 수가 있다. 재미있는 것은
두 가지 대립된 특징으로 중국 영토를 양분하는 대각선이 바로 호족의 진입
등 영향에 의해 점차 형성되어갔다는 점이다. 잘 알다시피 위진남북조 이전
시기에는 함곡관(函谷關: 河南省 靈寶)을 기점으로 관동과 관서(혹은 산동과 산서)
라는 이름으로 동서로 양분되었다.[391] 그러던 것이 유목민족에 의한 서진 멸
망 이후 진령산맥(秦嶺山脈)과 회수(淮水=淮河)로 연결되는 동서선에 의해 중
국은 남북으로 양분되었다. 최후에 민족 즉 한족과 소수민족의 거주지구로

---

[391] 동서 양분에 의해 '關東出相, 關西出將'(『漢書』卷69 趙充國傳, pp.2998-2999, 「贊曰: …山東出相, 山西
出將」, 『後漢書』卷58 虞詡傳, p.1866, 「嗟曰: "關西出將, 關東出相"」)이란 구별이 보인다.

양분한 호환용선이 나타나 고착된 것이다.392 [도판 11]

중국인의 발상지를 '중원'이라 한다. 소위 화하족이 살던 지역인 중원은 황하의 중·하류지역으로 현재의 하남성을 중심으로 하북성 남부와 산서성 동남부, 산동성 서부, 안휘성 북부, 강소성의 서주(徐州)지구 정도가 포괄된다. 하남성이 협의의 중원이기도 하니393 이 땅의 면적을 중국의 현재 강역과 비교하면 엄청난 차이가 난다. 즉 중국의 영토가 넓어진 것은 바로 이민족의 중원지역으로의 진출과 불가분의 관계에 있었던 것이다. 물론 현재 '소수민족' 인구 비율은 8-9%에 불과하다. 그렇다고 91-92%를 차지하는 한족이 그 원류라고 치부하는 화하족의 번식의 결과는 아니다. 현재의 강역을 보면 반 이상이 과거 이민족이 살고 있던 지역이었고, 한족이 정복한 지역도 일부분 있지만, 이민족이 중국으로 들어오면서 가져온 것이거나 이민족 정권이 정벌한 영토가 대부분을 차지한다.

현재 소수민족지구의 한족 인구수를 보면 ① 서장 티베트족 자치구 8.17%, ② 신강 위구르족 자치구 40.1%, ③ 광서 장족 자치구 62.82%, ④ 영하 회족 자치구 64.58%, ⑤ 내몽골 몽골족 자치구 79.54%를 차지한다. 한족이 차지하는 비율은 아마 계속 늘어날 것이고 민족간 융합운동은 갖가지 부작용을 낳으면서도 앞으로도 지속될 것이다. 이런 융합운동이야말로 세계에서 가장

---

392 중국대륙의 지역구분은 세 단계로 변해왔다. ①중국고대는 函谷關을 기준으로 동서로 구분하였다. 이 구분의 특징은 '關東出相, 關西出將'이란 말로 상징된다. ②유목민족의 중원 진입이후 淮水-秦嶺山脈을 기준으로 남북 구분법이 통용되었다. 이로 인해 '北馬南船' '南橘北枳(혹은 橘化爲枳)' 등의 용어가 유행하였다. ③胡煥庸線에 의해 자연환경(평야-초원·산악·사막, 강수량)과 인종의 분포에 따라 서북의 소수민족 自治區와 동남의 漢族 本省지역으로 양분되는 현상을 보인다.

393 '中原(China Central Plain)'이라는 단어는 '하늘아래 제일 가운데 위치한 벌판(天下至中的原野)'라는 뜻으로 河南지역을 핵심으로 하는 黃河 중하류의 광대한 지구를 말하는 것이다. 이 지역은 소위 '중화문명의 발원지'로 고대 華夏民族이 '천하의 중심'에 있다 하여 '中國'·'中土'·'中州'를 中原의 동의어로 여겼다. 문화가 비교적 선진적인 華夏族은 그들의 지역을 자칭 '中國'이라 하며 '四夷'와 구별하면서 이 지역에 대한 자부와 애착이 굳어졌다.

다양한 민족들을 안에 품고 있고, 세계에서 가장 빈부 격차가 심한 나라인데도 불구하고 국가에 대한 존경심 내지 단결·통합은 어느 나라 못지않은 특이한 인구집단을 가진 나라로 만들었던 원동력이라고 보아야 한다.

그러면 현재 중국의 민족구분과 그 분포를 상세하게 살펴보자. 전 국민의 90% 이상을 차지하여 단일 '민족'단위로는 세계 최다인 한족[394]과 55개의 '소수민족', 그리고 400여 개의 공식적으로 인정받지 못하는 '군소민족(群小民族)'으로 구성되어 있으며 이를 합쳐서 '중화민족(中華民族)'이라 지칭한다. 이 가운데 한족은 화하족의 후예라 하지만 실제로는 역사상 나타났다 사라진 90여 개 민족들의 합체로 이루어진 '민족집단'이며, 55개 '소수민족'도 중국 변방에 거주하다 중국에 진입한 후 그 민족적 정체성을 아직까지 잃지 않은 민족집단의 후예들이다. '한(민)족'이나 '소수민족'이라는 호칭은 모두 중국적 표현이지만, '민족'[395]이라는 단어를 쓰는 것이 과연 합당한지는 의문이다.[396] '중화민족'은 인류학적, 사회학적 개념의 민족은 물론 아니고, 하나의 정치개념이고, 정치선전에 불과해 보이지만, 지구상의 한족

---

394 漢族이란 명칭은 양자강의 지류인 漢水와 연관된 것이다. 그 정통성을 두고 있는 漢朝가 이 강의 상류인 陝西省 서남쪽에서 발흥했기 때문이다. 민족간의 모순이 심화되었던 東魏-北齊시대 북방 유목민 출신들이 남방 농경족을 '漢兒', '漢人'이라 부르면서 漢族의 개념은 역사적으로 구체화되었다. 그러나 중국의 역대 왕조에서 한족의 개념을 하나의 집단으로 분류해 공식화한 것은 元代(몽골-色目人-漢人-南人〈南宋人〉)이다. 明과 淸을 거쳐 辛亥革命으로 탄생한 民國시기에 오면서 이 漢族이 중국의 주류 민족이라는 개념으로 등장하게 되었다. 혈통·언어가 모두 제 각각인 중국 남북지역의 여러 사람들이 한데 묶이고, 심지어는 중국 아닌 다른 지역 사람들도 그 안에 들어갔다.

395 民族에 대한 정의로서 통용되는 것은 1913년 스탈린이 규정한 "역사상 형성된 하나의 공동언어, 공동지역, 공동경제생활 및 공동문화상에 표현된 공동심리소질의 온정적 인간공동체"라는 것이다.

396 중국 고전 중 民族과 유사한 개념의 단어로는 수십 종이 있으니 民, 族, 種, 部, 類 등의 單音詞와 民人, 種人, 民群, 民種, 部族, 部人, 族類 등 雙音詞가 있다. 민족이라는 단어가 처음 쓰인 것은 1837년 서양 선교사가 편찬한 『東西洋考每月統計傳』의 「喬舒亞降迦南國」에서였다(方維規, 2002-2). 그 후 王韜와 康有爲가 편한 『强學報』 중에 이 단어가 사용되었다(彭英明, 1985-8.9). 민족이란 단어가 광범하게 유전된 것은 늦어도 20세기 초의 일이다. 일본 明治維新 이후 지식분자가 民과 族을 합쳐 'nation'이라는 서양어의 번역어로서 쓴 것을 차용한 것이다. 그러나 서양과 동양은 다른 문화계통이므로 합당한 것이라 보기 힘들다. 중국의 현실을 표현하는 단어로서는 적당하지 않은 측면이 있다.

을 중심으로 하는 화인(華人)들은 '중화민족'의 상징, 즉 오성기(五星旗)를 기치로 단결해서 움직이고 있는 것도 현실이다. 한족도 여러 민족을 용광로(Melting Pot)에 넣어 만들어낸 거대종족집단이지만, 현재 중국 내에 있는 소수민족도 한족과 합쳐 '중화민족'으로 용해되어가고 있다. 이들 소수민족도 종국에는 한족과의 구별이 사라지고 하나의 종족집단이 될 개연성이 크다.

인민중국 성립 후 중국에서는 민족형성과정문제를 두고 많은 연구가 진행되었다. 이것은 한(민)족의 형성과 중화민족의 성립이라는 두 단계로 크게 대별할 수 있다. 먼저 '한민족'형성문제를 두고 전개된 연구와 토론에서 다기한 논점들이 제기되었지만,[397] 대개 진한 통일이 그 기점이라는 데에 큰 이견이 없는 것으로 보인다. 한편 '중화민족'이 공식적으로 형성된 것은 1912년이지만 그 형성 과정은 길었다. 이 문제에 대해서는 한족의 형성과정만큼 치밀한 연구가 진행되지 않았다. 필자는 '중화민족' 형성의 단초를 연 것은 북방 이민족의 중원진입이라 생각한다.

그러면 '중화민족'이란 어떤 의미를 갖는 것인가? 현재 중국은 직접 통치받고 있는 인민을 '국민'이라 하지 않고 '민족'이라 한다. 그리고 호적에 '민족적(民族籍)'을 표기하는 드문 나라 중의 하나가 중국이다. 이 중화민족에 대한 이론적인 학설을 제공하여 현재 인민중국에서 공식적으로 채용된 것이 바로 사회학자 비효통(費孝通: 페이샤오통)이 확립한 소위 '중화민족다원일체격국론(中華民族多元一體格局論)'[398]이다. 이 이론에 의하면 현재 중국에는 56개 민족이 '다원적'으로 존재하고 있지만, '나눠질 수 없는[不可分의] 일체'를

---

397 주요한 주장은 ① 秦統一後漢民族形成說, ② 唐宋時期漢民族形成說, ③ 明末淸初漢民族形成說, ④ 阿片戰爭以後漢民族形成說이 그것이다. 그것이 다시 최근 들어 夏說·商說·周說·春秋說로 秦漢說로 그 시기가 점차 올라가고 있다(連振國, 「略談中華民族的主體 −漢族」, 『漢民族硏究』 1, 南寧: 廣西人民出版社, 1989, p.289).

398 費孝通 等, 『中華民族多元一體格局』, 北京: 中央民族學院出版社, 1989.

이루고 있다는 것이다. 이런 다민족을 총칭하여 '중화민족'이라 지칭하였다.

'중화민족'이라는 용어와 이것에 바탕을 둔 국명, 즉 '중화민국'이 등장한 것은 20세기 초의 일이었다.[399] 1912년 1월 1일 손문은 한(漢)·만(滿)·몽(蒙)·회(回)·장(藏)이 거주하는 여러 지방을 '일국'으로, 여러 민족을 '일인'으로 하는 소위 '오족공화론(五族共和論)'을 발표하였다. 또 「청제퇴위조서(淸帝退位詔書)」에서도 "오족이 합해져, 하나의 큰 영토를 가진 중화민국이 되었다"고 하였다.[400] 손문의 정치사상은 '대중화사상(大中華思想)'이라 할 수 있고, 그 핵심은 '(오족)공화'·'공동발전'·'공동번영'으로 요약된다. 이처럼 '중화'라는 말이 국명에 붙여진 것은 20세기 초이지만, '중화'의 개념이 형성되어 온 역사는 오래되었으며, 형성과정은 복잡했다.

손문에 의해 정식 국명으로 등장한 중화는 화하-한족을 유일한 구성원으로 하지는 않는 것이다. 한·만·몽·회·장 등을 오족이라 하였지만, 그것 또한 문자 그대로 오족에만 한정되는 것도 아니다. 중화민국(후의 중화인민공화국도)은 '다민족의 공화와 공존'을 기본이념으로 내세우는 국가다. 그럼에도 불구하고 '중화주의'라고 할 때, 이는 화하-한족만의 고유 이념으로 흔히 치부되어 왔다. 예컨대 현재 중국 국가주석 습근평(習近平: 시진핑)이 취임하면서 '중국의 꿈[中國夢]'을 실현하려면 중국의 길(중국적 사회주의)을 걸어야 하며, 그의 정책 목표를 '중화민족부흥'이라 하였다. 그가 화하-한족만의 영광스런 시대의 부흥을 가리키는 것은 아니다. 이런 점에서 이민족들도 이 '중

---

399 "'中華民族'이 '自覺的 民族實體'로서 형성된 것은 서구열강과 대항하는 과정과 연관된 것이지만, 그 '自在的 民族實體'로서는 그 기원을 따져보면 이미 신석기시대까지 소급되는 수천 년의 역사적 과정을 통하여 형성되었다는 것이다. 이런 관점에 서면 오늘날 중국영토 내의 모든 민족은 과거에도 기본적으로 中華民族이 되는 것이다"라 하였다(白壽彛, 「關于中國民族關係上的幾個問題 ─在中國民族關係史硏究學術座談會上的報告」, 翁獨健 主編, 『中國民族關係史硏究』, 北京: 中國社會科學出版社, 1984).
400 孫文이 발표한 「中華民國臨時大總統宣言書」에서 제1차 '五族共和論'이 제시되었는데, 그에 의하면 "國家之本, 在于人民. 合漢·滿·蒙·回·藏諸地方爲一國, 卽合漢·滿·蒙·回·藏諸族爲一人. 是曰民族之統一."이라 하고 있다.

화주의'에 대해 그리 큰 거부감을 갖지 않았으니, '중화주의'가 반드시 이민족을 배제하는 정치이념이 아닌 것 또한 분명하다.

화하나 한족이 '중화민족', '중화주의'의 중요 구성성분이기는 하지만, 그렇다고 그들만의 폐쇄적인 개념이 아니고 다원적이라는 점은 명확하다. 그러면 아래에서 '중화민족'의 다원성을 확인함과 동시에 이런 다원성이 시작된 역사를 추적해 보자. 수많은 오랑캐 출신의 성, 즉 호성(胡姓)이 한성(漢姓)화하는 과정을 거쳤지만, 현재 중국인, 즉 중화민족의 종족 성분을 식별하는 데는 아직도 현재 중국의 성씨 분포와 비율이 유용하게 쓰인다. 중국인들이 어디서 어떻게 기원하고 발전했던가를 어느 정도는 짐작할 수 있는 지표가 되기 때문이다. 중국에는 예로부터 성(姓)과 씨(氏)가 엄격히 구분되어 있었다.[401] 원래 성이라 함은 모계제 사회의 흔적으로 "어머니의 출신지"를 가리키는 말이었고,[402] 씨는 "출생한 뒤에 아버지와 함께 살던 곳"을 가리키는 말이었다. 중국인들이 모두 자신들의 조상이라고 믿고 있는 '황제(黃帝)'의 경우 성은 '희(姬)'이고 씨는 '헌원(軒轅)'이었다. 그리고 나중에는 성격이 조금 바뀌어 황제(皇帝), 즉 천자(天子)가 내려 주는 것은 성이라 했고, 제후(諸侯) 또는 국왕(國王) 정도가 내려 주는 것은 씨라 했다. 언제나 성이 한 단계 위의 개념이었는데, 보통 성은 한 글자였고 씨는 두 글자가 많았다. 그리고 한(漢)나라 때에 족보라는 것이 만들어졌는데, 이는 천자가 각 제후나 공신들의 자제들을 특별히 관리하기 위한 것이었다.

약 900년 전인 서기 1100년대에 북송(北宋)에서 발간된 『백가성(百家姓)』이

---

401 (宋)鄭樵 撰, 『通志』(『通志二十略』, 北京: 中華書局, 1995) 氏族略第1 氏族序, pp.1-2, 「三代以前, 姓氏分而爲二, 男子稱氏, 婦人稱姓. 氏所以別貴賤, 貴者有氏, 賤者有名無氏. …姓所以別婚姻, 故有同姓·異姓·庶姓之別. 氏同姓不同者, 婚姻可通. 姓同氏不同者, 婚姻不可通. 三代之後, 姓氏合而爲一, 皆所以別婚姻, 而以地望明貴賤.」

402 『通志』, 氏族略第1 氏族序, p.2, 「於文, 女生爲姓, 故姓之字多從女, 如姬·姜·嬴·姒·嬀·姞·妘·姮·姺·妊·嫪 之類是也. 所以爲婦人之稱, 如伯姬·季姬·孟姜·叔姜之類, 並稱姓也.」

란 책자가 최초의 성씨 조사 기록이었고, 명(明)나라의 『천가성(千家姓)』, 청(淸)나라의 『백가성(百家姓)』 등이 뒤를 이어 출판되었으나 이 책들은 모두 성씨별 인구수를 기준으로 서열을 매긴 것은 아니었다. 최신판 『중화성씨사전(中華姓氏大辭典)』에 수록된 것을 보면 현재 중국에는 총 11,969개의 성이 있는데, 그 가운데 단자성(單字姓)이 5,327개, 쌍자성(雙字姓)이 4,329개, 삼자성이 1,615개, 사자성이 569개, 오자성이 96개, 육자성이 22개, 칠자성이 7개, 팔자성이 3개, 구자성이 1개, 십자성이 1개이다. 단자성은 한(족)성이고, 2자 이상의 성[複字姓] 가운데 절대 다수는 소수민족의 성, 즉 호성이라고 한다. 물론 사마씨(司馬氏)라든지 제갈씨(諸葛氏)처럼 당초부터 양자 성을 가진 한족도 있지만, 쌍자성 이상의 복자성은 대체로 호성, 즉 외래성이라 보아도 좋다. 단자성 가운데서도 흉노계열의 일부는 김씨(金氏), 선비 탁발씨(拓跋氏)는 원씨(元氏)가 되었으니 이들 단자 중에도 호족성이 적지 않다.

중국 성씨의 성립과 전개에 있어서 획기적인 두 시기가 있다. 하나는 모든 인민이 성을 가지게 되어 이른바 '제민(齊民)' 혹은 '백성(百姓)'이 출현한 전한 고조시기이고, 다른 하나는 호족과 한족이 그 고유의 성씨를 모두 자유로이 칭하게 된 북조-수당대 이후부터이다. 특히 현재의 성씨 분포를 보듯이 호한 두 계열의 성이 사이좋게 병존하게 된 것은 서위-북주시대의 호성재행 정책 실시 이후이다.[403] 이런 경로를 거쳐 수·당대 이후 호한 양성이 병존하는 호한 잡유(雜糅)의 성씨체제의 기초가 확립되었다. 당대의 경우 성씨학(姓氏學)이 가장 성행한 시대였는데[404] 그것은 수많은 외래인이 도래했고,

---

403 朴漢濟, 「西魏·北周時代 胡漢體制의 展開 −胡姓再行의 經過와 그 意味−」, 『魏晉隋唐史硏究』 1, 1994.
404 『通志』 氏族略第1 氏族序, p.2, 「姓氏之學, 最盛於唐, 而國姓無定論. 林寶作元和姓纂, 而自姓不知所由來. …唐太宗命諸儒撰氏族志 一百卷, 柳沖撰大唐姓系錄二百卷, 路淳有衣冠譜, 韋述有開元譜, 柳芳有永泰譜, 柳璨有韻略, 張九齡有韻譜, 林寶有姓纂, 邵思有姓解, 其書雖多, 大槪有三種, 一種論地望, 一種論聲, 一種論字.」

또 황실 자체의 유래도 불분명하고, 사회적으로 귀족제의 퇴락이라는 시대적 성격과 연관된 것이다.

중국 내지에 이전과 다른 성을 가진 다양한 사람들이 대거 들어오게 된 것은 후한말-위진남북조시기의 소위 '민족이동' 이후의 일이었다. 호족과 한족이 공존을 공식적으로 표방했던 나라는 대당제국이었다. 대당제국의 통치이념을 하나로 요약하자면, 북위 효문제가 제창한 '호월형제(胡越兄弟)'의 정신을 계승하여 당 태종이 제창한 '호월일가(胡越一家)'라고 할 수 있다. 특히 '호월일가'는 돌궐가한 힐리와 남만추장(南蠻酋長) 풍지대(馮智戴) 앞에서 한 선언이었다.[405] 그런데 이것은 현재 중국 민족정책의 기본방침과 너무 유사하다. 앞에서 '중화대가정(中華大家庭)'을 목표로 하는 현재 중국의 민족정책의 가이드라인을 제시한 것이 비효통의 '중화민족다원일체격국'이라 했지만, 이것은 바로 '호월일가'를 학술적으로 분식하여 만든 이론일 뿐이기 때문이다. 현재 인민중국의 헌법[中華人民共和國憲法]을 보면, 그 서언(序言)에 대민족주의(大民族主義: 특히 大漢族主義)를 배격한다고 되어 있다.[406] 이런 헌법 서언이 나오게 된 것은 20세기 초반 이후 다양한 경로를 거친 결과임은 말할 필요도 없다.[407] 다만 그 기본적인 원칙은 당대의 민족정책과 그 맥을 같

---

405 『資治通鑑』卷194 唐紀10 太宗貞觀7年(633)12月條, pp.6103-6104, 「上皇命突厥頡利可汗起舞, 又命南蠻酋長馮智戴詠詩, 旣而笑曰: "胡越一家, 自古未有也."」

406 『中華人民共和國憲法』序言: "中華人民共和國是全國各族人民共同締造的統一的多民族國家. 平等·團結·互助的社會主義民族關系已經確立, 並將繼續加強. 在維護民族團結的鬪爭中, 要反對大民族主義, 主要是大漢族主義, 也要反對地方民族主義. 國家盡一切努力, 促進全國各民族的共同繁榮."

407 '大漢族主義(Sinocentrism: 大漢沙文主義)'는 원래 1913년 레닌의 '大民族主義'에 대한 논술에서 시작했다. 中共 中央이 大漢族主義에 대해 명확한 정의를 하여 하나의 명사로서 가장 먼저 등장한 것은 1931년 中華工農兵소비에트 제1차 전국대표대회에서 통과된 「中華소비에트共和國憲法大綱」 및 「關於中國境內少數民族問題的決議案」이고, 1949년에 채택된 중국인민정치협상회담공동강령에서는 모든 민족의 동등한 권리의무를 규정하였고, 민족의 평등권에 의해 대한족주의와 배타주의를 반대하였으며, 지역자치를 허용하여 자치기구의 대표 선출, 고유언어, 전통, 종교의 자유 등을 인정했다. 1953년 3월 16일 毛澤東이 「批判大漢族主義」라는 문장에서 이를 다시 강조하였다. 그 문장 가운데, "민족단결을 위한 투쟁을 지속하가는 데는 대민족주의, 특히 대한족주의를 반대하여야 하고, 아울러 지방민족주의도 반대하여야 한다(在維護民族

이 한다. 물론 '대한족주의'는 미국과 호주처럼 백인우월주의와 같은 혈통민족주의적 요소가 다분했던 것이고, 중국 역대 중원왕조들 가운데 송·명 왕조에서 유지됐던 민족정책이었다. 국민당의 장개석(蔣介石, 장제스: 1887-1975)도 이런 정책을 한 때 채용하기도 했다.[408] 그러나 이런 정책은 당대 이후의 왕조들을 볼 때 주류는 아닌 것이다. 더구나 현 인민 중국의 민족정책과는 거리가 멀다.

2. 중국의 영토와 그 통치법

1) 한대와 당대의 기미지배와 국경

중국의 그 광대한 영토를 어떤 방법으로 통치하는가? 그리고 어떻게 통치해 왔던가? 유럽은 55개국(비독립국 7개국 포함하지 않음)[409]으로 나누어져 있다. 중국은 유럽과 비슷한 면적이고,[410] 인구는 훨씬 많은 데도 하나의 나라로 통합되어 있다. 너무 많은 인구에다 땅덩어리마저 너무 커서 서양 사람들에게는 통째로 먹어서는 '소화해 낼 수 없는 나라(Indigestable Land)'였다. 뿐만 아니라 유럽의 유고슬라비아는 민족에 따라 6(혹은 7)개의 나라로 나누어져 있지만, 중국은 수백 개 민족이 하나의 국명 아래 모여 살고 있다.

중국은 '성'과 '자치구' 즉 소수민족과 한족지역으로 양분되어 있다. 이 가

團結的鬥爭中, 要反對大民族主義, 主要是大漢族主義, 也要反對地方民族主義)"라는 구절은 중화인민공화국 헌법의 서언에 들게 되었다.

408 '大漢族主義'는 蔣介石의 민족정책이기도 하다. 孫文 사후에 중국의 주도권을 장악한 국민당 정부의 蔣介石은 손문의 五族共和 대신 역대 대다수 中原王朝가 취하였던 기본정책인 '大漢族主義'로 회귀하여 少數民族에 대한 압박과 强制同化 정책을 취하였다. 예컨대 回族에 대하여 생활관습이 특수한 漢族이라고 하여 그 소수민족으로서의 지위를 인정하지 않았으며, 또한 중국 내 少數民族의 존재를 부인하면서 '國族'인 漢族 이외의 각 소수민족을 '宗族'이라고 불렀다(정재남, 『중국의 소수민족』, 서울: 살림, 2008).

409 나라의 수는 36국에서 55국의 차이가 있다.

410 1930년대 활약한 중국의 역사학자 胡煥庸은 유럽을 1040만km²인데, 중국은 1110만km²여서 거의 비슷하다고 보았다(胡煥庸, 「中國人口之分布 −附統計表與密度圖−」, p.14).

운데 자치구는 그 실제 인구수에 상관없이 대표민족 출신이 그 수장이 되어 형식적인 자치를 행하는 형식을 취하고 있다. 이는 현재의 중국이 여전히 호와 한이 병존하는 현실에 기초하여 양대 체제를 유지하고 있다고 보아도 된다. 그렇다고 양자가 분열의 양상을 보이는 것도 딱히 아니다.

필자는 현재 소수민족지구인 자치구에 대한 구분과 운영방식상의 기원을 당대에서 찾고자 한다. 현재의 성·구(자치구) 두 개의 단위로 이뤄진 체제는 당대의 기미주(羈縻州)와 도(道)의 형식과 매우 닮았기[411] 때문이다. 길림성에 있는 '조선족자치주'는 당대 내지에 위치한 도 안에 있는 이민족 주(예컨대 關內道 내의 突厥州와 유사)와 닮았다. 그런데 기미주 혹은 기미정책으로 알려진 이민족 정책은 잘 알다시피 한대에서 처음으로 채용된 제도였다. 한대의 제도는 당대와 유사한 측면도 있지만, 실제 내용에 들어가면 다른 면도 많다. 오히려 질적으로 다르다고 해도 좋다.

그러면 한대와 당대의 기미주의 실체를 좀 더 세밀하게 살펴보자. 서주(西周) 초에 출현한 봉건제가 전국시대 말기 종식되고 대신 군현제가 출현한 이후, 중국의 지방행정단위는 군·현(郡縣: 전·후한) → 주·군·현(州郡縣: 후한·위진남북조) → 주·현(州縣: 수·당) 체제로 변해갔다. 그런데 전한시대부터 변군(邊郡)에는 이민족을 위한 특수한 지방통치기구, 예컨대 '부도위(部都尉)'와 '속국도위(屬國都尉)' 등이 생겨 별도의 지배를 시행하기 시작했다. 그런 면에서 한대의 변군이 현재 자치구의 기원처럼 보인다. 그러나 변군은 국경 밖에 설치한 것이었다. 전한시대에 설치된 변군이 25개인데, 그 반수에 해당

---

411 당대의 '道'라는 행정단위는 북조의 行臺와 밀접하게 연관되어 있으며, 이 행대는 동진–남조에는 梁末 侯景이 大行臺를 맡았던 경우를 제외하고는 없었던 지방 단위였고, 북조적인 행정단위였고, 그 유제는 당대의 도로 이어졌다(『通典』 卷22 職官典4 行臺省, p.611, 「江左無行臺, 唯梁末以侯景爲河南王大行臺, 承制如鄧禹故事, 隋謂之行臺省, …大唐初, 亦置行臺, 貞觀以後廢, 其後諸道各置探訪等使, 每使有判官二人, 兼判尙書六行事, 亦行臺之遺制」). 이에 대한 연구로는 文美貞, 「北魏 行臺의 運用과 그 의미」, 서울대학교 대학원 동양사학과 석사논문, 2012를 참조할 것.

하는 12군에 '부도위'가 설치되었다. 즉 변군지역에 거주하는 이민족은 만이만을 전담하는[專主蠻夷] 특수기관인 '부도위' 체제 아래 편입되어 내군(內郡)의 군현지배와는 다른 통치를 받았다고 이해해 왔다.[412] 변경지역에서는 내군과 달리 중원왕조의 군현지배가 철저하게 관철되지 못하고 그 한계를 드러내, 이민족의 자율성을 인정하는 정책이 유지되는 것이 일반적이었고, 이런 지배체제야말로 제국이 장기적으로 지속될 수 있었던 원인이라 이해되기도 한다.

그런데 이민족의 저항에 따른 이와 같은 절충적, 이원적 지배방식(예컨대 羈縻支配와 같은)을 취하는 제국의 일반적인 속성을 진한제국에는 그대로 적용할 수 없다는 주장이 있다. 즉 부도위의 '부'란 이민족의 정착된 단위를 나타내는 접미어가 아니며, 군현으로 편입되어 가는 과정에서 나타난 한 단계의 명칭일 뿐이며, '부도위' 하의 이민족들도 독자성을 유지한 것이 아니라 강력한 군현지배 하에 있었다는 것이다.[413]

이 문제와 관련하여 진한제국의 국경은 외경(外境)과 내경(內境)의 구별이 있으며, 당시 이민족은 외경의 바깥에 거주하는 자들(예컨대 匈奴·鮮卑)과, 내경 바깥에 거주하는 자들(西南夷·南蠻), 그리고 제국의 영역 내의 군현지배 질서에 편입된 자(內夷) 등 크게 3가지 부류로 나눌 수 있다는 것이다.[414] 아울러 외경 내외는 엄격하게 구별되며, 외경 밖은 실질적으로 제국의 지배권역으로 취급되지 않았다는 해석이다. 진한제국은 이런 구도 아래 그 국경을 명확하게 인식하고 있었으니, 서쪽의 국경은 돈황 양관(陽關)에서 감숙성을

---

412 이는 嚴耕望의 연구(『中國地方行政制度史』 上編 卷上 秦漢地方行政制度 上冊, 臺北: 中央研究院歷史語言研究所, 1974, pp.154-165) 이후 일반화된 정론이다.
413 金秉駿, 「秦漢帝國의 이민족 지배」, 『歷史學報』 217, 2013; 金秉駿, 「秦漢帝國의 변경 이민족 지배 – 部都尉와 屬國都尉에 대한 재검토」, 『전통시대 동아시아의 외교와 변경기구』(동국대학교 동아시아문화연구소 주관 동아시아사 학술회의 제출논문), 2014.
414 李成珪, 「中華帝國의 팽창과 축소: 그 이념과 실제」, 『歷史學報』 186, 2005.

거쳐 황하 서쪽까지를, 북쪽으로는 거연택(居延澤)에서 장성과 봉수(烽燧)를 잇는 선을 당시의 국경[外境]으로 삼았던 것이다. 이 국경선에 의해 진한제국과 그 너머 이적 땅이 완전히 구분되었다고 본다.

이 국경선은 국가에 의해 엄격하게 통제되었으며, 국가에서 공식적으로 발급한 통행증을 소지한 자만이 이곳을 출입할 수 있었다. 장가산한간(張家山漢簡)의 진관령(津關令)이 이러한 국경의 설정과 엄격한 출입 통제의 실정을 여실히 보여주고 있다.[415] 따라서 한제국의 내경(內境) 안에 들어온 이민족에게는 철저하게 일반백성과 다름없는 군현지배를 관철하였지만, 외경 밖의 이민족은 한제국의 통치권 밖에 두어졌던 것이다. 따라서 그 국경선 밖은 한제국의 영토가 아니었던 것이다

잘 알다시피 『한서』 지리지와 『후한서』 군국지에는 전·후 양한제국의 전체 영역이 상세하게 기술되어 있다. 예컨대 『한서』 지리지에서는 전한 말 당시 한제국의 동서, 남북 길이를 제시하고 경작할 수 있는 땅과 경작할 수 없는 땅, 경작할 수 있는데 아직 개간되지 않은 땅 등의 면적이 구분되어 기록되고 있다. 『한서』에서는 군·국(郡·國) 103, 현·읍(縣·邑) 1,314, 도(道) 32, 후국(侯國) 241이 명기되어 있는데,[416] 이것들이 전한제국의 영토 내의 행정단위인 것이다. 한편 『후한서』 군국지에서는 군국 105, 현·읍·도·후국이 1,180이었다고 명기되어 있다.[417] 여기에 서역도호부(西域都護府)가 호령(護

---

415 金秉駿,「秦漢帝國의 변경 이민족 지배 − 部都尉와 屬國都尉에 대한 재검토」, p.12.

416 『漢書』 卷28下 地理志8下 長沙國, p.1640.「凡郡國一百三, 縣邑千三百一十四, 道三十二, 侯國二百四十一. 地東西九千三百二里, 南北萬三千三百六十八里. 提封田一萬萬四千五百一十三萬六千四百五頃. 其一萬萬二百五十二萬八千八百八十九頃, 邑居道路, 山川林澤, 群不可墾. 其三千二百二十九萬九百四十七頃. 可墾不可墾, 定墾田八百二十七萬五百三十六頃. 民戶千二百二十三萬三千六十二, 口五千九百五十九萬四千九百七十八. 漢極盛矣.」

417 『後漢書』 郡國志5 交州, p.3533.「漢書地理志承秦三十六郡, 縣邑數百, 後稍分析, 至于孝平, 凡郡·國百三·縣·邑·道·侯國千五百八十七. 世祖中興, 惟官多役煩, 乃命并省, 省郡·國十, 縣·邑·道·侯國四百餘所. 至明帝置郡一, 章帝置郡·國二, 和帝三, 安帝又命屬國別領比郡者六, 又所省縣漸

領)한 서역이라든가, 사흉노중랑장(使匈奴中郎將)이나 장호강교위(將護羌校尉), 호오환교위(護烏桓校尉)가 관장하는 것으로 되어 있는 남흉노, 서강, 오환지역 등이 군국 내에 포함되어 있지 않다. 즉 현실상의 국경을 경계로 하여 그 바깥에 존재하는 독립적인 이민족 국가와 그 안에 존재하는 이민족을 통치 대상으로 보지 않고 있는 것이다.

진한제국의 이민족 지배의 방법으로 지칭되는 것이 이른바 '기미지배'이다. 기미지배하의 행정단위인 '기미주'는 항복 혹은 내부한 소수민족을 위하여 변강지구에다 설치한 행정기구이다. 즉 '기'란 말의 굴레[馬絡頭: 馬籠頭]이고, '미'란 소고삐[牛轡: 牛繩繩]라는 뜻이니,[418] 속박한다는 뜻이지만, "굴레나 고삐를 잡고 있을 뿐" 즉, "견제하면서도 관계를 단절하지 않고 그 이상의 적극적인 조치를 취하지 않는(羈縻勿〈不〉絶而已)" 정도의 관계를 의미한다.[419] '긴박'시키기보다는 '느슨한 연결'을 유지하는 정도의 기미주를 '고대적 민족 자치기구'[420]라고 해석하기도 한다. 그러나 실제 통치방식에는 한·당간 차이가 분명히 있다. 전한 시기 이후 이런 기미부·주가 있었다. 예컨대 전한 시기 서역에 50여 개의 소국에 한왕조의 인수(印綬)를 받은 역장(譯長)·성장(城長) 등 376인이 있었다는 기록이 있고,[421] 후한시기에도 솔중왕(率衆王), 귀의후(歸義侯), 읍군(邑君), 읍장(邑長) 등이 있었다.[422] 주변민과 책봉형식을 통

復分置, 至于孝順, 凡郡·國百五, 縣·邑·道·侯國千一百八十, 民戶九百六十九萬八千六百三十, 口四千九百一十五萬二百二十.」

418 (韓)許愼 撰, 『說文解字』((淸)段玉裁 注, 『說文解字注』, 臺北: 藝文印書館, 1976, 7下43, p.360), 「羈, 馬絡(落)頭也.; 13上31, p.665, 「縻, 牛轡也.」

419 金翰奎, 「漢代의 天下思想과〈羈縻之義〉」, 『中國의 天下思想』, 서울: 民音社, 1988, pp.80-83.

420 程志·韓濱娜, 『唐代의 州和道』, 西安: 三秦出版社, 1987, p.66.

421 『漢書』 卷96下 西域傳 車師後國, p.3928, 「最凡國五十. 自譯長·城長·君·監·吏·大祿·百長·千長·都尉·且渠·當戶·將·相至侯·王, 皆佩漢印綬, 凡三百七十六人. 而康居·大月氏·安息·罽賓·烏弋之屬, 皆以絶遠不在數中, 其來貢獻則相與報, 不督錄總領也.」

422 『後漢書』 百官志5 四夷國, p.3632, 「四夷國王, 率衆王, 歸義侯, 邑君, 邑長, 皆有丞, 比郡·縣.」

해 관계를 맺고, 그들을 초유·화친하며, 호시를 열어 교류하기도 하였다. 그렇지만 그런 정책은 '해병식민(解兵息民)'의 이점과 때로는 '개강척토(開疆拓土)'의 기회를 잡으려는 의도에서 나온 것일 뿐,[423] 실제 그런 지역을 자신의 국토로 여기지 않았던 것이다.

그런 범위에 속하는 것으로 ① 흉노와 같은 적국, ② 오환과 선비와 같이 내속(內屬)과 이반을 반복하는 국가, ③ 서역도호부에 속하는 서역의 국가, ④ 대월지(大月氏)나 안식(安息)과 같이 서역도호부에도 속하지 않는 절역(絶域)의 국가들이 있었다. 이들이 '도호', '사흉노중랑장', '호강교위' 등에 의해 지배를 받고 있는 것처럼 기술되어 있지만, 실제적으로는 독립적인 국가였던 것이다. 그럼에도 종래 이들을 지배대상·지역으로 인식하였던 것은 중국 황제가 설정한 천하질서, 즉 이민족 전체를 이적이라는 하나의 범주로 일체화하여 세계를 일률적으로 지배한다는 관념에서 비롯되었으며, 그것이 다시 사서의 서술형식으로 고정화된 때문이었다. 이러한 천하관은 이상적인 관념일 뿐 현실세계의 진한제국의 모습과는 다른 것이었다.[424] 결론적으로 '기미지배'라는 형식으로 한제국과 엮여져 있는 지역은 한제국의 영토도 아니었으며, 그렇게 생각하지도 않았다. 그저 관념상 지배 세계일 뿐이었다.

그러면 대당제국은 이민족을 어떻게 지배하려 하였으며 국경선을 어디까지 상정하고 있었던가? 당대 지방제도의 특징으로 들 수 있는 것이 첫째, 기미주가 대단히 많다는 점이고, 둘째, 번진(藩鎭)이라는 독립적인 독특한 지방제도가 출현했다는 점이다. 기미주는 전대처럼 이민족과 관련된 것이다. 그리고 번진은 이제까지 그 유례를 찾아볼 수 없는 강한 자치권을 가진 강대

423 程志·韓濱娜,『唐代的州和道』, p.66.
424 金秉駿,「秦漢帝國의 변경 이민족 지배 – 部都尉와 屬國都尉에 대한 재검토」, pp.12-13.

한 지방 세력이었다. 그럼에도 이것들이 모두 당의 영토로 인식되고 있다는 점이 전대(즉 한대)와는 다르다. 잘 알다시피 당대의 지방제도는 도-주-현이라는 구조를 기본 근간으로 한다. 당대에는 정복이나 항부(降附)를 통해 새롭게 편입된 지역과 이민족을 도독부·도호부 등 기미부·주의 관할 하에 두었다. 그러나 '기미'라는 명칭을 썼다는 점에서 그 형식은 한대와 유사하나, 실질은 엄격하게 달랐다. 그럼 당대의 기미부·주의 상황부터 좀 더 자세하게 검토해 보자.

당대의 지방제도를 살펴보자. 태종 정관 13년에 전국에 주 358개, 현 1,551개를 두었다. 그 이듬해 고창(高昌)을 정복한 후 서(西)·정(庭) 등 2주와 6현이 추가되어, 주 360, 현 1,557개가 있게 되었다.[425] 당 태종 정관 4년에 개시된 주변민족에 대한 정벌 이후, 정관에서 개원 연간까지(626-741) 100여 년 간에 당왕조의 군대가 주변 이민족지구를 평정한 후에는 어김없이 그 땅에다 기미부·주를 설치하였다.

당왕조는 변경을 정복한 후 그 땅을 바로 새로운 주(기미주의 형식을 띠긴 하지만), 즉 영역으로 편입시켰던 것이다. 이 기미주를 『신당서』에서는 856개,[426] 『구당서』에서는 800개에 이른다고 하였고,[427] 개원 27년(739)에 찬성(撰成)된 『당육전』에는 천하의 주·부가 315개, 그 외 기미부주가 800개 정도

---

425 (唐)李泰 等 著, 『括地志』(北京. 中華書局, 1980) 卷首, pp.2-5, 「貞觀十三年大簿, 凡州三百五十八, 雍·華·同, …鄜·涇·寧·鄜州都督府 … 凡縣一千五百五十一, 至十四年西克高昌, 又置西州都護府及庭州並六縣, 通前凡三百六十州, 依敎之爲十道也.」

426 『新唐書』卷43下 地理志下, 「羈縻州」, pp.1119-1120, 「突厥·回紇·党項·吐谷渾隷關內道者, 爲府二十九, 州九十. 突厥之別部及奚·契丹·靺鞨·降胡·高麗隷河北者, 爲府十四, 州四十六. 突厥·回紇·党項·吐谷渾之別部及龜茲·于闐·焉耆·疏勒·河西內屬諸胡·西域十六國隷隴右者, 爲府五十一, 州百九十八. 羌·蠻隷劍南者, 爲州二百六十一. 蠻隷江南者, 爲府五十一, 隷嶺南者, 爲州九十二. 又有党項州二十四, 不知其隷屬. 大凡府州八百五十六, 號爲羈縻云.」

427 『舊唐書』卷43 職官志2 上書都省 戶部, p.1825, 「凡天下之州府, 三百一十有五, 而羈縻之州, 迨八百焉.」

였다고 하였고,[428] 혹자는 849부·주라고 하였다.[429] 이렇게 수가 오락가락 하는 것은 정복과 영토 편입이 확고하지 않았다는 의미도 물론 있다. 여하 튼 이 수는 개원 말년 내지에 두어진 부·주 328개의 2.6배나 되는 수다.[430] 그 면적에 대해서는 자세한 기록이 없지만, 내지(내중국)보다 작지는 않았을 것이다. 이러한 대당제국의 모습은 대체로 정관연간에서 개원시기까지 이 르고 있다고 할 수 있다. 그런데 가장 중요한 점은 대당제국의 기미부·주는 한대의 서역도호부(西域都護府) 등이 관할하는 기미지배 지역과는 달리 그 인 구를 나름으로 파악하고 있다는 것이다.

당대의 주에는 여러 가지 주의 형식이 있다. 보주(輔州)·망주(望州)·웅주 (雄州)·변주(邊州)의 구별이 그것이다. 이렇게 등급으로 구분된 것은 특히 도성으로부터의 거리, 그리고 국가적인 중요도에 따른 것이라고 할 수 있 다.[431] 기미부·주는 '변주'라 지칭되기도 하여,[432] '정주(正州: 直隷州 혹은 經制 州)'와 물론 구별된다.[433] 따라서 보주·망주·웅주 등은 정주에 포함된다고 보아야 한다. 그런데 변주라는 개념 외에 '요주(要州)'가 있다. 당 영역 내에 있는 지방단위가 '주'라는 같은 명칭을 띠어도 이처럼 모두 동일한 지배를 받는 것은 아니었다. 『당회요』에 기록된 개원 18년 칙령에 의하면, 영(靈)·

---

428 『唐六典』卷3 戶部郎中 員外郎, pp.72-73, 「凡天下之州·府三百一十有五, 而羈縻府州蓋八百焉. 京 兆·河南·太原爲'三都'. 洛·楊 … 爲大都督府, 單于·安西·安北爲大都護府, 安南·安東·北庭爲上都 護府, 涼·秦 … 爲中都督府. 夏·原 … 爲下都督府. 同·華·岐·蒲爲四輔州. 陝·懷 … 爲六雄州. 號· 汝 … 爲十望州. 安東·平·營·檀 … 安北·單于·代 … 北庭·安西·河 … 驪·容爲邊州.」
429 『新唐書』 地理志에 수록된 것을 계산하면 849 府州라고 한다(程志·韓濱娜, 『唐代的州和道』, p.69, 주1).
430 程志·韓濱娜, 『唐代的州和道』, p.68.
431 翁俊雄, 「唐代的州縣等級」, 『北京師範學院學報(社會科學版)』 1991-1, pp.9-18.
432 『唐律疏議』 卷28 捕亡律14 在官無故云, p.537, 「邊要之官」 疏議曰: "…邊要之官: 靈·勝等五十九州爲 邊州."
433 羈縻州가 正州가 되고 다시 羈縻州가 되기도 한다(『新唐書』 卷42 地理志6 劍南道劍南採訪使維州維川 郡, p.1085, 「維州維川郡, 下. 武德七年以白狗羌戶於姜維故城置, 并置金川·定藩二縣. 貞觀元年以羌 叛州廢, 縣亦省, 二年復置. 麟德二年自羈縻州爲正州, 儀鳳二年以羌叛, 復降爲羈縻州, 垂拱三年復爲 正州」).

승(勝) 등 59주를 변주로, 양(揚)·익(益)·유(幽)·로(潞) 등 12주를 요주로 한다고 되어 있으며, 이 가운데 북정(北庭)·선우(單于)·안서(安西) 등 도호부도 '변주'에 넣고 이들 지역의 도독·자사는 모두 '조집지례(朝集之禮: 중앙의 정례회의)'의 대상에 있지 않다고 말하고 있다.[434] 다시 말하면 변군에 있는 도독이나 요주에 있는 자사나 그 의무나 대우가 같다는 이야기다.

『당육전』에 기록된 변주를 보면, 동북·북방·서북·서남변경과 주변민족(이민족)의 경계 지역에 많이 설치되었다. 또 육로 및 주변 민족과 연결(교통)되는 연변의 일부 정주지역에도 설치되었다. 따라서 변주란 명칭은 경사로부터 멀어서 붙인 것이기도 하지만, 이민족을 안무하거나 내지에 있는 정주를 보호[捍蔽]하고 이민족과의 교류의 편의 등 다양한 목적을 위해 설치한 것이었다. 변주는 한대의 경우처럼 국경 밖[境外]에 있는 것이 아니라 국경 안[境內]에 존재하는 것이다. 다만 변주에는 자사 대신 총관·도독·경략사·영전사·방어사 등의 외관이 두어졌던 것은[435] 정주와 다르다.

당대의 기미주는 변경에만 위치하고 있었던 것은 아니었다. 한대 내경 내의 내이(內夷)의 거주지처럼 하북(河北)·관내(關內)·농우(隴右)·검남(劍南)·강남(江南)·영남(嶺南) 등 6도에도 기미주를 두어 이민족을 관리하고 있었다.[436]

---

434 『唐會要』卷24 諸侯入朝, p.537, 「(開元)十八年十一月勅: "靈·勝·涼·相·代·黔 … 北庭·單于·會·河 … 安西 … 臨·薊等五十九州, 爲邊州, 揚·盆·幽·潞·荊·秦·夏·汴·灃·廣·桂·安十二州, 爲要州. 都督·刺史, 並不在朝集之例.」

435 『新唐書』卷49下 職官志4下 外官 都督府, pp.1315-1316, 「都督掌督諸州兵馬·甲械·城隍·鎮戍·糧稟·總判府事(武德初, 邊要之地置總管以統軍, 加號使持節, 蓋漢刺史之任. 有行臺, 有大行臺. 其員有尚書省令一人, 正二品, 掌管內兵民, 總判省事. …七年, 改總管曰都督, 總十州者爲大都督, 貞觀二年, 去大字, 凡都督府有刺史以下如故, 然大都督又兼刺史, 而不檢校州事. 其後都督加使持節, 則爲將, 諸將亦通以都督稱, 唯朔方猶稱大總管. 邊州別置經略使, 沃衍有屯田之州, 則置營田使. 武后聖曆元年, 以夏州都督領鹽州防禦使.(…)」

436 『新唐書』卷43下 地理志7下 羈縻州, pp.1119-1120, 「突厥·回紇·党項·吐谷渾隸關內道者, 爲府二十九, 州九十. 突厥之別部及奚·契丹·靺鞨·降胡·高麗隸河北者, 爲府十四, 州四十六. 突厥·回紇·党項·吐谷渾之別部及龜茲·于闐·焉耆·疏勒·河西內屬諸胡·西域十六國隸隴右者, 爲府五十一, 州百九十八. 羌·蠻隸劍南者, 爲州二百六十一. 蠻隸江南者, 爲州五十一, 隸嶺南者, 爲州九十二. 又有党

예컨대 하북도에는 돌궐주(突厥州) 2,[437] 해주(奚州) 9 부1, 거란주(契丹州) 17 부1, 말갈주(靺鞨州) 3 부3, 호주(胡州) 1, 고려주(高麗州) 14 부9 등 총 46개의 주와 14개의 부들이 있었다.[438] 돌궐만을 본다면 관내도에 돌궐주 19, (돌궐)부 5가 있었으며,[439] 농우도에도 돌궐주 3 부27[440] 등이 있었다. 이처럼 내지에 기미주가 다수 존재하고 있게 됨으로써 "바다 내외 모든 곳이 (당 황제의) 주현이 아닌 것이 없어(薄海內外 無不州縣),"[441] 대당황제는 "비전에 앉아서 이민족이 연주하는 십부악을 벌여놓는(坐秘殿, 陳十部樂)"[442] 형국이 되었다고 자평한 것이다. 이는 당연히 과장이지만, 이민족이 중국 내지 여러 곳에 당의 백성으로 존재하여 활동하고 있었음을 시사하는 것임에는 분명하다.

그러면 이 기미주의 통치는 어떻게 한 것인가? 이들이 한대의 내경 내의 기미주처럼 철저한 지배를 받았는지는 확실하지 않다. 다만 6세기 중엽 서역도호부를 보면 우전(于闐) 서쪽 파사 동쪽 16국(대부분 소무구성의 소그드인 거주지역)의 왕도에 도호부를 두고 그 속부(屬部)를 주와 현으로 하여 통치하였던 것

項州二十四. 不知其隸屬. 大凡府州州八百五十六, 號爲羈縻云.」

437 『新唐書』 卷43下 地理志7下 羈縻州 河北道 突厥, p.1125.「河北道/突厥州二. 順州順義郡(貞觀四年平突厥, 以其部落置順·祐·化·長四州都督府于幽·靈之境; 又置北開·北寧·北撫·北安等四州都督府. 六年順州僑治營州南之五柳戍; 又分思農部置燕然縣, 僑治陽曲; 分思結部置懷化縣, 僑治秀容, 隸順州; 後皆省. 祐·化·長及北開等四州亦廢, 而順州僑治幽州城中. 歲貢麝香. 縣一: 賓義. 瑞州本威州, 貞觀十年以烏突汗達干部落置, 在營州之境. 咸亨中更名. 後僑治良鄉之廣陽城. 縣一: 來遠.」

438 程志·韓濱娜, 『唐代的州和道』, p.68.

439 『新唐書』 卷43下 地理志7下 羈縻州 關內道 突厥, p.1120.「關內道: 突厥州十九, 府五.」

440 『新唐書』 卷43下 地理志7下 羈縻州 關內道 突厥, p.1129.「隴右道: 突厥州三, 府二十七.」

441 『新唐書』 卷219 北狄 渤海傳, p.6183-6184.「贊曰: 唐之德大矣! 際天所覆, 悉臣而屬之, 薄海內外, 無不州縣, 逐尊天子曰'天可汗'. 三王以來, 未有以過之. 至荒區君長, 待唐璽纛乃能國, 一爲不賓, 隨輒夷縛, 故蠻琛夷寶, 踵相逮于廷. 極熾而衰, 厥禍內移, 天寶之後, 區夏痍破, 王官之戍, 北不踰河, 西止秦·邠, 凌夷百年, 逮於亡, 顧不痛哉! 故曰: 治己治人, 惟聖人能之.」

442 『新唐書』 卷217上 回鶻傳上, pp.6112-6113.「皆以酋領爲都督·刺史·長史·司馬, 卽故單于臺置燕然都護府統之, 六都督·七州皆隸屬, 以李素立爲燕然都護. 其都督·刺史給玄金魚符, 黃金爲文, 天子方招寵遠夷, 作絳黃瑞錦文袍·寶刀·珍器賜之. 帝坐秘殿, 陳十部樂, 殿前設高坫, 置朱提瓶其上, 潛泉浮酒, 自左閣通坫趾注之瓶, 轉受百斛鐐盎, 回紇數千人飲畢, 尚不能半.」

에서 보듯이[443] 내지나 다름없는 통치대상으로 삼고 있었음을 알 수 있다.

앞서 지적하였듯이 기미주를 포함하는 변주의 경우 지금의 자치주가 그러하듯이 정주(현재의 本省)와 달리 취급되었다. "개원 28년의 호부계장(戶部計帳)에는 기미부주를 빼고 군부(郡府) 328, 현 1,573이었다"고 한 것도 그 예증이다.[444] 또 헌종 연간에 만들어진 이길보(李吉甫)의 『원화군현도지(元和郡縣圖志)』도 태종 정관 13년(639)에 규획된 10도를 기본으로 삼고 있다. 이 책은 당시의 호(戶)·부(賦)·병적(兵籍)을 위주로 만든 『원화국계부(元和國計簿)』를 기초로 하여 만든 것이기 때문에 그 대상에 기미주를 넣지 않고 있는 것이다.

기미주는 "황제의 성교(聲敎)를 입은 지역 800곳"의 일부로 표현된다.[445] '성교'라는 말을 썼다해서 한대에서처럼 황제의 은택이 미치는 지역이란 관념상의 영역으로 취급해서는 안 되는 것이다. 기미주는 당 태종 이후 척토(拓土)의 결과로 획득된 지역을 영토화한 것으로 불모의 땅을 얻었을 뿐만 아니라 그것마저 지키지 못한 진한대의 척토와는 다르다는 적인걸(狄仁傑)의 주장이 나온 것은 이런 이유 때문이다.[446] 그래서 이러한 대당제국의 척토-

---

443 『新唐書』卷43下 地理志7下 羈縻州安西都護府, p.1135, 「西域府十六, 州七十二(龍朔元年〈661〉, 以隴州南由令王名遠爲吐火羅道置州縣使, 自闐以西, 波斯以東, 凡十六國, 以其王都爲都督府, 以其屬部爲州縣, 凡州八十八, 縣百一十, 軍·府百二十六).」

444 『舊唐書』卷38 地理志1 p.1393, 「開元二十八年, 戶部計帳, 凡郡府三百二十有八, 縣千五百七十有三, 羈縻州郡, 不在此數.」

445 『資治通鑑』卷215 唐紀31 玄宗天寶元年(742)春, 正月條, p.6848, 「是時, 天下聲敎所被之州三百三十一, 羈縻之州八百.」

446 『舊唐書』卷89 狄仁傑傳, pp.2889-2890, 「神功元年, …仁傑以百姓西戍疏勒等四鎭, 極爲凋弊, 乃上疏曰: "臣聞天生四夷, 皆在先王封疆之外, 故東拒滄海, 西隔流沙, 北橫大漠, 南阻五嶺, 此天所以限夷狄而隔中外也. 自典籍所紀, 聲敎所及, 三代不能至者, 國家盡兼之矣. 此則今日之四境, 已逾於夏·殷者也. …至前漢時, 匈奴無歲不陷邊, 殺掠吏人. …由此言之, 則陛下今日之土宇, 過於漢朝遠矣. …昔始皇窮兵極武, 以求廣地, 男子不得耕於野, 女子不得蠶於室, 長城之下, 死者如亂麻, 於是天下潰叛. …府庫空虛, 盜賊蜂起, 百姓嫁妻賣子, 流離於道路者萬計. 末年覺悟, 息兵罷役, 封丞相爲富民侯, 故能爲天所祐也."」

통치의 결과를 "성교가 미치는 바는 오직 당만이 크다(聲敎所及 惟唐爲大)"라는 평가가 나온 것이다.[447]

당대에서 기미부·주의 설치는 태종 정관 20년(646) 회골(回鶻: 위구르)의 여러 부가 귀부하였을 때 6(도독)부 7주를 두던 때부터 시작되었다. 즉 위구르를 한해부(瀚海府), 발야고(拔野古; 拔也古)를 유릉부(幽陵府) 등으로, 그보다 적은 집단인 혼(渾)을 고란주(皐蘭州) 등으로 한 것이 그것이다. 이후 점차 기미부·주의 설치를 계속해 갔다. 부에는 도독, 주에는 자사를, 부·주에는 모두 장사(長史)·사마(司馬) 이하 관리를 임명하여 통치를 맡겼다.[448] 도독과 자사에는 유목부족의 족장을 임명하고, 장사·사마 이하의 속관에도 현지 유목민의 유력자가 충당되었다. 이 당시의 사정을 기록한 것을 보면 기미주 아래의 이민족은 당의 황제를 '가한'으로 불렀고,[449] 그들 자신이 한관(漢官: 唐官)을 두어 통치하였다고 되어 있다.[450] 이런 일이 가능한 데 대해 태종은 대

---

447 『舊唐書』卷138 賈耽傳, pp.3785-3786,「至(貞元)十七年, 又譔成海內華夷圖及古今郡國縣道四夷述四十卷, 表獻之, 曰: "臣聞地以博厚載物, 萬國棋布; 海以委輸環外, 百蠻繡錯. 中夏則五服·九州, 殊俗則六戎·六狄, 普天之下, 莫非王臣; 昔毌丘出師, …; 甘英奉使, …臣弱冠之歲, …注意地理, 究觀研考, 垂三十年. 絕域之比鄰, 異蕃之習俗, 梯山獻琛之路, 乘舶來朝之人, 咸究竟其源流, 訪求其居處. …然殷·周以降, 封略益明, 承曆數者八家, 渾區宇者五姓, 聲敎所及, 惟唐爲大."」

448 『新唐書』卷217上 回鶻傳上, pp.6112-6113,「明年(貞觀20年: 646)復入朝. 乃以回紇部爲瀚海, 多覽葛部爲燕然, 僕骨部爲金微, 拔野古部爲幽陵, 同羅部爲龜林, 思結部爲盧山, 皆號都督府; 以渾爲皐蘭州, 斛薛爲高闕州, 阿跌爲雞田州, 契苾羽爲榆溪州, 奚結爲雞鹿州, 思結別部爲蹛林州, 白霫爲寘顏州; 其西北結骨部爲堅昆府, 北骨利幹爲玄闕州, 東北倶羅勃爲燭龍州; 皆以酋領爲都督·刺史·長史·司馬, 卽故單于臺置燕然都護府統之, 六都督·七州皆隸屬, 以李素立爲燕然都護. 其都督·刺史給玄金魚符, 黃金爲文, 天子方招寵遠夷, 作絳黃瑞錦文袍·寶刀·珍器賜之.」

449 羅香林은 唐朝의 皇帝가 이민족으로부터 '天可汗'과 '可汗'으로 불리는 것은 다른 의미라고 보았다. 즉 可汗은 그 땅에 '置吏'할 것을 청한 것이니, 그 땅을 중국의 영토의 일부분으로 인정한 것인 반면, 天可汗은 순수하게 국제조직상의 연결관계로 각국 수령은 置吏를 청하지 않았을 뿐만 아니라 그 호적 역시 당조의 戶部에 보고하지 않는 것이라 하였다(羅香林,「唐代天可汗制度」,『唐代文化史』, 臺北: 臺灣商務印書館, 1974, p.56).

450 『舊唐書』卷3 太宗紀, 貞觀20年(646)條 p.59,「(秋八月)己巳, 幸靈州. 庚午, 次涇陽頓. 鐵勒迴紇·拔野古·同羅·僕骨·多濫葛·思結·阿跌·契苾·跌結·渾·斛薛等十一姓各遣使朝貢. 奏稱: "延陁可汗不事大國, 部落烏散, 不知所之. 奴等各有分地, 不能逐延陁去, 歸命天子, 乞置漢官." 詔遣會靈州. 九月甲辰, 鐵勒諸部落俟斤·頡利發等遣使相繼而至靈州者數千人, 來貢方物, 因請置吏, 咸請至尊爲可汗. 於是北荒悉平, 爲五言詩勒石以序其事.」

단히 감격스럽게 생각했고, 그 감격을 「오언시」에 남겼다고 한다.[451]

이들 기미부·주를 통할하는 기관인 도호부가 설치된 것은 정관 21년(647) 오르도스 서북변의 풍주(豊州)에 둔 연연도호부(燕然都護府)부터이다. 도호부는 최고책임자로서 당인의 도호를 두었다. 그때 고비사막으로 들어가는 벽제천(鸞鷄泉) 이북에 68개소의 우역(郵驛)으로 연결된 '참천지존도(參天至尊道: 參天可汗道)', 즉 천가한 아래로 참상(參上)하기 위한 길을 개통하여, 각 역에는 마·식량을 비치시켜 왕래자의 편의를 도모하였다. 이리하여 연연도호부에게는 매년 북방 여러 부족에 할당된 초피(貂皮: 담비가죽)를 비롯한 중요한 공물을 지참하는 조공사 등을 감독하고 각종 우편물의 수송을 원활하게 했다.[452]

'기미'는 제도상으로 이처럼 중국왕조의 지방관제에 포섭된 것이다. 그렇지만 이민족 고유 풍속을 그대로 유지하면서 통치하는 형식이었다. 이런 방법은 직할화(直轄化: 內地化)보다는 약하지만 이민족군장에게 관작을 주어 중국왕조의 관작제(官爵制)에 조합·편입시키면서 독립을 인정하는 것인데, 이는 조공의 의무를 지는 신속관계인 '책봉'보다는 엄하고 또 실질적이었다. 당대 기미부·주에 관원을 배치하는 방법은 내지와 비슷하게 도독·자사·현령 등이 각급 군정의 수뇌가 되었지만, 이들 장관은 모두 각족의 수령이 담당하고 이들은 그 직을 '모두 세습할 수 있었던[皆得世襲]' 것이[453] 내지와 다르다. 여하튼 기미부·주로 편입된 이상 당조의 '국법(國法)'에 의해 부락장

---

451 『全唐詩』卷1 太宗句, p.20, 「雪恥酬百王, 除兇報千古(本紀云: 貞觀二十年秋, 帝幸靈州, 破薛延陀. 時鐵勒諸部遣使相繼入貢, 請置吏, 北荒悉平, 帝爲五言詩, 勒石於靈州, 以序其事, 今止存此.)」

452 『新唐書』卷217上 回鶻傳上, p.6113, 「渠領共言: "生荒陋, 歸身聖化, 天至尊賜官爵, 與爲百姓, 依唐若父母然. 請於回紇·突厥部治大涂, 號'參天至尊道', 世爲唐臣." 乃詔磧南鸞鷄泉之陽置過郵六十八所, 具群馬·渾·肉待使客, 歲內貂皮爲賦.」

453 『新唐書』卷43下 地理志下 羈縻州 p.1119, 「唐興, 初未暇於四夷, 自太宗平突厥, 西北諸蕃及蠻夷稍稍內屬, 卽其部落列置州縣. 其大者爲都督府, 以其首領爲都督·刺史, 皆得世襲.」

이 그 부중을 통치하도록 규정되어 있다. 이것은 돌궐 돌리(突利)가 순주도독(順州都督)으로 임명되었을 때에 그 예가 보인다.[454] 물론 변경에 설치된 기미부·주는 경사와 먼 거리가 떨어져 있어 그 통제가 어려워 형식적인 것이 될 수밖에 없다. 따라서 일방적인 획분(劃分)과 제도적 설치의 차이는 기본적으로 그 지역의 상황에 따라 결정될 수밖에 없게 된다.[455] 이처럼 당대의 기미부·주는 원근, 그리고 그 지역의 상황에 따라 낙차가 있었지만, 기본적으로 당황제의 직접적인 통치대상지역으로 인식되었던 것이다.

2) 당왕조의 기미주 통치

그러면 기미지배하에 있었던 부족들은 어떻게 구사되고 있었던 것일까? 대당황제는 유목세계를 통치하는 '가한' 혹은 '천가한'으로서 제번의 종주(宗主)였으며 군사동맹의 맹주였다. 태종 정관 4년(630)부터 고종 현경 2년(657) 서돌궐이 평정될 때까지 천가한의 존호를 올렸던 군장들과 천가한 사이에는 돌궐의 재기를 막기 위한 일종의 군사연합을 형성하고 있었다. 고종 용삭 원년(661) 이후에는 서역 16국 및 소무 9성의 여러 나라에 도독부·주를 설치하여 대식(大食)과 토번(吐蕃)의 침략에 공동으로 대응하였다. 또 당의 원정활동, 예컨대 서돌궐 아사나하로(阿史那賀魯)와 고구려 침략 시에 철륵제부(鐵勒諸部: 주로 九姓鐵勒)가 동원되기도 했다.[456] 철륵제부는 그 후 불만이 고조되어 당에 반기를 들자, 당조는 662년 정인태(鄭仁泰) 등으로 하여금

---

454 『舊唐書』 卷194上 突厥傳上 突利可汗, p.5161, 「(貞觀)四年, 授右衛大將軍, 封北平郡王, 食邑封七百戶, 以其下兵衆置順·祐等州, 帥部落還蕃. 太宗謂曰: "昔爾祖啟民亡失兵馬我, 所以不立爾爲可汗者, 正爲啟民前事故也. 改變前法, 欲中國久安, 爾宗族永固, 是以授爾都督. 當須依我國法, 整齊所部, 不得妄相侵掠, 如有所違, 當獲重罪."」

455 吳玉貴, 『突厥汗國與隋唐關係史研究』, 北京: 中國社會科學出版社, 1998, p.425.

456 『新唐書』 卷217上 回鶻傳上, p.6113, 「阿史那賀魯之盜北庭, 婆閏(筆者注: 吐迷度之子)以騎五萬助契苾何力等破賀魯, 收北庭; 又從伊麗道行軍總管任雅相等再破賀魯金牙山, 遷右衛大將軍, 從討高麗有功.」

14,000기로 구성된 군단을 이끌고 멀리 고비를 넘어 진격하게 하였다. 고전을 면치 못하기도 하였지만, 이때 번장 계필하력은 용감한 작전을 통해 결국 이 전투를 승리로 이끌어냄으로써, 당군이 최초로 몽골리아지역의 철륵제부까지 병위(兵威)를 떨쳤던 것이다.[457] 이 전투에서도 번장·번병이 주로 활약하였다. 또 현종 천보 11재(752) 고선지가 지휘한 탈라스(Talas: 怛羅斯城) 전투도 역시 번장·번병이 활약한 것이었다. 대당제국의 황제를 '천가한'으로 받드는 100여 년 동안,[458] "…천가한을 받들어 당인이 받는 것과 같은 징발을 받고 천자의 정토(征討)를 돕기를 원하였다"[459]라는 기록처럼 정벌군에의 참여가 그들의 가장 중요한 의무인 것이었다. 대당제국의 군사력의 강력함은 바로 이런 이민족 통어와 연관되어 있는 것이다.

선우도호부는 조로(調露) 원년(679) 막남(漠南)을 중심으로 독립운동을 재차 일으킨 돌궐에 의해 683년 함락됨으로써 686년에 폐지되었다. 부흥한 돌궐(제2제국)의 아사나골돌록(阿史那骨咄祿)이 가한을 칭한 것이 영순(永淳) 원년(682)이고, 또 풍주(豊州)가 함락된 것이 684년이기 때문에 돌궐·철륵제부는 647년에서 40년 조금 못 되는 기간 동안 당의 도호부체제 아래 있었다고 할 수 있다. 돌궐비문에 의하면 돌궐 자신은 이 기간을 굴욕의 기간으로 표현하고 있다.

그러면 기미부·주민은 당의 백성과 대우면에서 어떤 차이가 있었을까?

457 森安孝夫, 『ツルクロードと 唐帝國』, p.171.
458 羅香林은 100여 년의 天可汗의 역사를 3분기로 나누고 있다. 제1기는 貞觀 4년부터 西突厥을 평정하는 高宗 顯慶 2년(657)까지 27년이며, 제2기는 西域 16국과 昭武九姓 諸國에 都督府와 諸州를 설치하는 고종 龍朔 元年(661)부터 玄宗 天寶 11載(752) 安西節度使 高仙芝가 탈라스(Talas)전투에서 패하는 시기까지 91년이며, 제3기는 安史의 亂이 일어난 天寶 14載(755)에서 代宗과 郭子儀가 죽는 德宗 建中 2년(781)년까지 26년이라고 구분하였다(「唐代天可汗制度考」, pp.56-57).
459 『新唐書』 卷221下 西域下康西曹, p.6245, 「西曹者, 隋時曹也, …武德中入朝. 天寶元年, 王曷邏僕羅遣使者獻方物, 詔封懷德王, 卽上言: "祖考以來, 奉天可汗, 願同唐人受調發, 佐天子征討." 十一載, 東曹王設阿忽與安王請擊黑衣大食, 玄宗尉之, 不聽.」

북조 이래 내천한 외국인들은 대부분 독자적인 촌락을 이루며 살고 있었다. 특히 소그드인들의 취락이 돈황 일대에 많았다. 그런데 당대 소그드인의 취락들은 곧 지방 주·현에 편입되었다. 예컨대 돈황의 소그드인들은 사주(沙州) 돈황현(敦煌縣) 아래의 종화향(從化鄕)에 입적되었으니, 소그드인들은 당 왕조의 '백성'으로 분류되어 호적문서에 기재되어 파악되었던 것이다. 이것은 이미 중국 왕조의 당당한 백성이 된 것을 의미한다. 이처럼 소그드인 등 주변민족이 기미부·주로 편성되어 지배를 받았을 때는 대당제국의 백성에 준하게 되었고, 과소(過所) 발급과 같은 문서행정상 절차에서도 '백성'으로 파악되었다.[460] 따라서 당대의 기미부·주민은 한대의 그것과는 완전히 다른 것이었다.

잘 알다시피 당대도 한대처럼 '도호'라는 관직을 두고 있다. 같은 용어를 사용한다고 해서 그 기능이나 역할이 같다고 할 수는 없다. 도호가 처음 생긴 것은 전한 선제(宣帝)시기(B.C. 68)였고, 원제(元帝)시기에는 무기도위(戊己都尉)로 일시 이름이 바뀌기도 했다.[461] 도란 '총(總)'의 뜻이고, 호란 '보호' 혹은 '감호(監護)'의 뜻이다. 혹은 진무(鎭撫)의 뜻도 포함되어 있다.[462] 도호란 한대 당시 서역으로 뚫린 남도(南道)·북도(北道)를 모두 통할한다는 것에서 나온 말이다.[463] 다시 말하면 한대 도호의 가장 기본적이고 주된 임무는 안

460 荒川正晴, 『オアシス國家とキャラヴァン交易』, 東京: 山川出版社, 2003, pp.49-59.
461 『漢書』 卷19上 百官公卿表7上, p.738, 「西域都護 加官, 宣帝地節二年初置, 以騎都尉·諫大夫使護西域三十六國, 有副校尉, 秩比二千石, 丞一人, 司馬·候·千人各二人. 戊己校尉, 元帝初元元年置(師古曰: 甲乙丙丁庚辛壬癸皆有正位. 唯戊己寄治耳. 今所置校尉亦無常居, 故取戊己爲名也. 有戊校尉, 有己校尉. 一說戊己居中, 鎭覆四方, 今所置校尉亦處西域之中撫諸國也) 有丞·司馬各一人, 候五人, 秩比六百石.」
462 『後漢書』 卷2 明帝紀 永平17年(74)冬11月條, p.122, 「初置西域都護·戊己校尉(宣帝初置, 鄭吉爲都護, 護三十六國, 秩比二千石. 元帝置戊己校尉, 有丞·司馬各一人, 秩比六百石. 戊己, 中央也, 鎭覆四方, 見漢官儀. 亦處西域, 鎭撫諸國.)」
463 『漢書』 卷96上 西域傳, pp.3873-3874, 「至宣帝時, 遣衛司馬使護鄯善以西數國. 及破姑師, 未盡殄, 分以爲車師前後王及山北六國. 時漢獨護南道, 未能盡并北道也. 然匈奴不自安矣. 其後日逐王畔單于, 將

전한 도로를 확보하는 것이었다. 장건(張騫)의 활동으로 서역에 대한 지식이 확보되어 있는 상황에서 흉노 일축왕(日逐王)이 한왕조로 귀순하게 됨에 따라 당시까지 남도만 보호하고 있던 한왕조는 정길(鄭吉)을 서역도위에 처음으로 임명하면서 '북도도 아울러 보호'하는 임무를 맡겼던 것이다.[464]

또 흉노 일축왕의 항한(降漢)으로 설립된 서역도호부의 주된 임무는 서역남·북도를 도호함과 동시에 서역지역에 대해 '여러 나라를 진무하고[鎭撫諸國]' '여러 나라를 독찰하여[督察諸國]' "변란이 있으면 중앙정부에 보고한 후, 안집할 수 있으면 안집하고, 공격할 수 있으면 공격하는"[465] 것이었다. 이전의 흉노가 동복도위(僮僕都尉)를 두어 피지배족들을 역속(사역)시킴과 동시에 "부세를 거두어 재부를 충족시키는(賦稅諸國 取富給焉)"[466] 식의 통치를 행한 것도 아니었던 것이다. 즉 외이를 정복하였지만 당대처럼 자치를 맡긴 것도 아니고 주로 그 동정을 살피는 정도가 그 임무였다.

도호라는 명칭은 오랫동안 존속하였다. 한대 이후 명대까지 있었다. 후한

衆來降, 護鄯善以西使者鄭吉迎之. 旣至漢, 封日逐王爲歸德侯, 吉爲安遠侯. 是歲, 神爵三年也. 乃因使品車并護北道, 故號曰都護. 都護之起, 自吉置矣(師古曰: 都猶總也, 言總護南北之道).」

464 『資治通鑑』卷26 漢紀18 宣帝神爵2年(B.C. 60)條, pp.859-860, 「(鄭)吉旣破車師, 降日逐, 威震西域, 遂並護車師以西北道, 故號都護. 都護之置, 自吉始焉(師古曰: 並護南北二道, 故謂之都. 都, 猶大也, 總也). 上封吉爲安遠侯, 吉於是中西域而立莫府(師古曰: 中西域者, 言最處諸國之中, 遠近均也). 治烏壘城, 去陽關二千七百餘里. 匈奴益弱, 不敢爭西域, 僮僕都尉由此罷.(西域諸國皆役屬匈奴, 匈奴西邊日逐王置僮僕校尉, 使領西域… 賦稅諸國, 取富給焉. 匈奴蓋以僮僕視西域也. 今日逐王旣降, 西域諸國服於漢, 故僮僕都尉罷), 都護督察烏孫·康居等三十六國動靜, 有變以聞, 可安輯, 安輯之, 不可者誅伐之, 漢之號令班西域矣(師古曰: 班, 布也).」

465 『漢書』卷96上 西域傳, pp.3873-3874, 「至宣帝時, 遣衛司馬使護鄯善以西數國. 及破姑師, 未盡殄, 分以爲車師前後王及山北六國. 時漢獨護南道, 未能盡并北道也, 然匈奴不自安矣. 其後日逐王畔單于, 將衆來降, 護鄯善以西使者鄭吉迎之. 旣至漢, 封日逐王爲歸德侯, 吉爲安遠侯. 是歲, 神爵三年也. 乃因使吉并護北道, 故號曰都護. 都護之起, 自吉置矣(師古曰: '都猶總也, 言總護南北之道'). 僮僕都尉由此罷, 匈奴益弱, 不得近西域, 於是徙屯田, 田於北胥鞬, 披莎車之地, 屯田校尉始屬都護. 都護督察烏孫·康居諸外國動靜, 有變以聞, 可安輯, 安輯之; 可擊, 擊之. 都護治烏壘城, 去陽關二千七百三十八里, 與渠犂田官相近, 土地肥饒, 於西域爲中, 故都護治焉.」

466 『漢書』卷96上 西域傳, p.3899, 「西域諸國大率土著, 有城郭田畜, 與匈奴·烏孫異俗, 故皆役屬匈奴. 匈奴西邊日逐王置僮僕都尉, 使領西域, 常居焉耆·危須·尉黎間, 賦稅諸國, 取富給焉.」

시대에는 서역도호 외에 선비대도호·도호장군(都護將軍)·한안도호(漢安都護)·상서도호(尙書都護) 등이 있었으며, 삼국시기에도 각 정권하에서 도호장군·좌도호(左都護)·우도호(右都護)·중도호(中都護) 등이, 양진시대에 도호대장군·정토도호(征討都護) 등이, 십육국에서도 서역도호·서역대도호·적수도호(赤水都護)·역북도호(易北都護) 등이, 남조 송·제에서도 서강도호(西江都護)·양강도호(兩江都護) 등이, 오대시기에도 도호부가 존속하였고, 송조에 농우도호(隴右都護), 원대에 북정도호부(北庭都護府), 명조에도 금오시위친군도호부(金吾侍衛親軍都護府) 등이 있었다.[467] 역대왕조가 이처럼 '도호', 혹은 '도호부'라는 동일한 명칭을 띤다는 점에서 각 왕조에서 당연히 그 유사점을 발견할 수 있다. 그렇다고 해서 그들이 동일한 직능을 가진 관서로 볼 수만은 없는 것이다.

당대 도호의 직장에 대한 기록을 보면 "여러 번의 지역들을 통치하며, 번인을 위무하고 정토하고 척후하며 안집하고 상벌을 행하며 훈공을 서록하는 등 도호부의 일을 총판하는 것이어서"[468] 도호는 도호부 중의 최고군정장관이었고, "여러 번을 위무하고 외적의 침략을 평정한다고 되어 있다."[469] 도호부에도 대도호부와 상도호부 등의 등차가 있었으며, 대도호부에는 종2품의 '대도호' 이하 정8품하까지의 관속이 배치되었고, 상도호부에는 정3품의 도호 이하 종8품상의 참군사까지 배열되어 있었다.[470]

467 李大龍, 『都護制度研究』, 哈爾濱, 黑龍江教育出版社, 2003, p.2.
468 『通典』卷32 職官14 都護, p.896, 「大唐永徽中, 始於邊方置安東·安西·安南·安北四大都護府, 後又加單于北庭都護府. 府置都護一人(掌所統諸蕃, 慰撫·征討·斥候·安輯蕃人及諸賞罰, 敍錄勳功, 總判府事);『唐六典』卷30 三府督護州縣官吏 大都護府·上都護府官吏, p.755, 「都護·副都護之職, 掌撫慰諸蕃, 輯寧外寇, 覘候姦譎, 征討攜離, 長史·司馬貳焉. 諸曹如州·府之職.」
469 『舊唐書』卷44 職官志3 都護府, p.1922, 「都護之職, 掌撫慰諸蕃, 輯寧外寇, 覘候姦譎, 征討攜貳. 長史·司馬貳焉. 諸曹, 如州府之職.」
470 『新唐書』卷49下 百官志4下 都護府, pp.1316~1317, 「大都護府: 大都護一人, 從二品; 副大都護二人, 從三品; 副都護二人, 正四品上; 長史一人, 正五品上; 司馬一人, 正五品下; 錄事參軍事一人, 正七品上;

아울러 기미주의 공부(貢賦)와 판적(版籍)은 중앙정부의 호부(戶部)에 대개 보고하지 않았지만 단지 황제의 성교(聲敎)가 미치는 곳은 모두 변주의 도독이나 도호가 통치하였고 그것은 영(令)과 식(式)에다 기록했던 것이다.[471] 당 이전에도 중앙왕조는 주변민족 수령에게 책봉(冊封)해 주었지만 왕조의 '지방관'으로 취급하지는 않았다. 그러나 당대의 기미부주·현의 설립으로 그 수령이 중앙의 '명관(命官)'이 되었고, 그 백성 또한 황제의 '신민(臣民)'이 되는 형식을 띠었으니, 기미부주의 주민들은 대당제국의 정식 구성성분이 되었다고 할 수 있다. 요약하자면 한대의 기미주와는 달리 당대의 기미부·주민은 정주는 물론 변주도 경외가 아니라 경내[內境]에 있는 것으로 엄연히 통치대상의 호구로 파악하고 있다. 반면 한대의 경우 내경 내의 이민족은 철저하게 군현지배를 행하였지만 외경 밖의 기미지역은 통치의 대상도, 파악의 대상도 아니었다.

3) 당왕조 기미지배의 원류

필자는 당대의 기미부주의 통치형식에서 호한합작의 모습을 본다. 당대 기미부·주에서 관원을 배치하는 방법은 내지와 비슷하게 도독·자사·현

錄事二人, 從九品上; 功曹參軍事·倉曹參軍事·戶曹參軍事·兵曹參軍事·法曹參軍事各一人, 正七品下; 參軍事三人, 正八品下. 上都護府: 都護一人, 正三品; 副都護二人, 從四品上; 長史一人, 正五品上; 司馬一人, 正五品下; 錄事參軍事一人, 正七品下; 功曹參軍事·倉曹參軍事·戶曹參軍事·兵曹參軍事各一人, 從七品上; 參軍事三人, 從八品上. 都護掌統諸蕃, 撫慰·征討·并功·罰過, 總判府事.」

471 『新唐書』卷43下 地理志7下 羈縻州, pp.1119-1120, 「唐興, 初未暇於四夷. 自太宗平突厥, 西北諸蕃及蠻夷稍稍內屬, 卽其部落列置州縣. 其大者爲都督府, 以其首領爲都督·刺史, 皆得世襲. 雖貢賦版籍, 多不上戶部, 然聲敎所暨, 皆邊州都督·都護所領, 著于令式. 今錄招降開置之目, 以見其盛. 其後或臣或叛, 經制不一, 不能詳見. 突厥·回紇·党項·吐谷渾隷關內道者, 爲府二十九, 州九十. 突厥之別部及奚·契丹·靺鞨·降胡·高麗隷河北者, 爲府十四, 州四十六. 突厥·回紇·党項·吐谷渾之別部及龜玆·于闐·焉耆·疏勒·河西內屬諸胡·西域十六國隷隴右者, 爲府五十一, 州百九十八. 羌·蠻隷劍南者, 爲州二百六十一. 蠻隷江南者, 爲州五十一, 隷嶺南者, 爲州九十二. 又有党項州二十四, 不知其隷屬. 大凡府州八百五十六, 號爲羈縻云.」

령 등이 각급 군정의 수뇌가 되었다. 다른 점은 이들 장관은 모두 각족의 수령이 담임하고 이들의 직위는 '모두 세습할 수 있었다(皆得世襲)'는 것이었다. 이러한 형식은 이미 태종 정관 20년 회흘(回紇) 제부가 귀부하였을 때 6부 7주를 두고, 부에는 도독, 주에 자사를 두던 때부터 시작되었다.[472] 절대 다수의 기미부·주는 장관에서 요좌(僚佐)까지 모두 직임이 본족인으로 충임되었으니 이런 형식을 '본관자치제(本官自治制)'라 부를 수도 있다.[473] 다만 '감령(監領)'의 임무를 띤 장사(長史)의 경우[474] 당왕조의 중앙정부에서 한인을 파견하여 담임하도록 하였다. 따라서 한관(漢官)과 소수민족수령의 공동 통치라는 점에서 '화관참치제(華官參治制)'라 할 수 있다.[475] 이런 형식을 오히려 '호한참치제(胡漢參治制)', 혹은 '호화참치제(胡華參治制)'라 부르는 것이 옳다고 본다.

이처럼 세습의 허용이라든지 참치 등의 형식을 취한 것은 그만큼 철저한 지배가 가능하지 않은 현실의 반영이라고 할 수도 있다. 그러나 이민족 고유의 부락체제를 그대로 온존시키고, 그 토착적인 고유의 풍속에 따른다[全其部落, 順其土俗]는 원칙에 입각한 것이었다고도 해석할 수도 있다. 즉 그 원래의 사회조직을 그대로 유지하고, '그 원래의 풍속을 변경시키지 않는다[不變其俗]는 뜻이다. 원래의 생산방식과 풍속습관을 그대로 유지시키고, 그들

---

472 『舊唐書』 卷195 回紇傳, p.5196, 「貞觀二十年, …太宗幸靈武, 受其降款, 因請迴鶻已南置郵遞, 通管北方. 太宗爲置六府七州, 府置都督, 州置刺史, 府州皆置長史·司馬已下官主之. 以迴紇部爲瀚海府, 拜其俟利發吐迷度爲懷化大將軍兼瀚海都督. 時吐迷度已自稱可汗, 署官號皆如突厥故事.」

473 程志·韓濱娜, 『唐代的州和道』, p.70.

474 『唐會要』 卷96 靺鞨, p.2041, 「開元十年 … 安東都護薛泰請, …仍以其首領爲都督, 諸部刺史隷屬焉. 中國置長史, 就其部落監領之.」

475 『新唐書』 卷200 東夷傳高麗, p.6197, 「(乾封元年)十二月, 帝坐含元殿, 引見勣等, 數俘于廷. 以藏素脅制, 赦爲司平太常伯, 男産司宰少卿; 投男建黔州, 百濟王扶餘隆嶺外; 以獻誠爲司衛卿, 信誠爲銀青光祿大夫, 男生右衛大將軍, 何力行左衛大將軍, 勣兼太子太師, 仁貴威衛大將軍. 剖其地爲都督府者九, 州四十二, 縣百. 復置安東都護府, 擢酋豪有功者授都督·刺史·令, 與華官參治, 仁貴爲都護, 總兵鎭之. 是歲郊祭, 以高麗平, 謝成于天.」

의 최고 통치자인 '가한' 칭호도 그대로 사용하게 하지만, 그 도독·자사가 사망하거나 또는 사고로 사무를 수행하지 못하게 되었을 경우에는 '반드시 조칙을 내려 그 후사를 책립하였다[必詔冊立其後嗣]'고 하니[476] 완전한 독립국이라 말할 수는 없다. 그러나 규제의 대상이 되었던 것은 군대 보유 수량상의 한계를 정한 정도였을 뿐이었기 때문에 반독립국이라 해도 무방하다. 그러나 이런 자치의 허용은 재당 외국인에 대해 법률적용 면에서 속인법주의와 속지법주의의 원칙을 채용한 것과 같은 논리이다. 대당제국적 개방과 포용 정책의 일환이다.

따라서 당대의 기미부·주의 설립은 한대의 '사민실변(徙民實邊)'[477] 정책을 통한 영토의 확장과는 질적으로 다르고, 역대 통치자들이 소수민족을 내지에 옮겨서 '분이치지(分而治之)'하는 방법과도 다르다. 아울러 이런 당조의 이민족의 통치방법은 송·명·청 역대왕조에서는 기본적으로 모방하였다고 할 수 있다. 아울러 명·청교체기에 행해진 '개토귀류(改土歸流)'정책으로 연결되고, 종국에는 인민중국의 '자치주' 통치 방법과도 연결된다. 즉 현재 중국의 변경에 있는 소수민족을 위한 자치구도 성(省)이 되기 전의 단계이듯이, 이민족을 주요 구성원으로 하는 기미주도 '정주(正州)'의 전단계였다고 할 수 있다. 그런 면에서 당시의 기미부·주는 당대판 '자치주'였던 것이다.

당대의 기미부·주처럼 이민족의 자치지구를 이처럼 확대·설치한 경우는 이전에는 없었다. "전왕들이 열지 못한 토지의 사람들이 모두 의관이 되기를 청하였고, 앞선 역사에 기록되지 않았던 새로운 지방들이 아울러 주와

---

476 『通典』卷200 邊防典16 跋言, p.5494, 「是後以璽書賜西域·北荒之君長, 皆稱'皇帝天可汗', 諸蕃渠帥死亡者, 必詔冊立其後嗣焉, 臨統四夷, 自此始也.」

477 『漢書』卷49 鼂錯傳, pp.2283-2287, 「錯復言守邊備塞, 勸農力本, 當世急務二事, 曰: 臣聞秦時北攻胡貉, 築塞河上, …以陛下之時, 徙民實邊, 使遠方無屯戍之事, 塞下之民父子相保, 亡係虜之患, 利施後世, 名稱聖明, 其與秦之行怨民, 相去遠矣. 上從其言, 募民徙塞下.」

현이 되기를 바랐다."[478]는 태종의 유조는 대당제국 이전과는 판이하게 다른, 호와 한을 아우르는 영토의식을 표방한 것이었다. 물론 이런 기미부·주의 대부분은 당왕조의 정복전쟁 성공의 결과이기도 하지만, 일부이지만 변경민족이 자원한 경우도 있었다. 예컨대 천보 초기에 서역 소무구성의 하나인 조국(曹國)의 왕이 "징발은 물론 국토가 당국의 소주(小州)가 되기를 바란다"[479]는 상표를 올렸다. 조국과 같은 "황구(荒區)지역의 군장들은 대당제국의 옥새를 받고서야 그 나라를 다스릴 수 있었을"[480] 정도였다고 하니 당왕조의 위광(威光)이 나름 각 지역에 미쳤음을 알 수 있다. 물론 이런 표현들은 당왕조의 시각에서 일방적으로 서술한 것이어서 객관적인 현실이 아닐 수도 있다. 그렇지만 당시의 분위기를 엿볼 수 있는 일단의 표현일 것이니, 전혀 근거가 없는 것은 아닐 것이다.

이런 당조의 영토의식이 후세에 미친 영향은 적지 않다고 본다. 소위 '중화민족다원일체격국론'에 근거하면 오늘날 중국영토 내의 모든 민족은 과거에도 기본적으로 중화민족인 것이다.[481] 중국 역사상 발생한 수많은 민족모순·민족전쟁 등은 통일다민족 형성과정 중에 불가피하게 일어난 국내 민족 간의 문제였기 때문에, 중국 역사 범위를 벗어났던 것은 아니라고 보는 것이다.[482] 아울러 역사상 현재 중국 영토 내에서 거주하였던 여러 민족들

---

478 『唐大詔令集』卷11 帝王 遺詔上 太宗遺詔, p.60. 「前王不辟之土, 悉請衣冠, 前史不載之鄉, 并爲州縣.」

479 『冊府元龜』卷977 外臣部 降附, p.11483-上, 「(天寶)四年, 曹國王哥邏僕, 遣使上表自陳, 宗祖以來, 向天可汗忠赤, 嘗受徵發, 望乞茲恩, 將奴國土, 同爲唐國小州, 所須驅遣, 奴身一心忠赤, 爲國征討.」

480 『新唐書』卷219 北狄傳 渤海, pp.6183-6184. 「贊曰: 唐之德大矣! 際天所覆, 悉臣而屬之, 薄海內外, 無不州縣, 逐尊天子曰'天可汗'. 三王以來, 未有以過之. 至荒區君長, 待唐璽纍乃能國, 一爲不賓, 隨輒夷縛, 故蠻琛夷寶, 踵相逮于廷, 極熾而衰, 厥禍內移, 天寶之後, 區夏痍破, 王官之戎, 北不踰河, 西止秦·邠, 凌夷百年, 逮于亡, 顧不痛哉! 曰: 治己治人, 惟聖人能之.」

481 白壽彝, 「關于中國民族關係上的幾個問題 — 在中國民族關係史研究學術座談會上的報告」, 翁獨健 主編, 『中國民族關係史研究』, 北京: 中國社會科學出版社, 1984.

482 陳連開, 「中國·華夷·蕃漢·中華·中華民族 — 一個內在聯系發展被認識的過程」, 『中華民族多元一體格局』, p.89.

은 중화민족의 일부이기 때문에, '현재'의 중국영토는 '과거'에도 중국의 영토였다고 주장한다.[483] 다시 말하자면 현재 '중화인민공화국의 기치 아래 모인 여러 민족들의 조상은 모두 '중국인'이었고, 이들이 형성해 왔던 역사는 바로 '중국사'였으며, 현재 중국의 강역범위는 과거에도 역시 중국의 것이었다는 논리인 것이다. 즉 '현대중국=역사상 중국'이라고 보는 것이다. 물론 그들의 논조에 절대 동의할 수는 없지만, 그런 주장이 제기된 역사적 배경을 고찰할 필요가 있고, 그곳에는 당대 영토지배의 방식이 자리하고 있는 것이다.

한편 당대의 이러한 기미지배 방식은 매우 '유목적'이라는 것을 알 수 있다. 서돌궐의 통섭호 가한(統葉護可汗)의 통치방법을 보면 잘 드러난다. 『구당서(舊唐書)』돌궐전(突厥傳)에

"통섭호 가한은 용맹하고 지모가 있어, 공격을 잘 하였다. 마침내 북쪽으로 철륵을 병합하고, 서쪽으로 파사를 물리쳤으며, 남쪽으로 계빈(罽賓)과 접하는 땅 모두를 귀부시켰을 뿐만 아니라 기마궁사[控弦] 수십만으로 서역을 제패했고, 오손(烏孫)의 옛땅을 차지했다. 또한 아정[庭]을 석국(石國: Tashikent) 북쪽에 있는 천천(千泉)으로 옮겼다. 저 서역 여러 나라의 국왕들에게 모두 힐리발(頡利發: 간접지배 하의 국가 내지 민족의 수장에 주는 칭호)을 제수했고, 아울러 토둔(吐屯) 한 명을 (각국에) 보내 그를 감통(監統)하고, 그 정부(征賦: 징세)를 감독하게 하였다. 서융(西戎: 서돌궐)의 성함이 아직 이런 것 같음이 있어 본 적이 없었다."[484]

483 陳連開,「論中國歷史上的疆域與民族」, 翁獨健 主編,『中國民族關係史研究』.
484 『舊唐書』卷194下 突厥傳下, p.5181,「統葉護可汗, 勇而有謀, 善攻戰, 遂北幷鐵勒, 西拒波斯, 南接罽賓, 悉歸之, 控弦數十萬, 霸有西域, 據舊烏孫之地. 又移庭於石國北之千泉. 其西域諸國王悉授頡利發, 幷遣吐屯一人監統之, 督其征賦. 西戎之盛, 未之有也.」

고 하였다. 통섭호 가한은 삼장법사 현장(玄奘)스님이 구법을 위해 인도로 가는 도중 고창국왕 국문태(麴文泰)의 소개장을 갖고 서부 천산북록에 있는 쇄엽(碎葉)에서 628년 알현한 서돌궐의 가한이다. 그는 현장스님의 이후 여행 중의 안전을 보장해 주었던 것이다. 통섭호는 그 지배 하에 있는 지역의 수장을 힐리발로 임명하여 간접지배를 행하고 있었다. 힐리발은 돌궐의 대관의 하나로 굴율철(屈律啜)-아파(阿波)-힐리발(頡利發: 俟利發)-토둔(吐屯)-사근(俟斤)이라는 상하 통속 서열 중의 하나였다.[485] 또 당시 회흘가한(回紇可汗)은 구성철륵(九姓鐵勒) 등의 부에 모두 도독을 두어 각부의 사무를 관리하고, 감사(監使)를 파견하여 공부(貢賦)를 독책하며, 정사(政事)를 감찰(監察)하고 있었으니, 돌궐이 서역 각국에 둔 토둔에 상당하는 관직들을 유지하고 있었다. 따라서 당의 기미지배정책은 한대 이민족 정책의 하나인 기미정책에서 기원한 것이라기보다 오히려 유목민족이 그들에게 복속하는 주변 민족에게 취한 통어 방법과 유사하다고 보아야 한다.

여기서 당의 번진(藩鎭)에 대해 잠시 살펴볼 필요가 있다. 번진의 일부도 기미주와 마찬가지로 중앙정부와의 관계를 유지하고 있었기 때문이다. 위에서 언급한 대로 기미주가 "그 공부와 판적을 중앙정부의 호부에 보고하지 않았다…"고 하였다. 그러면 번진, 그 가운데 중앙 조정과 독립 내지 반독립적인 소위 하북삼진(河北三鎭)과 같은 '반측지지(反側之地)' 번진의 사정을 보면 기미주와 상당한 유사점을 발견할 수가 있다. 예컨대 전승사(田承嗣)는 병력 10만 병력을 기르고, 자위를 위한 독자적인 '아병(衙兵)'을 두었을 뿐만 아

---

485 『舊唐書』 卷194上 突厥傳上, p.5133, 「始畢可汗咄吉者, 啟民可汗子也. 隋大業中嗣位, 值天下大亂, 中國人奔之者眾. 其族强盛, 東自契丹·室韋, 西盡吐谷渾·高昌諸國, 皆臣屬焉. 控弦百餘萬, 北狄之盛, 未之有也. 高視陰山, 有輕中夏之志. 可汗者, 猶古之單于. 妻號可賀敦, 猶古之閼氏也. 其子弟謂之特勤, 別部領兵者皆謂之設. 其大官屈律啜, 次阿波, 次頡利發, 次吐屯, 次俟斤, 並代居其官而無員數, 父兄死則子弟承襲.」

니라, 그 아래 군읍 관리를 스스로 임명하고, "부세를 중앙정부에 전혀 납입하지 않아" 번신이라 하지만 실제로 신하로서 임무를 하지 않았다.[486] 어떤 면에서 기미주보다 더 강한 독립성을 확보하고 있다. 전승사의 번진과 같은 독립적인 지방세력의 출현은 중국 역사상 일어난 분열국면에서 보이는 하나의 형태이지만, 안사의 난 후 140년 간 전개된 이런 국면을 두고도 대당제국의 명의상 통일을 부정하는 학자는 없다.[487] 번진을 '방진(方鎭)'이라 하지만 이것은 위진남북조시대 이후 지방 최고행정단위의 장관을 통칭하는 용어이다.[488] 또 번진은 왕실에 대한 번병(藩屛)의 의미를 갖는다. 번진은 이민족을 통어하기 위해 연변에 설치한 6도호부(안서·북정·연연·선우·안동·안남)가 예종 이후 동·북·서 세 방향에서 그 방어가 힘겨웠기 때문에 새롭게 설치한 8절도사(관내삭방·하동·하북·하서·농우·검남·적서·영남)에서 시작된 것이었다.[489] 따라서 중앙이 기대한 역할에 있어서 도호부와 번진 양자 사이에 상당한 유사성을 보이고 있다.

이상에서 필자는 현재 중국 지방행정구역의 유래를 위진남북조-수당시대에서 찾고자 하였다. 사실, 이민족을 따로 구별하여 지방의 한 단위로 설정한 것은 남조시대 좌군(左郡)·좌현(左縣)제도가 처음이었다. 이것은 만족(蠻族)에게 자치를 허용한 제도였는데, 이 제도가 갖는 지향과 의도가 당대의 기미주로 이어졌으며, 명청시대 토사제(土司制)로, 청대의 번부(藩部), 다시 현 중국의 자치구로 이어졌다고 볼 수가 있다. 토사는 일정지역 종족집단의

---

486 『舊唐書』卷141 田承嗣傳, p.3838, 「承嗣…, 雖外受朝旨, 而陰圖自固, 重加稅率, 修繕兵甲, 計戶口之衆寡, 而老弱事耕稼, 丁壯從征役, 故數年之間, 其衆十萬. 仍選其魁偉強力者萬人以自衛, 謂之衙兵. 郡邑官吏, 皆自署置, 戶版不籍於天府, 稅賦不入於朝廷, 雖曰藩臣, 實無臣節.」

487 鄭學檬, 『五代十國史硏究』, 上海: 上海人民出版社, 1991, p.1.

488 『晉書』卷75 范寧傳, p.1987, 「又方鎭去官, 皆割精兵器仗以送之.」;『宋書』卷95 索虜傳, pp.2345-2346, 「(拓跋)燾雖不剋懸瓠, …與(宋)太祖書曰: "…不然, 可善敕方鎭·刺史·守宰, 嚴供張之具, 來秋當往取揚州."」

489 王壽南, 『唐代藩鎭與中央關係之硏究』, 臺北: 大化書局, 1977, p.4.

수령을 명조가 지방관으로 임명하는 제도였다. 아울러 현재의 성의 기원을 학계에서는 원대의 행성(行省)에 두고 있지만, 북조의 행대(行臺)가 당대의 도[道('貞觀十道' 혹은 '開元十五道')=藩鎭] ― 송대의 노(路) ― 원대의 행성(行省) ― 성(省: 인민중국)으로 변해갔다고 볼 수 있다.

중국의 역사 전개과정은 이민족을 빼고서는 설명될 수가 없다. 이들 이민족을 어떻게 취급할 것인지, 그리고 단순한 지배가 아닌 공존의 대상, 내지 자국민의 구성원으로 볼 것인지라는 인식의 문제, 그것을 통치하는 방식의 차이 등은 각 왕조에 따라 상당한 낙차가 있다고 본다. 적어도 유목민족이 중원진입 이후의 역사적 전개과정에서 전대와는 다른 역할을 하여 왔음은 자명하다고 본다.

물론 중국에서 창안한 제도가 이민족 지구에 전달된 것도 적지 않다. 특정 제도를 포함한 문화가 다른 지역에 영향을 주는 것은 반드시 그 문화의 우수성이나 해당 국가 사이의 관계 여하에 달린 문제만은 아니다. 예컨대 '도독'이라는 제도가 그러하다. 당의 도호부체제의 운용이란 돌궐 자신에게 통한의 시기(630년부터 50년 간)를 강요한 것이었음에는 틀림이 없고, 그것은 「돌궐비문」에서도 보이고 있다.[490] 돌궐어·위구르어의 totoq, čigši, čangšir라는 고관의 칭호는 음운적으로 명확하게 한어(漢語)의 도독·자사·장사의 중고음(中古音)과 대응하기 때문에, 이것이 외래어로서 돌궐어로 정착했던 것이 이 시대였다는 것은 거의 의심할 여지가 없다. 언어적으로 보아도 당제국의 율령적 이민족 지배의 흔적이 뚜렷하게 남아 있는 것이다.[491] 태종과 고종시기는 대외관계라는 측면에서 대당세계제국의 절정기에 해당된다. 그

---

490 Talat Tekin 著, 이용성 譯, 『돌궐비문연구 ―퀼 티긴 비문, 빌개 비문― 투뉴쿠크 비문』, 서울: 제이앤씨, 2008, pp.135-136.
491 森安孝夫, 『シルクロードと唐帝國』, p.172.

리고 이 시기는 당대 인민을 양(인)과 천(인)으로 대별하는 양천제(良賤制)라는 신분제를 확립·실시하고, 균전제, 조용조제, 그리고 부병제 등 국가가 그들을 직접 지배하는 체제를 기반으로 운영하는 당의 중앙집권적 율령체제가 완성된 시기와 겹친다.

대당제국의 이런 포용정책이 '정해진 정책'이냐 아니면 어쩔 수 없는 '타협'의 산물이냐는 상밀하게 따져보아야 하지만 후자는 아닌 것 같다. 필자는 이런 것들이 유목민의 색채가 강한 당왕조의 통치자들이 스스로 택한 제국통치의 방침이었고, 정책이었고, 대당제국의 체제였다고 본다.

또 영역 안의 주민들의 다양성과 이질성을 포용하고 공존할 수 있는 공간을 제공하는 것이 '제국'이며, 제국의 중심은 주변세력의 외정에 간여할 뿐, 내정에 직접 간여하지 않는 경향이 있다. 그런 면에서 현재의 중국은 분명 이질적인 민족집단을 통합하는 원리를 갖고 있지 않은, 즉, '정치적 단위'와 '민족적 단위'의 일치를 지향하는 서구형 '국민국가'가 아니다. 그것이 대당제국 이후의 중국의 발전, 즉 초민족적인 통합으로의 역사전개가 로마제국 이후 '분열의 유럽'과 다른 결과가 나온 이유인 것이다. 중국에는 제국적 시스템이 계속 작동한 결과로 현재 중국과 같은 '내재화된 제국'[492] 혹은 '제국성 국민국가'[493]가 된 것이라 볼 수 있는 것이다.

---

492 柳鏞泰, 「근대중국의 민족의식과 내면화된 제국성」, 『동북아역사논총』 23, 2009.
493 田寅甲, 「帝國에서 帝國性 國民國家로(I,II)」, 『中國學報』 65, 66, 2012, 2013.

제 2 장

—

호한융합과 대당제국의 탄생

I. 대당제국의 출현과정

1. 제국의 탄생과 존속 · 멸망의 키워드

당왕조는 제국이었다. 당왕조의 국가운영 방식이 중국 어느 왕조보다 '제국적'이었다. 당왕조는 모여든 세계인들이 자유스럽게 활동할 수 있는 환경과 무대를 제공하였다. 개방 → 모순 → 절충 → 공유라는 과정을 통해 그 사회에 창조와 혁신을 가져오게 했을 뿐만 아니라 이러한 당의 제국성이 중국을 '땅덩어리가 크고 물산이 많은[地大物博]' 현재의 중국을 만드는 데도 기여한 것이다. 본 장에서 다룰 내용은 다음과 같다. 첫째, 대당제국은 어떤 사람들에 의해 어떤 경로를 거쳐 탄생 · 성장하였으며, 특히 다양한 구성원을 하나로 결속시키는 요인과 방법이 무엇이었는가, 둘째, 이런 대당제국의 출현이 중국사에 지니는 의미는 무엇이었는가 하는 점이다. 하나의 제국이 탄생하고 성장 · 지속하고 쇠망하는 데는 여러 가지 요소들이 함께 작용한다. 그리고 대당제국은 중국의 여타 제국과는 다른 그 나름의 독특한 경로를 거쳐 제국으로 성장하였다. 또 그 강력했던 대당제국이 무슨 요인으로 쇠망하게 되었는가라는 문제는 로마제국의 쇠망 못지않게 흥미로운 분석 과제이다.

대당제국은 한마디로 호-한 민족 융합(통합)의 결과물이었고, 유목과 농경이라는 두 이질적인 세계를 하나로 포괄하는 제국이라는 특징을 가지고 있다. 이런 대당제국의 탄생과 지속 · 쇠망의 과정에서 나타난 주된 요인이란 무엇이었는가? 이 문제에 대한 배경적 지식을 얻기 위해 '제국'에 대한 최근 학계의 연구경향을 먼저 살펴보는 것이 순서일 것 같다.

몇 년 사이에 미국에서 출판되어 주목된 후 우리나라에도 번역된 세 가지 책이 관심을 끈다. 하나는 피터 터친(Peter Turchin)의 『제국의 탄생』(원제: War and Peace and War; 2006)이고, 다른 하나는 에이미 추아(Amy Chua: 蔡美兒)의 『제국의 미래』(원제: Day of Empire, 2007)이고, 또 다른 하나는 대런 에이스모글루(Daron Acemoglu)·제임스 A. 로빈슨(James A. Robinson)의 공저 『국가는 왜 실패하는가』(원제: Why Nations Fail, 2012)라는 책이다.[01]

먼저 피터 터친은 "영토가 넓고 복잡한 권력 구조를 가진 다민족국가"인 제국의 태동과 그 발전은 "민족성이나 군사력 같은 내적 요인이 아닌 통상 민족으로 구별되는 '집단 간의 관계' 속에서 이뤄진다"고 본다. 즉 "이질성이 강한 집단 간의 마찰이 빈번하게 발생하는 변경지역에서 제국의 씨앗이 싹을 틔우고 뿌리를 내리며 성장해간다"는 것이다.

터친은 제국의 태동과 발전의 모델로서 로마제국과 그 정신으로서 '아사비야(asabiyya; =집단 결속력; 연대의식)'를 든다.[02] 1,000여 년 동안 제국의 황금기를 누렸던 로마는 지중해 문명과 '야만인'으로 분류되는 켈트족 사회를 가르는 단층선(斷層線)에서 발원했다.[03] 아울러 강력한 제국으로 성장하도록 하는 원동력인 '아사비야'는 "집단행동을 가능케 하는 사회적 자본, 즉 '협력

---

01 세 책의 저자들은 정통 역사학자가 아니다. 첫 번째 책의 저자는 생태학·생물학자이고, 두 번째 책의 저자는 법학자이며, 세 번째 책의 저자는 경제학과 정치학 교수이다. 이들 저자의 공통적인 특색은 어느 학문에 얽매이지 않는 소위 '통섭형(通攝型)'의 학자라는 점이다.

02 14세기 아랍 사상가 이븐 할둔(Ibn Khaldun, 1332-1406)의 『역사서설』에서 사용한 단어이다. asabiyya(아사비야)는 동질감(연대의식)으로, nasab(나사브), 즉 혈통의 반대 개념이다. '집단생명력', '종(족)적 정신', '사회결속력', '집단정서', '연대의식(group feeling)' 등으로 정의될 수 있다. [이븐할둔(Ibn Khaldun) 著, 김호동 譯, 『역사서설』, 서울: 까치, 2003, pp.132-161.]

03 아랍이 비잔티움제국과 페르시아제국 틈바구니에서 부상할 수 있었던 것도, 로마가 라티움의 변두리 작은 도시에서 제국으로 도약할 수 있었던 비결도 바로 '아사비야'였다. '아사비야'가 유독 높게 나타난 곳은 기존의 (종족·민족을 넘어선)초민족적 공동체(帝國)와 접한 변경지역이었다. 생존을 위해로 집단 간의 경쟁이 치열한 곳에서 집단 내 결속력은 더 고조됐다. 예컨대, 로마는 게르만족과의 사투 과정에서, 신생 미국은 아메리카 원주민과의 혈투 속에서 '아사비야'가 상승했다고 본다.

의 역량'"을 뜻하는 말이다. 이런 아사비야의 수준이 높은 집단은 주로 변경 지역의 초민족적 공동체에서 생기는데, 그곳은 외부로부터의 위협에 대처해야 하고, 또 외부로부터 무언가를 얻어야 생존할 수 있기 때문에, 이 문제를 해결할 수 있는 능력을 가진 지도자 아래 다기한 사람들이 모이며, 이들을 통합시키는 강력한 힘이 바로 아사비야라는 것이다.

그러면 제국은 어떻게 몰락하는가? 피터 터친은 다음과 같이 설명한다. 제국 탄생의 시기가 '(그 구성원 간의) 통합의 시대'였다면 몰락의 시기는 '분열의 시대'다. 사회의 부가 늘어나면 엘리트층은 더 많은 부를 축적하면서 부패하고, 또 하위 계급도 부를 쌓아 신분 상승을 꾀하면서 사회 피라미드의 상층부가 무거워져, 결국 부패와 분배의 불평등이 심해지고 계급 간의 갈등이 격화되면서 사회적 신뢰가 무너진다. 이로써 '아사비야'가 사라지게 되는 것이다. '아사비야'가 사라지면서 위기가 증폭되고 구성원 간에 신뢰가 무너질 때 제국의 추락이 시작된다고 본다. 그런 점에서 제국으로서의 미국에는 위험 신호가 감지되고 있다는 것이다. 형광등 불빛 아래에서 혼자 볼링을 하고 있는 미국인이 늘고 있다는 것이 바로 적신호라는 것이다.

피터 터친이 제국의 탄생에 중점을 두고 '아사비야'를 제시했다면, 에이미 추아의 책(『제국의 미래』)에서는 제국의 지속과 쇠망을 구체적인 사례를 들어 설명한다. 고대 페르시아의 아키메네스 왕조로부터 현대의 미국까지 2,500년 '제국의 역사'를 통찰해 보면 그 해답이 금방 나온다는 것이다.[04] 즉 고대

---

04 에이미 추아는 최초의 패권국가인 페르시아의 아케메네스 왕조[Achaemenes/Achaemenian dynasty; B.C. 559–B.C. 330; 229년 간 페르시아어로는 하캄마니쉬야(Hakhamanishiya)라고 한다]. 팍스로마나(Pax Romana)의 로마, 중국의 황금기를 이룬 唐, 유럽을 삼킨 초원의 지배자인 몽골제국, 그리고 신세계를 향한 최초의 탐험자를 배출한 스페인, 자본주의 경제를 석권한 중세의 네덜란드, 불관용의 덫에 빠져든 오스만, 明·무굴제국과 세계 최대의 海上國家를 이룬 大英帝國, 그리고 최첨단 기술·자본으로 현대세계를 지배하고 있는 美帝國에 이르기까지를 검토했다. 더불어 새롭게 부상하고 있는 中國과 유럽연합, 印度가 帝國으로 성장할 수 있을지 그 가능성을 점치고, 마지막으로 美國이 帝國으로서 그 명맥을 유지하는 길에 대해 고민한다.

군사의 시대를 시작으로 중세 상인의 시대를 넘어 현대 첨단과학의 시대에 이르는 동·서양 역대 제국들의 성공요인을 보면, 성공한 제국은 동시대의 어느 누구보다 더 '다원주의적'이고 '관용적'이었다. 다시 말하면 제국의 탄생과 유지, 성장과 밝은 미래를 담보해 주는 핵심 키워드는 '관용(Tolerance)'이라는 것이다. 여기서 관용이란 '상대적인 관용'으로서 제국의 통치·지배자들이 인종과 종교, 민족과 언어의 차이를 뛰어넘어 정치적·문화적으로 피지배자들을 비교적 동등하게 대우해주는 것이다. 한마디로 관용이란 인종 차별과 종교 박해의 초극이다. 역사상 제국들이 쇠퇴의 길로 들어서는 순간, 언제나 인종과 종교적 '불관용'이 등장했다는 것이다.

예컨대 중세의 네덜란드는 유럽의 소국 가운데 하나였지만, 인종과 종교에 대한 포용력 덕분에 기술과 자본력을 가진 사람들이 모여듦으로써 유럽 최강의 부국으로 발돋움할 수 있었다. 유럽 전역을 휩쓸었던 잔인한 종교박해의 시절인 1492년부터 1715년 사이, 네덜란드는 숙련된 기술과 자본력을 가진 이들 이주유럽인들을 오히려 포용함으로써, 강대한 자본주의 국가를 건립할 수 있었다. 반면 로마제국이 쇠락해지는 시점은 바로 기독교를 국교로 채택하고 치명적인 종교적 '불관용'시대로 들어선 시기였다. 이런 종교적 불관용은 제국의 다양한 주민들을 성공적으로 통합시켰던 동화 및 통합의 전략을 크게 훼손시키게 된다. 또 대영제국 탄생의 과정도 그러했다. 17세기 프랑스의 루이 14세[Louis ⅩⅣ: 1643-1715]는 자국 내의 기독교도에 대한 잔인한 박해를 시작했다. 개신교도에 대한 프랑스 내 종교 자유를 인정했던 낭트칙령(Édit de Nantes)⁰⁵을 철회한 후(1685), 개신교 성직자들은 교수형

---

05 1598년 4월 13일 프랑스의 왕 앙리 4세(Henri Ⅳ, 1553-1610)가 낭트(Nantes)에서 공포한 칙령이다. 신교파(프랑스 프로테스탄트 칼뱅파)인 위그노(Huguenot) 교도에게 신앙의 자유를 조건부로 허용하면서 약 30년간 지속된 프랑스의 종교전쟁(일명 위그노전쟁: 1562~1598)을 종식시켰다. 앙리 4세가 즉위할 당시 프랑스는 신·구 양파의 종교적 대립으로 국내는 이분되었고, 혼란이 극도에 달하였다. 왕은 이 사태를 수습하기

을 당했고, 교회는 파괴되었으며, 그 재산은 몰수되었다. 아울러 수많은 위그노(Huguenot) 교도들이 투옥·고문·처형을 당했던 것이다. 이 당시 종교의 자유를 찾아 많은 이들이 영국으로 피신하게 된다. 대영제국의 탄생도 당시 영국의 종교적, 인종적 관용에서 시작된 것이었다. 19세기 영국은 계몽주의적 관용정책을 갖고 만민평등 사상에 기초해, 다양한 인종과 종교 집단에게 본토박이 잉글랜드 인들과 거의 동일한 사회적·정치적 권리를 부여함으로써 해가 지지 않는 대영제국으로 성장시켰다는 것이다.

에이미 추아는 모든 초강대국들에게 있어서 관용은 이처럼 패권을 장악하는 데 없어서는 안 될 필수 불가결한 요소였듯이, 제국의 쇠퇴는 반대로 불관용과 외국인 혐오, 그리고 인종적, 종교적, 민족적 '순수성'에 대한 촉구·강조와 함께 시작되었다고 본다.

세 번째 책 『국가는 왜 실패하는가』는 제국의 출현과 멸망과정을 직접 다

위해서 직접 신교에서 구교로 개종하면서 신교도(위그노)에게도 어느 정도의 자유를 인정하고자 이 칙령을 공포한 것이다. 이 칙령은 일찍이 프랑수아 1세(François I, 1515-1547)와 앙리 3세(Henri III, 1551-1589)에 의하여 규정된 "구교 이외의 異端은 엄벌에 처하며, 이의 밀고자에게 벌금 또는 몰수재산의 1/4을 양여한다"는 등의 조항을 삭제시켰다. 결국 국민에게 신앙의 자유를 부여한다는 취지에서 공포되었으나, 국가의 입장에서는 구교를 국교로 규정한 실정이어서 이 칙령 이후에도 구교도는 신교도에 비해서 훨씬 유리한 조건이 부여되었다. 주요 조항을 보면, ① 기정사실로 인정한 곳에서의 위그노의 예배의식 집행은 용인되나 파리 시내에서는 금한다. ② 위그노에 대해서 재산상속·대학입학·관리취임의 권리를 인정한다. ③ 이미 8년 전부터 위그노가 장악한 요새는 이후에도 신앙상의 안전지대로서 장악함을 허가한다. ④ 구·신 양교도 간의 분쟁을 심리하기 위하여 가톨릭교도 10명, 위그노(신교도) 6명으로 구성된 특별법정을 파리 고등법원 내에 두며, 신·구교 같은 수의 인원으로 구성된 특별법정을 세 곳의 지방고등법원 내에 설치함을 인정한다 등으로 되어 있다. 결국 신앙의 자유를 규정한 것이라고 할 수 있으나, 위그노에게는 결정적으로 불리한 내용이었다. 그럼에도 불구하고 가톨릭 측의 불만은 더욱 심하여 고등법원이 칙령의 등록수속을 거부하려는 태도를 보임으로써, 이듬해 2월 앙리 4세가 고등법원에 대한 강경조치를 발동하기에 이르렀다. 특히 루앙(Rouen)의 지방고등법원의 경우는 1609년까지 등록을 지연시키는 실정이었다. 따라서 계위한 루이 13세(Louis XIII, 1601-1643) 때에는 재상 리슐리외(Armand Jean du Plessis Duc de Richelieu, 1585-1642)가 무력으로써 위그노의 정치력을 분쇄하고 칙령 중의 안전지대 인정조항을 삭제하기에 이르렀고(알레 칙령; Édit de Alais: 1629), 또 절대군주인 루이 14세(Louis XIV, 1638-1715)는 1685년 10월 18일 전 조항을 폐지하여, 위그노의 종교적·시민적 자유를 전면적으로 박탈하였다. 이로써 남·서 프랑스에 많이 살던 신교도 약 100만 명이 크게 동요를 일으켜 그 가운데 약 40만 명이 영국·네덜란드·프로이센 등으로 망명하였다. 신교도 대부분이 근면한 상인·기사·공예인·군인 등이었으므로, 이로 인한 프랑스의 손실은 컸다.

루지는 않았지만, 국가 자체의 흥망성쇠를 다룬 것이어서 나름 흥미롭다. 결론은 명쾌하다. 기후·지리적 위치·문화가 국가의 빈부 차이를 낳는 데 중요한 역할을 한다는 기존의 학설들과는 달리 이른바 "포용적(inclusive)"인 정치·경제 제도의 유무 여하가 국가의 흥망성쇠를 결정짓는다는 것이다. 여기서 말하는 "포용적 제도"란 사유재산을 보장하고, 법이 공평무사하게 시행되며, 계약과 교환의 자유를 보장하는 것을 말한다. 포용적 정치제도가 이를 뒷받침하게 되면, 사회 전반에 권력이 고루 분배되고 자의적 권력행사가 제한되면서도, 일정 수준 이상의 중앙집권화를 이루게 된다. 즉 모두를 끌어안는 포용적인 정치·경제 제도가 발전과 번영을 불러오지만, 지배계층만을 위한 수탈적이고 착취적인 제도는 정체와 빈곤을 낳는다. 소수 엘리트에만 기회를 주는 것이 아니라 누구나 능력을 발휘할 수 있도록 동기를 부여하고 동인을 이끌어내는 포용적인 제도가 국가의 성공의 전제조건이며, 국가 실패의 뿌리에는 이런 유인을 말살하는 수탈적인 제도가 있다는 것이다. 예컨대 똑같이 식민지로서 출발한 남미와 북미 경제의 격차가 오늘날처럼 벌어진 이유도 여기서 찾을 수 있다. 금과 은, 노동력이 풍부했던 남미는 스페인 왕실의 극심한 수탈에 시달렸다. 반면 북미는 스페인이 착취할 자원도 노동력도 부족했다. 그래서 영국은 인센티브 방식을 택했다. 이주민에게 땅을 분양해 개척하게 했다. 북미의 성공은 결정적인 단계에서 이주민에게 포용의 길을 열어준 덕분이었다. 이 책에서는 미국과 멕시코와 함께 남·북한도 비교하고 있는데, 그 해답은 제도의 우열에서 찾아야 한다고 주장한다.[06]

위의 세 책을 요약하면 세계제국 출현의 모티브를 구성원의 '집단적인 결

---

06 Daron Acemoglu and James A. Robinson, *Why nations fall: the origins of power, prosperity and poverty*, New York: Crown Publishers, 2012(최완규 譯, 『국가는 왜 실패하는가』, 서울: 시공사, 2012), pp.113-124.

속'을 통한 '통합'에서 찾고 그러한 결속을 이루어 내기 위해서는 구성원들에게 ㉮ '외부 위협에 대한 방어와 보호', '외부로부터 이익의 창출'이라는 목표를 뚜렷하게 보여주는 것이 전제되어야 하며, ㉯ 동화와 통합된 그 집단의 지속적인 단결과 성장을 위해서는 '관용(포용)'을 통해 구성원에게 공존(共存)의 장을 마련해 주어야 한다는 것이다.

이 문제와 관련하여 두 가지를 더 첨가하면, 먼저 서구 근대를 만든 '보편적인 합리성'이다. 막스 베버(Max Weber: 1864~1920)[07]에 의하면 서구 자본주의 태동의 배경에는 서구 근대과학의 탁월한 발전, 법학의 체계화, 다른 문화권의 다성 음악과 차별화되는 합리적인 화성 음악, 전문적이고 과학적인 고등교육기관의 출현 등 특정 분야에서만이 아니라 서구 문명 전반에 나타난 '합리성'이 자리하고 있다. 즉 자본주의 씨앗이 서구 근대의 합리주의라는 밭에 떨어져 싹이 나기 시작했으며, 싹이 난 자본주의는 프로테스탄티즘의 윤리라는 환경을 만나 꽃을 피우기 시작했다. 자신의 직업이 신의 소명이니 일을 열심히 하지 않을 수가 없었고, 부를 추구하고 축적하는 것이 신이 내리는 축복의 징표로 여겼다. 즉 정직한 이윤 기회는 신의 선물인 동시에 자수성가는 바로 신의 축복이라고 믿었던 것이다.

현재의 세계제국 미국의 출현과 성장, 그리고 쇠망의 요인도 역시 그러했다. 우선 출현·성장의 배경에는 '자유(Freedom)', '평화(Peace)', '정의(Justice)'라는 세 가지 미국의 정신(The Spirit of America)이 작용하였다. 다양한 인종으로

---

07 『프로테스탄트의 윤리와 자본주의 정신』에서 베버는 윤리적 측면에서 영리추구를 긍정하며, 신이 내리신 직업은 최선을 다해 수행하여야 한다는 청교도적 세계관(16, 17세기의 종교개혁과 금욕적인 프로테스탄트 윤리, 특히 칼뱅주의)을 자본주의 뿌리로 파악한다. 또 미국 하버드대의 옌칭연구소 전 소장이었던 투웨이밍(杜維明: 1940~) 교수는 20세기 후반 동아시아 5개국(한국, 일본, 대만, 홍콩 및 싱가포르)이 고도 성장국으로 부상하고 있는 이유를 서구 선진국의 자본주의 정신인 청교도 윤리에 버금가는 '동아시아의 자본주의 정신'으로 '신유교 윤리'(the New Confucian Ethic)라는 말로써 설명한다(Tu Weiming ed., *Confucian traditions in East Asian modernity*, Cambridge, MA: Harvard University Press, 1996).

구성된 미국인들을 하나로 결속시키는 미국의 정신이 바로 '아사비야'를 발동시켜 성조기(星條旗) 아래에서 뜨거운 눈물을 흘리게 하는 것이라고 한다면, 막스 베버가 말하는 합리성이란 요즈음 크게 유행하는 '정의'에 해당되는 것이 아닐까 한다. 반면 쇠망의 징조가 뚜렷해지는 현재의 미국의 후면에는 인종차별의 격화 등으로 인한 '용광로'가 갖는 본연의 정신 상실이 복재하고 있다. 제국의 상징인 코스모폴리타니즘(Cosmopolitanism; 세계시민주의)은 피부색이나 이념에 관계없이 모든 사람들이 평화와 번영을 위해 협력해야 성립되는 것이다. 최근 미국에서 일어난 비무장 흑인을 살해한 백인 경관에 대한 연방대배심의 불기소처분에서 드러난 형사제도는 힐러리 클린턴 전 국무장관의 지적처럼 그 균형을 잃었다(out of balance). 법이 공정하지 않으면 구성원 모두의 협력을 이끌어낼 수 없는 것이다.

이상에서 살펴본 대로 제국의 탄생과 지속, 그리고 멸망은 구성원의 결속에 있는 것이며, 이 결속을 위한 키워드는 앞서 보았듯이 ① '외부 위협에 대한 방어와 보호', ② '외부로부터 이익의 창출', ③ '상대적 관용', ④ '보편적인 합리성' 등 네 가지라고 요약할 수 있다. 이것을 대당제국의 탄생과 지속 그리고 멸망의 요인에 대입시킬 수 있지 않을까!

2. 민족이동과 호(유목민)와 한(농경민)의 만남과 융합

1) '민족이동(民族移動; Völkerwanderung)'과 유목민의 중원(中原) 진출

'민족이동'으로 통칭되는 세계사적인 대사건은 통상적으로 "4-6세기에 유럽에서 일어난 게르만민족의 이동"만을 지칭해 왔다.[08] 동·서양의 역사

---

08 민족이동은 좁은 의미로는 위의 200년 간의 과정을 가리키지만, 게르만 민족은 이미 B.C.1,000년 이래 원주지인 스칸디나비아반도 남부, 발트해 연안지방에서부터 매우 장기간의 이동·정주의 과정을 반복하며 남쪽으로 내려가 라인강 以東, 도나우강 이북의 게르마니아 지역에서 흑해 북안에 이르는 지역에 널리 퍼져 살고 있었다. B.C.2세기 말경부터 로마제국에 대한 침입은 자주 시도되었고, 6세기 말엽의 랑고바르드족의

를 뒤바꾼 민족이동은 중국 서북방에 활동하던 흉노의 동정과 깊은 관련이 있는 것만은 부정할 수가 없다. 훈족(Hun族)과 흉노를 동일시할 수는 없지만 그렇다고 관련이 없는 것도 아니기 때문이다.09 흉노의 남북 분열은 그들의 치열한 계승분쟁에서 시작되었고, 그 일파의 서진은 서양의 역사전개에 깊이 관계한 것이다. 4세기 말 훈족의 서진에 자극을 받은 게르만계의 여러 부족이 대규모로 로마제국의 영토 안으로 이주하고, 서로마제국의 멸망을 전후하여 제국 각지에 정착하면서 여러 부족왕국을 건설하는 6세기 말까지의 200여 년 동안 유럽세계는 이들에 의해 흔들렸다. 즉 375년 발람베르(Balamir; Balamber)의 지휘 하에 훈족이 서쪽으로 이동한 결과, 동고트(Goths) 왕국을 압박하게 되었고, 이 여파로 376년 흑해 연안에 살고 있던 서고트족이 도나우 강 북안으로 이동하게 되었다.10 그 여파로 북유럽의 수렵·목축민인 게르만인이 300년경부터 로마제국(B.C.753-A.D.476)의 경내로 들어가게 되었고, 로마 경내로 들어온 이들은 주로 로마의 용병(傭兵)으로 채용되었다. 아울러 게르만인들은 국경수비가 소홀한 로마제국에 집단적으로 침입하게 되었다. 서고트족의 반란을 진압하던 로마 황제 발렌스(Valens; r.364-

이탈리아 침입, 8세기에서 11세기까지의 노르만인·덴마크인·노르웨이인·스웨덴인 등 북게르만계 여러 부족의 유럽 각지에 대한 침입, 아일랜드에의 식민, 키예프·러시아의 건국 등(이른바 바이킹의 활동을 말하는 것인데, 이것을 제2차 민족이동이라고도 한다)이 있으며, 넓은 의미의 민족이동은 전후 2,000년에 걸친 오랜 과정으로 볼 수 있다.

09 匈奴=훈(Hun)이냐에 대해서는 일본학계를 중심으로 다양한 주장이 제기되었다. 흉노와 훈의 同族說이 제출된 이후 이에 대한 부정론(白鳥庫吉)과 긍정론(內田吟風·江上波夫)이 대립하는 가운데 절충설(護雅夫) 등이 제기되었다. 특히 절충설은 정복자로서 흉노가 얻은 명성을 이용하기 위해 서북방 유목민 중에 흉노를 모칭한 세력들이 생겨 결국 흉노가 서북방 유목민의 총칭이 되었고, 후일 민족이동의 주역이 된 훈은 흉노 세력 일부가 핵심이 되고, 그들이 西進하면서 다양한 계통을 포괄하였다고 본다.

10 훈의 略史를 개관하면 374년 훈왕이 드네프르·돈하 유역에 있는 동고트를 침략하여 붕괴시킨다. 그리고 375년에는 서고트왕 아타나리크(Atanaric; 369-381)를 불가리아 지역으로 축출하였다. 이로써 소위 "게르만 민족의 대이동"이 시작된다. 406년 훈족은 서방 고트족을 약탈한 후 반노니아 평원을 본근거지로 정하게 되었으며, 434년 아틸라(Attila; 406-453)가 훈왕이 되어 유럽을 석권하게 되었다. 453년 아틸라가 사망하자 훈족국가는 와해되었다.

378)가 378년 전사했다. 이후 서양에서는 동아시아와 달리 분열시대가 등장하게 되었다.

① 먼저 395년 서고트족이 그리스·이탈리아를 경유한 후 프랑스와 에스파냐 북쪽에 정착하게 되었고, ② 다음으로 동고트족은 이탈리아에, ③ 그 다음으로 프랑크족은 라인 강 중하류에, ④ 끝으로 앵글로색슨족은 브리튼으로 이동하여 독립국가를 건설하게 되었던 것이다. 이리하여 '서유럽'이 형성되었으니 476년 서로마제국이 멸망한 후 서양고대는 종말을 고하게 되었으며, 로마제국의 후예들은 동진하여 콘스탄티노플(Constantinople)에다 동로마제국을 건설하게 되었다. 서로마제국이 멸망한 후에 서유럽의 새로운 통합자로서 등장한 이가 프랑크왕국의 카롤링거 왕조(Carolingian Empire: 751-888)의 샤를마뉴 대제(Charlemagne; Charles the Great; 카롤로스 마그누스; 카를 대제; 768-814)이다. 이상이 민족대이동이 서방에 준 영향이고, 그 결과이다.

중국 서북방에 활동하던 흉노족은 몽골고원을 습격한 한랭화,[11] 한발과 메뚜기의 피해[蝗害], 예속된 오환족의 봉기, 그에 따른 계승분쟁 등의 문제로 A.D.48년에 남흉노와 북흉노로 분열하게 되었다. 그해 일축왕 비(日逐王 比)가 후한에 투항한 후 남선우(南單于)로 자칭하였지만,[12] 50년에는 남흉노부족은 후한의 사흉노중랑장(使匈奴中郎將)에 의해 총괄되었다. 이들은 후한의 울타리[藩屏] 역할을 담당하면서 동포인 북흉노와 사투를 이어갔다. 그 과정에서 남흉노가 연승을 거듭하게 됨에 따라 북흉노 부족의 무리들이 남흉노로 투항해 왔다. 북흉노는 나름 유목국가의 전통을 이어가 후한과 일

11　쓰可楨, 「中國近五千年來氣候的變遷」(『地理知識』 1973年 4期)에 의하면 後漢末에서 南北朝時期는 中國 第2寒冷期였다. 당시의 온도는 西漢시기보다 평균 1-2도가 낮았다. 五胡가 남하한 3세기 후기는 제2 한랭기 중 가장 한랭한 시기였다고 한다.
12　『後漢書』 卷1下 光武帝紀下 建武24年(48)冬10月條, p.76, 「匈奴薁鞬日逐王比自立爲南單于, 於是分爲 南·北匈奴.」

면 전투, 통상관계를 유지해 갔으며 또 서역경영을 두고 후한과 경쟁을 벌였다. 특히 이 과정에서 후한의 반초(班超)는 서역도호로서 31년 간 서역을 흉노로부터 지켜 후한에 의한 서역지배의 황금기를 연출했다. 반초가 서역경영에 심혈을 기울이는 동안 몽골고원에서 이변이 일어났다. 87년 동방의 선비족이 북흉노를 공격해서 우류(優留) 선우를 참살시키게 됨으로써 북흉노의 쇠망은 목전의 일이 되었다.[13] 이후 91년에는 후한군과 남흉노군에 의해 북선우군이 금미산(金微山)에서 격파되어 선우의 모친 알씨(閼氏) 및 명왕(名王) 등 5,000인이 참수되었다.[14] 이 틈을 탄 선비는 동방에서 북흉노의 고지에 들어가 그 나머지 무리 10여 만을 병합하면서 몽골고원을 지배했다.[15] 이에 북선우는 몽골고원 초원을 버리고 오손(烏孫)의 땅인 이리(伊犁)지구로 이주했다. 몽골고원을 선비에게 빼앗긴 북흉노가 살 수 있는 길은 서역 여러 나라, 특히 오손 등 주변 여러 부족을 통합하여 이 지역에 패권을 확립하는 길밖에 없었다. 그러나 당시 북흉노의 중심적 존재였던 호연왕(呼衍王)의 자취는 151년경이 되면 사라진다.[16] 선비의 영웅 단석괴(檀石槐)의 압력에 의해 북흉노가 서방으로 이동을 개시한 것은 158년경이었다. 당시 북흉

---

13 『後漢書』卷89 南匈奴列傳, p.2951, 「章和元年, 鮮卑入左地擊北匈奴, 大破之, 斬優留單于, 取其匈奴皮而還. 北庭大亂, 屈蘭 · 儲卑 · 胡都須等五十八部, 口二十萬, 勝兵八千人, 詣雲中 · 五原 · 朔方 · 北地降. 單于宣立三年薨, 單于長之弟屯屠何立.」

14 『後漢書』卷19 耿秉傳 附弟夔傳, pp.718-719, 「永元初, 爲車騎將軍竇憲假司馬, 北擊匈奴, 轉(車)騎都尉. 三年, 憲復出河西, 以夔爲大將軍左校尉. 將精騎八百, 出居延塞, 直奔北單于廷, 於金微山斬閼氏 · 名王已下五千餘級, 單于與數騎脫亡, 盡獲其匈奴珍寶財畜, 去塞五千餘里而還, 自漢出師所未嘗至也, 乃封夔粟邑侯.」

15 『後漢書』卷90 烏桓鮮卑列傳, p.2986, 「和帝永元中, 大將軍竇憲遣右校尉耿夔擊破匈奴, 北單于逃走, 鮮卑因此轉徙據其地, 匈奴餘種留者尚有十餘萬落, 皆自號鮮卑, 鮮卑由此漸盛.」

16 『後漢書』卷47 班超傳 附子勇傳, pp.1589-1690, 「(延光)四年秋, 勇發敦煌 · 張掖 · 酒泉六千騎及鄯善 · 疏勒 · 車師前部兵擊後部王軍就, 大破之, 首虜八千餘人, 馬畜五萬餘頭, …永建元年, 更立後部故王子加特奴爲王. 勇又使別校誅斬東且彌王, 亦更立其種人爲王, 於是車師六國悉平. 其冬, 勇發諸國兵擊匈奴呼衍王, 呼衍王亡走, 其衆二萬餘人皆降. 捕得單于從兄, 勇使加特奴手斬之, 以結車師匈奴之隙. 北單于自將萬餘騎入後部, 至金且谷, 勇使假司馬曹俊馳救之. 單于引去, 俊追斬其貴人骨都侯, 於是呼衍王遂徙居枯梧河上. 是後車師無復虜跡, 城郭皆安.」

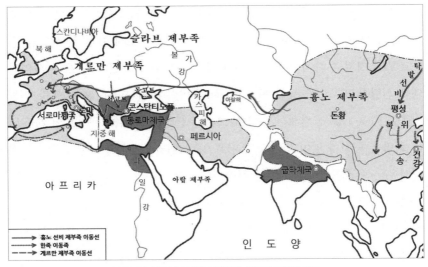

도판 12 | 유라시아 민족 대이동(1-5세기) 윤태옥 작도

노의 세력은 키르기스 초원에서 시르다리아 북안의 땅에 있었던 듯하다. 즉
서방에 이동한 북흉노는 이전의 위광을 이용하여 그 지역의 패권을 확립하
려 하였지만 이렇게 중국사료상에서는 사라지고 만다.[17][도판 12]

북흉노의 이후 동태와 관련하여 4-5세기에 걸쳐 현재의 동유럽을 석권하
여 로마제국을 쇠망하게 하는 데 다대한 영향을 주었던 훈족과 결부하는 설
이 1750년대 프랑스의 드 기네(Joseph de Guignes, 1721-1800)에 의해 제기되었
다. 이후 200여년 동안 흉노·훈 동족설 여부를 두고 동·서양의 여러 학자
들 사이에 고고학적, 언어학적으로 다양한 논의가 전개되고 있다. 물론 흉
노와 훈이 동족이라는 것을 단언할 만한 결정적인 증거는 없지만, 최근 오
르도스 지역에 다수 출토되는 흉노(즉 훈)식 동복(銅鍑: 祭祀·儀禮用 祭器; cup

17   이상의 과정은 澤田勳, 『匈奴 −古代遊牧國家の興亡−』, 東京: 東方書店, 1966, pp.163−182.

cauldron)이 중앙유럽과 남동유럽에 걸쳐 있는 판노니아 평원(The Pannonian Plain)에 광범위하게 분포하고 있는 상황을 감안하면[18] 그 개연성은 충분히 있다.

앞에서 언급했듯이 흉노의 서진과 그 영향에 대해서는 역사학계에서 많은 지적이 있어왔지만 흉노의 남진(南進)에 대해서는 홀시해왔던 것이 사실이다. 본서에서 주로 다룰 내용이지만 먼저 대강을 정리하면 다음과 같다. ① 북흉노는 서천(A.D.91)하여 게르만민족의 이동을 야기했다. 반면 ② 남흉노는 남천하여 한때 한제국의 용병·노예 등으로 구사되었다. 이들이 결국 한제국(B.C.206-A.D.200)의 후신인 서진을 와해시켰다. 311년에 자행된 흉노의 낙양 약탈('永嘉의 喪亂')로 중원에 오호십육국-북조라는 유목국가에 의해 주도된 분열시대가 열리게 된 것이다. 한제국의 후예는 남동진하여 소위 '강남'으로 이동하여 동진-남조왕조를 건립했다. 수도 건강(建康)은 제국의 본래 중심지에서 멀리 떨어진 곳이었으며, 이전 한제국의 전통을 겨우 지키며 명맥을 이어가려 힘쓰는 미력한 정통정권에 의해서 유지되었다. 이는 서로마제국이 멸망한 후에 로마제국의 후예들이 동진하여 콘스탄티노플에다 동로마제국, 즉 비잔틴제국을 건설하였던 것과 유사하다. 민족이동으로 인해 이처럼 동·서양에 다 함께 분열시대가 열렸다.

그러나 동양과 서양의 이런 역사전개는 그 유사성에 불구하고 결과에서는 상이점이 더 많았다.[19] 서로마제국 멸망 후 게르만민족이 여러 정권을 세

---

18 르네 그루세(Renè Grousset; 김호동 등 번역), 『유라시아 유목제국사』, 서울: 사계절, 2001, pp.62-67; 정수일, 『고대문명교류사』, 서울: 사계절, 2001, pp.305-306; 정수일, 『실크로드학』, 서울: 창작과비평사, 2002, pp.181-185.

19 ① 隋文帝가 남북조를 통일하게 됨에 따라 야만족의 문화와 고대고전문화를 복합한 사회가 등장하게 되었다. 따라서 옛 고전제국의 성문법의 전통을 계승하여 중앙집권화를 도모하였다. ② 서양도 ⓐ 410년 고트인의 로마침략으로 고전제국은 콘스탄티노플로 이동한 것은 동양과 비슷하다. 아울러 ⓑ 샤를마뉴가 기독교를 장려한 것은 수문제의 불교장려와 유사하다고 볼 수 있다(Arthur F. Wright, *The Sui Dynasty-The Unification of China, A.D.581-617*, New York: Knopf, 1978, pp.8-12).

웠고, 프랑크왕국의 샤를마뉴 대제가 프랑스, 독일, 이탈리아 일대를 정복한 후 로마 교황에게 '서로마 황제'라는 이름을 받아 서로마제국을 부활했지만, 세계제국(World Empire)도 아니었고, 세계제국으로의 지향의지도 뚜렷하지 않았다. 한편 서로마제국의 후신은 그리스로 이동하여 동로마제국을 세운 후 15세기까지 존속했다. 유럽에서는 분열이 고착화된 후 현재에 이르고 있다.

반면 한왕조의 전통을 이어가던 동진·남조 정권은 오랑캐 오호의 후예가 주축이 되어 세운 수·당왕조에 의해 흡수·통일되었다. 수·당왕조는 유목과 농경, 호와 한이 민족적 대융합을 이룬 세계제국이었다. 현재 세계의 국가 수는 240여 개이고, 그 가운데 유럽은 43개국이고(그 수는 편차가 심하다) 아시아 전체의 국가 수는 53개에 육박하고 있다. 유럽의 면적보다 큰 중국은 하나의 나라로 되어 있다. 이러한 상황의 전개에는 흉노 남진과 유목민족들의 동반 중원 진입 이후의 역사전개와 밀접한 관련이 있다는 것은 두말할 필요도 없다. 다시 말하면 훈족의 서쪽 이동이 로마제국을 동요시켜 현재의 분열된 유럽세계를 형성하는 요인이 되었던 민족이동이었다면, 흉노의 남쪽의 이동은 한제국을 흔들어 현재와 같은 하나의 중국을 형성시키는 동인이 되었던 또 다른 성격의 민족이동이었던 것이다.

2) 호한의 험난한 융합과정과 관롱집단(關隴集團)의 탄생

I) 유목민의 중원진입과 호한갈등

중국의 저명한 문화학자, 여추우는 "대부분의 학자들은 중국의 고유문화가 원래 가던 길을 따라가면 조만간 위풍당당한 당대가 나타날 것이라고 생각한다. 나는 그렇게 생각하지 않으며 사실이 그러하지도 않았다"[20]고 했다.

---

20 余秋雨, 『尋覓中華』, p.174. 「很多學者認爲, 順着中國文化的原路走下去, 就成, 遲早能到. 我不同意這種看法, 因爲事實并不是這樣」

그러면 중국인들이 가장 위대한 제국으로 숭상하는 대당제국의 위용과 호방한 기질, 문화적 개방성 등은 도대체 어디서, 어떤 연유로 생겨나게 된 것일까? 여추우는 "대흥안령 북부 동쪽 기슭의 동굴[嘎仙洞]에서 일기 시작한 '광야의 힘'과 문화개혁가로서 위대한 황제 효문제 탁발굉(拓跋宏) 덕분이며, 하늘은 선비족을, 북위를, 그리고 중화민족을 보우한 결과"[21]라고 하였다. 아울러 현재 중국 학계와 지식인 사회에 팽배한 대중화주의(大中華主義)와 대중원주의(大中原主義) 풍조는 효문제 개혁이 갖는 진정한 의미를 오도하고 있다고 보았다.[22] 그러나 사실 따져보면 선비족의 새내로의 진입이나 개혁군주 효문제의 출현도 어느 날 갑자기 이룩된 것이 아니라 그 보다 앞선 '오호'라 불리는 유목민족의 진입이 가져온 결과의 후속편이었다. 그럼 아래에서 그 험난한 과정을 살펴보자.

흉노 · 선비 · 갈(羯) · 저(氐) · 강(羌) 등, '오호'의 대표로서 초원지대를 호령하던 흉노가 후한왕조에 복속하자, 흉노인 사이에 분쟁이 끊이지 않게 되었다. 무엇보다 초원의 최고 통치자였던 선우는 통제력을 상실하고 그 권위마저 추락하니, 그 부민(部民)들은 의지할 중심을 잃었다. 선우는 한측(漢側)에 의해 살해되기도 하여 그 자리가 비워지니 소위 '선우의 공위(空位)'시대까지 나타나게 되었다. 흉노의 부민은 점차 노예로 전락해갔다. 후조(後趙)의 창업자인 명제(明帝) 석륵도 한때 낙양에서 장사도 했고, 또 두 호인들이 한 틀에 묶여져[兩胡一枷] 시장에 팔려갔던 노예의 한 사람이었던 것이다.[23]

---

21 余秋雨, 『尋覓中華』, pp.175~177. 「這種曠野之力, 來自大興安嶺北部的東麓. … 天佑鮮卑, 天佑北魏, 天佑中華. … 從公元五世紀後期開始 … 到孝文帝拓跋宏 … 他獨立施政只有九年時間.」

22 余秋雨, 『尋覓中華』 p.178. 「說到北魏孝文帝拓跋宏的改革, 我一直擔心會對今天中國知識界大批狂熱的大漢族主義者 · 大中原主義者帶來某種誤導.」

23 『晉書』 卷104 石勒載記上, pp.2707~2708. 「石勒, … 上黨武鄕羯人也. 其先匈奴別部羌渠之冑. …年十四, 隨邑人行販洛陽, 倚嘯上東門, 王衍見而異之, …太安中, 并州飢亂, 勒與諸小胡亡散, 乃自雁門還依甯驅. 北澤都尉劉監欲縛賣之, 驅匿之, 獲免. …會建威將軍閻粹說并州刺史 · 東嬴公騰執諸胡於山東賣充軍實, 騰使將軍郭陽 · 張隆虜群胡將詣冀州, 兩胡一枷. 勒時年二十餘, 亦在其中, 數爲隆所敺辱.」

흉노 이외의 종족, 특히 서융(西戎: 氐·羌)은 한제국의 정복정책에 따라 관중지역으로 천사되었다. 이들의 노예생활은 당연히 반란의 원인이 되었다. '서강(西羌)의 난(A.D. 107-117)'이 일어나 반란 군중은 감숙·섬서·사천·하동 지역을 삼키고, 하내(河內)·낙양을 궁박해 왔을 정도였다.[24] 삼국시대 위와 촉나라는 이들을 '용병'이나 호족(豪族)의 '노예'로 확보하기 위해 쟁탈전을 벌였다. 따라서 중원지역에 이민족의 인구증가가 두드러지게 되었다.

중원에서 반란과 같은 이민족의 문제가 발생하자, 이들 '융적(戎狄)'들을 원래 살던 곳으로 다시 옮겨내 쫓아야 한다는 주장이 제기되었다. 이런 주장은 미국에서 흑인을 노예로 구사하였던 백인들이 흑백 갈등이 문제되자 흑인의 원주지인 아프리카로 돌려보내자는 주장과 다름없는 것이었다. ① 조위시대 등애(鄧艾),[25] ② 서진시대의 곽흠(郭欽),[26] ③ 서진시대의 강통(江統) 등이 제창한 소위 '사융론(徙戎論)'이[27] 바로 그것이다. 이들 논자들의 대표격인 강통의 주장에 의하면 당시 융적의 수는 "이미 관중 100여 만의 인구 가

24 『後漢書』 卷87 西羌傳, pp.2898-2901, 「論曰: "羌戎之患, 自三代尙矣. 漢世方之匈奴, 頗爲衰寡, 而中興以後, 邊難漸大. 朝規失綏御之和, 戎帥騫然諾之信. 其內屬者, 或倥傯於豪右之手, 或屈折於奴僕之勤. …故永初之閒, 群種蜂起. 遂解仇嫌. 結盟詛, 招引山豪, …陸梁於三輔; 建號稱制, 恣睢於北地. 東犯趙·魏之郊, 南入漢·蜀之鄙, 塞湟中, 斷隴道, … 若二漢御戎之方, 失其本矣. 何則? …貪其暫安之埶, 信其馴服之情, 計日用之權宜, 忘經世之遠略, …" 贊曰: "金行氣剛, 播生西羌. 氐豪分種, 遂用殷彊. 虔劉隴北. 假僭涇陽. 朝勞內謀, 兵憊外攘."」

25 『三國志』 卷28 魏書28 鄧艾傳, p.776, 「是時并州右賢王劉豹并爲一部, 艾上言曰: "戎狄獸心, 不以義親, 彊則侵暴, 弱則內附, 故周宣有玁狁之寇, 漢祖有平城之圍. 每匈奴一盛, 爲前代重患. 自單于在外, 莫能牽制長卑. 誘而致之, 使來入侍. 由是羌夷失統, 合散無主. 以單于在內, 萬里順軌. 今單于之尊日疏, 外土之威寖重, 則胡虜不可不深備也. 聞劉豹部有叛胡, 可因叛割爲二國, 以分其勢. …此御邊長計也." 又陳: "羌胡與民同處者, 宜以漸出之, 使居民表崇廉恥之敎, 塞姦宄之路." 大將軍司馬景王新輔政, 多納用焉.」

26 『晉書』 卷97 北狄傳 匈奴, 「郭欽上疏曰: "魏初人寡, 西北諸郡皆爲戎居, 宜及平吳之威, 謀臣猛將之略, 出北地·西河·安定, 復上郡. 實馮翊, 于平陽以北諸縣募取死罪, 徙三河三魏見士四萬家以充之"」

27 『晉書』 卷 56 江統傳, pp.1529-1533, 「(江)統深惟四夷亂華, 乃作「徙戎論」. 其辭曰: 夫夷蠻戎狄, 謂之四夷, 九服之制, 地在要荒 … 反其舊土, 使屬國·撫夷就安集之. 戎晉不雜, 並得其所,…. 答曰: 且關中之人百餘萬口, 率其少多, 戎狄居半, 處之與遷, 必須口實. …去盜賊之原, 除旦夕之損, 建終年之益. 若憚暫擧之小勞, 而忘永逸之弘策.」

운데 반을" 차지하고 있었다.

'융적'들의 생활은 바로 '노예' 그것이었다. 질곡의 노예생활에 대해 마침 내 반발한 것이 바로 '영가(永嘉)의 상란'이라 명명되는 중국판 '노예해방전 쟁'이었다. 그들이 반란을 일으킨 목적은 두 가지다. 노예생활의 해방이요, 흉노와 한왕조가 우호관계를 맺었던 '호한야의 위업(呼韓邪之業)'의 부흥,[28] 즉 흉노국가의 재건이었다.

왕자들의 권력 쟁탈극인 '팔왕(八王)의 난'으로 서진왕조가 극도의 혼란에 빠지자 그동안 노예처럼 부림을 당하면서 절치부심하던 호족들이 굴기하 여 각각 행동에 나서기 시작하였다. 제일 먼저 흉노 일파의 영도자였던 유 연(劉淵)이 서진 회제(懷帝) 영가 2년(308) 나라[漢]를 세우고 산서성 서남지역 인 평양(平陽; 현재의 臨汾)에다 도읍을 정하였다.[29] 영가 5년(311) 4월 그의 장 군인 석륵(石勒)이 낙양성을 공격하면서 서진 왕공 이하 10여 만이 살해되었 고, 재상 왕연(王衍)과 서진의 종실 48왕이 모두 석륵에 의해 포로로 잡혀갔 다. 6월에는 유요(劉曜)와 왕미(王彌)의 군대가 마침내 낙양성을 점령하고 서 진의 황제 회제와 황태후 양씨(羊氏: 羊獻容; 惠帝의 황후)를 생포해 갔다. 이때 백관·사서 합쳐 죽은 자가 모두 3만 명이었으며, 낙양의 궁성은 불태워졌 다. 회제도 포로의 신세로 그들의 수도 평양으로 압송되어갔다.[30] 영가 7년

28 『晉書』 卷101 劉元海載記, pp.2648-2649, 「劉宣等固諫曰: "晉爲無道, 奴隸御我, 是以右賢王猛不勝其 忿. 屬晉綱未弛, 大事不遂, 右賢塗地, 單于之恥也. 今司馬氏父子兄弟自相魚肉, 此天厭晉德, 授之於 我. 單于積德在躬, 爲晉人所服, 方當興我邦族, 復呼韓邪之業, 鮮卑·烏丸可以爲援, 奈何距之而拯仇 敵! 今天假手於我, 不可違也."」
29 『晉書』 卷5 孝懷帝紀 永嘉2年(308)冬10月甲戌條, p.118, 「劉元海僭帝號于平陽, 仍稱漢.」
30 『晉書』 卷5 孝懷帝紀 永嘉5年(311)條, pp.122-123, 「四月戊子, 石勒追東海王越喪, 及于東郡, 將軍錢端 戰死, 軍潰, 太尉王衍·吏部尙書劉望·廷尉諸葛銓·尙書鄭豫·武陵王澹等皆遇害, 王公已下死者十餘 萬人. 東海世子毗及宗室四十八王尋又沒于石勒. 賊王桑·冷道陷徐州, 刺史裴盾遇害, 桑遂濟淮, 至于 歷陽. …六月癸未, 劉曜·王彌·石勒同寇洛川, 王師頻爲賊所敗, 死者甚衆. …丁酉, 劉曜·王彌入京師. 帝開華林園門, 出河陰藕池, 欲幸長安, 爲曜等所追及. 曜等遂焚燒宮廟, 逼辱妃后, 吳王晏·竟陵王楙· 尙書左僕射和郁·右僕射曹馥·尙書閭丘沖·袁粲·王緄·河南尹劉默等皆遇害, 百官士庶死者三萬餘

(313) 정월 원단, 평양의 광극전전(光極前殿)에서 연회가 열렸을 때, 서진 황제였던 회제에게 배당된 임무는 푸른 옷을 입고 술잔을 나르는[靑衣行酒: 奴隷가 하던 역할] 일이었다.[31] 흉노족은 중화의 천자에 대해 이렇게 통쾌하게 복수했다. 잡혀온 서진의 신하들의 울음소리가 궁성에 가득했다. 2월 1일, 짐독(鴆毒)에 의해 회제가 시해되었다. 황태후 양씨는 아직 젊었기 때문에 적국의 왕 유요의 황후가 되어 나름 만족한 삶(?)을 살았던 기구한 운명의 주인공이 되었다.[32]

한편 회제의 아들 민제(愍帝)도 얼마 후 장안에서 항복한 후 아버지처럼 평양으로 압송되었다. 유총(劉聰)은 민제를 거기장군(車騎將軍)으로 임명한 후 사냥대회 때에는 군복을 입혀 긴 창[戟]을 들고 선두에 나서게 하기도 하고, 또 연회가 열리면 술을 올린 뒤에 술잔을 씻게 하더니, 다시 옷을 갈아입히고는 수레의 차양[蓋]을 잡도록 하였다. 중화의 황제를 철저하게 '노예'로서 대접한 것이다. 그 후 18세의 나이에 살해되었다.[33] 중국 역사상 중원의 정통 황제가 적국의 '노예'가 되고, 황태후마저 적국 군주의 아내가 된 것은 전무후무한 일이었다. 중국학자들은 이 사건을 일러 "중원육침(中原陸沈)", "신주육침(神州陸沈)" 그리고 "중원윤함(中原淪陷)" 등 적당한 표현을 찾아 서

人. 帝蒙塵于平陽, 劉聰以帝爲會稽公.」

31 『晉書』卷102 劉聰載記, p.2663,「正旦, 聰讌于光極前殿, 逼帝行酒, 光祿大夫庾珉・王儁等起而大哭, 聰惡之. 會有告珉等謀以平陽應劉琨者, 聰遂鴆帝而誅珉・儁, 復以賜帝劉夫人爲貴人, 大赦境內殊死已下.」

32 『晉書』卷31 后妃傳上惠羊皇后, pp.967-968,「懷帝卽位, 尊后爲惠帝皇后, 居弘訓宮. 洛陽敗, 沒于劉曜. 曜僭位, 以爲皇后. 因問曰: "吾何如司馬家兒?"后曰: "胡可並言? 陛下開基之聖主, 彼亡國之暗夫, 有一婦一子及身三耳, 不能庇之. 貴爲帝王, 而妻子辱于凡庶之手. 遣妾爾時實不思生, 何圖復有今日. 妾生於高門, 常謂世間男子皆然. 自奉巾櫛以來, 始知天下有丈夫耳." 曜甚愛寵之, 生曜二子而死, 僞諡獻文皇后.」

33 『晉書』卷102 劉聰載記, p.2675,「聰校獵上林, 以帝行車騎將軍, 戎服執戟前導, 行三驅之禮」; 『晉書』卷5 孝愍帝紀 建興5年(317)冬10月丙子條, p.132,「劉聰出獵, 令帝行車騎將軍, 戎服執戟爲導, 百姓聚而觀之, 故老或歔欷流涕, 聰聞而惡之. 聰後因大會, 使帝行酒洗爵, 反而更衣, 又使帝執蓋, 晉臣在坐者多失聲而泣, 尚書郎辛賓抱帝慟哭, 爲聰所害. 十二月戊戌, 帝遇弑, 崩于平陽, 時年十八.」

술하곤 하였지만, 공식적으로는 "영가의 상란"이라 불렀고,[34] 이런 상황을 "오호난화(五胡亂華; 또는 五胡入華)"라 칭해왔다. 이런 상황이 출현된 배경에는 서진시대 사대부들의 도덕적인 일탈과도 물론 연관이 있겠지만,[35] 무엇보다 유목민족의 중원 진입이라는 역사적 사건이 있었다.

'오호'가 세운 십육국은 성한(成漢), 전조(前趙), 후조(後趙), 전연(前燕), 전량(前涼), 전진(前秦), 후진(後秦), 서진(西秦), 후연(後燕), 남연(南燕), 북연(北燕), 하(夏), 후량(後涼), 남량(南涼), 북량(北涼), 서량(西涼) 등 16개 나라이다. '오호'도 '십육국'도 당시 실정에 비추어 볼 때, 딱 들어맞는 용어는 아니지만,[36] 어쨌건 현재까지 그렇게 부르고 있다. 오호십육국시대는 304년부터 북위가 화북을 통일(439)하기까지 135년의 짧지 않은 기간에 20개가 넘는 나라들이 어지럽게 명멸했던 시대였다.

오호십육국은 그 왕조의 성격상 초기(漢〈前趙〉와 後趙), 중기(前秦의 통일), 후기(後秦과 後燕) 등 3기로 나눌 수 있다. 오호족이 문명의 땅인 중원에다 나라를 세웠지만 해결할 문제는 산적해 있었다. 호-호(胡-胡) 간의 문제도 심각하였지만, 가장 큰 문제가 역시 호-한(胡-漢) 간의 갈등의 해소와 통합이었다. 가장 먼저 나라를 세운 유연이 국호를 그 흔해빠진 '한(漢)'이라 명명한

---

34 永嘉라는 연호는 懷帝의 통치기간인 307−312년이지만, 304년 10월에 李雄이 成都王, 11월 劉淵이 漢王을 칭한 때부터(『晉書』卷4 孝惠帝紀 永安元年〈304〉冬11月條, p.104, 「李雄僭號成都王, 劉元海僭號漢王.」) '永嘉의 亂'이라 통상 칭한다.

35 『晉書』卷43 王戎 附從弟衍傳, p.1238, 「俄而擧軍爲石勒所破, 勒呼王公, 與之相見, 問衍以晉故. 衍爲陳禍敗之由, 云計不在己. 勒甚悅之, 與語移日. 衍自說少不豫事, 欲求自免, 因勸勒稱尊號. 勒怒曰: "君名蓋四海, 身居重任, 少壯登朝, 至於白首, 何得言不豫世事邪! 破壞天下, 正是君罪." 使左右扶出. 謂其黨孔萇曰: "吾行天下多矣, 未嘗見如此人, 當可活不?" 萇曰: "彼晉之三公, 必不爲我盡力, 又何足貴乎!" 勒曰: "要不可加以鋒刃也." 使人夜排牆塡殺之. 衍將死, 顧而言曰: "嗚呼! 吾曹雖不如古人, 向若不祖尙浮虛, 勠力以匡天下, 猶可不至今日." 時年五十六.」

36 3−5세기 중국의 서·북·동방에서 중국의 내지로 이주·활동한 소수민족(丁零·烏桓·夫餘·高句麗·巴·蠻·獠·胡)이 있었고, 당시 화북에는 十六國 외에 冉魏, 西燕, 前·後仇池, 翟遼의 魏 등의 왕조도 있었다. '十六'은 북위말 崔鴻(?−525)의 저서 『十六國春秋』에 의해서 공식화된 명칭일 뿐이다.

것도 백성의 절대 다수를 차지하는 한족에 대한 우호·유인책이라 할 수 있다. 아울러 후조의 명제 석륵도 군자영(君子營)을 만들어 한족의 의관인물·사족들을 특별히 초치하고 우대하였다.[37] 그러나 효과는 잘 드러나지 않았다. 아울러 유총은 호한 간의 충돌을 피하기 위해 부락제도[胡=單于左右輔]와 군현제도[漢=左右司隷]를 각각 별도로 설치하여 이중통치체제를 운영하기도 했다.[38] 또 선비 모용씨의 전연(前燕) 같은 나라는 한족 유민을 많이 모으고, 또 그 인심을 얻기 위해 강남에 있는 동진정권에 대한 우호[勤王]정책을 쓰기도 하였으나 일시적인 반짝 효과를 거두었을 뿐이다. 호한갈등으로 왕조들이 안정되지 못하고 전쟁이 빈발하니 10년을 채 넘기지 못하는 왕조도 생겼다. 한족은 한족대로 의지할 왕조를 찾지 못하고 종족(宗族)이라도 보존하기 위해 어쩔 수 없이 형제가 각기 다른 나라에 소속하는[39] 비극이 벌어지기도 하였다.[40] 차라리 강력한 이민족 왕조 아래에서 땅에 엎드려 사는 것이 더 나았다. 그러나 이미 자존심이 누더기처럼 닳아버린 한족, 아무 경험 없이 문명국을 차지한 호족들 그 어느 한쪽에게도 편안하지 않은 정국이 계속되었다.

이런 와중에서 호한융합의 하나의 길을 제시한 호족출신 제왕이 나타났으니 그이가 바로 우리나라에 불교를 전해준 전진(前秦)의 왕 부견(苻堅)이었다. 그는 호한융합의 문제에 대해 가장 먼저 진지하게 고민하고 나름 그 해답을 제시했던 사람이었다. 부견은 먼저 파격적인 인사정책인 수재탁수(隨才擢授)책을 썼는데 종족을 초월한 능력위주의 인사정책이다. 아울러 호-호

37 『晉書』卷104 石勒載記上, pp.2710-2711, 「(劉)元海授(石)勒安東大將軍·開府, 置左右長史·司馬·從事中郎, 進軍攻鉅鹿·常山, 害二郡守將, 陷冀州郡縣堡壁百餘, 衆至十餘萬, 其衣冠人物集爲君子營.」

38 『晉書』卷102 劉聰載記, p.2665, 「置左右司隸, 各領戶二十餘萬, 萬戶置一內史, 凡內史四十三. 單于左右輔, 各主六夷十萬落, 萬落置一都尉.」

39 『資治通鑑』卷88 晉紀10 愍帝建興元年(313)條, p.2798, 「(游)遳曰: "… 且亂世宗族宜分, 以冀遺種."」

40 朴漢濟, 「五胡前期政權과 漢人士族」, 『中國中世胡漢體制研究』, 서울: 一潮閣, 1988, pp.45-46; 朴漢濟, 「胡漢體制의 展開와 그 構造」, 『講座中國史』, 서울: 지식산업사, 1989, pp.71-73.

간의 갈등을 해결하기 위해 '화융정책(和戎政策)'을 채용했다. 이는 춘추시대 위강(魏絳)이 쓴 정책으로 "남의 수박밭에 물을 대주니 양과 송나라 사이에 전쟁이 중지되었다(澆瓜之惠, 梁宋息兵)"는 고사에 근거한 것인데, 자기의 살(이익)을 떼어내어 상대에게 먹이는 방식이라 할 수 있다. 예컨대 부견은 전연(前燕)의 수도 업(鄴)을 함락하고 그 군주 모용위(慕容暐)와 연후(燕后), 그리고 왕공 이하 백관을 모두 사면하고 수도 장안으로 옮긴 후 높은 작위를 내리고 적재적소에 차등 있게 배치하였던 것이다. 반면 자기 종친들은 오히려 위험한 변경지역에 전진 배치하였다. 이를 통해 난마처럼 얽힌 호−호 간의 갈등을 해소하려 하였다. 부견에게 가장 난제는 역시 한족의 동향이었다. 한족들에게 믿는 구석이 있었다. 서진이 멸망하려 하자 남쪽으로 줄행랑친 후 강남에다 망명정부를 세운 동진(東晉)정권이 나름으로 건재하고 있었기 때문이다. 동진을 그냥 두고 있는 한 한족문제를 해결할 수 없다는 사실을 안 부견은 동진을 없애는 길밖에 없다고 보았다. 외견상으로 볼 때 전쟁을 치를 충분한 준비가 된 것처럼 보였다. 화북은 통일되었고, 100만 대군이 확보되어 있었기 때문이다. 그러나 그는 전진의 군사들의 수를 너무 믿었고, '아사비야'가 고양되기에는 그의 집정기간이 너무 짧았다. 절박한 동진의 10만 군대에게 100만 대군이 당한 것이다. 나는 놈을 이기는 놈은 절박한 놈이다.

부견의 시도는 참담한 실패로 돌아갔지만 그가 추구한 해법은 바로 이후 북위시대의 여러 황제들과, 특히 당 태종에게 수용되어 실현되었다. 가뭄을 극복하는 길은 남의 밭부터 물주는 것이 제일 유효한 방법인지 모른다. 요즘 불교나 기독교에서 많이 쓰는 스스로를 '내려놓기'다. 부견은 종족주의를 극복하고 도의주의, 즉 보편주의를 표방함으로써 호한통합, 그리고 중국의 통일을 시도했다. 인사정책에서도 정복한 전연의 선비족을 적이 아니라 '일시동인(一視同仁)'해야 할 형제로 여겼다. 이런 이타적인 태도를 취함으로써 난립하던 화북지역을 통일시키는 일시적인 성과를 거두었지만, 그 성과는 표피적인 것이었다.[41] 아사비야의 수치만큼의 성취였던 셈이다.

II) 북위의 역할

부견이 쓰러진 후 화북지역은 다시 난마처럼 혼란에 빠졌다. 그 후 새로운 유목의 피가 화북 땅에 수혈되었다. 선비의 일파인 탁발족이 중심이 된 세력이었다. 그들은 제일 늦게 장성을 넘어 중원에 도착하였기 때문에, 중원에서 일어나는 일들을 미리 학습한 이점에다 활동무대였던 초원을 떠난 지 오래되어 유목민의 장기인 '아사비야'의 중요성을 잊어버렸던 다른 호족과는 달랐다. 흥안령산맥의 동록 수렵지대에서 서록 호륜패이(呼倫貝爾; 호륜베얼) 초원으로, 다시 흉노가 살던 옛땅[匈奴故地]까지 이르는 동안 '아홉 가지 어려움과 여덟 가지 장애[九難八阻]'를 겪어야 했다.[42] 이런 고난에 찬 이동과정은 이들 집단에게 아사비야를 북돋아주었다. 흉노가 살던 옛땅에 도달하는 과정에서 연변의 수많은 다른 유목민족을 합치게 되었다. 시조(始祖) 역미(力微)시기가 되면 활을 당기며 말을 타는 병사가 20여 만 명['控弦上馬二十餘萬']이라 할 정도로 북아시아 유목세계의 새로운 강자로 군림했고, 중원의 위나라와도 통교(通交)하는 등 중원지역의 정치와 사회에도 관심을 갖게 되었다.[43] 이후 서진시대가 되어 대공(代公)·대왕(代王)으로 봉해지니,[44] 북위의

41 朴漢濟, 「胡漢體制의 展開와 그 構造」, pp.74-78.
42 『魏書』 卷1 序紀, p.2, 「聖武皇帝諱詰汾. 獻帝命南移, 山谷高深, 九難八阻, 於是欲止. 有神獸, 其形似馬, 其聲類牛, 先行導引, 歷年乃出. 始居匈奴之故地.」
43 『魏書』 卷1 序紀, pp.3-4, 「始祖神元皇帝諱力微立. …二十九年, (沒鹿回部大人竇)賓臨終, 戒其二子使謹奉始祖. 其子不從, 乃陰謀爲逆. 始祖召殺之, 盡并其衆, 諸部大人, 悉皆欵服, 控弦上馬二十餘萬. 三十九年, 遷於定襄之盛樂. …於是與魏和親. 四十二年, 遣子文帝如魏, 且觀風土.」
44 『魏書』 卷1 序紀, pp.7-9, 「穆皇帝天姿英特, 勇略過人, 昭帝崩後, 遂總攝三部, 以爲一統. …三年, 晉并州刺史劉琨遣使, 以子遵爲質. 帝嘉其意, 厚報饋之. 晉懷帝進帝大單于, 封代公. 帝以封邑去國懸遠,

전신인 이른바 '대국(代國)'시대의 시작이었다. 이것은 대당제국을 향한 긴 여정의 작은 시작이기도 하였다.

제국 출현의 전제조건인 호한융합의 거보를 내디딘 호족왕조는 북위였다. 아사비야의 발동은 잘 알다시피 자기 것을 고집하지 않고 내려놓는 것에서 시작된다. 북위에 들어서 제일 먼저 시행한 정책이 태조 도무제(道武帝)의 '부락해산'이었다. 이는 부족민 모두를 황제에 직속시킴으로써, 군장 대인(大人)이 갖던 부족통솔권을 박탈하고 '부족'[45]·'씨족'이라는 기존의 단위 대신 '지역'을 조직 단위로 변경한 것이다. 즉 기존의 기간 조직인 부락을 해산하여 토지를 나누어주면서 호적에 편성된 편민[編民·編戶]을 일정한 토지에 정착시키는[分土定居] 구조로 재편성한 것이다.[46] 자기 세력의 기반이 된 부락조직마저 해체하는 초강수를 두었던 것이다. 이런 정책 덕분에 3대 태무제(太武帝)시기에 이르러 그동안 난마처럼 엉클어져 있던 화북을 통일하는 대과업을 성취할 수 있었다. 아울러 431년 대규모 '징사(徵士)'령을 발표하여 한족 고위인사 34인을 끌어모았다.[47] 아울러 태무제는 폐불과 함께 신도교(新道教: 天師道)의 국교화를 단행했으니,[48] 이 또한 탁발족의 '내려놓기'의 일

民不相接, 乃從琨求句注陘北之地. 琨自以託附, 聞之大喜, 乃徙馬邑·陰館·樓煩·繁時·崞五縣之民於陘南, 更立城邑, 盡獻其地, 東接代郡, 西連西河·朔方, 方數百里. 帝乃徙十萬家以充之. …八年, 晉愍帝進帝爲代王, 置官屬, 食代·常山二郡. …先是, 國俗寬簡, 民未知禁. 至是, 明刑峻法, 諸部民多以違命得罪.

45 유목민족에게는 部가 군사단위인 동시에 산업(유목)·생활단위이다.

46 『魏書』 卷113 官氏志, p.3014, 「登國初, 太祖散諸部落, 始同爲編民」; 『魏書』 卷83 賀訥傳, p.1812, 「離散諸部, 分土定居, 不聽遷徙, 其君長大人皆同編戶. 〈賀〉訥以元舅, 甚見尊重, 然無統領, 以壽終於家.」

47 高允이 지은 『徵士頌』에 나온 명단은 34명이다(『魏書』 卷48 高允傳, pp.1078-1081, 「後允以老疾, 頻上表乞骸骨, 詔不許. 於是乃著告老詩, 又以昔歲同徵, 零落將盡, 感逝懷人, 作徵士頌, 蓋止於應命者, 其有命而不至, 則闕焉. 群賢之行, 舉其梗概矣. 今著之於左: 中書侍郎·固安伯范陽盧玄子眞, …陳留郡太守·高邑子趙郡呂季才」).

48 『魏書』 卷114 釋老志, pp.3050-3053, 「(寇)謙之守志嵩岳, 精專不懈, 以神瑞二年十月乙卯, 忽遇大神, …稱太上老君. … 世祖欣然, 乃使謁者奉玉帛牲牢, 祭嵩岳, 迎致其餘弟子在山中者. 於是崇奉天師, 顯揚新法, 宣布天下, 道業大行. …及嵩高道士四十餘人至, 遂起天師道場於京城之東南, 重壇五層, 遵其新經之制, 給道士百二十人衣食, 齊肅祈請, 六時禮拜, 月設厨會數千人.」

환이며, 한족을 끌어들이기 위한 방책이었다.[49] 오호왕조(특히 後趙의 石虎)가 불교를 '호족의 종교'로서 친근감을 갖고 그 홍통에 힘썼던 정책과는 판이한 입장전환이기 때문이다.

아울러 북위 이후 호족정권의 일관된 정책인 '오호'와의 결별을 추진했다. 이를 선언한 표징이 '위(魏)'라는 중국식 국호의 채용이었다.[50] 그들이 '선비'라는 것 자체를 스스로 부정한 것은 아니지만, 삼대(三代)시대에서부터 진한까지 중국에 잔혹하게 해를 입힌 오호의 대표인 흉노 등과의 차별화를 선언했던 것이다. 선비 탁발씨로서는 한족에게 미증유의 상처를 입힌 '영가의 상란'에 직접 참여한 당사자가 아니었기 때문에 내세울 수 있는 논리이기도 했다. 그 노력의 결과는 화북의 재통일로 나타났던 것이다.

이 몇 가지 조처들로 호한의 갈등이 일거에 해소되는 것은 아니었다. 북위 태무제 때 일어난 이른바 '국사지옥(國史之獄)'은 한족 사족을 대규모로 살상한 사건인데, '징사' 조치 이후 약간의 자만심을 가지게 된 한인 사족들이 북위 황족의 어두운 과거를 의도적으로 들추어내어 도성 사거리에 비석을 세워 모독한 데서 비롯된 사화(史禍)였다. 한족 최고의 문벌출신으로 최고의 고관을 지내던 최호(崔浩)의 청하(淸河) 최(崔)씨를 비롯한, 범양(范陽) 노(盧)씨 등 당시 최고 한인문벌들이 이 사건으로 대거 살상되었다.[51] 호-한 간의 대충돌이었고, 이것이 당시 호한 간의 현주소이기도 했다.

그렇다고 이 사건으로 호한융합의 추진이 중단될 수 있는 것도 아니었다. 이후 문명태후(文明太后)와 효문제의 한화개혁은 그 고뇌의 산물이다. 특히 효문제는 태무제 단계의 호한 갈등구조를 해체하기 위해 오호정권들의 정

---

49   陳寅恪은 胡를 대표하는 長孫嵩과 漢을 대표하는 崔浩의 대결로 본다(「崔浩與寇謙之」, 『金明館叢稿初編』, 上海: 上海古籍出版社, 1980, p.136).

50   何德章, 「北魏國號與正統問題」, 『歷史研究』 1992-3.

51   周一良, 「關于崔浩國史之獄」, 『中華文史論叢』 1980-4.

통성을 부정하고 진(晉=서진-동진)의 계승왕조임을 분명히 선언하였다. 북위는 서진[金德]→후조[石趙: 水德]→연[木德]→전진[火德]→북위[土德]로 계승되는 것으로 보아 토덕을 채용하자는 한인 고관 고려(高閭)의 주장이 있었지만, 효문제는 수덕(水德)을 채용함으로써 북위왕조가 서진의 금덕(金德)을 바로 계승했음을 확실히 했다.[52] 즉 북위가 오호십육국을 계승한 나라가 아님을 천하에 표방함으로써, 남조의 송·제 왕조를 부정하고, 한→위→서진→동진→북위로 이어지는 정통왕조로서 계통성을 확립하려 한 것이었다.

아울러 한족 고유의 제도를 채용하는 통 큰 양보를 단행하였다. 토지제도와 촌락제도를 모방하여 균전제를 만들었고, 또 삼장제(三長制)를 실시했다. 특히 효문제의 한화정책은 국가의 성질 자체를 바꾸려 했던 것이다. 즉 유목호족중심의 국가에서 농경한족중심의 국가로 변화시키려 했던 것이었다. 호풍(胡風)을 금지하는 대신, 한풍(漢風)으로 돌리고, 호한통혼을 장려하였다. 자기의 성인 호성(胡姓; 복자성=拓跋)을 한성(漢姓: 단자성=元)으로 바꾸도록 지시했다. 도성을 평성(平城: 山西; 유목·반농반목지대)에서 천년고도(千年古都)인 낙양(완전 농경지대)으로 천도를 단행했다.

태조(도무제) 이래 특별한 훈공을 세운 선비족의 최고 관작 가문인 팔성(八姓: 穆·陸·賀·劉·樓·于·嵇·尉)을 한족의 사성(四姓: 崔·盧·王·李 혹은 鄭)과 동등시한 조처인 성족분정책(姓族分定策)을 통해[53] 부족제(혈연의 틀에 기반한 국가형성=부족연합의 형태)를 한족의 귀족제(貴族制=신분제도에 기초한 관료조직. 지역·

---

52 『魏書』卷108-1, 禮志4-1 祭祀上, pp.2746-2747, 「(太和)十五年正月, 侍中·司空·長樂王穆亮, … 中書侍郎賈元壽等言: "…尙書高閭以石承晉爲水德, 以燕承石趙爲木德, 以秦承燕爲火德, 大魏次晉爲土德, …臣等謹共參論, 伏惟皇魏世王玄朔, 下逮魏·晉·趙·秦·二燕雖地據中華, 德祚微淺, 並獲推敍, 於理未愜. …今欲從(李)彪等所議, 宜承晉爲水德." 詔曰: "…便可依爲水德, 祖申臘辰."」

53 『魏書』卷113 官氏志, pp.3014-3015, 「太和十九年, 詔曰: "代人諸胄, 先無姓族, 雖功賢之胤, 混然未分. 故官達者位極公卿, 其功衰之親, 仍居猥任. 比欲制定姓族, 事多未就, 且宜甄擢, 隨時漸銓, 其穆·陸·賀·劉·樓·于·嵇·尉八姓, 皆太祖已降, 勳著當世, 位盡王公; 灼然可知者, 且下司州·吏部勿充猥官, 一同四姓.…" 於是昇降區別矣.」

출신·종족의 구별을 무시, 모든 가족을 통일적으로 배열함)로 바꾸었다. 효문제의 이런 정책들은 어떤 면에서 '보편적인 제도'로의 지향이라 할 수 있지만 사실 살을 깎는 '자기부정'이라는 표현이 더 적절하다. 이를 통해 호한 양족을 하나로 묶어, 그 힘으로써 남조를 평정하고, 중국 재통일을 달성할 목적이었던 것이다. 이 정책은 호족출신 황제로서 '제국'의 건설이라는 먼 미래를 향한 단호한 조처임에 틀림이 없다.

이렇게 하여 호한이 혼합된 북위가 재탄생하였다. 여추우는 "당나라가 '대당'이라 불리는 이유는 바로 순수하지 않음 때문이었다. 역대 많은 학자들이 중국문화의 순수성을 추구하려 하였지만, '절대 순수'라고 말할 수 있는 것은 없다. … 다만 북위는 '순수하지 않는 대당'을 위해 가장 열심히 준비작업을 했다. 깨끗하지도 순수하지도 않기 때문에 점점 더 드넓은 길을 만들 수 있었다"[54]고 한 것은 이런 연유에서이다. 또 노신(魯迅)이 "옛사람들이 당나라가 왜 이처럼 강성한가에 대해서 당황실에 오랑캐 기질이 농후하기 때문이라 했다."[55]라고 하였듯이 대당제국의 힘은 바로 호족이 극동적으로 추진한 호한통합을 빼고서는 설명되지 않는다.

III) '육진(六鎭)의 난'과 호한합체의 관롱집단(關隴集團)의 탄생

효문제의 나름 단호한 일련의 한화정책들은 의도와는 달리 호한의 갈등 구조를 오히려 심화시켰다. 이 정책들로 호족적인 시스템이 금방, 그리고 완전히 소멸되지도, 그럴 수도 없었기 때문이었다. 그의 개혁의 가장 큰 걸림 돌은 국가의 근간인 군대의 향방이었다. 북위 군대의 주력은 여전히 호족으

---

54 余秋雨, 『尋覓中華』, p.184. 「大唐之所以成爲大唐, 正在于它的不純淨. 歷來總有不少學者追求華夏文化的純淨, … 北魏, 爲不純淨的大唐作了最有力的準備. 那條因爲不純淨而變得越來越開闊的大道…」
55 魯迅, 『魯迅全集』 第12卷(北京:人民文學出版社, 2005) 書信 「致曹聚仁」, p.404. 「古人告訴我們唐如何盛, 明如何佳, 其實唐室大有胡氣, 明則無賴兒郞.」

로 구성되어있기 때문이다. 북위의 병사는 ① 선비를 중핵으로 하고, ② 정령(丁寧; 敕勒)·저·강 등[56] 여러 타 종족이 참여하는 형식으로 구성되었다. 효문제 사후 중앙정치는 귀족(주로 한족)과 군대(주로 호족) 사이의 반목과 알력으로 치달았고, 거기에 군인이 개입한 것이 바로 북위 멸망의 주된 원인이 되었다.

귀족주의로 편향된 정책은 자연 병사들의 불만을 야기하게 되었다. 효명제시기 한족 귀족의 후견인이었던 영태후(靈太后; 胡太后; 선무제 비=귀족파)와 호족군사세력의 대표인 영군장군(領軍將軍)과의 항쟁이 날로 치열해졌다. 이런 와중에 근위군 병사들이 동요하기 시작했다. 먼저 중앙 근위군(近衛軍)인 우림(羽林)·호분(虎賁) 병사들이 519년 장중우(張仲瑀)의 집을 방화하고 일족을 살상한 사건을 일으켰다. 종래 군인들이 그 훈공에 따라 자격을 얻어 관료로 임명되던 관행을 깨고 병사들을 임관코스로부터 배제시켰던 자가 바로 장중우였기 때문이다.[57]

효문제 한화정책의 핵심은 무엇보다 낙양 천도에서 상징적으로 표현되었다. 이것은 북위 국가의 중심뿐만 아니라 정책의 방향도 북방에서 남쪽으로 이동시킨 것을 말한다. 따라서 북방 육진의 중요성이 상실된 것도 불을 보듯 뻔했다. 북방 유연(柔然) 문제가 거의 해결됨에 따라, 국가정책방향도 자

---

56 북위 병사들이 다종족으로 구성되었다는 것은 太武帝가 盱眙城을 공략할 때, 남조 宋나라 臧質에게 보낸 편지에 잘 드러나고 있다(『宋書』卷74 臧質傳, p.1912, 「壽與質書曰: "吾今所遣鬪兵, 盡非我國人, 城東北是丁零與胡, 南是三秦氐·羌. 設使丁零死者, 正可減常山·趙郡賊; 胡死, 正減幷州賊; 氐·羌死, 正減關中賊, 卿若殺丁零·胡, 無不利"」).

57 『魏書』卷84 張彝傳, p.1432, 「第二子仲瑀上封事, 求銓別選格, 排抑武人, 不使預在清品. 由是衆口喧喧, 謗讟盈路, 立榜大巷, 剋期會集, 屠害其家. 彝殊無畏避之意, 父子安然. 神龜二年二月, 羽林虎賁幾將千人, 相率至尚書省詬罵, 求其長子尚書郎始均, 不獲, 以瓦石擊打公門. 上下畏懼, 莫敢討抑. 遂便持火, 虜掠道中薪蒿, 以杖石爲兵器, 直造其第, 曳彝堂下, 捶辱極意, 唱呼嗷嗷, 焚其屋宇. 始均·仲瑀當時踰北垣而走. 始均回救其父, 拜伏群小, 以請父命. 羽林等就加毆擊, 生投之於烟火之中. 及得尸骸, 不復可識, 唯以髻中小釵爲驗. 仲瑀傷重走免.」

연스럽게 남조로 향하게 되었다. 호족중심의 국가에서 한족중심의 귀족제 국가로 그 시스템이 변화된 것을 말한다. 또 이제까지 국가의 운영에 있어 서 작동했던 부족제적 원리가 관료제(≒귀족제)적 원리로 변화되었음을 의미한다. 북위의 귀족제국가로의 변질은 중앙 금위군의 불평을 야기시켰지만, 그보다 삭풍이 몰아치는 북방 대유연 전선인 육진에서 추위에 떨며 고생하는 북변의 병사(鎭將·鎭兵)들에게는 더욱 아픔이 될 수밖에 없었다.

본래 그들은 북위 건국의 명예로운 전사들의 후예로 그 훈공에 따라 중앙 관계에 올라 입신의 길이 활짝 열렸던 병사들이었다. 이들은 효문제의 귀족 제 도입으로 인해 그 출세의 길이 막혔을 뿐만 아니라, 보충병으로 오는 자들이 죄수들로 채워지는 참담한 현실을 목도하게 되었다. 즉 한족출신 진민 (鎭民)들이 북진에서 빠지고, 북방 호족 출신과 죄수들만 남게 되었다. 한때 명예로웠던 병사, 진민이 범죄인과 다름없게 되었던 것이다.

524년(孝明帝 正光 5년; 『資治通鑑』에는 523년[58]), 육진의 하나였던 옥야진민(沃野鎭民) 파락한발릉(破落汗拔陵: 破六韓拔陵)이 옥야진의 진장을 살해하고 반기를 들고 독자적인 연호[眞王元年]를 세워 북위 왕조를 부정하기에 이르렀다.[59] 이후 무천진(武川鎭)·회삭진(懷朔鎭) 두 군진을 공략하자 반란은 육진 전역으로 확대되었고,[60] 525년 초에는 동쪽으로 요서, 서쪽으로 감숙 동부까지 장성 일대가 반란군의 장악 아래에 놓이게 되었다.

마침내 무천진을 중심으로 하는 군사세력이 반란군을 이끄는 중심이 되어 남쪽으로 유동하기 시작했고, 북위 전역은 금방 반란의 소용돌이 속에 빠

---

58 『資治通鑑』 卷149 梁紀 武帝普通4年(523)條, p.4674, 「及柔然入寇, 鎭民請糧, (于)景不肯給, 鎭民不勝忿, 遂反, 執景, 殺之. 未幾, 沃野鎭民破六韓拔陵聚衆反, 殺鎭將, 改元眞王.」

59 『魏書』 卷9 肅宗孝明帝紀 正光5年(524)3月條, p.235, 「沃野鎭人破落汗拔陵聚衆反, 殺鎭將, 號眞王元年. 詔臨淮王彧爲鎭軍將軍, 假征北將軍, 都督北征諸軍事以討之」; 『魏書』 卷9 肅宗孝明帝紀 孝昌元年 (525)8月條, p.241, 「柔玄鎭人杜洛周率衆反於上谷, 號年眞王, 攻沒郡縣, 南圍燕州.」

60 柔玄鎭의 杜洛周와 懷朔鎭의 鮮于脩禮가 이에 호응하였다.

도판 13 | 武川鎭 풍경(필자 촬영)

져 마침내 붕괴 직전으로 치닫고 말았다. 북방 육진에서 일어난 반란의 군중은 남으로 도성 낙양을 향하였다. 이 과정에서 반란의 두 우두머리가 화북을 반분하게 되었다. 동쪽 관동[關東: 현재의 하북성·산동성]은 고환(高歡)이, 서쪽 관롱(關隴: 현재의 陝西省과 甘肅省)지역[關西]은 우문태(宇文泰) 세력이 주도하게 된 것이다. 이들이 북위왕조를 분열시켜 동위·서위를 세우더니 그 후손이 각각 북제와 북주왕조를 이어서 창업하게 된다.

우문태는 북진 반란의 주축이 된 호족 병사·무장[北鎭武將]과 관서지역의 기층 한족[關西豪族]을 합작시켜 소위 '관롱집단'이라는 정치집단을 조직한다. 이 관롱집단이 바로 대당제국을 창업하는 중심 정치군사세력이었다. 관롱집단은 호와 한, 군인과 사인, 지식인과 서민들이 콘크리트처럼 단단하게 일체화된 정치세력집단이었다.[61] 그 결성의 목적에는 당시 동방의 동위와

61   陳寅恪, 『唐代政治史述論稿』, 上海: 上海古籍出版社, 1982, p.48.

남방의 양, 두 왕조에 비해 정권의 정통성이나 군사·경제 등 자체 역량에서 약세를 면치 못하던 우문태 세력이 처한 내·외부의 난제를 돌파·해결하려는 데 있었다.[62] 관롱집단은 어떤 경로를 거쳐 탄생하게 된 것인가? 북진 육진에서 출발한 우문태를 중심으로 하는 군벌들은 반란의 와중에 여러 경로를 거쳐 유동하다가 다양한 동기로 관롱지역으로 흘러들어가게 된다. 마침 괴멸 일보 직전의 북위왕조는 반란 군중을 장악한 서쪽의 우문태와, 관동지방의 고환의 세력으로 반분된다. 당초 병력 수에서나 물산 등 모든 면에서 우문태는 고환의 상대가 되지 않았다. 우문태 세력을 최후의 승자로 만들었던 것이 관롱집단이 지향한 협력정신이었다. 관롱집단은 혈연에 입각한 집단이 아니었다. 혈연을 뛰어넘어 잡다한 구성원을 관롱이라는 작은 용광로에 넣어 혼일화시킨 것이었다. 이 집단에서는 갈등보다 단결이 우선시되었다. 후대 수조의 속망(速亡)이 원래 관롱집단이 추구하고 중점을 두었던 단결을 깬 양씨(楊氏)에 대한 실망감에서 비롯되었다고 진단하는 것[63]은 이 때문이다. 청대 학자 조익은 단결력을 파괴한 양씨의 한 사람인 양제가 묘하게도 관롱집단의 중심 우문씨의 또 다른 손[우문화급(宇文化及)]에 시해된 것은 '천도(天道)'의 작용이라고 하였다.[64]

당초 관롱집단은 작은 정치집단에 불과하였다. 칭기즈칸이 그랬던 것처

---

62 陳寅恪, 『唐代政治史述論稿』, p.15.

63 『隋書』 卷62 裵肅傳, p.1486, 「屬高祖爲丞相, 肅聞而歎曰: "武帝以雄才定六合, 墳土未乾, 而一朝變革, 豈天道歟";『隋書』 卷40 王世積傳, p.1172, 「高祖受禪, … 嘗密謂(高)熲曰: "吾輩俱周之臣子, 社稷淪滅, 其若之何." 熲深拒其言」;『資治通鑑』 卷174 陳紀8 宣帝太建12年(580)7月條, p.5421 「李德林曰: "公(楊堅)與諸將, 皆國家貴臣, 未服從, 今正以挾令之威控御之耳.";『資治通鑑』 卷175 陳紀8 宣帝太建13年(581)條, p.5436, 「上柱國竇毅(宇文泰女壻)之女, 聞隋受禪, 自投堂下, 撫膺太息曰: "恨我不爲男子, 救舅氏之患!" … 及長, 以適唐公李淵.」

64 『卄二史箚記』 卷15 「隋文帝殺宇文氏子孫」, pp.332-333, 「古來得天下之易, 未有如隋文帝者, … 于是周文帝子孫盡矣. 于是煬帝之子孫亦無遺種矣. …而煬帝之死, 又巧借一姓宇文者之手以斃之, 此豈非天道好還之顯然可據者哉.」

럼. 우문태를 비롯한 최고직의 구성원들은 북진지역의 중소군벌이었고, 관서지역의 한인 호족의 사회적 위상도 그리 높지 않았다. 원래 큰 성공은 작고 못나고 초라한 데서 시작하는 법이다. 원래 목마른 자가 우물을 파고 사회적 약자들이 더 잘 단결하는 법이다.

우문태 이후 정치집단이 지향한 것은 화합과 공존이었고, 따라서 그런 정신에서 정책이 수립되었고, 또 추진되었다. 호족 출신 우문태 등은 관롱지역의 한족들과 연합하기 위해 몇 가지 비상한 정책들을 제시했다. 그 하나가 '호성재행(胡姓再行)'정책이었다.[65] 이것은 효문제의 한화정책에 의해 자기 본래의 성씨를 잃어버려 의기소침한 호족병사들에게 사기를 불어넣는 정책이기도 했다. 탁발씨 등 선비뿐만 아니라 대부분의 호족들은 그 고유의 성씨를 회복했다. 원(元)씨로 개성했던 자들이 다시 탁발(拓跋)씨로 돌아왔다. 그들의 황금시대라 할 수 있는 '삼십육국 구십구성(三十六國 九十九姓)'시대의 영광을 재현한다는 명분이었다. 이 조치는 유목적인 발상에서 출발한 것이었다. 유목민족에게는 원정을 위해 출병할 때 그 군단의 단결을 위해 모든 병사의 성을 지휘관의 성으로 바꿈으로써 그들을 의제적인 형제와 친족으로 엮는 특유의 관행이 있다. 현재 청해성(靑海省)과 감숙성 변경에서 유목생활을 하는 유목민인 몽구르(Monguor)족이 여전히 이런 관행을 유지하고 있다.[66] 즉 '아사비야'의 인위적인 창출·제고를 위한 유목민 특유의 방법이다. 문제는 한족이었다. 한족에게는 호족의 성을 줌[賜姓]과 동시에 높은 작위(爵位)와 넓은 봉지(封地)라는 인센티브를 주는 방식으로 그들도 호성재행정책

65　朴漢濟, 「西魏·北周時代 胡漢體制의 展開－胡姓再行의 經過와 그 意味」, 『魏晉隋唐史硏究』 創刊號, 1994.

66　Louis M. J. Schram, *The Monguors of the Kansu－Tibetan Frontier Part I : Their Origin, History, and Social Organization*, Philadelphia: American Philosophical Society, 1954, p.34; Lawrence Krader, *Social Organization of the Mongol－Turkid Pastoral Nomads*, The Hague: Mouton, p.333.

에 적극적인 참여를 유도했다. 이렇게 되자 호족과 한족은 의제적이지만 '친족(親族)'이 된 것이다.[67] 그리고 한족의 전통인 본관(本貫)제도를 채용하여 관롱 각지에 재지정함으로써 각각 호한 모두의 새로운 향리로 삼게 했다. 이로써 본래의 지역과 종족을 초월한 호한인민이 '동향민(同鄉民)'인 동시에 '친족(親族)'이라는 강한 연대의식을 새롭게 갖게 되었다. 본관제도는 한족적인 전통의 계승이다. 호족의 성을 재행하여 호족의 위신을 세워주는 대신, 한족에게는 그 고유한 전통인 본관제도를 채용하여 줌으로써 그들을 감쌌던 것이다. 호성재행을 통하여 군대조직도 호한합작의 군제로 개편하였다. 이 것이 바로 부병제이다. 관롱집단이라는 정치집단이 이끌어갔던 서위–북주–수–초당시기 150여 년 간의 국가체제를 '부병제국가'[68]라고 지칭한 것처럼 부병제는 통일에 기여했을 뿐만 아니라, 수당 세계제국을 유지하는 군사역량이 었다. 또한 이 네 왕조들이 모두 군사국가적인 성격이 강하였다는 것을 말하는 것이다. 사실 이 시기에 일어난 왕조교체들도 관롱집단 내의 권력투쟁의 결과에 불과하였다.

부병제의 근원이 된 것은 24군 제도였으며, 그 제도가 갖는 유목성은 여러 학자들에 의해 이미 주장된 바 있다. 즉 '오구즈(Ôǧûz)가칸의 전설'[69]뿐만 아니라 흉노의 24장(長)제도와 '만기(萬騎)'[70]의 조직형태는 단석괴(檀石槐)의

---

67 朴漢濟, 「西魏北周時代胡姓의 重行與胡漢體制 —向"三十六國九十九姓"姓氏體制回歸的目的和邏輯—」, 『北朝硏究』 1993–2.

68 谷川道雄, 「府兵制國家論」, 『增補 隋唐帝國形成史論』, 東京: 筑摩書房, 1998.

69 오구즈는 한문사료에서 '鐵勒'집단에 속하는 '烏紇' 혹은 '袁紇'에서 시작하여 후에 九姓鐵勒이라는 이름으로 부족통합체를 이루어 突厥과 대립하고, 7–8세기 서방으로 이동하여 8–9세기 시르河 중·하류에 정착하여 이슬람화한 종족이다. 오구즈족의 시조가 오구즈 가칸이다(Rashid al-Din Tabib 著, 김호동 譯註, 서울: 사계절, 2002의 제1편 오구즈족 참조). 12–13세기 이후 오구즈 가칸이 먼저 여섯 아들을 左右 兩翼으로 배치하고 그 組 밑에 있는 각각의 네 아들이 군사를 담당하여 모두 24개의 軍事集團을 이루는 특수한 형태를 말한다[杉山正明, 『モンゴル帝國と長いその後(興亡の世界史09)』, pp.85~91].

70 흉노의 군주[單于]가 中央部를 장악하면서 南面하고 그 右(西)에 右賢王 12長, 그 左(東)에 左賢王이 이끄는 12長이 배치되어 총 24長이 각각 '萬騎'를 통할한다(『史記』 卷110 匈奴列傳, p.2890, 「置左右賢王,

206 대당제국과 그 유산

선비제국, 그리고 토욕혼(吐谷渾), 유연(柔然), 돌궐 및 토번(吐蕃) 등 유목형 국가와 정권에서 군사·정치제도로서 답습되었다.[71] 관롱집단은 6주국대장군(柱國大將軍) 이하 12대장군(大將軍) 24개부의동삼사(開府儀同三司)라는 조직을 그 근간으로 삼고 있다. 우문태가 이끄는 24군은 각 4군(주국대장군) 혹은 1군(개부의동삼사)을 이끄는 유력자들의 연합체인 것이다.[72] 이렇게 탄생한 부병제는 호와 한[夏]이 그 구성상 반반의 균형을 이루며, 모두 황제의 시관(侍官=천자를 侍從하는 관)으로서 위치를 확보하게 되니, 육진의 난 이후 호족병사들은 명예로운 전사로서 위상을 다시 얻게 된 것이다.[73] 효문제가 지향했던 문관 위주의 남조식 귀족주의 하의 병사가 한족식 병사였다면 이들 왕조들의 병사는 호한 합작의 병사였다.

아울러 우문태는 『주례(周禮)』 관제를 채용함으로써 황제(黃帝)의 후손이라는 점을 강조하고, '(복)희(신)농의 정치'를 회복하는 것을 선언함으로써 한족의 위신도 높여주었다. 우문태가 취한 이런 정책은 호한의 절묘한 절충이었다. 이는 또 남조 왕조들이 (전·후)한과 (조)위왕조의 정삭(正朔)을 계승하고 있다는 논리에 대한 사상적인 반격이기도 하였다. 왜냐하면 『주례』 관제의 채용은 남조 정통성의 기반인 '한위지제(漢魏之制)'를 초극하고 그보다 더 오랜 전통을 가진 서주시대의 제도를 채용한 것이기 때문이다. 또 서주왕조는 바로 '이하(夷夏), 즉 호한이 분리되지 않았던 시대(戰國시대 이전)'라는 점도

左右谷蠡王, 左右大將, 左右大都尉, 左右大當戶, 左右骨都侯. 匈奴謂賢曰'屠耆', 故常以太子爲左屠耆王. 自如左右賢王以下至當戶, 大者萬騎, 小者數千, 凡二十四長, 立號曰'萬騎'.

71 杉山正明, 『モンゴル帝國と長いその後(興亡の世界史09)』, p.90.

72 鮮卑拓跋部를 축으로 형성된 代國-北魏-東魏-西魏-北齊-北周-隋-唐은 中華風의 왕조명을 띠었지만 실체는 '拓跋國家'라 불러도 좋을 국가·정권이었다. 匈奴 이래 遊牧系 武人의 전통·체질이 짙어 中華帝國의 典型이라 여기는 唐朝마저 '異族들이 만든 新中華'였다. 6인의 권력자가 그 밑에 배치된 4인의 영수들(關隴集團)이 바로 '오구즈 가칸의 전설'의 先行者였다.

73 『隋書』 卷24 食貨志, p.680, 「建德二年(當作三年)改軍士爲侍官, 募百姓充之, 除其縣籍, 是後夏人半爲兵矣.」

감안된 것이었다. 호와 한 모두를 적절하게 만족시킴으로써 대통합의 촉매로 삼았던 것이다.[74]

또 24군은 호족 반란세력(북진군장)과 관서의 향병집단(향리의 豪族과 민중)의 합작을 통해 서위-북주왕조를 이끌고 가는 원동력이 되었다.[75] 북주를 건국하고 동위-북제의 고(高)씨 정권을 격파하고 화북을 통일시켰던 관롱집단은 서위-북주-수를 거쳐 당의 측천무후(혹은 현종)시기까지 150년 간 계속 군림하는 대당제국의 주체세력이 되었다. 반면 동위·북제가 나아간 길은 호한의 반목과 갈등이었고,[76] 그들의 말로는 천 수백 년 동안 옥수수 밭으로 남아있는 그 도성 업도가 여실히 말해주고 있다.

3. 호인의 자기 변신과 대당제국의 탄생

1) '융적이류(戎狄異類)'로부터의 탈출의 길

'관롱집단'이 성립됨으로써 위로부터의 합작은 일단 성립된 것이다. 300여 년 동안 중국 북방을 지배해 온 호족의 통치자들에게 호한의 통합은 지상 과제였지만, 그것으로 끝나는 것이 아니었다. 소수의 고위층보다 기층 민중으로부터 지지를 얻어내는 것이 무엇보다 중요하기 때문이다. 즉 상부뿐만 아니라 하부에서도 호한의 통합이 필요한 것이다. 그러기 위해서는 무엇보다 기층 한족 민중의 지지를 얻는 것이 중요했다. 이런 정책은 이미 전진의 부견과 북위의 효문제에 의해 일부 추진되기도 했다.[77] 더 나아가 당시 통치자들의 원류가 근본적으로 '호족'이 아니었다는 것을 보여주는 것도 호

74 朴漢濟, 「西魏-北周時代『周禮』官制의 採用의 經過와 그 意味」, 『中國學報』 42, 2000.
75 朴漢濟, 「西魏北周時代的賜姓與鄕兵의 府兵化」, 『歷史研究』 1993-4.
76 朴漢濟, 「東魏·北齊時代의 胡漢體制의 展開-胡漢葛藤과 二重構造」, 『分裂과 統合-中國中世의 諸相』, 서울: 지식산업사, 1998.
77 陳寅恪, 『唐代政治史述論稿』, p.15.

한통합을 위한 유효한 방법이라고 여겨졌다. 그러나 호족 통치자를 둘러싼 환경은 그리 호락호락하지 않았고 여전히 엄중하기만 했다. 사실 '오호'가 아니라고 부정한다고 해서 쉽게 부정되는 것은 아니기 때문이다. 오호십육국의 성립 이후 북방 유목민족 출신의 왕조가 종족적으로 '오호'라는 틀에서 벗어나는 데는 긴 시간이 소요되었다. 그러다 보니 자포자기해 버린 제왕들도 있었다. 당시 호족 황제들 스스로도 자기 비하감에 빠져 있었다. 한족 사인보다 더 고전 등 중국문화에 밝음이 인정되는 것이 나름으로 좋은 방법이라는 것도 어슴푸레 알게 되었다. 그러나 그것도 쉬운 일이 아니었다. 공부란 그 자체가 어려운 과업이지만, 지근의 사람들의 격려가 무엇보다 필요하다. 오히려 무관심이 더 나을 때가 많다. 부견의 조부 부홍(苻洪)이 공부하려는 부견에게 "너는 융적이류라서, 세상 사람들은 네가 술을 좋아할 것이라 여겼는데, 지금 학문을 구하려 하느냐!(汝戎狄異類, 世知欲酒, 今乃求學耶!)"[78]라며 핀잔을 주었다. 이는 핀잔이 아니라 격려로 읽힐 수도 있다. 그러나 더 중요한 것은 사회분위기이다. 그런데 "융인(戎人)으로 제왕이 된 자는 없었지만 명신(名臣)으로 공업을 이룬 자는 있었다"[79]는 것이 당시 한족뿐만 아니라 호족의 공통적인 생각이었다. 호족출신 군주들에게 그나마 위안을 주었던 것은 순(舜)·문왕(文王) 등 중국고대 성인들의 출생지가 이적의 땅이었다는 『맹자』의 주장이나[80] 당시 지방을 따지지 말고 수재를 선발해야 한다는

---

78 『晉書』卷103 苻堅載記上, p.2884, 「八歲, 請師就家學. (苻)洪曰: "汝戎狄異類, 世知飲酒, 今乃求學邪!" 欣而許之.」

79 『晉書』卷104 石勒載記上, p.2715, 「劉琨遣張儒送王于(石)勒, 遺勒書曰: "將軍發迹河朔, 席卷兗豫, 飲馬江淮, 折衝漢沔, 雖自古名將, 未足爲諭. …自古以來誠無戎人而爲帝王者, 至於名臣建功業者, 則有之矣.";『晉書』卷104 石勒載記上, p.2721, 「(王)浚謂(王)子春等曰: "石公一時英武, 據趙舊都, 成鼎峙之勢, 何爲稱藩于孤, 其可信乎?" (王)子春對曰: "…且自古誠胡人而爲名臣者實有之, 帝王則未之有也.」

80 『孟子』離婁下, 「孟子曰: 舜生於諸馮, 遷於負夏, 卒於鳴條, 東夷之人也. 文王生於岐周, 卒於畢郢, 西夷之人也. 地之相去也, 千有餘里, 世之相後也, 千有餘歲, 得志行乎中國, 若合符節, 先聖後聖, 其揆一也.」

주장 정도였다.[81] 그런 주장에 힘입어 통치자의 출생지가 호지냐 한지냐의 여하가 중요한 것이 아니라, 덕의 유무가 더 중요하다는 등 당시로서는 그리 신선하지 못한 항변이 나왔다.[82]

그런 옹색한 국면을 벗어나기 위해서는 한족이 한족답다고 자부하는 그들만의 장점을 배워 획득하는 데 진력하는 수밖에 없다. 융적이류에서 벗어나는 거의 유일한 방법이 '구학(求學)'임을 알았기 때문이다. "참위제군유문학(僭僞諸君有文學)"이라는 청대 대학자 조익의 유명한 글이 있듯이[83] 오호십육국의 군주들 중에서 중국 고전을 익혀 한인 대학자 못지않게 된 자가 많았다. 부견도 석륵도 그러하였다. 초원을 달리던 유목민이 책상 앞에 앉는 고통 속에 그 학습의 효과는 점차 나타나기 시작했다. 석륵은 그를 모셨던 모사 장빈(張賓)으로부터 "내가 이제껏 이러 저러 장수들을 많이 보아왔는데, 오직 호장군만이 더불어 대사를 성취시킬 수 있다"는 평가를 들을 수 있었다.[84] 즉 한때 장사꾼에다 노예시장에 거래되기까지 했던 석륵이 함께 대사를 도모할 수 있을 만한 장군으로 인정받기에 이르렀던 것이다. 부견이 한인 왕맹(王猛)으로부터 전적인 신뢰를 얻을 수 있었던 것도 바로 이런 호족 출신 군주의 피나는 노력 덕분이었다. 그 결과 효문제가 한인 명족출신 고급 관료인 이표(李彪)로부터 '네 번째 삼황, 여섯 번째 오제(四三皇而六五帝)'의

---

81 『晉書』 卷52 華譚傳, p.1452, 「時九州秀孝策無逮(華)譚者. 譚素以才學爲東土所推. 同郡劉頌時爲廷尉, 見之歎息曰: "不悟鄕里乃有如此才也!" 博士王濟於衆中嘲之曰: "五府初開, 群公辟命, 採英奇於仄陋, 拔賢儁於巖穴. 君吳楚之人, 亡國之餘, 有何秀異而應斯擧?" 譚答曰: "秀異固産於方外, 不出於中域也. 是以明珠文貝, 生於江鬱之濱; 夜光之璞, 出乎荊藍之下. 故以人求之, 文王生於東夷, 大禹生於西羌. 子弗聞乎? 昔武王克商, 遷殷頑民於洛邑, 諸君得非其苗裔乎?"」
82 『晉書』 卷101 劉元海載記, p.2649, 「元海曰: "…夫帝王豈有常哉, 大禹出於西戎, 文王生於東夷, 顧惟德所授耳."」
83 『卄二史箚記』 卷8 「僭僞君主有文學」, p.164, 「晉載記諸僭僞之君, 雖非中國人, 亦多有文學.」
84 『晉書』 卷105 石勒載記上, p.2756, 「及永嘉之亂, 石勒爲劉元海輔漢將軍, 與諸將下山東, 賓謂所親曰: "吾歷觀諸將多矣, 獨胡將軍可與共成大事."」

성주로 인정되었을 정도였으며,[85] 발해군(渤海郡) 출신 명문 사족인 고려(高閭)는 효문제에게 황제 중의 황제만이 행할 수 있다는 봉선(封禪)을 행할 것을 권하면서 강남 정권은 이제 '중국'이 아니라고 말하기도 하였다.[86] 이런 인식의 변화의 배경에는 그들 호족출신 황제들이 한족 사인들의 수준을 뛰어넘는 한학 전통의 이해자로 인정되었기 때문이었다.

또 하나의 방법은 계보의 조작이었다. 북주 무제[宇文邕]는 그 조상을 염제 신농씨(炎帝 神農氏)로 연결시키고, 불교를 폐하면서 "오호가 중국에 들어와서부터 그 교[불교]를 믿는 자가 증가하여 극히 성하게 되었다. '짐은 오호가 아니다[朕非五胡].' 그러므로 불교를 숭배할 이유가 없다. 이것이 내가 (불교를) 폐하는 이유다"[87]라고 했다. 그가 우문이라는 호성을 가졌고 또 선비어를 말하면서도 스스로 오호가 아니라고 말하는 것은 일견 억지 같다. 그러나 이것은 이미 북위 초부터 시작된 오호와의 결별과정에서 나온 논리이며, 후세 당태종이 『진서(晉書)』 등 사서 편찬을 통해서 최후로 '계보조작'작업을 완성시킨 노선과 연결된다.

2) 대당제국의 탄생과 당실 이씨의 혈통문제

서위의 '호성재행' 시기에 당실 이(李)씨는 대야(大野)씨라는 호성(胡姓)으로

---

85 『魏書』 卷62 李彪傳, pp.1394–1396, 「彪乃表曰: "臣聞龍圖出而皇道明, 龜書見而帝德昶, 斯實冥中之書契也. …可謂四三皇而六五帝矣, 誠宜功書於竹素, 聲播於金石."」

86 『魏書』 卷54 高閭傳, p.1208, 「閭曰: "司馬相如臨終恨不見封禪. 今雖江介未賓, 小賊未殄, 然中州之地, 略亦盡平, 豈可於聖明之辰, 而闕盛禮. 齊桓公霸諸侯, 猶欲封禪, 而況萬乘." 高祖曰: "由此桓公屈於管仲. 荊揚未一, 豈得如卿言也." 閭曰: "漢之名臣, 皆不以江南爲中國. 且三代之境, 亦不能遠." 高祖曰: "淮海惟揚州, 荊及衡陽惟荊州, 此非近中國乎?"」

87 『廣弘明集』(臺北: 中華書局, 1970) 卷10 辯惑論 「敍任道林辨周武帝除佛法詔」, pp.3b–4a, 「詔曰: "佛生西域, 寄傳東夏, 原其風敎, 殊乖中國, 漢魏晉世, 似有若無, 五胡亂治, 風化方盛, 朕非五胡, 心無敬事, 旣非正敎, 所以廢之."」

사성**88**되었을 뿐만 아니라 수실 양씨(楊氏)도 보육여(普六茹)로 사성되었다.**89**
대부분 중국 학자들은 그들이 한족 혹은 몰락 한족이라고 하지만, 그 자체
가 본성일 가능성이 크다고 본다. 그렇지 않더라도 그들이 한족일 가능성은
극히 희박하다.**90** 중국학자 진인각의 언급처럼 북조시대부터 혈통의 기반
한 성씨보다 한족 문화의 획득 여하가 당시 더 중요했다. 즉 한화된 사람은
한인이고, 호화된 사람은 호인으로 여겨졌기 때문에**91** 그런 당시인의 인식
이 호한을 구별하는 더 유효한 척도였다. 일반 중국인들도 당실이 호족출신
이라는 것을 쉽사리 인정하지 않으려 한다. 자기들이 가장 위대한 왕조라고
보는 대당제국을 세운 사람이 이민족이라는 사실은 그들에게 대단히 자존
심 상하는 일이기 때문이다. 여하튼 당왕조 창업초기 승려 법림(法琳)이 일
찍이 태종의 면전에서 이당의 성씨는 선비(鮮卑) 탁발달도(拓跋達闍: 達闍는 즉
漢語로 李姓)에서 나왔으며, '음산귀종(陰山貴種)'이라 풍자하였다.**92** 즉 "이"는
차음에 불과한 것이라고 본 것이다. 더구나 당대의 창업 및 초기 군주의 경
우, 고조의 모친은 독고씨(獨孤氏)이고, 태조의 모친은 두씨(竇氏, 즉 紇豆陵氏),
태종의 황후는 장손씨(長孫氏)인데, 이들 모두 호종(胡種)으로 비한족이다. 그
러니 수말 반란시기 적대 세력인 단웅신(單雄信)은 일찍이 태종의 동생 이원

---

88 『新唐書』卷1 高祖本紀, p.1, 「高祖神堯大聖大光孝皇帝諱淵, …隴西成紀人也. 其七世祖暠, 當晉末, 據
　　秦·涼以自王, 是爲涼武昭王. 暠生歆, 歆爲沮渠蒙遜所滅. 歆生重耳, 魏弘農太守. 重耳生熙, 金門鎭將,
　　戍于武川, 因留家焉. 熙生天賜, 爲幢主. 天賜生虎, 西魏時, 賜姓大野氏. 官至太尉, 與李弼等八人佐周
　　代魏有功, 皆爲柱國, 號'八柱國家'.」

89 『周書』卷19 楊忠傳, p.317, 「魏恭帝初, 賜姓普六茹氏」, 『隋書』卷1 高祖紀上, p.2, 「齊王憲言於帝曰: "普
　　六茹堅相貌非常, 臣每見之, 不覺自失."」

90 賜姓의 명칭과 本姓이 관련이 없다고 보기도 한다. 그러나 그렇게 볼 충분한 이유가 없다. 왜냐하면 양씨
　　의 경우 일 개인이 아니라 楊忠 一門 자체를 普六茹씨로 하였기 때문이다.

91 陳寅恪, 『唐代政治史述論稿』, p.17.

92 (唐)彦悰 撰, 『唐護法沙門法琳別傳』卷下, p.210-2, (『大正新修大藏經』第50卷 史傳部2 所收), 「竊以拓
　　拔元魏, 北代神君. 達闍(卽大野)達系, 陰山貴種, 經云: 以金易鍮石, 以絹易縷褐, 如捨寶女與婢女通,
　　陛下卽其人也. 棄北代而認隴西, 陛下卽其事也.」

길(李元吉)을 '호아(胡兒)'라고 불렀던 것이다.[93] 따라서 혈통을 남계(男系) 계통의 씨족만으로 따지는 것도 사실 그리 의미 있는 작업도 아니다.

그런데 중국학자들의 견해처럼 그들이 '한인(이씨)으로 호화'된 자라고 한다면, 당실 이씨가 그 조상으로 내세운 서량(西涼)의 이고(李暠)와 농서(隴西)[94] 이씨를 추앙했을 것이 당연하다. 그러나 정관 연간에 조정 중신들이 당실의 칠묘(七廟)를 세우려 하면서 '시조(始祖)'를 누구로 할 것인가를 토론할 때, 우지녕(于志寧)은 이고를 시조로 할 수 없다고 주장하였다.[95] 이고가 진실로 당실의 조상이었다면 일개 신하가 이런 주장을 할 수가 없는 것이다. 또 당 초기 여러 황제들을 왜 이고의 진짜 후손인 농서 이보(李寶) 일가를 종실 속적(屬籍)에 넣는 것을 원하지 않았으며, 심지어 고종 때에는 이보의 문제(門第)까지 또 내렸던[96] 것일까? 상식적으로 도저히 이해할 수 없는 것들이 한두 가지가 아니다.

진인각은 한족설에 어느 정도 지지를 하면서 "이당(李唐)의 선세는 조군(趙郡: 현재 河北省 趙縣) 이씨의 '몰락한 집안'이 아니면, 조군 이씨로 '모칭한 것'"이라고 보았다.[97] 깐깐하기로 유명한 진인각도 그 피를 속이지 못하는 모양이다. 진인각의 주장이 중국학계에서 대체로 수용되는 학설이지만, 이것 역시 옹색한 논리임에 틀림없다. 농서 이씨인지, 조군 이씨인지 헷갈리게 논

---

93 (唐)劉餗 撰, 『隋唐嘉話』(北京: 中華書局, 1979) 卷上, p.9, 「(單)雄信壯勇過人. (李)勣後與海陵王元吉圍 洛陽, …雄信攬轡而止, 顧笑曰: "胡兒不緣你, 且了竟."」
94 隴西는 隴右라고 칭하기도 하였는데, 隴山의 서쪽 지역이라는 뜻으로(秦漢시대부터 隴西郡이 설치됨) 현 재의 甘肅省 동부지구를 말한다. 隴西 李氏는 李姓 가운데 가장 顯要한 일파의 하나였다.
95 『舊唐書』 卷78 于志寧傳, pp.2693－2694, 「時議者欲立七廟, 以涼武昭王爲始祖, 房玄齡等皆以爲然, (于)志寧獨建議以爲武昭遠祖, 非王業所因, 不可爲始祖.」
96 『全唐文』 卷31 元(玄)宗皇帝12, 「命李彦允等入宗正籍詔」, p.353, 「古之宗盟, 異姓爲後, 王者設教, 莫有 其親. 殿中侍御史李彦允等奏稱, 與朕同承涼武昭王後, 請甄敍者, 源流實同, 譜牒猶著. 雖子孫千億, 各散於一方, 而本枝百代, 何殊於近屬. 況有陳請, 所宜敦敍. 自今已後, 涼武昭王孫寶已下, 絳郡姑藏 敦煌武陽等四房子孫, 並宜編入宗正, 編諸屬籍, 以明尊本之道, 用廣親親之化.」
97 陳寅恪, 『唐代政治史述論稿』, p.11.

란해도 사실 의미 있는 작업이 아니다. 특히 고종이 이보(李寶)를 폄억(貶抑)함과 동시에 조군 이씨마저 높여주지 않았던 것은 당실을 한성으로 보는 것이 실제 혈통과는 맞지 않는 명백한 증거인 것이다.

아울러 그들의 행동을 보면 도저히 한족이라 볼 수 없는 면이 많다. 당 왕조의 대신 손복가(孫伏伽)는 고조 이연이 어릴 때 주위 사람들이 모두 '편발우붕(編髮友朋)'하였다고 말하기도 하였으니,[98] 이는 그 집안이 호속·호습에 깊이 침윤되어 있었기 때문에 생긴 일이다. 태종이나 그의 황태자 이승건(李承乾)의 행동은 호인[突厥]들의 생활 그것과 별 차이가 없었다. 예컨대 태종은 '현무문(玄武門)의 변' 당시 동생인 원길(元吉)을 죽이고 그의 비 양비(楊妃)를 다시 자기의 비로 삼았다. 이런 행동들에 대해 주희(朱熹)의 분석이 있었음은 주지의 사실이다. 즉 주희는 『주자어류』에서 "당의 원류는 이적에서 나왔기 때문에 궁정내부의 예의에 맞지 않는 일이 일어나는 것은 전혀 이상하게 여길 것이 없다"[99]고 하였던 것이다. 황태자 승건(承乾)의 행동도 역시 같은 종류의 것이라고 할 수 있다. 그는 백성의 우마(牛馬)를 도적질하여 도살한 후 시위(侍衛)들과 함께 나누어 먹었으며, 돌궐어로 말하고 돌궐복장을 입고, 돌궐가한처럼 행동했다.[100] 황제가 되기로 예정된 일국의 황태자가 남의

---

98 『舊唐書』 卷 75 孫伏伽傳, pp.2636-2637, 「及平王世充·竇建德, 大赦天下, 旣而責其黨與, 並令配遷. 伏伽上表諫曰: "…若欲子細推尋, 逆城之內, 人誰無罪. 故書云: '殲厥渠魁, 脅從罔治.' 若論渠魁, 世充等爲首, 渠魁尙免, 脅從何辜? 且古人云: '蹠狗吠堯, 蓋非其主.' 在東都城內及建德部下, 乃有與陛下積小故舊, 編髮友朋, 猶尙有人敗後始至者. 此等豈忘陛下, 皆云被壅故也. 以此言之, 自外疏者, 竊謂無罪."」

99 (宋)黎靖德 編, 『朱子語類』(北京: 中華書局, 1994, 王星賢 點校) 卷136 歷代類3, p.3245, 「唐源流出於夷狄, 故閨門失禮之事, 不以爲異.」

100 『新唐書』 卷80 太宗諸子傳常山王承乾, pp.3564-3565, 「又使戶奴數十百人習音聲, 學胡人椎髻, 剪綵爲舞衣, 尋橦跳劍, 鼓鞞聲通晝夜不絕. 造大銅爐·六熟鼎, 招亡奴盜取人牛馬, 親視烹燀, 召所幸廝養共食之. 又好突厥言及所服, 選貌類胡者, 被以羊裘, 辮髮, 五人建一落, 張氈舍, 造五狼頭纛, 分戟爲陣, 繫幡旗, 設穹廬自居, 使諸部斂羊以烹, 抽佩刀割肉相啗, 承乾身作可汗死, 使衆號哭剺面, 奔馬環臨之.」

물건을 도적질하고, 그것을 몰래 주위 사람들과 잡아먹는 일은 중원 한인사
회에서는 도적이 아니면 할 수 없는 행동이다.

당실 이씨의 혼족들을 좀 더 자세히 살펴보자. 이연의 모친은 대사마(大
司馬) 독고신(獨孤信)의 딸로서, 수문제 독고황후와 자매관계이다. 따라서 이
연은 수 문제 양견의 외생(外甥)이고, 양제와는 이종 사촌[姨表兄弟] 사이이다.
이연은 수의 주총관(州總管)으로 선비출신인 두의(竇毅)의 딸[竇皇后]과 결혼했
다. 그녀의 모친이 북주 무제의 누나인 양양장공주(襄陽長公主)이다.[101] 어떤
중국역사학자는 당 고종 이치(李治)의 혈통 가운데 4분의 3이 선비족이며 4
분의 1이 한족이라고 하였다.[102] 서위 정권 이래 수당 초까지의 관료집단은
군벌정권적 성격을 가진다. 수 문제시기에 총관을 지낸 100명 가운데 소위
'관롱집단'에 속하는 자는 86명인 데 비해, 북제 멸망 후 북주정권에 귀부한
인사가 5명, 출신을 확인할 수 없는 사람이 9명에 불과하고, 남조 진왕조로
부터 귀부한 자는 한 명도 없다.[103] 이런 점에서 수당초기 정권에 북제계 혹
은 남조계 관료들의 진출이 약간 보인다고 해서 당시 집권세력의 성격이 변
화했다고 볼 수는 없으니 '관롱과두정치'였다 해도 큰 무리가 없다. 그런 면
에서 당은 명의상 한족통치라 하나 실제상 호한 각족이 참여한 복합정권이
었다.

수당왕조는 유라시아 유목민이나 서역인에게는 여전히 선비국가로 보여
졌다. 그들은 당을 '탁발(拓跋)'을 의미하는 'Taugas', 'Tamhaj', 'Tabgač'라 불

---

[101] 南匈奴가 4세기 초 西晉을 멸망시킨 이후 일관해서 華北에 영향력을 지속시켰다. 7세기 초 당왕조의 초
대 황제 李淵의 처 竇氏도 남흉노 출신이며, 또 당왕조는 그 건국 시에 突厥과 함께 南匈奴의 군사력에
의거했다(石見淸裕, 「唐の建國と匈奴の費也頭」, 『唐の北方問題と國際秩序』, 東京: 汲古書院, 1997,
pp.17–63).

[102] 王桐齡, 『中國民族史』, 民國叢書 第1編 80 歷史·地理類, 上海: 上海書店, 1989, p.332.

[103] 甘懷眞, 「隋文帝時代軍權與'關隴集團'之關係 –以總管爲例–」, 『唐代文化硏討會論文集』, 臺北: 臺灣文
史哲出版社, 1991, p.515.

렀던 것이다.[104] 이당(李唐) 종실과 탁발선비는 적어도 당 현종시기까지는 깊은 연관을 맺고 있다.[105] 대국(代國)으로부터 북위를 거쳐 당에 이르는 시기(5-9세기)의 왕조는 중화풍의 왕조 명칭을 띠었지만 실은 연속적인 호족국가였다. 그 연속성·공통성을 가지고 말하자면 일괄적으로 '탁발국가'라고 부르는 것이 오히려 어울린다. 당실 이씨의 한족으로의 계보조작은 민중에 대한 광범위한 지지를 얻기 위한 노력의 일환이었음은 두말할 필요도 없다.

3) 역사조작과 중화군주(中華君主)

당 황실의 유래에 대해서는 당시인만 속인 것이 아니라 후세사람까지도 속였다. 그 의도는 선악 차원의 문제가 아니다. 호-한 융합을 위한 불가피한 노정이었으며, 제국을 건설하고 원활하게 운용해 가기 위한 정책으로 이해해야 한다. 그러면 당 황실 이씨는 왜 이처럼 한족 명문으로 그 계보를 조작하려 했을까? 그 당시의 상황에서 살펴보자. 우선 중국 역사 가운데 이민족인 것(사람이든 물질이든 문화든)이 중국에 들어와서 제자리를 확보하기 위해서는 일정 정도 중국적이라는 외피를 걸치지 않으면 안 된다. 잘 알다시피 중국처럼 하나의 '천하'를 면면히 지켜 온 나라도 드물다. 왕조는 망하여 이민족 정권이 들어섰지만 그 문화적 전통만은 끊어진 적이 없었다. 그렇다고 그 전통이 순수한 것만도 아니었다. '한'이라는 단어는 실질보다는 명분이었을 뿐이다.

그래서 이질적인 성격의 문화가 들어올 때는 먼저 중국화라는 과정을 감수하지 않으면 안 된다. 불교가 그러하였고, 당대에 들어온 크리스트교의

---

104 Henry Yule trans. and ed., *Cathay and the Way Thither: Being a Collection of Medieval Notices of China*, vol. 1, London: Hakluyt Society, 1914, p.29.
105 Sanping Chen, *Multicultural China in the Early Middle Age*, Philadelphia: University of Pennsylvania Press, 2012, pp.4-38.

일파인 경교가 그러하였다. 그렇다고 그것들이 불교나 크리스트교가 아닌 딴 종교가 된 것은 아니었다. 마테오 리치나 아담 샬도 그러하였다. 원리주의에 입각하여 교안(敎案)을 일으킨 청말의 정통 '기독교'의 포교 사례와 비교하면 그 차이를 쉽게 발견할 수가 있다.

더군다나 대당제국의 직전 왕조들로 이뤄진 위진남북조시대는 문벌을 중시하는 이른바 '귀족제사회'였다. 당태종이 『진서(晉書)』를 중수하면서 오호십육국 중의 전량(前涼)과 서량(西涼) 왕조를[106] 재기(載記)에서 뺀 것과 『정관씨족지(貞觀氏族志)』를 애써 칙찬한 것은[107] 당실 이씨의 연원이 호족에 있는 것이 아니라 화려하고 장구함을 제시해 보이기 위한 목적이었다. 특히 『진서』 재기 서술의 원류가 된 것은 북위사람 최홍(崔鴻)의 『십육국춘추(十六國春秋)』인데, 『십육국춘추』에 있던 전량(301-376)과 서량(400-421) 두 왕조만을 『진서』 재기에서는 뺐다. 그것은 의도적이었다. 전량은 한족이 세운 왕조이므로 뺀 것은 나름 논리가 있지만, 서량을 뺀 것은 분명히 당실의 작위였고, 그것은 계보조작을 위한 목적에서 나온 것이었다. 물론 오호족이 세운 왕조라고 해서 모두 십육국에 넣은 것은 아니지만, 그렇다고 '십육국'과 '호족'이 아무 관계가 없는 왕조였다고 볼 수도 없다.[108] 그래서 후세 '오호십육국'이라고 연칭된 것이다.

당태종에게는 역사 찬술의 역사에서 공헌한 측면과 해독을 기친 측면이

---

106 西涼의 李暠는 崔鴻의 『十六國春秋』에 재록되고 있었고(『魏書』 卷67 崔鴻傳, pp.1502-1503, 「鴻弱冠 便有著述之志, 見晉魏前史皆成一家, 無所措意. 以劉淵…. 李暠·沮渠蒙遜·馮跋等, 並因世故, 跨僭一 方, 各有國書, 未有統一, 鴻乃撰爲十六國春秋」), 湯球가 편찬한 『十六國春秋輯補』 西涼錄에 재록되어 있다. 따라서 淸人 湯球마저 西涼을 五胡가 세운 나라로 본 것이다.

107 『資治通鑑』 卷195 唐紀11 太宗貞觀12年(638)正月條 p.6136, 「於是, 皇族(唐室 李氏)爲首, 外戚(河南獨 孤氏·竇氏·長孫氏)次之, 降崔民幹爲第三. 凡二百九十三姓, 千六百五十一家, 頒於天下.」

108 '十六國'이란 "能建邦命氏, 成爲戰國者"(『魏書』 卷67 崔鴻傳, p.1503)라는 崔鴻 나름의 자격기준에서 나온 것이어서 五胡와 十六國은 바로 연결관계를 갖는 것은 아니지만 十六國의 대부분이 五胡族이 세운 왕조임은 사실이고, 그 속에 드는 것이 결코 명예로운 일일 수는 없는 것이다.

각각 있다. 당시까지 전통적으로 내려오는 개인의 사서 찬술[私撰] 전통에서 관찬(官撰) 찬술로 바꾼 것은 논자에 따라 평가가 다르겠지만 나름 공헌한 측면도 있다.[109] 그러나 황제가 그 생존 시에는 열람이 불가한[110] 사초(史草)인 「기거주(起居注)」를 열람하였으니, 역사서술에 통치자가 관여할 수 없다는 전통을 어긴 것이었다. 그가 형제들을 죽이고 아비를 유폐한 '현무문(玄武門)의 변'에 대해 서술지침까지 내렸던 것은[111] 역사에 대한 죄인임에 틀림이 없다.

태종시기 찬술된 정사는 매우 많다. 한 왕조에서 찬술한 역사가 이렇게 많은 것도 기록적이다. 즉 『삼국지』 이후 왕조의 정사들을 모두 다시 쓴 것이었다. 당왕조의 사관에서 『진서』 이하 정사를 다시 관찬으로 만들었던 것이다. 먼저 『진서』 재기의 문제이다. 『진서』의 해당시대는 서진-동진의 소위 양진시대이지만, 이 시대는 바로 중원 땅에 출현한 이민족 왕조의 출발점이자, 또 당 황실 이씨의 혈통과 밀접하게 연관되는 시대였다. 이 시기를 명확히 규정해둠으로써 당조 존립의 정당성을 역사의 장에서 구축할 수가 있다. 당 황실은 자신들이 '호족'인 선비 탁발부(拓跋部)에서 나왔다는 세상의 의혹을 가능한 한 엷게 하기 위해 『진서』를 편찬하게 되었다. 당태종이 『진서』를 중수할 것을 명하는 조칙에서 "크도다! 무릇 사적(史籍)의 쓰임이야말로!"[112]라 했듯이 당태종의 『진서』를 비롯한 정사 편찬의 효용이 극히 컸음

---

109 위진남북조시대 正史 가운데 三國시대를 제외하고 역사가 다시 찬술되었다. 이런 정사가 모두 당태종의 주도 혹은 그 영향 하에 찬술되었다. 태종은 이전의 一家(家學)의 역사에서 편찬기관인 史館을 두고 재상 등이 맡는 監修國史의 책임 하에 史館修撰이 분업적으로 완성하는 체제로 변경시켰다. 즉 勅命에 따라 찬수하는 '奉勅撰'이 성립되고, 또 '一王朝一正史' 체제를 제도화하고, 다음 왕조에서 전왕조사를 편찬하는 원칙을 세움으로써 中國史學史上 일대 획기를 이루게 되었다.

110 『廿二史劄記』 卷19 「天子不觀起居注」.

111 『貞觀政要』 卷7 文史, p.224, 「太宗見六月四日事, 語多微文, 乃謂玄齡曰: "昔周公誅管·蔡而周室安, 季友鴆叔牙而魯國寧, 朕之所爲, 義同此類, 蓋所以安社稷, 利萬民耳. 史官執筆, 何煩有隱?" 宜卽改削 浮詞, 直書其事」.

112 『唐大詔令集』 卷81 經史 「修晉書詔」(貞觀20年閏2月), p.422.

을 그 스스로도 인정하고 그처럼 흡족해 하였던 것이다. 그리고 태종의 노력의 결과에다 당대의 역사가 유지기와 두우 등의 분식을 거쳐[113] 당 왕조는 명실상부한 한족국가로 재탄생할 수 있었던 것이다.

『진서』 외에도 당초에 많은 역사서(특히 正史)가 만들어졌다. 태종시기에 먼저 『양서(梁書)』와 『진서(陳書)』, 『북제서(北齊書)』, 『주서(周書)』, 『수서(隋書)』 등 이른바 '오대사(五代史)'[114]가, 마지막으로 646년에는 『진서』(이상을 '六史'라 총칭한다)가 편찬되고, 이어 태종의 영향이 강한 고종시기에 『남사』와 『북사』가 완성되었다. 중국 정사로 간주되는 24사 가운데 1/3에 해당되는 8개가 이 시기에 찬술·출판되었다. 모두가 당실 출현의 당위성을 증명하기 위한 의도가 있었음은 분명하다. 당대판 「용비어천가」의 찬술인 셈이다. 그런 면에서 태종은 중국 역사 찬술의 역사에 있어서 중요한 전기를 마련했을 뿐만 아니라 중국인에게 위대한 대당제국에 대한 자부심을 심는 데도 다대한 공헌을 했던 것이다.

『정관씨족지』는 남북조시대 이래 관계(官界)에서의 영달과 무관하게 사회적 세력으로 지방에 군림하던 귀족세력을 당조 관료체제 아래 재편하려는 의도에서 편찬된 것이었다. 귀족제가 발달한 남조는 물론, 북조에서도 사회적 문벌관념이 관료적 질서보다 우위를 보이기도 하였다. 지방마다 그 지역을 대표하는 사성(四姓)들이 웅거하고 있는 폐단을 없애기 위해 태종은 관등에 의거한 씨족지를 만들어 293성 1651가를 9등급으로 편성하였다.[115] 이것

---

113 今日的 意味를 특히 의식했던 당태종의 사관은 劉知幾의 『史通』(710년 완성)과 杜佑의 『通典』(801년 완성)의 歷史情神으로 연결된다고 본다(氣賀澤保規, 『絢爛たる世界帝國·隋唐時代(中國の歷史06)』, 東京: 講談社, 2005, pp.356–3610).

114 史館은 門下省 북쪽에 있었다. 먼저 貞觀 3년 秘書內省을 두어 '五代史'(貞觀初年 魏徵과 房玄齡이 修한 『梁書』, 『陳書』, 『北齊書』, 『周書』와 『隋書』 등 唐 이전의 5개 왕조의 역사를 당시에 습관적으로 이르는 말)를 편수하게 하였다. 다시 史館을 두어 國史를 편찬시킴으로써 秘書內省은 폐지되었다.

115 『新唐書』 卷95 高儉傳, p.3842, 「高宗時, 許敬宗以不敍武后世, 又李義府恥其家無名, 更以孔志約·楊仁卿·史玄道·呂才等十二人刊定之, 裁廣類例, 合二百三十五姓, 二千二百八十七家, 帝自敍所以然.

은 고종시기 『성씨록(姓氏錄)』으로 개편됨으로써 귀족제적 사서구별의 관행
이 타파되고 관위 위주로 전환하게 되었다.

정관 14년(640) 태종의 명에 따라 공영달(孔穎達) 등에 의해 찬정된 『오경
정의(五經正義)』 180권은[116] 당시 유학경전의 경의(經義)를 통일시킨다는 명
분으로 만들어졌다.[117] 이후 고종 영휘 4년(653) 3월 『오경정의』를 학교 통용
교재로 규정하고, 매년 명경과 고시는 이것에 의거하도록 하였다.[118]

당태종은 소위 '육사'의 찬술을 통해 역사를 바꾸었고, 『정관씨족지』의 편
찬을 통해 사회통념, 즉 천하의 문벌의 서열을 바꾸었으며, 또 『오경정의』
편찬을 통해 중국인의 경전 해석 방향을 고정시켰던 것이다.

II. 가한권역(可汗圈域)의 중원으로의 확대와 황제 · 천가한

1. 중화(中華)의 다중화(多重化)와 가한권역의 서남진(西南進)

1) 가한권역의 서남진과 '천가한'의 출현과 지속

대당제국은 호한 합작의 제국, 더 구체적으로 말하면 "황제 · (천)가한국"

以四后姓 · 酆公 · 介公及三公 · 太子三師 · 開府儀同三司 · 尙書僕射爲第一姓, 文武二品及知政事三品
爲第二姓, 各以品位高下敍之, 凡九等, 取身及昆弟子孫, 餘屬不入, 改爲姓氏錄. 當時軍功入五品者,
皆昇譜限, 搢紳恥焉, 目爲'勳格'. 義府奏悉索氏族志燒之.」

116 『舊唐書』 卷73 孔穎達傳, pp.2602~2603,「先是, 與顏師古 · 司馬才章 · 王恭 · 王琰等諸儒受詔撰定五經
義訓, 凡一百八十卷, 名曰五經正義. 太宗下詔曰: "卿等博綜古今, 義理該洽, 考前儒之異說, 符聖人之
幽旨, 實爲不朽." 付國子監施行, 賜穎達物三百段. 時又有太學博士馬嘉運駁穎達所撰正義, 詔更令詳
定, 功竟未就.」

117 『舊唐書』 卷139上 儒學傳上, pp.4941~4942,「太宗又以經籍去聖久遠, 文字多訛謬, 詔前中書侍郎顏師
古考定五經, 頒於天下, 命學者習焉. 又以儒學多門, 章句繁雜, 詔國子祭酒孔穎達與諸儒撰定五經義
疏, 凡一百七十卷, 名曰五經正義.」

118 『舊唐書』 卷4 高宗本紀 永徽4年(653)3月壬子朔條, p.71,「頒孔穎達五經正義於天下, 每年明經令依此
考試.」

이었다. 잘 알다시피 농경지역의 최고 수장의 칭호인 황제와 유목세계의 최고 수장인 (천)가한을 동시에 겸칭한 것은 당태종이 중국역사상 최초였다. 대당제국의 황제가 이 칭호를 칭하였던 시기는 당왕조 전시기는 아니었지만, 이 두 가지 칭호를 함께 칭한 의미는 작지 않다. 그러면 '천가한'호는 구체적으로 어떤 것이며, 어떤 의미를 갖는 것일까?

잘 알다시피 '가한'은 흉노의 최고 통치자가 쓰던 '선우(單于)'와 같은 지위이고, 선우의 권위가 하락하면서 그 대신 등장한 칭호가 바로 그것이었다. 이 가한 칭호를 처음으로 칭한 자는 유연(柔然)주인 사륜(社崙)이며, 그가 서력 394년에서 402년 사이에 구두벌가한(丘豆伐可汗)[119]이란 칭호를 자칭했다고 종래 학계에서 정리되고 있었다.[120] 그러나 그 학설이 반드시 진실로 굳어진 것이 아니다. 그보다 앞선 시대에 선비 탁발족이 썼을 가능성이 분명하기 때문이다. 즉 1980년도에 발견된 선비 구허(舊墟)인 알선동(嘎仙洞) 비문에 가한이라는 용어가 보이고 있다.[121] 또 유연뿐만 아니라 북위왕조에서도 사용하고 있었다는 증거가 나타나고 있으니 북위시대 탁발족의 민가(民歌)인 목란시(木蘭詩)에서 그 용어가 보이고 있다.[122] 특히 목란시에서는 동일한 군주를 두고 '천자'와 '가한'을 아울러 부름으로써 북위군주가 '(농경)천자(天子)'인 동시에 (유목)가한, 즉 농목형의 군주임을 확인시키고 있다.[123]

유목민족의 중원진입은 그동안 중원황제에 의해서 주도되던 동아시아의

---

119 『北史』에서는 '豆代'(卷98 蠕蠕傳, pp.3250–3251), 『魏書』에서는 '丘豆伐'(卷103 蠕蠕傳, p.2291), 『通典』에서도 '丘豆伐'[卷196 邊防12 蠕蠕傳, p.5378)이라 하였다.

120 白鳥庫吉, 「可汗及可敦稱號考」, 『東洋學報』11–3, 1921(『白鳥庫吉全集』 5, 東京: 吉川弘文館, 1970再收), pp.147–148.

121 米文平, 「鮮卑石室的發現與初步研究」, 『文物』1981–2.

122 朴漢濟, 「木蘭詩의 時代」, 『五松李公範敎授停年退任紀念東洋史論叢』, 서울: 지식산업사, 1993, pp.180–183.

123 朴漢濟, 「木蘭詩의 時代」, p.182.

세계질서를 붕괴시키는 결과를 가져왔다. 각국 수장들이 각기 황제 내지 그 것에 준하는 호칭을 사용하며 중화제국임을 표방하기 시작하였기 때문이다. 즉 '다중적 중화세계'가 성립되었던 것이다. 동시에 가한이 통치하려는 권역도 서남 농경지역으로까지 확장되었다. 우선 남조와 북조가 서로 '중화'임을 내세우고, 상대를 '도이(島夷)'[124] 혹은 '삭로(索虜)'로[125] 멸시하여 통호 자체도 거부하더니, 결국 국서에서 '피(彼)'와 '차(此)'로 지칭되는[126] 인대관계(隣對關係)로 정립되기에 이르렀다.[127] 이는 적대하는 세력을 왕조로 인정하는 것이어서 병렬적인 국제관계가 성립되었음을 의미한다. 이런 일은 중국 역사상 초유의 일이었다. 예컨대 북위가 '황위(皇魏)'[128]라 하니, 유송도 '황송(皇宋)'[129]이라 자칭하며 각각 황제국임을 표방하였다. 이로써 '일군만민(一君萬民)', 혹은 '황황상제(煌煌上帝)'로서의 황제가 더 이상 아니게 된 것이다. 이에 따라 고구려, 백제 그리고 왜 등 동아시아 각국의 군주들이 독자적 연호를 세우고 각자 '중화'를 표방하게 되었다. 이처럼 농경지역에서는 '한 구역을 단위로 각기 황제를 칭하는[各帝一方]' 국면이 전개되었다.[130] 동시에 유목 세계의 동향도 변화가 일어났다. 이전에는 그 지배권역으로 생각하지 않았

---

124 '島夷'는 북위에서 東晉 桓玄 정권 이후 梁代까지의 남방 정권을 부를 때 상용하는 용어였다(『魏書』卷97 島夷桓玄傳; 卷85 島夷劉裕傳; 卷98 島夷蕭道成傳; 卷98 島夷蕭衍傳.

125 '索虜'는 東晉代부터 선비족을 지칭할 때 사용되었지만(『晉書』卷103 苻堅載記上, p.2889, 「索虜烏延」; 卷125 乞伏乾歸載記, p.3118, 「索虜禿髮」), 劉宋代부터 鮮卑 拓跋氏를 專稱하는 용어가 되었다(『宋書』卷95 索虜傳, p.2231, 「索頭虜姓託跋氏, 其先漢將李陵後也. 陵降匈奴, 有數百千種, 各立名號, 索頭亦其一也.」).

126 『宋書』卷95 索虜傳, p.2347, 「此後復求通和, 聞太祖有北伐意, 又與書曰: "彼此和好, 居民連接, 爲日已久, 而彼無厭, 誘我邊民, 其有往者, 復之七年."」

127 朴漢濟, 「南北朝의 南朝關係」, 『韓國學論叢』 4, 1982, p.197; 朴漢濟, 「中華의 分裂과 隣近各國의 對應 - '多重的' 中華世界의 成立」, 『中國學報』 54, 2006, pp.259-263.

128 『魏書』卷19中 景穆十二王列傳中任城王雲, p.461, 「延興中. 雲進曰: "陛下方隆太平, …皇魏之興, 未之有革. 皇儲正統, 聖德夙章."」

129 『宋書』卷14 禮志1, p.346, 「宋孝武大明三年九月, 尙書右丞徐爰議: "郊祀之位, …皇宋受命, 因而弗改."」

130 朴漢濟, 「中華의 分裂과 隣近各國의 對應 - '多重的' 中華世界의 成立」, pp.253-259.

던 중원 농경지역까지 가한의 권역이라고 주장하고 나섰으며, 이 지역에서도 실제 가한호가 사용되기에 이르렀다.

즉 중화세계의 바깥에 있던 순수 유목제국인 유연[蠕蠕]이 '황예(皇芮)'라 자칭하면서 '광복중화(光復中華)'의 기치를 내걸었다. 다시 말하면 유연가한의 권역이 중원까지 확대된 것이다. 유연이 남제 황제 소도성(蕭道成)에게 보낸 국서에서 그들이 발병(發兵)하여 북위의 병(幷)·대(代)·진(秦)·조(趙) 지역(화북을 지배하고 있는 북위의 전 영역)을 점유함으로써 '광복중화(光復中華)'를 이룬 후 남제와 영돈인호(永敦隣好)하고자 한다는 뜻을 전했다. 유연과 남제를 '이위(二儀: 兩儀)'관계로 정립하겠다는 것으로 곧 유목세계만이 아니라 중화세계에도 관여하겠다는 뜻이다.[131] 한왕조와 별세계를 상정하고 있던 흉노와는 전혀 다른 유목국가 유연의 태도다. 이는 화북에 들어선 유목 출신 왕조가 원래 자기들이 활동하던 지역에 대한 관념, 즉 그들의 대북방관과도 관련이 있다. 앞에서 설명하였듯이 그들의 권역을 농경지역에만 국한시킨 것이 아니었기 때문이다. 다시 말하면 유목민족의 중원진입은 유목세계와 농경세계를 별개의 세계로 인식하던 종래 한대까지의 세계관을 바꾸어 버린 것이다.

또한 선비족의 일파로서 티베트 지역에 정착하여 국가를 건립한 유목국가 토욕혼(吐谷渾)도 가한 권역에 들게 되었다. 토욕혼의 창업자 토욕혼(?-317)이나 그 후손인 수락간(樹洛干: 405-417)이 일시적으로 '가한'호를 사용하였다.[132] 다만 그 이후 가한을 칭하지 못하다가 북위 말기의 복련주(伏連籌)

---

131 『南齊書』 卷59 芮芮虜傳, pp.1024-1025, 「皇芮承緒, 肇自二儀, 拓土載民, 地越滄海, 百代一族, 大業天固. 雖吳漢殊域, 義同脣齒, 方欲剋期中原, 龔行天罰. 治兵繕甲, 俟時大擧. 振霜戈於幷·代, 鳴和鈴於秦·趙, 掃殄凶醜, 梟剪元惡. 然後皇輿遷幸, 光復中華, 永敦隣好, 侔蹤齊·魯. 使四海有奉, 蒼生咸賴, 荒餘歸仰, 豈不盛哉!」

132 『魏書』 卷101補 吐谷渾傳, p.2233.

의 아들 과려(夸呂: 535-591)가 다시 '가한'호를 사용하였다.[133] 그들이 가한 호칭 사용을 중단한 것은 그들의 자의에 의한 것이 아니라 북위와의 외교마찰 때문이었다. 여하튼 서북방에만 사용되고 있던 가한호의 '남서진'이었다.

또 수나라의 황제와 수나라 말의 반란의 수장들이 거의 모두 가한을 자칭하였거나 혹은 가한 칭호를 돌궐로부터 받기도 했다. 가한 칭호의 '남진'이라 할 수 있다. 예컨대 돌궐 계민가한(啓民可汗)이 수문제를 '대수성인막연가한(大隋聖人莫緣可汗)'이라 불렀고,[134] 수나라 말기의 반란세력인 설거(薛擧)·두건덕(竇建德)·왕세충(王世充)·유무주(劉武周)·양사도(梁師都)·이궤(李軌)·고개도(高開道) 등이 존호(尊號: 황제호)를 칭하면서도 돌궐에게는 신하를 칭하고, 또 돌궐 가한으로부터 가한 칭호도 받았다.[135] 가한을 칭하는 권역이 이전처럼 서북방 유목세계에 국한되지 않고, 농경지역인 중원지역으로까지 확대되었다는 이야기다. 이상에서 보듯이 이제 중국 중원지역에다 다시 티베트지역도 '가한권역'으로 변하게 된 것이다.[136] 가한이란 당연히 유목지역 수장의 칭호이지만, 농경지역의 수장까지 가한 칭호를 칭하게 되었다는 것은 동아시아세계가 유목과 농경으로 분리되던 이전과는 달리 통합의 길로 나아가게 되었다는 것을 의미하는 것이다. 따라서 당나라의 황제가 (천)가한

---

133 『魏書』卷101補 吐谷渾傳, p.2240, 「自爾以後, 貢獻路絶. 伏連籌死, 子夸呂立, 始自號爲可汗, 居伏俟城, 在靑海西十五里, 雖有城郭而不居, 恒處穹廬, 隨水草畜牧.」

134 『隋書』卷84 北狄傳 突厥, p.1873, 「虜不戰而遁, 追斬首虜二千餘人. 晉王廣出靈州, 達頭遁逃而去. 尋遣其弟子俟利伐從磧東攻啓民. 上又發兵助啓民守要路, 俟利伐退走入磧. 啓民上表陳謝曰: "大隋聖人莫緣可汗, 憐養百姓, 如天無不覆也, 如地無不載也. 諸姓蒙威恩, 赤心歸服, 並將部落歸投聖人可汗來也. 或南入長城, 或住白道, 人民羊馬, 徧滿山谷. 染干譬如枯木重起枝葉, 枯骨重生皮肉, 千萬世長與大隋典羊馬也."」

135 『隋書』卷84 北狄傳 突厥, p.1876, 「隋末亂離, 中國人歸之者無數, 遂大强盛, 勢陵中夏. 迎蕭皇后, 置於定襄. 薛擧·竇建德·王世充·劉武周·梁師都·李軌·高開道之徒, 雖僭尊號, 皆北面稱臣, 受其可汗之號.」

136 森安孝夫는 遊牧國家, 즉 武力國家의 본질을 잃지 않았던 隋와 唐은 고비사막이라는 천연의 국경을 없앴는데, 이는 그 후 元朝와 淸朝에만 보이는 현상이라고 하였다(『シルクロードと唐帝國』, p.183).

을 겸칭한 것은 이런 역사적 흐름의 귀결인 것임에는 두말할 필요가 없다.

2) 천가한 호칭의 의미와 기능

당태종이 정식으로 황제겸천가한이 된 것은 동돌궐이 멸망한 직후인 정관 4년(630), 사이군장(四夷君長)들이 장안 궁궐로 모여들어 태종을 '천가한'이라 외친 후의 일이다.[137] 그때, 태종은 "나는 대당의 천자인데 또 아래로 가한의 일을 행하겠는가"라 사양했지만, 그것은 일종의 의도적인 겸양에 불과한 것이었다. 여하튼 군신 및 사이군장들은 태종이 이 가한호를 수용한 것을 확인하고 만세를 불렀던 것이다. 이후 태종은 서북군장에게 새서(璽書)를 줄 때, '황제천가한' 칭호가 새겨진 인장을 사용했다고 전하고 있다.[138] 이로써 태종은 농경지대와 건조유목지대 양자를 아우르는 수장이 된 것이다. 그런 면에서 '천가한'호의 출현은 특별한 의미가 있다. 가한에다 '천'을 덧붙인 것은 '가한중의 가한'의 의미로서[139] 당조 황제의 지위가 유목민족의 가한보다 높다는 '지존지대(至尊至大)'의 의미가 내포되어 있다는 해석도 가능하다.[140] 만약 흉노가 한제국의 황제에게 '선우' 혹은 '천선우'를 불렀다면 한

---

137 『資治通鑑』卷193 唐紀9 太宗貞觀4年(630)3月條, p.6073,「四夷君長詣闕請上爲天可汗, 上曰: "我爲大唐天子, 又下行可汗事乎!" 群臣及四夷皆稱萬歲. 是後以璽書賜西北君長, 皆稱'天可汗'.」

138 『通典』卷200 邊防典16 跋言, p.5494,「大唐貞觀中, 戶部奏言, 中國人自塞外來歸及突厥前後降附開四夷爲州縣者, 男女二十餘萬口. 時諸蕃君長詣闕頓顙, 請太宗爲天可汗. 制曰: "我爲大唐天子, 又下行可汗事乎?" 群臣及四夷咸稱萬歲, 是後以璽書賜西域·北荒之君長, 皆稱'皇帝天可汗'. 諸蕃渠帥死亡者, 必詔冊立其後嗣焉. 臨統四夷, 自此始也.」

139 肅宗이 天可汗으로 磨延啜을 回鶻의 英武威遠毗伽可汗으로 책립했다는 점에서 '可汗'과 '天可汗'의 위상의 차이를 알 수 있다(『新唐書』卷217上 回鶻傳上, pp.6116-6117,「乾元元年, … 帝以幼女寧國公主下嫁, 卽用磨延啜爲英武威遠毗伽可汗, 詔漢中郡王瑀攝御史大夫爲冊命使. …瑀至虜, 而可汗胡帽赭袍坐帳中, 儀衛光嚴, 引瑀立帳外, 問曰: "王, 天可汗何屬?" 瑀曰: "從昆弟也." …於是引瑀入, 瑀不拜, 可汗曰: "見國君, 禮無不拜." 瑀曰: "天子顧可汗有功, 以愛女結好. 比中國與夷狄婚, 皆宗室子. 今寧國乃帝玉女, 有德容, 萬里來降, 可汗天子婿, 當以禮見, 安踞受詔邪?" 可汗慚, 乃起奉詔, 拜受冊. 翌日, 尊主爲可敦」).

140 劉義棠,「天可汗探原」,『中國西域硏究』, 臺北: 正中書局, 1997, p.96.

제국의 황제는 받아들였을까? 한의 황제는 당연히 수용하지 않았을 것이다. 이 점이 한제국과 대당제국의 황제 사이의 차이점이다.

그러면 대당제국시기 '천가한'은 어느 정도 기간 동안 칭해졌으며, 천가한국이 되면 그 행위에 어떤 변화가 있는 것일까? 먼저 기간의 문제이다. 정관 20년(646) 설연타(薛延陀)의 멸망으로 북방 여러 유목정권이 모두 평정됨에 따라 태종은 철륵(鐵勒)·회흘(回紇)·발야고(拔野古) 등 11성으로부터 재차 '(천)가한'의 존호를 받게 되었다.[141] 또 현종도 천가한의 존호를 받았다. 그리고 가장 늦게는 대종(代宗) 영태(永泰) 원년(765) 복고회은(僕固懷恩)이 회흘·토번 등을 유인하여 당을 쳤을 때, 회흘이 당황제를 '천가한'이라 불렀다.[142] 당조와 유목왕조와의 사이에 이런 관계는 어느 정도 지속되었을까? 적어도 '대당제국'이라 일컬어지는 130년 간은 '황제겸천가한'이라는 칭호를 칭하고 있었다고 정리된다.[143]

'천가한'의 존호를 받은 이후 행동에도 천가한으로 자임하는 듯한 언행도 보이고 있다. 예컨대 고종이 아사나하로(阿史那賀魯)의 난을 평정한 이후 태산에서 봉선 의례를 거행할 때에 낭산도독(狼山都督) 갈라록사리(葛邏祿社利) 등 수령 30여 명을 대동하는 일 등은[144] 태종이 정관 13年(639) 알릉 의식에

---

141 『舊唐書』卷3 太宗本紀下貞觀20年(646)條, p.59, 「秋八月 … 庚午, 次涇陽頓. 鐵勒迴紇·拔野古·同羅·僕骨·多濫葛·思結·阿跌·契苾·跌結·渾·斛薛等十一姓各遣使朝貢. 奏稱: "延陀可汗不事大國, 部落烏散, 不知所之. 奴等各有分地, 不能逐延陀去, 歸命天子, 乞置漢官." 詔遣會靈州. 九月甲辰, 鐵勒諸部落俟斤·頡利發等遣使相繼而至靈州者數千人, 來貢方物, 因請置吏, 咸請至尊爲可汗. 於是北荒悉平, 爲五言詩勒石以序其事.」

142 『舊唐書』卷120 郭子儀傳, p.3462, 「是時, 急召子儀自河中至, 屯於涇陽, 而虜騎已合. 子儀一軍萬餘人, 而雜虜圍之數重. …子儀率甲騎二千出沒於左右前後, 虜見而問曰: "此誰也?" 報曰: "郭令公也" 迴紇曰: "令公存乎? 僕固懷恩言天可汗已棄四海, 令公亦謝世, 中國無主, 故從其來. 今令公存, 天可汗存乎?" 報之曰: "皇帝萬歲無疆." 迴紇皆曰: "懷恩欺我."」

143 羅香林, 「唐代天可汗制度考」, 『唐代文化史』, 臺北: 臺灣商務印書館, 1974, p.56.

144 『舊唐書』卷194上 突厥傳上 單于 瀚海二都護府, p.5166, 「車鼻旣破之後, 突厥盡爲封疆之臣, 於是分置單于·瀚海二都護府. 單于都護領狼山雲中桑乾三都督·蘇農等一十四州, 瀚海都護領瀚海金微新黎等七都督·仙萼賀蘭等八州, 各以其首領爲都督·刺史. 高宗東封泰山, 狼山都督葛邏祿社利等首領三十

기존에 없던 번인군장을 참석토록 조치한 것과 비슷하다.[145] 서북유목군장
들이 당태종에게 '천가한'의 칭호를 올린 이후 당 황제들은 스스로 서북방의
수장임을 인정한 것이었다.

그러면 천가한은 유목민족에 대해 어떤 통치를 행하였으며 이는 어떤 의
미를 갖는 것일까? 『통전』을 보면, "무릇 번(蕃)의 거수(渠帥)가 사망한 경우
에는, 반드시 조를 내려 그 후사를 책립하였다. 사방의 오랑캐의 통치에 임
한[臨統] 것은, 이로부터 시작되었다"[146]라고 하였다. 또 『신당서』 북적전의
찬왈(贊曰)에서 "하늘이 덮고 있는 곳 끝까지 모두가 신하로서 복속하였고
바다 안팎까지 주현이 아닌 곳이 없었다" 혹은 "황막(荒漠)한 지구의 군장들
은 당의 국새를 기다려서 나라를 다스렸고, 하나같이 손님나라로 여기지 않
았다"[147]라고 설명하고 있다.

천가한은 먼저 대외적으로 제번(諸蕃)의 종주(宗主)였으며 군사동맹의 맹
주(盟主)였다는 점이다. 정관 4년부터 고종 현경(顯慶) 2년(657) 서돌궐이 평정
될 때까지 천가한의 존호를 올렸던 여러 번국의 군장들과 대당제국의 천가
한은 돌궐의 재기를 막기 위한 일종의 군사연합을 형성하고 있었다. 또 고
종 용삭(龍朔) 원년(661) 이후에는 서역 16국 및 소무구성(昭武九姓)의 여러 나
라에 도독부·주를 설치하여 대식과 토번의 침략에 공동 대응하기도 하였
다. 바로 천보 11재(752)의 고선지의 탈라스 전투도 그 일환이었다.[148] 당제

餘人, 並扈從至嶽下, 勒名於封禪之碑. 自永徽已後, 殆三十年, 北鄙無事.」
145 『舊唐書』 卷25 禮儀志5, p.972,「高祖神堯葬於獻陵, 貞觀十三年正月乙巳, 太宗朝于獻陵. 先是日, 宿衛
設黃麾仗周衛陵寢, 至是質明, 七廟子孫及諸侯百僚·蕃夷君長皆陪列于司馬門內.」
146 『通典』 卷200 邊防典16 跋言, p.5494,「諸蕃渠帥死亡者, 必詔冊立其後嗣焉. 臨統四夷, 自此始也.」
147 『新唐書』 卷219 北狄傳, pp.6183－6184,「贊曰: 唐之德大矣! 際天所覆, 悉臣而屬之, 薄海內外, 無不州
縣, 逐尊天子曰'天可汗', 三王以來, 未有以過之. 至荒區君長, 待唐璽纛乃能國, 一爲不賓, 隨輒夷縛,
故蠻琛夷寶, 踵相逮于廷. 極熾而衰, 厥禍內移, 天寶之後, 區夏痍破, 王官之戍, 北不踰河, 西止秦·邠,
凌夷百年, 逮於亡, 顧不痛哉! 故曰: 治己治人, 惟聖人能之.」
148 100여 년의 天可汗의 역사를 3분기로 나누고 있다. 제1기는 貞觀 4년부터 西突厥을 평정하는 高宗 顯

국의 황제를 '천가한'으로 받드는 경우 상대국은 "천가한을 받들어 당인과 같이 징발을 받아 천자의 정토를 돕기를 원하였다"[149]라고 표현하였으니 정벌군에의 참여가 바로 그들의 가장 중요한 의무였다.

아울러 당태종이 제창한 "호월형제"라는 구호를 천가한과 합쳐 이해한다면 대당제국의 황제는 '오(吳)-한(漢)-막(漠)'을 아우르는 지배자라는 것이다. 즉 황제-천가한 통치의 요점은 '무불주현(無不州縣)'과 '일위불빈(一為不賓)'이라는 구절에 담겨 있는 것이다. 중원왕조의 변방민족에 대한 이와 같은 통어는 "삼왕 이래로 어떤 왕조도 아직 이런 국면을 넘어서본 적이 없다'"[150]라 했으니 '황제-(천)가한'이라는 두 칭호를 칭한 것은 중국 역사상 최초로 황제의 지배 범위가 농경과 유목의 양 지역을 포괄하게 되었다는 매우 큰 의미를 지닌 것이다. 그런 면에서 한제국의 그것과는 전혀 다른 정황임을 나타내고 있다.

아울러 천가한 칭호 문제를 두고 대당제국의 성격을 잠시 검토해 보자. 당 고조 이연이 수나라 말기 군웅 중 하나였을 때, 돌궐 시필가한(始畢可汗)에게 정황상 어쩔 수 없이 신하를 칭하였고, 또 가한호를 받았던 것이 분명한데 단지 숨겼을 뿐이었다.[151] 그런데 수당왕조의 경우 황제가 서북방 유목군주를 가한으로 책봉한 경우가 더 많았다. 수문제는 염간(染干)을 이리진두계

慶 2년(657)까지이며, 제2기는 西域 16국과 昭武九姓 諸國에 都督府와 諸州를 설치하는 고종 龍朔 元年 (661)부터 玄宗 天寶 11載(752) 安西節度使 高仙芝가 탈라스(Talas)전투에서 패하는 시기까지이며, 제3기 는 安史亂이 일어난 天寶 14載(755)에서 代宗이 죽고 郭子儀가 죽는 德宗 建中 2년(781)년까지라고 구분 하였다(羅香林, 「唐代天可汗制度考」, pp.56-57).

149 『新唐書』 卷221下 西域傳下 康 西曹, p.6245, 「西曹者, 隋時曹也, …武德中入朝, 天寶元年, 王哥邏僕羅 遣使者獻方物, 詔封懷德王, 卽上言: "祖考以來, 奉天可汗, 願同唐人受調發, 佐天子征討." 十一載, 東 曹王設阿忽與安王請擊黑衣大食, 玄宗尉之, 不聽.」

150 『新唐書』 卷219 北狄傳, p.6183, 「贊曰: "…逐尊天子曰'天可汗', 三王以來, 未有以過之."」

151 陳寅恪, 「論唐高祖稱臣于突厥事」, 『寒柳堂集』, 上海: 上海古籍出版社, 1980, pp.97-108.

민가한(意利珍豆啓民可汗)으로,[152] 양제는 처라(處羅)를 갈산나가한(曷薩那可汗)으로,[153] 당고종은 서돌궐 아사나미사(阿史那彌射)를 홍석망가한(興昔亡可汗)으로,[154] 무측천은 보진(步眞)의 아들 곡슬라(斛瑟羅)를 계왕절가한(繼往絶可汗)으로 습봉(襲封)하도록 하였다.[155] 그리고 무측천은 돌궐 묵철(默綴)을 천선가한(遷善可汗)·입공보국가한(立功報國可汗)으로[156] 현종은 돌기시(突騎施) 별종인 소록(蘇祿)을 충순가한(忠順可汗)으로 책립하였다.[157] 이 외에도 당 조정에서 회골 등 부족에게 가한호를 사여한 것은 매거하기 힘들 정도로 많다. 이처럼 수당왕조의 황제는 유목추장들과 가한호를 주고 받았던 것이다. 수당황제가 스스로 가한이라는 의식이 없었다면 유목군장에게 가한호를 수여할 수는 없는 것이다. 이런 현상은 남방 중원세계와 서북 유목세계가 분리된 별개가 아니라는 의미이기도 하고, '일국양제(一國兩制)'임을 보여주는 것이다. 한왕조의 황제가 서북방 유목군주를 '선우'로 책봉한 사례는 없었다는 점에 수당시대의 특징이 드러난다.

그런데 이런 명호(名號)와 관련하여 주목되는 것은 대당 황제의 존호(尊號) 형식이 서북방 유목 전통과 유사하다는 점이다. 예컨대 유연에서는 군주와 대신은 그 행능(行能)에 기초하여 가한 등으로 즉위할 때에 장식적(裝飾的) 칭호인 '관호(官號: appellation)'를 가한과 같은 관칭(官稱: 官職, title) 앞에다 붙

---

152 『隋書』卷84 北狄傳 突厥, p.1872,「(開皇十七年)夏六月, 高頴·楊素擊玷厥, 大破之. 拜染干爲意利珍豆啓民可汗, 華言'意智健'也.」
153 『隋書』卷84 北狄傳 西突厥, p.1879,「處羅從征高麗, 賜號爲曷薩那可汗, 賞賜甚厚.」
154 『通典』卷199 邊防15 北狄6 突厥下, p.5460,「顯慶二年, … 乃冊立彌射爲興昔亡可汗兼左衛大將軍.」
155 『通典』卷199 邊防15, 北狄6 突厥下, p.5461,「阿史那步眞者, …尋卒. 其子斛瑟羅, 本蕃爲步利設, 垂拱初, …襲封繼往絶可汗.」
156 『通典』卷198 邊防14 北狄5 突厥中, p.5435,「默啜者, 骨咄祿之弟也. …默啜自此兵衆漸盛. 武太后尋遣使冊立默啜爲特進·頡跌利施大單于·立功報國可汗.」
157 『通典』卷199 邊防15 北狄6 突厥下, pp.5462-5463,「蘇祿者, 突騎施別種也. …開元三年, 制授蘇祿爲左羽林衛大將軍·金方道若經略大使, 特進侍御史解忠順齋璽書冊立爲忠順可汗.」

인다. 이는 중국의 시호(諡號)와 같은 것이지만 사후에 붙이는 시호와는 달
리 생시에 붙인다.[158] 예컨대 유연주 사륜(社崙)이 구두벌(丘豆伐: '駕馭開張' 의
미의 관호)+가한으로,[159] 곡률(斛律)이 알고개(藹苦蓋: '資質美好' 의미의 관호)+가
한으로, 대단(大檀)이 모한흘승개(牟汗紇升蓋: '制勝' 의미의 관호)[160]+가한의 형식
을 띠는 것과 같은 것이다. 내륙아시아 유목세계의 이런 관행은 중국, 특히
당대에도 영향을 끼쳤다. 당대 나타난 황제의 존호[徽號]가 바로 그것이다.
존호란 중국의 고제(古制)가 아니었다.[161] 중국고대의 군주 칭호는 황(皇), 제
(帝), 왕(王) 등 한 자였는데[162] 진시황이 합쳐서 황제라 하였다. 그런데 당 현
종이 취한 '개원신무황제(開元神武皇帝)' 등의 형식은[163] 당대 이전에는 극히
드문 사례였다.[164] 당대 황제에게 이처럼 존호를 올리는 것은 고종시기 시작
되어 무측천시기에 성행하고, 현종시기에 제도화되었다고 본다.[165] 또 현종
시기에 시작되었다고 보기도 한다.[166] 이처럼 유목의 전통이 당대 황제권에
영향을 준 것이다. 이런 국면을 보고 어떤 학자는 오호십육국뿐만 아니라

158 『北史』 卷98 蠕蠕傳, p.3251, 「蠕蠕之俗, 君及大臣因其行能, 卽爲稱號, 若中國立諡. 旣死之後, 不復追
    稱.」
159 『魏書』 卷103 蠕蠕傳, p.2291, 「於是自號丘豆伐可汗, '丘豆伐'猶魏言駕馭開張也, '可汗'猶魏言皇帝也.」
160 周偉洲, 『敕勒與柔然』, 上海: 上海人民出版社, 1983, pp.154–157.
161 『舊唐書』 卷139 陸贄傳, p.3792, 「上謂贄曰: "往年群臣請上尊號 '聖神文武' 四字; 今緣寇難, 諸事並宜
    改更, 衆欲朕舊號之中更加一兩字, 其事何如?" 贄奏曰: "尊號之興, 本非古制. …不可近從末議, 重益
    美名"; (唐)封演 撰, 『封氏見聞記』(『封氏見聞記校注』, 北京: 中華書局, 2005) 卷4 尊號, p.26, 「秦·漢以
    來, 天子但稱皇帝, 無別徽號. …則天以女主臨朝, 苟順臣子一時之請, 受尊崇之號, 自後因每故事.」
162 『舊唐書』 卷139 陸贄傳, p.3792, 「贄曰: "古之人君稱號, 或稱皇·稱帝, 或稱王, 但一字而已; 至暴秦, 乃
    兼皇帝二字, 後代因之, 及昏僻之君, 乃有聖劉·天元之號."」
163 『舊唐書』 卷8 玄宗紀上, pp.171, 210; 이 외에 『舊唐書』 p.210, 「開元聖文神武皇帝」; pp.215, 926, 「開元天
    寶聖文神武皇帝」; p.3483, 「開元天寶聖文神武應道皇帝」; p.227, 「開元天地大寶聖文神武孝德證道皇
    帝」 등이 있다.
164 前漢 哀帝(『漢書』 卷11 哀帝紀 p.340, 「號曰: 陳聖劉太平皇帝.」)나 북주의 宣帝(『周書』 卷7 宣帝紀 大象
    元年(579)2月癸亥條, p.119, 「帝於是自稱天元皇帝, 所居稱天臺, 冕有二十四旒, 〔車〕服旗鼓, 皆以二十四
    爲節.」)가 비슷하다고 하나 사실 당대의 경우와는 다르다.
165 羅新, 「從可汗號到皇帝尊號」, 『中古北族名號硏究』, 北京: 北京大學出版社, 2009, p.227.
166 『資治通鑑』 卷229 唐紀45 德宗建中4年(783)11月條, p.7389, 「群臣請更加尊號一字. 上以問(陸)贄, 贄
    上奏, 以爲不可. 其略曰: "尊號本非古制(胡注曰: 上尊號, 事始於開元元年)…".」

수당왕조를 '이원성(二元性)제국'이라 하였다.[167]

2. 중화의 문제

1) '한인(漢人)'개념의 정립과 '번인(蕃人)'·'당인(唐人)'·'화인(華人)'의 출현

중국의 국명은 '중화인민공화국'이고, 대만은 이전 국민당 시절의 국호인 '중화민국'을 그대로 쓰고 있다. 모두 '중화'란 접두어를 쓰고 있다. 그리고 현재 중화인민공화국의 국민을 '중화민족'이라 부른다. 해외에 있는 중국계 사람들을 화교, 즉 '중화교포'라 한다. 그러면 '중화'란 도대체 어떤 의미인가? 중화민족 내에는 한족은 물론 다수의 소수민족도 포함되어 있다. 따라서 중화민족은 '다민족'을 그 구성원으로 삼고 있다. 잘 알다시피 중국의 시원이 되는 종족은 화하(華夏)였다. 이 화하족은 '땅 가운데[土中]'에 산다는 자의식에 따라 그들이 사는 나라를 중국이라 한 것이다.[168] 화하의 바깥 사방에는 동·서·남·북으로 이(夷)·만(蠻)·융(戎)·적(狄)이 살고 이들은 중국과 의·식·주뿐만 아니라 언어도 문화도 다른 종족으로 여겨졌다.[169] 역대 중원 정권이나 그 정권 아래 살던 사람들이 이들을 차별시한 것은 당연하였다. 춘추시대만 해도 진(秦)과 오·월(吳·越)은 이적에 불과하였다. 한대 이후 이적에 대한 인식이 많이 변하였고, 또 중원문화가 사방으로 전파됨에 따라 화와 이 사이의 문화적 동질성이 약간 제고되기는 하였지만,[170] 차별의식은

167 谷霽光, 「唐代"皇帝天可汗"溯源」, 『谷霽光史學文集』, 南昌: 江西人民出版社, 1996. pp.174-176.
168 『通典』卷185 邊防1 邊防序, p.4978, 「覆載之內, 日月所臨, 華夏居土中, 生物受其正(李淳風云: "…則華夏居天地之中也.")」
169 『禮記』 王制篇, 「東方曰夷, 被髮文身, 有不火食者矣. 南方曰蠻, 雕題交趾, 有不火食者矣. 西方曰戎, 被髮衣皮, 有不粒食者矣. 北方曰狄, 衣羽毛穴居, 有不粒食者矣. 中國, 夷, 蠻, 戎, 狄, 皆有安居. 和味, 宜服, 利用, 備器. 五方之民, 言語不通, 嗜欲不同.」
170 『後漢書』卷85 東夷傳, p.2807, 「王制云: "東方曰夷. 夷者, 柢也. 言仁而好生, 萬物柢地而出. 故天性柔順, 易以道御. 至有君子·不死之國焉. 夷有九種, 九夷來御"也. …自中興之後, 四夷來賓, 雖時有乖畔, 而使驛不絕, 故國俗風土, 可得略記. 東夷率皆土著, 憙飮酒歌舞, 或冠弁衣錦, 器用俎豆. 所謂中國失

여전히 존재하였다. 그런데 현재 중화민족은 민족에 따라 구별은 하고 있지만, 형식적이든 실질적이든, 또 진정성 여부에도 불구하고 차별을 완전히 부정하는 정책을 견지하고 있다. 이런 변화의 분계선이 언제였느냐는 중국역사를 이해하는 데 중요한 문제임에 틀림이 없다.

현재 중국인들의 대부분을 차지하는 민족을 '한인' 혹은 '한족'이라 한다. '한족'이란 용어가 나타난 것은 근대에 이르러서이지만,[171] '한인'이라는 용어의 출현은 꽤 오래전의 일이다.[172] 한인은 간혹 한대에 쓰인 적이 있지만[173] 이것은 '한왕조의 사람[漢朝人]' 이상의 의미를 갖는 것이 아니었고 종족의 명칭도 아니었다.

'한' 혹은 '한인'이라는 명칭이 종족(민족)의 의미로 사용된 것은 이민족들의 통치가 시작된 위진남북조시대부터였다.[174] '한(인)'이 종족의 명칭으로 등장하게 된 것은 호-한 간의 갈등이 첨예화된 것이 계기였으며, 당시 '한'은 주로 비칭으로 쓰였다.[175] 북위 말 '육진의 난'시기, 선비는 스스로를 '선

禮, 求之四夷者也. 旣而告人曰: "吾聞之, 天子失官, 學在四夷, 其信也." 凡蠻·夷·戎·狄總名四夷者, 猶公·侯·伯·子·男皆號諸侯云.」

171 漢族이 처음 칭해진 것을 呂思勉은 '漢族之名 起于劉邦稱帝之後'라 하였고(『先秦史』, 上海: 上海古籍出版社, 1983, p.22), 呂振羽는 '華族自前漢的武帝宣帝以後 便開始叫漢族'(『中華民族簡史』, 北京: 三聯書店, 1950, p.19)이라 하였지만 이것은 '漢(朝)人'의 출현을 말하는 것이고 '漢族'이라는 단어는 太平天國末期 侍王 李世賢의 『致各國領事書』에서 최초로 출현한다. 辛亥革命時에 '漢·滿·蒙·回·藏 五族共和說이 나타나게 된다(徐杰舜, 「漢民族形成三部曲」, 『漢民族硏究』1, 南寧: 廣西人民出版社, 1989, p.178). 따라서 胡族이라는 명칭도 마찬가지로 이 시기부터 나타난 것 같다.

172 漢族이란 원래 漢朝라는 朝代名에서 연원하고 있음은 물론이다. 그러나 漢族이라는 명칭이 그대로 쓰여진 것은 近代에 이르러서이고, 그 대신 '漢人'이 쓰여졌는데 이것이 北朝의 記載에 이르러 비로소 '民族'적 의미를 갖게 된다고 한다(杜玉亭, 「中華民族凝聚力論略」, 『中國民族學會第四次學術討論會論文集』, 北京: 中央民族學院出版社, 1993, p.18); 사실 '民族'이란 단어는 古代 漢語에는 없다. 대신 '人', '種人', '族類', '部落', '種落' 등으로 표시했다.

173 '漢人'이라는 용어가 史料上 初出한 것은 『漢書』卷61 李廣利傳, p.2701에 「貳師聞宛城中新得漢人知穿井」이다.

174 (淸)李慈銘 撰, 『桃華聖解庵日記』(『越縵堂日記』第11冊, 揚州: 廣陵書社, 2004), 辛集第2集 光緖4年(1878)2月20日條, p.7786, 「中國人別稱漢人起于(北)魏末.」

175 한편 '漢人'이 '漢狗', '一錢漢' 혹은 '漢子'처럼 卑稱 내지 욕[惡口]으로 쓰이는 시기도 五胡時代부터라고 한다(桑原騭藏, 「歷史上より觀た南北支那」, 『東洋文明史論叢』, 東京: 弘文堂, 1934, p.5).

비' 혹은 '북인'이라 하고, 그 언어를 '선비어' 혹은 '국어'라 부르면서 '한', '한인', '한어'와 구별하였다. 북제 문선제(文宣帝)는 태자가 '한가성질(漢家性質)'을 얻어 자기와 닮지 않았다며 폐하려 했다는 사실에서 보듯이[176] 호족들은 당시 선비적인 것[鮮卑特質]을 내세우며 한인에 대해 전혀 열등감을 느끼지 않았던 것이다.[177] 아니 멸시의 감정까지도 갖고 있었다. 이런 과정에서 호족 측에서 한족 측을 '한아(漢兒)' 혹은 '한구(漢狗)'[178]라고 매도하기에 이르렀던 것이다. 흉노 출신으로 선비화한 유귀(劉貴)는 황하에서 일하던 한인 역부(役夫)들이 익사하는 것을 보고 '두전가한(頭錢價漢: 머리가 일전가치밖에 안 되는 놈들)'[179]이라 말했다. 선비인들은 한인에 대해 '두전가한', '무관직한(無官職漢: 관직이 없는 놈들)', '한아(漢兒)',[180] '하물한자(何物漢子: 그 천한 놈은 어떤 물건인가!)'[181] 등 악감정이 섞인 비칭을 거침없이 쏟아내었다. 북주와의 전쟁 때마다 한인을 내몰아 '육리(肉籬)', 즉 인의 장막으로 삼으려고 한 것은[182] 당시 선비인들이 얼마나 한인을 의식적으로 경멸했던가를 알 수 있다. 이런 '한'의 의식이 요즘의 '호색한(好色漢)' '무뢰한(無賴漢)'이라는 용어의 근원이 된

---

176 『北齊書』卷5 廢帝紀 p.73. 「文宣每言太子得漢家性質, 不似我, 欲廢之, 立太原王.」

177 『資治通鑑』卷171 陳紀5 宣帝太建5年(573)夏4月條, 胡三省注曰, p.5319.「諸源本出於鮮卑禿髮, 高氏生長於鮮卑, 自命爲鮮卑, 未嘗以詩諱, 鮮卑遂自謂貴宗, 率謂華人爲漢兒, 率侮詬之. 諸源世仕魏朝, 貴顯習知典禮, 遂有雩祭之請, 冀以取重, 乃以取詬.」

178 『北史』卷92 恩幸傳 韓鳳, p.3053.「壽陽陷沒, 鳳與穆提婆提聞告敗, 握槊不輟曰: "他家物, 從他去." 後帝使於黎陽臨河築城戍, 曰: "急時且守此作龜茲國子. 更可憐人生如寄, 唯當行樂, 何用愁爲!" 君臣應和若此. 鳳恒帶刀走馬, 未曾安行, 瞋目張拳, 有啖人之勢. 每咤曰: "恨不得剉漢狗飼馬!" 又曰: "刀止可剉賊漢頭, 不可刈草." 其弟萬歲.」

179 '한인의 머리를 1전가치밖에 안 되는' 혹은 '漢人의 생명은 돈으로 칠 가치가 없으니 그대로 죽도록 내버려 두라'는 뜻인 듯하다.

180 『北齊書』卷22 盧勇傳, p.322.「鎭宜陽, 叛民韓木蘭 · 陳忻等常爲邊患, 勇大破之. 啓求入朝, 高祖賜勇書曰: "吾委卿陽州, 唯安枕高臥, 無西南之慮矣. 但依朝廷所委, 表啓宜停. 卿之處子任在州住, 當使漢兒之中無在卿前者."」

181 『北齊書』卷23 魏愷傳, p.332.「遷靑州長史, 固辭不就. 楊愔以聞. 顯祖(文宣帝高洋)大怒, 謂愔云: "何物漢子, 我與官, 不肯就!"」

182 『通典』卷200 邊防16 北狄7, p.5495.「傅奕曰: "周 · 齊每以騎戰, 驅華人爲肉籬, 詫曰: '當剉漢狗飼馬, 刀刈漢狗頭, 不可刈草也.'"」

것이다. 아울러 북제에서는 한족이 황후가 될 수 없다는 주장이 제기되기도 하였다. 문선제(文宣帝)가 한인 이씨(李氏)를 중궁(中宮)으로 세우려 하자 당시 관료들은 "한족의 부인[漢婦人]은 천하의 어머니가 될 수 없다"라 반대하고 선비 출신 단소의(段昭儀)를 황후로 승격시킬 것을 청하기도 하였다.[183] 물론 문제 제기자의 종족이 호한으로 확연히 구별되는 것은 아니었고, 또 이해득실에 따른 정치적 복선이 깔린 사안이었지만,[184] 반대의 명분이 한족의 부인이었다는 것은 작은 의미는 아니다. 이 당시 '한', '한인', '한가'라는 용어가 부정적인 평가나 가치가 들어간 것임은 두말할 필요도 없다.

필자는 '호인'과 '한인'이라는 서로를 경멸하는 호칭 대신 나타난 것이 '번인'과 '화인'이라고 생각한다. 먼저 '번인'이다. 서위-북주, 특히 수당 사회가 되면 '호' 대신 '번(蕃)'이 쓰임과 함께, '한(인)'도 점차 비하하는 개념에서 벗어나고 있다. 먼저 '번'이란 '한인' 이외의 족속을 가리키는, 즉 '한'은 '번'의 대립개념으로 정착되어 갔다. '번'은 울타리라는 '번(藩)'의 의미로 이전의 '호'와는 다른 '이웃'이라는 의미의 개념이었다.[185] 따라서 '한'도 가치 중립적인 명칭으로의 변화가 나타났다.

---

183 『北史』卷14 后妃傳下, 文宣皇后 李氏傳 附 段昭儀傳, p.521에 의하면 高洋이 그녀를 멀리한 것은 北方 胡俗의 하나인 '弄女壻法'에 대해 심한 불쾌감을 가졌기 때문이라고 한다(『段昭儀, 韶妹也. 婚夕, 韶妻元氏爲俗弄女壻打法戲文宣, 文宣銜之, 後因發怒, 謂韶曰: "我會殺爾婦!" 元氏懼, 匿妻太后家, 終文宣世不敢出』).

184 胡人인 高隆之가 반대하는 것은 당연하지만 漢人인 高德政이 반대한 것은 '結勳貴之援', 즉 胡人들의 원조를 얻기 위한 것이었다(『北齊書』卷9 文宣皇后李氏傳, p.125, 「諱祖娥 趙郡李希宗女也. …初爲太原公夫人. 及帝將建中宮, 高隆之·高德正言漢婦人不可爲天下母, 宜更擇美配. 楊愔固請依漢·魏故事, 不改元妃. 而德正猶固請廢后而立段昭儀, 欲以結勳貴之援, 帝竟不從而立后焉).

185 사실 '蕃'이라는 글자는 '藩'과 통한다(『釋文』「蕃本又作藩」). 따라서 蕃이라는 藩屛(『書經』 微子之命, "以蕃王室", 「國語」 晉語8, "以蕃爲軍")의 뜻이다. 따라서 唐代 少數民族의 총칭으로 '蕃'이 등장한 것은 唐代皇帝의 胡漢(農牧)地區를 포괄하는 皇帝(天可汗)로서의 변화와 연관이 있다(陳連開, 「中國·華夷·蕃漢·中華·中華民族 — 一個內在聯系發展被認識的過程」, pp.99–100). 이런 변화는 唐朝가 邊疆地區에 소위 '羈縻州'를 설치한 것과 통하는 것이다(谷川道雄는 羈縻體制야말로 隋唐世界帝國의 제도적 특색이라고 본다. 『增補隋唐帝國形成史論』, p.16). 이전의 對邊疆政策과는 다른 '大中國' 정책의 일환이다. '胡漢'에서 '蕃漢'으로의 용어 변화는 이런 사정과 연관된 것으로 보인다.

'한인'이 특히 북조 말에 경멸의 뜻으로 쓰인 반면 '화인'은 그렇지 않다. '화인'이 초출한 것은 강통(江統)의 「사융론」에서이다.

"반란을 일으킨 강족을 토벌하게 하였다. 그 남은 종족은 관중으로 옮겨져, 풍익·하동의 빈 땅에 거주하게 하니 '화인'들과 뒤섞이게 된 것이다. 몇 년이 지난 후, 그 족류가 번성하게 되니, 그 살찌고 굳셈을 믿고서, 또한 '한인'을 괴롭히고 침탈하였다."[186]

이 문장 가운데 '화인'과 '한인'을 분명히 구별하여 쓰고 있다. 즉 '한인'과 '화인'은 같은 것이 아니라 다른 실체를 지칭하는 것이 분명하다.

그럼 '화인'이란 무슨 의미인가? 「사융론」에서 감지되는 것은 "(중)화 땅의 사람들"이란 것이다. 즉 중화의 경계 내에 살고 있는 사람들의 지칭으로 보이는 것이다. 다시 더 의미를 부연하면 이전에 어떤 종족이었든 간에 중화의 땅에 들어와 중화의 문화를 습득한 사람들이라는 것이다. 사료들을 자세히 살펴보면 중화의 변경지역에 사는 사람을 지칭하는 경우가 특히 많다. 북위시대 고창(高昌)지역의 팔성(八城)에 살던 비이족(非異族)을 '화인'이라 하였다.[187] 이것에는 한족은 물론 귀화한 이민족도 포함된다. 화인은 또 만(蠻)의 대칭어로서도 쓰였다. 또 흉노의 별종인 계호(稽胡)와 구별하여 '화인'을 사용하였다.[188] 또 동위-북제시기의 선비(鮮卑)와 대립어로서 '화인'이 쓰이기도 하였

---

186 『晉書』卷56 江統傳, p.1531, 「建武中, 以馬援領隴西太守, 討叛羌, 徙其餘種於關中, 居馮翊·河東空地, 而與華人雜處. 數歲之後, 族類蕃息, 既恃其肥强, 且苦漢人侵之.」
187 『魏書』卷101 高昌傳, p.2243, 「高昌者, 車師前王之故地, 漢之前部地也. 東西二千里, 南北五百里, 四面多大山. …國有八城, 皆有華人. 地多石磧, 氣候溫暖, 厥土良沃, 穀麥一歲再熟, 宜蠶, 多五果, 又饒漆.」
188 『北史』卷96 稽胡傳, p.3194, 「稽胡一曰步落稽, 蓋匈奴別種, …其俗土著, 亦知種田, 地少桑蠶, 多衣麻布. 其丈夫衣服及死亡殯葬, 與中夏略同; 婦人則多貫蚌貝以爲耳頸飾. 與華人錯居. 其渠帥頗識文字, 言語類夷狄, 因譯乃通. …又兄弟死者, 皆納其妻, 雖分統郡縣, 列於編戶, 然輕其徭賦, 有異華人.」

다.[189] 또한 화어(華語)는 이어(夷語)의 반대개념으로,[190] 그리고 '화인'이 쓰는 '중국어'를 의미하고 있다. 이렇듯 화인은 외이(外夷)의 반대개념이다. 그런 점에서 내이(內夷)는 화인의 범주에 속한다고 보아도 무리는 없을 것이다.

당대에도 그러하다. 토번의 침략에 의해 함락된 당인을 지칭하여 '화인'이라 하였다.[191] 그리고 돌궐로 입북한 당인을 '화인'이라 하였다.[192] 이처럼 이미 중국문화를 습득한 사람이거나 중국문화를 습득하기 위해 중국의 영역 내에 들어온 사람들을 '화인'이라 했던 것이다. 여기서 '화'란 혈통에 의한 종족의 호칭이 아니라 점차 영역적이고, 문화적인 개념으로 변해가고 있음을 알 수 있다. 변경 밖에 살던 사람이라도 안으로 들어와서 중국의 문화를 흡수하고, 중국의 질서를 지키는 사람이라는 뜻이다. 이런 변화는 중요한 의미를 지닌다. 바로 '중화'의 용어의 의미 문제와 관련되기 때문이다.

또 '당인(唐人)'이라는 호칭이 나타났다. 물론 '당인'이란 '당조인(唐朝人)'이라는 의미에서 발원된 것이지만, 그 의미보다는 '국제인'으로 주로 쓰인 것 같다.[193] 이런 의미의 '당인'이란 명칭이 출현한 의미를 과소평가할 수 없다. 사실 '송인', '원인', '명인', '청인'이라는 명칭이 상용화한 것은 아니기 때문이

189 『隋書』卷24 食貨志, p.676, 「及文宣受禪, 多所創革. 六坊之內徒者, 更加簡練, 每一人必當百人, 任其臨陣必死, 然後取之, 謂之百保鮮卑. 又簡華人之勇力絶倫者, 謂之勇士, 以備邊要.」

190 『隋書』卷32 經籍志1 孝經, p.935, 「又云魏氏遷洛, 未達華語, 孝文帝命侯伏侯可悉陵, 以夷言譯孝經之旨, 敎于國人, 謂之國語孝經.」

191 『舊唐書』卷13 德宗本紀下 貞元4年(788)春正月條, p.365, 「是月, 吐蕃寇涇·邠·寧·慶·鄜等州, 焚彭原縣, 邊將閉城自固. 賊驅人畜三萬計, 凡二旬而退. 吐蕃入寇以秋冬, 今盛暑而來, 華人陷著者道之也」; 『舊唐書』卷196下 吐蕃傳下, p.5256, 「四年五月, 吐蕃三萬餘騎犯塞, 分入涇·邠·寧·慶·麟等州, 焚彭原縣廨舍, 所至燒廬舍, 人畜沒者約二三萬, 計凡二旬方退. …先是吐蕃入寇, 恆以秋冬, 及春則多遇疾疫而退. 是來也, 方盛暑而無患. 蓋華人陷者, 厚其資産, 質其妻子, 爲戎虜所將而侵軼焉.」

192 『舊唐書』卷68 張公謹傳, p.2507, 「貞觀元年, 拜代州都督, …後遣李靖經略突厥, 以公謹爲副, 公謹因言突厥可取之狀, 曰: "頡利縱欲肆情, …其可取一也. …其可取二也. …其可取三也. …其可取五也. 華人入北, 其類實多, 比聞自相嘯聚, 保據山險, 師出塞垣, 自然有應, 其可取六也." 太宗深納之.」

193 徐杰舜,「漢民族形成三部曲」,『漢民族研究』1, p.178.

다. 또한 혹자가 당인의 개념을 '비호비한(非胡非漢)'인이라고 규정한 것은[194] 이런 이유 때문이었다. 송대 이후 국외에서 중국을 '당'이라 칭하고, 중국인을 '당인'이라 칭하였다.[195] 따라서 현재 차이나타운(China Town)을 '당인가(唐人街)'라 하는 것은 여기에서 연유한 것이다.[196] 그런데 이런 국제성을 띤 중국인에 왜 '당인'이라는 명칭을 붙였을까? 당시 외국 사람도 많이 들어왔지만 나가기도 많이 했다는 사실과 연관된 것이 아닐까? 대당제국은 바로 '유동사회'였기 때문일 것이다. 또한 미국이나 캐나다 등지의 당인가에 가면 '천하위공(天下爲公)'이라 쓴 패방이 서 있는 경우가 많다. 이 말은 『예기』 예운편에 처음 나온 이후 손문 등이 애용했듯이 중국문화의 정수를 나타내는 말이다. 그리고 이들 당인을 '화교' 혹은 '해외화인(海外華人)'이라 부른다. 중국문화를 공유하고 있는 사람이라는 뜻이다.

이것과 관련하여 거론해야 하는 문제가 '중화(中華)' 혹은 '중화인(中華人)'이란 용어이다. '중화'란 지역 명칭인[197] 동시에 종족 명칭인 것은[198] 분명하다. 그러나 중화에 그런 뜻만 있는 것이 아니다. '중화'라는 단어는 위진시대 처음으로 출현하였다.[199] 당초 천문방면에서 사용되었는데, 후에 궁정의 중간문이란 뜻으로 많이 사용되었다.[200] 그리고 지역적으로는 '중원지구(中原

---

194 付永聚, 「論唐代胡漢民族之間的混融互補」, 『山東大學學報』 1992-3.
195 陳連開, 『中國·華夷·蕃漢·中華·中華民族』, p.94.
196 村松一彌, 「唐人考」, 『(東京都立大學)人文學報』 98, 1974.
197 『魏書』 卷62 李彪傳, p.1394, 「(李)彪乃表曰: "唯我皇魏之奄有中華也, 歲越百齡, 年幾十紀."」; 『周書』 卷49 夷域傳上 宕昌羌傳, p.892, 「宕昌羌者, … 其地, 東接中華, 西通西域, 南北數千里.」
198 『通典』 邊防典1 邊防序, p.4979, 「昔賢 … 又曰: 古者人至老死不相往來, 不交自爭, 自求自足. …緬惟古之中華, 多類今之夷狄, 有居處巢穴焉(上古中華亦穴居野處…), 有葬無封樹焉(上古中華之葬, 衣之以薪, 葬之中野, 不封不樹…).」
199 王樹民, 「中華名號溯源」, 『中國歷史地理論叢』 2, 1985, pp.12-13.
200 『晉書』 卷11 天文志上 中宮, p.292, 「東蕃四星, 南第一星曰上相, 其北, 東太陽門也; 第二星曰次相, 其北, 中華東門也; 第三星曰次將, 其北, 東太陰門也; 第四星曰上將; 所謂四輔也. 西蕃四星, 南第一星曰上將, 其北, 西太陽門也; 第二星曰次將, 其北, 中華西門也; 第三星曰次相, 其北, 西太陰門也; 第四星曰上相: 亦曰四輔也.」

地區)'의 뜻이었다.[201] '중국'과 동의로, '변수(邊陲)'의 대립개념으로 '내지군현
(內地郡縣)' '군현지구(郡縣地區)' 혹은 '중원'을 가리켰다. 통일시기에는 '전국'
을, 분열시기에는 '중원'만을 의미하였다. 즉 중화란 원래 '화하(華夏)'에다 중
국(中國: 中原, 中間) 등 지역적인 개념(中)이 보태진 것이었다. 그러나 이후 호
족이 중원지구를 차지하는 기간이 길어지자, 점차 중국의 진정한 의미인 중
원이 강조되고 그곳에 개화한 '문화'와 그것을 보존하는 '종족(민족)'을 지칭
하는 단어가 되었다. '중원의관(中原衣冠)'이라는 말이 상용된다. "(서)진이 스
스로 중화를 포기하였지 내가 반란한 것은 아니다"라 한 부견의 언사에서[202]
알 수 있듯이 이전의 '중화지사(中華之士)'도 동진의 소속이 되면 '오월단발문
신(吳越斷髮文身)'이 되어 그 자격을 상실한다는 것이다.[203] 중화는 중원이라
는 지역이 중요한 척도이며, 거기다 전통문화의 보지라는 의미가 잠재해 있
는 것이다.[204] 이런 논리로 외방에 있다가 중원으로 진입한 이민족들도 '토
중(土中)'에 근거하면서 전통문화의 유지자가 되었기 때문에 '중화'임을 과시
하며 남조 왕조를 '남위(南僞)'라 배척하였던 것이다.[205] 북조말년이 되면 선
비를 포괄하여 오환·흉노 등 출신인사들도 전통문화와 전통학술을 획득한
후 '중화조사'로 인식되기에 이르렀던 것은[206] 그런 논리에서이다. 이제 '중
화'라는 것이 한족(漢族)만의 전유물이 될 수가 없었고, 한인과 공존하게 된

---

201 『晉書』 卷61 劉喬傳, pp.1674-1675, 「海王越將討喬, 弘又與越書曰: "… 今邊陲無備豫之儲, 中華有杼
　　軸之困, 而股肱之臣不惟國體, 職競尋常, 自相楚剝, 爲害轉深, 積毁銷骨."」
202 『資治通鑑』 卷100 晉紀22 穆帝升平2年(358)冬10月條, p.3172.
203 『資治通鑑』 卷115 晉紀37 安帝義熙5年(358)5月條, p.3616, 「(南燕桂林王慕容鎭)謂韓諱曰: "…今年國滅,
　　吾必死之, 卿中華人士, 復爲文身矣."」
204 물론 南朝 宋人 張暢의 전통문화를 보지하는 자라는 반박도 있다(『宋書』 卷59 張暢傳, p.1602, 「孝伯曰:
　　"隣國之君, 何爲不稱詔於隣國之臣?" 暢曰: "君之此稱, 尙不可聞於中華, 況在諸王之貴, 而猶曰隣國
　　之君邪."」)
205 『魏書』 卷60 韓顯宗傳, p.1341, 「又曰: "自南僞相承, 竊有淮北, 欲擅中華之稱, 且以招誘邊民, 故僑置中
　　州郡縣, 自皇風南被, 仍而不改, 凡有重名, 其數甚衆."」
206 陳連開, 「中國·華夷·蕃漢·中華·中華民族」, p.107.

각 민족의 공유어가 되었다.[207]

그래서 원(元) 왕원량(王元亮)이 중편(重編)한 『당률석문(唐律釋文)』 권22에 "중화란, 중국이다. 직접 왕의 교화를 입어 스스로 중국에 복속하니, 의관은 엄숙하고 장중하였으며, 풍속은 효제함이 있어 몸가짐이 예의 바르게 되었으므로 그를 일컬어 '중화'라 하였다. 이적의 습속, 즉 머리를 풀어헤치고 옷섶을 왼쪽으로 여미며, 몸에 문신을 새기는 것과는 훨씬 다르다"[208]라는 법률적 해석이 나오게 되었다.[209] 아울러 옹정(雍正)·건륭(乾隆) 이후의 청조의 화이관은 이(夷)가 야만(野蠻)을 의미한다면 청조의 황실은 '이'가 아니고 '화'이고, '이'가 이민족을 의미한다면 우리는 '화'가 아니고 '이'라 해도 좋다는 논리였다.[210] 즉 한인사대부들이 화이의 차이를 인(人)과 물(物=禽獸)로 보고, 그 차이의 근원을 중원과의 거리에 따라 구분하는 것에 대해 옹정제를 비롯한 청실의 반론은 화와 이의 소이연은 문화(仁義·德·五倫)의 유무에 두어져야 하며, 그 소출지지(所出之地: 즉 출생지)에 따라 화이를 구분하는 것은 잘못이라고 본 것이다.[211] 중원 통치의 정당성은 인(仁)이냐 학(虐)이냐에서 찾아야 하지 소출지지가 그 기준이 될 수 없다는 것이다. 이것은 한인이 숭상하는 순(舜)이나 문왕(文王)도 이지(夷地)의 소생이었지만, 이적이라 하지 않는

---

207 杜玉亭,「中華民族凝聚力論略」,『中國民族學會第四次學術討論會論文集』, 北京: 中央民族學院出版社, 1993, p.18.

208 (元)王元亮 重編,『釋文』(『唐律疏議』(北京: 中華書局, 1983)附錄 所收) 卷3 名例, p.626; 陳連開,「中國·華夷·蕃漢·中華·中華民族」, p.108에서는 "南宋此山貰冶子作『唐律釋文』與『宋刑統』相輔, 他在解釋『唐律疏議』卷三名例" 운운하였다. 또 戴建國은 "此山貰冶子撰 王元亮重編,『唐律釋文』卷22(日本文化三年東京御書物所刻本)이라 하였다(「宋代籍帳制度探析」,『歷史研究』2007-3, p.42, 주7).

209 (宋)洪皓 纂,『松漠紀聞』(叢書集成初編本, 北京: 中華書局, 1985) 上, p.5,「大遼道宗朝, 有漢人講『論語』, 至 "北辰居所而衆星拱之", 道宗曰: "吾聞北極之下爲中國, 此豈其地邪?" …至 "夷狄之有君", 疾讀不敢講, 則又曰: "上世獯鬻·獫狁, 蕩無禮法, 故謂之夷. 吾修文物彬彬, 不異中華, 何嫌之有!" 辛令講之.」

210 安部健夫,「淸朝と華夷思想」,『淸朝史の硏究』, 東京: 創文社, 1971, p.43.

211 閔斗基,「淸朝의 皇帝統治와 思想統制의 實際 - 曾靜謀逆事件과 〈大義覺迷錄〉을 中心으로」,『中國近代史硏究』, 서울: 一潮閣, 1973, pp.41-42.

것과 같다는 논리이다. 이는 중국 내의 적관(籍貫)의 차이와 같은 것으로 보아야 한다는 것이다. 이적에서 중화로의 전환은 문화의 유무에 있는 것이기 때문에 노력 여하에 달린 것이어서, 이민족이 중화가 되는 것이 금수가 사람이 되는 것처럼 불가능한 것으로 보는 고루한 한인의 화이론은 근본적으로 부정되어야 한다는 것이다. 이런 청조 한인 사대부의 전통적 화이론에 대한 반대논리는 이미 오호십육국 이후에 누차 거론된 것이어서 새로울 것이 없으며, 특히 대당제국시기의 분위기도 이와 크게 다르지 않다. 9세기 중엽 대식국 출신 이언승(李彦昇)을 대량(大梁) 절도사 노균(盧鈞)이 추천하는 과정에서 이런 논리는 이미 거론되었다. 그 사정을 다룬 진암(陳黯)의 「화심(華心)」이라는 글을 보자.

선종 대중(大中: 847-860) 초년에 대량(大梁: 개봉)의 연수(連帥: 절도사) 범양공(范陽公: 노균)이 대식국 사람인 이언승을 궐하에 추천하니 천자가 춘사(春司: 예부의 시험관)에게 조칙을 내려 그 재주를 시험하게 하였다. 2년 후 진사과에 급제하여 이름이 드러났으니 일반 빈공과에 합격한 자와 비교할 수 없는 것이다. 혹자가 말하기를 "양은 큰 도읍이고 절도사는 큰 현자로서 중화의 군주[華君]에게서 명을 받고 중화의 백성[華民]에게서 봉록을 바라고 있으면서, 사람을 추천함에 있어서는 곧 오랑캐에서 구하니, 어찌 중화에는 칭할 만한 자가 부족하다는 말인가? 오랑캐 사람만이 쓸 만하다는 것인가?"라고 하였다. 내가 마침내 절도사의 행동에 대해 느끼는 바가 있었다. 그래서 다음과 같이 말한다. 절도사는 진정으로 재주를 추천한 것이지, 그 사람을 사사롭게 가까이한 것은 아닌 것이다. 진실로 그 땅(地)을 가지고 말한다면 곧 화와 이의 구별이 있지만, 그 가르침(敎)을 가지고 말하여도 그 역시 화와 이의 있는 것이다. 무릇 화와 이란 것의 구별은 그 마음 씀에 있는 것이다. 마음 씀으로 구별하는 것은 그 취향(趣嚮)을 살피는 데 있는 것이니, 중주(中州)에 태어나서도 예의에 어그러짐이 있으면, 이런 자의 모습은 화이지만, 마음은 이인 것이다. 오랑캐 땅(夷域)에서 태어나서도 그 행동이 예의에 합치되면 이런 자의 모습은 이(오랑캐)이지만 마음은 화인 것이다. 예컨대 노관(盧綰)은 소경(少卿)의 벼슬을 한 화인이면서도 반란을 일으켰으니 그가 오랑캐라서 그랬단 말인가! 오랑캐인 김일제(金日磾)가 충적(忠赤)을 다한 것은 그가 화인이었기 때문에서인가! 이로써 보건대, 모두가 그 취향에 딸린 것일 뿐이다. 이제 이언승이 해외로부터 와서 도(道)로써 절도사에게 알리게 될 수 있었으니, 절도사가 그런 까닭으로 기이하게 여겨 그를 추천함으로써 이적을 자극한 것이니, 이는 해와 달로 하여금 (이적들에게) 비추게 하여 모두 문명의 교화로 돌아가게 하였던 것이다. 대개 화란 그 마음을 보는 것이지, 그 땅으로써 구별하는 것이 아니다. 그래야 또 이란 것에도 화심을 만들어 낼 수가 있는 것이다.[212]

즉 마음의 귀속이 중요하지, 출생지가 중요하지 않다는 것을 전한시대 반란을 일으키다 흉노로 도망친 한인 노관[213]보다 전한왕조에 충성을 다한 흉노 출신 김일제[214]의 사례로 보여주고 있다. 이도 문명의 교화에 의해 얼마

---

212 『全唐文』卷767 陳黯 「華心」, p.7986, 「大中初年, 大梁連帥范陽公得大食國人李彦昇薦於闕下, 天子詔春司考其才, 二年以進士第, 名顯然, 常所貴者不得擬. 或曰: "梁大都也, 帥碩賢也, 受命於華君, 仰祿於華民. 薦人也, 則求于夷, 豈華不足稱也耶." 夷人獨可用也耶. 吾終有感於帥也. 曰: 帥眞薦才而不私其人也, 苟以地言之, 則有華夷也, 以敎言亦有華夷乎. 夫華赤者, 辨在乎心. 辨心在察其趣嚮, 有生於中州而行戾乎禮儀, 是形華而心夷也. 生於夷域而行合乎禮儀, 是形夷而心華也. 若盧綰少卿之叛亡, 其夷人乎. 金日磾之忠赤, 其華人乎. 繇是觀之, 皆任其趣嚮耳. 今彦昇也, 來從海外, 能以道祈知於帥, 帥故異而薦之, 以激夫夷狄, 俾日月所燭, 皆歸於文明之化. 蓋華其心而不以其地也. 而又夷焉, 作華心.」

213 『漢書』卷34 盧綰傳, pp.1890−1893, 「盧綰, 豊人也, 與高祖同里. 綰親與高祖太上皇相愛, 及生男, 高祖・綰同日生, 里中持羊酒賀兩家. …高祖崩, 綰遂將其衆亡入匈奴, 匈奴以爲東胡盧王. 爲蠻夷所侵奪, 常思復歸, 居歲餘, 死胡中.」

214 『漢書』卷68 金日磾傳, pp.2959−2967, 「金日磾, 字翁叔, 本匈奴休屠王太子也. …贊曰: …金日磾夷狄亡國, 羈虜漢庭, 而以篤敬寤主, 忠信自著, 勒功上將, 傳國後嗣, 世名忠孝, 七世內侍, 何其盛也! 本以

든지 화심을 가질 수가 있다는 것이다. 대식국인 이언승은 외국인이 통상적으로 응시하는 빈공과가 아니고 중국인에게도 어려운 진사과에 합격하였을 정도로 중국전통문화를 습득하였던 것이니, 이 자야말로 진정한 화심을 가진 화인이라는 것이다. 화인이라 불릴 조건은 땅[地]에 있는 것이 아니라 마음[心]에 있는 것이라 본 것이다.

이런 맥락에서 병자호란 후 조선의 지식인들이 조선이야말로 문명의 담지자인 중화라고 여겼다. 중국과 조선을 침략한 청은 문명의 파괴자이자, 적대적 타자일 뿐이었다고 여겼다. 조선 지식인에게 '중화'란 단지 민족적 관념의 문제가 아니라, 중화는 곧 문명이었다.[215]

한편 민국초기 장태염(章太炎)이 "중화라는 말은 화와 이를 가지고 문화의 고하를 구별하는 것이다"[216]라 하였고, 양계초(梁啓超)도 "하나의 타족을 만나서 바로 '우리 중국인'이라는 하나의 관념이 머리에 떠오르면 이 사람은 곧 '중화민족'이다. …고로 모든 만주인이 이제 모두 중화민족의 일원이 되었다"[217]라 하였다.

이런 관념적 변화와 더불어 중화의 지역적 범위가 크게 확대되었다. 북위 효문제와 당의 태종의 중화에 대한 언급을 보면 그 점이 분명히 드러난다. 효문제는 "호월의 사람들은 또한 형제와 같이 친해질 수 있다"[218]라는 인식하에 소위 용인(用人)에 있어서 '포용[兼容幷包]' 정책을 폈다. 당태종은 자기

休屠作金人爲祭天主, 故因賜姓金氏云.」

215 배우성, 『조선과 중화』, 서울: 돌베개, 2014.

216 章炳麟 著, 『太炎文錄初編』(『章氏叢書』 下, 臺北: 世界書局, 1985 所收) 別錄 卷1「中華民國解」, p.781-上右.「中國云者, 以中外分地域之遠近也. 中華云者, 以華夷別文化之高下也.」

217 梁啓超 著, (『飮冰室文集』(『飮冰室文集點校』, 昆明: 雲南敎育出版社, 2001) 第5集「中國歷史上民族之研究」, p.3211, "凡遇一他族, 而立刻有「我中國人」之一觀念浮於其腦際者, 此人卽中華民族, …故凡滿洲人今皆爲中華民族之一員也")

218 『魏書』 卷7下 高祖孝文帝本紀下, p.186,「每言: 凡爲人君, 患於不均, 不能推誠御物, 苟能均誠, 胡越之人亦可親如兄弟.」

통치시기에 와서 "호와 월이 이렇게 한 집안이 되었던 것은 자고로 있어본 적이 없었다"[219]는 유명한 발언을 하였다. 중화지역이 중원을 벗어나 중국 전토에까지 확대된 것이다.

여기서 '중화', '중화제국' 혹은 '중국'이란 용어가 갖는 광협의 문제를 따져보자. 중화가 단순히 역대 왕조나 현재 중국이 지배하고 있는 공간적 범위, 즉 영토만을 나타내는 말은 아니다. 중국인만의 독특한 종족(민족)적 개념과 문화적 개념이 중첩된 복합적인 개념이었다.[220] 복수의 중화왕조가 실제로 존재하기도 하였으며, 이적이 세운 중화왕조도 엄연히 존재하였다. 지금도 '중화권(中華圈)'으로 홍콩은 물론 대만, 싱가포르 등도 포함시킨다. 중화란 역사적으로 팽창도 하고 축소도 하였지만, 한족만의 것이 아님은 분명하다. 그리고 중국 주석 습근평(習近平: 시진핑)이 중화부흥을 외치고 있지만, 그가 말하는 중화는 한족만의 중화는 분명 아니고, 전통적인 화·이가 공통으로 만들어낸 독특한 개념이다. 그것이 민족구성원 전부의 평등과 자유를 지향하는 '고상한' 민족주의에 비하면 저급한 상황의 '정상화체계'에 불과하다[221] 하더라도 거대 중국의 현재를 만들고 통치해 가는 중요한 이념임에는 틀림이 없다. 그래서 대외사상으로서 보편주의적인 중화사상을[222] 배타적인 화이사상과 구별해야 한다는 주장도 있다.[223] 그리고 이민족의 중국화를 한

---

219 『資治通鑑』卷194 唐紀10 太宗貞觀7年(633)12月戊午條, pp.6103-6104, 「還宮, 從上皇置酒故漢未央宮. 上皇命突厥頡利可汗起舞, 又命南蠻酋長馮智戴詠詩, 旣而笑曰: "胡越一家, 自古未有也!"」
220 李成珪, 「中華帝國의 팽창과 축소: 그 이념과 실제」, 『歷史學報』186, 2005, p.88.
221 李成珪, 「中華思想과 民族主義」, 정문길 외 엮음, 『東아시아, 문제와 시각』, 서울: 문학과지성사, 1995, p.66.
222 中華思想의 일부에 華夷思想이 위치하고 있어 양자는 불가분의 관계가 있지만 兩者 간에는 他者意識의 면에서는 區別이 있다. 즉 德化와 王化에 의한 華人의 文化의 普遍性을 강조하는 中華思想은 華夷를 포괄하는 包括性과 普遍性이 특징이어서, 타자인식 자체가 稀薄한 데 비해, 華夷思想은 華人과 夷狄의 文化의 高低의 차이를 강조하여 對外關係에 있어서 排他性을 특징으로 한다(妹尾達彦, 「都市の文化と生活」, 『魏晉南北朝隋唐史の基本問題』, 東京: 汲古書院, 1997, pp.407-409).
223 中華와 夷狄을 區別하는 華夷意識은 秦漢統一과 더불어 出現하는 것이지만, 그것이 강하게 나타나게 되

화 대신 중화화(中華化)라는 용어를 사용하기도 한다.[224] 현대 중국의 노신 (魯迅)이라 지칭되는 여추우는 문화적 혼혈이 주는 생명력에 대해 누차 강조 했다. 그는 한족이 아닌 당 왕조의 제왕들에 흐르는 선비족의 전통, 그리고 당나라 거리에 물씬 풍겼던 다원문명적이고, 문화혼혈적인 자신감과 똘레 랑스를 넘어선 상호숭배의 역사는 중국역사상 가장 찬란했던 문명이 될 수 있었던 토양이었다고 했다.[225] 이처럼 중화는 배타주의도 패권주의와 거리 가 먼 것이다.

2) '사융론(徙戎論)'에서 '실위오민론(悉爲吾民論)'으로

위와 같은 의미의 중화관념은 이민족이 중국 내에서 문제가 되었을 때 추 방하여 본지로 옮길 것이 아니라 교화를 통해 자국민으로 전화시킬 수 있다 는 논리에서 출발한다. 그러나 이러한 관념이 정립되는 데에는 많은 세월이 소요되었다. 선진시대는 물론이고, 진한-서진시기까지 중국인에게 이국민 은 노예와 같은 사역의 대상이지, 공존의 상대는 사실 아니었다. 그래서 강 통(江統)의 「사융론」과 같은 논설이 나온 것이다. 그러나 당왕조의 분위기 는 많이 바뀌었다. 유목민족과 동거하고 공존하는 정책이 획기적으로 시행 되었다. 돌궐이 망하자 당나라에 항복한 자가 10만 구나 되었다.[226] 태종은 그 처리를 조정 관원들에게 의논하도록 하였다. 중서시랑 안사고(顏師古), 예

는 것은 南北朝時代이고 漢人亡命政權의 南朝知識人에 의한 非漢人政權의 北朝에 대한 對抗意識이 華夷意識을 양성시켰다고 한다(川合安, 「沈約『宋書』의 華夷意識」, 『中國における歷史意識と歷史意識 の展開についての總合的研究』, 平成4·5年度科學研究費補助金總合研究(A)報告書, 1994).

224 川本芳昭는 '漢化'는 同化이기 때문에 그것은 실태에 맞지 않다고 본다(川本芳昭, 『魏晉南北朝時代의 民 族問題』, 東京: 汲古書院, 1998, p.395); 「漢唐間 "新" 中華意識的形成」, 『北朝史國際學術硏討會暨中國 魏晉南北朝史學會第七屆年會論文』, 2001.

225 余秋雨, 『尋覓中華』(심규호·유소영 옮김, 『중화를 찾아서』, 서울: 미래인, 2010).

226 『資治通鑑』 卷193 唐紀9 太宗貞觀4年(630)夏4月條, p.6075. 「突厥旣亡, 其部落或北附薛延陀, 或西奔 西域, 其降唐者尙十萬口.」

부시랑 이백약(李百藥), 하주도독(夏州都督) 두정(竇靜), 위징(魏徵) 등은 여전히 서진시기의 곽흠(郭欽)과 강통의 '사융론'을 거론하면서 '영가의 난'과 같은 위험이 도사리고 있다고 경고하였다.[227] 그러나 온언박(溫彥博)은 공자의 소위 '가르침에 있어 족류가 있을 수 없다[有教無類]'라는 인식을 바탕으로 '수년 이후에는 이들이 우리의 백성이 될 것이다'라는 주장을 폈다. 태종이 위징 등 다른 중신들의 의견을 물리치고 온언박의 계책을 수용하였다는 것은[228] 이민족을 보는 시각이 서진 무제와는 크게 달라졌음을 의미한다.

당태종이 온언박의 의견을 수용한 후, 첫 번째로 취한 조치가 돌궐 계민(啓民)가한의 손자이며, 시필(始畢)가한의 아들인 돌리(突利)에 대한 것이었다. 수왕조에서 계민가한이 수나라로 오자 그를 대가한으로 삼아 북방의 통치를 맡겼는데, 시필가한 때에 와서 수왕조에 반기를 들게 되었던 것이다. 당태종은 돌리를 가한으로 세우지 않고, 대신 순주도독(順州都督)이라는 당관(唐官)으로 임명하였다. 그러면서 그 이유로 중국도 편안하고, 돌궐의 종족도 오래 존속하는 길임을 분명히 밝히고, 도독으로서 중국법을 준수할 것을 당부하였다.[229] 당태종의 조치는 수대와는 달리 항부한 이민족 수장을 그대로 가한으로 임명하는 것이 아니고, 중국법에 의해 기존의 부락을 통솔하는 도독, 즉 당관으로서 임명한 것이었다.

---

227 『資治通鑑』 卷193 唐紀9 太宗貞觀4年(630)夏4月條, pp.6075−6577. 「中書侍郎顏師古)以爲: "…". 禮部 侍郎李百藥以爲: "…". 夏州都督竇靜以爲: "…" …魏徵以爲: "…今降者衆近十萬, 數年之後, 蕃息陪多, 必爲腹心之疾, 不可悔也. 晉初諸胡與民雜居中國, 郭歆 · 江統, 皆勸武帝驅出塞外以絕亂階, 武帝不從. 後二十餘年, 伊 · 洛之間, 遂爲氈裘之域, 此前事之明鑑也!」
228 『資治通鑑』 卷193 唐紀9 太宗貞觀4年(630)夏4月條, pp.6076−6077, 「(溫)彥博曰: "王者之於萬物, 天覆 地載, 靡有所遺. 今突厥窮來, 奈何棄之而不受乎, 孔子曰: '有敎無類.' 若救其死亡, 授之生業, 敎之禮 義, 數年之後, 悉爲吾民. 選其酋長, 使入宿衛, 畏威懷德, 何後恨之有!" 上卒用彥博策.」
229 『資治通鑑』 卷193 唐紀9 太宗貞觀4年(630)5月辛未條, p.6077, 「以突利爲順州都督, 使帥部落之官, 上 戒之曰: "爾祖啓民挺身奔隋, 隋立以爲大可汗, 奄有北荒, 爾父始畢反爲隋患. …我所以不立爾爲可汗 者, 懲啓民前事故也. 今命爾爲都督, 爾宜善守中國法, 勿相侵掠, 非徒欲中國久安, 亦使爾宗族永全 也!"」

대당제국 통치자 가운데 이런 인식 변화를 주도한 자가 바로 당태종이었다. 이런 태종의 인식과 정책 변화는 어떤 의미를 갖는 것일까? 물론 당대의 평가이지만 당태종과 진황[진시황]·한무[한무제]에 대한 비교평가에서 양 황제뿐만 아니라 한당 사이의 차이를 엿볼 수 있다. 정관 13년(639) 태종이 소륵(疎勒)으로부터 조공을 받으면서 방현령(房玄齡) 등에게 스스로의 업적을 평가하기를 "예전에 천하를 일통하여 사이를 극복한 것은 오직 진시황과 한무제뿐이다. 짐이 세 척의 검을 들어 사해를 평정하니 먼 사이들이 스스로 복속했던 것은 이들 두 군주에게 뒤지지 않는다. 그리고 그들의 말로는 오랑캐들로부터 스스로를 지키지 못했던 것이니…"[230]라 하여 공격 위주의 정책은 무모하고 또 유효하지 못했음을 지적하였다. 한편 『당회요』에서는 "진시황·한무제는 사이에 널리 일을 일으킴으로써 인력을 소모하여 호구가 반이나 줄었지만 태종은 인력을 아끼고 백성을 보양하는 데 힘썼다"[231]고 하여 태종을 비교 우위에 두었다. 한-당(한무제와 당태종)의 차이를 두고, 한무제의 흉노대책은 하책(下策)이고, 진시황은 무책(無策)이라는 태종의 말을 받아 이백약(李百藥)은 "무력으로 사해를 안정시킨 후, 문덕(文德)으로 사이를 귀복시키니 앞선 두 실책(失策)과 어찌 비교할 수 있겠느냐"[232]고 맞장구치고 있다. 다시 말하면 태종은 인력과 물력을 소비만 하는 정복 위주의 강경책보다 한

230 『新唐書』 卷221上 西域傳上 疎勒, p.6233,「貞觀九年, 遣使者獻名馬, 又四年, 與朱俱波·甘棠貢方物. 太宗謂房玄齡等曰: "曩之一天下, 克勝四夷, 惟秦皇·漢武耳. 朕提三尺劍定四海, 遠夷率服, 不減二君者. 然彼末路不自保, 公等宜相輔弼, 毋進諛言, 置朕於危亡也."」

231 『唐會要』 卷30「大明宮」, p.644,「東臺侍郎張文瓘諫曰: "人力不可不惜, 百姓不可不養, … 秦皇·漢武, 廣事四夷, 多造宮室, 致使土崩瓦解, 戶口減半."」

232 『唐會要』 卷96 靺鞨, p.2041,「初, 上謂侍臣曰: "靺鞨遠來, 蓋突厥服之所致也. 昔周宣之時, 獫狁孔熾, 出兵驅逐, 比之蚊蚋, 議者以爲中策. 漢武帝北事匈奴, 中國虛竭, 議者以爲下策. 秦始皇北築長城, 人神怨憤, 議者以爲無策. 然則自古以來, 其無上策乎! 朕承隋之弊, 而四夷歸伏, 無爲而治, 得非上策乎" 禮部侍郎李百藥進曰: "陛下以武功定四海, 以文德綏萬物, 至道所感, 格於天地, 斯蓋二儀降福, 以祚聖人, 豈與周·漢失策, 較其長短哉!" 太宗大悅.」

번 정복한 후에는 문덕[宥和]으로 대하는 것이 훨씬 상책이라 본 것이다.[233] 이런 정책의 근저에는 그 국력의 약소함 때문에서가 아니라 '호월일가'라는 그 특유의 민족인식이 자리 잡고 있는 것이다. '호월'이란 용어가 출현한 것은 오래 전이지만 호월이 강조되기 시작한 것은 이 위진남북조-수당시대였다. '호월'이란 용어는 진한시대 북방의 장성 밖 지역에 사는 호와 남방의 오령[五嶺: 현재의 湖南省-福建省으로 이어지는 동서로 뻗은 5개의 큰 봉우리] 밖의 월을 가리켰다.[234] 장성과 오령은 진한시대의 국경선이었고, 인(人)과 물(物), 즉 금수의 경계선이기도 하였다.

'호월일가'는 '천가한' 칭호의 천명과 밀접하게 관련되어 있다. 당태종의 이런 입장에서 이룬 업적에 대해 "호와 월이 이렇게 한 집안이 되었던 것은 자고로 아직 있어본 적이 없었다"[235]는 당고조 이연의 유명한 언급에서 그 의미를 찾을 수 있다. 태종이 상황인 동시에 돌궐에 칭신한 이연을 초치한 것과 그 장소가 하필 전한 주궁인 미앙궁(未央宮)이었다는 사실이 흥미롭다. 이민족, 특히 북방 유목민족에 대한 통어 측면에서 한-당의 차이 그리고 그 성과 면에서 부자사이의 차이를 나타내려는 당태종의 의도가 묘하게 감지된다.

그럼 태종은 스스로 취한 대이민족 정책에 대해서 어떤 평가를 내리고 있

233 『新唐書』卷221上 西域傳上 疎勒, p.6233,「貞觀九年, 遣使者獻名馬, 又四年, 與朱俱波·甘棠貢方物. 太宗謂房玄齡等曰: "曩之一天下, 克勝四夷, 惟秦皇·漢武耳. 朕提三尺劍定四海, 遠夷率服, 不減二君者. 然彼末路不自保, 公等宜相輔弼, 毋進諛言, 置朕於危亡也."」
234 『漢書』卷27下-上 五行志7下-上, p.1472,「是歲始皇初并六國, …南戍五嶺, 北築長城以備胡越.」;『漢書』卷32 陳餘傳, p.1831,「(張耳·陳餘)至諸縣, 說其豪桀曰: "秦爲亂政虐刑, 殘滅天下, 北爲長城之役, 南有五領之戍, 服虔曰: "山領有五, 因以爲名. 交趾·合浦界有此領." 師古曰: "服說非也, 領者, 西自衡山之南, 東窮於海, 一山之限耳. 而別標名, 則有五焉. 裴氏廣州記云 "大庾·始安·臨賀·桂陽·揭陽, 是爲五領; 鄧德明南康記曰: '大庾領一也, 桂陽騎田領二也, 九眞都龐領三也, 臨賀萌渚領四也, 始安越城領五也.' 裴說是也."」
235 『資治通鑑』卷194 唐紀10 太宗貞觀7年(633)12月戊午條, pp.6103-6104,「還宮, 從上皇置酒故漢未央宮. 上皇命突厥頡利可汗起舞, 又命南蠻酋長馮智戴詠詩, 旣而笑曰: "胡越一家, 自古未有也!" 帝奉觴上壽曰: "今四夷入臣, 皆陛下敎誨, 非臣智力所及. 昔漢高祖亦從太上皇置酒此宮, 妄自矜大, 臣所不取也." 上皇大悅. 殿上皆呼萬歲.」

을까? 태종이 취미전(翠微殿)이라는 궁전에서 행한 시신(侍臣)들과의 문답에서 그것이 잘 드러나고 있다고 생각한다. 앞에서 잠시 언급한 바 있지만 여기서 태종의 언급을 상세하게 검토해 보자.

"자고로 제왕들이 중하를 평정하였지만, 융적을 복종시키지는 못하였다. 짐의 재주는 옛사람들에 이르지 못하지만 그 공은 그들을 능가하였다. 다만 그 까닭을 스스로 밝히지 못했으니 여러 공들이 각각 솔직하게 짐에게 말해 주기를 바란다." 여러 신하들이 모두 폐하의 공덕은 천지만물과 같아 그것을 이름지어 말할 수 없습니다라 하였다. 임금이 말하기를 "그렇지 않다. 짐이 여기에 미칠 수 있었던 것은 단지 다섯 가지 때문이었다. ① 자고로 제왕은 대부분 자기를 이기는 자를 싫어하였지만, 짐은 타인의 장점을 보면 내가 가진 것처럼 여겼다. ② 타인의 능력을 행함에 있어 다 겸비할 수 없는 것이니, 짐은 항상 그 단점을 버리고, 그 장점을 취하였다. ③ 임금은 왕왕 현명한 사람을 올려 기용할 때는 마음속에 두지만, 불초한 사람을 물리칠 때에는 산골짜기에 밀어 넣듯 한다. … ④ 임금은 대개 정직한 것을 싫어하여 몰래 죽이고 드러내어 살육하는 것이 없던 시대가 없었다. 짐이 제위에 오른 이래로 정직한 인사들이 조정에 어깨를 나란히 하였고, 책임을 물어 내친 사람이 한 사람도 없었다. ⑤ 자고로 모두 중화를 귀히 여기고 이와 적을 천하게 여겨왔으나, 짐은 홀로 그들을 사랑하기를 하나같이 하였다. 그러므로 그 종락들이 모두 짐을 의지하기를 부모처럼 여겼다. 이 다섯 가지가 짐이 금일의 성공에 이르게 한 까닭이었다."[236]

236 『資治通鑑』 卷198 「唐紀」14 太宗貞觀21年(647)5月庚戌條, p.6247, 「上於翠微殿, 問侍臣曰: "自古帝王雖平定中夏, 不能服戎狄. 朕才不逮古人, 而成功過之. 自不諭其故, 諸公各率意以實言之." 群臣皆稱陛下功德, 如天地萬物, 不得而名言. 上曰: "不然, 朕所以能及此者, 止由五事耳. 自古帝王多疾勝己者, 朕見人之善. 若己有之. 人之行能, 不能兼備; 朕常棄其所短, 取其所長. 人主往往進賢則欲寘諸懷, 退不

당태종의 '호월일가(胡越一家)'는 이런 배경에서 나온 것이다. 물론 자화자찬의 면이 없는 것은 아니지만, 이전의 제왕들과 다른 독특한 민족정책을 견지하고 있었던 것은 분명하다. 태종이 들었던 다섯 가지 가운데 제일 마지막에 나오는 이민족정책은 특히 이전 제왕들과는 엄연히 구별된다. 자고로 여러 제왕들 가운데 중하(中夏)의 주인이 된 자들은 많았지만 융과 적을 마음으로 복종시킨 제왕은 없었다는 점을 강조하고 있는 것이다. 태종은 자신이 이전의 제왕과 다른 공적을 거둔 이유는 차별하지 않는 민족정책에 있었다는 점을 분명히 하고 있다. 그래서 호–한–월, 즉 유목민족+한족+만족이 한 집안의 부모 형제처럼 지내는 것이 대당제국의 이념이 되고 있다는 점을 선언한 것은 당연한 일인 것이다. 즉 호와 월 그리고 한의 차별이 없는 새로운 국면의 왕조, 그것이 바로 대당제국의 지향점인 것이다. 오랜 문화전통(역사)과 세계의 화려한 중심국가인 대당제국의 주인은 한족만이 아니라는 것이다. '호한공치(胡漢共治)'와 '호한공존(胡漢共存)'이 대당제국이 나아가야 할 방향이라는 점을 분명하게 한 것이다.

3) '포용[兼容并包]'정책과 인구구성의 다양성

유목민족이 중원에 진입하여 정권을 세운 이후 가장 먼저 그리고 중점적으로 추진한 정책은 무엇일까? 정치 일선에 등장한 유목민에게 자기 세력의 규모를 키우는 일만큼 중요한 일은 없다. 그 다음으로 모여든 구성원을 통합·결속시키는 일이다. 먼저 규모를 키우기 위해 취한 정책이 바로 '겸용병포(兼容并包: 모든 것을 다 받아들이는)'정책이었다.[237] 대당제국에 앞서 오호십

肯則欲推諸壑; 朕見賢者敬之, 不肯則憐之, 賢不肯各得其所. 人主多惡正直, 陰誅顯戮, 無代無之; 朕踐祚以來, 正直之士, 比肩於朝, 未嘗黜責一人. 自古皆貴中華, 賤夷·狄, 朕獨愛之如一, 故其種落皆依朕如父母. 此五者, 朕所以成今日之功也."」
237 周一良, 「北魏用人兼容并包」, 『周一良集』第2卷 魏晉南北朝史札記, 瀋陽: 遼寧教育出版社, 1998.

육국-북조시대에 많은 이민족이 중원으로 진입하였다. 북방의 유목민족뿐만 아니라 서역의 오아시스 도시인이 도래했고, 심지어 적국 남조 국가로부터 많은 사람들이 북귀하기도 하여 중국판 '민족이동의 시대'라 해도 손색이 없을 정도였다. 북위 후기 도성 낙양의 상황을 표현한 『낙양가람기(洛陽伽藍記)』에는 서쪽으로 대진국(大秦國: 동로마제국) 등에서 온 이국사문(異國沙門)이 3,000명이나 폭주하여 그들을 수용하는 승방이 1천여 간이나 되었으며 총령(葱嶺: 파밀) 이서 지역에서 동로마까지 백국천성(百國千城)의 출신으로 북위에 부화한 사람이 '만유여가(萬有餘家)'나 되었다고[238] 기록될 정도였다. 특히 남방 가영국(歌營國) 같은 나라의 사람들은 전·후한 및 조위 시기에 전혀 얼굴을 보이지 않던 자들이었다. 이런 이민족의 폭주 현상이 『낙양가람기』에서는 전·후 양한대와 조위 등 한족중원왕조와 상황과 대비되어 설명되고 있다.[239] 이런 미증유의 이질적인 인구 유입에 따라 필연적으로 부각하는 것은 신구 이주민-본토인의 사이의 갈등이었다. 특히 오호십육국-북조의 여러 왕조에서는 대외적으로 남-북(남조와 북조)의 갈등 외에 대내적으로는 호-한, 호-호 간의 반목과 갈등이 발생하여 쉽게 해결의 기미가 보이지 않은 채 오히려 날로 깊어만 갔다. 국력의 강약은 바로 옹유한 인구수와 결속에 좌우되는 것이기 때문에 영내로 들어오는 이국인을 적절하게 안치시키는 것이 급선무였다.

그래서 북위에서는 금릉(金陵)·연연(燕然)·부상(扶桑)·엄자(崦嵫) 등의 사이관(四夷館)을 두고, 또 귀정(歸正)·귀덕(歸德)·모화(慕化)·모의(慕義) 등 사관

---

pp.555-558.
238 『洛陽伽藍記』 卷3 城南 宣陽門外 永橋以南條, p.161, 「自嶺已西, 至於大秦, 百國千城 … 樂中國土風, 因而宅者, 不可勝數. 是以附化之民, 萬有餘家.」
239 『洛陽伽藍記』 卷4 城西 永明寺條, pp.235-236, 「時佛法經像, 盛於洛陽, 異國沙門, 咸來輻輳…. 房廡連亘, 一千餘間. …百國沙門三千餘人, 西域遠者, 乃至大秦國, 盡天地之西陲 …南中有歌營國, 去京師甚遠, 風土隔絕, 世不與中國交通, 雖二漢及魏亦未曾至也.」

리(四館里)라는 외인집단거주지를 설정하여 이들을 안치·통제하려 하였다. 남조인(吳人)은 금릉관에, 북이(北夷)가 내부해 왔을 때는 연연관에 거처시켰으며, 동이가 내부해 왔을 때는 부상관에 거처시켰으며 서이가 내부해 왔을 때는 엄자관에 거처시켰다가 어느 정도 시간이 지나면 일반인과 같은 지역에 거처를 배정해 주는 식이었다. 본국에서의 그들의 지위 고하에 따라 공(公)이나 왕(王)으로 봉하고 집을 하사하기도 하였으며, 심지어 공주를 아내로 주기도 하였다.[240] 이국인이라 해서 차별을 둔 흔적을 발견할 수가 없을 뿐만 아니라 오히려 우대한 것은 그만큼 이들의 진입이 국익에 부합되었다는 의미이기도 하였던 것이다. 생산성이 없는 자들보다는 특수 물자 생산에 기예를 가진 자는 더욱 환영되었던 것이다.

그래서 북조시대 외국에서 온 사람 가운데는 각종 기예를 가진 다양한 부류가 포함되어 있었다. 그 가운데 '서역상호', 혹은 '부호(富胡)[241]가 두드러진 존재였다. 넓은 의미의 소그드(粟特: Sogd)상인이다. 이들은 공·상업뿐만 아니라 음악·정치계에서도 두각을 나타냈다. 북제시대에 최고 권력자였던 '삼귀(三貴: 穆提婆·高阿那肱·韓鳳〈長鸞〉)'[242]로 호칭되는 자들도 바로 이런 부류의 서역인들이었다.[243] 또 북제군의 선봉대를 구성하는 정예 중에 '서역병'의 명궁수(名弓手)가 있었다.[244] 물론 이들이 반드시 국익에 공헌한 것만도 아니

---

240 『洛陽伽藍記』卷3 城南 宣陽門外 永橋以南條, p.160, 「永橋以南, 圜丘以北, 伊·洛之間, 夾御道有四夷館, 道東有四館, 一名金陵館, 二名燕然, 三名扶桑, 四名崦嵫. 道西有四館里, 一曰歸正, 二曰歸德, 三曰慕化, 四曰慕義. 吳人投國者處金陵館, 三年已後, 賜宅歸正里. …蕭寶寅來降, 封會稽公, …後進爵爲齊王, 尙南陽長公主.」

241 『北齊書』卷34 楊愔傳, p.457, 「愔嘗見其(高隆之)門外有富胡數人.」

242 『北史』卷92 恩幸傳 韓鳳, p.3052, 「(韓鳳)與高阿那肱·穆提婆共處衡軸, 號曰三貴. 損國害政, 日月滋甚.」

243 이들 3인 가운데 韓鳳과 高阿那肱 두 사람은 北齊政權 성립기에 크게 공헌한 가문 출신이므로 이들을 따로이 '北族系恩倖'으로 분류하기도 한다(岩本篤志, 「'齊俗'と'恩倖'－北齊社會の分析」, 『史滴〈早稻田大學〉』18, 1996, p.54).

244 『陳書』卷31 蕭摩訶傳, pp.409－410, 「時齊遣大將尉破胡等率衆十餘萬來援, 其前隊有'蒼頭'犀角'大力'

었고, 어떤 경우에는 나라를 망국으로 이끌기도 하였지만,[245] 종국적으로 이들의 존재와 활약은 다문화사회로 진입하는 표징이고 다양한 인재들이 활약하는 당시의 분위기를 나타내주는 것이다. 그리고 이런 이국인들의 수용 다과가 국력으로 표현되어 나타났던 것이다. 당시의 남북조 형세를 이야기할 때, '북강남약(北强南弱)'이라 지칭한다.[246] 남조의 송-제-양-진 왕조의 영역이 시간이 흐름에 따라 점차 축소되어 마지막 진조가 되면 가장 작게 된 역사적 과정을 요약하는 말이다.[247] 북강남약의 형세가 나타난 이유도 바로 거기에 있는 것이다. 즉 북강의 배경에는 바로 오호십육국-북조 여러 왕조의 적극적인 '겸용병포'정책이 자리하고 있는 것이다. 이러한 정책은 한위-남조의 정책방향이 아니었다는 것은 두말할 필요도 없다.[248]

4) 한당의 지배권역론과 소(昭)·건릉(乾陵)의 군장번신상(君長蕃臣像)

대당제국은 이런 '겸용병포'정책 추진의 결과물이었다. 바로 한당 사이의 이적관의 차이가 가져다 준 결과였다. 중국 역사 속에서 화와 이를 어떻게 설정하여 왔는가는 그 역사의 길이만큼 복잡다단하다. 당대 이전에도 '화이무분(華夷無分)'의 입장을 물론 보이기도 하였다. 예컨대 전한 소제시기에 소

之號, 皆身長八尺, 膂力絶倫, 其鋒甚銳. 又有西域胡, 妙於弓矢, 弦無虛發, 衆軍尤憚之.」
245 『隋書』 卷14 音樂志中, p.331, 「雜樂有西涼鼙舞·淸樂·龜玆等. 然吹笛·彈琵琶·五絃及歌舞之伎. 自文襄以來, 皆所愛好. 至河淸以後, 傳習尤甚. 後主唯賞胡戎樂, 耽愛無已. 於是繁手淫聲, 爭新哀怨. 故曹妙達·安未弱·安馬駒之徒, 有至封王開府者, 遂服簪纓而爲伶人之事. 後主亦自能度曲, 親執樂器, 悅玩無倦, 倚絃而歌. 別採新聲, 爲無愁曲, 音韻窈窕, 極於哀思, 使胡兒閹官之輩, 齊唱和之, 曲終樂闋, 莫不殞涕. 雖行幸道路, 或使馬上奏之, 樂往哀來 竟以亡國.」
246 朴漢濟, 「南北朝의 南北關係 -交易과 交聘을 中心으로-」, 『韓國學論叢』 4, 1982, pp.163-170.
247 『二十二史箚記』 卷12 「南朝陳地最少」, pp.259-261.
248 東晉-南朝에서도 민족이동의 결과 이주민과 원주민 사이의 교구(僑舊) 갈등이 복잡하게 전개되었다. 이 점에 관해서는 朴漢濟, 「東晉·南朝史와 僑民 -僑舊體制'의 形成과 그 展開-」, 『東洋史學硏究』 53, 1996와 洪廷姫, 『東晉南朝時代 長江中流域 硏究』, 서울大學校 東洋史學科 博士論文, 2012를 참조할 것.

집된 소위 '염철회의(鹽鐵會議)'에서 문학 측이 "사해 안의 사람들이 모두 형제"라며 화이무분을 전제하고 흉노의 귀순을 낙관하면서 무제의 정벌전쟁을 비판한 것이 그것이다.[249] 아울러 사마상여(司馬相如)가 무제의 정벌전쟁을 찬양하기에 앞서 "생명을 가진 물(物)이 그 은택을 입지 못한 것을 현군은 부끄러워한다"고 주장한 것은[250] 그 예의 하나이다. 『춘추』 공양학의 화이관 역시 예의 유무에 따라 화도 이가 되고, 이도 화가 될 수 있다는 전제하에 이적이 왕자의 작제(爵制)질서에 참여하는 시대를 태평의 단계로 설정한 바도 있다.[251] 그러나 이런 논의에도 불구하고 이민족이 중원의 통치자로 나선 이후의 이적론과는 차이가 있다고 보아야 한다. '이불난화(夷不亂華)'[252]의 시대에서 '오호난화'의 시대로 전환한 후에도 이적관이 여전하다고 말할 수 없다. 즉 이민족을 나름 통제할 수 있는 힘을 가진 시기의 이상론과 이민족 지배를 이미 경험하고 난 후의 현실론 사이에는 그 낙차가 클 수밖에 없는 것이기 때문이다.

진한제국 시대인의 이민족에 대한 사고를 보면 먼저 ① 이사(李斯)의 "지인불용론(地人不用論)"이 대표적이라고 할 수 있다. 이사는 진시황이 흉노를 공격하려 하자 "그 땅을 얻어도 이득이 될 것이 없고, 그 백성을 얻어도 써먹지도, 또 지킬 수도 없다"[253]라 하며 그 수용을 반대하였다. ② 한대에는 장

249 金翰奎, 「漢代 中國的 世界秩序의 理論的 基礎에 대한 一試論 —특히 『鹽鐵論』에 보이는 儒法論爭을 중심으로—」, 『東亞研究』 1, 1982, pp.94–101.

250 『史記』 卷117 司馬相如傳, p.3051, 「且夫賢君之踐位也. …且詩不云乎: "普天之下, 莫非王土; 率土之濱, 莫非王臣." 是以六合之內, 八方之外, 浸潯衍溢, 懷生之物有不浸潤於澤者, 賢君恥之.」

251 日原利國, 「特異な夷狄論」, 『春秋公羊傳の研究』, 東京: 創文社, 1976, pp.235–257.

252 『左傳』 定公10年條, p.976–2, 「非齊君所以命諸侯也. 裔不謀夏, 夷不亂華. …[疏]裔不至亂華 ○正義曰 夏也, 中國有禮儀之大, 故稱夏有服章之美, 謂之華, 華夏一也. 萊是東夷, 其地又遠, 裔不謀夏, 言諸夏 近而萊地遠. 夷不亂華, 言萊是夷, 而魯是華. 二句其旨大同, 各令文相對耳.」

253 『史記』 卷70 主父偃傳, p.2954, 「昔秦皇帝任戰勝之威, 蠶食天下, 並吞戰國, 海內爲一, 功齊三代. 務勝不休, 欲攻匈奴, 李斯諫曰; "不可. 夫匈奴無城郭之居, 委積之守, 遷徙鳥擧, 難得而制也. 輕兵深入, 糧食必絶; 踵糧以行, 重不及事. 得其地不足以爲利也, 遇其民不可役而守也. 勝必殺之, 非民父母也. 靡

성을 기준으로 흉노와 한의 정치영역을 구별하고 있다. 즉 장성이북 인궁지민(引弓之民: 활을 사용하는 유목민)인 흉노가 사는 지역은 선우의 영역이고, 장성이남 관대지실(冠帶之室: 관을 쓰고 허리띠를 두르는 농경민)인 한족이 사는 지역은 짐(朕: 皇帝)의 통치영역으로, 이 둘 사이에는 엄격한 구별이 있다는 것이다.[254] 뿐만 아니라 쌍방의 토지에 대해서도 한나라측은 흉노의 땅을 "토지가 딱딱하고 소금기가 많아 오곡이 자라지 않는 곳"[255]이라 했고, 흉노도 한나라 땅에 대해서 "지금 한나라 땅을 얻는다 해도 선우가 끝까지 살 수 있는 것도 아니다"[256]라 하였다. 이 당시의 이적관에 의거하면 이민족은 그들의 공생·공존 대상이 아닌 것이었다. 이것이 한·당 사이의 엄연한 차이인 것이다.

그러면 대당제국은 어떻게 달라졌을까? 대당제국을 전한제국과 유사한 제국으로, 아니 그 재판이라고 보는 것은 너무 안이한 시각이다. 대당제국은 당연히 전한제국으로부터 제도·문물 등 많은 것을 물려받았다. 그러나 계승한 것은 계승한 것이고, 새롭고 다른 것은 다른 것이다. 대당제국은 전한제국과 대이국관에서 질적으로 다른 제국이었다. 그 사이에 적어도 400여 년 길게는 800년의 시간적 차이가 나는 데도 같다고 하면 올바른 파악이 아니다. 중국 전근대사회가 아무리 정체된 것이었다 해도 그렇고, 그동안 민족이동이라는 대충격이 있었던 점을 감안하면 더욱 그렇다.

한·당 사이의 세계관의 차이를 쉽게 이해할 수 있는 대표적인 상징물이

樊中國, 快心匈奴, 非長策也." 秦皇帝不聽, 遂使蒙恬將兵攻胡, 辟地千里, 以河爲境.」
254 『史記』 卷110 匈奴列傳, p.2902, 「先帝制: 長城以北, 引弓之國, 受命單于; 長城以內, 冠帶之室, 朕亦制之.」
255 『漢書』 卷64上 主父偃傳, p.2800, 「地固鹽鹵, 不生五穀.」
256 『史記』 卷110 匈奴列傳, p.2894, 「高帝先至平城, 步兵未盡到, 冒頓縱精兵四十萬騎圍高帝於白登, 七日, 漢兵中外不得相救餉. 匈奴騎, 其西方盡白馬, 東方盡靑駹馬, 北方盡烏驪馬, 南方盡騂馬. 高帝乃使使閒厚遺閼氏, 閼氏乃謂冒頓曰: "兩主不相困, 今得漢地, 而單于終非能居之也. 且漢王亦有神, 單于察之."」

있다. 한과 당이 남긴 유적이다. 전한 무제의 무릉(茂陵)의 배장묘(陪葬墓)인 곽거병(霍去病)의 묘 앞에 세워진 '마답흉노(馬踏匈奴)'상과 당태종의 소릉(昭陵) 앞에 세워졌던 '14국 군장(酋長)상' 및 고종-측천무후 합장묘인 건릉(乾陵) 앞에 서 있는 '61군장 번신상'이 바로 그것이다. 두 시대의 석상군을 보면 한·당 사이에는 조정이나 일반인들의 이민족에 대한 인식에서 얼마나 큰 차이가 있는가를 금방 알 수 있다. 즉 전한제국에게 유목민족인 흉노는 공존의 대상이 아니라는 것이 그 석상이 던져주는 의미이다. 그에 비해 대당제국에 있어서 유목민족은 한제국과는 전혀 다른 존재였다.

당태종 소릉의 것을 먼저 살펴보자. 소릉 북궐(北闕) 사마문(司馬門) 앞에 열을 지어 세운 14국 군장상은 태종 사후에 고종의 명에 따라 영휘 연간(650-655)에 조각된 것으로, 당조에 금복(擒伏)·귀순하였거나 통호하는 관계에 있는 11개 민족 14개 국가의 군장들을 형상화한 것이었다.[257] 그 대체적인 형상에 대해 "모두 깊은 눈과 큰 코를 가지고 활과 칼을 같이 찼으니 건장하구나. 진실로 보기 드문 모습이로다"[258]라 하였으니 그 대부분이 서북 유목·오아시스민족 출신이었다. 동서 각각 7상이 배열된 총 14국 군장 중에는 서북 유목국가 리더가 7인이고, 서역 오아시스 도시국가의 왕이 4인이다. 이들 명단을 살펴보면, 동측에 있는 것이 돌궐의 가한 등 최유력자들로 힐리가한(頡利可汗, 阿史那咄苾: 동돌궐 최후의 大可汗으로 634년 사망), 돌리가한(突利可汗, 阿史那什鉢苾: 631년 사망), 아사나사마(阿史那思摩: 647년 사망), 아사나사이(阿史那社爾) 4인과 신라의 진덕여왕(眞德女王: 金眞德), 베트남의 임읍왕(林邑

---

[257] 『唐會要』 卷20 陵議, p.458, 「上(高宗)欲闡揚先帝徽烈, 乃令匠人琢石, 寫諸蕃君長貞觀中擒伏歸化者形狀, 而刻其官名(突厥頡利可汗·右衛大將軍阿史那咄苾 … 等十四人, 列于陵司馬北門內, 九嶫山之陰, 以旌武功).」

[258] (淸)林侗 撰, 『唐昭陵石迹考略』(叢書集成初編本, 北京: 中華書局, 1985) 謁唐昭陵記, p.2, 「凡十四人, 拱立于享殿之前, 皆深目大鼻, 弓刀雜佩, 壯哉, 誠異觀也.」

王) 범두여(范頭黎, 范頭利), 인도왕 아나순(阿那順) 등 총 7인이 열지어 있고, 서측에는 이남(夷男 薛延陀의 眞珠毗伽可汗: 645년 사망), 토욕혼(吐谷渾)의 오지야발륵가한(烏地也拔勒可汗: 慕容諾曷鉢), 티베트(吐蕃) 초대 찬부(贊府, 贊普: 왕의 뜻) 소첸칸보(松贊干布: 文成公主의 남편), 고창왕 국지남(鞠智勇: 漢籍에는 鞠智盛), 언기왕(焉耆王) 용돌기지(龍突騎支), 구자왕(龜玆王) 가여포실필(訶黎布失畢), 우전왕(于闐王) 복도신(伏闍信) 등 7인으로 총 14인의 석상이다.[259]

이들 석상들의 대부분이 서북방 유목민족이었던 것은 당태종시기의 대외문제와 관련이 있다. 당시의 외교 전략의 초점이 바로 서북방의 유목민족에게 맞추어졌고, 아울러 당태종이 '천가한'을 칭함과 동시에 나타난 서북방 유목민족과의 관계를 당조 나름으로 표현한 것이라는 점이다. 앞서 언급했듯이 태종 정관 4년 4월 서북 각족이 태종에게 그들의 공동적 수장의 칭호인 '천가한'이라 칭할 것을 청하였고, 정관 21년 정월 대막(大漠) 이북 각 부족의 추장들이 회흘(回紇) 이남, 돌궐이북[漠北]을 연결하는 하나의 길인 소위 '참천가한도(參天可汗道)'를 열고 그 연도에 68개의 역참(驛站)을 설치할 것을 청하였던 사실[260]과도 부합한다. 이 석상의 건립의 목적은 당조의 위세를 과장하려는 측면이 분명히 있다. 특히 14국 군장 중에는 소첸칸보, 신라 진덕여왕, 범두여, 이남 등은 일생 동안 장안에 온 적이 없는 사람이었고, 석상을 만들 당시 소첸칸보, 아사나사이, 모용낙갈발, 가여포실필, 복도신, 용돌기지 등은 당시 건재하고 있었으며, 그 외의 인물들은 장안에 여전히 살고 있었다.[261] 그런 면에서 당왕조와의 관계에 있어서 모두 동질의 관계에 있었던

---

259 劉向陽, 『唐代帝王陵墓』, pp.41-55.
260 『資治通鑑』卷198 太宗貞觀21年(647)春正月丙申條, p.6245, 「諸酋長奏稱: "臣等旣爲唐民, 往來天至尊所, 如詣父母, 請於回紇以南, 突厥以北開一道, 謂之參天可汗道, 置六十八驛, 各有馬及酒肉以供過使, 歲貢貂皮以充租賦, 仍請能屬文人, 使爲表疏." 上皆許之.」
261 劉向陽, 『唐代帝王陵墓』, p.55.

| 도판 14-1 | 霍去病 묘 앞의 馬踏匈奴像(필자 촬영) | 도판 14-2 | 乾陵 61蕃臣像(필자촬영)

것도 아니었다. 그럼에도 불구하고 당제국의 황제는 주변왕조의 수장을 거느리려는 의지를 견지했거나, 실제로 거느린 사실도 있었다.

다음은 건릉(乾陵) 앞에 열치된 61군장 번신상이다. 건릉의 남문 궐내(闕內) 동서 양측에 2조, 매조마다 남북으로 4행, 동서로 8줄[排]로 정렬·시립되어 있는 석상들 대부분이 서북방인들의 모습으로 묘조되어 있다.[262] 현재까지 그 석상과 관함·성명을 일치시켜 고찰할 수 있는 것은 36상 정도이다. 36상 가운데는 토욕혼, 토번, 돌궐 수령이 각 2인, 그 나머지는 안북·북정·안서 등 도호부와 소수민족 수령들이다. 이들이 어떤 이유로 세워졌느냐에 대해서는 여러 설이 있다. 예컨대 건릉 조영시기에 공사를 도우러 왔던 사람으로 보기도 하고,[263] 혹은 배장묘의 하나인 장회태자묘의 벽화에 보이는 객사도(客使圖)처럼, 알릉적언객사(謁陵吊唁客使: 능을 알현·주상·위문하는 사신)로 보기도 한다.[264] 당조에서는 번국 군주의 상에서도 나름 예를 표한 것처

262 王雙懷·樊英峰,「唐乾陵硏究」,『乾陵文化硏究(一)』, 西安: 三秦出版社, 2005, p.21.
263 足立喜六, 『長安史蹟の硏究』, 東京: 東洋文庫, 1933, p.259.
264 李求是,「談章懷·懿德兩墓的形制問題」,『文物』1972-7, p.49.

럼,[265] 대당제국 황제의 장례에 번국의 군주들이 참여하거나 사신을 보냈을 것이기 때문이다.[266] 여하튼 대당제국 초반 당조의 '사이 통어'의 한 형식이고, '사해동귀(四海同歸)'와 '번한일가(蕃漢一家)'를 표방한 당조의 사상을 나타내려 한 실증이라 할 것이다.[267] [도판 14-1, 14-2]

이들 번신상에도 과장이 있었다 하더라도 역시 당시의 대세를 표현한 것이라는 점을 부정할 수는 없다. 이 석상의 분석을 두고 다양한 해석이 있다. 이들 60여 인의 석상의 대상을 보면 지역적으로 북으로 대막(大漠) 너머, 서로는 총령(葱嶺) 너머, 즉 중앙아시아에 이르는 번추(蕃酋) 출신들이었다. 이들은 당조에 들어와서 궁성을 숙위하는 최고위의 번장이거나, 아니면 안북·북정·안서 등 도호부의 대장군으로 활약하였던 자들이었다. 즉 그들은 천가한의 지휘 아래 대당제국의 구성원으로서 대당제국을 지탱하는 축으로서의 역할을 하고 있었다고 할 수 있다. 대당제국 하의 이민족은 한대처럼 토벌의 대상이었던 것이 아니라, 중원의 한족과 함께 공존의 세계를 꾸려갈 대상으로 여겨졌던 것이다. 당대에 관련을 맺었던 나라만 해도 300여 개국이었으며,[268] 번인으로 당 조정에 벼슬살이했던 자의 수가 몇'만' 단위로 셀 수 있을 정도였다.[269] 당왕조의 외사관리기구만 해도 사방관(四方館)·홍려시(鴻臚寺)·예빈원(禮賓院)·호시감(互市監)·시박사(市舶司)·번장사(蕃長司) 등으로 세분되어 접대·무역관리·교민접대업무를 분담하고 있었다.[270] 아울러

---

265 『新唐書』卷20 禮樂志10 五禮10 凶禮, p.442, 「若爲蕃國君長之喪, 則設次于城外, 向其國而哭, 五擧音止.」
266 『新唐書』卷46 百官志1 尙書省 兵部 職方郎中·員外郎, p.1198, 「凡蕃客至, 鴻臚訊其國山川·風土, 爲圖奏之, 副上於職方; 殊俗入朝者, 圖其容狀·衣服以聞.」
267 劉向陽, 『唐代帝王陵墓』, p.111.
268 『唐六典』卷4 尙書禮部 主客郎中, p.129, 「凡四蕃之國經朝貢已後自相誅絶及有罪見滅者, 蓋三百餘國. 今所在者, 有七十餘蕃.」
269 方亞光, 『唐代對外開放初探』, p.71.
270 方亞光, 『唐代對外開放初探』, pp.76-85.

오례(五禮) 가운데 하나인 빈례(賓禮)는 모두 번국과 관련된 것이었다.271 이 처럼 대당제국은 온 세계에 대해 개방의 문을 열고 있었다.

한·당 사이에는 이민족에 대한 정책적 차이가 분명 존재했다. 한제국이 강력한 구별정책[强漢]을 추구했다면 대당제국은 포용을 통한 번성[盛唐]을 지향했다.

III. '호한지분(胡漢之分)'의 재생과 대당제국의 쇠망

제국 출현의 키워드가 '공존'과 '관용'이라면 제국 멸망의 전조로서 가장 먼저 머리에 떠오르는 것은 그 왕조, 그 사회의 주류세력에 팽배하기 시작하는 이질적인 것에 대한 '차별'과 '불관용', 그에 따라 나타나는 반목과 갈등이었다. 이 경우 필연적으로 나타나는 결과가 바로 전 구성원 간의 '아사비야'의 소멸이다. 제국의 쇠퇴는 '불관용'과 '외국인에 대한 혐오', 그리고 주류그룹의 인종적, 종교적, 민족적 '순수성'에 대한 촉구·강조와 함께 시작되는 것이 일반이다.

제국이 출현하려면 먼저 제국을 탄생시켜 이끌고 갈 지배계층의 단결이 선행되어야 한다. 대당제국의 출현과 관련하여 지배계층에 있어서 이런 아사비야가 가장 활발하게 발휘되었던 때가 우문태가 위주가 되어 만들어진 '관롱집단'이 서위-북주를 건설하는 시기였다고 본다. 이 관롱집단이 수왕조와 대당제국을 창설하고 이끌고 가는 중추적인 역할을 수행한 기간이 대략 150여 년 간이었다. 그러나 이 정치집단도 세부적으로 살펴보면 그 아사

---

271 『唐六典』 卷4 尚書禮部 禮部郎中, p.111, 「凡五禮之儀一百五十有二. …二曰: 賓禮. 其儀有六: (一曰蕃國王來朝, 二曰戎蕃王見, 三曰蕃王奉見, 四曰受蕃使表及幣, 五曰燕蕃國王, 六曰燕蕃國使).

비야의 강약에 있어서 굴곡이 있었다. 이 집단이 1차로 약화·분열된 것은 수왕조의 창업과정이었다. 북주로부터 수나라 창업자인 양견[文帝]이 정권을 탈취할 때, 관롱집단에는 이미 균열의 조짐이 나타났다. 수문제는 잘 알다시피 북주 황실의 외척이었다. 어린 황제[靜帝]의 외조부로서 황권을 쟁취하는 과정이 너무 쉬웠던 만큼[272] 자기와 같은 존재가 재생될 것이 염려되었다. 그런 염려는 관롱집단의 중심 가문이며 북주 황족인 우문씨의 자손들을 몰살시키는 대죄를 범하게 만들었던 것 같다.[273] 북주 부활의 근원을 없애려는 의도가 낳은 이 사건은 수왕조가 관롱집단으로부터 외면당한 중요한 이유가 되었다.[274] 수의 창업과정에서 균열을 보인 아사비야는 남조 진조를 멸망시키는 전쟁을 치르면서 약간 고조되었지만 금방 그 균열양상은 재현되었다. 역대 왕조 말에 일어난 수많은 반란 중에서 수나라 말기에 일어난 반란이 갖는 주요 특징 중 하나가 바로 수나라 조정에서 고위 관직을 역임한 자들이 반란의 수괴로 변신·참여하였다는 점이다.[275] 그러나 아직 관롱집단의 단결력은 소진되지 않아 재단결의 여지가 남아 있었다. 당왕조가 들어서자 다시 단결하는 모습을 보였기 때문이다. 관롱집단의 가장 큰 타격은 무측천의 등장에서였다. 그녀는 관롱집단 출신이 아니었고, 관롱집단 자체도 세월에 따라 힘이 빠져가는 모습이었다. 정치적 주체세력의 약화로 대당제국에 그늘이 드리워지기 시작했다. 무측천은 잘 알다시피 중국 유일한 여황제[女帝]다. 여성 불모의 세계에서 여자로서 황제에 오르기 위해서는 무

---

272 『廿二史箚記』 卷15 「隋文帝殺宇文氏子孫」 pp.332–333, 「古來得天下之易, 未有如隋文帝者, 以婦翁之親, 値周宣帝早殂, 結鄭譯等, 矯詔入輔政, 遂安坐而攘帝位. …竊人之國, 而戕其子孫, 至無遺類, 此其殘忍慘毒, 豈復稍有人心.」

273 『資治通鑑』 卷174 陳紀8 宣帝太建12年(580)條, pp.5409–5413, 「五月, …(楊)堅恐諸王在外生變, 以千金公主將適突厥爲辭, 徵趙·陳·越·代·藤五王入朝, …六月, 五王皆至長安.」

274 宮崎市定, 『大唐帝國 —中國の中世—』, 東京: 中央公論社, 1988, p.319.

275 朴漢濟, 「七世紀 隋唐 兩朝의 韓半島進出 經緯에 대한 一考 —隋唐初 皇帝의 正統性 確保問題와 關聯하여—」, 『東洋史學硏究』 43, 1993.

엇보다 강력한 지원세력이 필요했다. 그보다 기존의 관롱집단의 파괴가 필수적이었다. 무측천의 관롱집단에 대한 파괴와 새로운 지지세력 확보를 위한 공작은 인사정책에서부터 시작되었다. 그녀는 진사과(進士科)를 통해 신진세력을 대거 발탁하였고, 또 이른바 '남관(濫官)' 등 파격적인 탕평·용인정책을 통해 기존의 관롱집단을 누르려 했다.[276] 이런 파괴공작으로 현종시기가 되면 관롱집단은 이미 회복할 수 없는 단계에까지 약화되었으며 안사의 난 이후에는 새로운 국면에 들어서게 되었다.[277] 구세력이 약화·붕괴되었으나 그것을 대신할 세력이 확고하게 정립되지 않는 상황이었다. 그 과정에서 현종 자신의 부패와 안일도 문제였다. 분열은 결속이 약한 부분이 이탈하는 데부터 시작되기 마련이다. 아직 중국사회에 충분히 융합하지 않았던 이민족의 동태가 문제였다. 소그드 계통의 이민족인 안록산 등이 일으킨 '안사(安史)의 난'의 근원은 양귀비와의 로맨스 문제가 아니라 그동안 호한을 통합시켰던 '아사비아'가 이미 손상되었던 데서 찾을 수밖에 없다.

개방성을 특징으로 하는 대당제국으로서는 모순된 일이지만, 당의 몰락은 역설적으로 지나치게 큰 권력을 부여받은 이국인[안록산]의 반란에서 시작되었다. 현종이나 양귀비 한 두 사람이 당시 그 막중한 자리를 이국인 한 사람에게 맡기려 해도 그것을 체크할 기제(機制) 자체가 없다는 것이 문제였다. 호한 간의 반목·갈등은 다시 격렬해졌다. 안사의 난을 계기로 8세기 후반 한인들은 타민족과 그들이 주도하는 외래 사조에 대해 회의하기 시작했고, 아울러 한인사회에서는 '불관용'의 풍조가 고조되었다. 고하를 막론하고 모든 문

---

276 柳元迪, 「唐代 前期에 있어서 官僚基盤의 擴大過程에 대하여」, 『歷史敎育』 26, 1979; 柳元迪, 「唐 武·韋后朝의 濫官에 대하여」, 『全海宗博士華甲紀念史學論叢』, 1980; 柳元迪, 「唐 前期 支配機構의 變貌硏究 -武·韋后朝의 官僚와 政治·行政을 중심으로-」, 延世大學校 大學院 史學科 博士論文, 1990, 第三章 武·韋后朝의 政爭과 官僚界.
277 陳寅恪, 『唐代政治史述論稿』, p.19.

제를 이국인 탓으로 돌리기 시작했다. 전술한 바와 같이 760년 양주(揚州)에서 중국인들에 의해 아라비아-페르시아 상인 수천 명이 살해되었다. 779년 덕종은 외국사절을 내쫓고 이민족이 중국옷을 입는 것을 금지했다.[278] 특히 수대이래 그간 관복으로 지정되어 왔던 고습(袴褶)이 폐지되기에 이른다.[279]

836년 중국인에게 이민족, 특히 아라비아·페르시아·인도·말레이·수마트라 사람들, 즉 유색인들과 교류할 수 없다는 칙령이 내려지기도 했다.[280] 의(衣)·식(食)·행(行) 등 모든 방면에 팽배했던 외래풍조[호풍]는 사라지기 시작했다. 아울러 반란을 거듭하는 하삭지역을 이적의 땅처럼 여기거나,[281] 치지도외하게 되었다.[282] 이미 그 땅들은 당이 망할 때까지 100여 년 간 왕토(王土)가 아니게 되었다.[283] 대당제국의 쇠망은 시간문제일 뿐이었다.

안사의 난은 흥성했던 대당제국이 쇠망으로 가는 터닝 포인트가 된 것은 분명하다. 그러나 그것을 단순히 그런 시각에만 고정시켜둘 것인가? 사실 이것을 하나의 단순한 반란에 그치지 않고 중국사회사 중의 중대한 '전환기[轉折]'로 보기도 한다.[284] 즉, 안사의 난 전과 후가 매우 달라졌다는 것이다. 달라졌다는 것은 안사의 난 이전 한동안 사회를 풍미했던 호풍이 사라지고,

---

278 『唐會要』卷100 雜錄, p.2136, 「大曆十四年七月詔: "迴紇諸蕃住京師者, 各服其國之服, 不得與漢相參."」

279 『舊唐書』卷149 歸崇敬傳, p.4015, 「崇敬以百官朔望朝服袴褶非古, 上疏云: "按三代典禮, 兩漢史籍, 並無袴褶之制, 亦未詳所起之由. 隋代已來, 始有服者. 事不師古, 伏請停罷." 從之.」

280 Amy Chua, *Day of Empire*, New York: Doubleday, 2007, p.85.

281 『新唐書』卷148 史孝章傳, p.4790, 「孝章見父(憲誠)數奸命, 內非之, 承間諫曰: "大河之北號富彊, 然而挺亂取地, 天下指河朔若夷狄然."」

282 『資治通鑑』卷247 唐紀63 會昌3年(843)4月條, p.7980, 「李德裕獨曰: "…河朔習亂已久, 人心難化, 是故累朝以來, 置之度外."」

283 『新唐書』卷210 藩鎭魏博傳, p.5921, 「安·史亂天下, 至肅宗大難略平, 君臣皆幸安, 故瓜分河北地, 付授叛將, 護養孽萌, 以成禍根. 亂人乘之, 遂擅署吏, 以賦稅自私, 不朝獻于廷. 效戰國, 肱髀相依, 以土地傳子孫, 脅百姓, 加鋸其頸, 利怵逆汙, 遂使其人自視由羌狄然. 一寇死, 一賊生, 訖唐亡百餘年, 卒不爲王土.」

284 謝和耐, 『中國社會史』, 南京: 江蘇人民出版社, 1996, p.218.

다시 이전의 사회로 회복되었다는 의미만은 아니다.[285] '역사적 전환'이란 사회 전체가 근본적으로 창신으로 변화하는 추세를 말하는 것이기 때문이다.[286] 종래 일본학계를 중심으로 사회경제적인 지표를 위주로 당과 송 사이의 변화를 '당송변혁'이라 규정해 왔다.[287] 물론 '변혁'이라는 단어에 걸맞은 사회적 전환이 있었던 것도 사실이다. 그러나 정치·문화·학술적인 측면을 보면 단순히 변혁이 아니라 융합과 그것에 기반을 둔 창신의 측면이 강한 것 역시 부정할 수 없는 것이다.

예컨대 한유(韓愈)의 고문운동(古文運動)과 배불론을 보자. 한유는 당대 과거제가 배출한 사대부로서 외래문화에 대해 맹렬한 반격을 가한 인물이다. 그가 제창한 고문운동은 위진남북조 이래의 변려문(騈儷文)을 배격하고, 그 대신 고대 경전과 진한시대의 문장이며, "문장에 도를 싣는[文以載道]" 고문을 회복하기를 주창한 것이었다. 그러나 이 운동은 실제적으로는 남북조 이래 불교의 영향에 의한 변려문의 성행을 배척한 것이었고, 그의 배불론의 대표작인 「불골표(佛骨表)」도 불교가 외래종교이고, 또 그 인과응보설도 믿을 수 없다는 정도의 단순한 논리이었지만, 이후 당대 및 후대 유학부흥의 기풍을 열 정도로 그 영향력은 대단한 것이었다. 그가 중시한 것은 요·순·우·탕·문·무·주공·공·맹으로 이어지는 '도통'의 확립(「原道」)과 인간 심성에 대한 논의(「原性」) 정도인데, 이것들로 그는 송명 이학(理學)의 선구가 되었다. 그의 도통설과 맹자·대학의 존숭은 후의 유자들에 의해 계승되었고 또 「도학」이라는 한 단어가 송명 신유학의 전칭이 되기도 했다. 그런데 그가 외래종교인 불교를 배척했는데도 사실 한유 자신은 물론, 제자 이고(李翱), 이후

285 상하에 유행했던 唐代騎馬 풍습이 宋代에도 여전히 유지되고 있기 때문이다(尙秉和, 『歷代社會風俗事物考』, 臺北: 臺灣商務印書館, 1985, pp.151-152).
286 張雄, 『歷史轉折論』, 上海: 上海社會科學出版社, 1994, p.45.
287 辛聖坤, 「唐宋變革期論」, 『講座中國史』 Ⅲ, 서울: 지식산업사, 1989.

의 송유(宋儒)들의 사상은 불학, 특히 선종의 영향을 강하게 받았다.[288] 다시 말하면 문화는 고유한 것을 그대로 유지하는 것이 아니고, 다른 문화와 만났을 때 변한다. 예컨대 당대 성행한 선종은 명심견성(明心見性)과 돈오성불(頓悟成佛), 즉 견성성불(見性成佛)을 주장하지만,[289] 이런 당대의 선종사상은 천축불교의 출세사상과 많이 다르고 오히려 중국적 유가나 노장사상과 비슷한 점이 많다. 따라서 기원은 천축에 있지만 선종은 중국화된 불교라 할 수 있다. 그런 면에서 송대의 이학은 곧 유교와 선학의 융합품인 것이다.[290] 하나의 문화에 물든 사회가 다른 사회로 전환하여도 구 요소는 소멸되지 않고 역시 새로운 문화의 창신에 기여하는 것이다. 당대 불교 가운데 선종, 즉 선학이 하나의 예증이 될 수 있을 것이다.

이렇듯 '화이무격'의 당왕조로부터 '화이'의 구별을 강조하는 송왕조로 전환되었다 하더라도 오호십육국 이후 중국 중원인에게 '오염(?)'된 이민족적인 요소가 소멸해버린 것은 아니었다. 호풍에 오염되어 당조로부터 치지도외되었던 하북삼진(河北三鎭)의 경내 사람들을 살펴보면 한인의 수가 훨씬 많다. 이들 한인들은 이미 이민족, 특히 서북방 이민족에 대한 반감은 거의 없다. 예컨대 오대시기 석경당(石敬瑭: 892-942: 後晉 高祖)의 부친이 거란을 섬기고, 938년 석경당 자신이 현재의 북경, 산서, 하북 북부에 해당하는 연운십육주(燕雲十六州; '幽雲十六州' 혹은 '幽薊十六州'라고도 한다)를 거란에게 할양하고, 또 그 지역을 갖고 할거하게 된 것은 그 주민이 이미 호화되어 정서적으로 이민족과 접근한 점이 작용한 까닭이었다.[291] 고문운동으로 중국사회는 진한시대로 돌아갈 수도 없고, 돌아가지도 않았던 것이다.

288 傅樂成, 「唐型文化與宋型文化」, 『漢唐史論集』, 臺北: 聯經出版事業公司, 1977, pp.370-371.
289 楊曾文, 『唐五代禪宗史』, 北京: 中國社會科學出版社, 1999, pp.4-5.
290 傅樂成, 「中國民族與外來文化」, 『漢唐史論集』, pp.392-393.
291 傅樂成, 「唐代夷夏觀念之演變」, 『漢唐史論集』, p.222.

북중국인들은 역사적으로 볼 때 이민족에 대한 배척감이 비교적 적다고 한다. 원대의 경우, 소위 '북인[화북인]'들이 침략자인 몽고인에 대해 크게 반대하지 않았고, 원나라의 멸망 시에도 원나라 조정에 대해 눈에 띄게 이반된 행동을 보이지 않았다. 또 청대를 보아도 북인은 강남인과는 달리 만주정부가 발령한 치발령(薙髮令)에 비교적 순종하는 편이었고, 청조 멸망시기에도 최후까지 직예·하남·산동 등의 성들은 독립 선언에 주저했다. 북중국인들이 원래부터 그랬던 것은 물론 아니었다. 한대 이전에는 연조(燕趙: 하북과 산서)지역에 '감개비가지사(感慨悲歌之士)'가 많았다는 것이나,[292] 유주(幽州)·병주(幷州)지역에 '용협자(勇俠者)'가 많았다는 것을[293] 감안하면, 그 지역이 원래 그런 곳은 아니었다. 그러나 오호십육국-북조-수당을 거치면서 북인의 의식에는 매우 많은 변화가 나타났다. 금(金)나라 세종이 "연인[燕人: 북방인]은 자고로 충직자가 적다. 요나라 군대가 오면 요에 복종하고, 송나라 사람이 오면 송에 복종하고 본조[金]가 이르니 역시 본조에 복종했다"[294]라 한 것은 당시 화북인들의 의식 변화를 가감 없이 지적한 것이었다. 중원인, 즉 북인의 이런 대외 의식의 변화가 처음으로 감지된 것은 바로 오호십육국시대였다. 이런 대외의식 변화의 이면에는 당연히 종족적 혼합의 현장, 북중국이 겪은 저간의 역사적 전개가 개재되어 있는 것이다. 원나라 초기 사람으로 『자치통감』의 음주자(音注者)로 유명한 호삼성(胡三省)이 "오호! 수나라 이후 이름을 드날린 자는 대북[선비] 자손이 10에 6-7을 차지하였으니 이제 씨족들을 구별해서 과연

---

292 『梁書』 卷14 江淹傳, pp.247-248, 「淹獄中上書曰: "昔者, 賤臣叩心, 飛霜擊於燕地; …何以見齊魯奇節之人, 燕趙悲歌之士乎?"」

293 『隋書』 卷30 地理志中 冀州, p.860, 「太原 … 俗與上黨頗同, 人性勁悍, 習於戎馬, 離石·雁門·馬邑·定襄·樓煩·涿郡·上谷·漁陽·北平·安樂·遼西, 皆連接邊郡, 習尚與太原同俗, 故自古言勇俠者, 皆推幽·幷云.」

294 『金史』 卷8 世宗紀下 大定23年(1183)6月條, p.184, 「燕人自古忠直者鮮, 遼兵至則從遼, 宋人至則從宋, 本朝至則從本朝, 其俗詭隨, 有自來矣.」

무슨 이득이 있겠는가?'²⁹⁵라 통탄하였던 것은 중국 문명의 연총 북중국에서 호한 간의 민족적 혼합이 이미 깊숙하게 이뤄졌음을 의미한다. 이 지역에 이미 오랑캐[胡]도 한족[漢]도 아닌 새로운 중원인[중국인]이 탄생한 것이다.

오호십육국-남북조 300년 간 역사가 북중국에 준 영향은 이렇게 다대하였지만, 이후 당·송·명·청 시대를 통해서 북방 호족의 침입이 꾸준히 지속되었다는 점 또한 우리가 소홀하게 보아서는 안 된다. 오호십육국시대 이후 1,600년 간 역사를 보면 북중국은 수당 330년(실제로 호족왕조로서 그 영향이 강한 시기이지만), 북송 160년, 명 280년을 뺀 800여 년 간을 이적의 치하에 있었다. 반면 남중국에 대한 북적의 지배기간은 원과 청의 지배기간인 350여 년이 고작이다. 북중국이 호한혼혈, 호한잡거의 지대로 변할 수밖에 없었던 이유이다. 이런 사정은 북중국을 남중국과는 상당히 다른 사회로 만들었던 것이다.

반면 이민족의 지배시기가 적었고, 또 역대 한인의 피난의 땅인 남중국은 달랐다. '이민족을 배척하고 종족을 보존하려는[攘夷保種]' 기풍이 강하게 유지되었다. 남송 이후 남방의 학자들은 그 논설에서 이민족에 대한 적개심을 강하게 표출했다. 주자학의 개조 주희도 사실상 복건 사람이었고, 남송시대 화이의 구별을 바르게 하는 것을 제1의 강령으로 삼았던 호안국(胡安國)도 역시 복건인이었다. 뿐만 아니라 명말 청초의 대유(大儒)로 명나라의 광복을 위해 노력했던 고염무(顧炎武)·황종희(黃宗羲)·왕부지(王夫之) 등 '삼유로(三遺老)'도 모두 소위 남인이었다. 이런 배경에서 중국을 정복한 이민족의 왕조를 몰아내려는 반란은 거의 대부분 남방에서 일어났던 것이다. 원말의 반란이나 청말의 반란 등이 그 좋은 예이다.

---

295 『資治通鑑』 卷108 晉紀30 孝武帝太元21年(396)秋7月條, p.3429, 「自苻堅淮·淝之敗, …關·河之間, 戎狄之長, 更興迭仆, 晉人視之, 漠然不關乎其心. 拓跋珪興而南·北之形定矣. 南·北之形既定, 辛之南爲北所并. 嗚呼! 自隋以後, 名稱揚于時者, 代北(鮮卑)之子孫十居六七矣, 氏族之辨, 果何益哉!」

여기서 필자가 특히 강조하고자 하는 것은 오호의 중원침입, 이른바 영가의 난을 계기로 중국의 남북 구별양태가 열렸을 뿐만이 아니라, 그와 동시에 문명과 야만이라는 고래의 등식이 완전 와해되고 오히려 역전(?)되는 단초가 열렸다는 점이다. 물론 이런 역전이 뚜렷하게 실현된 것은 당과 송대에 이르러서였다. 소위 '당송변혁'은 남북 우열의 대변환기[大換位期]라 할 수 있다. 그러나 그 역전을 가져오게 한 직접적인 원인은 바로 오호족의 중원 침임에 있다고 할 수 있는 것이다. 다시 말하면 현재의 경제 중심지 강남의 개발, 나아가서 강남의 완전한 중국화가 촉진된 것도 그 덕분인 것이다. 동진 이후 북송말기까지의 약 800년 간은 중국문화 중추의 이동이라는 대전환을 준비하는 과도기였기 때문이다. 그러나 대국적인 면에서 보면 '당송변혁'이 변혁만이 아니었다. 오히려 대당제국의 계승·발전이었다. 그만큼 중국 역사에서 대당제국이 차지하는 비중은 다대한 것이다.

또 정치방면에서도 역시 그러했다. 당왕조는 번진에 의해 망했지만, 오대왕조의 정부의 형태는 당대 번진체제의 연속이었다. 또 오대 가운데 후당·후진·후한 세 왕조는 이민족, 즉 사타족(沙陀族)이 세운 왕조였다. 사타족은 서돌궐에 그 원류를 두고 있고, 당태종시기 당에 귀부한 것으로 알려져 있다. 사타세력의 중심 리더로서 후당을 창립한 이적심(李赤心: 李國昌)·이극용(李克用) 부자는 기사(騎射)에 뛰어나 당말 방훈(龐勛)·황소(黃巢)의 난 등에서 큰 공훈을 세워 그 근왕(勤王)의 공적이 춘추 환공과 문공에 비할 정도였다고 한다.[296] 그런데다 그들의 근거지가 대당제국의 발상지인 진양(晉陽: 太原)이고, 당왕조의 사성으로 이씨를 얻게 된 그들이 대당제국 황실의 후예로 자칭

---

296 「舊五代史」卷26 武皇 李克用紀下, p.363. 「史臣曰: 武皇肇迹陰山, 赴難唐室, 逐豺狼於魏闕, 殄氛祲於秦川, 賜姓受封, 奄有汾·晉, 可謂有功矣. 然雖茂勤王之績, 而非無震主之威. 及朱旗屯渭曲之師, 俾翠輦有石門之幸, 比夫桓·文之輔周室, 無乃有所愧乎!」

하고 당의 합법적인 계승자로서 국호를 '당'으로 한 것이다. 특히 장종(莊宗) 이존욱(李存勗)이 스스로를 당의 태종에 의부한 것[297]은 거란을 이적으로 취급하고 스스로를 중하(中夏)로 자임하려는 의도임에 틀림이 없지만, 한편 당시 사타족의 민족적 지향과도 무관하다 할 수 없다. 즉 대당제국은 오호 진입 이후의 역사적 귀결점이었고 당 이후 중원왕조의 귀감이었다. 후량을 멸망시킨 후 바로 낙양으로 도읍을 정하는 등 대당제국을 잇고, 그 옛 모습을 회복하려 한 것도 역시 그런 점에서 이해된다. 그런데 그의 정책은 북위 효문제의 과도한 '한화정책'과 비견하며, 북위 말의 '육진의 난'과 자못 비슷한 결과를 낳았다는 지적도 있다.[298] 그러나 이런 후당 이씨의 노선을 단순히 한화의 결과로만 치부해 버릴 수가 없다. 다시 말하면 중국의 핵심구역인 황하 유역, 이른바 중원이 한대와 같은 민족적 동질성을 갖는 것이 아니었기 때문이다. 호한의 병존적 양태는 호한의 융합의 추진 외에는 다른 해결책을 허용하지 않았던 것이다.

이는 후한 말 이후 여러 가지 사유로 중원으로 진입한 이민족들이 지향한 일치된 방향이며, 종국적인 지향점이었던 것이다. 혼란기였고, 단명의 왕조들이었지만, 54년 동안 지속된 오대 다섯 개 왕조 중에서 이민족 사타족의 왕조가 세 개나 출현했다는 것은 그냥 지나칠 수 없는 사안인 것이다. 아울러 오대시대 이후 장성 내에 일부, 혹은 상당한 강역을 가진 요·금·서하·원이라는 소위 '정복왕조' 형태의 이민족 왕조가 등장한 것은 중국 역사

---

297 『資治通鑑』卷269 後梁紀4 均王乾化4年(914)春正月壬子條, p.8782, 「或說趙王鎔曰: "大王所稱尙書令, 乃梁官也, 大王旣與梁爲仇, 不當稱其官, 且自太宗踐祚已來, 無敢當其名者.(胡注曰: 唐太宗自尙書令 卽帝位, 後之臣下率不敢其名, 始以授藩帥). 今晉王爲盟主, 勳高位卑, 不若以尙書令讓之." 鎔曰: "善!" 乃與王處直各遣使推晉王爲尙書令, 晉王三讓, 然後受之, 始開府置行台如太宗故事.」;『資治通鑑』卷 269 後梁紀4 均王貞明3年(917)3月條, pp.8814-8815, 「契丹乘勝進圍幽州, 聲言有衆百萬, …周德威遣 間使詣晉王告急, 王方與梁相持河上, 欲分兵則兵少, 欲勿救恐失之, 謀於諸將, 獨李嗣源·李存審·閻 寶勸王救之, 王喜曰: "昔太宗得一李靖猶擒頡利, 今吾有猛將三人, 復何憂哉!"」
298 傅樂成, 「沙陀之漢化」, 『漢唐史論集』, p.328.

전개에 있어서 오호십육국 이후 대당제국까지의 이민족이 이끌어 온 역사가 단순하게 한화로서 설명될 수 없음을 명백하게 보여준다. 당 이후의 통일 중국의 역사를 순수한족왕조인 송–명으로 이어진 것으로만 볼 수 없는 것이라면 더욱 그러하다. 흔히 중국의 역사는 농경과 유목세력이 주축이 된 남북 간의 교류·투쟁의 역정이라면, 후한 말 이후 유목민족의 중원진출로 비롯된 호한 간의 갈등·반목–화해·공존의 과정은 중국역사를 이해하는 관건이라 해야 할 것이다.

대당제국의 특정시기에 좁혀서 호한문제를 보면 그 갈등은 크게 해소되지 않았던 것처럼 보인다. 안사의 난뿐만 아니라, 대외관계의 전개도 당인들에게 이민족에 대한 적대심을 불러일으켰다. 호한갈등과 당인, 특히 한인의 호인에 대한 적개심을 고양한 것은 분명하다. 예컨대 현종시기 당의 서북에는 강력한 이웃이 등장했다. 바로 토번과 회흘[위그르]이었다. 안사의 난 후 먼저 토번이 하서와 농우(隴右) 수십 주를 함락했다. 그때 회흘이 4차에 걸쳐 군대를 보내 원조함으로써 당조는 어려움을 극복할 수 있었다. 그러나 회흘은 그 대가로 횡포를 부렸고, 특히 그들의 특산인 말을 고가에 매입하도록 당조정에 강요하였다. 이른바 "비단이 점점 좋아지면, 말이 점차 많아진다"[299]는 구절은 이런 분위기에서 나온 것이다. 회흘에 실망한 당조는 덕종 정원 2년(786) 토번과 맹약을 맺으려 하였지만, 토번이 맹약처에다 복병을 숨겨 관병 수백 인을 살해하고 천여 인을 포로로 하는 사건으로 수포로 돌아가게 되었다.[300] 이런 과정에서 당인들의 대이민족관은 더욱 보수적이 될 수밖에 없었다. 당대 후기 당인은 이족문화에 대해서도 적대시하는 풍조가

---

299 『全唐詩』卷427 白居易4 「陰山道」, p.4705, 「陰山道, 陰山道, …五十匹縑易一匹, …誰知黠虜啓貪心, 明年馬來多一陪, 縑漸多, 馬漸多, 陰山虜, 奈爾何!」
300 『新唐書』卷216下 吐蕃傳下, pp.6095-6096.

점점 강하게 되어 갔다.

안사의 난 후 표면적으로 나타난 현상은 종교적으로 삼이교(三夷教: 세 가지 이민족 종교)에 대한 탄압과 배불론(排佛論)의 굴기 등이다. 아울러 이민족에 대한 원색적인 보복이 일어났다. 열렬한 도교신자였던 무종 치세에 행해진 종교박해가 그것인데, 회흘족이 많이 신봉하는 마니교가 최초 표적이었다. 무종은 먼저 843년 마니교 수도승 70여 명을 처형하고, 마니교 사원이 소유한 땅을 몰수했다.[301] 845년에는 모든 외래 종교에 대한 대대적인 배척운동을 벌였다. 무종은 반불교 칙령에서 불교 등 이민족 종교가 중화를 도덕적으로 혼란시키고, 경제적으로 쇠약하게 만든 '외래종교[外國之教]'라 비난했다.[302] 일반 당인들의 배외의식도 고양되었다. 황소(黃巢)의 반란군이 광동에서 이슬람·유대교·기독교·조로아스타교를 믿는 외국상인 12만 명을 학살했다.[303] 이런 일련 사태의 전개는 대당제국이라는 공동체의 구성원을 통합시키는 '아사비아'를 파괴시켰다. 마니교·네스토리우스교·조로아스타교 모두 상당기간 중국에서 자취를 감추었다. 그러면 서역이민들의 정신적 지주였던 이른바 삼이교가 완전 소멸했던 것인가? 그렇지 않다. 혹자에 의하면 마니교는 이단화하고, 조로아스터교[火祆教]는 민속화하고, 경교는 방기화(方伎化)하였다고[304] 정

---

301 『新唐書』 卷217下 回鶻傳下, p.6133, 「詔回鶻營功德使在二京者, 悉冠帶之. 有司收摩尼書若象燒于道, 產貲入之官.」; 『舊唐書』 卷18上 武宗紀 會昌3年(843)2月條, p.594, 「是日, 御宣政殿, 百僚稱賀. 制曰: … 應在京外宅及東都修功德迴紇, 並勒冠帶, 各配諸道收管. 其迴紇及摩尼寺莊宅·錢物等, 並委功德使 與御史臺及京兆府各差官點檢收抽, 不得容諸色人影占. 如犯者並處極法, 錢物納官. 摩尼寺僧委中書 門下條疏聞奏.」; (宋)贊寧 撰, 『大宋僧史略』(『大正新修大藏經』第54卷 史傳部6 所收) 卷下 「大秦末尼」, p.253-3, 「會昌三年, 敕天下摩尼寺並廢入宮. 京城女摩尼七十二人死. 及在此國回紇諸摩尼等, 流配諸 道, 死者大半.」

302 『舊唐書』 卷18上 武宗紀 會昌5年(845)8月, 條, pp.605-606, 「制: 朕聞三代已前, 未嘗言佛, 漢·魏之後, 像教寖興. 是由季時, 傳此異俗, 因緣染習, 蔓衍滋多. …其天下所拆寺四千六百餘所, 還俗僧尼二十六 萬五百人, 收充兩稅戶, 拆招提·蘭若四萬餘所, 收膏腴上田數千萬頃, 收奴婢爲兩稅戶十五萬人. 隸僧 尼屬主客, 顯明外國之教. 勒大秦穆護·祆三千餘人還俗, 不雜中華之風.」

303 穆根來·汶江·黃倬漢 譯, 『中國印度見聞錄』, 北京: 中華書局, p.96.

304 方伎는 醫術 등 일종의 실용기술을 가리킨다(林悟殊, 「唐代三夷教的社會走向」, 『中古三夷教辨證』, 北

리하고 있다.[305] 그런 면에서 이민족인 것이 없어진 것이 아니라, 중국의 문화의 한 요소가 되어 이어져 가고 있었던 것이다.

안사의 난 후 이상과 같은 호한 간의 충돌에도 불구하고 대당제국이 이룩한 성취는 과소평가할 수 없다. 송대에 들어 '호한'이라는 혈연적으로 구별하는 용어 대신 '화이'라는 문화에 입각한 단어로 대체되는 변화가 나타난 것은 이 때문이다. 이런 변화 과정에 대해서 북경대학의 등소남(鄧小南: 덩샤오난) 교수는 송대가 되면 '호'와 '한'이란 말이 합쳐진 대립어로서 나타난 '호한'이라는 개념이 없어져 버렸다고 설명한다. 즉 당대인들이 다양한 방면의 '호화' 혹은 '한화'를 거쳐 혈연적인 '민족(종족)'이라는 구별은 이미 엷어지고 사람들은 오히려 정치색채 혹은 문화색채, 곧 '문화'의 차이를 더 강하게 느끼게 되는 시대로 변해갔다는 것이다.[306] 다시 말하면 당대 이전 시대를 말할 때 통상 언급하는 '호한지분(胡漢之分)'이 송대에 들면 '화이지변(華夷之辨)'이란 완전 다른 개념으로 거론된다는 것이다. '호한지분'은 어디까지나 종족이 다른 이질의 분계를 나타내는 것인데, 송대가 되면 사대부들은 '종족'보다 '문화'의 우열 차이에 근거한 화이관념을 강하게 표출하게 된다는 것이다.

IV. 호족의 중화화와 중국사의 시대구분

대당제국은 중국 제국의 역사 가운데서 나름 성공한 제국이었지만, 역시 호와 한을 한데 완전하게 통합시키는 정치적·언어적·문화적 접착제를 갖

京: 中華書局, 2005, pp.365–366).
305 蔡鸿生, 「序」, 林悟殊, 『唐代景教再研究』, p.4.
306 鄧小南, 「論五代宋初"胡/漢"語境的消解」, 『文史哲』 2005–5, p.59, 註6) 「2003年4月, 在韓國魏晉南北朝隋唐史研究會主辦的國際研討會上, 漢城大學朴漢濟教授指出, "唐人"概念, 在當時卽所謂"國際人".」

추는 데까지는 이르지는 못하였다. 다만 이민족에게 이전의 왕조들에서 볼수 없는 상당한 자율권을 부여하고 평등권을 보장했다는 것은 호와 한 사이에 가로놓인 경계를 허물려고 한 오호십육국 이후 당대까지의 노력이 어느 정도 성공을 거두었다고 평가할 수 있다. 그러나 또 다른 문제를 남겼다. 첫째, 로마와는 달리 중국인과 이민족이 동등하게 적용할 수 있고 똑같이 참여할 수 있는 '시민권[공민권]'이라는 개념으로까지 발전시키지 못한 한계가 있다. 이것은 왕정과 귀족정, 민회가 서로 검증하고 균형을 이루는 로마의 체제와는 다른 일군만민(一君萬民)의 통치를 표방하는 황제체제의 본원적인 약점일 수도 있다. 둘째 대당제국을 통합시켰던 지배적인 정치적·사회적 원리와 정체성이 주로 '중국인 고유의 것'이었고, 호[이국인]적인 것이 배제된데서 올 수밖에 없는 박약한 통합이 문제로 여겨진다. 그만큼 중국이 수천년 동안 쌓아 온 높은 수준의 문화적 축적에 오히려 구성원 간의 '아사비야'를 깨뜨릴 수 있는 요인이 잠재하고 있었다고 볼 수 있기 때문이다. 이것은 현재 중국이 앞으로 해결해야 할 문제라 할 것이다.

그러나 호족의 중원진입으로 중국 사회에 끼친 영향도 다대했다. 호족들은 중국 고유의 문화 전통을 적대시하지 않았다. 우수한 것이 있으면 수용하려 하였고, 열등한 것, 적당하지 않은 것은 자기 고유의 것이었다 하더라도 과감하게 버렸다. 영내의 모든 사람들이 통합·결속하기 위해서는 먼저 자기 변신이 필요하다는 것을 깨달았다. 이전에는 호족의 이런 태도 변화를 '한화(漢化)'라고 지칭했다. 그러나 그러한 변신은 단지 한화 차원이 아니고, 그것을 넘어 '문명화'를 지향한 것이었고, 그것이 종국에 가서는 '중화화'라는 결과를 내었다고 본다. 미국 하버드 대학의 피터 볼(Peter Bol) 교수도 '한화(sinicization, han-hua)' 대신 '문명화(civilization)'라는 용어를 사용하였듯이 호족들은 다수의 한족과 함께 중국이라는 대지 위에 다양한 요소들이 서로 공존할 수 있는 "공통기반(共通基盤)을 추구(Seeking Common ground)해 나가" 종국적으로 통합을 이루는 것을 목표로 하였던 것이다.[307] 흔히 '중화' 혹은 '중화주의' 등의 용어를 종족적인 의미로 골수 한족의 것만 주장·고집하는 것으로 이해하고 있지만, 이것은 잘못된 이해이다. 이런 관점에 머물면 '중화인민공화국', '중화민국'이라는 국명이나 '화교'라는 명칭도 이해할 수 없게 되기 때문이다.

이렇게 안사의 난을 계기로 대당제국의 실험은 실패로 돌아갔지만 그 유산은 다대하였을 뿐만 아니라 중국 역사상 큰 획을 그은 것이라 평가할 수 있다. 대당제국의 출현은 중원으로 진입한 서북방 유목민족의 제국 건설을 위한 긴 여정의 결과였다. 대당제국과 함께 중국 역사 가운데 가장 세계제국다운 왕조를 들라면 전한일 것이다. 따라서 역사가들의 입에는 두 왕조는 항상 '한당'으로 연칭·병칭되곤 했다. 그러나 둘 사이에는 유사점도 있지만 차이점도 많다. 이 점에 대해서 시대구분론에 입각해서 살펴보자. 1936년 발표한 뇌해종(雷海宗, 레이하이종)은 그의 시대구분론에서 이 문제와 관련하여 독특한 견해를 제시한 바 있다. 그의 시대구분론은 중국사의 시대구분을 노예제, 봉건제식의 서양사의 발전법칙에 의거한 것이 아니고 중국 독자적인 발전법칙에 근거하여 규정한 것이다. 그는 중국문화의 형성과 성장과정을 민족적인 기준으로 구분하여 중국사의 두 주기로 나누었다. ① 제1주기는 상고(上古)에서 383년에 종결되는 비수지전(淝水之戰)까지로서, 이 시기는 고전적인 중국시대로 순수한민족이 문화를 창조하여 외래문화가 중요하지 않은 시대였다고 본다. ② 제2주기는 383년 이후 현재까지의 시기로, 이 민족들이 중국 내부로 침투하여 그들의 문화가 순수 중국문화에 심각한 영

---

307 Peter K. Bol, "Seeking Common Ground: Han Literati under Jurchen Rule", *Harvard Journal of Asiatic Studies* 47-2, 1987, pp.483-493.

향을 끼친 나머지 '호한혼합·범화동화(梵華同化)의 종합시기'라는 것이다.[308] 그의 관점은 순수한족문화시대와 내외혼합문화시대의 구별인데, 이런 관점에 선다면 북방 유목민족과 불교의 반복적인 침입과 유입이 종국적으로 혈통으로 보나 문화적으로 보나 새로운 사회인 '혼합된 중국'을 만들었다는 논리이다. 뇌해종은 이민족 출신이 아닐뿐더러 신석기시대와 (은·주시대에 해당하는) 청동기시대 사이의 연속성을 보여주려고 애쓰기도 했던 정통역사학자다. 또 부사년(傅斯年: 부쓰녠)과 함께 비수지전 당시 화남과 강남지방을 북방 오랑캐로부터 지킨 동진의 능력과 성과를 높이 평가했다. 당시 오랑캐가 강남과 화남을 능욕했다면 한족의 중국사는 존재하지 않았을 것이라 본 것이다. 당시 이들 지역에서는 한족의 인구 비율이 매우 낮았기 때문이다. 오랑캐의 남진을 그 정도에서 저지함으로써 동진은 한족이 절멸하지 않을 만큼 충분히 한족의 인구와 문화를 확산시킬 수가 있었다는 것이다. 그 후 이렇게 호와 한이 혼합된 중국문화가 전국적으로 퍼져나간 것은 동진의 덕택이며, 이로써 한족도 재생산될 수 있었다고 본다.[309] 다만 비수지전 전·후가 전혀 다른 사회였다는 점을 강조한 것이다.

또 위와 유사한 관점에 선 자로 페르시아 역사가로서 『몽골집사』의 찬자인 라시드 알딘(Rashid al-Din, 1247-1318)이 있는데 그의 중국사의 시대구분론을 보자. 그는 중국역사를 원왕조(原王朝: tabaqa-i asli)라는 36개 왕조로 구분

---

308 雷海宗은 1932-1933년에 행해진 『中國上古史』 강의에서 西晉 멸망을 下限으로 하였고, 1936-1937에 행해진 『中國通史』 강의에서는 淝水之戰을 제1주기(封建時代〈B.C.1300-771〉·春秋시대〈770-473〉·戰國시대〈473-221〉·帝國시대〈B.C.221-A.D.88〉·帝國衰亡與古典文化沒落시대〈88-383〉)와 제2주기(南北朝隋唐五代〈383-960〉·宋代〈960-1279〉·元朝〈1279-1528〉·晩明盛淸〈1528-1839〉·淸末中華民國〈1839- 〉)의 경계로 하였다. 제1주기는 '純華夏民族的古典中國'이고, 제2주기는 胡漢混合·梵華同化的綜合中國'이라 구분하였다.

309 Prasenjit Duara, Rescuing History from the Nation: Questioning narratives of Modern China, Chicago: University of Chicago Press, 1995(문명기·손승회 譯, 『민족으로부터 역사 구출하기』, 서울: 삼인, 2004, p.75.)

하고 그 가운데 ① 제1기, 41,822년을 제1대 왕조인 반고(盤古)에서 제21대 왕조인 서진까지를 잡고 있다. 그 다음 ② 제2기, 993년의 기간을 22대 왕조인 동진에서 제36대 왕조인 송(宋)까지를 잡고 있다. 이런 시대구분의 근거로서 그는 중원지역에 대한 통치권 장악여부에 두고 있다. 즉 그 지역 출신이 그 지역에서 군주권과 지휘권을 행사한 왕조들이 제1기에 속한다고 한다면, 원래의 군주들이 다른 지방에 가버리고 외부에서 새롭게 진입·흥기한 군주들이 독자적인 통치권을 행사한 시기를 제2기로 구분한 것이다.[310] 물론 오호십육국-북조왕조를 36왕조 속에 넣지 않았지만, 이들의 중원진입에 의해 야기된 상황을 중심으로 시대를 구분한 것이다.

이런 민족적인 입장의 구분법은 중국학계나 일본학계에서도 보인다. 위진 봉건설을 주장한 중국학자 하자전(何玆全; 허쯔취엔) 등의 시대구분론도 역시 후한 말 삼국시대를 고대에서 중세로의 분기로 잡고 있다.[311] 물론 민족사적인 관점은 아니지만 시대적 전환의 배경에는 당연히 이민족의 침입이 개재되었음은 당연하다. 일본 경도(京都: 교토)대학파의 개조인 내등호남(內藤湖南: 나이토 고난)의 시대구분론도 마찬가지이다. 특히 내등의 시대구분론은 '중국문화'를 시기적으로 구분했다는 점에서[312] 의미를 갖는다.

이처럼 북방유목기마민족의 중원진입이라는 사건은 중국 역사 전개와 그

---

310 金浩東, 「라시드 앗 딘(Rashid al-Din, 1247-1318)의 『中國史』 속에 나타난 '中國' 인식」, 『東洋史學研究』 115, 2011, pp.25-26.

311 後漢에서 魏晉南北朝를 中國歷史가 고대에서 중세기로 진입하는 시대라고 본다. 그 이유로 든 것은 ① 交換經濟에서 自然經濟로, ② 자유평민·노예가 依附民化로, ③ 현세적인 사상·세계관에서 來生的 宗敎世界觀으로 전환하였다고 본다(何玆全, 『中國古代社會』, 鄭州: 河南人民出版社, 1991, p.439).

312 內藤湖南은 魏晉南北朝의 특징을 "주변민족이 자각하여 그 세력이 중국 내부로 침입한 시기"(內藤湖南, 『支那上古史』, 東京: 弘文堂, 1944)라 하였으며 "고대에서 계속되어 온 중국문화가 만개한 뒤 그 문화가 자가 중독현상에 의해 붕괴되고 새로 움튼 문화에다 외국에서 유입된 문화가 융합되어서 꽃핀 시기"(『中國中古의 文化』, 東京: 弘文堂, 1947)라 하여 中國民族과 주변민족과의 관계에서, 혹은 극히 문화사적인 측면에서 추구하고 있다.

전환에 중요한 의미를 갖는 것이다. 『맹자』나 『삼국지연의』에서 거론되듯이 전통시대 학자들은 중국의 전개를 '일치일란(一治一亂)', 즉 통일-분열-통일-분열을 반복하는 순환론적인 시각에서 관찰하곤 했다. 그러나 대당제국 이후에는 이런 모식이 잘 맞지를 않는다. 당왕조의 멸망 이후 오대라는 비교적 짧은 분열시기가 있기는 하였지만 이후에는 그렇지 않다. 따라서 왕조 변화의 새로운 모식 설정을 모색할 필요도 있다고 본다. 이후의 왕조시대를 이민족에 대한 개방과 폐쇄, 문화상의 다민족과 단일민족(한)체제의 전개로 본다면 수·당(개방=다원)→송(폐쇄=일원)→원(개방=다원)→명(폐쇄=일원)→청(개방=다원)의 전개로 규정하는 것도 가능한 것이다.[313]

이처럼 이민족의 중원진입이라는 사건은 중국의 역사전개에 지대한 영향을 주었다. 이민족의 진입으로 중국사의 전개과정을 남북사관이라는 관점에서 보게 만들었거나, 중국의 종족의 다양화, 더 나아가 그 강역의 확대운동도 이와 밀접하게 관련되어 있기 때문이다. 현재의 중화인민공화국은 동아, 중아, 남아, 북아를 아우르는 대강역국가이고 세계최다의 인구 보유국이다. 이런 인구와 강역이 중원중국 혹은 한민족의 단순한 발전의 결과로 볼 수는 없는 것이다.

---

313 중국에서의 농경지역과 유목지역을 구분하는 "萬里長城"의 축조와 각 왕조의 차이를 보면, 秦漢(축조)-魏晉南北朝·隋唐(비축조)-宋(축조)-元(비축조)-明(축조)-淸(비축조의 시대)로 볼 수도 있다.

제 3 장

대당제국의 경영과 통치술

I. 대당제국의 외형적 특징

오호십육국-북조-수-당시대의 황실은 여타 왕조의 그것과는 다른 몇 가지 특징들을 보이고 있다. 첫째, 황제를 비롯한 황후·황태자 등 황실 구성원들의 특이한 행동방식이다. 황제부터 보면, 이전 역대왕조의 황제들과는 달리 황제가 도성을 비우는 경우가 매우 빈번했다는 사실이다. 둘째, 국정의 모든 일을 선두에 서서 혼자 처리하려는 태도다. 또 하나는 황제와 황태자가 되기에 앞서 응당 갖추어야 할 품성의 독특함이다.

다음으로 황후를 보면 다른 시대와 비교할 수 없을 정도로 권력이 강력하고, 또 국정 참여 빈도나 강도가 높다는 점이다. 물론 이전왕조에서도, 예를 들어 후한에서처럼 모후, 즉 황태후가 임조칭제(臨朝稱制)하는 경우가 있었다. 당시 군주가 오래 살지 못하니 후계자도 어린 나이로 등극하게 되고 어린 군주는 카리스마가 없으니 모후가 대신 임조하였으니, 모후는 젖먹이를 황제로 세워두고 그 권세를 오래 지속해 간 것이다. 예를 들어 상제(殤帝: 105-106)는 태어난 지 100일 만에 등극하였고, 충제(沖帝: 144-145)는 두 살, 질제(質帝: 145-146)는 여덟 살, 환제(桓帝: 146-167)는 열여섯 살, 영제(靈帝: 167-189)는 열두 살, 헌제(獻帝: 190-220)는 아홉 살에 등극한 것처럼 황제들이 대부분 유주(幼主)였다.[01] 또한 후한 황통이 여러 번 끊어져 방계에서 옹립된

---

01 『卄二史箚記』卷4「東漢諸帝多不永年」, p.93, 「人主旣不永年, 則繼體者必幼主, 幼主無子, 而母后臨朝, 自必援立孩稚, 以久其權. 殤帝卽位時, 生僅百餘日, 沖帝卽位纔二歲, 質帝卽位纔八歲, 桓帝卽位年十五, 靈帝卽位年十二, … 獻帝卽位纔九歲.」

황제가 넷이나 되었고, 그에 따라 자동으로 임조한 황후가 여섯이나 되었다.[02] 그러나 오호십육국-북조-수당대의 경우는 이런 사정과는 다르다. 황제가 유주가 아닌 데도 황후로서 무소불위의 권력을 행사한 경우를 자주 본다. 그런 풍조 가운데서 중국 역사상 유일무이한 여제(女帝)가 출현하였으니, 중국 역사상 보기 드문 '여성 상위의 시대'였다 해도 무리는 아니다. 여성 권력자는 다른 왕조에도 간혹 보이지만, 여제 출현은 중국 역사상 유일무이한 일이기 때문이다.

다음으로 환관의 발호 문제이다. 명말 청초의 왕부지는 "당이 망한 것은 환관에게 망한 것"[03]이라 하였고, 청나라의 조청여(趙青黎)도 "당을 망하게 한 것은 환관일 따름이다"[04]라 하였듯이 실제 대당제국을 멸망하게 한 직접 당사자는 흔히 지적되는 번진(藩鎭)이 아니라 환관이었다. 번진이 일부 분권세력으로 한 지방에서 전권을 휘둘렀지만 그렇다고 조정 자체를 없애려 한 것은 아니었기 때문이다. 안사의 난 이후 소종(昭宗: 888-904) 이전 중앙정부가 위험에 빠졌는 데도 망하지 않았던 것은 오히려 나름 신뢰할 수 있고 순종하였던 번진세력 덕분이었다. 희종(僖宗: 873-888) 이전에 소위 '하북삼진'이나 하남도 등에 위치한 극소수의 번진들이 반란기를 만나 발호하여 반중앙적인[反側之地] 태도를 취한 것을 제외하고는 절대다수의 번진들이 중앙정부에 대해 이름 그대로 '울타리[藩]' 역할을 하였다. 그래서 고염무(顧炎武)도 "세상에는 당이 번진 때문에 망했다고 말하지만, 중엽 이후 토번이나 회흘에 병합되지 않고, 황소의 반란에도 멸망하지 않은 것은 반드시 번진의 힘이 아니

02 『後漢書』 卷10上 皇后紀, p.401, 「東京皇統屢絶, 權歸女主, 外立者四帝, 臨朝者六后, 莫不定策帷帘, 委事父兄, 貪孩童以久其政, 抑明賢以專其威.」
03 (明)王夫之 撰, 『讀通鑑論』(『船山全書』 10, 長沙: 岳麓書社, 1988 所收) 卷26 唐宣宗, 「宣宗猜忌李德裕由中尉先入之言」, p.1011, 「唐之亡亡於宦官, 自此決矣.」
04 (淸)趙青黎 撰, 『星閣史論』(叢書集成初編本, 北京: 中華書局, 1985) 「唐論」, p.11, 「亡唐者, 宦竪耳.」

라 할 수 없다"[05]고 하였던 것이다. 반면 당말 재상인 최윤(崔胤)은 환관에 대해 "크게는 조정을 넘어뜨리고, 작게는 지방을 선동하니 황제의 수레가 빈번하게 파천하고 조정이 점차 미약하게 된, 그 화근을 찾아보면 중인(中人: 환관)에서부터 시작되었다"[06]라 하였다. 이처럼 대당제국에서의 환관의 폐해가 막심하였다. 당나라는 왜 이렇게 환관의 피해가 심하였을까?

끝으로 다양한 인구를 포괄하는 세계제국답게 제도가 매우 치밀하게 정비되어 있고, 법률적인 규정이 매우 엄격하고 조밀했다는 점이다. 이런 법적용의 엄격성과 조밀성을 특징으로 하는 제국 경영과 통치술이 구체적으로 무엇을 지향하고 있었던가? 이상에서 제기한 네 가지 문제를 중심으로 아래에서 살펴보도록 하겠다.

II. 황제의 일상행위와 통치술

1. '총괄적(總括的) 친정(親政)체제'와 친정(親征)

국가가 어떤 형태를 띠든 이끌고 대표하는 사람이 있기 마련이다. 세속권과 상징성을 모두 다 갖춘 사람도 있고, 그중 한 가지만 가진 사람도 있다. 동·서양이 당연히 다르며 동양 각국도 각각일 것이다.[07] 중국에는 그런 존재를 '천자', '왕' 혹은 '황제'라는 명칭으로 불렀다. 대당제국의 통치 중심에

05　(淸)顧炎武, 『日知錄』(石家莊, 花山文藝出版社, 1990) 卷9 藩鎭, p.430, 「世言唐亡于藩鎭, 而中葉以降, 其不遂并于吐蕃·回紇, 滅于黃巢者, 未必非藩鎭之力.」

06　『舊唐書』 卷184 宦官傳 楊復恭, pp.4776-4777, 「崔胤秉政而排擯宦官, …(崔)胤奏曰: "高祖·太宗承平時, 無內官典軍旅. 自天寶以後, 宦官寖盛. 貞元·元和, 分羽林衛爲左·右神策軍, 以使衛從, 令宦官主之, 唯以二千人爲定制. 自是參掌樞密. 由是內務百司, 皆歸宦者, 上下彌縫, 共爲不法, 大則傾覆朝政, 小則構扇藩方. 車駕頻致播遷, 朝廷漸加微弱, 原其禍作, 始自中人."」

07　이에 대한 연구는 대단히 많지만, 우리 학계의 성과로는 東洋史學會 編, 『東亞史上의 王權』, 서울: 한울아카데미, 1993과 申採湜, 『宋代 皇帝權 硏究』, 서울: 한국학술정보, 2010 등이 있다.

도 황제가 있었다. 중국 역사에 등장한 황제들의 통치 스타일이 모두 같은 것은 아니었다. 개인적인 성향의 편차를 떠나 제도적으로 상당한 차이를 보이는 특정왕조의 황제들도 있었다. 필자는 특히 유목적인 영향을 짙게 받은 오호십육국 이후 당왕조까지의 황제의 통치행위에 대해 관심을 가져왔다.[08] 그러면 대당제국 황제의 통치행위상 특징은 어떤 것인가?

일군만민체제, 더구나 세계제국이라는 이름 아래 모여든 다양하고 거대한 인구집단을 원활하게 통솔하기 위해서는 황제의 통치술이 무엇보다 중요할 수밖에 없다. 수당 황제의 경우 돌궐이나 고구려와의 전쟁을 수행하기 위해 황제가 직접 변경을 순행하여 군정상태를 점검하거나 친정(親征)을 나가는 경우를 자주 본다. 아울러 황제가 궁성을 비우는 순행(巡行) 횟수도 매우 많다. 당왕조는 삼경(三京: 三都), 혹은 육경(六京: 六都) 등 '다경체제(多京體制)'를 유지하였다.[09] 두 개 이상의 도를 유지한 왕조는 중국 역사상 상(商: 殷)대와 서주 시대를 제외하면 중국 정통왕조에서는 없는 현상이다. 이것들이 진정한 '다경체제'를 유지했다고 보기는 힘들다.[10]

이와 관련하여 당대 황제의 순행에 대한 한 연구에 의하면 각종 형태의 순행을 모두 합치면 338회나 확인된다고 한다.[11] 그 가운데 고종에서부터

08 朴漢濟, 「北魏王權과 胡漢體制 −北魏社會의 變質과 관련하여−」, 『震檀學報』 64, 1987(『中國中世胡漢體制研究』 再收); 「七世紀 隋唐 兩朝의 韓半島進出 經緯에 대한 一考 −隋唐初 皇帝의 正統性 確保問題와 關聯하여−」, 『東洋史學研究』 43, 1993; 「北魏均田制成立의 前提 −征服君主의 中國統治와 資源確報策−」, 『東亞文化』 37, 1999.
09 崔宰榮, 「唐 前期 三府의 정책과 그 성격」, 『東洋史學研究』 77, 2001, p.75.
10 商·周의 경우 隋唐의 경우와 다르다. 상의 경우 천도였지, 두 개 이상의 都가 동시에 존재한 것은 아니었다. 周의 경우도 夷狄의 침입에 의한 洛陽으로의 천도였다. 先秦시대도, 前漢시대에도 五都체제가 있었다. 그러나 그것들은 都가 아니라 지방의 중심(urban centers)이었다. 복수의 도성체제로서의 선례는 曹魏와 北魏이다. 曹魏의 경우 낙양만이 궁정과 중앙정부가 있었을 뿐이다. 기능적인 복수도성체제(dual-capital system)가 성립한 것은 313년 북위가 盛樂(北都)과 平城을 둔 경우가 최초이다. 이후 그 전통을 이은 것은 바로 北周의 宣帝시기이다(Victor Cunrui Xiong, "Sui Yangdi and the Building of Sui-Tang Luoyang," Journal of Asian Studies 52-1, 1993, pp.76-77).
11 최진열, 『북위황제 순행과 호한사회』, 서울: 서울대학교출판문화원, 2011, 부록 당순행표, pp.531-543.

현종 개원 24년(736)까지 80여 년 간 당의 황제는 장안과 낙양을 나들이하듯이[12] 자주 왕래하였다. 무측천은 장안을 버리고 낙양을 수도로 정하기도 하였다. 장안과 낙양 가운데 어느 곳이 과연 도성인지 의심이 들 정도였다. 이동의 사유도 여러 가지다. 현종은 장안지역이 인구폭발과 사막화로 농업생산량이 줄어든 것을 이유로 군대를 끌고 취식(就食)할 목적으로 낙양에 5회나 출행하였다.[13] 백관·군대뿐만 아니라 백성을 끌고 낙양으로 먹을 양식을 구하기 위해 행차를 하였기 때문에 실제로 '축량천자(逐糧天子)'[14]라는 이름에 어울렸다. 이후 현종은 배요경(裴耀卿)의 건의를 받아들여 창고를 확충하고 육운과 수운을 개혁하여 장안-낙양 간의 곡물 운송의 효율을 높였다.[15] 장안을 중심으로 하는 관중지역 백성에게 용·조를 곡물로 대신 납부하도록 하였다.[16] 여기다 풍년 든 해나 풍년 든 지역에서 염가로 곡식을 미리 구입한 후 흉년에 대비하는 화적법(和糴法)을 시행함으로써[17] 개원 24년(736) 이

---

12 全漢昇,「唐宋帝國與運河」,『中國經濟史硏究』上冊, 香港: 新亞研究所, 1973, pp.293-296.

13 潘鏞,『隋唐時期的運河和漕運』, 西安: 三秦出版社, 1987, pp.76-80.

14 『資治通鑑』卷209 唐紀25 中宗景龍3年(709) 條, p.6639,「是歲, 關中饑, 米斗百錢, 運山東·江·淮穀輸京師, 牛死什八九. 群臣多請車駕復幸東都, 韋后家本杜陵, 不樂東遷, 乃使巫覡彭君卿等說上云: "今歲不利東行." 後復有言者, 上怒曰: "豈有逐糧天子邪!" 乃止.」

15 『新唐書』卷53 食貨志3 漕運, pp.1365-1366,「初, 江淮漕租米至東都輸含嘉倉, 以車或駄陸運至陝. 而水行來遠, 多風波覆溺之患, 其失嘗十七八. …開元十八年, 耀卿條上便宜曰: "…可於河口置武牢倉, 鞏縣置洛口倉, 使江南之舟不入黃河, 黃河之舟不入洛口. 而河陽·柏崖·太原·永豐·渭南諸倉, 節級轉運, 水通則舟行, 水淺則寓於倉以待, 則舟無停留, 而物不耗失. 此甚利也." 玄宗初不省. 二十一年, …玄宗將幸東都, 復問耀卿漕事, 耀卿因請"罷陝陸運, 而置倉河口, 使江南漕舟至河口者, 輸粟於倉而去, 縣官雇舟以分入河·洛. 置倉三門東西, 漕舟輸其東倉, 而陸運以輸西倉, 復以舟漕, 以避三門之水陷." 玄宗以爲然, 乃於河陰置河陰倉, 河清置柏崖倉; 三門東置集津倉, 西置鹽倉; 鑿山十八里以陸運, 自江·淮漕者, 皆輸河陰倉, 自河陰西至太原倉, 謂之北運, 自太原倉浮渭以實關中.」

16 『舊唐書』卷48 食貨志上 兩稅, pp.2090-2091,「(開元)二十五年三月, 敕: "關輔庸調, 所稅非少, 旣寡蠶桑, 皆資菽粟, 常賤糴貴買, 損費逾深. 又江淮等苦變造之勞, 河路增轉輸之弊, 每計其運脚, 數倍加錢. 今歲屬和平, 庶物穰賤, 南畝有十千之獲, 京師同水火之饒, 均其餘以減遠費, 順其便以農無傷. 自今已後, 關內諸州庸調資課, 並宜準時價變粟取米, 送至京逐要支用. 其路遠處不可運送者, 宜所在收貯, 便充隨近軍糧. 其河南·河北有不通水利, 宜折租造絹, 以代關中調課. 所司仍明爲條件, 稱朕意焉."」

17 『資治通鑑』卷214 唐紀30 玄宗開元25年(737)秋7月條, p.6830,「先是, 西北邊糴數十州多宿重兵, 地租營田皆不能贍, 始用和糴之法. 自是關中蓄積羨溢, 車駕不復幸東都矣」;『舊唐書』卷207 宦者傳 高力士, p.5859,「始, 李林甫·牛仙客知帝憚幸東都, 而京師漕不給, 乃以賦粟助漕, 及用和糴法, 數年, 國用稍

후에는 식량을 구하기 위해 굳이 낙양으로 가야 할 일은 없어졌다.[18] 안사의 난 전후 순행장소와 범위, 빈도가 근본적으로 달라지고, 특히 안사의 난 후에는 순행의 빈도가 감소하였다. 이는 장기간 지속된 번진할거와 토번의 동진 등 내우외란으로 치안이 위태하여 경기지역 밖으로 순행할 때 생기는 위험, 중앙정부의 재정부족 등의 문제로[19] 그 빈도가 크게 줄어들 수밖에 없었기 때문이다.

사실 식량부족 등 절박한 상황에서도 이전의 황제들이 취식 등의 목적으로 수도를 벗어나 타 지역으로 가는 경우는 극히 드물었다는 점을 감안하면, 대당제국의 황제들의 이와 같은 잦은 출행은 쉽게 이해하기 힘들다. 장안과 낙양 사이의 거리를 따져보면 출행 자체가 결코 쉬운 일이 아니었기 때문이다. 이런 행동에는 나름의 이유가 있었던 것이 분명하다. 반란으로 인해 황제가 몽진(蒙塵)을 해야 하는 불가피한 경우도 물론 있었지만 황제의 바깥나들이는 자못 정상을 벗어났다. 많은 황제들이 장안 근교에 각종 제사에 참여한다는 명분으로, 혹은 화번공주(和蕃公主)를 배웅한다는 명분 등, 작은 일을 핑계로 도성을 비우고 빠져나가곤 했다. 이들 중 중요한 목적은 피서와 사냥활동이었다. 피서와 사냥 모두 유목출신 군주 출행의 주요 원인이기도 하다. 궁중에만 있으면 좀이 쑤시는 것 같았기 때문이다. 이처럼 황제가 주궁을 비우는 사례를 유목계열이 아닌 다른 왕조에서는 찾아보기 힘들다.

물론 순행, 순수 등의 용어로 표현된 중국고대 천자 혹은 황제들의 행위

充;『新唐書』卷53 食貨志3 營田, pp.1373-1374,「貞觀·開元後, 邊土西舉高昌·龜茲·焉耆·小勃律, 北抵薛延陀故地, 綠邊數十州戍重兵, 營田及地租不足以供軍, 於是初有和糴. 牛仙客爲相, 有彭果者獻策廣關輔之糴, 京師糧稟益羨, 自是玄宗不復幸東都. 天寶中, 歲以錢六十萬緡賦諸道和糴, 斗增三錢, 每歲短遞輸京倉者百餘萬斛. 米賤則少府加估而糴, 貴則賤價而糶.」

18 全漢昇,「唐宋帝國與運河」, pp.300-308.
19 陳楊,「唐代長安政治權力中樞位置的變遷與'三大內'機能的嬗變」,『西安文理學院學報(社會科學版)』13-2, 2010, p.13.

는 상당히 빈번하게 행해지고 있었다. 잘 알다시피 진시황은 전국을 통일한 후 12년 동안 다섯 차례에 걸쳐 각 지역을 돌아다녔다. 통일 이후 1/3 이상의 기간을 순행에 소요하였으며,[20] 이를 위해 수도 함양(咸陽)과 각지의 이궁 사이에 치도(馳道)라는 황제 전용도로를 마련해놓고 있었다.[21] 전한시대에도 친정과 근거리 행차를 제외한 순행은 101회에 달하였으며, 특히 무제의 순행 빈도는 진시황에 비견될 정도로 많았다.[22] 그런데 이런 순행은 오호십육국-북조-수당 황제의 순행과는 그 성격이 달랐다. 우선 삼국시대 조위의 순행을 두고 "전대의 전장[舊章]"이 아니라고 지적한 『진서』 예지의 평가는 이 점을 분명히 말하고 있다. 옛날 제왕은 순수를 하지 않는 이가 없었는데, 조위의 경우는 '구장'의 형식이 아니라는 것이다. 즉 노인을 찾아뵙거나, 병든 사람을 구휼하기 위해 비단과 곡식을 주는 것을 "옛날 순행의 풍습"이라 보았다.[23] 이것은 『송서』 예지에서도 분명히 지적하고 있다. 다만 『송서』에서는 진·전한·조위의 순행은 대개 당시의 상황에 따라 단행한 것이므로 "전대의 전제[舊典]"에 따른 것이 아니며, 후한의 여러 황제만이 고례(古禮)를 따랐다고 하였다.[24] 즉 전대의 전형적인 순행에는 상서(祥瑞) 등을 참고하여 순행의 때를 정하고, 무엇보다 백성을 사역시키는 번거로움이 없게 했으며

---

20 鄭夏賢,「秦始皇의 巡行에 對한 一檢討 -封禪과 祭禮 문제를 중심으로-」,『邊太燮博士華甲紀念史學論叢』, 서울: 三英社, 1985.

21 鱉間和幸,「秦始皇帝長城傳說とその舞臺 -秦碣石宮と孟姜女傳說をつなぐもの-」,『東洋文化硏究(學習院大學)』1, 1999, pp.22-29.

22 최진열,『북위황제 순행과 호한사회』, pp.7-8.

23 『晉書』卷21 禮志下 賓禮, p.652,「古者帝王莫不巡狩. 魏文帝值天下三分, 方隅多事, 皇輿亟動, 役無寧歲. 蓋應時之務, 非舊章也. 明帝凡三東巡狩, 所過存問高年, 恤寡苦, 或賜穀帛, 有古巡幸之風焉. 齊王正始元年, 巡洛陽縣, 賜高年力田各有差.」

24 『宋書』卷15 禮志2 p.379,「古者天子巡狩之禮, 布在方策. 至秦·漢巡幸, 或以厭望氣之祥, 或以希神仙之應, 煩擾之役, 多非舊典. 唯後漢諸帝, 頗有古禮焉. 魏文帝值參分初創, 方隅事, 皇輿亟動, 略無寧歲. 蓋應時之務, 又非舊事也. 明帝凡三東巡, 所過存問高年, 恤人疾苦, 或賜穀帛, 有古巡幸之風焉. 齊王正始元年, 巡洛陽, 賜高年·力田各有差.」

더 적극적으로는 백성의 고통을 어루만지는 목적이라는 단서가 달렸다. "고례"에 맞는 순행이란 조위와 같은 군사적 목적 등 오호십육국-수당 황제가 통상 행하는 순행과 다른 것이라는 점을 분명히 한 것이다. 사실 양진·남조에서는 황제가 권신이나 찬탈자에게 이끌려가는 경우를 제외하면 주로 수도(洛陽·建康) 근방 일대를 약간 돌아다녔을 뿐이었다.[25] 그런데 유목민족이 중원으로 들어와 통치를 시작한 시기 이후 호한합작을 이룬 각 정권들의 최고 통치자의 순행기사를 비교해 보면 그런 성격의 차이가 분명히 드러난다. 뒤에 상세히 설명할 것이지만 북방에서는 황제의 순행이 단순히 백성의 인심수람 차원이 아니라, ① 친정(親征) → ② 약탈(掠奪) → ③ 반사(班賜: 분배)라는 일련된 군사적 행위를 기본으로 하고 있을 뿐만 아니라 시기적으로도 유목지역의 통치자들이 일반적으로 향하는 계절 이동과 매우 유사하다는 특징이 있다. 따라서 오호십육국 이후 당대까지의 순행을 중국 고래 전통의 승습의 형태로 볼 수는 없는 것이다. 특히 후세 이민족이 세운 왕조인 요·금·원이나 청조 황제의 순행의 형태를 참고해보면 더욱 그러하다.[26]

이런 점에서 볼 때 대당제국 황제의 순행행위는 강역이 넓은 대제국의 요지와 변경을 점검한다는 의미도 있지만 원래부터 지녀왔던 그들의 유목습속과 깊이 연관이 되어 있음을 알 수가 있다. 수당황제의 이동행위에는 후세의 거란이나 몽골에게서 보이는 춘영지·하영지·추영지·동영지 등 사계에 따라 그 순행지를 달리하는 '사계유행(四季游幸)'이라든지, '사시날발(四時捺鉢)'의 경우와 매우 유사하다는 점도 다수 발견되고 있다. 예컨대 이전 한인왕조의 진시황의 순행이나 한대 이후 봉선(封禪) 등 제례(祭禮)를 위한 행행(行幸)은 그 빈도나 목적 등의 면에서 거란·서요·여진·몽골 등 유목계열 황

25   최진열, 『북위황제 순행과 호한사회』, pp.14−15.
26   최진열, 『북위황제 순행과 호한사회』, pp.30−43.

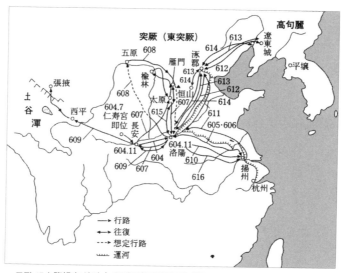

도판 15 | 隋煬帝 治政中 行動圖(氣賀澤保規, 『絢爛たる世界帝國−隋唐時代−』)

제의 계절적인 순행과 그 성격이 매우 다르다. 한편 오호십육국−북조시대의 경우, 사실 순행과 외부 출차(出差)가 매우 빈번하여 황제가 머물렀던 곳에는 행대(行臺)가 설치되고, 대신 황태자가 황제 대신 남아서 도성을 지키는 '유대(留臺)'가 제도로서 확립되어 있었다. 북위황제의 빈번한 친정은 유대(留臺)라는 제도를 출현시켰고, 감국(監國)제도를 상태화(常態化)시켰다.[27] 이와 아울러 순행 자체가 계절에 따라 유형화되어 있음을 발견할 수 있다. 수양제의 경우 도성인 장안보다 낙양과 강도(江都: 揚州)에 더 많이 머물렀으며, 그러다 보니 도성급의 도시, 즉 삼도(三都: 三府: 京師=西京, 東都=東京, 北都=北京)라든지, 오경(五京: 西京=鳳翔府, 南京=成都府, 中京=京兆府, 東京=河南府, 北京=太原府) 등 복수의 수도가 병립되어 있었던 것[多都體制]인데, 이것도 유목출신 왕

---

27 窪添慶文, 「北魏の太子監國制度」, 『魏晋南北朝官僚制度研究』, 東京:汲古書院, 2003, p.203.

조에서나 흔히 보이는 현상이다. 복수의 도성제도도 한족왕조에 전혀 없었던 것은 아니지만, 이런 다수의 도성급 도시의 병립은 오호십육국-북조-수당시대의 특징 중의 하나라 하겠다. [도판 15]

그보다 더욱 중요한 것은 수당황제들의 친정(親征)행위이다. 필자가 본서의 초두에서 이미 언급한 바이지만 당태종이 직접 군대를 지휘하고 최전선에까지 와서 적장[고구려 양만춘]이 쏜 화살에 맞았다는 것은 사실과 다르지만, 그가 군사 지휘관이 되어 선봉에 섰던 것만은 진실이다. 나라의 초창기를 맞아 전쟁이 빈번하게 일어나자 조위 문제(文帝)가 직접 군사를 끌고 출정한 것은 '고례'에 맞는 순행이 아니고, 백성의 고통을 보살핀 명제가 한 순행이야말로 고례에 맞는 순행이라고 하였듯이, 이전의 왕조에서도 조위 문제처럼 친정하는 것이 전혀 없었던 것은 아니었다. 그러나 진한 이후 역대왕조 가운데서 창업주를 제외하고 친정을 행한 경우는 거의 찾아볼 수가 없다. 다만 후세 명왕조의 영락제(永樂帝)가 몽골 친정을 다섯 차례나 다녀왔다. 이 특이한 사실을 두고 일본의 어떤 학자는 그가 명태조 주원장의 아들이 아니라 원세조 쿠빌라이의 후계자라고 설파한 바가 있다.[28] 그런 점에서 특히 군사 등 현실적인 문제를 해결하기 위해 친정을 나서는 오호십육국 이후의 황제의 친정행위와 순행은 이전의 황제들의 그것과는 질적으로 다르다.

그러면 대당제국 당시 사람들에게는 황제가 어떤 활동을 해야 하고 어떤 행동 모습이어야 가장 바람직한 군장[황제]상이라고 생각하였을까? 지구상에 나타난 여러 정권들에는 다양한 유형의 최고 통치자가 있었을 것이다. 이들을 통칭해서 황제(이하 왕)라고 부른다면 이들의 유형은 대개 두 가지로 크게 분류할 수 있다. 즉 유목형(遊牧型: Personal Kingship)과 농경형(農耕型:

---

28 宮崎市定 著, 曹秉漢 譯, 『中國史』, 서울: 역민사, 1983, pp.335-336.

Ritual Kingship)이 그것이다. 필자는 앞서 오호십육국은 물론 북위, 그리고 수당왕조의 황제를 중심으로 하는 통치계층이 호족계열이라고 소개했다. 따라서 이들에게 유목형 군주의 특징적 행동들을 쉽게 직접 목도하게 된다. 그 예가 가장 선명하게 보이는 선비 탁발족이 세운 대국(代國)과 북위의 경우를 살펴보자.

미국 하버드대학 교수였던 조셉 플레처(Joseph Fletcher) 교수에 의하면 '유목형 군주'란 군주 지위를, 그 스스로 주체가 된 외전(外戰)에서 획득한 약탈품의 분배[班賜]를 통해 부속민을 항상 배부르게 하며, 무한히 관대(寬大: Generosity)한 존재로서 부각시킴으로써 군주의 지위를 획득하기도 하고, 또 유지해 간다고 하였다. 앞에서도 누차 강조하였지만 제국의 탄생과 지속에 있어서 가장 중요한 키워드는 바로 '관용(Tolerance)'이었다. 즉 유목형 군주는 그 지위의 획득(계승분쟁)과정에서 적장자가 선왕의 지위를 자동적으로 이어받는 농경세계에서의 계승형태와는 달리 황족 내의 수많은 후보자들 가운데 치열한 경쟁을 통해서 그 지위를 획득한다는 것이다. 유목왕조에서 계승분쟁이 일상사가 된 것은 바로 이런 이유 때문이다. 그 과정에서 최종적으로 승리할 수 있는 조건이 바로 경쟁자를 압도할 조건인 용감성과 군사적 지도력, 그리고 '관용'이었다.[29] 이런 유목형 군주의 일상적인 군사 행위는 ① 친정 → ② 약탈 → ③ 반사라는 공식적인 군사행위로 표현된다. 이런 모습은 보다 더 유목적인 환경에 처하였던 북위의 전신왕조인 대국시대(『魏書』 권1 序紀에 기록된 것이므로 흔히 '序紀'시대라고 한다)의 군장들의 행위에서도 자주 발견된다.

예컨대 소성제(昭成帝) 십익건(什翼犍)의 경우 이런 군사행동이 일상화되어

---

29 Joseph Fletcher, "Turco-Mogolian Monarchic Tradition in Ottoman Empire," *Harvard Ukrainian Studies* 3·4, 1979–1980, pp.238–239.

있었다. 즉위 후 30년 동 10월, 그는 군사를 이끌고 흉노족 부락장 유위진(劉衛辰)을 토벌하여 생구(生口)·마(馬)·우(牛)·양(羊) 등 수십 만 두를 획득하고는 이듬해 봄 본거지로 돌아와 그 노획품을 그 지위와 전공(戰功)을 따져서 부하들에게 차등 있게 분배하였다.[30] 십익건의 이런 행위를 통해 당시 그가 지휘하던 선비 탁발부에게 외전에서의 거듭된 성공을 보여줌으로써 39년이라는 긴 치세를 보장받을 수가 있었던 것이다. 그 후 '폭붕(暴崩)'이라 표현되는 그의 갑작스런 죽음은 전진 황제 부견(苻堅)과의 전투에서 패배가 그 원인이 되었던 것으로 보인다.[31]

한편 이 서기시대의 황위계보도(皇位系譜圖)를 보면 매우 복잡하고 무질서하다. 사실 흉노가 그랬듯이 유목왕조에서는 계승분쟁이 일상화되어 있기 때문에 그 계승도는 혼란스러운 것이 당연히 정상적이다. 그런데 그 뒤를 이은 북위시대는 그것과 대조적으로 너무나 질서정연하다. 외형적으로 보면 북위시대가 유목세계에서 완전히 일탈한 것으로 여겨진다. [도판 16 참조]

사실 외지로 친정을 나가는 것은 영내의 물자가 부족하기 때문에 그 부족분을 외부에서 약탈해오기 위해서다. 이것은 고질적인 물자 부족에 시달리는 유목세계에서는 당연한 일이다. 그럼 이 친정 문제를 더 자세히 살펴보자. 북위의 경우 ① 태조(太祖) 도무제(道武帝)가 23회의 친정을 나갔고, ② 명원제(明元帝)가 2회, ③ 태무제(太武帝)가 24회, ④ 문성제(文成帝)가 1회, ⑤ 헌문제(獻文帝)는 재위기간 1회와 상황(上皇)기간 2회, ⑥ 효문제(孝文帝)는 친정(親政) 9년 동안 4회, ⑦ 선무제(宣武帝)는 유일의 무친정의 황제였고, ⑧ 효명제(孝明帝)가 3회였다.[32] 그런데 중국 역대왕조의 황제들을 보면 창업주를 제

---

30 『魏書』卷1「序紀」昭成帝什翼犍 p.15, 「① 三十年 冬十月 帝征衛辰. …② 衛辰與宗族西走, 收其部落而還, 俘獲生口及馬牛羊數十萬頭. ③ 三十一年春, 帝至自西伐, 班賞各有差.」

31 『北史』卷1 魏本紀 昭成帝什翼犍39年條, p.9;『晉書』卷113「苻堅載記」上, p.2899.

32 朴漢濟, 『中國中世胡漢體制研究』, 서울: 一潮閣, 1988, pp.159−162.

외하고는 군사적 친정행위는 매우 희소하지만 더구나 전쟁의 수행과정에서 약탈→반사(분배)를 행하는 행위는 전무하다 해도 과언이 아니다. 중국황제의 행위는 어떤 나라를 정복할 때 특정 장군에게 그 지휘를 맡겨 정복을 행하고, 그 후 조공을 받거나, 화친관계를 맺고 변경에 교시(交市〈邊市〉)를 허용하는 정도가 기본이다.

필자는 오래 전에 수당왕조가 왜 그토록 오랫동안 대고구려 침략전쟁에 매달렸는가에 대해 분석한 적이 있다. 수 문제에서 시작된 침략전쟁은 당 고종시기까지 거의 1세기를 끌었다. 이런 수당왕조의 고구려 침략의 경위에 대해서, 종래 자주 거론되던 국제적인 측면을 배제하고, 내부적인 문제, 그 중에서도 수당 초기 황제들의 계위분쟁과 거기에서 파생된 황권 내지 정권의 정통성 문제를 중심으로 살펴보았다.[33]

수당 초기 황제들은 거의 대부분 황위를 정상적으로 계승받은 것이 아니라, 자기의 능력으로 직접, 혹은 무리하게 쟁취하였다. 그렇게 등극한 황제들이 공통적으로 행하는 정치행위의 특징이 모든 정사를 직접 처리하는 방식을 취한다는 점이다. 대외 전쟁에서 친정을 행하는 외에, 예컨대 국자감에서 행해지는 석전(釋奠)행사에도 황제가 친림(親臨)하는 것 등 모든 사안을 직접 챙기는 소위 '만기친람(萬機親覽)'하는 사례가 자주 보인다. 필자는 이러한 정치형태를 '총괄적 친정체제(總括的 親政體制)'라 명명했다.

2. 진휼(賑恤)과 창고

황제가 되기 위해서는 먼저 '황태자'가 되는 것이 당연한 순서이다. 황제가 제일 먼저 갖추어야 할 덕목은 바로 황태자가 갖추어야 할 덕목이기도

---

33 朴漢濟,「七世紀 隋唐 兩朝의 韓半島進出 經緯에 대한 一考 −隋唐初 皇帝의 正統性 確保問題와 關聯하여−」.

하다. 그런데 공교롭게도 오호십육국시대에서 당대 중기까지, 특히 북위 헌문제부터 당대 중기까지(5-8세기)의 황제 혹은 황태자의 책립시 그 요건으로 '인(仁)'이라는 덕목이 특히 강조되었다.

유목군주에서 농경군주로 탈바꿈해 가려는 과정의 헌문제[34]나 효문제[35]는 물론 악명 높은 수양제[36]마저도 한족의 최고덕목인 인효(仁孝)를 갖춘 인물이었기 때문에 황태자가 될 수 있었다는 식으로 사서에 기록되고 있다. 당대에 들어 고종,[37] 현종,[38] 대종[39] 그리고 문종[40]이 황태자였던 시기에 그 인격이 '인효(仁孝)하다'고 칭해졌다고 하였다. 고종의 폐태자인 이현(李賢)도 '인효'의 덕이 높았기 때문에 황태자가 되었고, 고종은 그가 죽으면 그를 대

---

34 『魏書』卷6 顯祖紀, p.125,「太安二年二月, 立爲皇太子. 聰叡機悟, 幼而有濟民神武之規, 仁孝純至, 禮敬師友.」

35 『魏書』卷7上 高祖紀上, p.135,「高祖孝文皇帝, 諱宏, 顯祖獻文皇帝之長子, …帝生而潔白, 有異姿, 襁褓岐嶷, 長而淵裕仁孝, 綽然有君人之表. 顯祖尤異重之. 三年夏六月辛未, 立爲皇太子.」

36 『隋書』卷3 煬帝紀上 p.59,「開皇元年, 立爲晉王, 上好學, 善屬文, 沈深嚴重, 朝野屬望. 高祖密令善相者來和徧視諸子, 和曰:'晉王眉上雙骨隆起, 貴不可言.' 旣而高祖幸上所居第, 見樂器絃多斷絕, 又有塵埃, 若不用者, 以爲不好聲妓, 善之, 上尤自矯飾, 當時稱爲仁孝. 嘗觀獵遇雨, 左右進油衣, 上曰:"士卒皆霑濕, 我獨衣此乎!"乃令持去.」

37 『舊唐書』卷4 高宗本紀上, p.65,「以貞觀二年六月, 生於東宮之麗正殿. 五年, 封晉王. 七年, 遙授幷州都督. 幼而岐嶷端審, 寬仁孝友.;『舊唐書』卷80 褚遂良傳, p.2738,「(貞觀)二十三年, 太宗寢疾, 召遂良及長孫無忌入臥內, 謂之曰:"卿等忠烈, 簡在朕心. 昔漢武寄霍光, 劉備託葛亮, 朕之後事, 一以委卿. 太子仁孝, 卿之所悉, 必須盡誠輔佐, 永保宗社." 又顧謂太子曰:"無忌·遂良在, 國家之事, 汝無憂矣." 仍命遂良草詔.」

38 『舊唐書』卷8 玄宗本紀上, p.168,「(神龍)二年, 又制日:"惟天生烝人, 牧以元后; 維皇立國, 副以儲君. 將以保綏家邦, 安固後嗣者也. 朕業承洪業, 欽奉寶圖, 夜分不寢, 日昃忘倦. 茫茫四海, 懼一人之未周; 烝烝萬姓, 恐一物之失所. 雖卿士竭誠, 守宰宣化, 緬懷庶域, 仍未小康. 是以求下人之變風, 遵先朝之故事. 皇太子基仁孝因心, 溫恭成德, 深達禮體, 能辨皇猷. 宜令監國, 俾爾爲政. 其六品以下除授及徒罪已下, 並取基處分.”」

39 『舊唐書』卷10 代宗本紀, p.267,「代宗睿文孝武皇帝諱豫, 肅宗長子. …以開元十四年十二月十三日生于東都上陽宮. 初名俶, 年十五封廣平王. 玄宗諸孫百餘, 上爲嫡皇孫. 宇量弘深, 寬而能斷, 喜懼不形於色. 仁孝溫恭, 動必由禮. …玄宗鍾愛之.」

40 『舊唐書』卷17下 文宗本紀, pp.579-580,「史臣曰: 昭獻皇帝恭儉儒雅, 出於自然, …帝性仁孝, 三宮問安, 其情如一. 嘗內園進櫻桃, 所司啟曰:"別賜三宮太后."帝曰:"太后宮送物, 焉得爲賜."遽取筆改賜爲奉.」

신해서 국정을 감무(監撫)하도록 했다고 전하고 있다.[41] 아울러 방현령(房玄齡)은 태종의 인품을 종합적으로 '인풍…효덕(仁風…孝德)'이라 평가하였다.[42]

그렇다면 '인'이란 구체적으로 어떤 행위이며 왜 당시 황제들에게 '인'이란 덕목이 요구되었던 것일까? 혹자는 효만 강조되던 관행이 후한 말-삼국시기에 사림세계를 중심으로 일어난 '인효선후논쟁(仁孝先後論爭)'을 계기로 '인'이 통치자의 중요한 덕목으로 부상되었기 때문이라고 본다.[43] 그런 해석이 과연 합리적인 것일까?

사실 유교의 최고의 덕목은 '효'이다, '효'가 유독 강조될 때 황제의 시호를 보면 '효□제(孝□帝)'식으로 '효'자가 접두어로 붙게 된다. 중국 역대왕조의 시호에서는 '효□제'는 많지만 '인'을 나타내는 시호는 사실 찾아보기 힘들다. 효는 유교가 국교화된 이후 어느 왕조에서나 최고통치자에게 강조되는 보편적인 덕목이었다. 그러나 인은 이런 보편적인 덕목이라기보다 특정시대에 특수하게 강조되는 덕목이라 할 수 있는 것이다.

그럼 '인'이란 덕목은 구체적으로 어떤 것이며, 이는 왜 북조-수당시대 일정시기에서만 황제나 황태자의 덕목으로 강조되었던 것일까? '효'란 친(親: 부모)에 대한 경사(敬事)를 위주로 그 대상이 종족(宗族)이라고 한다면, '인'은 만물에 혜택을 베푸는[施惠] 것으로 좁게는 향당(鄕黨), 넓게는 사회 전반이 그 대상이라고 할 수 있다.[44] '효'에 대한 의미가 불변적이라고 한다면, '인'은

---

41 『舊唐書』卷88 韋承慶傳, p.2863, 「承慶上書諫曰: "臣聞太子者, 君之貳, 國之本也. 所以承宗廟之重, 繫億兆之心, 萬國以貞, 四海屬望. 殿下以仁孝之德, 明叡之姿, 岳峙泉淳, 金貞玉裕, 天皇弁殿下以儲副, 寄殿下以監撫, 欲使照無不及, 恩無不覃, 百僚仰重曜之暉, 萬姓聞洊雷之響."」

42 『舊唐書』卷66 房玄齡傳, pp.2464-2465, 「遂抗表諫曰: "…且陛下仁風被於率土, 孝德彰於配天. 觀夷狄之將亡, 則指期數歲; 授將帥之節度, 則決機萬里."」

43 渡邊信一郎, 「'仁孝'-あるいは二-七世紀中國におけるーイヂオロギ - 形態と國家」, 『史林』61-2, 1978.

44 『三國志』卷27 魏書27 王昶傳, p.744, 「遂書戒之曰: "夫人爲子之道, 莫大於寶身全行, 以顯父母. 此三者人知其善, 而或危身破家, 陷于滅亡之禍者, 何也? 由所祖習非其道也. 夫孝敬仁義, 百行之首, 行之

시대마다 그 의미와 강조점이 약간씩 달라질 가능성이 있다. 그래서 혹자는 육조(六朝)시대 '귀족제사회'론과 연결하여 '인'을 "향리사회를 대상으로 재물 기부를 구체적으로 표현하는 사인·부호층의 실천적인 행위"라고 보기도 한 다.45 『논어』에 붙여진 남조 양(梁)나라 학자인 황간(皇侃)의 주석을 보면, '시 혜(施惠)', '궁하고 급박한 사정에 빠진 사람을 널리 구제하는 것[周窮濟急 혹은 博施周急]'의 의미로 '인'을 해석하고 있다.46 이와 같은 실천적인 덕목은 사인 이나 부호층이 응당 행해야 할 행위인 것임은 물론 황제라면 행해야 할 실 천적인 행위임은 당연하다. 이런 실천적인 행위가 향촌에서 행해지면 그 사 인은 당연히 향리사회로부터 향론의 지지를 얻어 존경을 받을 것임은 분명 하다. 그리고 구품중정제 등 제도를 통해 대민봉사자, 즉 관료로의 등용되 는 길이 열리게 되는 것이다. 만인을 통치하는 황제의 경우도 그와 마찬가 지로 '인'의 덕목에 바탕을 둔 인의 정치는 정권의 정체성을 획득하는 일로 연결될 것이다.

그런데 북위시대에 들어서 헌문제 직전시기까지 거의 모든 제왕들의 일 상행위를 보면 친정 → 약탈 → 반사 행위가 계속 유지되고 있었다. 그런데 헌문제시기부터 이런 약탈행위가 줄어들고 다른 형태의 행위가 보이기 시 작한다. 즉 그들이 화북을 통일한 후 정복·약탈의 대상지역이 사라지고 점 차 정착생활로 옮아감에 따라 황제의 일상행위가 변질되기 시작했던 것이 다. 필자는 이런 북위사회의 변질과정에서 주목할 만한 정책적 변화가 있음

　　　而立, 身之本也. 孝敬則宗族安之, 仁義則鄕黨重之, 此行成於內, 名著于外者矣."
45　渡邊信一郎, 「'仁孝'-あるいは二一七世紀中國における一イデオロギ 一形態と國家一」, p.265.
46　『論語集解義疏』(叢書集成初編本, 北京: 中華書局, 1985) 述而編「子曰: 志於道, 處於德, 依於仁, 遊於 禮」의 疏에 「仁者施惠之謂也」.; 子罕編「知者不惑, 仁者不憂」의 疏에 「仁人常救濟爲務, 不嘗侵物, 故 不憂物之見侵患也」.; 衛靈公編「當仁不讓於師」의 疏에 「仁者周窮濟急之謂也」.; 陽貨編「好仁不好學, 其蔽也愚」의 疏에 「仁者博施周急, 是德之盛」.; 陽貨編「子曰: 予之不仁也」의 疏에 「繆播曰, …又仁者施 與之名, 非奉上之稱」.로 되어 있다.

을 알게 되었다. 북위 제왕의 유목적 군사행위, 즉 친정→약탈→반사가 형해화되는 헌문제시기를 기점으로 갑자기 황제의 '진휼' 행위가 빈번하게 행해짐을 발견하였던 것이다. 그럼 반사와 진휼은 어떤 관련이 있을까? 진휼은 원래 천재(天災)와 관련된 것이다. 사서를 검색하고 조사한 결과 위진남북조와 진·한대 사이에는 천재의 건수는 큰 변화가 없었다. 양한 400년 간에 진휼(진대포함) 기사가 146차례인데, 대상지역이 협소한 북위의 경우 149년 간에 74차례, 특히 헌문제 이후 62년 간 61회라는 통계가 나왔다.[47] 바로 친정-약탈-반사행위가 형해화된 시기와 겹친다. 한편 양진·남조시대의 경우 양진시대(265~420년) 156년 간 보고된 수한재(水旱災) 건수는 220건이니, 0.7년에 1회인데, 응급대책이 49회이고, 그 가운데 진휼이 10회, 진대가 4회였다. 동진 효무제(孝武帝) 태원(太元) 19년(394)부터 동진이 멸망하는 420년까지 27년 간의 경우 수한재가 4건인데도 진휼, 진대는 한 차례도 행하지 않았다. 남조시대(420~589) 170년 간에 보고된 수한재는 97건으로, 평균 1.8년에 1건 비율인데, 진휼 35회, 진대가 4회, 총 39회였다.[48] 즉 진휼만 보면 양진 155년 간에 14회, 남조 170년 간에 39회에 불과하였다. 북위 헌문제 이후 62년 61회였던 것을 감안하면, 북위가 같은 시대의 남조보다 대단한 회수의 차이가 있음을 쉽게 알 수가 있다.

북위시대에 진휼·진대행위가 이렇게 많이 행해진 사실 외에 또 다른 특징은 북위에서는 진대를 행한 사례는 거의 찾아볼 수가 없고, 진휼만이 행해지고 있다는 또다른 사실이다. 잘 알다시피 재해나 춘궁기에 곡식 등을 국가가 지급할 때 추수기에 되갚는[返償] 것을 전제하는 것이 진대다. 예를 들어 고구려 고국천왕 시기 국상(國相)인 을파소(乙巴素: ?~203)가 고구려를 대표

---

47 朴漢濟, 『中國中世胡漢體制研究』, p.166.
48 佐久間吉也, 『魏晉南北朝水利史研究』, 東京: 開明書院, 1980.

할 빈민구제를 위한 명법인 진대법을 시행했었다. 진대와는 달리 진휼은 되갚는 것을 요구하지 않는, 즉 조건을 달지 않는 순수한 구휼행위이다. 이런 차이는 대단히 중요한 의미를 지니기 때문에 주목해야 한다. 잘 알다시피 유목군주가 친정-약탈 후에 행하는 반사행위는 되갚는 등 부대조건을 달지 않는 것이다. 다시 말하면 이런 유목적 군사행위가 소멸된 후 나타난 진휼은 곧 부속민에게 행한 반사 행위의 변용인 것이다. 중원지역에 정착한 후 더 이상 정복할 대상을 찾을 수 없는 시기에 황제들이 반사의 대체 형식으로 자연스럽게 채용한 행위가 바로 진휼인 것이다. 이를 위해 이전에 친정과 약탈을 통해 재화를 얻던 방식을 변화시켜, 경작→세금의 수취라는 형식을 통해 물자를 얻어 창고에 저장·보관하는 것이다. 또 필요할 때 창고를 열어[開倉] 진휼을 행하는 것이니 진휼은 반사의 새로운 방식인 것이다.

이런 변화가 원활하게 진행되려면 당연히 그 재원 확보를 위한 정책적 변화들이 뒤따라야 한다. 하나는 토지제도와 세역제도의 변화이고 다른 하나는 창고제도의 정비였다. 먼저 새로운 토지제도인 균전제(均田制)의 출현과 세제인 조용조(租庸調)제도의 확립이 이런 변화와 유관함을 알 수 있다. 아울러 반사 대상의 변화이다. 이전에 친정-약탈을 행할 때는 반사의 대상은 전쟁과정에서 동참하여 고생했던 장군 이하 공로가 있는 특정 장병들이었다. 당시는 군사력이라는 막대한 힘을 구성하는 장군 이하 병사까지의 동향이 황제 지위를 유지하는 데 매우 중요했기 때문이다. 그러나 정착사회에서는 군대와 같은 소수의 지지만으로 황제의 지위가 원활하게 유지되지는 않는다. 민심을 광범위하게 수람해야 한다. 따라서 순행의 형식과 대상도 이전과 달라져야 한다. 이전의 순행은 일종의 군사적 행위에 한정되어 있었다. 그러나 이후에는 주로 주민을 존무(存撫)하는 방식으로 바뀌게 된 것이다. 이처럼 진휼의 대상이 크게 확대되었다. 전쟁에 참여한 대신·장군 등

주로 상위계층에게 주던 반사가 모든 백성이 대상이 되는 진휼로 바뀐 것이다. 물론 이런 변화는 북위 황제의 한적(漢的)·보편적 군주로의 변신과 연관이 있을 것이다. 여기서 주목할 것은 반사 내용물의 변화이다. 북위 전기에는 반사의 대상들에게 인기 있는 재산은 우·마·양 등 잡축(雜畜)이거나 생구(生口), 즉 노예였다. 그러나 진휼로 그 형식이 바뀐 북위 중반 이후로는 포(布)·백류(帛類)가 주종을 이루게 된다.[49] 이처럼 반사의 품목이 바뀐 것은 당시 사람들의 재산관념의 변화에도 관련이 있을 것이다. 즉 호족 위주의 약탈경제에서 농경적인 생산품 위주의 경제로 바뀐 현실을 반영한 것이다. 곡물뿐만 아니라 포백과 마포 등의 생산을 목적으로 하는 균전제가 출현한 것은 이 때문이다. 균전제가 특히 비단의 생산과 연관[특히 桑田]된 것은 당시의 수요와 당시인의 재산관념의 구체적인 반영이기도 하다.

다음은 창고제도를 검토해 보자. 먼저 유목민족과 창고와의 관련성이다. 흉노가 초원을 활동무대로 삼던 시절 게르[텐트] 외의 거의 유일한 인공 구조물이 바로 창고였다. 흉노에는 한인 조신이 쌓았다는 조신성(趙信城)과 아울러 용성(龍城)이라는 성채가 있었다. 이들 성채의 용도는 무엇일까? 바로 창고였다. 어떤 면에서 유목민족에게 있어서 성곽은 큰 '창고'라 해도 과언이 아니었다.[50] 그들의 휴식처 혹은 방어용 진지라기보다 약탈물의 보관·저장 장소였다는 것이 진실에 가깝다. 그곳에 정복과 약탈을 통해 쌓아둔 물건들은 이후 병사들의 양식으로 제공되거나 반사품으로 쓰이게 되었을 것이다. 그렇기 때문에 창고와 유목민족과의 관련성은 흉노 이후 매우 밀접했다.

북위의 경우도 그러한데, 궁전의 서쪽에 갑옷과 무기를 보관하는 창고[鎧

---

49 朴漢濟,「中國中世胡漢體制研究」, 卷末 "北魏戰役·掠奪·班賜表" 참조.

50 『史記』卷100 匈奴列傳, p.2910,「漢兵夜追不得. 行斬捕匈奴首虜萬九千級. 北至闐顔山趙信城(『集解』如淳曰: "前降匈奴, 匈奴築城居之.") 而還」; 『史記』卷110 衛靑傳, p.2936,「行二百餘里, 不得單于, 顔捕斬首虜萬餘級. 遂至寘顔山趙信城」, 得匈奴積粟食軍. 軍留一日而還, 悉燒其城餘粟以歸.」

伏庫屋] 40여 간, 궁전의 북쪽에는 사·면·포·견(絲·綿·布·絹) 등을 보관하는 흙집의 창고 10여 간이 있었으며, 태자궁에도 별도의 창고가 있었다는 사실이 『남제서』 위로전에 기록되어 있다.[51] 이런 창고의 용도는 원대의 경우를 보면 쉽게 이해된다. 즉 몽골 창고(balaqat)는 곡물을 보관하는 창(倉: anbār)과 귀중품을 보관하는 고(庫: khazāne)로 구분되었으며 주로 도성 내에 집중 설립되었다. 뿐만 아니라 대칸의 순행로 연변 곳곳에도 설치되었다. 아울러 재화의 집적과 관리의 중심에 대칸이 있었다.[52]

창고를 여는 권한[開倉權]은 중국 전통적인 관례상 황제의 고유한 권한이었다. 개창권을 황제가 오로지 가지는 것은 한무제시기의 급암(汲黯)의 고사나,[53] 동진 오흥(吳興)태수 왕온(王蘊)의 사례에서 잘 알 수 있다.[54] 개창권을 황제가 가지는 것은 한족세계나 유목세계 공통의 관행이다. 북위시대에 '개창진휼(開倉賑恤)'이라는 말이 관용어처럼 사용되고 있다. 북위시대 '개창진휼' 시에는 '조(詔)'나 '견사(遣使)'의 형식을 띠는 것이 필수적이었던 것은 창고를 여는 것이 황제의 고유 권한이기도 하지만 당시 황제의 시혜행위를 부각시키려는 의도가 강하였기 때문이다.

북위 이후 수당대까지 창고제도가 특히 발달하였다. 창고는 수한재를 대비하여 곡식을 비축해 두어 '진휼'과 '조세경감' 등을 행하기 위한 목적을 가

---

51 『南齊書』 卷57 魏虜傳, p.984, 「殿西鎧伏庫屋四十餘間, 殿北絲綿布絹庫土屋一十餘間, 僞太子宮在城東, …僞太子別有倉庫.」

52 倉庫官(khazāne-chi)은 八剌哈赤(balaqači)과 倉赤(sangči)에서 분화·발전한 것으로 宿衛의 일종인 몽골인 케식(怯薛: keshig) 출신이었다(薛培煥, 「蒙元제국 倉庫制의 성립과 운영」, 서울大學校 大學院 東洋史學科 碩士學位論文, 2009).

53 『史記』 卷120 汲黯傳, p.3105, 「河內失火, 延燒千餘家, 上使黯往視之, 還報曰: "家人失火, 屋比延燒, 不足憂也. 臣過河南, 河南貧人傷水旱萬餘家, 或父子相食, 臣謹以便宜, 持節發河南倉粟以振貧民. 臣請歸節, 伏矯制之罪." 上賢而釋之.」

54 『晉書』 卷83 外戚傳 王蘊, p.2420, 「補吳興太守, 甚有德政. 屬郡荒人飢, 輒開倉贍卹. 主簿執諫, 請先列表上待報, 蘊曰: "今百姓嗷然, 路有饑饉, 若表上須報, 何以救將死之命乎! 專輒之愆, 罪在太守, 且行仁義而敗, 無所恨也." 於是大振貸之, 賴蘊全者十七八焉.」

진 것이었다. 따라서 남북조 말에서 수대에 걸쳐 의창(義倉; 社倉) 등 국가적 진휼기구로서의 창고의 창설과 정비가 두드러지게 나타난 것은 우연이 아니다. 또 물가조절과 농민진휼의 복합적인 기능을 담당하는 상평창(常平倉)·부인창(富人倉)이 나타나고,[55] 북주시대에는 사창(社倉), 수당대에 들어 다시 농민진휼만을 관장하는 의창이 분리·설립되는 일련의 조처가 행해진다. 가히 '창고 건설시대'라 할 만하다.

그러면 이런 정책이 왜 이 시기에서부터 집중적으로 개시되는가? 이것은 진한 이후 전통적인 정책을 계승한 측면도 당연히 있다. 북조·수당시기 국가기구가 비대화·복잡화하고, 그 기능이 분화하는 경향이 보이는데, 이를 사회 내부의 분열과 모순의 심화·확대에 대한 대응이라고 볼 수도 있다.[56] 그러나 전통적인 정책의 계승·발전으로만 시각을 좁히면 그 시대가 갖는 특수한 의미를 간과하게 된다. 따라서 이 시대 창고의 발달은 유목출신 황제들 특유의 통치행위의 반영으로 보아야 한다.

이런 흐름에서 보면 북위 헌문제-당중기까지 황제·황태자의 덕목으로 '인'이 강조되었던 이유가 명백해진다. 따라서 황제 혹은 황태자의 덕목으로 '인'이 강조된 것이 후한말-서진시대의 '인효선후론'에서 발원되었다고 보는 것은 합리적인 해석이 아니다. 후한-서진 등 한족왕조에서 제기된 '인'의 덕목이 하필 유목민족이 건립한 북위 헌문제시기, 특히 친정 등 황제의 직접적인 군사행위가 형해화되는 이 시기에 와서 비로소 현실적 정책으로 채용되는가에 대한 적절한 대답을 얻을 수 없고, 특히 위진(서진·동진)·남조 정권의

---

55 北齊時代 麻調制에서 正租인 懇租 외에 매년 五斗의 義租를 納入할 의무를 부과했고 그것으로 水旱災
     에 대비함과 동시에 각 州郡에 富人倉을 설치했다(『通典』 卷12 食貨 輕重, p.289, 「北齊河清中, 令諸州
     郡, 皆別置富人倉. 初立之日, 準所領中下戶口數, 得一年之糧, 逐當州穀價賤時, 斟量割當年義租充入
     (齊制, 歲每入出墾租二石, 義租五斗. 墾租送臺, 義租納郡, 以備水旱), 穀貴, 下價糶之. 賤則還用所糶
     之物, 依價糴貯)].
56 渡邊信一郎, 「'仁孝'-あるいは二一七世紀中國における─イデオロギ─形態と國家─」, pp.284-285.

황제에게는 왜 반영되지 않았는지 이해하기 어렵기 때문이다. 앞서 서술했듯이 '인'이란 '관용'의 별명이다. 관용은 '포용'과 유사어이다. 관용은 기존의 부속민에 대한 것이라면, 포용은 이질적인 사람들의 유인을 위한 적극적인 통치력의 발휘 행위이다. 대당제국 황제의 통치력은 이 관용과 포용력에 기반을 둔 것이었다.

필자는 이상과 같은 인, 즉 관용과 포용이라는 황제의 덕목이 왜곡·변질되기 시작한 시점에 주의할 필요가 있다고 본다. 이것은 대당제국 변질의 파동 시점과 묘하게 맞닿아 있다. 예컨대 의창제를 보자. 의창의 비축미[義倉米]는 당대에는 지세(地稅)로 불려졌는데[57] 그 지세는 사회 전계층에 대해 그 토지 소유의 다과 빈부의 차에 따라 부과되는 것이었다. 본원적으로 사회 모든 구성원에 의해 스스로 재생산을 보장할 목적으로 하는 공동의 갹출이라는 의미를 가진다. 그런데 수나라 양제시기에 의창미가 국가재정으로 전용되었다. 또 당대에서도 의창제가 본래 기능을 하였던 것은 고종·측천무후기 수십 년 간뿐이었고, 중종 이후 그 비축은 국가재정으로 전용됨으로써 의창에 쓰일 비용은 모두 소진되었다.[58] 현종기에는 의창미가 3년에 1번 중앙에 납입하는 것이 거의 관습화되었다.[59] 덕종 건중(建中) 원년(780) 양세법이 시행되자 지세는 국가의 정세(正稅)로 전환한다. 이것은 오호십육국−북조 이후 개별적·국지적 시혜행위인 '인'의 실천이념이 최종적으로 소멸되었다는 것을 의미한다. 그 사람됨이 '인효'해서 황제가 되었던 최후의 사례는 바로 문종이었기 때문이다.

57　濱口重國, 「唐の地稅について」, 『秦漢隋唐史の硏究』下, 東京: 東京大學出版會, 1966.

58　『通典』卷12 卷12 食貨 輕重, pp.290−291, 「故隋開皇立制, 天下之人, 節級輸粟, 名爲社倉. 終於文皇, 得無饑饉. 及大業中, 國用不足, 並取社倉, 以充官費. …高宗·武太后數十年間, 義倉不許雜用, 其後公私窘迫, 貸義倉支用. 自中宗神龍之後, 天下義倉, 費用向盡.」

59　『舊唐書』卷49 食貨志下 倉庫, p.2124, 「(開元)四年五月二十一日, 詔: "諸州縣義倉, 本備飢年賑給. 近年已來, 每三年一度, 以百姓義倉糙米, 遠赴京納, 仍勒百姓私出脚錢. 自今已後, 更不得義倉變造."」

또한 중국의 대표적인 치세로서 흔히 드는 것이 ① 문경지치(文景之治), ② 정관지치(貞觀之治), ③ 개원지치(開元之治) 등인데, 문경지치가 전한시대라면 정관지치는 당태종이고, 그리고 개원지지는 당현종의 치세다. 즉 중국의 대표적인 성세 세 개 중에 두 개가 당대에 해당된다. 사실 '치세'라고 말할 수 있는 정도인가는 몰라도 적어도 황제나 신하의 행동에 대한 반성과 경계심을 가장 심각하게 논의한 시대가 당대라는 점은 부정할 수가 없을 것이다. 당대에 들어 명군상(名君像)이란 어떤 것인가가 구체적으로 그리고 부쩍 자주 거론되고 있었다. 『정관정요(貞觀政要)』를 비롯하여 태종이 찬술한 『제범(帝範)』, 『계황속(戒皇屬)』, 『공신당계훈자제(功臣當戒勛子弟)』 그리고 『신계(臣誡)』 등 책의 출현은 이 시대가 황제의 일상행위 자체에 얼마나 신경을 썼는지를 보여주는 표증이라 생각된다.

3. 환관의 전횡과 그 근원

당대 환관은 중국 역사상 독특한 위치를 점하고 있는 존재다. 주지하듯이 당대 중·후반기의 가장 두드러진 정치세력은 바로 환관과 번진세력이었다. 이들 두 세력이 연합하거나 대립하기도 하였지만,[60] 종국적으로는 대당제국의 황실뿐만 아니라 대당제국 자체를 약화시켰던 두 주체다. 독자적인 토지와 인민, 그리고 병력을 가진[61] 번진이 왜 출현하게 되었느냐는 여기서 깊게 다룰 문제는 아니지만, 우선 번진의 출현이 이민족을 방어하는 변경지대부터 생기기 시작했다는 점과 번진의 인력구조와 그 운용이 다분히 호족적이

---

60 宦官과 藩鎭은 모두 安史의 亂 후에 극성하여 정치적 적폐가 되어 당을 멸망으로 이끌고 간 두 세력인데, 표면상으로 보면 당조는 宦官을 신뢰하고 藩鎭을 기피한 것처럼 보이지만, 실제로 盧龍·成德·魏博·淄青 등 안사의 난의 잔여세력을 제외하고는 대다수 藩鎭이 宦官과 밀접한 협조관계에 있었다(傅樂成, 「唐代宦官與藩鎭的關係」, 『漢唐史論集』, p.191).

61 『新唐書』 卷50 兵志, p.1328, 「旣有其土地, 又有其人民, 又有其甲兵, 又有其財賦. 以布列天下旣有其土地. 然則方鎭不得不彊, 京師不得不弱, 故曰措置之勢使然者, 以此也.」

라는 점은 유의할 필요가 있다. 절도사의 신변을 경호하는 가산적(傭兵) 용병인 가병(家兵)은 집단적인 가자(假子)형태로 주종관계를 맺은 절도사와 일체화된 무력집단이었다.[62] 또 입군(立君)·폐군(廢君)·시군(弑君)을 마음대로 하는[63] 당대 환관의 발호도 그 근원을 따져보아야 할 것이다.

이 가운데 당대는 후한(後漢)·명대(明代)와 함께 환관이 가장 발호했던 시대의 하나였다. 후한과 명에서 환관의 폐해가 심하긴 했지만 그때에는 군주의 권세를 훔쳐서 천하에 잔악한 행위를 거리낌 없이 했을 뿐이었다. 그러나 당나라에서는 환관의 권세가 군주보다 위에 있어서 군주를 세우거나 폐위하거나 시해하는 것을 장난치듯이 하였으니 고래로 이와 같은 변고를 겪어 본 적이 없었다. 그 배경에는 조익이 지적한 대로 금병(禁兵), 즉 궁성과 황성을 보위하는 군대를 환관에게 맡긴 구조적 문제가 복재되어 있기 때문이었다.[64] 군대뿐만 아니라 모든 조칙과 어명을 받들어 왕명을 출납하는 일 모두가 환관에게 맡겨졌다.[65] 그러면 금병을 환관에게 맡기게 된 것은 어떠한 경위에서인가? 변란 중 급박한 상황에서도 금군이 제대로 소집되지 않자 덕종은 장안으로 돌아온 이후 무신에게 금병을 맡기지 않고 신책(神策) 등의 부대 조직으로 호군중위(護軍中尉) 등 관직을 두고 환관에게 이를 주관하도록 하였

---

62 이들 家兵은 反側之地에 많아서 1萬人이나 되는 수많은 家兵을 거느리고 있었지만, 일반적으로 酋帥들이 많은 가병을 거느린다.(『舊唐書』 卷185下 良吏傳下 呂諲, p.4824 "(陳)希昻, 衡州酋帥, 家兵千人在部下, 自為藩衛.")

63 『舊唐書』 卷184 宦官傳, p.4754, 「自貞元之後, 威權日熾, 蘭錡將臣, 率皆子蓄, 藩方戎帥, 必以賄成, 萬機之與奪任情, 九重之廢立由己. 元和之季, 毒被乘輿, 長慶續隆, 徒鬱枕干之憤: 臨軒暇逸, 旋忘塗地之冤.」

64 『廿二史箚記』 卷20 「唐代宦官之禍」, pp.424-427, 「東漢及前明宦官之禍烈矣, 然猶竊主權以肆虐天下, 至唐則宦官之權反在人主之上, 立君·弑君·廢君, 有同兒戲, 實古來未有之變也. 推原禍始, 總由於使之掌禁兵, … 而抑知其實由于假之以權, 掌禁兵, 筦樞要, 遂致積重難返, 以至此極也哉.」

65 『廿二史箚記』 卷20 「唐代宦官之禍」, pp.424-425, 「其後又有機密之職, 凡承受詔旨, 出納王命, 多委之, 於是機務之重又爲所參預.」

다. 이로써 금군이 환관의 소관으로 들어가게 되었다.[66] 병권과 기무라는 국가의 가장 중요한 두 가지 권력을 환관이 장악하니, 곧 바로 환관세상이 된 것이다.

이처럼 주요 2대 권력을 장악한 당대의 환관은 황위 계승에 개입할 뿐만 아니라 군사 기밀 등에 관여하여 여타 시대와는 다른 강력함과 넓은 활동범위를 보이게 되었다. '문생천자(門生天子)'라는 별명처럼[67] 황제는 환관의 '학생'이 되어 그 가르침을 받고 그들의 시험을 통해 황제로 선발되는 위치로까지 전락하고 말았다. 목종 이래로 8명의 황제 가운데 환관에 의해서 옹립된 황제가 일곱이었다.[68] 이러한 일은 어떻게 일어난 것일까?

필자는 유목출신의 황제에게서 보이는 현상 중에 하나가 소위 '만기친람'의 '총괄적인 친정제제'라고 앞에서 주장하였다. 한 군주가 만기를 총람하는 것은 중국 황제지배체제의 특징이지만 총괄적 친정체제를 지향하는 유목형 군주의 행위는 일반 농경출신 군주의 행위와는 다른 특징을 보이는 것도 사실이다.

잘 알다시피 당대는 행정 제도가 매우 잘 정비된 왕조다. 조밀한 법과 제도에 의해 치밀하게 제국이 운용되는 것처럼 보인다. 그런데 전근대시대를

---

66 『舊唐書』卷13 德宗紀下 貞元12年(796)6月乙丑條, pp.383-384, 「初置左右護軍中尉監 · 中護軍監, 以 授宦官. 以左右神策軍使竇文場 · 霍僊鳴爲左右神策護軍中尉監, 以左右神威軍使張尚進 · 焦希望爲左 右神威中護軍監」; 『舊唐書』卷44 職官志3 武官, pp.1904-1905, 「左右神策軍(及永泰元年, 吐蕃犯京畿, 朝恩以神策兵屯于苑中. 自是, 神策軍恆以中官爲帥. 建中末, 盜發京師, 竇文場以神策軍扈蹕山南. 及 還京師, 賞勞無比, 貞元中, 特置神策軍護軍中尉. 以中官爲之, 時號兩軍中尉. 貞元已後, 中尉之權傾 於天下, 人主廢立, 皆出其可否. 事見宦者傳也.)」
67 『舊唐書』卷184 宦官傳 楊復恭, p.4775, 「李茂貞收興元, 進復恭前後與守亮私書六十紙, 內訴致仕之由 云: "承天是隋家舊業, 大姪但積粟訓兵, 不要進奉. 吾於荊榛中援立壽王, 有如此負心門生天子, 旣得尊 位, 乃廢定策國老." 其不遜如是.」
68 『新唐書』卷9 僖宗紀, p.281, 「贊曰: "唐自穆宗以來八世, 而爲宦官所立者七君. 然則唐之衰亡, 豈止方 鎭之患? 蓋朝廷天下之本也, 人君者朝廷之本也, 始卽位者人君之本也. 其本始不正, 欲以正天下, 其可 得乎?"」

살펴보면 황제의 개성이 그 시대 전개의 특징을 결정짓는 일이 다반사였다. 아무리 황제의 작위나 전횡을 제어[制肘]하는 신하나 법률·제도가 있다 해도 그 통어에는 분명한 한계가 있기 마련이다. 황제(왕)의 유형이 농경형과 유목형으로 크게 구별될 수 있다면, 당대의 황제는 옅어지기는 했지만 유목형에 더 가깝다. 따라서 법과 제도의 치밀함은 주로 외조(外朝)의 정비에 해당되었다. 또 그 치밀함이 황제에게 홀시되거나 거부되어 이용되지 않는다면 그 제도는 아무런 작용도 하지 못한다.

오호십육국-북조-수당으로 이어지는 계열의 왕조에서 보이는 현상은 외조가 황제의 행동을 견제할 기제로서의 그 기능에 문제가 있다는 점이다. 당태종이 '용인납간(用人納諫)'으로 인재를 고루 쓴 것은 태종 개인의 능력이요, 취향이었다. 현종이 '선명후혼(先明後昏)'으로 "개원의 치"와 그 반대인 '천보시기의 혼란'을 열었던 것은 법과 제도에 문제가 있었던 것이 아니라 현종 자신의 행동상 변모 때문인 것을 여실히 보여준다. 앞서도 거론했지만 외조가 아무리 정비되어도 현종이 안록산에게 3개의 절도사직[平盧·范陽·河東]을 제수하는 데도 신하가 저지할 방법이 없었던 것은 당 체제의 맹점이다. 그나마 황제의 행동을 제약할 수 있는 것은 황제를 둘러싼 내조의 무리들이었다. 그런 점에서 내조에 대한 약간의 검토가 필요하다.

당대 환관의 전횡은 잘 알려져 있는 바이지만,[69] 그 원인에 대해서는 아직 더 많은 연구가 요구된다. 종래의 연구를 보면 당대 환관의 전횡에 대한 사실과 현상, 그리고 군권과 기밀의 장악을 거론하였을 뿐, 그런 장악에 이르게 된 원인에 대해서는 천착하지 않는 측면이 있다. 당대 환관 문제와 관련하여 필자는 북위시대 이래 호족계열 왕조의 환관과 황제의 측근집단인 근

---

69 「廿二史箚記」卷20「唐代宦官之禍」, pp.424-427.

시관(近侍官)의 존재에 대해 관심을 가져야 한다고 믿는다.[70] 먼저 환관인데 남조에서는 궁중 여성의 문제와 환관의 문제가 발생하지 않았던 반면, 북조에서는 이 문제가 심각하였다. 잘 알다시피 큰 것만 해도 태무제시기의 환관 종애(宗愛)사건과 효명제시기의 환관 유등(劉騰)사건이 있었다. 환관은 페르시아제국, 인도 그리고 회교국가에서도 존재하였기 때문에 중국에만 있는 것은 아니다.[71] 그리고 탁발씨의 대국시기에는 환관이 존재하지 않았기 때문에 선비의 구제(舊制)도 아니었고 환관은 고대이래로 있어 온 중국적인 제도다. 그러나 북위시대 중시중(中侍中)제도가 설치된 이후[72] 동위·북제·수왕조에서 이와 같은 환관계통의 직관이 계승되었고, 특히 북제에서는 '중시중성(中侍中省)'이 설치된 후 수대에는 '내시성(內侍省)'으로 발전되었던 것이다. 아울러 북조의 환관 지위 및 내관(內官)제도가 수당제국에 준 영향은 홀시할 수 없다.[73] 북위 역사에서 뚜렷한 여성 권력자였던 문명태후와 영호태후 두 사람의 경우, 중국 전통사고에서 보면 그녀들이 일으킨 정치행위는 '여화(女禍)'이며, 그녀들이 자행한 소위 '여화'도 모두 환관과 연관되어 일어난 행위였다면[74] 당대의 상황과 흡사하다고 아니 할 수 없는 것이다. 따라서 북위 이래 수당대까지의 환관의 전횡은 선비족의 구제는 아니었지만 여권의 신장, 그리고 황제의 만기친람 정치라는 정치현실에서 비로소 나타난 것임을 쉽게

---

70 徐成은 北朝에서 隋唐까지의 鮮卑舊習의 殘存을 특색으로 하는 內侍, 즉 宦官制度의 系統性을 강조하고 있다(「北朝隋唐內侍制度研究: 以觀念與職能爲中心」, 上海師範大學 人文與傳播學院 博士學位論文, 2012).
71 鄭欽仁, 「北魏中侍中稿 −兼論宗愛事件−」, 『北魏官僚機構研究續篇』, 臺北: 稻禾出版社, 1995, p.171.
72 秦代에 설치된 '侍中'은 궁중을 내왕하는 원래 中朝官이었다. 그러나 관제의 발달로 外官이 되고 晉代에 이르러 門下省으로 설립된다. 北魏 전기에서도 門下省에 侍中이 있었는데, 孝文帝 태화 17년 職品令에서는 '中侍中'이 나타나고 이직을 맡는 자는 閹官(宦官)이었다(鄭欽仁, 「北魏中侍中稿 −兼論劉騰事件−」,p.160).
73 鄭欽仁, 「北魏中侍中稿 −兼論劉騰事件−」, p.151.
74 鄭欽仁, 「北魏中侍中稿 −兼論劉騰事件−」, p.151.

짐작할 수가 있다.

북위의 근시관 가운데 금중(禁中)에서 숙직하면서 좌우에서 복무하는 중산관(中散官)이 있다. 기밀에 참여하거나 비각도서(秘閣圖書)를 담당할 뿐만 아니라, 각종 전문기예, 예컨대 의술(醫術), 복서(卜筮), 천문술수 등 각종 특수기능으로 등용된 자들로서 채워진 이 중산관은 대체로 정원이 없었다. 이것은 문직(文職)인데도 황제가 출정할 때에는 무인으로 종정(從征)하거나 황제의 식사·의복 및 금중의 경호를 담당함과 동시에 지방 순행에 호종(扈從)한다.[75] 이런 관직은 한·위·진 및 남조에서는 없는 것으로[76] 북위전기-중기에 출현한 독특한 관제였다. 즉 북위의 근시관은 그 형태상 한족왕조의 내조(內朝), 특히 한대의 낭관(郎官)과 유사하지만,[77] 그 출자나 기능면에서는 구별된다.[78] 즉 선비 전통에 기반을 둔 비한족적 정치조직이라는 독특한 제도였던 것이다. 북위 효문제의 한화개혁 이전에는 호족의 관계 진출은 한족에 비해 뚜렷하였다. 황제의 좌우에 시립(侍立)하는 것만으로 왕공에 오르고, 반면 한족은 기껏해야 "낭(郎)에 오르는 데 불과하였다"는 지적을 보면[79] 호족들이 한족에 비해 상대적으로 관료계에서 얼마나 우대받고 있었는가를 짐작할 수 있다. 당시 근시관이 우대되었던 원인으로는 무엇보다 새외(塞外)

---

75 禁中을 宿直하고 북위 황제의 심복으로 다양한 역할을 하는 이런 胡制 관직을 '中散'이라 하였다(鄭欽仁, 『北魏官僚機構研究』, 臺北: 牧童出版社, 1976, pp.169-211): 북위시대에는 수많은 中散大夫와 같은 '□□中散' 혹은 侍御中散과 中散□□ 형식의 관직이 있다. 이들 中散官은 漢代의 郎官과 비교하기도 하지만 그 수나 역할에 있어서 그 정도로 제한된 관직이 아니었다.

76 鄭欽仁, 『北魏官僚機構研究』, p.213.

77 曾資生, 『中國政治制度史』 第2冊, 重慶: 南方印書館, pp.296-299.

78 北魏의 近侍官의 특징은 그 出自가 部落聯合에 참여한 부족장의 子弟라는 점이고, 제 부족의 離反 방지를 위한 人質로서 시작되었지만, 북위 건국 후 국가기관의 중추로서 역할을 하게 된다는 점이다.

79 『魏書』 卷48 高允傳, pp.1075-1076, 「高宗省而謂群臣曰: "…汝等在左右, 曾不聞一正言, 但伺朕喜時求官乞職. 汝等把弓刀侍朕左右, 徒立勞耳, 皆至公王. 此人把筆匡我國家, 不過作郎. 汝等不自愧乎?" 於是拜允中書令, 著作如故.」

유목생활에서 정비된 관료조직을 갖추지 않았던 전통에다,[80] 입새(入塞) 이후 중원왕조를 세웠지만, 당시 황제가 선비어와 한어라는 이중 언어 환경 속에 처해 있어 '구조(口詔)'를 담당할 역관(譯官)이 필요하고, 또 중요했기 때문이다. 이런 관직은 선비뿐만 아니라 흉노에도 있었다. 흉노 선우의 뜻을 받아 '불온분자'를 조사·감시하는 일종의 내부관료인 골도후(骨都侯)가[81] 그것에 해당된다.[82] 아울러 민족적으로 복합적인 왕조의 설관분직(設官分職) 과정에서 흔히 보이는 특징이 바로 한인과 호인의 병치·병용 방식을 채용하는 것임은[83] 주지의 사실이다. 이는 북위뿐만 아니라 청대에서도 봉사(奉使)·기밀(機密) 담당직의 경우 만한병용제(滿漢竝用制)를 채용한 것과 같은 것이다. 청대의 군기처(軍機處) 혹은 이번원(理藩院)이 그러한 예이다. 이와 같은 민족적인 복합왕조에서는 자연스럽게 최측근의 관료가 다수 필요하고, 또 중요한 역할을 할 가능성이 클 수밖에 없다.

또한 이런 근시관의 중시는 유목민 출신이 세운 왕조에서 일반적으로 보이는 현상이다. 북위 황제의 측근집단인 근시관은 몽골의 케식(怯薛)처럼 시위(侍衛)·숙위(宿衛)뿐만 아니라 황제 개인의 일상사와 행정 연락, 감시 등의 임무를 맡았다. 그런 면에서 당대 환관이 중시된 배경에는 후한시대나 명대와 다른 측면이 있는 것이다. 그런 면에서 북위시대의 환관도 그 직능이

---

80 서북방 유목세력을 대표하는 匈奴의 경우도 과연 國家인가라는 논의가 있을 정도로 權力集中이나 統治·行政을 위한 機構가 인정되지 않고 있다. 이 논의에 대해서는 加藤謙一, 『匈奴"帝國"』, 東京: 第一書房, 1998, pp.178–179를 참조할 것.
81 『後漢書』 卷89 匈奴傳, p.2942, 「遂內懷猜懼, 庭會稀闊, 單于疑之, 乃遣兩骨都侯監領比所部兵.」
82 護雅夫는 骨都侯에 대해 單于位의 繼承을 둘러싸고 家系 사이에 분쟁이 일어났을 때 선우는 대립하는 타가계의 分地에 姻戚氏族출신 자를 骨都侯라는 칭호를 주어 파견하여 그들의 움직임을 監視시켰으며, 骨都侯는 선우에 직속하는 官僚로서 "선우의 靈威(kut)를 分與받은 諸侯였다"고 본다(護雅夫·神田信夫 編, 『北アジア史』, 東京: 山川出版社, 1981, p.50).
83 『南齊書』 卷47 王融傳, pp.818–819, 「虜使遣求書, 朝議欲不與. 融上疏曰: "…又虜前後奉使, 不專漢人, 必介以匈奴, 備諸覘獲. 且設官分職, 彌見其情, 抑退舊苗, 扶任種戚."」

나 역할 면에서 근시관과 유사하다. 북위시대에도 태무제 사망 후 혼란기에 환관 종애가 행정부와 금위군을 모두 장악하고 난을 일으킬 수 있었던 것처럼[84] 오호십육국 이후 당대까지 이런 환관 발호의 가능성이 상존하고 있었다. 환관이 아니라 하더라도 황제를 지근의 거리에서 모시는 근시관은 북위 특유의 권력집단이요, 또 대량의 숫자를 확보한 막강한 관료집단이었다. 중국 역대왕조에서 한인관료는 문서행정을 담당하여 권력의 중심으로 부상했다면, 북위의 근시관은 순행 등의 밀착 수행 덕분에 권력의 중심에 더 가깝게 다가갈 수가 있었다. 당시 일상적인 순행에 따라 다니는 근시관의 수는 대단히 많았음은 문성제 남순비(南巡碑)[85]에서 그 규모를 확인할 수 있다. 그 비에는 당시 수종(隨從)한 관원들의 명단(280여 인의 성명 혹은 관작 등)이 기록되어 있다.[86] 대다수는 각종 장군호와 우진(羽眞)·내아간(內阿干)·내행내소(內行內小)·내행령(內行令)·내삼랑(內三郞) 등의 명칭을 띤 선비계 관직인 '근시관(近侍官)'이었다. 뿐만 아니라 북위 효문제의 조비간문(弔比干文: 495년 완성)에도 효문제의 순행에 수행한 관원 명단이 수록되어 있는데, 황제의 호위와 숙위를 담당하는 '시위(侍衛)'계 관직이 25개, 시중(侍中) 등 고문에 응하는 '시종관(侍從官)'이 19개, 황제의 생활과 관련된 일을 담당하는 '시봉계(侍奉)'계 관직이 15개, 상서(尙書)계통이 16개 등 87개의 관직이 망라되어 있다.[87] 이때

84 『魏書』卷4下 世祖紀 正平2年(452)3月甲寅條, p.106, 「帝崩於永安宮, 時年四十五. 祕不發喪, 中常侍宗愛矯皇后令, 殺東平王翰, 迎南安王余入而立之, 大赦, 改元爲永平.」; 『魏書』卷94 閹官傳 宗愛, pp.2012-2013, 「魏氏則宗愛殺帝害王, 劉騰廢后戮相, 其間竊官爵, 盜財賄, 乘勢使氣爲朝野之患者, 何可勝擧. 今謹錄其尤顯焉. 宗愛, …以罪爲閹人, 歷碎職至中常侍. 正平元年正月, 世祖大會於江上, 班賞群臣, 以愛爲秦郡公. …愛旣立余, 位居元輔, 錄三省, 兼總戎禁, 坐召公卿, 權恣日甚, 內外憚之. 群情咸以爲愛必有趙高·閻樂之禍, 余疑之, 遂謀奪其權. 愛憤怒, 使小黃門賈周等夜殺余, 事在余傳.」
85 461년 文成帝가 河北으로 巡幸하는 도중, 山西 靈丘에 세운 비를 '南巡御射碑'라고도 한다(靈丘縣文管所, 「山西靈丘縣發現北魏"南巡御射碑"」, 『考古』1989-3).
86 山西省考古研究所 靈丘縣文物局, 「山西靈丘北魏文成帝《南巡碑》」, 『文物』1997-12, pp.72-78.
87 (淸)王昶 撰, 『金石萃編』(『石刻史料新編』一般類 第1輯(臺北: 新文豐出版, 1977) 所收) 卷27 「孝文弔比干墓文」, pp.477-485.

수종한 신하[隨臣]의 성을 보면 복성(復姓)자가 200여 인(雙字復姓이 51家, 三字復姓이 9家였다)이었다는 것은[88] 대부분이 호족이었다는 것을 말해준다. 다시 말하면 순행을 일상사로 하는 유목계 황제들에게 이런 형태의 근시관이 대량 필요하였으며, 황제가 그 정치행위를 수행함에 있어 그들에게 크게 의존하고 있음을 알 수가 있다.[89]

당대에 들어서도 이들 근시관이 군직을 담당하는 경우가 보인다. 당태종 이세민과 제왕(齊王: 李元吉)의 친사부(親事府)·장내부(帳內府) 등에도 이런 근시관이 배치되어 있었다.[90] 잘 알다시피 당 장안성의 군대는 위병인 남아(南衙)와 금군인 북아(北衙)로 구성되어 있는데, 토번의 침략을 계기로 공식적으로 금군인 북아군이 성립됨과 동시에, 환관의 손에 장악되었다.[91] 그런데 사실 환관이 발호하기 시작한 현종시기부터 금군은 환관에게 점차 귀속되어갔다. 그에 따라 황제의 권력행사 중 가장 중요한 보루인 군대와 기밀이 모두 환관에게 이관되었던 것이다. 다시 말하면 북조시대의 근시관의 권한과 역할을 당대에는 바로 환관이 대신하게 된 것이다. 또, 경성(京城)의 군민(軍民)들이 무기를 일체 사장(私藏)할 수 없고, 모든 무기는 모두 환관이 맡는 직책인 군기사(軍器使)가 관장하는 궁전고(弓箭庫)·좌장고(左藏庫)에 반드시 맡겨야 했다.[92] 군기사는 곧 환관이 겸임하니 도성의 무기 통제권이

---

88 山西省考古研究所 靈丘縣文物局, 「山西靈丘北魏文成帝《南巡碑》」, p.79.

89 이것에 대해서는 최진열, 『북위황제 순행과 호한사회』, 제2장 「순행과 수행관원」에 상세하다.

90 池田溫, 「唐初處遇外族官制略考」, 『隋唐帝國と東アジア世界』, 東京: 汲古書院, 1979, p.271.

91 『新唐書』 卷50 兵志 天子禁軍, pp.1330–1332, 「夫所謂天子禁軍者, 南·北衙兵也. 南衙, 諸并兵是也; 北衙者, 禁軍也. …(代宗)廣德元年, 代宗避吐蕃幸陝, (魚)朝恩擧在陝兵與神策軍迎扈, 悉號'神策軍'. 天子幸其營. 及京師平, 朝恩遂以軍歸禁中, 自將之, 然尚未與北軍齒也. 永泰元年, 吐蕃復入寇, (魚)朝恩又以神策軍屯苑中, 自是寖盛, 分爲左·右廂, 勢居北軍右, 遂爲天子禁軍, 非它軍比.」

92 『唐會要』 卷72 軍雜錄, pp.1540–1541, 「貞元元年六月詔: "槍甲之屬, 不蓄私家." 四年三月, 自武德門築垣, 若左藏庫之北屬於宮城東城垣, 於是武庫入而廢焉, 其機械隷於軍器使. …大中六年九月勅": 京兆府奏, 條流坊市諸車坊·客院, 不許置弓箭長刀, 如先有者, 並勒納官. 百姓所納到弓箭長刀等, 府縣不合收貯, 宜令旋納弓箭庫, 仍委司府切加覺察, 所守等不得輒有藏隱."」

환관의 손에 들어가고, 다시 남아(南衙)의 여러 군도 이제 북아 신책군을 대항할 힘을 갖지 못하게 되었다. 아울러 지방의 군대 감독[監軍]까지 맡게 되니 환관의 발호는 불 보듯 뻔한 일이 되어 버렸다.[93] 당대의 환관들이 후한이나 명대의 환관과 다른 특징은 그 근원이 북조의 근시관에서 유래한 것이었기 때문이다.

당대 환관 출신지는 복건 광동 출신이 많았다. 특히 복건을 "환관을 배출하는 곳[中官區藪]"이라고 불렀다.[94] 환관이 군권을 장악한 경위를 살펴보면 그 시작은 위후(韋后)가 중종(中宗)을 독살하고 나서 환관에게 군권을 준 이후부터였다.[95] 이후 현종시기 환관들이 특히 중용되었는데[96] 환관 양사욱(楊思勖)에게 병을 이끌고 만이를 정토할 것을 여러 차례 명한 바 있다.[97] 이것들은 임시적인 조치여서 장기적인 병권 장악이 제도화된 것은 아니었다. 안사의 난 후 이보국(李輔國)이 금병을 오로지 맡게 됨에 따라 환부(宦府)가 병권을 장악하는 것이 개시되었다.[98] 이후 금병을 총괄한 정원진(程元振)이 천하에 권력을 떨치게 되었다.[99] 특히 대종(代宗)시기 토번의 침략을 계기로 어조은(魚朝

---

93 「廿二史箚記」 卷20 「中官出使及監軍之弊」, pp.427~429.

94 「新唐書」 卷207 宦者傳上 吐突承璀, p.5870, 「是時, 諸道歲進閻兒, 號'私白', 閩·嶺最多, 後皆任事, 當時謂閩爲中官區藪.」

95 「舊唐書」 卷151 后妃傳上 中宗韋庶人, p.2174, 「(神龍四年)六月, 帝遇毒暴崩. …后懼, 秘不發喪, 引所親入禁中, 謀自安之策. …又命左金吾大將軍趙承恩及宦者左監門衛大將軍薛崇簡帥兵五百人往均州, 以備譙王重福.」

96 「舊唐書」 卷184 宦官傳, p.4754, 「玄宗在位旣久, 崇重宮禁, 中官稍稱旨者, 卽授三品左右監門將軍, 得門施棨戟.」

97 「舊唐書」 卷8 玄宗紀 開元10年(722)秋8月丙戌條, pp.183~184, 「嶺南按察使裵伷先上言安南賊帥梅叔鸞等攻圍州縣, 遣驃騎將軍兼內侍楊思勖討之.」; 開元12年(724)冬11月庚辰條, p.187, 「五溪首領覃行璋反, 遣鎮軍大將軍兼內侍楊思勖討平之.」; 開元14年(726)2月庚戌朔條, p.189, 「邕州獠首領梁大海·周光等據賓·橫等州叛, 遣驃騎大將軍兼內侍楊思勖討之.」; 開元16年(728)春正月庚子條, p.192, 「春·瀧等州獠首領瀧州刺史陳行範·廣州首領馮仁智·何遊魯叛, 遣驃騎大將軍楊思勖討之.」

98 「舊唐書」 卷184 宦官傳 李輔國, pp.4759~4760, 「肅宗還京, 拜殿中監, 閑廐·五坊·宮苑·營田·栽接·總監等使. …輔國判元帥行軍司馬, 專掌禁兵. …(至德)二年八月, 拜兵部尙書, 餘官如故.」

99 「新唐書」 卷207 宦者傳上 程元振, p.5861, 「與李輔國助討難, 立太子, 是爲代宗. 拜右監門衛將軍, 知內侍省事. 帝以藥子昂判元帥行軍司馬, 固辭, 乃以命元振, 封保定縣侯, 再遷驃騎大將軍·邠國公, 盡總

恩)이 지방군이었던 신책군(神策軍)을 천자의 금군으로 변화시킴에 따라**100** 타군은 점차 쇠퇴하게 되었다. 이 군권이 환관에게 귀속된 것은 당시의 정국 혼란 때문이지만, 그것은 이미 예정된 수순일 뿐이었다. 어쩌면 대당제국의 멸망은 그들이 일으킨 유목적인 전통이 가져온 것이라고 볼 수도 있다.

III. 황후 · 황태자 · 황태자비의 문제

1. 황후 권한의 원천과 황후

1) '여인천하'와 그 배경

중국왕조에서 황제가 있으면 황후가 있는 것은 당연하다. 천과 지, 양과 음처럼 황제와 황후는 두 가지 근본(二儀: 兩儀)이다. 남성이 황제가 되고 여성이 황후가 되는 것은 불변의 원칙이었다. 황후를 중심으로 비빈제도가 규정되어 있었다.**101** 그런데 당대에 중국 역사상 특이한 현상이 발생하였으니 유일무이한 여황제의 출현이었다. 중국 역사상 황후, 모후, 혹은 황태후 등의 지위를 이용하여 '임조칭제' 혹은 황제의 옹립 · 폐립을 단행한 여성 권력자는 더러 있었지만 황제에 오른 여성은 측천무후 한 사람뿐이었다. 측천무후는 대당제국을 중절시키고 주(周)왕조를 창건한 여황제다. 아니 이씨의 왕조를 없애고 무씨 왕조를 세운 '창업자'이기도 한 것이다. 동시대의 신라나 일본에서 여왕 · 여제가 출현한 것은 왕족의 순수성 유지라는 측면이 많이

禁兵. 不踰歲, 權震天下, 在輔國右, 凶決又過之, 軍中呼十郎.」

100 『新唐書』 卷50 兵志 天子禁軍, p.1332, 「廣德元年, 代宗避吐蕃幸陜, 朝恩擧在陜兵與神策軍迎扈, 悉號 '神策軍', 天子幸其營, 及京師平, 朝恩遂以軍歸禁中, 自將之, 然尙未與北軍齒也. 永泰元年, 吐蕃復入 寇, 朝恩又以神策軍屯苑中, 自是寖盛, 分爲左 · 右廂, 勢once北軍右, 遂爲天子禁軍, 非它軍比.」

101 『魏書』 卷13 皇后列傳, p.321, 「漢因秦制, 帝之祖母曰太皇太后, 母曰皇太后, 妃曰皇后, 餘則多稱夫人, 隨世增損, 非如周禮有夫人 · 嬪婦 · 御妻之定數焉. 魏晉相因, 時有昇降, 前史言之具矣.」

작용하여 옹립된 듯하지만, 당왕조는 그런 목적이 아니었다. 순수하게 여인 스스로가 지루할 정도로 오래 지속된 정쟁에서 승리를 거두어 최고권좌를 획득한 것이었다. 이러한 일이 어떻게 가능했던 것일까. 측천이 황제가 되기 전에 먼저 황후가 되었다. 그리고 황후에서 황제가 된 것이다. 측천 개인의 능력도 대단한 것은 말할 것도 없다. 그러나 개인적인 능력만으로 황제가 되는 것은 아니다. 따라서 당대의 황후는 어떠하였기에 황제에 오르기까지 했다는 말인가? 그것을 알려면 오호십육국에서 대당제국까지의 황실이 '여인천하'였다는 사실을 먼저 알아야 하고, 여성에게 그런 세상이 열린 배경도 살펴야 실감을 느낄 수가 있다.

당은 여인으로 하여 일어나 여인 때문에 망했다는 청대 학자 조익의 주장이 있다. 그런 면에서 당왕조시대는 여성에 의해 정치가 왜곡되는 '여화(女禍)'시대였다. 당고조가 수왕조의 진양궁(晉陽宮)의 궁녀와 사통한 나머지 어쩔 수 없이 군사를 일으켜[102] 당나라를 건립하는 계기를 마련하였지만, 당왕조는 여색으로 인해 나라가 큰 혼란에 빠졌다가 망한 것이라고 본 것이다. 당 황실 내도 풍기가 문란했다고 전해진다. 태종이 동생 원길(元吉)을 죽이고 그 아내를 첩으로 삼았다. 노강왕(盧江王) 이원(李瑗: 唐高祖의 堂姪)이 반란으로 주살 당하자 그 후궁이 궁으로 들어와 태종을 모셨다. 이것은 선비족의 풍습이 여전히 유행하고 있음을 알 수 있다. 선비의 일파인 당항족(党項族)에서 성행하는, 즉 그 서모·백숙모·형수·자제의 부인을 취하는 근친

---

102 『舊唐書』卷57 裴寂傳, pp.2285-2286, 「大業中, …晉陽宮副監. 高祖留守太原, 與寂有舊, 時加親禮, 每延之宴語, 間以博奕, 至於通宵連日, 情忘厭倦. 時太宗將擧義師而不敢發言, 見寂爲高祖所厚, 乃出私錢數百萬, 陰結龍山令高斌廉與寂博戲, 漸以輸之. 寂得錢旣多, 大喜, 每日從太宗遊. 見其歡甚, 遂以情告之, 寂卽許諾. 寂又以晉陽宮人私侍高祖, 高祖從寂飮, 酒酣, 寂白狀曰: "二郎密續兵馬, 欲擧義旗, 正爲寂以宮人奉公, 恐事發及誅, 急爲此耳. 今天下大亂, 城門之外, 皆是盜賊, 若守小節, 旦夕死亡; 若擧義兵, 必得天位, 衆情已協, 公意如何?" 高祖曰: "我兒誠有此計, 旣已定矣, 可從之."」

상간행위[103]와 매우 유사하다. 또 무후가 당나라 자손을 거의 죽였고,[104] 위후(韋后)는 무삼사(武三思)와 사통하고 안락공주와 함께 중종을 독살했다.[105] 안사의 난을 일으킨 안록산에게 3절도사를 넘긴 것도 양귀비(楊貴妃)의 권유 때문이었다는 것이다.[106]

오호십육국-북조-수당시대 황후문제와 관련되어 나타난 특이한 현상은 다음과 같은 네 가지로 요약할 수가 있다. ① 자귀모사(子貴母死), 즉 황제는 적서(嫡庶)에 관계없이 장자를 황태자로 책봉함과 동시에 그 생모를 죽이는 제도이고, ② 황태자비의 부재현상이고, ③ 한 황제가 복수의 황후[다황후]를 두는 현상이고, ④ 황후를 아예 두지 않는[황후의 부재] 현상이다. 이 네 가지 모두가 한족왕조에서는 정상적인 현상이라고 볼 수 없는 것이듯, 그만큼 당시 궁실의 여성권력이 다른 시대와 달리 특이했음을 보여주는 것이다. 처음의 자귀모사와 두 번째의 황태자비 부재는 북위시대의 것이다. 세 번째는 다황후 제도의 출현은 오호십육국의 일부국가와 북제·북주시대의 현상이고, 네 번째 황후부재는 당대의 현상이다. 시대에 따라 여러 가지 형태로 그 현상이 달리 나타나기는 하였지만 모두가 여성권력의 국정 간여를 어떻게 하면 막아볼 수 있을까 하는 고심의 소산임은 분명하다.

---

103 『舊唐書』 卷198 西戎傳 党項羌, p.5290, 「妻其庶母及伯叔母·嫂·子弟之婦, 淫穢烝藝, 諸夷中最爲甚, 然不婚同姓.」; 『舊唐書』 卷198 西戎傳 吐谷渾, p.5297, 「其婚姻富家厚出聘財, 貧人竊女而去. 父卒, 妻其庶母; 兄亡, 妻其諸嫂.」; 『新唐書』 卷221上 西域傳上 党項, p.6214, 「妻其庶母·伯叔母·兄嫂·子弟婦, 惟不娶同姓. 老而死, 子孫不哭; 少死, 則曰夭枉, 乃悲.」

104 『新唐書』 卷93 李勣傳 附子敬業傳, p.3822, 「時武后旣廢中宗, 又立睿宗, 實亦囚之. 諸武擅命, 唐子孫誅戮, 天下憤之.」

105 『舊唐書』 卷7 中宗紀 景龍4年(710)條, p.150, 「五月, … 丁卯, 前許州司兵參軍燕欽融上書, 言皇后干預國政, 安樂公主·武延秀·宗楚客等同危宗社. 帝怒, 召欽融廷見, 撲殺之. 時安樂公主志欲皇后臨朝稱制, 而求立爲皇太女, 自是與后合謀進鴆. 六月壬午, 帝遇毒, 崩于神龍殿, 年五十五. 祕不發喪, 皇后親總庶政.」

106 『廿二史箚記』 卷19 唐女禍, p.411.

2) 유목 여인과 혼인

유목민족의 일반적 특징은 ① 수초를 따라다니고 성곽을 짓지 않고 항상 된 거처가 없으며,[107] ② '젊은이를 귀하게, 늙은이를 천하게 여기며,'[108] ③ 여성 지위가 보편적으로 높고, ④ 동쪽을 숭상하고(尙東),[109] ⑤ 머리를 늘어 뜨리고 왼쪽 옷깃을 하는 것(被髮左袵)[110] 등 몇 가지로 열거할 수 있다. 그 가운데 유목세계에서 여성권한의 강함에 대해 살펴보면, 거기에는 두 가지 요인이 있다고 생각된다. 첫째 여성의 경제적 생산력이 남성에 떨어지지 않고 오히려 더 높았기 때문이다. 유목세계에서 유목민의 가장 중요한 경제활동은 양을 비롯한 가축의 털 깎기와 가죽 다루기 등인데 이 방면에는 여성이 남성보다 오히려 효율적인 성과를 낼 수 있다. 여권은 그 사회에서 여성이 얼마나 경제적 생산성을 가지느냐에 달려 있는 것이다. 선비적인 풍조에 물든 북조에서는 남조와는 달랐다. 북조 말~수 초의 사회상을 잘 묘사하고 있는 『안씨가훈』을 보면 북조의 경우 남조와는 달리 여성이 가정의 모든 일을 처리함을 보여주고 있다.

"강동[江南: 南朝]의 부녀자들은 바깥사람들과 사귀는 일이 거의 없다. 혼인한 집안끼리도 간혹 십수 년이나 되도록 서로 대면하지 않고 다만 사람들을 시

---

107 『隋書』 卷8 突厥傳, p.1864, 「其俗畜牧爲事, 隨逐水草, 不恒厥處, 穹廬氈帳, 被髮左袵, 食肉飮酪, 身衣裘褐.」

108 『史記』 卷110 匈奴列傳, p.2879, 「壯者食肥美, 老者食其餘. 貴壯健, 賤老弱」; 『後漢書』 卷90 烏桓鮮卑列傳 烏桓, p.2979, 「貴少而賤老. …有勇健能理決鬪訟者, 推爲大人, …」; 『隋書』 卷8 突厥傳, p.1864, 「賤老貴壯」.

109 『後漢書』 卷90 烏桓鮮卑列傳 烏桓, p.2979, 「以穹廬爲舍, 東開向日.」

110 『晉書』 卷101 載記1, p.2643, 「古者帝王乃生奇類, 淳維·伯禹之苗裔, 豈異類哉? 反首衣皮, 餐羶飮湩, 而震驚中域, 其來自遠. …軒帝患其干紀, 所以徂征; 武王竄以荒服, 同乎禽獸. 而於露寒之野, 候月覘風, 覗隙揚埃, 乘間騁暴, 邊城不得緩帶, 百姓靡有室家. 孔子曰: "微管仲, 吾其被髮左袵矣." 此言能敎訓卒伍, 整齊車甲, 邊場旣伏, 境內以安. 然則燕築造陽之郊, 秦塹臨洮之險, 登天山, 絶地脈, 苞玄菟, 款黃河, 所以防夷狄之亂中華, 其備豫如此.」

켜 소식을 전하거나 선물을 보내 정중하고 정성스런 마음을 표할 뿐이다. 업하[鄴下: 北齊]의 풍속은 전적으로 부녀자가 가정을 유지한다. 이들은 소송을 제기하여 시비를 다투고 권력자에게 청탁하거나 인사하러 가느라 그들이 탄 수레가 길을 메우고 비단옷을 치장한 부녀자들이 관청에 북적된다. 자식을 대신하여 관직을 구하고 남편을 위하여 진정기도 한다. 이러한 것은 바로 항대[恒州와 代州=平城근방, 즉 代國시대]의 유풍이리라."[111]

이처럼 오호십육국-북조에서의 여성개방의 풍조는 강남과는 대조적이었고, 이런 풍조는 유목민족 여성의 관습적인 활동이기도 하였다.

둘째, 부족체제 하 부족 사이의 혼인에서 여인은 연합의 매개체였다. 유목민족에서 여권(특히 황후·외척)은 그 자신에게서 나오는 것이 아니라 출신 부락의 세력 차에서 나온다. 그 다음이 여성 당사자의 능력이다. 건조초원 지대에서 활동할 당시에는 혼인한 여성은 부락 간의 연맹에서 교환하는 질자(質子)와 같다. 질자와 같다고 해서 그녀들이 활동할 여지가 없는 것이 아니라, 오히려 친정세력을 배경으로 시댁에서 권력을 휘둘렀다. 예컨대 북위 초기를 보면 독립적인 부락을 통솔하는 대인(大人)이나 황가를 둘러싼 제실십성(帝室十姓), 공훈팔성(功勳八姓) 등 선비귀족들이 빈번하게 왕권에 도전했다. 그러기 때문에 든든한 후원세력을 배후자인 황후세력에게 찾는 것이 제일 쉽고, 또 확실한 방법일 수밖에 없는 것이다. 유목민 특유의 강력한 황후권력이 등장할 수 있는 배경이 여기에 있다. 황후권력 행사의 실제는 「서기」시대를 보면 쉽게 찾을 수 있다. 환제(桓帝)의 후(后)가 '태후임조(太

---

111 (北齊)顔之推 撰, 『顔氏家訓』(北京: 中華書局, 2007) 卷1 治家, p.38, 「江東婦女略無交遊, 其婚姻家, 或十數年間, 未相識者, 惟以信命贈遺, 致殷勤焉. 鄴下風俗, 專以婦持門戶, 爭訟曲直, 造請逢迎, 東乘塡街衢, 綺羅盈府寺, 代子求官, 爲夫訴屈, 此乃恒·代之遺風乎?」

后臨朝)'의 선례를 연 이후[112] 중요한 시기마다 황후와 그 친정세력이 여러 차례 결정적인 권력을 행사하였다. 혜제(惠帝) 다음에 등장한 양제(煬帝)는 우문부(宇文部)를 그 배후세력으로 했는데, 우문부는 바로 그의 비의 친정세력이다. 여기에 반기를 든 평문제(平文帝)의 장자 열제(烈帝)는 하란부(賀蘭部)를 배경으로 기병했다.[113] 이 싸움은 열제의 승리로 끝났으나, 양제가 우문부로 도망쳤다가[114] 다시 열제를 축출할 수 있었던 것도 황후의 친정, 즉 외척의 힘 덕분이었다. 양제도 결국 국인(國人) 6천에 의해 모용부(慕容部)로 축출되었다가, 다시 열제가 복위(復位)되는[115] 혼란상을 보인다. 모두 재기하는 데는 외가, 혹은 처가 부락의 힘을 빌린 것이다. 그래서 선비 오환(烏桓)족의 경우, "화가 나면 아버지와 형을 죽일 수 있어도, 어머니는 끝내 죽이지 못한다. 그 이유는 어머니의 족류(族類)가 있기 때문이었다"[116]는 지적이 나온 것이다. 이에 앞선 혜제시기에는 태후임조로 혜제 자신은 정사를 친히 보지 못하였기 때문에 석륵(石勒: 後趙)에게 파견된 혜제의 사신을 당시 후조 사람들은 '여국사(女國使)'[117]라 지칭했을 정도였다. 대국 자체가 '여인국[女國]'같

---

112 穆帝를 살해한 六脩를 다시 살해한 桓帝의 子 普根, 또 한 달여 만에 죽은 普根의 後嗣 문제 등으로 혼란한 시기에 가장 큰 결정권을 가졌던 자가 桓帝의 后였다. 또 '衆心'을 얻어 天下를 넘볼 정도의 雄略한 인물인 平帝를 살해, 그녀의 中子인 惠帝賀傉를 세우는 등 두 王을 옹립하고 한 王을 살해한 후 '太后臨朝'의 先例를 열었다(『魏書』 卷1 「序紀」 惠帝賀傉, p.10; 『魏書』 卷13 皇后列傳 桓帝后祁氏, p.322).

113 『魏書』 卷83上 賀訥傳, p.1812. 平文帝 鬱律은 賀蘭部頭의 딸을 취하였고 平文帝后 賀蘭氏가 烈帝를 낳았다. 平文帝는 또 賀蘭紇에게 딸을 주었고 紇의 子 野干은 昭成의 女 遼西公主를 妻로 하였다.

114 『資治通鑑』 卷94 晉紀16 成帝咸和4年(329)條, p.2973, "賀蘭部及諸人共立拓跋翳槐爲代王, 代王紇那奔宇文部."

115 『魏書』 卷1 序紀, p.11, 「烈皇帝諱翳槐立, 平文之長子也. …七年, 藹頭不修臣職, 召而戮之, 國人復貳. 煬帝 自宇文部還入, 諸部大人復奉之. 烈皇帝復立, 以七年爲後元年. 烈帝出居於鄴, 石虎奉第宅·伎妾·奴婢·什物. 三年, 石虎遣將李穆率騎五千納烈帝於大寧, 國人六千餘落叛煬帝, 煬帝出居於慕容部. 烈皇帝復立.」

116 『後漢書』 卷90 烏桓鮮卑列傳 烏桓, p.2979, 「怒則殺父兄, 而終不害其母, 以母有族類, 父兄無相仇報故也.」

117 『魏書』 卷1 序紀, p.10, 「惠皇帝諱賀傉立, 恒帝之中子也. 以五年爲元年. 未親政事, 太后臨朝, 遣使與石勒通和, 時人謂之女國使.」

이 느껴졌기 때문이다. 이런 연유로 탁발사회의 여인은 대단한 권력을 발휘했고, 타세력과의 정치적·군사적 동맹을 맺는 매개체였던 것이다.[118]

그런데 여인 자신이나 외척세력의 강고함은 북위 성립 후 왕권강화에 큰 지장을 주었던 것은 자명한 일이다. 북위 도무제가 토돌린부(吐突隣部)·하란부(賀蘭部)·흘돌부(紇突部)·흘해부(紇奚部) 등의 여러 부락을 정벌[119]한 뒤 바로 '부락해산'을 단행한 것은 그런 이유 때문이었던 것이다.

2. 황후 · 황태자 · 황태자비제도의 변질과 왜곡

1) 자귀모사(子貴母死)와 장자(長子) 계위

이러한 여권의 간여를 방지하기 위해 나온 방책이 자귀모사와 아울러 장자상속이라는 제도였다. 대국과 그를 이은 북위시대의 세계표(世系表)를 보면 몇 가지 특징이 보인다. '서기'시대는 계승이 매우 무질서한 데 비해 북위시대 ① 태조 도무제부터 ⑦ 세종 선무제까지는 반대로 너무 질서정연하게 전개되고 있다.

서기시대의 왕위계승에는 ① 아버지가 죽으면 아들이 계승하는(父死子繼) 경우도 있지만, ② 형이 죽고 나서 동생이 잇는(兄終弟及) 경우도 있으며, ③ 아들이 아비보다 먼저 왕위에 오르는(子先父後) 경우도 있으며, ④ 세 임금이 분립한 형태(三帝分立) 등 매우 무질서하게 계승을 하고 있는 모습을 보여준다. [도판 16] 그러니 농경지역처럼 일정한 계승원칙이 있는 것이 아니다. 그래서 조셉 플레처 교수는 그러한 계승을 'tanistry(원칙이 없는 것이 원칙)'라 명명했던 것이다.[120]

---

118 Janifer Holmgren, "Women and Political Power in the Traditional t'o-pa Elite: A Preliminary Study of the Biographies of Empress in the Wei-Shu," *Monumenta Serica* 35, 1981-1983, p.63.

119 『魏書』 卷2 太祖紀.

120 Joseph Fletcher, "Turco-Mogolian Monarchic Tradition in Ottoman Empire," pp.238-239.

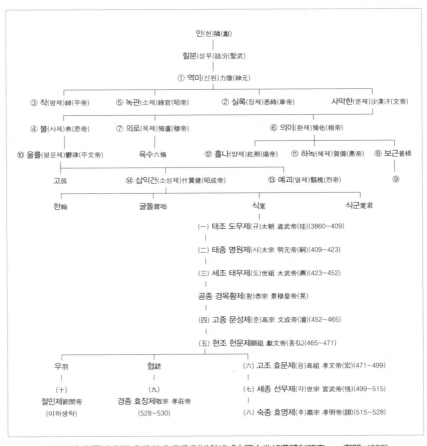

도판 16 | 代國시대 및 北魏시대 世系表(박한제, 『中國中世胡漢體制研究』, 一潮閣, 1988)

반면 북위왕조에서는 질서정연한 '장자상속'제도가 출현하여 유지된다. 이러한 것은 서기시대와 사뭇 다르기 때문에 외형적으로 보면 유목형 군주 체제로부터의 완전한 일탈로 여겨진다. 태조 도무제 이후 북위왕조의 왕위 계승에 두 가지 특징이 있다.

먼저 적서(嫡庶) 여부를 불문하고 장자를 태자로 조기에 확정하는 장자입사(長子立嗣)의 방식이다. 예컨대 2대 태종[明元帝]도 그의 황후가 아닌 유부인(劉夫人) 사이에 난 장자인 탁발도(拓跋燾: 3대 世祖 太武帝)를 태자로 세웠고, 태무제도 5세의 장자 탁발황(拓跋晃: 恭宗)을 세웠다. 탁발황이 황제가 되기 전에 죽으니 그의 사후에 태무제는 탁발황의 장자인 탁발준(拓跋濬: 4대 高宗 文成帝)을 세적황손(世嫡皇孫)으로 하니 그가 나중에 등극하여 고종이 된다.[121] 고종은 2세밖에 되지 않는 장자인 탁발홍(拓跋弘: 5대 顯祖 獻文帝)을 세웠고, 탁발홍은 겨우 3세의 장자인 탁발굉(拓跋宏: 6대 高祖 孝文帝)을 세웠다. 탁발굉은 14세의 차자(次子) 탁발각(拓跋恪: 7대 世宗 宣武帝)을 세웠다.[122] 탁발각이 이처럼 '차자계위(次子繼位)'를 하게 된 것은 장자입사의 관행이 깨워진 것이 아니라 고조 효문제의 장자인 탁발순(拓跋恂)이 부친이 단행한 낙양천도를 반대하며 반란을 일으킴으로써 태자에서 폐해졌고,[123] 당시 세적황손마저 없었기 때문에 할 수 없이 차자를 세웠을 뿐이었다. 이처럼 적서 여부에 관계없이 가장 먼저 태어난 황제의 자식, 즉 장자를 후사로 결정한 것은 후계문제로 일어날 계위분쟁을 미리 막아 왕권을 공고히하자는 의도임에 틀림이 없다.

또한 태자감국(太子監國: 臨朝聽政, 攝政)의 제도도 일찍 도입하였는데 이것도 조야에 일찍 후계자임을 각인시키는 의도가 있는 것으로 보인다.[124] 예를 들어 ① 2대 태종 명원제는 태자(拓跋燾: 太武帝)를 태평왕(泰平王)으로 하여

---

121 『魏書』卷5 高宗紀, p.111, 「高宗文成皇帝, …恭宗景穆皇帝之長子也. …世祖愛之, 常置左右, 號世嫡皇孫. 年五歲, 世祖北巡, 帝從在後, …旣長, 風格異常, 每有大政, 常參決可否. 正平二年十月戊申, 卽皇帝位於永安前殿.」

122 『魏書』卷8 世宗紀, p.191, 「世宗宣武皇帝, 諱恪, 高祖孝文皇帝第二子. …(太和)二十一年正月甲午, 立爲皇太子. …二十三年夏四月丁巳, 卽皇帝位于魯陽.」

123 『魏書』卷22 孝文五王列傳 廢太子恂, pp.587~588, 「廢太子庶人恂, …太和十七年七月癸丑, 立恂爲皇太子. … 恂不好書學, 體貌肥大, 深忌河洛暑熱, 意每追樂北方. … 中尉李彪承間密表, 告恂復與左右謀逆. … 賜恂死, 時年十五.」

124 그 배경에는 北魏 황제의 行幸의 日常化로 수도에 留臺할 필요도 있었다.

감국시켰고,[125] ② 세조 태무제도 북연(北燕) 친정에 나서면서 태자로 봉해진 탁발황을 공종으로 하여 감국시켰다. 감국은 만기를 담당하고 정책에 대한 정령을 내리는 등 상당한 권한을 행사하였다.[126] 그러나 사실 후계자의 조기 확정은 예나 지금이나 당파가 생길 가능성이 크기 때문에 정치적 위험성도 병존하고 있다. 태무제 말기 (황)제당과 태자당 사이의 충돌로 인해 일어난 정평사변(正平事變)은 이런 폐단의 하나라고 해도 좋다.

왕권을 안정화시키기 위해 마련된 제도 가운데 특이한 제도는 '자귀모사제(子貴母死制 혹은 立嗣後殺其母制)'인데 이것은 천자(天子)의 모친인 태후의 정치개입과 황제의 외가의 전횡을 방지하기 위해 채택한 제도로서 그 제도의 성패 여부에도 불구하고 어느 지역 어느 시대에 그 유례를 찾아볼 수 없는 특이한 발상임에 틀림이 없다.[127] 1대 도무제에서 8대 효명제까지 실시된 이 제도는 아들이 황태자로 책립됨과 동시에 그 생모를 살해해버리는 제도이다. 이는 황제 재위시 외가가 권력을 행사하는 것을 제한하려는 의도이다. 즉 '서기'시대와 같은 악순환을 미연에 막기 위한 방책이었다.

이 관행을 피해 간 행운의 여인이 있었으니 숙종(肅宗: 孝明帝)의 모친인 호충화(胡充華: 靈胡太后)가 유일하다.[128] 이런 예외가 나온 이유로 효문제의 한

---

125 『魏書』卷3 太宗紀 泰常7年(422)條,「夏四月, … 封皇子燾爲泰平王. … 五月, 詔皇太子臨朝聽政. 是月, 泰平王攝政.」

126 『魏書』卷4下 世祖紀下 恭宗景穆皇帝紀, pp.107-109,「恭宗景穆皇帝諱晃, 太武皇帝之長子也. …延和元年春正月丙午, 立爲皇太子, 時年五歳. …世祖東征和龍, 詔恭宗錄尚書事; 西征涼州, 詔恭宗監國. … 自是恭宗所言軍國大事, 多見納用, 遂知萬機. 初, 恭宗監國, 曾令曰: "…其制有司課畿内之民, 使無牛家以人牛力相貿, 墾殖鋤耨. 其有牛家與無牛家一人種田二十二畝, 償以私鋤功七畝, …." 又禁飲酒 · 雜戲 · 棄本沽販者. 墾田大爲增闢.」

127 (淸)趙翼 撰,(『陔餘叢考』(石家莊: 河北人民出版社, 1999), 卷16「元魏子貴母死之制」, pp.256-257.「元魏則以此爲定制. …馴至破家亡國, 是知滅絶天性以防禍者, 未有不轉召禍也.」

128 靈胡太后의 권력 행사는 孝明帝(肅宗)의 生母로서 당시 孝文帝의 改制로 인한 子貴母死제도의 폐기로, 그리고 宣武帝의 비호가 있었기 때문에 가능했다고 볼 수도 있다. 여하튼 靈胡太后는 孝明帝가 즉위한 후 皇太后로서 실권을 장악하여 소위 '太后의 정치'시대를 열었다. 宦官 · 側近을 총애하여 조정의 기강을 문란하게 하였고, 永寧寺의 건립, 龍門石窟의 개착, 嵩山 등으로의 遊幸 등으로 國庫를 낭비했고, 528년

화정책과 연관이 있는 것인지는 확실하지 않다. 다만 황제가 될 태자의 생모를 살해한다는 것은 아들의 제일 덕목으로 삼는 효를 강조하는 유교의 윤리와 어긋나는 것이다. 때문에 호충화는 효문제의 한화정책의 혜택을 본 것인지도 모른다. 아니면 그녀의 능력이나 운수였는지도 모른다. 당시 궁정에서는 태자가 될 남아를 낳기를 꺼리는 풍조임에도 불구하고 호충화, 즉 영호태후는 죽음을 무릅썼다고 한다.[129] 아울러 이 제도를 교묘히 피한 여인이 있었으니, 고종 문성제의 비인 동시에 효문제의 조모로 알려진 문명태후이다. 문명태후는 알려진 바와 달리 아들이 없었던 비가 아니라 효문제의 생모였다는 주장도 있다. 그녀의 술책에 의해 실제 아들인 효문제가 손자로 둔갑됨으로써 그녀는 스스로의 목숨을 건졌고 훗날 어린 효문제의 등극 이후 수렴청정을 행할 수 있게 되었다는 것이다.[130] 여하튼 문명태후도, 영호태후도 교묘히 살아남아 강력한 권력을 행사하여 예상대로 당시 황제권을 무력화시켰던 것도 사실이다.

그러면 이런 '자귀모사' 제도의 원류는 어디서 기원한 것인가? 『북사』에서는 탁발족의 구습, 즉 '위고사(魏故事)' 혹은 '구법(舊法)'에 연유한 것이라고 기록되어 있다.[131] 그러나 『위서』에서는 정작 한무제가 태자 불릉(弗陵: 후에 昭帝가 됨)을 태자로 봉하고는 그 모친 구익부인(鉤弋夫人)을 살해한[132] 예와 같

에는 孝明帝를 독살하기에 이르렀다.

129 『魏書』卷13 宣武靈皇后胡氏傳, p.337.「世宗初, 入講禁中. 積數歲, 諷左右稱后姿行. 世宗聞之, 乃召入掖庭爲承華世婦. 而椒掖之中, 以國舊制, 相與祈祝, 皆願生諸王·公主, 不願生太子. 唯后每謂夫人等言; "天子豈可獨無兒子, 何緣畏一身之死而令皇家不育冢嫡乎?" 及肅宗在孕, 同列猶以故事相恐, 勸爲諸計. 后固意確然, 幽夜獨誓云: "但使所懷是男, 次第當長子, 子生身死, 所不辭也." 旣誕肅宗, 進爲充華嬪. 先是, 世宗頻喪皇子, 自以春秋長矣, 深加愼護. 爲擇乳保, 皆取良家宜子者, 養於別宮, 皇后及充華嬪皆莫得而撫視焉.」

130 大澤陽典,「馮后とその時代 – 北魏政治史の一齣」,『立命館文學』192, 1961.

131 『北史』卷13 后妃傳上 道武宣穆皇后劉氏, p.493.「魏故事, 後宮產子, 將爲儲貳, 其母皆賜死. 道武末年, 后以舊法薨. 明元卽位, 追尊諡位, 配饗太廟, 自此後, 宮人爲帝母, 皆正位配饗焉.」

132 『漢書』卷97上 外戚傳上, p.3957.

다는 식으로 서술되어 있다. 한무제가 취한 이런 행위는 왕조를 위한 장구한 계책[長久之計]이라는 것이고, 이를 북위가 수용·계승한 것이라는 관점이다.[133] 그런데 문제는 탁발족의 역사에서 이런 사례는 찾아보기 힘들기 때문에 '위고사' 혹은 '구법'이라는 주장은 허구일 가능성이 크다. 또 한무제의 전례를 따른 것이라는 것도 그 여부를 알 수 없지만 단 한 차례밖에 없는 사례였기 때문에 한족 황실의 전통도 아니었다. 그보다 필자는 이것이야말로 호한 합작, 즉 '호한체제'의 전형적인 모습이라 생각한다.[134] 호한 어느 한편의 법칙이나 관행이 아니고, 호한 양족이 만나서 비로소 생겨난 현상이요, 제도인 것이다.

여하튼 유목계열의 왕조에서는 여인이 항상 문제였다. 소위 서기시대, 환제(桓帝)의 후가 '태후임조'의 선례를 연 이후 황실 내의 태후의 권력은 막강했다. 북위 창건 이후 '자귀모사' 제도가 시행되니 또 다른 문제가 발생했다. (어린)태자의 친모를 살해한 후 그의 생모가 사라지니 외척이 궁정정치에 발을 들여 넣지 못하는 대신 태자를 키웠던 보모(保母) 혹은 유모(乳母)의 간정(干政)이 문제가 된다. ① 태무제의 모가 살해되자 그 보모인 두씨(竇氏)가 황태후가 되어 간정하였고, ② 문성제의 모친인 욱구려(郁久閭)씨가 살해되자 유모인 상씨(常氏)가 10여 년 간 간정을 한 것이 그 예다. 또한 아예 칭제한 경우도 있으니 황태후의 임조칭제문제이다. ③ 헌문제의 모인 이씨(李氏)가 살해되자 보모인 풍씨(馮氏)가 문명태후가 되어 임조칭제하게 된 것 등이 그 예이다.[135]

이처럼 유목계열의 왕조인 북위에서는 황실 여인의 문제를 해결하기 위

---

133 『魏書』卷3 太宗紀, p.49, 「初, 帝母劉貴人賜死, 太祖告帝曰: "昔漢武帝將立其子而殺其母, 不令婦人後與國政, 使外家爲亂. 汝當繼統, 故吾遠同漢武, 爲長久之計."」

134 田餘慶은 『魏書』를 보면 胡漢 양족을 모두 만족시키기 위해서 舊法·漢制를 양설을 並存시키고 있다고 본다(『拓跋史探』, 北京: 三聯書店, 2003, p.15). 그러나 朴漢濟는 胡族의 舊法도 아니고 漢制도 아닌 '胡漢體制'로 파악하였다(『中國中世胡漢體制研究』, p.148).

135 李凭, 『北魏平城時代』, 北京: 社會科學文獻出版社, 2000, pp.138~280을 참조할 것.

해 노력하였으나 그 해결책을 쉽게 찾지 못하고 있었다.

2) 황태자비 부재현상과 다황후 제도의 출현

황후 내지 황후에 병렬되는 궁정의 여인들의 권력행사와 함께 여기서 거론해야 할 만한 것이 오호십육국-북조시대에 보이는 두 가지 특이한 현상이다. 바로 태자비의 부재현상과 다황후 제도의 출현이다. 우선 황태자비의 부재 현상부터 보자. 오호십육국 여러 왕조를 다룬 사서에서 황태자비는 '처(妻)' 혹은 '비(妃)'로 지칭되었다. 예컨대 낙양 함락 후 서진 혜제(惠帝)의 황후로서 포로가 되어 잡혀 온 양씨[羊獻容]가 전조(前趙)의 황태자인 유요(劉曜)의 부인이 되었는데, 이 여인을 『자치통감』에서는 '비(妃)'라고 하였지만,[136] 『진서』에서는 '처(妻)'라고 지칭하였다.[137] 즉 전조에서는 '황태자비'라는 명칭이 그녀에게 주어지지 않았다는 이야기이다. 이런 현상은 후술하는 바와 같이 북위에서도 보인다. 한·삼국·양진·남조를 다룬 사서에서 '황태자비' 혹은 '태자비'라고 지칭되는 여인이[138] 오호십육국-북위를 다룬 사서에서는 그렇지 않다는 것이다. 그녀의 남편이 이미 황태자로 책봉되었는데도 황태자비에 해당하는 여인이 '처'로 기술되고 있는 것이다. 예컨대 전진(前秦) 부생(苻生)의 경우도 그래서 부건(苻健)이 즉위한 후 부생을 황태자로 책봉하였는

---

136 『資治通鑑』卷91 晉紀13 元帝太興二年(319)條 p.2868, "漢主曜還, 都長安. (自粟邑還長安, 遂定都也.) 立妃羊氏爲皇后. (卽惠帝羊皇后, 曜納羊后, 見八十七卷懷帝永嘉五年.)"

137 『晉書』卷103 劉曜載記, p.2685, 「立其妻羊氏爲皇后.」

138 '황태자비'가 제도로서 언제 확립되었는지에 대한 기록은 확실하지 않지만, 전한 이후에는 있었던 것은 확실하다. 漢代[① 景帝太子妃薄氏, ② 武帝太子妃陳氏, ③ 元帝太子妃王氏, ④ 成帝太子妃許氏(許娥), ⑤ 哀帝太子妃傅氏(傅黛君), ⑥ 明帝太子妃賈氏]; 三國時期[① 蜀漢後主太子妃王氏, ② 魏明帝太子妃毛氏, ③ 吳大帝孫權太子孫登太子妃周氏, ④ 吳大帝孫權太子孫和太子妃張氏]; 晉朝[(① 晉惠帝司馬衷太子妃賈氏(賈南風), ② 晉惠帝太子司馬遹太子妃王惠風, ③ 晉安帝司馬德宗太子妃王氏(王神愛)]; 南朝[① 齊世祖武皇帝蕭賾太子妃裴惠昭, ② 文惠太子蕭長懋太子妃王寶明, ③ 陳廢帝陳伯宗太子妃王少姬, ④ 陳後主陳叔寶太子妃沈婺華].

데, 부생이 황제로 등극할 때 황태자비가 아니라 그 '처' 양씨(梁氏)를 황후로 책봉한다고 하였다.[139] 이에 대해서도 『자치통감』에서는 '비' 양씨를 세워 황후로 하였다고 기록하였다.[140] 이 외에도 석륵(石勒), 석수(石邃), 모용준(慕容儁), 부견(苻堅), 부등(苻登), 이수(李壽), 모용보(慕容寶), 모용덕(慕容德), 걸복치반(乞伏熾磐)의 경우도 마찬가지다.[141]

그런데 『자치통감』에서의 '비'란 표현이 약간 문제다. 비는 정식으로 책봉된 황태자비로 볼 수도 있기 때문이다. 그러면 『자치통감』에만 왜 '비'란 표현을 썼을까? 우선 찬자 사마광이 당시 사료에 '처'라는 것을 '비'로 고쳐 썼을 가능성이 크다. '처'란 '부(夫)'에 상응하는 표현이기 때문에[142] 정실(正室)을 나타내는 일반적인 용어이다. 따라서 황태자비가 공식적으로 존재하지는 않았지만 황후 또는 왕후가 된 오호십육국의 여러 군주의 '처'는 적어도 후계자의 정식 부인이었을 가능성이 크고, 중간에 별 일이 생기지 않았다면 그 '처'가 이후 황후 또는 왕후로 등극했을 것이다. 이런 상황의 전개를 파악 못한 사마광이 후에 황후가 된 황태자의 '처'를 『자치통감』에서 '비'로 썼던 것이 아닐까. 『진서』와 『자치통감』에서 '처'와 '비' 사이의 기술상의 차이에 대해서 좀 더 상밀한 검토가 필요하지만, 『진서』는 사건 발생시대에 가까운 서·동 양진의 단대사이며, 또 정사이기 때문에 당시 사용한 실제 용어를 『자치통감』보다 정확하게 반영했을 가능성이 더 크다. 더구나 제도가 훨씬

---

139 『晉書』卷112 苻健載記, p.2871, "初, 桓溫之入關也, 其太子萇與溫戰, 爲流矢所中死. 至是, 立其子生爲太子."; 『晉書』卷112 苻生載記, p.2872, "萇旣死, 健以讖言三羊五眼應符, 故立爲太子. 健辛, 僭卽皇帝位, 大赦境內, 改年壽光, 時永和十二年也. 尊其母強氏爲皇太后, 立妻梁氏爲皇后."

140 『資治通鑑』卷100 晉紀22 穆帝永和11年(355)條, pp.3147-3148, "秦主生尊母強氏曰皇太后, 立妃梁氏爲皇后. 梁氏, 安之女也. 以其嬖臣太子門大夫南安趙韶爲右僕射, 太子舍人趙誨爲中護軍, 著作郎董榮爲尙書."

141 韓受靜, 「五胡十六國-北朝 后妃制度의 運用과 그 特徵 -皇太子妃 不在와 多皇后 현상의 출현-」, 서울대학교 대학원 석사학위논문, 2012, 附表 2.

142 (漢)班固, 『白虎通』(北京: 中華書局, 1985) 卷4上 嫁娶, p.268, 「妻妾者何謂也? 妻者, 齊也. 與夫齊體.」

정비되었을 북위에서도 후술하는 바와 같이 '황태자비'란 용어를 찾아볼 수가 없기 때문에 이런 가정이 가능하다.

오호십육국에서 '황태자비'가 이처럼 제도화되지 않았던 것은 후궁제도의 미비에서 그 원인을 찾을 수도 있다. 그러나 이 시대에도 후궁에 대한 여러 단계의 칭호가 존재하고 있다는 점에서 믿을 만한 추정이 될 수 없다. 예컨대 석호(石虎)의 황후 두씨(杜氏)가 소의(昭儀)에서 황후가 되었다는 것,[143] 또 요홍(姚興)의 두 황후가 소의에서 황후가 되었다는 기술 등을 보면,[144] 이 당시에도 후비의 여러 등급이 존재하였다는 것을 보여준다. 다만 이 시대에는 황태자는 있었지만 황태자비의 책봉만은 없었던 것이다. 황태자비에 상응하는 지위는 있었을지 모르지만, 황태자비만은 의도적으로 두지 않았던 것임을 알 수 있다.

이런 현상은 오호십육국만의 현상이 아니었다. 북위시대에도 황태자비 부재 현상은 그대로 이어졌다. 태조 도무제가 후비제도를 처음 만들고 태무제와 효문제를 거치면서 황제의 후비에 대한 여러 명칭이 생기게 되었지만,[145] (황)태자비란 명칭과 그에 대한 기록은 찾아볼 수 없다. 다만 북조말기 북제와 북주에 가서야 황태자비의 기록이 비로소 보인다.[146] 또 『위서』

---

143 『晉書』卷106 石季龍載記上, p.2767, 「立其子宜爲天王皇太子, 宜母杜昭儀爲天王皇后.」

144 『晉書』卷117 姚興載記上, p.2983, 「興立其昭儀張氏爲皇后.;『晉書』卷118 姚興載記下, p.2997, 「興立昭儀齊氏爲皇后.」

145 『魏書』卷13 皇后列傳, p.322, 「魏氏王業之兆雖始於神元, 至於昭成之前, 世崇儉質, 妃嬪嬙御, 率多闕焉, 惟以次第爲稱. 而章·平·思·昭·穆·惠·煬·烈八帝, 妃后無聞. 太祖追尊祖妣, 皆從帝諡爲皇后, 始立中宮, 餘妾或稱夫人, 多少無限, 然皆有品次. 世祖稍增左右昭儀及貴人·椒房·中式數等, 後庭漸已多矣. …高祖改定內官, 左右昭儀位視大司馬, 三夫人視三公, 三嬪視三卿, 六嬪視六卿, 世婦視中大夫, 御女視元士, 後置女職, 以典內事, 內司視尚書令·僕. 作司·大監·女侍中三官視二品. 監, 女尚書, 美人, 女史·女賢人·書史·書女·小書女五官, 視三品. 中才人·供人·中使女生·才人·恭使宮人視四品, 春衣·女酒·女饗·女食·奚官女奴視五品.」

146 五胡十六國－北朝시대 가운데 北齊·北周에 '皇太子妃'의 기록이 있을 뿐이다(『北史』卷14 后妃傳下 齊後主皇后斛律氏, p.523, 「後主皇后斛律氏, 左丞相光之女也. 初爲皇太子妃, 後主受禪, 立爲皇后.;『北史』卷14 后妃傳下 周宣皇后楊氏, p.529, 「宣皇后楊氏名麗華, 隋文帝之長女也. 帝在東宮, 武帝爲帝納

와 『북사』의 「황후열전」의 북위 부분과 북위시대 인사들의 묘지명이 이 시기 황후와 비빈의 지위 및 출신 등의 내역을 어느 정도 알리고 있지만, 이들이 황태자의 비빈 즉 황태자비였다는 기록은 나오지 않는다. 효문제가 탁발황을 경목제(景穆帝)로 추증하면서 북위의 구제에는 황태자의 '후정(後庭)', 즉 비빈에 대한 위호(位號)가 없었기 때문에 탁발황이 황태자였을 때 아들을 낳은 궁인을 그저 '초방(椒房)'으로 불렀다는 기록은[147] 이와 같은 사실을 더욱 뒷받침해준다. '초방'은 황후 등 비빈들이 기거하는 궁전으로 '비빈' 거처를 가리키는 명칭이기 때문이다.[148] 효문제는 후비제도를 개정·정비하였다고 하지만, 효문제 시기에서도 황태자의 비빈에 대한 규정만은 보이지 않는다. 또 '비'의 호칭이 광범위하게 쓰인 상황에서 '황태자비'라는 명칭이 없다는 사실은 더욱 기이한 것이다. 게다가 효문제가 황태자 순(恂)의 아내로 들인 여인, 즉 황태자비에 해당하는 여인을 '유자(孺子)'라고만 칭한 것은 '황태자비'를 의도적으로 두지 않았음을 더욱 명확하게 해 준다.[149] 북위시대의 경우 황후는 물론이고 황제의 비빈이 공식적인 칭호를 받은 때는 남편이 황제가 된 후의 일이었다.[150] 따라서 황태자비라는 공식적인 칭호는 이 당시 존재하지 않았던 것이다.

后爲皇太子妃.」)

147 『魏書』 卷19上 景穆十二王傳, p.458, 「魏舊太子後庭未有位號, 高宗卽位, 恭宗宮人有子者, 並號爲椒房.」

148 『漢書』 卷66 車千秋傳, p.2885, 「囊者, 江充先治甘泉宮人, 轉至未央椒房, (師古曰: "椒房, 殿名, 皇后所居也. 以椒和泥塗壁, 取其溫而芳也.")」; 后妃의 代稱으로 '椒房外家'(『後漢書』 卷64 延篤傳, p.2104), '椒房之助'(『晉書』 卷57 胡奮傳, p.1557) 등의 용례가 있다.

149 孝文帝는 皇太子였던 元恂을 위하여 司徒 馮誕의 長女를 며느리로 들이려고 했는데 그녀가 어렸기 때문에 나이가 들 때까지 기다렸다는 기록과 함께 먼저 彭城 劉長文과 榮陽 鄭懿의 딸을 左右孺子로 들였다고 기록하고 있다(『魏書』 卷22 孝文五王傳 廢太子恂, p.589, 「初, 高祖將爲恂娶司徒馮誕長女, 以女幼, 待年長. 先爲娉彭城劉長文·榮陽鄭懿女爲左右孺子, 時恂年十三四.」).

150 韓受靜, 「五胡十六國−北朝 后妃制度의 運用과 그 特徵 −皇太子妃 不在와 多皇后 현상의 출현−」, 附表 4 참고.

이는 한·위·진·남조에서 '황태자비'라는 명칭이 엄연히 존재하는 것과 대조를 이룬다.[151] 이런 기이한 현상이 나타난 것은 후비제도의 미정비 등 여러 가지 원인을 상정할 수 있지만, 무엇보다 '황태자비'라는 존재를 제도적으로 인정하지 않으려는 뚜렷한 의도가 내포되어 있는 것이 아닌가 한다. 황태자가 정해지면 그에게 당파가 몰리는 것이 염려되지만, 특히 문제되는 것은 일찍부터 황태자비의 친정부락 세력이 강력하게 왕권을 제어할 가능성이 커지고 이로 인해 황제와 황태자 세력 사이에 분쟁이 일어날 소지가 생기기 때문이다. 이를 미연에 막자는 의도였을 것으로 여겨진다.

다음은 한 명의 황제에게 여러 명의 황후가 두어지는 기이한 현상이다. 잘 알다시피 황제와 황후는 이의(二儀=兩儀)관계로 천-지나 음-양과 같은 관계로 1:1로 양립되어야 하는데 그런 면에서 '다황후'란 기괴한 현상이라고 볼 수밖에 없다. 일반 백성이라도 처와 첩의 분명한 차별이 있는데, 아무리 황제라 해도 이는 상상하기 어려운 현상이다. 이것을 황음(荒淫)의 결과라는 식으로 치부할 수도 없는 것이다. 황음은 여인의 계급장에 좌우되는 것은 아니기 때문이다. 무엇인가 그럴 만한 곡절이 있을 것이다. 그런 기이한 현상은 ① 오호십육국시대, ② 북제시대, ③ 북주시대에서 나타났다. 먼저 오호십육국 시대에는 3황후가 병립된 사례가 보인다. ① 3황후는 전조(前趙)의 유총(劉聰)이 상황후(上皇后) 및 좌·우황후(左·右皇后)를 둔 것인데,[152] 조익은 "어지러운 조정에 이르면 곧 법과 기강이 문란한 것이다"[153]라 하여 혼란한

---

151 韓受靜, 「五胡十六國−北朝 后妃制度의 運用과 그 特徵 −皇太子妃 不在와 多皇后 현상의 출현−」, pp.19−25.

152 『晉書』卷102 劉聰載記, p.2668, 「時聰以其皇后靳氏爲上皇后, 立貴妃劉氏爲左皇后, 右貴嬪靳氏爲右皇后. 左司隷陳元達以三后之立也, 極諫, 聰不納, 乃以元達爲右光祿大夫, 外示優賢, 內實奪其權也.」; p.2673, 「聰立上皇后樊氏, 卽張氏之侍婢也. 時四后之外, (四后之外「通鑑」八九 '四后'作'三后', 通鑑考異云 : 時靳上皇后已死, 唯三后耳, 云'四'誤也.) 佩皇后璽綬者七人. 朝廷內外無復綱紀, 阿諛日進, 貨賄公行, 軍旅在外, 饑疫相仍, 後宮賞賜動至千萬. 劉敷屢泣言之, 聰不納.」

153 『廿二史箚記』卷15 「一帝數后」, p.221.

세상의 탓으로 돌리고 있으나 이는 정확한 분석의 결과가 아니다. 두 번째
는 ② 북제 후주(後主: 高緯)의 경우인데 그는 호씨(胡氏)와 목씨(穆氏)의 2황후
를 병치하고 있었다.[154] 세 번째는 ③ 북주 선제(宣帝: 宇文贇)가 수문제 양견
의 딸[楊麗華]을 황후로 세운 이후에도 4명의 황후를 추가[天皇后, 左右皇后+(후
에)天中大皇后]하니 5황후가 병렬하게 되었던 사실이다.[155]

그 이유를 중국 고유의 전통에서 찾는 것은 참으로 해괴한 해석이다. 예
컨대 요임금이 하늘에 '사성(四星)'을 본 땄다는 이유로 5황후를 둔 것이라는
해석은[156] 그런 행위를 한 당시 황제를 중심으로 하는 조정의 억지 변명에
불과하다. 이를 제대로 해명하기 위해서는 오호십육국-북조시대 복수 황후
[三皇后, 五皇后]의 문제[157]와 몽골·원대의 다황후[158] 사례를 아울러 살펴야 할
것이다. 칭기즈칸에게는 '황후(可敦)'라는 명칭을 띤 여인이 패아태욱진태황
후(孛兒台旭眞太皇后) 이하 최소 20여 인이 있었고, 그 가운데 존경을 받는 것
은 대황후, 이황후, 삼황후 사황후 오황후 등 5인이었다.[159] 태종 오고데이
(窩闊台)도 수많은 황후와 비자(妃子)를 두었다.[160]

154 『北齊書』卷8 後主紀 武平3年(572)條, pp.105-121, 「八月庚寅, 廢皇后斛律氏爲庶人. …戊子, 拜右昭儀
　　胡氏爲皇后. …冬十月. …甲午, 拜弘德夫人穆氏爲左皇后. …十二月辛丑, 廢皇后胡氏爲庶人.」
155 『周書』卷7 宣帝紀 大象2年(580)2月條, p.122, 「壬午, 尊天元皇太后爲天元上皇太后, 天皇太后李氏曰
　　天元聖皇太后. 癸未, 立天元皇后楊氏爲天元大皇后, 天皇后朱氏爲天大皇后, 天右皇后元氏爲天右大
　　皇后, 天左皇后陳氏爲天左大皇后. 正陽宮皇后直稱皇后.」
156 『周書』卷9 宣帝楊皇后傳 p.145, 「宣帝楊皇后名麗華, 隋文帝長女. 帝在東宮, 高祖爲帝納后爲皇太子
　　妃. 宣政元年閏六月, 立爲皇后. 帝後自稱天元皇帝, 號后爲天元皇后. 尋又立天皇后及左右皇后, 與后
　　爲四皇后焉. 二年, 詔曰: "帝降二女, 后德所以儷君; 天列四星, 妃象於焉垂耀, 朕取法上玄, 稽諸令典,
　　爰命四后, 內正六宮, 庶弘贊柔德, 廣修粢盛. 比殊禮雖降, 稱謂曷宜, 其因天之象, 增錫嘉名." 於是后
　　與三皇后並加大焉. 帝遣使持節冊后爲天元大皇后曰: "咨爾含章載德, 體順居貞, 肅恭享祀, 儀刑邦國,
　　是用嘉茲顯號, 式暢徽音. 爾其敬踐厥猷, 寅荅靈命, 對揚休烈, 可不愼歟." 尋又立天中大皇后, 與后爲
　　五皇后.」
157 韓受靜, 「五胡十六國-北朝 后妃制度의 運用과 그 特徵 -皇太子妃의 不在와 多皇后 현상의 出現-」
158 『元史』卷106 后妃表, pp.2693-2701.
159 陳高華, 「元朝의 后妃與公主」 『文史知識』 2009-11, p.23; 陳高華·童芍素, 『中國婦女通史-元代卷-』,
　　杭州: 杭州出版社, 2011, p.44.
160 『元史』卷106 后妃表, p.2693.

다황후가 마지막으로 두어졌던 북주말의 상황과 정국의 추이를 분석하면 다황후제가 출현한 이유가 어느 정도 밝혀질 것이다. 앞에서 본 대로 북주 선제에게는 5황후가 있었다. 그중 하나인 양견의 딸이 천원대황후(天元大皇后: 楊氏)였다. 그 밖에 천황후(朱氏), 우황후(元氏), 좌황후(陳氏) 4황후에다 나중 천중대황후 등 모두 5명의 황후가 있게 되었다. 다황후제도도 역시 외척 전횡을 미연에 방지하기 위한 황실이 의도적으로 수립한 정책이었다. 그런데도 이 제도는 크게 유효하지 못했다. 유효하게 작동했다면 수왕조는 탄생하지 않았을지 모른다. 먼저 양견의 딸 양여화는 황태자비로 책봉되었다. 황태자비의 책봉은 당시로서는 매우 드문 현상이었고, 그런 만큼 그녀의 입지는 탄탄대로를 달렸다. 황태자비 → 황후 → 천원황후 → 천원대황후의 순서로 그녀의 칭호가 바뀌었다. 양견의 득세와 주수(周隋) 선양혁명의 과정 중에서 나타난 황태자비 칭호의 돌발적인 출현과 그녀의 황후 칭호의 계속되는 상승은 그 친정의 득세와 전혀 무관한 것이 아닐 것이다. 이처럼 다황후제도의 효과를 무력화시킨 것은 외척 권신 양견의 탁월한 능력이었다. 황제와 권신 간의 치열한 권력다툼이 북주 말 전개되었다. 당시 황제의 우둔함도 있었지만, 황태자비와 그 친정아버지가 주도한 선양혁명의 순조로운 진행, 즉 당시 정권교체의 용이함은 중국역사에서 다른 시대에서 찾아보기 힘들 정도다. 다황후제가 분명 외척세력의 집중을 막으려는 정책이라면, 그런 정책을 무력화시키는 조처가 바로 '황태자비'의 호칭과 그 존재였다는 점을 새삼 상기할 필요가 있지 않을까!

3) 황후 장기 부재현상의 출현

당 후기 황후의 장기 부재상황의 출현[161] 또한 이 시대가 안고 있는 여인 문제와 연관된 것이다. 황제의 짝인 황후를, 그것도 장기간 두지 않는 데에는 나름의 일관된 연유가 개재되고 있다고 보아야 한다. 그 원인을 개인적인 황제의 취향이라든지, 근검에서 사치로 변경해가는 시대적 분위기 차이로[162] 해석하는 것도 올바른 분석이라 보기 힘들다.

당나라에는 황후 아래에 4부인, 9빈 등 여러 단계의 비빈들이 있었지만,[163][도판 17] 당이 존속한 289년 동안 황제는 20명임에 반해 정식으로 황후로서 활약한 사람은 8명밖에 되지 않는다. 황후로 책립되었다고 기록된 것도 사망 후 추존한 경우가 대부분이다. 누차 언급했지만 황제와 황후는 음양 '이의'의 관계로 황제가 있으면 황후도 존재해야 하는 것이 원칙이다. 특별한 경우를 제외하고 황후가 부재한 경우는 중국 역사상 그 유례를 찾아보기 힘들다. 당조의 289년 가운데 황후가 재위하고 있었던 기간은 놀랍게도 크게 잡아 78년 6개월에 불과하니 황후 부재 기간이 200년을 조금 넘는다.[164] 전체의 70% 이상의 기간에 황후가 없었던 것이다. 이 가운데 무측천이 황후였던 기간이 23년 2개월이었으니, 무측천은 당대 전체 황후 재위기

---

161 韓受靜,「隋·唐 皇后권력과 그 실체 —專橫과 不在—」,『서울大 東洋史學科論集』31, 2008.

162 『容齋三筆』卷7「周武帝宣帝」, p.497, 「周武帝平齊, 中原進入輿地, 陳國不足平也, 而雅志節儉, 至是愈篤. 後宮唯置妃二人·世婦三人·御妻三人, 則其下保林·良使輩, 度不過數十耳. 一傳而至宣帝, 奢淫酣縱, 自比於天, 廣搜美女, 以實後宮, 儀同以上女不許輒嫁, 遂同時立五皇后. 父子之賢否不同, 一至於此!」

163 『新唐書』卷76 后妃傳上, pp.467-468, 「唐制: 皇后而下, 有貴妃·淑妃·德妃·賢妃, 是爲夫人, 昭儀·昭容·昭媛·脩儀·脩容·脩媛·充儀·充容·充媛, 是爲九嬪. 婕妤·美人·才人各九, 合二十七, 是代世婦. 寶林·御女·采女各二十七, 合八十一, 是代御妻. 自餘六尙, 分典乘輿服御, 皆有員次. 後世改復不常. 開元時, 以后下復有四妃非是, 乃置惠·麗·華三妃, 六儀, 四美人, 七才人, 而尙宮·尙儀·尙服各二, 參合前號, 大抵踵周官相損益云, 然則尙矣.」

164 氣賀澤保規는 皇后在位年月數를 正規皇后在位年月總計 71년 10월, 正規·非正規皇后在位總計 78년 6월이라고 보았다(『絢爛たる世界帝國—隋唐時代—』, 東京: 講談社, 2005, p.175).

규찰·탄핵 糾察·彈劾	궁관宮官	왕후王后
		부인사원夫人四員 덕비德妃 귀비貴妃 현비賢妃 숙비淑妃
		빈구원嬪九員(육원六員) 소의昭儀 수의修儀 충의充儀 충용充容 수의修龍 소용昭容 충원充媛 수원修媛 소원昭媛
		첩여구원婕妤九員
		미인구원美人九員
궁정宮正	육국六局 (장 정5품長正五品) 상식尙食 상궁尙宮 상침尙寢 상의尙儀 상공尙功 상복尙服	재인구원才人九員
		보림이칠원宝林二七員
사정司正	이사사二四司 (각국사사各局四司) (장 정6품長正六品)	어녀이칠원御女二七員
전정典正	이하, 제담당諸担当	채녀이칠원采女二七員

도판 17 │ 後宮機構圖(氣賀澤保規, 『絢爛たる世界帝國—隋唐時代—』)

도판 18 │ 則天武后像(필자 촬영)

간의 3분의 1 이상을 차지한다. [도판 18] 이 기간을 빼면 당대 황후의 부재기간은 더욱더 길어질 수밖에 없어진다. 대종(代宗)에서부터 소종(昭宗)의 하황후(何皇后)가 책봉되기 전까지[165] 일괄적으로 황후가 존재하지 않았던 것이다. 따라서 당대 후반기 정규 황후가 두어진 적은 거의 없었다고 보아도 좋다. [도판 19]

우선 황후의 부재는 중국 역사상 전무후무한 일이다. 이런 현상의 출현

---

165 『新唐書』 卷77 后妃傳下 昭宗何皇后, p.3512, 「昭宗皇后何氏. 梓州人, 系族不顯. 帝爲壽王, 后得侍, 婉麗多智, 恩答厚甚. 旣卽位, 號淑妃, 從狩華州, 詔冊爲皇后.」

황제	황후	황후재위기간	재위년수
태종	문덕황후장손씨	626(무덕9) 8월 – 636 (정관10) 6월	9년 10월
고종	폐황후왕씨	650(영휘원) 1월 – 655 (영휘6) 10월	5년 9월
중종	순천황후위씨	655(영휘6) 10월 – 683 (홍도원) 12월	28년 2월
	(무씨: 황태후)	[683(홍도원) 12월 – 690(영창2) 9월]	(6년 9월)
중종	순천황후위씨	[684(사성원) 1–2월]	(1월)
		705(신용원) 2월 – 710(경룡4) 6월	5년 4월
예종	숙명황후류씨	[684(사성원) 2월 – 690(천수원) 9월]	(6년 7월)
현종	황후왕씨	712(선천원) 8월 – 724(개원12) 7월	11년 11월
숙종	황후장씨	758(건원원) 4월 – 762(보응원) 4월	4년
소종	적선황후하씨	897(건녕4) 11월 – 904(천우원) 9월	6년 10월
		정규황후재위년월총계	71년 10월
		(참고) 정규·비정규황후재위총계	78년 6월

도판 19 | 唐代正規皇后在位年數一覽表(氣賀澤保規, 『絢爛たる世界帝國−隋唐時代−』)

에는 당연히 그럴 만한 이유가 있을 것이고, 황제든 아니면 어느 정치세력이든 의도적으로 황후를 정식으로 두지 않으려 했던 것임을 분명하다. 그럼 이런 현상이 나타나게 된 과정을 살펴보자. 덕종(779-804)과 헌종(805-819)의 예를 우선 살펴보는 것이 좋겠다. 덕종 시기에 황태자였던 용(誦)은 후에 순종(805)이 되는데, 순종이 황태자였을 때에는 황태자비가 있었다. 황태자가 황제로 즉위한 후에는 황태자비가 황후가 되는 것은 당연한 절차이다. 그런데 황태자비였던 소씨(蕭氏)는 순종의 즉위 전, 황후가 되기 전에 덕종에 의해서 죽임을 당하게 된다.[166] 황태자비를 죽임에는 나름의 목적이 있었던 듯하다. 덕종이 소씨를 죽인 것에는 소씨의 집안, 특히 소씨의 어머니인 고국공주(郜國公主)의 행동이 연유가 되었다. 고국공주는 평소 행동이 올바르지 않아 재가를 한데다 여러 대신들과 사통한 일이 있자, 덕종이 화를 내어

166 『新唐書』卷7 德宗紀 貞元6年(790)8月辛丑條, p.197, 「殺皇太子妃蕭氏.」

그녀와 사통한 신하들을 죽인 일이 있었는데, 그 후에 그 처리를 못마땅하게 여긴 고국공주는 주술을 사용하여 황태자에게 무고(巫蠱)를 가하였다. 이에 덕종은 그녀를 공주에서 폐립시켰는데, 2년 후에 죽고 말았다. 무고 때문인지 원한 때문인지 공주가 죽자 황태자가 곧 병이 났다. 이에 덕종은 재앙을 억누르기 위해 고국공주의 딸이며 황태자비인 소씨를 죽였다고 기록되어 있다.[167] 다른 기록에 의하면 그녀를 죽인 실제 이유는 황태자비가 자기 어머니의 죽음에 대해 원한을 품고 나중에 황후가 된 후 복수할 위험이 있었기 때문이었다는 것이다.[168] 앞서 당황실에는 위황후와 안락공주(安樂公主)가 모의하여 중종을 모살한 사건이 있었다. 이런 전례를 비추어 보면, 그와 유사한 사건이 재현될 가능성은 배제할 수 없는 상황이니, 덕종과 황태자(순종)에게는 큰 위협될 수 있었을 것이다. 즉 당대에는 정식 황후가 되면 그 권한이 그만큼 막중했다는 의미이다.

황제의 자의적인 의사로 황후의 출현을 막는 현상은 헌종 때에 더욱 명백해진다. 헌종의 곽비(郭妃)의 경우이다. 그녀는 생존시에는 정식으로 황후로 책립되지 못하다가 죽은 후에 등극한 아들(목종)에 의해 황태후로 추존되었을 뿐이다.[169] 헌종은 황태자에 책봉되기 전에 광릉왕(廣陵王)에 봉해졌다.[170] 이 시기에 곽씨가 비가 되었는데, 헌종이 황태자가 되어서도 곽씨를 황태자

---

167 『新唐書』卷83 諸公主列傳 肅宗七女 郜國公主, p.3362,「郜國公主, 始封延光, 下嫁裴徽, 又嫁蕭升, 升卒, 主與彭州司馬李萬亂, 而蜀州別駕蕭鼎·澧陽令韋愔·太子詹事李昇皆私侍主家. 久之, 姦聞. 德宗怒, 幽主它第. 杖殺萬, 斥鼎·愔·昇嶺表. 貞元四年, 又以厭蠱廢. 六年薨. 子位, 坐爲蠱祝. 囚端州, 佩·儒·偲囚房州, 前子駙馬都尉裴液囚錦州. 主女爲皇太子妃, 帝畏妃怨望, 將殺之, 未發, 會主薨, 太子屬疾, 乃殺妃以厭災, 諡曰惠.」

168 『新唐書』卷7 順宗紀, p.205,「郜國公主以蠱事得罪. 太子妃, 其女也. 德宗疑之, 幾廢者屢矣.」

169 『舊唐書』卷120 郭子儀傳 附子曖傳, p.3470,「貞元中, 帝爲皇孫廣陵郡王納(郭)曖女爲妃. …廣陵王卽位, 爲憲宗皇帝, 妃生穆宗皇帝. 元和十五年, 穆宗卽位, 尊郭妃爲皇太后.」

170 『舊唐書』卷14 憲宗紀上, p.411,「貞元四年六月, 封廣陵王, 順宗卽位之年四月, 冊爲皇太子. 七月乙未, 權勾當軍國政事.」

비로 세웠다는 기록이 없다. 다만 황제가 된 후에는 곽씨를 '귀비(貴妃)'로 세웠을 뿐이었다. 그런데 곽비는 중신 곽자의(郭子儀)의 손녀에다 부마도위 곽애(郭曖)의 딸로서 할아버지-아버지가 황실을 세우는 데 큰 공을 세운 집안 출신이었을 뿐만 아니라 동시에 어머니가 대종(代宗)의 장녀[昇平公主]였고, 목종(穆宗)의 어머니이기도 하였다. 그런 만큼 황후가 될 충분한 자격과 지원세력도 있었다. 그러나 남편인 헌종이 황제에 등극하였으나 단지 귀비로 봉해졌을 뿐이었다. 헌종이 황제가 된 지 8년이 되자 주위 신하들이 헌종에게 곽귀비를 황후로 세우자고 세 번이나 주청을 했다. 그러나 헌종은 여러 가지 이유를 대며 책봉하지 않았다. 『구당서』 본전에서는 그 이유를 헌종이 후궁을 사적으로 사랑했고, "곽후(곽귀비)의 집안이 화성[后門族華盛]하기 때문에 황후로 봉한 이후에 여러 총행(寵幸)하는 여인들을 용납하지 않을까 두려워 책봉을 차일피일 미루었다"고 설명하고 있다.[171] 여기서 황제의 후궁에 대한 총애가 주된 이유라는 설명은 궁색하고 진실이 아닐 가능성이 크다. 친왕이었을 때의 왕비를 황제가 된 후에는 황후로 맞이하는 것이 당연한 절차인데, 굳이 그러하지 않았다는 것은 쉽게 납득이 가지 않는 조처이다. 그 시점도 황제로 등극한 지 8년 후의 일이다. 여기에 다른 진짜 이유가 있음이 분명하다. 여기서 분명한 것은 황제의 사적인 총애나 그렇지 않으면 황제의 일상정치행위 어느 것이든 그 결정에 황후로서의 강력한 위치와 화려하고 쟁쟁한 곽귀비의 집안의 드센 간섭이 두려웠던 것이었다. 이제 당대 후반기 황제들이 황후 책봉을 꺼려하고 반대한 이유가 점점 분명해진다.

---

171 『舊唐書』 卷52 后妃列傳下 憲宗懿安皇后郭氏, p.2196, 「憲宗懿安皇后郭氏, 尙父子儀之孫, 贈左僕射·駙馬都尉曖之女. 母代宗長女昇平公主. 憲宗爲廣陵王時, 納后爲妃. 以母貴, 父·祖有大勳於王室, 順宗深寵異之. 貞元十一年, 生穆宗皇帝. 元和元年八月, 冊爲貴妃. 八年十二月, 百僚拜表請立貴妃爲皇后, 凡三上章. 上以歲暮, 來年有子午之忌, 且止. 帝後庭多私愛, 以后門族華盛, 慮正位之後, 不容變幸, 以是冊拜後時.」

이뿐만 아니라 덕종의 왕황후(王皇后)의 경우에서도 황제의 자의적인 황후 공위의 의도를 엿볼 수 있다. 덕종의 왕황후는 덕종이 노왕(魯王)일 때 빈(嬪)으로 맞아들여 황제가 된 이후에 숙비(淑妃)가 되었으며 순종을 낳아 덕종의 총애를 받았으나, 죽는 날 겨우 황후로 책봉을 받는다.[172] 순종이 황태자로 책봉될 때 왕씨가 살아 있었으므로[173] 황태자 어머니로서 황후로 충분히 책봉할 수 있었지만 죽는 날에야 겨우 황후가 된 것이다. 죽은 날에서야 황후로 세웠다는 것은 특히 황태자의 어머니를 황후로 두지 않으려는 명확한 의도로서 파악할 수 있다. 위에서 든 몇 가지 예를 미루어 보면 적어도 황후 공위는 황제 자신의 자발적인 의도가 개재되고 있었음을 짐작할 수 있다.

당왕조의 조야에서는 이상과 같은 황후 공위사태에 대해 큰 거부감을 갖지 않았고 후반기에는 '상태화(常態化)'되었으며 황제도 적극적으로 그 공위를 굳이 해소하려고도 노력하지 않았다. 이것은 단순한 후궁제도의 미정비 정도의 이유[174]로 설명할 수 없는 것이다. 가장 쉽게 예상할 수 있는 것은 무측천과 위황후와 같은 황후가 권력을 남용하는 일이 재현될 소지를 막기 위한 방어적 조치라는 것이 옳은 해석이다.

이런 황후권력에 빛과 그림자가 있었다. 황후로 봉해지면, 대체적으로 무·위황후처럼 무소불위의 권력을 휘두른 여성 권력자로서 군림하였지만, 정치세계란 그 권력의 크기만큼 생명을 잃은 위험성은 더 커지는 것은 당연한 이치이다. 그래서 당대 황후가 된 자들이 그 끝이 좋지 않았던 점도 눈에

---

172 『舊唐書』 卷52 后妃列傳下 德宗昭德皇后王氏, p.2193, 「德宗昭德皇后王氏, 父遇, 官至祕書監. 德宗爲
    魯王時, 納后爲嬪. 上元二年, 生順宗皇帝, 特承寵異. 德宗卽位, 冊爲淑妃. 貞元二年, 妃病. 十一月甲
    午, 冊爲皇后, 是日崩於兩儀殿. 臨畢, 素服視事. 旣大斂成服, 百僚服三日而釋, 用晉文明后崩天下發
    哀三日止之義. 上服凡七日而釋, 諡曰昭德.」
173 『舊唐書』 卷14 順宗紀, p.405, 「順宗至德大聖大安孝皇帝諱誦, 德宗長子, 母昭德皇后王氏. 上元二年正
    月生於長安之東內, 大曆十四年六月, 封宣王. 建中元年正月丁卯, 立爲皇太子.」 順宗은 建中원년(780)
    에 皇太子로 봉해졌고 王淑妃가 죽은 해는 貞元2년(786)이다.
174 氣賀澤保規, 『絢爛たる世界帝國 −隋唐時代−』, p.176.

띠는 현상이다. 그대로 온전하게 죽은 황후는 태종의 장손황후(長孫皇后) 1인에 불과했다. 무후도 최후에는 유폐된 몸으로 죽었다. 중종의 위황후는 자신이 황제가 되려고 하다가 살해되었다. 태평공주를 넘어뜨리는 정변을 도운 현종의 왕황후도,[175] 안사의 난의 혼란시기에 숙종을 도운 장황후(張皇后)도 결국 폐위되어 처형되었다.[176] 모두 정사에 깊이 관여했기 때문이었다. 황후의 부재 혹은 공위의 현상과 연관되어 떠오르는 것은 당대에 적장자 계위가 제도적으로 확립되지 않았던 점이다. 태종을 비롯하여 고종, 현종 등이 이미 장남으로서 황태자로 책립되어 있던 자를 밀어내고 스스로 황태자가 되었다가 황제위에 올랐다. '현무문(玄武門)의 변'에서 형과 동생을 살해한 태종은 자기의 전철을 밟지 못하게 하기 위해 북위의 고사를 기억하였는지 일찍 장남을 황태자로 하였지만, 결국 스스로 그를 내치고 말았다. 이런 현상은 전대인 수대도 마찬가지였다. 양제가 바로 그런 케이스이다. 수당시기 황제로 등극한 자를 보면 적장자 → 황태자 → 황제의 코스를 밟아간 자는 전무하다. 참으로 기괴한 일이다. 이런 현상의 후면에는 황자들 모두가 황태자가 될 수 있는 기회가 주어지고 있다는 것을 의미한다. 황태자가 되어도 황제로 즉위하기까지는 안심할 수 없는 것이다. 여기에 황후는 자연스럽게 계위분쟁에 개입하게 되는 현상이 발생할 수밖에 없는 것이다. 아들을 낳으면 황태자로 세우기 위해서 획책하고, 황태자가 되고 나면 지키려고 온 힘을 다한다. 이 과정에서 문제가 발생하고 실각하는 결과를 맞이하

---

175 『新唐書』 卷76 后妃傳上 玄宗皇后王氏, pp.3490-3491. 「帝爲臨淄王, 聘爲妃. 將淸內難, 預大計. 先天元年, 立爲皇后. 久無子, 而武妃稍有寵, 后不平. …開元十二年, 事覺, 帝自臨劾有狀. …縊是久乃廢. …未幾年, 以一品禮葬. 後宮思慕之, 帝亦悔. 寶應元年, 追復后號.」

176 『新唐書』 卷77 后妃傳下 肅宗廢后張氏, pp.3497-3499. 「乾元初, 冊拜淑妃. …遂立爲皇后, 詔內外命婦悉朝光順門. 后能牢寵, 稍稍豫政事, 與李輔國相助, 多以私謁橈權. …寶應元年, 帝大漸, 后與內官朱輝光等謀立越王係, 而李輔國・程元振以兵衛太子, 幽后別殿. 代宗已立, 群臣白帝請廢爲庶人, 殺之.」

게 된다. 킹 메이커로서의 황실 여인, 특히 황후의 위치가 낳은 궁실 비극의 장면들이다. 황후가 낳은 적장자가 계위하는 원칙이 관철되었다면 그런 불상사는 나타나지 않았을 것이다. 당대에는 그런 확고한 제도도 도덕관도 확립되지 않았던 것이다. 그런 과정에서 '무·위(武·韋)의 화(禍)'라는 정치 혼란이 벌어졌고, 여인 때문에 나라가 망했다는 지적이 나오게 된 것이다. 위황후가 그 남편인 중종을 시해하고 딸 안락공주를 황태자와 같은 레벨의 '황태녀(皇太女)'로 하고 여(女)에서 여(女)로 세습하려는[177] 공전절후(空前絶後)한 기도를 하였던 것도 이런 여인천하라는 사정에서 비롯된 것이다. 황후의 부재 현상은 무측천과 위황후의 소위 '무·위의 화'를 겪은 직후에 바로 나타나지는 않았다. 위황후와 세력싸움에서 승리하여 권력을 잡은 현종도 황후를 두었다. 비록 나중에 폐위는 되었지만 정황후인 왕황후(王皇后)가 있었다. 다만 왕황후는 정상적인 입후의 마지막 케이스였다.

이처럼 당대는 의도적으로 만들어진 '황후 부재(공위)'시대였다. 전술해 온대로 오호십육국시대 이후 여성, 특히 황후권력이 강대함은 유목적인 영향이었다. 그런 전통은 당대 중반까지 이어져 왔다. 여기에 현종 이후 이런 폐단을 막으려는 조처가 오히려 정상적인 정치를 왜곡시켰다. 궁실 여인들이 너무 강한 것인가? 아니면 그것을 막으려는 조처가 정상적인 후비제도를 왜곡시킨 것인가? 필자는 강한 여인이 중요한 변수로 작용하였을 것이라 생각하고 있다.

---

177 『舊唐書』 卷51 后妃傳上 中宗韋皇后, p.2172, 「又欲寵樹安樂公主, 乃制公主開府, 置官屬. 太平公主儀比親王. 長寧·安樂二府不置長史而已. …又請自立爲皇太女, 帝雖不從, 亦不加譴, 所署府僚, 皆猥濫非才」 『舊唐書』 卷92 魏元忠傳, p.2954. 「是時, 安樂公主嘗私請廢節愍太子, 立己爲皇太女, 中宗以問元忠, 元忠固稱不可, 乃止.」

IV. 호한복합사회와 제도 정비

1. 다양한(諸色) 예속민호(隷屬民戶)의 출현과 양천제(良賤制)의 성립

제국이 힘이 없으면 제국일 수 없다. 따라서 제국의 통치권 내로 들어온 잡다한 인종집단을 어떻게 부릴 것이며, 어떤 방식으로 통제하고 감독하여 최상의 힘을 발휘할 것인가가 제국 통치자의 가장 중요한 과제다. '제국'의 본 모습은 팽창과 확장에만 있는 것이 아니다. 본족뿐만 아니라 그 권내로 진입한 잡다한 이민족들을 결속시켜 더욱 강한 힘을 집중 발휘할 수 있는가에 그 해답이 있다. 그것이 제국의 성패를 좌우하는 관건이다. 제국의 경영과 통치의 목적은 제국을 더 넓게 더 강력하게, 그리고 더 오래 유지시키는 데 있기 때문이다.

그러기 위해서는 제국 틀 안에 들어온 다양한 사람들을 신분제의 틀 속에 질서정연하게 정렬시키는 것이 불가결한 과업이다. 그 유래가 다기한 '제국'인들을 몇 가지 정해진 신분별로 분류하여 질서정연하게 정열시킴과 동시에 그들에게 능력과 신분상 알맞은 직종을 부여하기 위한 전초작업이 바로 신분제다. 잘 알다시피 대당제국의 신분제를 '양천제(良賤制)'라 지칭한다. 이 양천제란 모든 백성을 양인과 천인이란 두 가지 계층으로 크게 구별하여 그에 맞는 직무를 할당하는 것을 특징으로 하는 신분제도다. 이 양천제가 출현하기 전 중국고대의 신분제의 발전 경로를 보면 대개 다음과 같이 정리된다. 한대에는 '서노제(庶奴制)'였던 것이,[178] 삼국 혹은 북위시대(대개 효문제시기)에 '양노제(良奴制)'로,[179] 다시 당대에 들어[혹자는 북위 선무제 경명 연간(500~504)으로 보는

---

178 秦漢時代는 官과 庶 사이에는 꽤 流動性이 있었지만 奴婢와 그 외 신분 사이에는 엄중한 신분차가 있었다고 본다(堀敏一, 「中國における良賤身分制の成立過程」, 『中國古代身分制−良と賤−』, 東京: 汲古書院, 1987, p.109).

179 堀敏一은 그 분계선을 三國時代에, 尾形勇은 北魏 均田制 成立期로 본다(「中國における良賤身分制の

자도 있다] '양천제'로 바뀐 것으로 정리하고 있다.[180] 이런 변화의 노정에도 이 시대의 특징인 '혼란'과 '유목'이라는 변수가 개재되어 있다.

한대의 '서노제'는 백성을 서(인)-노(비)라는 두 가지 큰 범주로 나누었던 것을 말한다. 서인의 서는 원래 관(관인, 관료)의 대칭개념이다. 한대 사료에서 흔히 보이는 '관(을) 면하여 서인으로 한다[免爲庶人]'는 것은 죄를 지은 고급관료가 그 직에 면직되어 서인이 되는 것을 말하는 것이다. 또 반면 죄수[刑徒와 奴婢]에서 서인으로 상승하는 형태도 있다. 한대 정치·사회를 질서짓는 가장 대표적인 제도는 잘 알다시피 20등작이다. 관직도 작에 부속된다. 관료가 되거나 면직되는 것도 모두 각각 작제(爵制)체계 내에서 신분적으로 하강·상승하는 것을 의미하기 때문이다. 따라서 서인은 작제적 용어로서 '무작자'라는 의미이다.

진한시대는 노비만이 '천민'이었으나, 남북조기에 이르러 복잡한 과정을 거치면서 새로운 신분이 창설되어[181] 당대에 이르러 이들 천민층과 그것과 양립하는 '양민'을 합쳐 이 양대 신분을 근간으로 하는 소위 '양천제'가 성립한 것이다.[182] 하나의 국가와 사회에 양천이라는 '신분' 혹은 '신분제'가 확립되었다는 것은 국가 내지 사가(私家)에 예속하고 있는 '천민'이 일상생활에서 각종 차별을 받고, 또 그 차별의 유효함을 국법(國法, 즉 律令)으로 보증함으로써 '양민'과 명확하게 대비되는 것이 당시 통치 질서로서 확고하게 존재하고 있는 것을 말한다.[183]

　　成立過程」, p.141).
180　堀敏一, 「中國における良賤身分制の成立過程」, pp.107, 138−141.
181　秦漢代로부터 내부적인 운동에 의해 官賤民으로서의 '雜戶'·'官戶', 私賤民으로서의 '部曲'·'客女' 등의 새로운 신분이 생겨났다.
182　玉井是博, 「唐の賤民制度とその 由來」, 『支那社會經濟史研究』 東京: 岩波書店, 1942; 仁井田陞, 『支那身分法史』, 東京: 東方文化學院, 1942; 濱口重國, 『唐王朝の賤人制度』, 京都: 東洋史研究會, 1966.
183　尾形勇, 『中國古代の家と 國家』, 東京: 岩波書店, 1979, pp.315−316.

여하튼 '서노제' 하의 서인은 진한시대 사회의 주된 생산계층이었다. 그런데 이것이 위진남북조시대에 들어 '양노제'로 바뀐 것은 그 사회가 노비계층에는 별다른 변화가 없지만, ① 서인이 양인으로 그 명칭이 바뀐 것이다. 서인과 양인의 차이는[184] 앞서 언급했듯이 '무작(無爵)'과 '무관(無官)' 정도의 차이로 이해하면 될 것이다. 한대사회의 신분제의 기본축이 작(爵)을 기준으로 하는 관(官)-서(庶)관계를 주축으로 하는 것이었는데, 이것이 생산(生産)·담세(擔稅)계층인 '양(良)'과 '노(奴)'를 주축으로 하는 사회로 바뀐 것을 의미한다. 다시 대당제국의 신분제인 양천제는 생산·담세계층인 양인은 그대로인 데 비해 ② 노예[노비]는 천인으로 변화하였다는 것을 의미한다. 다시 말하면 위진남북조에서 수당시대로의 변화는 양민(인)층의 경우 신분상 유래와 권한에 있어서 별다른 변화가 없지만, 노예층이 천인층으로 확대·재편되어 천민 속에 편입되고, 동시에 천민층 자체가 크게 확대·재편되는 큰 변화가 있었다는 것을 의미한다. 진한사회에서 위진-수당시대로 넘어오면서 이와 같은 사회 신분의 대변화를 한마디로 요약하면 천인층의 광범위한 확대·재편이라 할 수 있다. 그런 변화는 내부적인 요인에 의한 변천의 결과도 있겠지만, 그보다 일종의 정복왕조적인 통치와 전쟁포로·사민 등 외부로부터 온 천인층에서의 인적 자원의 확대가 가져온 결과라고 보아야 한다.[185] 잘 알다시피 대당제국의 신분제인 양천제에서 천인을 보면 그 종별 다양성이 두드러진다. 우선 크게 보아 관천민(官賤民)과 사천민(私賤民)으로 대별되

---

184 堀敏一은 良民·良人의 法律上의 身分이 '庶人'이라고 본다(「中國における良賤身分制の成立過程」, p.122).

185 堀敏一은 漢代에서 賤民·賤人의 '賤'은 尊·貴·富에 대해 相對的으로 사용되어 그것이 지칭하는 범위는 일정하지 않았다고 보며, 賤人이라는 身分的 用語로 정착하는 과정은 良人이라는 용어와는 달리 확실하게 알 수 없다고 하였다(「中國における良賤身分制の成立過程」, pp.135-136). 따라서 '良人'의 정착과정이 주로 중국 내부적인 要因이라면, '賤人'의 身分으로서의 정착은 外部的인 요인이 가미됨으로써 성립된 것이라고 할 수 있다.

는데, 관천민은 태상음성인(太常音聲人)·잡호(雜戶)·공호(工戶)·악호(樂戶) 등 특수 기능직(戶)과 관노비가 세밀하게 분류된 신분의 한 계열로 등장하게 된 것이다. 또한 사천인은 부곡(部曲)·객녀(客女)·사노비로 구성되어 있다. 특히 사천인보다 관천인의 분류가 더 복잡하다. 이런 면에서 노비(노예)가 하나의 범주로 취급되던 진한시대와는 질적으로 다른 것이다.

위진남북조라는 격동의 시대를 거치면서 천민층이 이처럼 크게 확대되었다. 위진남북조는 특히 민족이동과 전란의 시대이기 때문에 신분의 변동이 심하고, 항부민과 전쟁포로 등 다양한 천민층이 대량 생성될 가능성이 컸다. 먼저 유목민의 중원진입 후 '부락해산(部落解散)'조처를 통해 군장대인(君長大人)의 부락(족)통솔권이 박탈됨으로써 부락민들이 석출되어 황제에게 직속되는 민이 되었을 뿐만 아니라, 특히 북위 등 유목정권은 빈번한 정복을 통해 피정복민을 강제로 내지로 이주하는 정책, 즉 사민정책(徙民政策)을 대규모로 실시했다. 예컨대 북위 태조 도무제가 후연(後燕)을 멸망시켰을 때, "산동 육주 민리 및 도하·고려·잡이 삼십육만과 백공기교 십만(山東六州民吏及徒何高麗雜夷三十六萬百工伎巧十萬)"을 수도 평성지역에 옮겨서 경우(耕牛)를 지급하고 계구수전(計口受田)을 행하였다고 한다.[186] 또 세조 태무제가 혁련씨의 하(夏)를 멸망시킬 당시 1만여 가를 사민했고,[187] 북연(北燕)을 토벌하였을 때에는 '육군민 삼만여가',[188] '남녀 육천구' 등을 수차 사민하였으며,[189] 북

186 『魏書』卷2 太祖道武帝紀 天興元年(398)條, pp.31~32, 「春正月. …辛酉. 車駕發自中山. 至于望都堯山. 徙山東六州民吏及徒何·高麗雜夷三十六萬, 百工伎巧十萬餘口, 以充京師. 車駕次于恒山之陽. 博陵·勃海·章武群盜並起, 略陽公元遵等討平之. 廣川太守賀盧殺冀州刺史王輔, 驅勒守兵, 抄掠陽平·頓丘諸郡, 遂南渡河, 奔慕容德. 二月, 車駕自中山幸繁時宮, 更選屯衛, 詔給內徙新民耕牛, 計口受田.」
187 『魏書』卷4上 世祖太武帝紀 始光3年(426)條, p.71, 「冬十月丁巳, 車駕西伐. 幸雲中, 臨君子津. …十有一月戊寅, 帝率輕騎二萬襲赫連昌, 壬午, 至其城下, 徙萬餘家而還.」
188 『魏書』卷4上 世祖太武帝紀 延和元年(432)9月乙卯條, p.81, 「車駕西還. 徙營丘·成周·遼東·樂浪·帶方·玄菟六郡民三萬家于幽州.」
189 『魏書』卷4上 世祖太武帝紀 太延元年(435)條, p.85, 「六月 … 戊申, 詔驃騎大將軍樂平王丕等五將率騎

량(北涼)을 멸망시켰을 때 '양주민 삼만여가'를 경사지역에다 사민했다.[190]

이들 사민들은 당연히 일반 주군민(州郡民)과 다른 취급을 받았다. 그런 면에서 주군민과 다른 신분에 편입될 개연성이 커졌다. 사민된 자들은 농기구가 지급되었고, '계구수전' 형식으로 국가의 직영지에 노동력으로 배치되었다.[191] 이런 사민들은 종족적으로나 직능적에 따라 다양하게 분류되었다. 상식적인 이야기이지만 노약자는 피사자(被徙者)의 범위에서 제외되고 건장하고 또 특수기능을 가진 자들이 사민의 주된 대상이었다.[192] 그들은 기간산업인 농업과 고부가가치인 수공업의 생산과 그리고 국가 존립의 근간인 군사활동 등에 주로 구사되었던 것이다. 그들에게 기능에 맞는 직종을 주고, 특수한 생산 임무를 수행하게 하였던 것이다. 이런 생산방식을 '할당(割當=配當=攤派: allotment; assignment)생산'이라 할 수 있다. 농업과 특히 수공업 분야에 할당생산제가 운용되었다. 수공업자인 '백공'은 대규모로 또 빈번하게 사민되었다. 이들이 다양한 관부(官府: 관청)의 예속민호가 된 것은[193] 자명한 일이다. 게다가 유목민족에게는 기술자를 우대하는 관행이 있었다. 또 할당생산은 유목민족이 새외(塞外)에서 활동하던 당시의 관행이기도 하였다. 예컨대 흉노

四萬東伐文通. 秋七月, …己卯, 丕等至於和龍, 徙男女六千口而還.」

190 『魏書』卷4上 世祖太武帝紀 太延五年(439)冬10月辛酉條, p.90, 「車駕東還, 徙涼州民三萬餘家于京師」; 『魏書』卷99 盧水胡沮渠牧犍傳, p.2208, 「城拔, 牧犍與左右文武面縛請罪, 詔釋其縛. 徙涼州民三萬餘家于京師.」

191 『魏書』卷2 太祖道武帝紀 天興元年(398)2月條, p.32, 「詔給內徙新民耕牛, 計口受田.」; 『魏書』卷3 太宗明元帝紀 永興五年(413)條, p.53, 「秋七月己巳, …奚斤等破勤倍泥部落於跋那山西, 獲馬五萬匹, 牛二十萬頭, 徙二萬餘家於大寧, 計口受田. …丙戌, 車駕自大室西南巡諸部落, …遂南次定襄大落城, 東踰十嶺山, 田於善無川. 八月癸卯, 車駕還宮. 癸丑, 奚斤等班師. 甲寅, 帝臨白登, 觀降民, 數軍實. …辛未, 賜征還將士牛·馬·奴婢各有差. 置新民於大寧川, 給農器, 計口受田.」

192 五胡十六國 이후 유목민족의 왕조에서는 전쟁 후에 俘虜나 投降者에게 '坑士'之風이 유행했다. 예컨대 劉粲이 劉乂를 토평하고 나서 "坑士衆萬五千餘人"(『晉書』卷102 劉聰 附子劉粲載記, p.2675)하였고, 石虎가 劉曜와 싸우면서 "坑士一萬六千"(『晉書』卷103 劉曜載記, p.2698)하였다. 徙民이 소위 '兵戶'로 전환한 것은 당시 일반적인 현상이었다(高敏, 『魏晉南北朝兵戶制研究』, 鄭州, 大象出版社, 1998, pp.232-239).

193 辛聖坤, 「南北朝時代 官私隸屬民에 관한 研究」, 서울大學校 大學院 東洋史學科 博士學位論文, 1995.

는 피납된 한인을 그들의 장기인 농경에 구사했으며,[194] 유연은 돌궐을 정복하고 나서 그들의 장기인 철의 생산을 강제하여 '철공[鍛奴]'으로서 구사하였다.[195] 이들을 특기에 따라 기능별 구분·배치하여 생산에 종사시켜 공납하게 한 것이다. 이런 유사한 예는 다른 시대에도 쉽게 찾아볼 수 있다. 철 생산의 능력을 가진 돌궐인에게 키르기스(黠戛斯)가 철의 공납을 강요한 예가[196] 그것이다. 오호십육국시대 각국이 수공업자의 확보에 신경을 썼음을 확인할 수 있는데 예컨대 모용황(慕容皝)이 관내 '백공상고(百工商賈)'의 적정인원을 확보하는 데 노력했고,[197] 동진 유유(劉裕)가 후진(後秦)을 멸망시켰을 때 후진이 백공을 집중 관리하며 생산에 종사시킨 현장을 직접 목도·확인하였던 것도[198] 이런 사정 때문이다. 즉 이런 기술자를 독립적인 소생산자의 형태로 방치하지 않고 국가의 엄격한 통제 하에 두고 생산에 구사했던 것이다. 전쟁포로 중 백공은 그 기술 덕분으로 살해가 면제될 정도로[199] 수공업자는 특히 우대되었던 것이다.

이런 예는 후대에서도 쉽게 그 유례를 찾아볼 수 있다. 오호십육국-북조시대의 '백공기교'의 관리형태를 원대(元代)의 제색호계(諸色戶計)제도[200]와

194 江上波夫,「匈奴の飲食」,『ユウラシア古代北方文化－匈奴文化論考』東京: 山川出版社, 1948, pp.109-111.
195 『北史』卷99 突厥傳, pp.3286-3287,「世居金山之陽, 爲蠕蠕鐵工. …阿那瓌大怒 使人詈辱之曰: "爾是我鍛奴, 何敢發是言也!";『周書』卷54 異域傳下 突厥, pp.907-908,「臣於茹茹, 居金山之陽, 爲茹茹鐵工. 金山形似兜鍪, 其俗謂兜鍪爲'突厥', 遂因以爲號焉.」
196 『新唐書』卷217下 回鶻傳下 黠戛斯, p.6147,「有金·鐵·錫, 每雨, 俗必得鐵, 號迦沙, 爲兵絶犀利, 常以輸突厥.」
197 『晉書』卷109 慕容皝載記, p.2825,「(皝記室參軍封裕諫曰): "…百工商賈, 猶其末耳. 宜量軍國所須, 置其員數, 已外歸之於農,…." 皝乃令曰: "…百工商賈數, 四佐與列將速定大員, 餘者還農."」
198 『太平御覽』卷850 布帛部2 綿 p.3624下右,「丹陽記」曰: "鬪場錦署, 平關右, 遷其百工也."」
199 『太平廣記』卷110 南宮子敖, pp.755-756,「南宮子敖, 始平人也. 戍新平城, 爲猘狒(赫連勃勃)虜兒長樂公所破, 合城數千人皆被誅害. …爾時長樂公親自臨刑, 驚問之, 子敖聊答云: '能作馬鞍' 乃令閼釋.」
200 軍戶, 民戶, 站戶, 打捕戶, 蒲萄戶 등 매우 복잡하다. '諸色戶計' 외에 '諸項戶計', '諸色戶', '諸色人戶', '諸色人等' 등으로 지칭한다. 諸色이란 '여러 가지'란 의미이다.

비교한 학자가 있는 바와 같이[201] 그 운용면이 매우 유사하다. 원대의 문헌에 나타난 '호계'의 명칭이 무려 83종이나 된다. 이 가운데 당시 정권이 필요로 한 것을 생산하기 위해 분류된 숫자만도 29종이나 된다. 당대 관노비의 분류가 다기한 이유가 쉽게 이해된다. 물론 호계제도는 한인왕조의 호적제도와는 다르다. 호계의 명칭은 담당하는 특수 역(役)이나, 생산물, 특수기술, 신봉하는 종교, 소속된 민족, 관리하는 기구[衙門], 부담하는 조부(租賦)의 용도 등을 나타내는 관사(冠詞)가 앞에 붙는다. 이렇게 제색호계로 '분간(分揀)'하는 이유는 ① 각종 직업인구의 장악이 용이하고, ② 생산할 물건의 필요성이 뚜렷하고, ③ 농경민족과 초원민족의 민의 분류 관습의 차이 등에서 비롯된 것이다.[202] 제색호계는 통치계급의 다양한 수요를 충족시킬 목적으로 부역시키는 수탈구조이다.[203] 그런데 중국을 제외한 어디에도 기능 인력이 호(戶)를 단위로 파악되지 않는다. 즉 수취대상을 호단위로 파악한 중국적 관행(한)과 기술인력을 수요에 따라 분류하는 방식(호)이 혼합되어 출현한 것이 바로 제색호계다. 포로·귀부의 형태로 들어온 특수기능인은 수도 카라코룸에 설정된 특별 거주지역에 거주하게 되었다. 제색호계적 지배(수취)체제는 생산물보다 그 생산주체와 생산수단을 장악하는 형태를 취하고 있다. 울루스(ulus; 部族)의 확대가 그들의 중요 목표이듯이, 유목민족은 원래 토지보다 인력(사람)의 확보를 중시한다. 호계제도는 피정복민을 효과적으로 지배·수탈하기 위하여 강구된 방법으로, 호계에 따라 특정 요역을 부담하기도 하는데, 그 부담이나 관료진출의 제한 정도도 다르며, 상이한 법이 적용

201 Pearce Scott, "Status, Labour and Law: Special Service Households under the Northern Dynasties", *Harvard Journal of Asiatic Studies* 51-1, 1991, p.95. 唐長孺도 '蒙古(中原)進入時'의 정황과 비교하였다(「魏晉至唐官府作場及官府工程的工匠」, 「魏晉南北朝史論叢續編」, 北京: 三聯書店, 1959, p.42).
202 黃淸連, 「元代戶計制度硏究」; 臺北: 國立臺灣大學文學院, 1977.
203 湯明檖, 「元代田制戶籍賦役略論」, 「史學論集」, 廣州: 廣州人民出版社, 1980, p.32.

되고, 상이한 세역체계의 적용을 받는다.[204]

　이보다 앞서 호족으로서 중원을 통치한 오호십육국–북조시대에도 다양한 예속민호가 존재하였고, 그 종류도 이호(吏戶)·잡호(雜戶)·예호(隸戶)·기작호(伎作戶)·악호(樂戶)·태상민(太常民)·염호(鹽戶)·금호(金戶)·역호(驛戶)·별호(別戶)·둔호(屯戶)·금은공교호(金銀工巧戶)·목호(牧戶)·잡색역예호(雜色役隸戶)·평제호(平齊戶)·사호(寺戶), 그리고 수공업 가운데 방직(紡織)에 종사하는 호도 능라호(綾羅戶)·세견호(細繭戶)·나곡호(羅縠戶) 등으로 세분했다. 이전 왕조에 없던 현상이다. 또 공장(工匠)은 군사편제로 편성되고[205] 있듯이 정부의 수공업자에 대한 통제는 매우 엄격하여 생산자를 직업적으로 세습·고정시키려는 것이[206] 당시 대수공업정책의 기조였다.[207] 오호십육국–북조시대에는 관부에 소속된 예속민이 광범하게 존재하였는데, 그 지위와 역할이 타 시대와 구별되며,[208] 총인구수에서 점하는 비중이 대단히 컸다.[209]

　이러한 할당생산을 위한 직종적·신분적 분류는 수–당대 혹은 그 이후 사회에 영향을 주었고, 직접적으로는 양천제로, 길게는 세역제도의 확립과 연결되었다. 특히 당대의 '색역(色役)'제도와 연관성을 상정할 수가 있다. 당나라 초기에 직역(職役)으로의 취역(就役)을 '색역'이라 하였다.[210] 이들은 호적

204 李玠奭,「元代儒戶에 대한 一考察 –戶籍을 中心으로–」,『東洋史學研究』17, 1982, p.96.

205 唐長孺,「魏晉至唐官府作場及官府工程的工匠」, p.43.

206 『魏書』卷4下 世祖紀下 太平眞君5年(444)春正月條, p.97,「戊申, 詔曰: "…自王公已下至於庶人, 有私養沙門·師巫及金銀工巧之人在其家者, 皆遣詣官曹, 不得容匿 …." 庚戌, 詔曰: "…其百工伎巧·騶卒子息, 當習其父兄所業, 不聽私立學校. 違者師身死, 主人門誅."」

207 孝文帝 延興 2년까지는 ① 手工業者의 轉業이 불가능하였고, ② 당시의 轉業도 農業으로 국한하였고, ③ 수공업자의 보충에는 문제가 없어졌고, ④ 工商雜伎, 즉 手工業者가 土地獲得이 가능하게 되었거나 약간의 토지를 원래 가지고 있었던 것으로 정리된다(唐長孺,「魏晉至唐官府作場及官府工程的工匠」, p.45).

208 Pearce Scott, "Status, Labour and Law: Special Service Households under the Northern Dynasties", 1991.

209 鄭學檬 主編,『中國賦役制度史』, 廈門: 廈門大學出版社, 1994, p.148.

210 '色役'이란 명칭은 唐代에 출현하였지만, 白直, 防閣, 仗身 등의 色役은 魏晉南北朝시대에 唐代보다 훨씬 성행하였으며 색역의 특징의 하나가 '專門性'에 있다. 魏晉南北朝시대 이 色役의 종류는 '百役' 혹은

제도상에서도 일반 민호와 분리·등재되어 국가로부터 통제되었다. 이들의 호칭은 그들이 담당하고 있는 직역이 그대로 반영되었다.[211] 예컨대 관청[官府]에 복무하거나 관료에 분배된 이(吏)의 명칭은 대개 50~60종이었다.[212]

수-당적인 신분질서 하에서도 이처럼 이전의 역속민적(役屬民的)인 신분질서의 유제(遺制)가 잔존하고 있는 것이다. 이처럼 수당의 신분제인 양천제는 고대 중국의 신분질서의 계승적인 측면이 있음과 동시에 위진남북조, 특히 북조 이래 역속민적인 신분질서의 귀결이라 할 수 있다. 이는 제국으로 가는 과정, 혹은 제국에서 소속민들을 일사불란하게 사역하여 가능한 한 생산력을 제고시켜 생산량을 증대시키려는 정책의 일환이었다.

2. 제국민에 대한 할당생산체제와 균전제

그러면 생산 현장을 통제하고 생산자를 규제하는 제도를 살펴보자. 토지의 '균등분배(均等分配: 均分-限田)'는 고대 한족왕조 통치자 및 그 인민의 간절한 희망이었다. 공자도 "적은 것을 걱정하지 말고 고르지 못한 것을 걱정하라"[213]고 하지 않았던가! 또한 정치에 있어서 재물을 논할 때 항상 거론되는 것이 균분이다.[214] 균전제도 그러한 희망이 응결되어 나온 제도인 것은 사실이다. 그래서 기왕의 학계에서 균전제의 계보는 (서주시대의) 정전제(井田制)

'衆役'으로 사료상 常用되기 때문에 '百'으로 셀 수 있는 수였을 것이라고 추정한다(鄭學檬 主編, 『中國賦役制度史』, p.135).

211 이러한 特殊戶口가 얼마나 될 것인지는 확실히 알 수 없다. 이들을 가리켜 '百雜之戶'라 한다(『魏書』 卷1 前廢帝紀 普泰元年(531)3月條, p.274.).

212 예컨대 ① 職吏·散吏·文吏·武吏 등은 吏에 일반명사를 붙인 吏名, ② 送故·恤吏·親信·幹僮 등은 吏의 존재형태에서 유래된 吏名, ③ 倉監·縣僮·門吏·府吏 등 이전 下級吏員의 명칭이 보존된 吏名, ④ 書僮·醫·卜 등은 服役의 종류에 따른 吏名, ⑤ 防閤·仗身·鈴下 등 軍事와 유관한 吏士에서 전화된 吏名으로 분류된다.

213 『論語』 季氏篇, 「丘也聞 有國有家者, 不患寡而患不均, 不患貧而患不安, 蓋均無貧, 和無寡, 安無傾.」

214 『漢書』 卷24上 食貨志上, p.1117, 「財者, 帝王所以聚人守位, 養成群生, 奉順天德, 治國安民之本也. 故曰: "不患寡而患不均, 不患貧而患不安; 蓋均亡貧, 和亡寡, 安亡傾."」

에서 전국·진·한대의 한전제(限田制)로 다시 왕망(王莽)의 왕전제(王田制)를 거쳐 조위의 둔전제(屯田制)와 서진의 점·과전제(占·課田制)를 거쳐 균전제로 이어온 것으로만 보았다.[215] '균분'이라는 이상의 실현이라는 면으로 본다면 그런 발전 계보도 틀린 것은 아니다. 그런데 왜 이런 한족의 간절한 희망인 '균분'의 제도화가 한족국가인 남조의 여러 왕조에서 성취되지 않고 이민족왕조인 선비족의 북위에 와서 실현되었을까? 이것이 균전제의 출현과 성립을 균분이념 자체로만 한정해서는 잘 설명되지 않는 이유인 것이다. 따라서 한족의 (균분)전통뿐만 아니라 호족왕조 특유의 관행이나 북위 당시의 정치·사회현실과 호한합작을 지향하는 당시 시대적 필요성이 균전제라는 토지제도를 성립시킨 것이라 보아야 올바른 이해다.

호족군주가 중원을 정복한 후 원활한 지배를 위해서는 먼저 충분한 물적 자원, 즉 통치자금의 확보가 무엇보다 중요하다. 그러나 유목민족의 기존 자원 획득방식은 약탈이었고, 북위 초기까지도 그 방법이 여전히 채용되고 있었다. 그러나 화북지역의 통일로 더 이상 약탈전을 전개할 곳이 사라지게 되었다. 북방 초원에서 남방 농경지대를 바라보았을 때는 약탈할 물건이 많지만, 농경지대에서 서북방 오아시스나 유목지대를 보면 그저 초원과 황무지 그리고 목민일 뿐이다. 따라서 이미 정착한 농경지대에서 항구적으로 자원을 확보하려는 정책의 확립이 필요하게 되었다.

여기에 북위에 들어서 취한 여러 조처들을 살펴볼 필요가 있다. 우선 북위 초에 취한 '계구수전제'과 태무제의 태자 공종이 시행한 '과전(課田)'[216]은 효문제시기 균전제의 전단계 조처라고 볼 수 있다. 그러면 '계구수전제'란 어

---

215 宮崎市定, 「晉武帝의 戶調式에 就て」, 『アジア史研究(第1)』, 京都: 同朋舍, 1975.
216 이 田制를 흔히 「恭宗課田」이라 한다(朴漢濟, 「北魏均田制의 成立과 胡漢體制」, 『東洋史學研究』 24, 1986, pp.84-85).

면 토지제도인가? 그것을 글자대로 풀이하면 ① 구수(口數)에 따라 토지를 지급하는 단순한 행위처럼 보인다. 그러나 필자는 계구수전제를 ② 친정(親征)을 통해 → 약탈·사민한 사람들에게 → '계구수전', 즉 사람 수에 따라 경작할 경지와 소 등을 나눠주고 토지[地額] 및 생산량을 부과한 후 → 생산 활동을 독려하며, → 수확량에 계산[量校收入]한 후 → 그 등위를 매기고[殿最] → 그런 다음 최종적으로 상벌[賞罰]을 행하는 일련의 생산구조로서 이해해야 한다고 본다. 이런 과정에서 자연 '균분'이 행해지지만 그보다 전술한 '할당생산'을 통해 최대량의 물자를 생산하려는 의도를 가진 토지제도였다고 본다.[217] 한대,[218] 혹은 서진시대[219]에도 유사한 용어인 '계구이전(計口而田〈"計口而給其田宅" 혹은 "計口而爲井田"〉)'이란 조처가 있었지만, 이는 빈민구제를 위한 특수한 토지지급정책이었기 때문에 북위의 보편적인 그것과 질적으로 다르다. 이것은 오히려 청나라 초기 정복시기에 행해진 '계정수전(計丁授田)'제도와 유사하다.[220] 이런 형식은 일반적으로 정복초기에 취해진 것임을 볼프람 에버하르트(Wolfram Eberhard: 1882-1947)가 지적한 바 있는데, 그는 서주 정전제(井田制)도 주족(周族)이 관중평원을 정복 후에 시행한 할당생산의 토지제도로 보았던 것이다.[221]

그러나 계구수전제는 실시지역·실시기간이 국한되어 있었다. 그런 면

---

217 朴漢濟, 「北魏 均田制成立의 前提 - 征服君主의 資源確保策과 督課制」, 『東亞文化』 37, 1999, pp.43-46.

218 「計口而給其田宅」(『漢書』 卷12 平帝紀 元始二年條, p.353. 혹은 「計口而爲井田」(『漢書』 卷19中 王莽傳, pp.4110-4111) 등의 용례가 있다.

219 『晉書』 卷88 孝友傳 王裒, p.2278, 「(王裒)家貧, 躬耕, 計口而田, 度身而蠶. 或有助之者, 不聽.」

220 이 용어는 원래 滿洲文으로 표기된 것을 漢字로 표기한 것이다. 計丁授田 외에 '計口受田' 혹은 '均田制'로 표기하기도 한다(金斗鉉, 「遼東支配期 누루하치의 對漢人政策」, 『東洋史學硏究』 25, 1987, p.68 주4).

221 전통시대 중국인에 의해 均分이나 輕稅의 표본으로 칭송되어 온 井田制도 西周의 殷 정복 후, 정복민으로부터 가혹한 수취를 위한 토지정책이었다고 보는 학자도 있다(Wolfram Eberhard, *Conquerors and Rulers-Socal Forces in Medieval China*, Leiden: Brill, 1970, p.35).

에서 계구수전제는 ① 그 기간(北魏 初期에 한정)의 '한시성(限時性)', ② 실시지역(최대로 京畿지역)의 국지성(局地性), ③ 특수민에 제한이라는 한계가 있었다.[222] 따라서 시간적으로 장기적인, 지역적으로 전 국토를 포괄하고 전 백성을 대상으로 확대된, 보다 보편적이고 영구적인 제도로서 전환할 필요가 있었다.

환경도 많이 바뀌어 태무제의 화북 통일과 정복전쟁도 종식됨에 따라 사민의 공급이 중단되고 통치지역의 확대로 구사 대상민이 수적으로 증가함으로써 계구수전제만으로는 곤란하게 되었다. 고식적·임시방편적인 제도에서 전국적인 그리고 보편적인 생산체제의 틀을 마련할 필요가 생긴 것이다.

그래서 공종(恭宗)은 『주례』의 분업체제(農·圃·工·商·牧·嬪·衡·虞)를 거론하면서 계구수전제와 균전제로 중간단계로서 과전제를 제창했던 것이다.[223] 그 운영방식은 다분히 수공업자의 생산형식인 할당생산 형식과 유사하다. 유사(有司)로 하여금 각 가별의 구수를 확인하게 한 후 경작할 면적을 책정하고 아울러 경작할 작물을 명확하게 정하여 경작자의 성명을 토지의 머리에다 써서 세우고 그 경작의 실적을 가리게 한 것이다. 북위 초의 계구수전이 특정민에게 해당되는 것이라면, 공종의 과전은 모든 인민에게 적용한 것이었다.[224] 또 권농 등 자유에 맡기는 것이 아니라 계구수전과 마찬가지로 강제적인 것이었다.[225] 모든 인민이라 하나, 공종의 과전이 실제 시행된 지역은 북

222 '計口受田'이라는 용어도 『魏書』에 5차례만 나올 뿐이다.
223 『魏書』 卷4下 世祖太武帝紀下 恭宗景皇帝晃傳, pp.108~109,「初, 恭宗監國, 曾令曰: "周書言: '任農以耕事, 貢九穀, 任圃以樹事, 貢草木; 任工以餘事, 貢器物; 任商以市事, 貢貨賄; 任牧以畜事, 貢鳥獸; 任嬪以女事, 貢布帛; 任衡以山事, 貢其材; 任虞以澤事, 貢其物.' 其制有司課畿內之民, 使無牛家以人牛力相貿, 懇殖鋤耨. 其有牛家與無牛家一人種田二十二畝, 償以私鋤功七畝, 如是爲差. 至與小·老無牛家種田七畝, 小·老者償以鋤功二畝, 皆以五口下貧家爲率. 各列別口數, 所勸種頃畝, 明立簿目. 所種者於地首標題姓名, 以辨播殖之功." 又禁飲酒·雜戲·棄本沽販者. 墾田大爲增闢.」
224 西村元佑,「北魏均田攷」,『龍谷史壇』32, 1949.
225 堀敏一,『均田制の研究』, 東京: 岩波書店, 1975, p.116.

위 통치권이 미치는 도성 평성을 중심으로 하는 경기지역에 국한되었다.

그 후 효문제시기 일련의 개혁을 통해서 경기지역만이 아니라 다시 편입된 광대한 강역에 대한 일원적 토지지배체제를 구축해 갔던 것이 바로 균전제다. 효문제는 연령과 급전량의 규정을 서진의 점·과전제의 규정에서 영향을 받고 여기다 호족적인 할당생산방식을 첨가하였던 것이다. 효문제는 태화 원년(477)에 '일부(一夫)는 40무의 밭을 경작한다'는 조치를 취하였는데,[226] 이는 서진 점·과전제에서 남자(정남), 여자(정녀), 차정남 등의 연령규정을 두고 급전(점전과 과전) 및 전토량을 배정한 것과[227] 유사하다. 즉 연령과 급전량이 규정된 것이다. 이는 분명 서진의 점·과전제의 영향을 받는 것으로 볼 수가 있다. 효문제는 드디어 태화 9년(485) '균전조(均田詔)'를 내리고[228] 태화 20년에는 관련 조칙을 반포한다. "게으른 자는 회초리를 때리고 힘써 일한 자는 모두 이름을 들리게 하라"[229]라는 그 조칙의 구절에서 계구수전제의 정신(배당-감독-전최〈殿最〉의 형식)이 그대로 투영되고 있음을 알 수 있다. 아울러 태화 11년(487)에 한기린(韓麒麟)은 상주를 올려 도성 평성을 위시한 경기지역에 다시 '계구수전'의 실시를 강력하게 주장하였는데,[230] 이

---

226 『魏書』卷7上 高祖孝文帝紀上 太和元年(477)3月條, p.144 「詔曰: "…一夫制治田四十畝, 中男二十畝, 無令人有餘力, 地有遺利."」

227 『晉書』卷26 食貨志, p.790, 「又制戶調之式: 丁男之戶, 歲輸絹三匹, 緜三斤, 女及次丁男爲戶者半輸. 其諸邊郡或三分之二, 遠者三分之一, 夷人輸賓布, 戶一匹, 遠者或一丈. 男子一人占田七十畝, 女子三十畝. 其外丁男課田五十畝, 丁女二十畝, 次丁男半之, 女則不課.」

228 『魏書』卷7上 高祖孝文帝紀上 太和9年(485)冬10月丁未條, p.158, 「詔曰: "朕承乾在位, 十有五年. 每覽先王之典, 經綸百氏, 儲畜旣積, 黎元永安. 爰暨季葉, 斯道陵替, 富強者并兼山澤, 貧弱者望絶一廛, 致令地有遺利, 民無餘財, 或爭畝畔以亡身, 或因飢饉以棄業, 而欲天下太平, 百姓豐足, 安可得哉? 今遣使者, 循行州郡, 與牧守均給天下之田, 還受以生死爲斷, 勸課農桑, 興富民之本."」

229 『魏書』卷7下 高祖孝文帝紀下 太和20年(496)5月丙子條, p.179, 「詔曰: "…其令畿內嚴加課督, 惰業者申以楚撻, 力田者具以名聞."」

230 『魏書』卷60 韓麒麟傳, pp.1332-1333, 「太和十一年, 京都大饑, 麒麟表陳時務曰: "…今京師民庶, 不田者多, 遊食之口, 三分居二. 蓋一夫不耕, 或受其飢, 況於今者, 動以萬計. …制天下男女, 計口受田. 宰司四時巡行, 臺使歲一按檢. 勤相勸課, 嚴加賞賜, 數年之中, 必有盈贍, 雖遇災凶, 免於流亡矣."」

는 국초 이후 이완을 거듭해 온 계구수전제를 재정비·실시할 것을 주장한
것임과 동시에 균전제의 실시가 계구수전의 정신과 형식에서 일맥상통함을
나타낸 것이라고 여겨진다.

물론 균전제를 실시하면서 고전적인 균분을 강조하고 농(農)·상(桑)의 재
배를 부과하는 것이야말로 이재민을 구제하고 부민을 만드는 근본[231]이라
말하고 있지만, 실제의 목적은 땅에 백성을 긴박시켜 생산 이득의 최대화를
노리는 즉 "사람에게 남은 힘이 없게 하고 땅에는 남은 이익이 없게 하라"[232]
거나, "땅이나 백성이 노는 일이 없게 하라"[233]는 말에 오히려 실제 시행의
진의가 숨어 있다고 하겠다.

그러면 균전 조문을[234] 통해 할당생산의 구조를 살펴보자. 균전법규는 정
남 한 사람에게 상전(桑田) 20무에 상 50수(樹), 조(棗) 3주(株), 유(楡) 3근(根)을
반드시 심도록 강제로 할당했다.[235] 위반할 경우에는 상응하는 벌칙이 가
해졌다.[236] 이런 작물별 생산을 위해 '상전' 등 전토를 하나하나 구별한 것은
중국 역사상 북위시대가 처음이다. 북송 인종시기에 시행된 천성령(天聖令)
전령(田令)에 의하면 송대에도 뽕나무와 대추나무를 호등(戶等)에 따라 100
에서 20근까지 심을 것을 강제하기도 하였으니[237] 균전제적 할당 생산방식

231 『魏書』卷7上·高祖孝文帝紀上 太和9年(485)冬10月丁未條, p.156, 「詔曰: "…勸課農桑, 興富民之本."」
232 『魏書』卷7上 高祖孝文帝紀上 太和元年(477)3月丙午條, p.144, 「詔曰: "…無令人有餘力, 地有遺利."」
233 『魏書』卷53 李孝伯傳 附安世傳, p.1176, 「安世乃上疏曰: "… 蓋欲使土不曠功, 民罔游力."」
234 均田法 조문의 해석에 대해서는 朴漢濟, 「北魏均田法令箋釋」, 『서울大學校 東洋史學科論集』 25, 2001,
   pp.253-267 참조.
235 『魏書』卷110 食貨志, p.2853, 「諸初受田者, 男夫一人給田二十畝, 課蒔餘, 種桑五十樹, 棗五株, 楡三
   根. 非桑之土, 夫給一畝, 依法課蒔楡棗. 奴各依良. 限三年種畢, 不畢, 奪其不畢之地. 於桑楡地分雜蒔
   餘果及多種桑楡者不禁.」
236 『魏書』卷110 食貨志 p.2853, 「諸應還受之田, 不得種桑楡棗果種者以違令論, 地入還分.」
237 『天聖令』(天一閣·中國社會科學院歷史研究所天聖令整理課題組 校證, 『天一閣藏明抄本天聖令校證-
   附唐令復原研究-』北京: 中華書局, 2006) 卷21 田令, p.253, 「諸每年課種桑棗樹木, 以五等分戶, 第一
   等一百根, 第二等八十根, 第三等六十根, 第四等四十根, 第五等二十根. 各以桑棗雜木相半. 鄉土不宜
   者, 任以所宜樹充, 內有孤老·殘疾及女戶無男丁者, 不在此根(限), 其棗桑滋茂, 仍不得非理斫伐.」

은 균전제가 폐지된 후에도 채택되고 있다. 특히 균전제는 민을 구사하면서 '분(分)과 예(藝)', '역(力)과 업(業)'을 서로 합치[相稱]시키는 것을 기본정신으로 했다.[238] '역'과 '업'을 합치시키는 것은 중국 고래의 전통이지만 '분과 예'의 합치는 이 시대에 비로소 강조된 독특한 정책이다.[239] 즉 '분'은 일정한 전토를 말하는 것이고 '예'는 그 기능[능력]을 말하는 것이니, 그 기술·능력에 따라서 자기가 경작할 수 있는 전토를 합치시키는 것이야말로 할당생산의 기본정신을 살리는 것이다. 일개 보통농호[一丁戶]에게 상 혹은 마 등 경작물을 배당하여 생산하게 하는 강제 규정은 북위-당대까지의 균전령에 그대로 존속하는 정신이었다.[240]

법률을 만들어 공포만 한다고 제도가 원활하게 작동하는 것은 아니다. 균전제와 표리관계에 있는 것이 소위 '삼장제(三長制)'라는 촌락제도였다. 삼장제는 촌락제도인 동시에 균전제가 원활하게 작동할 수 있도록 감독하는 소위 '독과(督課)'제도였다. 또한 이를 통해 소극적이지만 인구조사도 할 수 있게 되었다. 북위 초기 경기지역에 계구수전제가 원활하게 시행될 수 있도록 감독하는 직분을 가진 것이 '팔부수(八部帥: 八部大夫)'[241] 혹은 '둔위

238 『魏書』卷53 李孝伯傳 附李安世傳, p.1176, 「令分藝有準, 力業相稱.」
239 '力'이란 勞動力, '業'이란 土地를 가리킨다. '分'은 개인에게 배당한 토지(分地 혹은 分田), '藝'란 배당된 농작물이라고 보기도 한다(陳連慶, 『魏書食貨志校注』, 長春, 東北師範大學出版社, 1999, p.276): "境界에 의해서 耕地를 일정한 均等面積으로 區劃하는 것이다. 다시 말하면 一定面積으로 구획된 耕地"라고 보았다(渡邊信一郎, 『中國古代社會論』, 東京: 靑木書店, 1986, p.104).
240 『文獻通考』卷2 田賦2 歷代田賦之制, p.考41, 「(武德)七年, 始定均田賦稅, … 永業之田, 樹以楡桑棗及所宜之木.」
241 유목민족과 四와 八은 밀법한 연관성을 갖는다. 예컨대 後趙의 石勒의 單于臺에 소속된 禁衛軍은 京邑의 四門 혹은 네 방향을 수비를 맡았다(四軍과 四帥). 石勒은 宣文·宣敎 등 10여 小學을 襄國 四門에 증설하였고, 선발된 子弟가 四門의 小學에서 수업했다. 또 四와 八이 군대 조직과 연관된다. 즉 苻堅은 "四帥의 子弟 3천戶를 나누어, 苻丕의 주둔하는 鄴에 배치했다"(『晉書』卷113, 載記 13, 苻堅上, p.2903, "分四帥子弟三千千, 以配苻丕鎭鄴"), 또 姚興은 "大營戶를 四分하고, 四軍을 설치하여 그것을 관할하게 하였다."(『晉書』卷117 姚興載記上, p.2976, "分大營戶爲四, 置四軍以領之.")고 한다. 북위에서는 "皇城의 四方·四維에 八部大夫를 설치하고 각 방향에 1인을 배치하였으며, 이를 八座에 비견하여 八國이라 하였다."(『魏書』卷113 官氏志, p.2972, "(天興元年 十二月)置八部大夫…(其八部大夫)於皇城四方·四維, 面

(屯衛)[242]라는 직위였다. 그 직임은 "농토를 부과하고 농경을 권한 후에 수확량을 계량하여 그 등수를 매기는" 것이었다.[243] 초기의 독과조직의 중추는 군대였던 것으로 보인다. 그러나 공종이 과전제로 제도화하자, '유사(有司)[244] 즉 일반 목·수·영·장(牧·守·令·長=守宰)으로 변한다. 이들이 감독을 소홀시하였을 경우에는 그 감독관은 제재·처벌을 받게 된다.[245] 그러나 균전제와 삼장제가 실시되기 전 특히 북위정권의 영향력이 미약한 지방에서는 종주(宗主) 혹은 호강(豪强)에 의해 토지와 백성이 감독·보호[督護]되고 있었다. 지방의 종주·호강은 정부의 백성에 대한 개별적인 파악이 어려운 사정을 이용하여 30호 혹은 50호가 1호라 보고하는 등, 이들 종주·호강에 의한 일반 백성들에 대한 수탈도 심하였다. 북위의 화북 통일 후 약탈전쟁이 종식되고, 또 부락으로부터의 공납도 크게 감소함에 따라 국가재정 확보를 위한 근본적인 해결책은 소속 영민(領民) 한 사람 한 사람으로부터 확실하게 부세를 매겨 거두는 것이었다. 토지 지급과 부세 납부 상에서 균등을 목표로 하는 균전제는 백성을 은폐 없이 개별적으로 파악하는 삼장제가 정비되지 않으면 제대로 작동될 수 없는 것이었다. 균전제가 전 국민을 대상으로 했듯이 지방 기초촌락조직인 삼장(隣·里·黨長)은 전국적인 제도로서 등장한 것이다.

균전제 하의 주된 생산물은 비단, 마포, 유엽(榆葉)·유목(榆木)과 유피(榆皮), 조실(棗實) 등이었다. 왜 이런 생산물을 당시 국가가 지목해서 그 생산을

置一人, 以擬八座, 謂之八國."고 하였다. 四·八은 모두 4개 혹은 8개 방향을 수위하는 군대를 가르킨다. 後周의 八柱國과 淸朝의 八旗의 원리는 이와 같은 것이다.
242 『魏書』卷2 太祖道武帝紀 天興元年(398)2月條, p.32,「車駕自中山幸繁時宮, 更選屯衛, 詔給內徙新民 耕牛, 計口受田.」
243 『魏書』卷110 食貨志, p.2850, "勸課農耕, 量校收入, 以爲殿最."
244 『魏書』卷4下 世祖太武帝紀下, pp.108-109,「其制有司課畿內之民, 使無牛家以人牛力相貿, 懇殖鋤耨. …各列別口數, 所勸種頃畝, 明立簿目, 所種者於地首標題姓名, 以辨播殖之功.」
245 『魏書』卷7上 高祖孝文帝紀上 延興3年(473)2月癸丑條, p.138,「詔牧守令長, 勤課百姓, 無令失時. 同部 之內, 貧富相通. 家有兼牛, 通借無者, 若不從詔, 一門之內終身不仕. 守宰不督察, 免所居官.」

강제했던 것일까? 비단은 당시 최고 수익의 생산물이다. 어떤 면에서 균전제는 비단생산을 위한 토지제도였다 해도 과언이 아니었다. 상수의 재배를 강제한 이유는 유목민에게도 비단[絹]의 수요가 매우 많을 뿐만 아니라 동서무역상에서 많은 이득을 얻을 수 있는 상품이었다는 점 때문이다. 이전 유목지대에 살고 있을 때부터 남방 농경지대와의 교역을 '견마무역(絹馬貿易)'이라 하였듯이 유목민족 자체에게도 비단은 대단히 선호되는 상품이었다. 그들이 가죽옷만 입는 것으로 상상해서는 안 된다. 가한(可汗)의 친정시 약탈품 중에 항상 비단이 주된 종목이었고 전쟁 후의 하사품도 비단이 주였다. 유목민들의 재부의 상징은 비단과 도자기·보석[珍珠]이었다. 그보다 국제적 상업 감각이 예민한 유목민에게 비단이 동서무역의 가장 중요한 교역품으로 부상했다. 당시 동로마제국의 비단 수요는 가히 폭발적이었다. 진정한 의미의 '비단길[絲綢之路: Silk Road]'은 이때 열린 것이다. 이런 상황이 균전제를 탄생시킨 것이다.

한편 마포는 서민의복(褐)용이었고, 유목은 목재가 견실하여 기물·건축용으로 쓰였으며, 유엽·유피는 식용·약용이었다. 특히 유피는 흉년시의 구황식품으로 요긴하였는데[246] 현재 산서(山西)지방에서는 유엽·유피 가루에다 밀가루를 보태어서 국수를 만들어 먹는다.[247] 조실, 즉 대추는 당시 북방지역에서 생산되는 유일한 과일이었다.

북위에서 시작된 균전제는 양세법이 등장하는 755년까지 토지제도로서 굳건하게 그 위치를 지켰다. 북위 이후 균전제는 여러 왕조를 거치면서 현실에 맞게 정비·보완과정을 거쳐 법제화되었다. 대당제국의 법령[令制]은 백성을 적절하게 구사하여 국가를 지탱하는 데 그 제정목적이 있는 것이었

---

246 『漢書』卷26 天文志, p.1310, 「至河平元年三月, 旱, 傷麥. 民食楡皮.」
247 『魏書』卷14 神元平文諸帝子孫列傳 天穆, p.355, 「先是, 河南人常笑河北人好食楡葉.」

다. 백성의 생활과 가장 밀접한 관련이 있는 법령은 호령(戶令)·군방령(軍防令)·전령(田令)·부역령(賦役令) 등이다. 백성은 기본적으로 국가의 법적 수탈 대상이다.[248] 균전제는 바로 전령에 규정되어 있다. 당 고조 무덕 7년(624) 4월에 반포된 균전령과 조용조법이 가장 기본적 규정이다.[249] 그 후 현종 개원 25년(737)에 개정령이 반포되었다.[250] 이것들을 종합하면 매년 한 번 계장(計帳)을 만들고 3년마다 호적을 만든다. 그에 따라 백성에게 전토를 지급한다. 당대의 규정은 북위시기의 것보다 좀 더 세밀하였다. 예컨대 연령규정을 보면 황(黃: 3세 이하)·소(小: 4세)·중(中: 16세)·정(丁: 21세)·노(老: 60세) 등으로 훨씬 세분화되었다. 뿐만 아니라 급전도 정남(丁男: 21-59세)·중남(中男: 18-20세)에게 1경(頃: 100畝)을 지급하고, 배전(倍田: 貧瘠者에게 매년 輪耕地를 지급)에다, 노남(老男: 60세 이상)·신체장애자(篤疾·廢疾)에게 40무, 과처첩(寡妻妾)에게 30무를 주고 정남·중남 이외가 호주(戶主)가 되었을 때는 20무가 가산되는 등 지급내용이 보다 세밀하게 규정되었다.[251] 지급되는 토지의 종류를 영업전(永業田: 世業田)·구분전(口分田)·원택지(園宅地) 등으로 구분한 것은 북위의 그것과는 약간 다르다. 북위가 작물별 경작에 포인트가 있었다면

---

248 兩稅法 실시 이전 唐代 국가의 법적 수탈대상인 '百姓'은 보유토지에 긴박되어 移動의 자유가 금지되는 것을 원칙으로 하였다. 그 예외는 ① 國策으로 就食·移戶(徙民) 등 정부가 스스로 강제적으로 인구를 이동시키는 경우이거나 ② 浮浪·逃亡처럼 법망을 벗어난 사실행위로서의 이동하는 것뿐이다.

249 『新唐書』卷1 高祖紀 武德7年(624)4月庚子條, p.17, 「班新律令.」

250 『通典』卷2 食貨典2 田制下, pp.29-32, 「大唐開元二十五年令: …丁男給營業田二十畝, 口分田八十畝, …其州縣界內所部受田, 悉足者爲寬鄉, 不足者爲狹鄉. …給園宅地者, 良口三口以下給一畝, …諸京官文武職事職分田, …如無官田, 取百姓地充, 其地給好地替.」

251 『舊唐書』卷48 食貨志上 兩稅, pp.2088-2089, 「武德七年, 始定律令. 以度田之制: …丁男·中男給一頃, 篤疾·廢疾給四十畝, 寡妻妾三十畝. 若爲戶者加二十畝. 所授之田, 十分之二爲世業, 八爲口分. 世業之田, 身死則承戶者便授之; 口分, 則收入官, 更以給人. 賦役之法: 每丁歲入租粟二石. 調則隨鄉土所産, 綾絹絁各二丈, 布加五分之一. 輸綾絹絁者, 兼調綿三兩; 輸布者, 麻三斤. …凡天下人戶, 量其資産, 定爲九等. 每三年, 縣司注定, 州司覆之. 百戶爲里, 五里爲鄉, 四家爲鄰, 五家爲保. 在邑居者爲坊, 在田野者爲村. 村坊鄰里, 遞相督察. …男女始生者爲黃, 四歲爲小, 十六爲中, 二十一爲丁. 六十爲老. 每歲一造計帳, 三年一造戶籍.」

당대는 그보다는 세분화·조밀성에 중점이 있다. 특히 관료제의 발달로 관인영업전에 복잡한 규정이 설정되었고, 봉록으로서의 직분전(職分田), 관부의 판공비용의 공해전(公廨田) 등 북위에 없는 규정도 첨가되었다.[252] 양천제의 확립에 따라 원택지도 양·천 사이에 차별이 있고, 인구 소밀 정도에 따라 관향(寬鄕: 地多人稀)·협향(狹鄕: 地少人稠)의 구별이 있었다. 노남(老男)·독질(篤疾)·폐질(廢疾) 등의 규정 등 대단히 자세하다. 당대의 균전규정에서 전대와 다른 특징은 ① 일반 부인이 수전대상에서 제외되었다는 점,[253] ② 노비와 소[耕牛]에 대한 수전규정이 소멸되었으며, ③ 승니(僧尼)·도사(道士)·여관(女冠)·상공업자(商工業者)의 수전규정이 출현했다는 점이다.[254] 이러한 규정이 그대로 실시된 것이냐 아니냐의 문제는 20세기 초 영국인 스타인(Sir Aurel Stein: 1862–1943)과 프랑스인 페리오(Paul Pelliot: 1878–1945)에게 입수된 돈황문서(敦煌文書)와 일본 대곡광서탐험대(大谷光瑞探險隊)가 당대 고창(高昌國·西州)에서 가져 온 투르판문서(吐魯番文書) 등의 분석을 통해 실시된 것으로 정리되고 있다. 다만 균전규정과는 다른 지급상의 괴리가 보이고, 또 규정에 보이지 않는 문서로서 「퇴전문서(退田文書: 里內의 返還해야 할 地片)」, 「흠전문서(欠田文書: 각호의 不足分의 전토를 기록한 토지문서)」, 「조전문서(租田文書: 土地賃貸借文書)」 등도 보이고 있다. 뿐만 아니라 균전법 규정과는 달리 영업전이 환수되는 현상도 보이고, 영업전에는 부전(部田)·상전(常田)·부곡삼역(部曲三易) 등 균전법규에 없는 용어들이 사용되고 있다. 아울로 자전(自田: 균전제에 포함되지 않는 田土)과 같은 존재도 있어 새로운 논란을 일으키고 있기도 하다.

이들 규정의 세밀화·복잡화는 사회의 번잡화의 결과로 설명할 수도 있지

---

252 『通典』 卷35 職官典 職田公廨田, p.970, 「大唐凡京諸司各有公廨田, 司農寺(給二十六頃) … 在外諸司公廨田, 亦各有差: 大都督府….」
253 北魏부터 隋 文帝까지 있던 婦人의 受田조항이 隋 煬帝 시에 없어진 후, 그를 이은 것이다.
254 이하 생략 상세한 것은 韓國磐, 『北朝隋唐的均田制度』, 上海: 上海人民出版社, 1984, pp.146–156 참조.

만, 설사 법규대로 지급·환수되지 않더라도 국가는 호적을 통해 토지나 농민을 파악하려 하였고, 백성의 이동·몰락을 금지해서 세역을 최대한 수취하려 노력했던 점은 분명하다. 이러한 균전제는 전토를 균등하게 분배·지급하는 제도이지만, 토지가 지급되면 당연히 그에 대한 세역이 따르게 되어 있다. 수전과 부과의 대응관계는 북위 효문제시 균전령 반포 이후의 대원칙이었다. 토지를 지급받지 않는 자에게 세역을 부과할 수는 없기 때문이다(「未受地者 皆不課」). 국가로부터 토지를 지급 받은 백성의 부담을 조용조(租庸調: 사실은 租·調·役·雜徭의 4종)[255]라 하지만, 여기다 잡역(雜役)·색역(色役)·번역(番役)·잡입(雜任) 등 요역과 병역인 부병(府兵)역 등이 첨가되었다.

균전제의 변질과정은 시대적인 상황과 맞물려 있다. 예컨대 북위는 토지가 남아돌고, 노동력이 부족한 상황인 데 비해, 북제·북주·수·당은 인구증가로 토지가 부족한 시대별 차이도 있다. 북위시대 상전·노전·마전 등은 곡식·마·비단 등 필요한 상품[작물]개발을 위해 구분되었다고 한다면, 당대의 영업전·구분전 등은 급전과 환수보다 수취의 편의를 위해 구분한 측면이 있다. 균전제의 붕괴는 국가가 수취에 급급하고 균분이상 실현의 당초 목적도 의심될 만큼 제도적 이상마저 상실되었기 때문이다.

대당제국을 지탱하는 국력은 무엇보다 제도적 완비에 있었다 할 수 있다. 동진-남조시대에 제대로 된 토지제도와 그에 입각한 수취·세역제도가 없었던 점을 감안하다면 북조의 상대적 약진의 배경에는 제도의 완비라는 측면을 빼고서는 설명될 수 없다. 물론 동진-남조에서도 나름의 제도가 물론 있었다. 그러나 그 시대 그 환경에 맞는 새로운 제도 창출의 노력이나 결과가 없었던 것이다. 어떤 학자는 대당제국을 작동시키는 제도로 군제인 '부

---

255 『唐六典』 卷3 尙書戶部, p.76, 「凡賦役之制四; 一曰租, 二曰調, 三曰役, 四曰雜徭.」

병제'에서 찾고 대당제국을 '부병제국가'라 지칭하기도 했다.[256] 국내의 어떤 학자는 북조—수당왕조를 지탱하는 것을 '균전체제'[257]로 파악한다. 이런 용어는 약간 과도한 면이 있지만, 그 만큼 '북강남약(北强南弱)'이라는 남북조의 힘의 우열과 대당제국의 힘의 근원에는 이상과 같은 제도적 완비가 기여했다는 점을 설명해주는 것이라 여겨진다.

3. 제국의 도성제도와 방장제(坊牆制)

한 제국의 제도는 제도 각각 그 나름의 독립적인 기능을 가지지만, 각각의 제도가 서로 관련 없이 따로 작동·운영되는 것이 아니다. 제도들이 서로 톱니처럼 연관되어 운용되고 있는 것은 당연하다. 토지제도와 도시·촌락제도도 밀접하게 연관이 있는 것이다.[258] 북위의 균전제와 삼장제도 그러하였다. 그러나 삼장제와 같은 백성[人]의 조직화 문제와는 별도로 도시·촌락[地]의 구획과 운영이라는 점도 매우 중요하다. 유목민이 중원에 진입하면서 인구 구성은 매우 복잡하게 되었다. 다양한 인구 구성은 그 원활한 통치를 어렵게 하였다. 통치자의 동족은 수적으로 소수일뿐더러 그들도 속성상 언제 반대편에 돌아설 수 있는지 모른다. 다시 말하면 그들을 통제할 물리적 장치가 필요하다는 것이다. 먼저 대당제국의 수도 장안성을 보자. 장안성의 특징을 일본의 고대도성과 같이 석쇠형의 도성구조(Grid Pattern)로 통상 이해하고 있다. 그러나 그것은 반만 맞는 이야기이다. 오호십육국—북조—수당시대의 도시·촌락이 가지는 가장 중요한 특징 하나를 빠뜨린 것이다. 첫째, 그것이 방장제

---

256 谷川道雄,「府兵制國家と府兵制」,『增補隋唐帝國形成史論』, 東京: 筑摩書房, 1998, pp.409−472.
257 金裕哲,「均田制와 均田體制」,『講座中國史』II, 서울: 지식산업사, 1989.
258 齊東方,「中國古代都城の形態と機能」, 舘野和己 編,『古代都城のかたち』, 東京: 同成社, 2009, p.163 에서 "均田制가 農民을 土地에 束縛하였던 것과 같이 里坊制도 도시주민을 유효하게 제어하였다"고 하여 均田制와 도성의 坊牆制를 동일한 성격의 제도로 보고 있다.

(坊牆制: 坊墻制)를 채용한 것이었다. 대당제국에는 현(縣)급 이상의 도시에 이 방장제를 채용했다. 방장제는 방제와 다르다. 둘째, 궁성이 도성의 북쪽 중앙으로 치우쳐[偏北] 위치하고 있다는 점이다. 셋째, 궁성의 뒤편에 광활한 금원(禁苑: Forbidden Garden)이 이어져 있다는 점이다. 이 세 가지 형태가 장안성의 특징이라고 필자는 주장해 왔다. 이런 기능과 의미를 갖는 도성은 언제부터 무슨 목적으로 만들어졌으며 어떤 경로를 거쳐 완성된 것일까?

우선 방장제의 방(坊)이란 무엇을 위한 장치인가? 필자는 할당생산에 구사된 도시 생산자의 정해진 거주구역인 동시에 다양한 제국민의 가장 경제적이고 효과적인 통제장치가 바로 방이라고 본다. 둘째 궁성이 북방에 치우쳐 지어진 것은 태극사상(太極思想) 등 중국 고전적 전통을 계승함과 동시에 황제를 비롯한 통치계층의 피신과 호위에 가장 유리한 구도라는 것이다. 셋째 금원인데, 이 광활한 금원은 궁성과 직접 연결된 초지(草地)로, 황제 직속 금군의 주둔지이고, 대외출병의 시발점 즉 용병처(用兵處)라는 점이다. 아울러 심리적으로 유목민족에게는 도성에 옮겨 축조한 그들의 고향 초원이었다.

그러면 언제부터 이런 형태의 도성구조가 도입되었던 것일까? 사실 유목민족과 성곽은 별반 관계가 없다는 것은 『사기』 등 사서에서 누차 강조된 것이다.[259] 흉노에는 성곽이라 볼 수 없지만 성채(城砦)류의 건축물은 있었다. 예컨대 질지선우(郅至單于)가 도뢰하반(都賴河畔)에 성을 축조할 때, 매일 500인을 징발하여 2년 만에 대내(大內: 單于의 내실)·토성(土城)·목성(木城)의 삼중성(三重城)을 완성하였다는 기록이 있다.[260] 또 조신성(趙信城) 혹은 용성(龍城)

---

259 『史記』卷110 匈奴列傳, p.2879, 「逐水草遷徙, 毋城郭常處耕田之業」; 『漢書』卷52 韓安國傳, p.2401, 「逐獸隨草, 居處無常」; 『南齊書』卷57 魏虜傳, p.984, 「(北魏)什翼珪(太祖)始都平城, 猶逐水草, 無城郭, 木末(太宗)始土著居處.」

260 『漢書』卷70 陳湯傳 p.3009, 「郅支單于自以大國, 威名尊重, 又乘勝驕, 不爲康居王禮, 怒殺康居王女及貴人·人民數百, 或支解投都賴水中. 發民作城, 日作五百人, 二歲乃已.」 p.3013. 「明日, 前至郅支城都賴水上, 離城三里, 止營傳陳. 望見單于城上立五采幡織, 數百人披甲乘城, …延壽·(陳)湯令軍聞鼓音

과 같은 성채들도 있었다고 전해진다. 조신성은 식량창고의 용도였고,[261] 용성은 선우 이하 제왕장이 가을에 제사하는 장소였다.[262] 또 서진시대 양주(涼州) 한인 호족 장씨(張氏)가 사용한 고장성(姑藏城: 일명, 臥龍城)도 원래 흉노가 건축한 것을 확대한 것이었다.[263] 그런 면에서 유목민족에게 성곽이란 무연한 존재만은 아니었다. 다만 그 용도 그리고 축조방법 등에서 농경민족의 성곽과는 다른 것이었을 뿐이다.

그러나 유목민족이 중원에 진입한 후 농경민식 성곽축조의 필요성이 생겼다. 이미 장성 내로 들어왔기 때문에 장성 밖의 기타 적대 기마유목민족을 방어하기 위해서도 필요하고 또 피지배족들에게 위엄을 보이기 위해서도 필요했다.[264] 특히 주민이나 군대의 구성원으로 한인의 비중이 커짐에 따라[265] 황제를 비롯한 통치자들의 신변 보호도 중요한 문제로 부각되었다. 이들의 성곽축조 방식은 고대의 농경민의 축조형태를 변질시켰던 것이다. 이들의 성곽축조는 이미 '서기'시대부터 논의되기 시작했다. 북위 탁발족은 서기시대, 소성제(昭成帝) 즉위 초, 유원천(澧源川)에 도읍을 정하고, 성곽·궁실의 건설을 논의했다. 그때 권력자였던 평문황후(平文皇后) 왕씨(王氏)의 반대로 축성은 성사되지 못했다. 평문황후 왕씨가 설명한 성곽건설의 반대 이유를 보면, 성곽

皆薄城下, 四面圍城, 各有所守, 穿塹, 塞門戶, 鹵楯爲前, 戟弩爲後, 卬射城中樓上人, 樓上人下走. 土城外有重木城.」
261 『漢書』卷55 霍去病傳, p.2484.「匈奴兵亦散走. 會明, 行二百餘里, 不得單于, 頗捕斬首虜萬餘級, 遂至寘顏山趙信城, 得匈奴積粟食軍, 軍留一日而還, 悉燒其城餘粟以歸.」
262 江上波夫, 「ユウラシア古代北方文化-匈奴文化論考-」, 東京: 山川出版社, 1948, pp.225-226.
263 『水經注』卷40 禹貢山水澤地所在, p.508,「王隱晉書曰: "涼州有龍形, 故曰臥龍城, 南北七里, 東西三里, 本匈奴所築也. 及張氏之世居也, 又增築四城."」; 『晉書』卷86 張軌傳, p.2222.「於是大城姑藏, 其城本匈奴所築也, 南北七里, 東西三里, 地有龍形, 故名臥龍城.」
264 遊牧民과 城郭, 그리고 中原 進入 이후의 築城과정과 그 特徵에 대해서는 朴漢濟, 「遊牧國家와 城郭 - 坊牆制의 出現과 그 背景-」, 『歷史學報』200, 2008; 「游牧國家與城郭 -"坊墙制"的出現及其背景-」, 蘇智良 主編, 『都市史學』, 上海: 上海人民出版社, 2014 참조.
265 劉淑芬은 "用夏制夷, 莫如城郭"이라 표현하고 있다(『六朝城市與社會』, 臺北: 學生書局, 1992, p.384).

을 축조했을 경우 위기를 당하여 '갑자기 천동(遷動)하기가 어렵다'는 것이 우선 큰 문제였다. 즉 인주(人主: 君主)의 신변에 위급한 일이 생겼을 때 유목민 특유의 장기인 위기 탈출(도망치는 일)을 어렵게 만든다는 이야기다.[266]

그러나 장성을 넘은 선비 탁발족으로서는 성곽을 외면할 수가 없었다. 소성제(昭成帝) 4년(342)에 성락성(盛樂城)을 축조한 것은[267] 그러한 사정이 반영된 것이었다. 그 후 본격적인 수도경영은 태조 천사(天賜) 3년(406) 6월, 평성에 천도 후 8년 만에 시작되었다.[268] 그러나 어떤 형식으로 짓느냐가 중요한 현안의 과제로 제기되었다. 인주의 안전 확보가 제일 중요한 문제였다. 당시 북위가 도성을 축조하려 할 때 모범으로 삼을 수 있는 몇 가지 전범이 있었다. 첫째, 중국 고대제도의 지침서인 『주례(周禮)』의 도성건축[營國]에 대한 지침이고, 또 하나는 이미 파괴되어 사용되고 있지는 않지만, 직전 왕조의 도성이었다. 오호십육국 중 낙양과 장안에 도읍을 정한 나라들의 성곽도 모범이 되었고[269] 그리고 적국 남조 도성인 건강성(建康城) 등도 참조해

---

266 『魏書』卷13 皇后列傳 平文皇后王氏, p.323, 「昭成初欲定都於灅源川, 築城郭, 起宮室, 議不決. 后聞之, 曰: "國自上世, 遷徙爲業. 今事難之後, 基業未固. 若城郭而居, 一旦寇來, 難卒遷動." 乃止.」 이것은 바로 東晉 成帝 成康 5년(339)의 일이다(『魏書』卷1 序紀 昭成皇帝2年(340)夏5月條, p.12, 「朝諸大人於參合陂, 議欲定都灅源川, 連日不決, 乃從太后計而止. 語在皇后傳.」). 그러나 성곽을 쌓은 것은 바로 후의 일인 것 같다(『魏書』卷1 序紀 昭成皇帝4年(392)秋9月條, p.12, 「築盛樂城於故城南八里」). 그러나 중국적인 宮室과 宗廟 그리고 社稷을 만든 것은 소성제 이후 60년이 지난 太祖 道武帝 天興 원년(398) 秋7月의 일이다(『魏書』卷2 太祖紀, p.33, 「遷都平城, 始營宮室, 建宗廟, 立社稷.」).

267 序紀시대 도성과 축성의 역사는 다음과 같이 정리할 수 있다. ① 定襄之盛樂(『魏書』卷1 序紀 神元帝力微, p.3, 「三十九年, 遷於定襄之盛樂.」), ② 定襄之盛樂(『魏書』卷1 序紀 昭帝祿官桓帝猗盧, pp.5~6, 「昭皇帝諱祿官 … 分國爲三部; … 桓帝之弟穆皇帝諱猗盧統一部, 居定襄之盛樂故城」), ③ 北都(盛樂)·南都(平城)體制(『魏書』卷1 序紀 穆帝猗盧, p.8, 「六年, 城盛樂以爲北都, 修故平城以爲南都. 帝登平城西山, 觀望地勢, 乃更南百里, 於灅水之陽黃瓜堆築新平城, 晉人謂之小平城, 使長子六脩鎭之, 統領南部」), ④ 東木根山(『魏書』卷1 序紀 惠帝賀傉, p.10, 「四年, …乃築城於東木根山, 徙都之.」), ⑤ 新盛樂城(『魏書』卷1 序紀 烈帝翳槐, p.11, 「烈皇帝復立, 以三年爲後元年. 城新盛樂城, 在故城東南十里」), ⑥ 雲中之盛樂宮(『魏書』卷1 序紀 昭成帝什翼犍, p.12, 「三年春, 移都於雲中之盛樂宮」), ⑦ 新盛樂(『魏書』卷1 序紀 昭成帝什翼犍, p.12「四年秋九月, 築盛樂城於故城南八里」)

268 『魏書』太祖紀 天賜3年(406)6月條, pp.42~43, 「發八部五百里內男丁築灅南宮, 門闕高十餘丈; 引溝穿池, 廣苑囿; 規立外城, 方二十里, 分置市里, 經塗洞達. 三十日罷.」

269 『魏書』卷23 莫含傳 附莫題傳, p.604, 「後太祖欲廣宮室, 規度平城四方數十里, 將模鄴·洛·長安之制.

야 할 대상이었다. 그러면 북위 이후 북조-수당의 도성에 영향을 미친 것은 어떤 형식이었을까? 먼저 중국 고대의 수도경영의 기본 원칙을 제시한 『주례』고공기(考工記) '장인(匠人)'조의 규정이다.[270] 그 규정을 정리하면 다음과 같은 네 가지로 요약할 수 있다고 본다. ① 중앙궁궐(中央宮闕), ② 전조후시(前朝後市), ③ 좌조우사(左祖右社), ④ 좌우민전(左右民廛)의 4원칙이다. 그런데 북위 낙양성의 구조를 보면 도성의 중핵인 궁성이 도성의 최북단 중앙으로 치우침으로써 '중앙궁궐'과 '후시'의 원칙에 배치되는, '궁북시남(宮北市南)'의 형태를 보이고 있기 때문에 북위 낙양성은 중국 도성사에서의 파격적 구조를 가졌다는 주장이 가능하다. 그러면 왜 그런 파격적 구조를 가지게 되었는가? 이 문제를 다룬 최초의 근대학자는 일본인 나파이정(那波利貞: 나바 토시사다)이었다. 그에 의하면 위의 4원칙은 『주례』 제작 연대인 전국말·한초에 확립되어 역대왕조의 수도[도성]건설계획의 금과옥조로서 여겨져, 특히 조위의 업(鄴)에서 수용되어, 서진의 낙양을 거쳐 명대의 북경성까지 준수되었다는 것이다. 그런데 당의 장안성[隋의 大興城]은 이 전통적 원칙에 완전히 배치되며, 그 배치의 최초의 형태가 북위 낙양성에서 나타났고, 그를 이어받아 동위의 업도남성, 수의 대흥성을 거쳐 당의 장안성에서 완성된 형태를 보인다는 것이다. 또 이러한 파격이 나타난 이유는 주민 일상생활 편리도를 전혀 고려하지 않고 단지 상업멸시의 유교 중심 사고에서 나온 한족 왕조의 전통적인 '후시(後市)'의 구조를 배격한 데서 찾았다. 즉 북위가 호족

運材數百萬根.」

270 「匠人營國 方九里, 旁三門, 國中九經九緯, 經涂九軌, 左祖右社, 面朝後市, 市朝一夫」을 정리하면 다음과 같다. 匠人이 營建하는 帝都의 都城은 1邊(面)이 9里의 正方形으로 各邊에 3개의 門이 있다. 都城 내는 東西 방향과 南北 방향에 道(涂)가 각각 9條가 있고, 각각의 道幅은 車가 9대가 나란히 달릴 수 있는 너비이다. 동부에는 宗廟가 서부에는 社稷이 남부에는 朝廷(外朝)이 북부에는 市場이 있다. 市場과 朝廷(外朝)은 1邊이 100步의 正方形이다. [經=南北幹道, 緯=東西幹道, 軌=卽 車轍, 二軌之間寬周制八尺, 九軌共寬七丈二尺. 祖=指宗廟, 社=指社稷, 朝=外朝, 夫=計田一百畝 爲方一百步(周制), 卽周金文之一'田'; 주석=賀業鉅,『考工記營國制度研究』, 北京: 中國建築工業出版社, 1985, p.24.]

국가이기 때문에 이런 한족의 전통에 구애될 필요가 없고, 전통적인 제도가 가진 장점을 채용함과 동시에 단점은 개선하는 호족 특유의 '실행성(實行性)'이 작용한 결과라고 본 것이다.[271] 이 주장은 이후 오랜 동안 학계에 영향을 끼쳤다. 또 진인각은 낙양 영건에 강남·하서(河西)·평성 3계통의 영향이 있었는데, 특히 궁전(宮殿: 宮闕: 宮室) 건축의 해식(楷式)은 북위에서 장소유(蔣少游)를 남제(南齊)에 파견하여 관찰한 것에서 비롯되었다고 보았다.[272] 특히 낙양 천도 이후의 도성구획에 영향을 준 것은 하서(河西) 양주(涼州)의 고장성(姑藏城)인데 이 성은 원래 흉노가 건축한 후에 전량(前涼) 장씨(張氏)가 증축한 것으로 '궁북시남(宮北市南)'의 형식이라는 것이다.[273] 진인각도 다른 각도에서 이처럼 호족 영향설에 동조하였다. 이후 오랫동안 호족영향설이 학계를 지배했다. 그러나 근래 들어 호족영향설은 큰 도전을 받게 되었다. 고고학의 발굴성과가 발표되면서부터이다. 북위 낙양성의 구조가 바로 앞선 서진 낙양성을 그대로 이용한 것이라는 주장이 고고학계를 중심으로 강하게 제기되었다.[274] 고고학적인 발굴 결과는 문헌연구의 결과를 압도하였다. 그래서 북위 낙양성에서 시작하여 수당 장안성에서 완성되었다는 호족영향설은 거의 힘을 잃게 되었다. 그러나 북위 낙양성은 서진 낙양성과 달랐다는 주장이 최근 다시 제기되었으며,[275] 그런 대열에 필자도 동참하였다.

271 那波利貞, 「支那首都計劃史により考察したる唐の長安城」, 『桑原(隲藏)博士還曆記念東洋史論叢』, 東京: 弘文堂書房, 1930, p.1254.

272 『南齊書』卷57 魏虜傳, p.990, 「遣使李道固, 蔣少游報使. 少游有機巧, 密令觀京師宮殿楷式. 淸河崔元祖啟世祖曰: "少游, 臣之外甥, 特有公輸之思. 宋世陷虜, 處以大匠之官. 今爲副使, 必欲模範宮闕. 豈可令氈鄕之鄙, 取象天宮? 臣謂且留少游, 令使主反命." …虜宮室制度, 皆從其出.」

273 陳寅恪, 「隋唐制度淵源略論考」, pp.64–70.

274 錢國祥, 「河南洛陽漢魏故城北魏宮城閶闔門初遺址」, 『考古』 2003–7, p.40; 中國科學院考古硏究所洛陽工作隊, 「漢魏洛陽城初步勘査」, 杜金鵬·錢國祥 主編, 『漢魏洛陽城遺址硏究』, 北京: 科學出版社, 2007, pp.506–509.

275 佐川英治, 「曹魏太極殿の所在について」, 『岡山大學文學部プロジェクト硏究報告書』 15, 2010, p.35.

또한 북위 태극전과 위진의 태극전의 전지(殿址)가 직접 관계가 있는가 아닌가가 명확하게 결정되지 않는 점에서 이런 결론에 신중한 태도를 취해야 한다는 학자도 있다.[276] 또 발굴 결과 서진 낙양성의 주궁인 태극전이 후한 남궁의 주궁인 숭덕전(崇德殿)의 자리에 들어선 것이어서 후한의 도성을 계승하였지만[277] 북위의 주궁[太極殿]은 서진의 태극전 자리가 아니라 최북방에 있던 조위 초기에 완성되어 일시 주궁으로 사용한 바 있는 건시전(建始殿) 자리였다는 것이다.[278] 그렇게 되면 북위 궁성의 편북(偏北)설은 여전히 유효하며 아울러 북위 파격설은 여전히 유효한 주장이 된다.

그런데 최근까지의 도성구조를 둘러싼 논쟁의 초점은 주로 궁정의 위치, 특히 주궁이 도성의 어느 곳에 자리 잡고 있었느냐의 문제에 국한되어 있었다. 필자는 도성의 요소로서 주궁이 중요하다고 생각하지만 그와 함께 외성 내에 설치된 방(坊), 그리고 궁성 후면의 금원도 함께 도성의 요소로 보아 총체적으로 도성구조를 파악해야 한다고 주장했다.

특히 유목민족 출신 왕조의 도성의 경우 궁중정변과 도성구조와의 관련성을 우선적으로 생각해야 한다는 것이다. 거기에 주민 통제용 방장제와 인주 피신용 후원의 필요성이 제기될 수 있는 것이다. 북위는 평성에다 도읍을 정하고 궁성을 지었으나 인주의 '천동'에 치명적인 약점이 있었다. 수차에 걸쳐 위치를 변동한 결과, 궁전을 재건설하여 '궁북원후(宮北苑後)' 형식을

276 段鵬琦, 『漢魏洛陽故城』, pp.82-83, 「北魏太極殿同魏晉太極殿的殿址有無關係, 因未解剖, 目前尚不清楚.」
277 『三國志』 卷2 魏書2 文帝紀 黃初元年(220)12月條, p.76, 「初營洛陽宮, 戊午幸洛陽.」 (裴松之注: 臣松之案: 諸書記是時帝居北宮, 以建始殿朝群臣, 門曰承明, 陳思王植詩曰'謁帝承明廬'是也. 至明帝時, 始於漢南宮崇德殿處起太極·昭陽諸殿.").; 『水經注』 卷16 穀水 「又東過河南縣北, 東南入於洛」條, p.215, 「魏明帝上法太極, 於洛陽南宮, 起太極殿於漢崇德殿之故處. 改雉門爲閶闔門.」; 『歷代宅京記』 卷8 雒陽中, p.134, 「魏明帝上法太極於洛陽南宮, 起太極殿于漢崇德殿之故處. 改雉門爲閶闔門.」
278 佐川英治, 「曹魏明帝太極殿的所在」, 『中國魏晉南北朝史學會第十屆年會暨國際學術研討會論文集』, 太原: 北岳文藝出版社, 2012, p.460.

정함과 동시에 궁성 남부 주거·상업지구에는 방장제를 채용하는 형식이 정
착된 것이라는 것이 필자의 주장의 요점이다. 최근 일본학계를 중심으로 후
원문제가 활발하게 논의되고 있는 것은 필자에겐 고무적인 일이다.

북위 초기 수도 평성에서의 후원은 북위 태조 천흥(天興) 2년(399) 정월과 2
월, 고차(高車)족을 격파한 후 고차의 무리를 사역하여 너비 수십 리나 되는
녹원(鹿苑)을 만들었던 데서 시작한다.[279] 그 위치는 도성 북측의 넓고 평탄
한 지역이고, 여기에 탁발부가 배치되었고, 적의 기습 시에 이동의 편의와
이동병력의 주둔지로 공간을 활동했던 것이다. 후원은 한족왕조 도성의 원
림과는 달리 공지, 즉 목지(牧地)의 형태이고, 인주의 보위기능을 담당하였
다. 그 구체적인 예는 북위 태무제가 사망한 후, 황손 고종[文成帝]이 등극하
는 과정에서 일어난 '정평사변(正平事變)' 직후 혼란한 정국에서 유감없이 발
휘되었다. 즉 사료에 의하면 "당시 고종은 난을 피해 원 속에 용처럼 숨어 있
었다"가 재기하여 황제가 되었다는 것이다.[280] 이는 당대 장안성 북문에서
당태종이 일으킨 '현무문의 변'의 과정과 결과를 상기시킨다. 당대에 일어난
중대 정치사건이 이 현무문과 밀접한 관계가 있다는 것은 누차 지적된 사실
이다. 현무문은 궁성의 북문인 동시에 외성의 중앙북문이며, 후원의 정남문
이기 때문에 현무문의 위치가 당파간의 승패를 좌우하는 관건의 장소가 되
었던 것이다.

북위 낙양성에도 북문인 대하문(大夏門) 밖 어도(御道) 서쪽 선허사(禪虛寺)

---

279 『魏書』卷2 太祖紀 天興2年(399)2月庚戌條, p.35. 「以所獲高車衆起鹿苑, 南因臺陰, 北距長城, 東包白
登, 屬之西山, 廣輪數十里, 鑿渠引武川水注之苑中, 疏爲三溝, 分流宮城內外, 又穿鴻雁池.」
280 『魏書』卷40 陸俟傳 附麗傳, p.907. 「太武崩, 南安王余立, 旣而爲中常侍宗愛等所殺, 百僚憂惶, 莫知所
立. 麗以高宗世嫡之重, 民望所係, 乃首建大義, 與殿中尚書長孫渴侯·尚書源賀·羽林郎劉尼奉迎高宗
於苑中, 立之. 社稷獲安, 麗之謀矣.;『魏書』卷41 源賀傳, p.920. 「南安王余爲宗愛所殺也, 賀部勒禁兵,
靜遏外內, 與南部尚書陸麗決議定策, 翼戴高宗. 令麗與劉尼馳詣苑中, 奉迎高宗, 賀守禁中爲之內應,
俄而麗抱高宗單騎而至, 賀乃開門. 高宗卽位, 社稷大安, 賀有力焉.」

앞에 넓은 연병장이 있어, 농한기에는 갑사(甲士)들이 훈련을 하였고, 천승만기(千乘萬騎)가 주둔하고 있었으며, 목초가 자라고 있는 목지였다.[281] 아울러 지형상 낙양 북방에는 망산이 자리하고 있어 그점을 보완하기 위해 따로 서쪽에 서원(西苑)을 마련했다.

당대 장안성의 후원은 삼원(三苑: 西內苑·東內苑·禁苑)으로 구성되어 있는데, 그 크기는 동서 27리 남북 33리라는 광대한 초원이었다.[282] 앞서 언급했듯이 그 기능은 '용병처'였다.[283] 이런 후원의 계보는 오호십육국시대의 동·서원에서 북위 북원으로, 그리고 당대 삼원으로 연결된다고 본다. 이는 궁전에서 떨어져 있어 직접 연결되지 않은 한대의 상림원의 기능과는 구별된다.[284]

필자의 주장 중에 가장 중요한 것은 방장제의 채용문제이다. 이것은 북위 낙양의 또 하나의 특징으로 이 방장제는 흔히 이야기하듯 한대의 이제(里制)와는 다른 형태의 것이다. '방'은 북위~당의 도성 및 지방도시의 한 구역단위이지만 이런 방의 등장은 북위초기 도성인 평성에서부터였다. 필자가 말하는 '방장제'란 방에 높은 담을 둘러싼 물리적 도성구역의 제도를 지칭한다. 이제나 방제처럼 단순히 구역단위만을 나타내는 이(里) 혹은 방과는 다르다. 그것이 북위의 낙양성을 거쳐 수당 장안성에서 완성된 형태를 보인다. '방'은 원래 한두 채 건물을 둘러싼 특별구역의 의미로,[285] 주로 구역의 경계선의 의미를 가진 이벽(里壁)과는 달리 방벽(坊壁: 坊牆)은 성벽과 유

281 『洛陽伽藍記』卷5 城北 禪虛寺條, p.247, 「禪虛寺在大夏門御道西. 寺前有閱武場, 歲終農隙, 甲士習戰, 千乘萬騎, 常在於此.」
282 (宋)宋敏求 撰, 『長安志』(『宋元方志叢刊』, 北京: 中華書局, 1990 所收) 卷6 宮室 禁苑 內苑, pp.103-104, 「禁苑在宮城之北, 東西二十七里, 南北三十三里, … 內苑南北一里長大明宮城齊.」
283 (宋)程大昌 撰, 『雍錄』(『宋元方志叢刊』, 北京: 中華書局, 1990 所收) 卷9 唐三苑說, p.492, 「凡此三苑也者, 地廣而居安, 故唐世平定內外禍難, 多于苑中用兵也.」
284 朴漢濟, 「唐 長安城 三苑考 -前漢 上林苑의 機能과 比較하여-」, 『歷史學報』188, 2005, 「唐長安城の三苑考-前漢 上林苑の機能と比較して」, 『都市と環境』, 東京: 中央大學出版部, 2006.
285 後漢시대 출현한 것으로 魏晉시대 이후 일반화되었다.

사한 높이여서 인위적인 방어벽을 가진 소성(小城)의 규모였다. 방장제가 채용되면 도시경관은 석쇠형이 아니라 벌집처럼 된다. 도성 전체를 보면 수많은 소성이 모여서 외성구역을 형성한 것이다. 이런 방장제의 설치로 '간도방지(姦盜防止)'라는 치안 효용도 있을 것이다. 필자는 그보다 황제의 신변보호와 인민을 종족별·직종별로 분할통치(分割統治: Divide and Rule), 특히 할당생산에 그 설치 목적이 있다고 본다. 구적국민들이 대량으로 수도나 경기지방에 배치되어 있고, 또 구부락민의 존재도 왕권에 위협적인 것이었다. 또한 백공기교 등 특수하층민의 생산성을 제고하기 위해서 할당생산체제를 채택했다. 그런 체제를 원활하게 운영하기 위해서는 물리적인 분할·통제장치인 방이 필요했던 것이다. 방이 제 구실을 하려면 높은 장벽으로 둘러싸여져 외부와 완전 격리된 형태를 취하여야 한다. '계구수전'이 농촌(농민)을 통제·구사한 제도라면 방장제는 도시민, 특히 수공업자를 통제하기 위한 장치였다.

혹자에 의하면 오호십육국 이후 당대까지 중국에서는 대대적인 축성운동(築城運動)이 일어났다고 한다. 유목민이 중원을 통치하면서 많은 성곽을 축조하였을 뿐만 아니라 실제 당시의 인구를 수용하기 위해 필요한 도성의 면적보다 훨씬 큰 성을 먼저 축조했다는 것이다. 특히 북위 낙양과 수당 장안과 낙양성이 그렇다는 것이다.[286] 이렇게 크고 넓은 성을 축조한 목적은 당연히 외부로부터 들어온 많은 포로나 이주민들을 격리 수용하기 위한 사전 준비인 것이다. 예컨대 당 장안성에는 108방이 있지만 남곽(南郭) 부근의 39개의 방은 인연희소(人煙稀少)의 소위 '한방(閑坊)' 즉 채소밭이었다고 한다.[287] 즉 대성이었던 장안성의 1/3은 대당제국이 멸망할 때까지 채우지

---

[286] 劉淑芬, 「六朝的城市與社會」, 臺北: 學生書局, 1992, p.353.
[287] (淸)徐松 撰, 「唐兩京城坊考」(李健超增訂, 西安: 三秦出版社, 1996) 卷2 開明坊條, p.60, 「自興善寺以南四坊, 東西盡郭, 率無第宅, 雖時有居者, 煙火不接, 耕墾種植, 阡陌相連」.

를 못하고 사람이 살지 않는 한방으로 남아 있었을 정도로 그 규모가 컸다. 이것이 호족계열 왕조의 도성제도의 특징이었다. 어떤 면에서 이런 도성구조야말로 세계제국의 도성구조라 할 것이다.

방장제는 특히 방문(坊門)의 관리가 중요하다. 북위시대를 보면 난대(蘭臺; 御史臺; 禁軍의 監察權을 전담) 산하 중승어사(中丞御史)가 성내사(城內事)를 전담하고 금군인 우림군(羽林軍)이 거리를 오고가는 유군(遊軍)으로서 여러 방항(坊巷)의 사찰을 담당하고 있다. 방문을 담당하는 관리는 (각)문에는 이정(里正) 2인, 이(吏) 4인, 문사(門士) 8인 등으로[288] 이전 한대의 이문의 그것에 비해 그 수가 엄청 많다. 당대에도 마찬가지였다. 여기다 각문마다 상당수의 수졸(守卒)이 배치되었다.

북위 특히 후기 도성 낙양의 주민분포(배치)의 현황을 양현지(楊衒之)의 『낙양가람기(洛陽伽藍記)』와 묘지명(墓志銘)을 통해 필자가 분석한 결과 관서(官署)와 사찰(寺刹)의 구별, 동시에 사(士)·농(農)·공상(工)·상(商)이 각각 직능에 따라 구별되어 그 거주공간을 달리하고 있었음을 확인하였다. 이처럼 계획적인 도성제도를 『위서』석노지(釋老志)에서는 '도성제(都城制)'라 지칭했다.[289] 이 '도성제'가 이후 왕조의 도성에서는 쉽게 확인되고 있지는 않다. 그것은 자료 부족현상에 기인할 뿐 방장제가 도성의 일 구역으로 채용되는 한 포기될 수 없는 원칙으로 유지되었을 가능성이 있다. 왜냐하면 방장제가 채용된 도시는 대개 계획도시인데 계획도시는 기존도시를 일부 개조한 후 사용하는 것이 아니라 공지 위에 모든 구조물을 신축한 것이기 때문에 이런 신도

---

288 『洛陽伽藍記』卷5 城北, p.349, 「京師東西二十里, 南北十五里, 戶十萬九千餘. … 置里正二人, 吏四人, 門士八人, 合有二百二十里.」

289 『魏書』卷114 釋老志, p.3044, 「神龜元年冬, 司空公·尚書令·任城王澄奏曰: "仰惟高祖, 定鼎嵩瀍, 卜世悠遠, 慮括終始, 制洽天人, 造物開符, 垂之萬葉. 故都城制云, 城內唯擬一永寧寺地, 郭內唯擬尼寺一所, 餘悉城郭之外. 欲令永遵此地, 無敢踰矩, 逮景明之初, 微有犯禁. 故世宗仰修先志, 爰發明旨, 城內不造立浮圖·僧尼寺舍, 亦欲絶其希覬."」

시에 아무런 원칙 없이 주민을 배치했다는 것은 상상하기 힘들기 때문이다.

방이 거주공간으로 처음 출현한 것은 삼국(三國)시대가 아닌가 한다. 조위 명제(明帝)시기에 태극전(太極殿) 후면에 재인(才人)들이 거처하는 '팔방(八坊)'이 만들어졌다.[290] 이후 양진-송·제·양·진대에도 이런 형식의 방이 보인다. 그러나 하나같이 거주구역단위를 표시하는 것은 아니었다. '별방(別坊)'이라 하듯이 건물 두세 채를 포위하는 폐쇄적인 특정한 구역을 의미하였다. 후한에서 서진시대까지는 궁궐의 부속된 특정장소이거나 관청의 명칭이 방이었다. 『예문유취(藝文類聚)』권62 거처부(居處部)2에서는 "궁(宮), 궐(闕), 대(臺), 전(殿)과 함께 방(坊)"을 같은 범주에 넣고 있는데,[291] 이는 일반인의 거주공간이 아니고 궁성 내에 있는 하나의 특정 공간이었음을 말하는 것이다.

그런데 북위의 도성인 평성과 낙양성에는 방이 도성의 한 거주구역 단위가 되었다. 각각 방의 숫자는 그리 정확하지 않다. 평성의 경우 방이 몇 개나 되었는지 기록이 없고, 낙양성의 경우 '323개설',[292] 320개설,[293] 220개설[294]

---

290 『三國志』卷3 魏書3 明帝叡紀, p.104, 「(裴松之注: 魏略曰: 是年起太極諸殿, 築總章觀, 高十餘丈, 建翔鳳於其上; 又於芳林園中起陂池, 楫櫂越歌; 又於列殿之北, 立八坊, 諸才人以次序處其中, 貴人夫人以上, 轉南附焉, 其秩石擬百官之數.)」『後漢書』의 章懷太子 李賢의 註에 초출(『後漢書』卷54四 楊震傳, p.1764, 「合兩爲一, 連里竟街(合兩坊而爲一宅, 里卽坊也.)」하나, 이는 주석자의 생존시대인 唐代의 지식에 근거한 것이다.

291 (唐)歐陽詢 撰, 『藝文類聚』(上海: 上海古籍出版社, 1965) 卷62 居處部 「坊」條 p.1127, 「漢宮闕名曰 洛陽故北宮有九子坊. 晉宮闕名曰 洛陽宮有顯昌坊·修成坊·綏福坊·延祿坊·休徵坊·承慶坊·桂芬坊·椒房坊·舒蘭坊·藝文坊.」

292 『魏書』卷8 世宗宣武帝恪紀 景明2年(501)9月丁酉條, p.194, 「發畿內夫五萬人築京師三百二十三坊, 四旬而罷.」

293 『魏書』卷18 太武五王列傳 廣陽王嘉, pp.428-429, 「及將大漸, 遺詔以嘉爲尙書左僕射, 與咸陽王禧等輔政. 遷司州牧, 嘉表請於京四面, 築坊三百二十, 各周一千二百步, 乞發三正復丁, 以充茲役, 雖有暫勞, 姦盜永止, 詔從之.」『魏書』卷8 世宗宣武帝恪紀校勘記, p.216, 「[四]發畿內夫五萬人築京師三百二十三坊 南·北·殿三本和北史卷四'五萬'下有'五千'二字. 又北史作'三百二十坊'. 按卷一八廣陽王嘉傳也作'三百二十坊'. '坊'上'三'字當衍.」

294 『洛陽伽藍記』卷5 城北條, p.349, 「京師東西二十里, 南北十五里, 戶十萬九千餘, 廟社宮室府署以外, 方三百步爲一里, 里開四門, 門置里正二人, 吏四人, 門士八人 合有二百二十里.」

등 이설이 있지만, 대개 320개설에 동의한다.[295] 평성의 방은 크게는 400-500가(家), 작게는 60-70가를 포용하는 대단히 큰 규모였다.[296] 낙양성의 경우는 700-800가,[297] 혹은 "1000호·500호"[298]로 표시되고 있다. 다시 말하면 북위 평성 이전에 한 채 내지 두세 채 특별한 건물의 경비와 방어를 위하여 그 둘레에 장원(墻垣)을 높고 견고하게 만들었던 방이 북위 평성시대에 와서는 도시의 한 구역의 명칭으로 변화한 것이다. 따라서 한대 이후 담장으로 둘러싸진 몇 개의 건축군, 즉 소원(小院)을 '방'이라 칭하던 방은 북위시대 이후의 이방(里坊) 혹은 '방리'의 '방'과는 같은 개념의 것이 아닌 것이다.[299] 동위-북제의 도성 업도에 도시구역단위로서의 방(400여 개)이 있었다. 수당 장안성에도 108개의 방이 있었다.

그런데 당대에 이(里)는 그대로 지역단위로 사용되고 있다. 그러면 방과 이는 도대체 어떤 관계에 있는 것이기에 이런 혼용과 혼란이 생기는 것일까? 동일한 단위의 별칭인가? 아니면 아주 다른 성격의 단위인가? 최근까지 방은 이의 별칭으로 여겨져 왔다. 이 점과 관련하여 당대 낙양에 거주하였던 인사들의 묘지명에서 그 해답을 찾을 수 있다. 즉 방과 이가 병렬되고 있

---

295 『洛陽伽藍記』卷5 城北條注, p.351, 「按『魏書』卷八世宗紀: "景明二年(501)九月丁酉, 發畿內夫五萬人, 築京師三百二十三坊, 四旬而罷." 又十八廣陽王嘉傳: "表請於京四面築坊三百二十, 各周一千二百步, 乞發三正復丁以充茲役, 雖有暫勞, 姦盜永止. 詔從之." 坊與里相同, (『說文新附字』云: "坊, 邑里之名.") 此文"二百二十"疑是"三百二十"之誤.」

296 『南齊書』卷57 魏虜傳, p.985, 「其郭城繞宮城南, 悉築爲坊, 坊開巷. 坊大者容四五百家, 小者六七十家. 每南坊搜檢, 以備奸巧.」

297 『魏書』卷18 太武五王列傳 孝友, pp.422-423, 「令制: 百家爲黨族, 二十家爲閭, 五家爲比隣. 百家之內, 有帥二十五, 徵發皆免, 苦樂不均. 羊少狼多, 復有蠶食. 此之爲弊久矣. 京邑諸坊, 或七八百家, 唯一里正·二史, 庶事無闕, 而況外州乎? 請依舊置, 三正之名不改, 而百家爲四閭, …此富國安人之道也.」

298 『魏書』卷68 甄琛傳, p.1514, 「遷河南尹, …琛表曰: "…京邑諸坊, 大者或千戶·五百戶."」

299 傅熹年 主編, 『中國古代建築史』第2卷 兩晉·南北朝·隋唐·五代建築, 北京: 中國建築工業出版社, 2001, p.23: 北魏時代에는 城內의 坊里와 城外의 鄕里의 구별은 명확하며, 坊里의 경우 圍牆이 있어 엄격한 管理制度가 있고, 인구가 조밀하였다고 한다.(張劍, 「關于北魏洛陽城里坊的幾個問題」, 『漢魏洛陽故城研究』, 北京: 科學出版社, 2000, p.537).

는 사례가 발견되고 있기 때문이다. 그 사례를 아래에서 살펴보자.

① 長壽3年 4月5日의 康智 墓誌銘: "終於神都日用里思順坊之私第"**300**

② 大和8年 正月20日의 王翼 墓誌銘: "終於東都安業坊安業里之私第"**301**

③ 任德 墓誌銘: "終於毓財里私第…. 夫人 …. 終於敦厚坊私第"**302**

위의 ①의 강지의 묘지명에서는 이–방, ②의 왕익의 묘지명에서는 방–이의 순서로, ③에서는 이[夫의 사제]와 방[夫人의 사제]이 병기되고 있다. ①의 일용리는 사순방의 상위의 것처럼 표현되어 있고, ②의 왕익 묘지명에서는 안업방이 안업리의 상위의 단위처럼 표현되어 있다. 뿐만 아니라 ③의 임덕의 묘지명에서는 이와 방이 각각 다른 지역단위로 표현되어 있는 것이다. 따라서 방은 이의 별칭이 아니고, 다른 단위, 다시 말하면 이는 인구단위라고 한다면 방은 면적에 따라 구역 지어진 공간단위였다고 할 수 있다. 단지 이는 공식적인 행정단위였다면, 방은 현급 이상의 도시에 높은 담으로 구획하여 만든 특수목적의 거주 공간인 것이라고 본다.

그러면 방장의 높이는 얼마나 될까? 먼저 외곽성과 황성과 궁성의 경우를 보자. 장안 외곽성의 높이는 1장(丈) 8척(尺)이니**303** 약 5.2m이다. 황성과 궁성의 높이는 3장 5척이니**304** 10.5m이었다. 그런데 방장에 대해서는 현재 기록이 남아 있지 않기 때문에 그 기저(基底)의 폭을 가지고 계산할 수밖에 없

---

300 周紹良 主編, 『唐代墓誌彙編(上)』, 上海: 上海古籍出版社, 1992, 「大周故康(智)府君墓誌銘幷序」, p.855.

301 周紹良 主編, 『唐代墓誌彙編(中)』, 「唐故正議大夫守殿中監致仕上柱國賜紫金魚袋太原王公(翼)府君墓誌銘幷序」, p.2143.

302 周紹良 主編, 『唐代墓誌彙編(上)』, 「唐故昭武校尉任君墓誌銘幷序」, p.319.

303 『唐兩京城坊考』 卷2 西京 外郭城, p.45, 「其崇一丈八尺」; 卷5 東京 外郭城, p.259, 「其崇丈有八尺」; 『唐六典』 卷7 工部尚書, p.216, 「京城. … (名曰大興城. … 牆高一丈八尺.).」

304 『唐兩京城坊考』 卷1 西京 宮城, p.2, 「其崇三丈五尺.」

다. 현재 방장 유지에서 측량된 그 기저의 폭은 2.5-3m 전후이다.[305] 『통전』에 수록된 축성법인 수거법(守拒法)에 의하면 성장의 기초가 되는 아랫부분[基底]의 너비, 성장의 높이 그리고 성장 상면의 너비를 각각 2.5 : 5 : 1.25의 비율로 표시하고 있다.[306] 기초부분이 2.5m라면 그 높이는 5m가 된다는 이야기인데, 이로 볼 때 도성 장안성의 방장의 높이는 5-6m였다. 사람이 쉽게 넘을 수 없는 높이다. 이는 방장에 둘러싸인 방이 소성부(小城部)였다 해도 과언이 아니다. 이 정도라면 월장은 아예 불가능하다. 외곽성의 경우 성문 쪽이 높고 그 외에는 낮아 균등한 높이는 아니었다고 하니[307] 약간의 편차는 감안해야 한다. 그런 면에서 보면 방장의 기저도 차이가 있을 가능성도 물론 있지만 어떻게 봐도 방장의 높이는 우리의 상상을 초월할 정도다.

이와 함께 월장에 대한 엄격한 규정이 있었다. 주민이 방장을 넘어 외출하면 그것을 파손한 중죄로 취급하여 태장(笞杖) 70회가 가해졌다.[308] 월장에 대한 벌칙은 한대 이전에도 있었다. 한대의 외성벽은 부녀자도 넘을 수 있을 정도로 낮았다는 점도 상기할 필요가 있다. 이렇게 쉽게 범할 수 있는 죄에 대해서 중형을 규정했다. 이것은 장원이라는 것을 일종의 '신성불가침의 것'으로 여겨졌기 때문이라는 해석이다.[309] 문제는 그 규정이 성벽이었지 이 벽이 아니었다는 점이다. 위진남북조 특히 북조의 (외)곽성의 장원의 높이는 방리의 장원과 비교할 때 별반 차이가 없었다.

---

305 室永芳三, 「唐都長安城の坊制と治安機構(上)」, 『九州大學東洋史論集』 2, 1974, pp.2-3.
306 『通典』 卷152 兵典5 守拒法, p.3893, 「凡築城, 下闊與高倍, 上闊與下倍, 城高五丈, 下闊二丈五尺, 上闊一丈二尺五寸. 高下闊狹, 以此爲準.」
307 室永芳三, 「唐都長安城の坊制と治安機構(上)」, pp.2-3.
308 『唐律疏議』 卷8 衛禁律81 越官府廨垣, p.170, 「越官府廨垣, 及坊市垣籬者, 杖七十. 侵壞者, 亦如之.」
309 宮崎市定은 이런 벌칙규정은 "단순히 專制政治의 彈壓策으로만으로 볼 수 없고, 市民相互의 權利尊重, 治安維持의 목적에다, 일종의 宗敎的 觀念이 가미되어, 소위 Sitte로서의 牆垣은 神聖不可侵이다라는 규칙이 성립한 것 같다"고 하였다(「漢代의 里制와 唐代의 坊制」, 『東洋史研究』 21-3, 1962, p.276).

둘째 '야금(夜禁)'의 문제이다. 당대에는 주간에만 외출할 수 있고 늦게 귀방(歸坊)하여 범야(犯夜)의 금령을 범했을 때에는 태타(笞打) 20회가 내려졌다.[310] 그러나 한대에 야금은 없었거나, 있었다 해도 유명무실했다.[311] 당대의 경우를 보면, 효고(曉鼓)와 모고(暮鼓)의 의해[312] 성문과 방문이 개폐됨으로써,[313] 장안 인민의 전 생활의 시간표는 거의 황제의 통제 하에 있었다.[314] 이와 같은 것은 이미 북위시대에 나타나고 있다.[315] 특수사정이 물론 감안되었지만,[316] 그 규칙은 매우 엄격한 편이었다.[317] 한편 방문을 '재상(宰相)'이라 부르기도 하였는데, 이 명칭과 관련하여[318] 방문의 또다른 역할과 기능에 대해서는 별도의 연구가 필요하다. 다만 이러한 방은 한대의 이제(里制)와 근본적인 차이점이 있다는 것에 대해 크게 이의를 다는 자가 없을 것이다.[319]

310 『唐律疏議』 卷26 雜律406 諸犯夜者, p.489, 「諸犯夜者, 笞二十, 有故者, 不坐(閉門鼓後, 開門鼓前行者, 皆爲犯夜, 故謂公事急速及吉·凶·疾病之類).」

311 漢代의 里制에는 夜禁이 없었던 것으로 정리된다. 宮崎市定은 『史記』 卷124 游俠傳 p.3187에 실린 「邑中少年及旁近縣賢豪, 夜半過門常十餘車」라는 문장을 두고 漢代에는 夜行의 禁이 행해지지 않았고, 里門도 닫지 않았다고 보고 있다(「漢代의 里制와 唐代의 坊制」, p.292.).

312 『舊唐書』 卷14 憲宗紀上 元和2年(807)6月 丁巳朔條, p.421, 「始置百官待漏院於建福門外. 故事, 建福·望仙等門 昏而閉, 五更而啓, 與諸坊門同時.」 그런데 『新唐書』 卷49 百官志4上 左右街使, p.1286에는 「五更二點」이라 하고 있다.

313 唐代는 지방 縣城 등에도 역시 마찬가지의 법률이 적용되었다(『唐律疏議』 卷8 衛禁律81 「越州鎭戌等城垣」, p.170, 「諸越州·鎭·戌城及武庫垣, 徒一年, 縣城, 杖九十」).

314 『唐六典』 卷8 城門郎四人, pp.249−250, 「開則先外而後內, 閤則先內而後外, 所以重中禁, 尊皇居也. 候其晨昏, 擊鼓之節而啓閉之.」

315 『水經注』 卷13 㶟水條, pp.1144−1145, 「魏神瑞三年, 又建白樓. …後置大鼓于其上, 晨昏伐以千椎, 爲城里諸門啓閉之候, 謂之戒晨鼓也.」

316 『唐律疏議』 卷26 雜律406 諸犯夜者의 疏議, p.490에 「但公家之事須行, 及私家吉凶疾病之類, 皆須得本縣或本坊文牒, 然始合行, 若不得公驗, 雖復無罪, 街鋪之人不合許過」라 되어 있어 특별한 경우라도 통행증이 필요함을 알 수 있다.

317 『唐律疏議』 卷26 雜律406 諸犯夜者, p.490, 「其直宿坊街, 若應聽行而不聽及不應聽行者, 笞三十, 卽所直時, 有賊盜經過而不覺者, 笞五十(疏議曰: 謂諸坊應閉之門, 諸街守衛之所.)」

318 『舊唐書』 卷37 五行志, p.1354, 「至今巷議街言, 共呼坊門爲宰相, 謂能節宣風雨, 變理陰陽.」

319 劉淑芬, 『六朝的城市與社會』, p.409. 이 문제와 관련하여 漢代의 경우와 비교할 필요가 있다. 漢代 長安城에 里壁이 있다는 것은 考古學的으로 증명되지 않고 있다. 다만 午汲古城에 높이 3−6m 정도의 城壁이 있다고 추측되고, 내부의 里 주위에도 牆垣이 둘러져 있을 것으로 짐작하지만, 그 유적을 고찰하기에는 너무 빈약한 상태이다. 즉 그 흔적은 발견되지 않고 현재 地表로부터 약 2m 정도 밑에 里의 주위를 둘러

당대 장안에는 수많은 외국인이 '집단적'으로 살고 있었고, 그들은 당 조정으로부터 자치를 허용받고 있었다. 즉 당조는 외국인의 입국을 크게 제한하지 않았고 그 활동이 크게 규제되지도 않았다. 7-10세기 당시에 외국인에게 그렇게 관대한 국가가 있을 수 있느냐고 의심될 정도로 자유를 보장했다. 그러나 장안의 도시는 가축을 '우리(檻)'에다 가두어 관리하듯[320] 방(장)제를 엄격하게 채용하고 있다.[321] 장안은 108개의 우리의 집적이었다.[322] 방리는 '뚜껑이 없는 거대한 상자'에 비유되듯 무단으로 방장 밖으로 나오는 것이 엄격하게 규제되었다. 제국인들은 어쩌면 우리[檻獄] 속에 든 소·말·양 등 가축처럼 사육·사역되고 있었던 것이다. 방장 안의 생활은 비교적 자유로웠다. 세계제국의 도성 장안은 이처럼 폐쇄와 자유가 공존하는 거대 공간이었다.

대당제국은 유목민족이 중원에 진입하여 시도한 하나의 도전의 결실물이었다. 홍안령 동록 작은 동굴에서 시작한 제국으로의 긴 여정 끝에 중국 역사상 위대한 한 시대를 창출했다. 그러나 대당제국의 실패는 유목민족 자신

싼 街路의 흔적이 발견될 뿐이다(宮崎市定, 「漢代の里制と唐代の坊制」, p.274). 그런데 朱玲玲은 漢代의 里制와 唐代의 坊制가 行政面에서 기본적으로 차이가 없다고 말한다(「坊里制的起源及其演變」, 『中國古都硏究』, 杭州: 浙江人民出版社, 1987). 이런 해석은 당대 장안성의 방이 이와 일치하기 때문에서 나온 것이다. 그러나 방과 리는 다른 성격의 것이다.

320 『長安志』卷6 宮室4 東內大明宮章, pp.125-126, 「北據高原, 南望爽塏, 每天晴日朗, 南望終南山如指掌, 京城坊市街陌, 俯視如在檻內, 蓋其高爽也.」

321 이런 관점은 筆者 외에도 大室幹雄에게서 발견되고 있다. 그는 北魏 平城-洛陽, 隋唐 大興-長安城의 坊의 구조를 일종의 '강제노동의 캠프적 기능을 하는 人民居住區'라는 것이다(大室幹雄, 『檻獄都市-中世中國の世界芝居と革命』, 東京: 三省堂, 1994, p.360). 그는 遊牧出身 정복자들이 약탈해 온 生口를 牛·馬·羊과 같이 나열하고 있는 데서 보이듯이, '위험한 동물인' 민중을 우리(「檻」) 속에 집어넣어 사육하는 형식으로 본 것이다(大室幹雄, 『干潟幻想-中世中國の反園林都市』, 東京: 三省堂, 1992, pp.125-126).

322 唐代 長安의 坊의 크기는 일률적인 것이 아니었다. 최대인 興慶坊은 東西 1.125km 남북 0.838km 면적 0.94km²인 데 비해 제일 작은 光祿坊은 東西 0.558km 南北 0.5km로 면적이 0.28km²에 불과하여 그 면적차는 3.35배나 된다(傅熹年, 「隋唐長安洛陽城規劃手法的探討」, 『文物』 1995-3, p.49). 日野開三郎은 1坊 평균 호수는 2,000 전후가 들어갔다고 하였다[日野開三郎, 「唐代大城邑の戶數規模について-特に首都長安を中心とする-」, 『日野開三郎 東洋史學論集』 13, 東京: 三一書房, 1993, p.272].

의 속성을 떨치지 못한 것 때문인지도 모른다. 총괄적 친정체제는 위대한 능력을 가진 통치자가 통치할 때는 유효한 결과를 만들어 내지만 그렇지 않을 경우 치명적인 난맥상에 빠지는 약점을 가지고 있다. 모든 일을 지도자 1인이 앞장서서 판단하고 처리하는 체제는 그런 면에서 위험성을 다분히 안고 있다. 대당제국의 패망도 역시 그러하였다. 총괄적 친정체제 하에서는 제도가 아무리 치밀하게 정비되어도 잘 작동되지 않는다. 대당제국의 제도의 조밀성은 오히려 지나칠 정도였지만 정작 위기에서는 전혀 작동하지 않았다.

관용적인 황제가 독단에 빠지게 되면 그 구렁에서 쉽게 헤어나지 못하게 된다. 개원 연간 보기 드문 명군(名君)이었던 당 현종이 천보 연간에는 혼군(昏君)이 된 것은 이런 '총괄적 친정제제'가 갖는 본원적인 모순의 노정일지도 모른다. 현종은 당군의 반 이상의 힘을 안록산 한 사람에게 넘기는 우를 범한 것이라든지, 환관에게 모든 권한을 넘긴 행위는 바로 이런 체제가 안고 있는 태생적 약점이다. '관용'의 황제가 백성을 구휼하기 위해 비축한 재원이 정부의 예산[地稅]으로 전환된 것은 유목출신의 황제의 제일 덕목인 '인(仁)'을 포기한 것이었다.

여성시대의 도래는 유목민족의 생래의 유산이다. 사실 한 사람의 여제가 출현한 것이 지금에서 생각하면 별다른 의미가 없는 일이랄지 모르지만, 천몇백 년 전의 일이라는 점을 감안하면 엄청난 사건이었다. 일종의 위대한 실험이기도 하였다. 이런 여성활동을 막아보려 한 것이 어쩌면 대당제국의 정치를 왜곡시키는 결과를 가져왔다.

대당제국의 실험은 종국적으로 실패로 돌아갔지만 대당제국이 범한 과오는 후세 사람들에게 남겨졌지만 그것은 과실(果實)이 주렁주렁 달린 과오(Fruitful Error)였다. 균전제(조용조제) 이후에 그에 기초한 양세법이 나왔지만 이후 인민중국까지 토지제도다운 것이 나오지 않았던 것은 대당제국의 실험이 그 자체로서 끝난 것이 아니라 긴 여운을 남긴 것임을 의미한다.

끝으로 한-당을 다시 비교해 보자. 진·한제국은 황제를 정점으로 하는 소위 '제민지배체제(齊民支配體制)'를 확립하고, 철저한 문서행정을 통해 제국을 운영하였다. "소하(蕭何)가 진나라의 문서를 수합하였고 한이 전국을 다스릴 수 있었던 것은 문서의 힘이었다"는 후한시대 왕충의 표현은[323] 제국운영에서 법률 및 행정 등의 문서제도의 중요성을 잘 말해주고 있다. 최근 대량으로 발견되는 진한시대 간독문서(簡牘文書)를 보면 제국의 운영이 그렇게 움직여 간 것으로 짐작할 수 있다. 그런 면에서 율령 자체도 대단히 정비되어 있었다고 할 수 있다. 그렇다고 대당제국의 율령을 그대로 진한시대의 복사판이라고 이야기할 수는 없다. 그보다 격단의 보완과 정비가 있었던 것은 누구도 부정할 수 없다. 이런 변화에는 위진남북조, 특히 이민족이 통치했던 북조시대가 이룬 역할을 무시할 수 없을 것이다. 잘 알다시피 유목민족이 초원에서 생활할 때는 제도와 법률 자체도 간단했다. 그러기 때문에 기존의 그들 통치방식으로 국가를 통치할 수는 없는 것이다. 이들 통치자들이 적극적으로 기존 진한제국의 율령을 수용한 것은 당연한 일이다. 그런 면에서 남조의 여러나라보다 더 적극적이었을 것이다. 그와 함께 그들 고유의 관념과 당시 호한 복합사회의 통치에 알맞은 형태로 변경시켰을 것은 자명한 일이다. 그렇게 탄생한 것이 후세 제국뿐만 아니라 동아시아 각국의 통치체제의 근간이 된 대당제국의 율령인 것이다. 대당제국의 율령 가운데 진한대의 조항이나 요소가 보인다고 해서 진한제국 자체, 혹은 그 재판이라고 보는 것은 잘못이다.

---

323 (漢)王充 著, 『論衡』(北京大學歷史系『論衡』注釋小組, 『論衡注釋』, 北京: 中華書局, 1979) 別通篇, p.754, 「蕭何入秦, 收拾文書, 漢所以能制九州者, 文書之力也. 以文書御天下, 天下之富, 孰與家之財?」

제 **4** 장

—

책을 끝내면서

1. 중국의 '동북공정(東北工程)'을 생각함

몇 년 전부터 주위 사람들을 만나면 그들이 필자에게 던지는 질문은 대개 두 가지였다. 하나는 동북공정의 속내와 목적이 무엇이냐고, 다른 하나는 중국이 소련처럼 분열하지 않겠느냐는 희망 섞인 질문이다. 후자의 경우 필자가 현실 문제를 다루는 정치학자도 아니요, 더구나 미래를 예측하는 미래학자도 아니기 때문에 확실한 대답을 할 수가 없다. 그래서 "글쎄, 그래요…" 하고 얼버무리는 것이 나의 일관된 대응이었다.

다만 이 책을 집필하면서 필자의 연구를 바탕으로 이들 문제에 대한 나름의 생각과 느낌과 예상에 대해 뭔가 이야기할 의무감을 느끼지 않을 수 없었다. 다만 사람들로부터 설익은 논단, 섣부른 예견이라 비난을 받을지도 모른다는 두려움 같은 것도 있다.

먼저 동북공정에 대한 것이다. 공정이란 "프로젝트"의 중국어 번역이다. 중국 정부가 추진하는 소위 '공정'은 여러 가지가 있어 동북공정만이 있는 것이 아니다. 역사방면의 공정은 크게 보아 두 가지 목적하에 입안된 것이다. 첫째, '중화민족'의 위대한 창조와 구원한 역사를 증명하여 강역 안팎에 있는 중화민족의 자존심을 고양시켜 중국으로의 귀속심을 높이기 위한 것이다. 둘째, 티베트·신강·동북 등 새롭게 편입된 지역, 즉 생지(生地)를 숙지(熟地)로 만들어서 영토분쟁을 사전에 대비하기 위한 복합적인 목적이 그것이다. 공정 가운데 단대공정(斷代工程), 탐원공정(探源工程) 등이 전자에 속하고, 서남공정·서북공정·남방공정·동북공정·해양공정 등이 후자에 속한다. 이것은 중국의 국가정책인 동시에 역사학 분야의 하나인 '변강사학

(邊疆史學)'의 중요 분야들이다. 특히 후자는 중국사회과학원 변강사지연구 중심(邊疆史地硏究中心: 변강지역의 역사와 지리 연구센터)이라는 기관에서 주도적으로 수행하여 우리나라처럼 이해 당사국과 신경전을 벌이는 공정들이다.

제일 먼저 착수한 것이 단대공정이었다. 1996년 5월에 시작하여 2000년 11월에 종료한 프로젝트로서, 하(夏)나라가 기원전 2070년에 시작되었으며, 여기다 그동안 전설적인 인물로 여겨졌던 요·순도 역사인물로 복원시킴으로써 입에만 오르내리던 '중화민족 5,000년 역사'가 이 프로젝트를 통해 확립되었다.01 하뿐만 아니라 상(商: 殷)·주(周) 왕조를 포함해서 "중화문명의 시원을 캐는 계획"인 이 탐원공정은 2003년 시작돼 그 종료 연도를 미리 정하지 않은 상태로 진행되고 있다.02 이 공정의 궁극적 지향점은 5000년이라고 주장하는 중국역사 가운데, 신화와 전설로 존속하고 있던 삼황과 요·순시대까지를 역사 영역으로 확대하는 것은 물론, 나아가 중국문명의 기원을 더 길게 추적해 한반도를 포함한 동북지역 전체의 태고문명을 중국 역사에 편입하고자 하는 목적도 있었다. 특히 탐원공정의 결정판은 '요하문명론(遼河文明論)'이라 할 수 있는데, 이를 통해 1만 년전 요하 일대에서 이미 중국문명이 시작됐다고 주장했다. 이전 중국인들은 중국역사의 근원을 '황하문명(黃河文明)', 즉 지역으로는 북경원인(北京猿人)의 출토지 주변, 문화

---

01 岳南 著, 심규호·유소영 譯, 『하상주단대공정』, 서울: 일빛, 2005.
02 이를 '黃帝民族主義'라 하는데, 중국 고대의 제왕인 三皇五帝의 상을 河南省 鄭州市 바위산인 동맹산(同盟山: 퉁멍산)에 만드는데 炎帝(중국 고대 불의 신)와 黃帝의 상이 2007년 4월에 20년 만에 완성되었다. 炎帝·黃帝 석상은 106m의 높이로 세계 最高이다. 오른편이 炎帝, 왼편이 黃帝로 코의 길이만도 8m이다. 이 지역을 성지화하였는데, 이는 '中華의 자부심' 고양과 소수민족 불만 무마용이다. 베이징 올림픽과 티베트와 위구르 自治區 주민 등 중국 소수민족의 독립 시위가 벌어지는 시점에, '하나의 中國', '中華民族'의 자부심을 심어주기 위해 황제 민족주의를 활용하려 한 것이다. 2007년 10월, 陝西省 黃帝의 사당에서 열린 추모제에 티베트를 포함한 소수민족 대표를 고루 초대했다. 2008년 7월, 베이징 올림픽 聖火가 이 사당을 통과한 것은 바로 黃帝民族主義의 영향이다(陝西省과 河南省 정부는 각각 서로가 황제의 탄생지라고 주장한다).

로는 황하 중류를 배경으로 기원전 3000년경에 꽃 핀 농경 신석기 문화인 앙소(仰韶)문화를 대표적으로 꼽았다. 따라서 황화문명을 유목을 바탕으로 한 북방문화와 확연하게 구별시켰던 것이다. 예로부터 중국민족은 만리장성을 '북방한계선'으로 정하고 북방민족은 미개한 이민족이라며 그들과 분명히 구별하였던 것도 이런 인식에 근원을 두고 있다.

20세기 중반 이후 특히 만리장성 밖 동북 만주지역, 특히 요하유역에서 황하문명을 기초로 한 중원문화보다 시기적으로 앞서고, 더 우수한 신석기 문화인 소위 '홍산문화(紅山文化)'의 유물들이 잇달아 발굴·확인되었다.[03] 중국정부는 충격에 휩싸였고 다급해졌다. 서둘러 이들 문화를 중화문명과 연결시키는 작업에 나서지 않을 수 없었다. 문제는 요하 일대에서 빗살무늬토기·고인돌·적석총·비파형동검·다뉴세문경(多鈕細文鏡) 등이 대량 발굴되었다는 사실이었다. 이들 유물은 중원 황하문화권에서는 보이지 않지만 한반도에서는 많이 발견된다. 이것은 한눈에도 내몽골-만주-한반도로 이어지는 북방문화 계통의 유물임을 알 수 있다. 이에 따라 중국은 중원문명보다 그 연대가 앞선 '요하문명'과 한반도와의 연계성을 단절하고 그 문명을 중원문명의 출발점으로 날조하기 시작했다. 그를 위해 중화민족의 기원을 "중원의 염제(炎帝) 신농씨(神農氏)의 화족(華族) 집단"으로 정리한 기존의 입장을 탈피하고, 중화문명의 뿌리가 황하 유역이 아니라 요하지역이라는 주장을 공식화했다. 기존의 '황하문명'보다 앞선 '요하문명'지역을 별다른 근거 없이 중화문명의 발상지라고 주장하였던 것이다.

이처럼 '단대공정'이나 '탐원공정'이란 신화를 역사로 변질시켜 중국의 장구한 역사를 과장하려는 데만 목적을 둔 것이 아니고, 이른바 서북공정·동

03 만주지역의 小河沿文化는 기원전 5500년, 査海文化는 기원전 5000년까지 거슬러 올라간다. 특히 요하 일대에서 대규모 적석총과 제단 등이 발굴된 소위 紅山文化가 기원전 3500년의 유적으로 확인되었다.

북공정 등 영토문제와도 밀접하게 연관되어 있는 것이 문제다. 인민중국 성립 이후 중국의 역사정책은 한마디로 "현재 중국 강역 안에서 일어난 역사는 모두 중국의 역사다"라는 원칙에 의거한 것이다. 이런 원칙의 확립은 "현재 중국 강역 안에 활동했던 고대민족은 모두 중국 민족인가?"라는 아주 간단한 질문에서 시작한 것이고, 궁극적으로 "현재 중국 강역을 중국사의 범위로 삼아야 한다"는 무겁고 난해한 해답으로 귀결된 결과였다.[04] 이런 역사인식의 배경에는 현재 인민중국 아래 '다원적'인 유래를 갖고 존재하는 56개 민족이 과거에도 그리고 현재에도 '(불가분의) 일체'를 이루고 있으며, 미래에도 그래야 한다는 필요성이 복재돼 있는 것이다. 이렇게 구성된 다민족을 일컬어 '중화민족'이라 지칭하며, 불가분의 일체를 이루고 있는 구조를 '다원일체격국'이라 규정한 것이다. 역사상 현재의 중국 영토 안에서 거주하였던 여러 민족들은 모두 중화민족 원류의 일부이기 때문에, '현재'의 중국영토는 '과거'에도 중국 영토였다고 주장한다.[05] 동북의 각 소수민족의 선조인 고구려·발해인도 중국 역사상 끊임없이 진행된 민족 대융합과정을 통해 '중화민족'으로 통합됐다고 보는 것이다. 다시 말하자면 현재 '중국(중화인민공화국)'을 구성하는 제 민족들의 조상은 모두 '중국인'이었고, 이들이 만들어 왔던 역사는 '중국사'였으며, 현재의 중국의 강역범위는 과거에도 역시 중국의 것이었다는 주장이다. 한마디로 표현하자면 "현대중국＝역사상 중국"이다. 이상이 현재 중국의 민족정책이론인 '중화민족다원일체격국론(中華民族多元 一體格局論)'의 대강의 줄거리이다.[06]

중국에서 진행되고 있는 여러 공정은 바로 이 이론을 바탕으로 하여 진행

04 金翰奎, 「古代 東아시아의 民族關係史에 대한 現代 中國의 社會主義的 理解」, 『東亞硏究』 24, 1992.
05 陳連開, 「論中國歷史上的疆域與民族」, 翁獨健 主編, 『中國民族關係史硏究』, 北京: 中國社會科學出版 社, 1984, pp.225-232.
06 費孝通 等, 『中華民族多元一體格局』.

되고 있다. 동북공정과 동시에 진행 중인 공정들로는 몽골지역을 다루는 북방공정, 운남을 비롯한 미얀마, 타이(랜드), 베트남 접경지역을 다루는 남방공정, 대만, 해남도와 오키나와, 필리핀 등 지역을 다루는 해양변강공정 등이 있다. 변강문제와 관련된 이런 공정들은 1986년 등소평(鄧小平: 덩샤오핑)의 지시 하에 착수되었다. 2002년 시작된 중국의 동북공정은 중국이 주도한 긴 역사 왜곡의 완결편이라 할 수 있다.

이미 1980년대부터 티베트(西藏), 몽골(蒙古), 신강(新疆) 위구르자치구에 대한 새로운 역사해석이 진행되었다. 이들 지역의 독립국 역사를 지우고, 중국 왕조의 지방정권으로 편입시키려는 시도였다. 1986년 등소평의 직접 지시에 의해 시작된 서남공정은 중국 사회과학원 중국장학연구중심(中國藏學研究中心)이 주도하였다. 티베트 연구의 핵심은 중국인의 중심인 한족과 티베트의 장족은 그 문화와 언어의 뿌리가 같다는 한장동원론(漢藏同源論)으로 요약될 수 있는데, 그에 따라 티베트는 늘 중국의 일부분이었다고 주장한다. 7세기 초 국가를 형성한 이후 원과 청대를 제외하고는 독립적인 국가를 유지해 온 독립국 티베트의 역사를 말끔히 지워버린 것이다. 다음으로 북방공정도 1995년 『몽골국통사』 3권을 출판하고, "몽골의 영토는 중국의 영토"이며 따라서 칭기즈칸도 중국인이라 주장하면서 시작되었다. 몽골공화국이 강하게 반발하자, "학술활동일 뿐 중국 정부의 공식 입장은 아니다"라는 말로 비켜갔던 것은 동북공정에 쏠린 한국의 비판을 받아넘기는 방법과 너무 유사하다. 중국이 몽골 역사에 집착하는 것은 몽골이 현재 몽골인민공화국과 중국의 내몽고자치구로 분할돼 있어 언제든지 영토분쟁이 일어날 소지가 있기 때문이다.[07] 역시 미래를 내다본 장기적인 포석이 아닐 수 없다.

---

07 몽골은 청의 멸망을 틈타 1911년 독립을 선언했다. 현재 몽골공화국인 당시의 외몽골은 소련의 지원을 받아 1924년 몽골인민공화국이 개국하였고, 내몽고는 일본의 패퇴 이후 중국이 접수하여 1947년 중국의 첫 자치

소위 신강 위구르족의 역사 및 지리에 대한 종합연구 프로젝트인 서북공정은 2002년 동북공정과 함께 시작되었다. 돌궐(突厥)이라는 명칭으로 역사에 등장하는 위구르족은 투르크메니스탄이라는 혈족 국가를 옆에 두고 있고, 멀리는 터키까지 이어지는 지역의 방대한 민족 집단과 연결되어 있다. 중당 시기 이후 위구르족은 중앙아시아 역사의 주역으로 활동하다 1755년 청나라 건륭제가 이 지역의 부족 반란을 진압하고 이 지역을 중국에 편입하였던 것이니 중국 영민이 된 지 250년밖에 안 되었다. 지금도 위구르족 일부는 동투르키스탄 국가의 개국을 목표로 독립운동을 벌이고 있다. 중국은 이 신강이 한나라 시기부터 월지(月氏)족, 강족, 흉노족과 한족이 섞여 살던 다민족거주지역이며, 기원전 60년이 신강에다 '서역도호부'를 설치한 이후 중국 역대 왕조가 신강을 군사·정치적으로 관할했다고 주장한다. 위구르는 지금도 외모, 언어, 문자, 종교가 중국과는 전혀 다르다는 것은 한눈에 알 수가 있다.

남방공정은 남월국의 후신인 베트남이 나중에라도 광동(廣東), 광서(廣西)에 대한 영유권을 주장할 가능성에 대비한 역사적 명분 쌓기 작업이다. 중국은 이처럼 생지인 변강지역이나 주민을 오랜 옛날부터 중국 왕조와 매우 가까운 관계를 지속적으로 유지해 왔으며 따라서 그 지역과 그 주민은 중국의 영토 혹은 '중화민족 대가정(中華民族 大家庭)'의 일부가 되었다고 주장한다. 그래서 이 지역은 절대 분리될 수 없는 역사적 관계를 유지해왔고 현재 유지하고 있으며 또 앞으로도 유지해 가야 한다고 보는 것이다.

사실 공정이란 국가가 필요한 정책에 대한 보완작업으로 얼마든지 착수·진행할 수 있다. 문제는 그것으로 직·간접으로 피해를 받는 국가와 민족이

구가 되었다.

있다는 사실이다. 그리고 역사란 엄연한 과학(Science)이다. 필요하다고 해서 과학성을 팽개치면 학문 자체가 망가져 버리는 것이다. 역사학의 이런 정권 시녀화는 가볍게 넘어갈 문제가 아니다. 상당수 중국 친구들이 필자와 사적으로 만났을 때, 동북공정은 무리한 시도라고 말하는 것은 그 때문이다. 객관적이고, 학문적인 논단이 필요한 이유다. 우리와 특히 관련된 문제는 고구려이지만, 당 고종 영휘(永徽) 연간 고려(고구려)·백제는 소위 '화외인(化外人)'이었다. 앞서 보았지만 화외인이란 "번이지국 가운데 군장을 따로 세우고 각기 독특한 풍속을 가지고 있으며, 법률이 다른" 엄연한 독립국민에 해당한다. 이런 나라 사람들을 당왕조가 '화외인'이라 스스로 규정했다. '화외인'의 반대개념은 '화내인'이다. 그런데 화외인이었던 고구려·백제인이 무측천 성력(聖曆) 3년(700) 칙령에 의해서 당시 고구려의 영토 일부에 살게 된 사람들이 '화내인(化內人)'으로 변한 것이다. 따라서 고구려·백제가 멸망하기 전에는 엄연한 독립국인 것이다. 이는 번국(蕃國)보다도 더 바깥에 있는 나라의 사람이라는 뜻이기 때문이다. 필자는 중국 친구들에게 현재 우리나라의 국호의 근원이 된 왕조(고구려=Korea)까지 당왕조의 '지방정권' 운운하면 되겠느냐고 힐난한다.

중국역사학계는 정치권력으로부터의 영향을 어느 나라보다 많이 받고 있는 것이 아닌가 한다. 모택동은 인민중국 성립 후 역사학계에 연구해야 할 항목으로 다섯 가지[五朵紅〈金〉花= 毛澤東의 「中國革命과 共産黨」에서 시사된 ① 중국고대사분기문제, ② 근대사분기문제, ③ 농민전쟁의 혁명성문제, ④ 자본주의 맹아문제, ⑤ 한민족형성문제]를 제시하고 그것만을 집중 연구하라고 명령하였다.[08] 공정 역시 이런 지시와 일맥상통하는 과제임은 재언할 필요가 없다. 그래서 1949년 인민중국이 성립한 후 문화대혁명이 끝나는 1978년까지 볼 만한 연구 성

08 高柄翊, 「中共의 歷史學」, 『東亞史의 傳統』, 서울: 一潮閣, 1976, pp.199-210.

과도 별로 없고, 고고발굴보고서 정도가 겨우 참고할 만한 정도이다. 정부가 학자의 연구생활 자체를 간여한 세상에 보기 드문 나라가 그 당시의 중국이었다. '중화 대가정'의 구성도, 현 영토의 보존도 중요하지만 역사를 이처럼 왜곡해서는 안 된다. 현재 추진되고 있는 공정들은 우선 동기 자체가 불순하고 논리 자체도 허술하고 진실성과 객관성이 떨어진다.

중국은 고대부터 역사가 가지는 의미가 매우 큰 나라였다. 중국은 신(神)이 없는 나라이다. 심판자로서의 초월적인 존재인 신 대신 그 신의 역할을 역사가 대신했던 나라였다. 모든 인간사를 하늘 대신 세세하게 그리고 정확하게 보고하는 기록이 바로 역사책인 것이다. 역사는 후세에 전달되어야 할 문화가치의 총괄로 여겨져 왔다. 그래서 송나라가 망한 후 "나라는 멸망할 수 있어도 역사는 없어져서는 안 된다"[09]고 하였고, 금나라가 망한 후에도 "나라는 멸망해도 역사는 있어야 하는 것이다"[10]라며 전대 역사의 편찬에 나섰던 것이다. 그 나라가 한족이 세웠든, 이민족이 세웠든 관계없이 역사는 써져야 하고, 그것도 올바르게 써져야 하는 것이다. 이것이 중국인의 전통적인 역사관이었다.

그러나 정치가 어느 학문보다 역사학에게 이념적 협조자가 되기를 종종 강요한다. 그래서 순수성을 지키기가 가장 어려운 학문이 바로 역사학이다.

09 『元史』卷156 董文炳傳, p.3672, 「時翰林學士李槃奉詔招宋士至臨安, 文炳謂之曰: "國可滅, 史不可沒. 宋十六主, 有天下三百餘年, 其太史所記具在史館, 宜悉收以備典禮." 乃得宋史及諸注記五千餘冊, 歸之國史院.; 『元史』「進元史表」, pp.4673-4674, 「銀青榮祿大夫・上柱國・錄軍國重事・中書左相兼太子少師・宣國公臣李善長等言: "伏以紀一代以爲書, 史法相沿於遷・固; …欽惟皇帝陛下奉天承運, 濟世安民. 建萬世之丕圖, 紹百王之正統. 大明出而爝火息, 率土生輝; 迅雷鳴而衆響銷, 鴻音斯播. 載念盛衰之故, 乃推忠厚之仁. 僉言實旣亡而 名亦隨亡, 獨謂國可滅而史不當滅."」
10 『金史』「進金史表」, p.2899, 「開府儀同三司・上柱國・錄軍國重事・中書右丞相・監修國史・領經筵事・提調太醫院廣惠司事臣阿魯圖言: "竊惟漢高帝入關, 任蕭何而收秦籍; 唐太宗卽祚, 命魏徵以作隋書. 蓋曆數歸眞主之朝, 而簡編載前代之事, 國可滅史不可滅, 善吾師惡亦吾師. 矧夫典故之源流, 章程之沿革, 不披往牒, 曷蓄前聞."」

그럼에도 불구하고 역사는 진실이 생명이다. 독선·독단·부정직·미화·허위와 위선은 금물이다. 그런데 이렇게 역사를 타락시키고 있어서는 안 된다. 플라톤은 『정치학』에서 "최선의 것이 부패하면 최악이 된다"고 하였다. 좋은 역사는 돈이나 과학처럼 유익하지만 나쁜 역사는 세계에서 가장 파괴적인 무기보다 더 무서운 해독을 끼치는 것이다. "학문을 물을 뿐 정치를 묻지 않는다(只問學問, 不問政治)"며 끝까지 역사가로서의 지조를 지켜 중국인이 가장 존경하는 역사가로 추앙받는 진인각은 그의 친구 왕국유(王國維)의 죽음을 애도하며 써서 청화대학 교정에 세운 비문에서 "선생은 죽음으로써 당신의 독립된 자유의지를 보여주었습니다. 어찌 한 사람과의 은혜와 원한, 일성(一姓)의 흥망으로 당신의 죽음을 논할 수 있으리오"[11]라 하였다. 정체(政體)와 합일된 문학·역사·철학의 생명은 단명할 수 밖에 없다. 현재 중국에는 젊고 훌륭한 학자들이 열정적으로 활동하고 있다. 최근 쏟아져 나오는 논문·저서를 보면 '문혁' 이전과는 실로 격세지감을 느낄 정도로 달라지고 있다. 이들과 정치적 이해관계를 떠나 보다 학문적인 토론이 이뤄지기를 기대한다. 우리도 이 문제에서 자유로울 수만은 없다.[12] "과도한 민족주의 또한 반역이기 때문이다."[13]

2. 중국은 소비에트연방처럼 분열할 것인가?

중국의 인구가 13억이라 하지만 정확하게 그 실제 인구 수를 파악하기 힘

---

11 陸鍵東 著, 박한제·김형종 譯, 『진인각, 최후의 20년 – 어느 중국 지식인의 운명 1949–1969』, 서울: 사계절, 2008.

12 중국 인터넷 상에 "자네 이 사람 어째 한국 교수 같은가! 한국의 교수는 학문을 연구할 능력이 있는가?(你这人怎么像过韩国教授似的! 韩国的教授有科研能力吗?)"라는 말이 유행했다고 한다. 즉 "한국인은 중앙아시아에서 기원하였으며, 부처(佛陀)도 그들의 후예이고, …어떤 한국 교수는 廣西지역에 百濟라는 지명이 있고, 광서성 일개 지역 방언의 발음이 한국어와 유사한 것을 두고 광서의 백제는 한국의 식민지"라 한 것도 있다.

13 임지현, 『민족주의는 반역이다 – 신화와 허무의 민족주의 담론을 넘어서』, 서울: 소나무, 1999.

들다. 대강 지구상에 살아가고 있는 네 사람 가운데 한 명이 중국인이라고 보면 된다. 이렇게 큰 것, 많은 것들 옆에 살아와야만 했던 우리 선조도 그러하지만, 현재도, 앞으로 이 좁은 반도에서 그들과 이웃하며 살아가야 할 우리 자손들의 어려움도 작지 않을 것이다. 그래서 필자는 자주 "중국은 분열할 것인가"라는 질문에서 "분열하였으면 좋겠다"는, 아니 그보다 "분열할 것이다"라는 주장까지 펴는 사람을 많이 만나게 된다. 필자도 석사과정부터 분열시대를 전공하다보니 분열된 중국을 보고 솔직히 약간의 통쾌함 같은 것을 느끼기도 한 바 있다. 특히 유목민족이 서진 도성 낙양을 처참하게 함락시키고 도륙한 '영가의 상란' 기사를 처음 읽었을 때엔 전율 같은 것을 느끼기도 하였다. 그러나 중국의 역사가 이웃 나라 사람들의 바람대로 전개되는 것도 아니고, 오히려 그 반대로 흘러가는 경우가 더 많다. 그런 중국과 이웃함을 감수하지 않으면 안 된다. 나름으로 현명하게 대비해야 한다. 우리 조상들이 으레 그래왔던 것처럼.

필자는 춘추-전국시대와 함께 전형적인 분열기인 중국 위진남북조시대의 역사를 평생 연구해 왔다. 그리고 중국 역대 왕조 가운데 짧지만 가장 이상적인 통합과 통일의 시기를 보낸 대당제국의 역사를 연구하고 있다. 그래서 분열과 통합, 그 배경에 관심을 가진 지 이미 수십 년이 되었다. 그런만큼 필자는 이 책을 쓰면서 중국의 분열과 통합의 문제에 대한 나름의 의견제시를 피해갈 수는 없다고 여기고 있다. 그러나 그것은 무거운 부담이 아닐 수 없다. 다만 필자는 현시점에서 볼 때 중국의 분열은 어렵다고 본다. 당나라 이후의 역사 전개가 그러하기 때문이다. 분열보다는 통합으로의 흐름이 이미 틀을 잡았기 때문이다. 당나라가 존속한 290년 가운데 2/3라는 기간이 분열시대나 다름없는 상황이었는데도, 형식적이었지만 통일을 유지하고 있었다는 점과 당이 망한 후 54년 간의 분열시대[五代+國]도 이전 위진남북조

분리 · 독립 전 유고슬라비아

슬로베니아
크로아티아
보스니아
헤르체고비나
세르비아
몬테네그로
마케도니아

도판 20 | 유고슬라비아 지도

의 400년 가까운 시기에 비해 훨씬 짧았으며, 이후 송 → 원 → 명 → 청 → 중화인민공화국으로 통일국가의 시대가 계속 이어진다는 사실에 주목할 수밖에 없기 때문이다. 중국의 전통적인 천하관인 '일치일란(一治一亂)'의 패러다임이 당, 특히 송 이후에는 깨어졌다는 점이다.

전통중국을 분열시키고 통합시키는 요소는 무엇이었는가? 티토(Josip Broz Tito: 1892-1980)의 영도 아래 통합되었던 유고슬라비아(Jyгославиjа; Yugoslavia; 1945-1991)는 외부세력의 작용이 있기는 하였지만, 7개국으로 분열되었다. 언어-민족과 종교(정교-가톨릭-이슬람)의 차이가 분열의 가장 결정적인 요소였다고 할 수 있다. 뿐만 아니라 50만 5000km²의 면적에 불과한 발칸반도는 그리스, 불가리아, 루마니아, 세르비아, 몬테네그로, 슬로베니아, 크로아티아, 보스니아-헤르체고비나, (코소보), 마케도니아, 알바니아, 터키 등 10여 개 나라로 현재 분열되어 있다. [도판 20] 그 역사도 다인종, 다문화, 다종교가 혼재하여 갈등과 분열의 역사를 겪고 있고 그런 국면은 앞으로도 이어갈 것으로 보인다. 통일보다 분열이 편하고 관행화된 나라들이다. 그런데 중국은 유럽 대륙보다 큰 영토에 13억이라는 인구를 보유하고 있다. 중국의 분열국면의 출현은 유목민족의 중원진입을 제외하고는 대체로 농민반란에 의해서였다. 종교가 반란에 개입한 것은 후한 말 황건적(黃巾賊)의 난 이후이지만, 종교상의 교리 차이를 두고 일어난 반란은 청대 서방 종교인 가톨릭이 들어오기 전에는 그다지 찾아보기 힘들다. 따라서 농민반란의 주된 원인은 빈부의 격차였다. 후한이 붕괴되고 삼국이 들어선 것은 지방 세력의 굴기가 주 원인이지만, 곧 서진(西晉)으로 통일되었다. 그러나 4세기 초반부터 7세기 초반까지의 분열은 격렬한 민족의 갈등·모순 때문이었다. 수당제국이 이런 민족갈등을 약화시킨 이후 적어도 중원왕조의 강역 내에서는 민족문제가 유럽처럼 그리 강하게 표출되지 않았다.

현재 중국이 안고 있는 가장 불안요소는 티베트와 신강지역이다. 두 지역 모두 청대에 중국 강역으로 편입된 '생지', 즉 새로운 강역, '신강'인데다 독자적 종교를 가지고 있다. 특히 원리주의 교리의 이슬람을 신봉하는 신강 위구르 자치구가 그중에서도 중국정부에게는 제일 난제인 것 같다. 특히 중앙 유라시아에 종교적·민족적 동류의 국가가 있기 때문이다.[14] 중국의 자치구 가운데 중국으로부터 만약 분열된다면 이 두 지역이 가장 유력한 것이다. 그러나 그럴 가능성은 점점 희박해져가고 있다. 중국 정부의 한족 대량 이주정책으로 인해, 1949년 신강에서 위구르족 비율은 76%이었던 것이 2000년엔 59%로 점차로 감소되었고, 점차 감소일로를 걸어 어느 자치구든지 이제 한족이 다수가 되어 그 비율이 역전되려 하고 있다. 내몽고 자치주 같은

---

14 특히 이 지역의 주민들이 중국이라는 정치적 틀 안에 머물면서 장차 맞이하게 될 운명과 선택이 어떨 것인 지는 누구도 예측할 수가 없다. 신강의 미래는 최고 난도의 상황에서 줄기타기를 즐기면서 각종 기록을 갱신 하는 위구르족 줄타기의 곡예사 아딜 호슈르(Adil Hoshur/阿迪力·吾守爾)처럼 균형과 위기 사이를 오가 는 아슬아슬한 '줄타기'처럼 보인다는 제임스 A. 밀워드의 지적처럼(James A. Milward 著, 김찬영·이광태 譯, 『신장의 역사 ─유라시아의 교차로─』, 서울: 사계절, 2013, pp.499─504) 예측하기 힘든 상황이다.

곳은 몽골족이 10% 정도에 불과하다. 즉 중국은 한인식민정책('흡수정책')으로 티베트에도 많은 수의 한족이 들어가 있고, 위구르 지역도 5개 병단(兵團)이 들어가 있어 한족화가 이미 크게 진척되었다. 최근에는 티베트 수도 라사까지 청장철도[靑藏鐵路]가 부설되어 많은 사람들이 4,000m 고지까지 쉽게 왕래할 수 있게 되었다. 소수민족 지구에도 한족이 절대 다수를 차지하게 되는 것은 시간문제일 것이다. 이것은 전국 소수민족지구의 공통의 현상이다. 그런데다 소수민족지구를 통제할 수 있는 강력한 군대가 있다. 그리고 최근 매스 미디어망의 급속한 확장의 영향으로 그렇게 달랐던 방언의 차이도 사라졌고, 의식적인 동질화도 크게 진척되었다. 중국 어디로 가든 젊은이들은 표준 중국어[普通話]로 말하고 듣는다.

여기서 중국문제를 소련(Soviet社會主義共和國聯邦; The Union of Soviet Socialist Republics)과 잠시 비교해 보기로 하자. 소련은 (백)러시아계와 그 외 나머지(소수민족)의 인구 비율이 5:5, 즉 반반이었다. 그런데 중국은 한족이 92%, 소수민족이 8%이다. 소련은 소수민족이 잘사는 지역에 살고 있어서 각기 경제력을 가지고 있기 때문에 큰 나라에 부속되어야 할 이유가 없고, 독립해도 자립성을 유지할 수가 있다. 15개가 묶어져 있어야 할 필요성이 상실되었을 때는 얼마든지 분립·독립이 가능한 여건이었던 것이다. 묶어진 것이 1917년 10월에 일어난 볼셰비키 혁명(十月革命: Великая Октябрьская социалистическая революция) 이후인데 그럴 필요가 없을 때는 언제든지 독립을 지향했고, 그리고 독립이 되었다. 15개 공화국으로 구성되어 있었던 소련은 12개 공화국이 1992년 1월 1일을 기하여 독립국가연합을 형성함으로써 해체되었다. 반면 중국의 상황은 소련과 여러 면에서 다르다. 인구의 대부분을 차지하는 한족이 연해(沿海)의 경제선진지구에 살고 있으나 소수민족은 황무지나 다름없는 척박한 지역에 살고 있다. 소련에서는 러시아계를 뺀 소수민족들이 독립국을 꾸릴 여건이 갖추어져 있었지만, 중국의 소수민족은 현재 그럴 능력이 없는 것처럼 보인다. 그래서 티베트 불교의 교왕 달라이 라마(Dhalai Lama)도 완전한 분리 독립이 아니라 '고도의 자치'를 요구할 뿐이었다.

근대에 들어서 국토의 너비가 갖는 의미는 대단하다. 러시아는 국토가 넓기 때문에 세계 가스 매장량의 4분의 1을 차지한다. 지표로 보면 '황무지'라 지칭되는 곳은 있지만 이제 쓸모없는 땅이란 없게 되었다. 1867년 러시아가 미국에 720만 불에 팔아버린 알래스카, 그 당시에는 구입 승인을 반대하던 미국 의회와 같은 상황은 다시는 이 세상에 벌어지지 않을 것이다. 중국 영토 가운데 60%를 차지하는 소수민족지구를 상실할 경우 한족은 물론 중국 자체가 견딜 수가 없기 때문에, 이런 일은 상상하지도 않을 것이다. 그곳에는 석유·석탄·천연가스·희토류 등 무진장의 광물질이 매장되어 있다. 소수민족이 떨어져 나가도 러시아계에게 그리 큰 문제가 발생하지 않는 것과는 다르다. 구소련과 현재 러시아의 영토를 비교해 보면 차이가 그리 크지 않지만 중국은 분열시 영토의 반 이상을 잃게 된다. 중국의 서북과 동남은 유목민족의 중원진입 이후 상호 불가분의 관계에 있어 왔고, 또 현재도 그런 관계에 놓여 있다. 중국의 서북과 동남의 외형적 차이는 매우 크다. 그러나 둘 사이의 응집의 역량은 더욱 크다.

중·소양국이 처한 객관적인 상황에서도 큰 차이가 있다. 분열되려면 나라가 붕괴되어야 하고, 붕괴되려면 나라가 망할 만한 조건에 처해 있어야 한다. 그런데 중국은 위기(경제적 위기 혹은 전쟁 패망 등)에 직면하지도 않았고 직면할 가능성도 현재로선 적다. 또한, 나라가 붕괴하려면 집권세력의 정통성에 심각한 문제가 발생해야 한다. 그런데 중국은 그렇지 않다. 중국의 공산당은 세계 어느 나라보다 고도의 경제성장을 주도해 왔다. 또 정체(政體)에 대한 국민의 불만이 있어야 하는데, 부패, 빈부격차에 대한 불만은 많으나 서구식 민주주의에 대한 강한 거부감을 역시 가지고 있는 것이 중국인이다.

3. 가장 중국적인 것의 형성

이상과 같은 객관적인 상황과 조건보다 더 중요한 것은 중국이라는 이름으로 켜켜이 축적되어 온 내부적인 응취력(凝聚力: 응집력)의 바탕이 되는 독특한 중국문화와 민족관이다. 중국은 세계의 여타지역과 비교적 격절된 동아시아에서 독자적인 문명을 형성하고 그것을 발전시켜 왔다. 그 문명은 선사시대 이래 이 지역에 활동한 여러 집단이 공동참여한 산물이었다. 즉 중국문화는 지리적인 여건으로 인해 선사시대 이래로 고대부터 다원적 원류를 가지고 있었다. 동아시아 지역 가운데 가장 선진적인 문명을 유지·발전시켰을 뿐만 아니라 강력한 정치조직을 배경으로 주변의 분산적이고 후진적인 여러 집단 위에 군림하기 시작한 것이 중원(황하 중·하유역)에 위치한 국가였다. 시간이 흐름에 따라 이들 지역의 왕조들은 통합되었고 그 통합의 주역들이 타의 추종을 불허하는 정치적·문화적 우월감을 바탕으로 자신의 문화를 최고가 아닌 '유일한 문화'로, 자신의 왕조를 단순한 초강대국이 아닌 지상의 모든 국가와 민족을 지배하는 유일한 보편적인 통합질서를 가진 중심이라고 여기게 되었다.[15] 이후 이런 성격의 중국문명은 단절 없이 계승되어 왔다. 주변의 여러 민족도 이와 같은 중국왕조의 절대적인 우위를 인정한 것도 부정할 수 없는 사실이다. 단절 없는 문명이 가져다 준 고도의 흡인력, 그것이 주도한 세계질서는 세계 어디에서도 그 유례를 찾아볼 수 없는 중국만이 가지는 특징이다.

그러나 이런 중국적인 세계질서를 긍정하거나 거기에의 참여를 기꺼이 하지 않았던 주변민족이 있었으니 서북방의 유목민족이었다. 이들은 농경

---

15 李成珪,「中華思想과 民族主義」, p.31.

지역과는 매우 다른 생활과 정치조직을 가졌을 뿐만 아니라 소수였지만, 중원 국가에 결코 밀리지 않는 정예의 군사력 또한 보유하고 있었다. 즉 그 생활기반 자체가 농경국가에 의존적이었던 국면에서 그들은 압도적인 무력을 가지고 약탈과 교시(交市)를 통해 남방 농경국가인 역대 중국왕조와의 교섭에서 나름 우위를 지켜왔다. 이들의 주된 활동지역이 바로 현재 중국의 소수민족지구였다. 양자 간에 빈번한 교류는 있었으나 서북방 유목민족에게는 농경지역이, 동남방 농경민족에게는 초원이 장기적으로 거주해야 할 땅으로 여겨지지는 않았다. 특히 유목민족은 농경지역을 침략·약탈하고 곧바로 자기들의 본거지인 초원으로 돌아갔다. 전한 도성 장안에 거주한 흉노인은 거의 없었던 것은 그런 상황을 대변한다.

그러나 흉노 등의 서남 방향으로의 민족이동 이후 이런 국면은 판이하게 달라졌다. 유목민족은 자의반 타의반 장성을 넘어 남진하여 대거 농경 지역에 살기 시작했고 그곳에다 나라들을 세웠고 농경 한족들을 그 아래에 두며 통치하게 되었다. 그에 따라 북위 도성 낙양이나 북제의 도성 업도에는 수많은 유목민과 서역상인들로 채워졌다. 그들이 중원에 들어와서 기존의 중국적 질서를 어지럽혔던 것도 사실이다. 이것이 소위 '오호난화'의 모습이다. 그러나 이들의 진입으로 인해 중국 역사는 새로운 국면을 맞았던 것도 부정할 수 없는 사실이다. '오호난화'가 없었으면 북위의 화북 석권이 없었을 것이고, 그러면 대당제국이란 것도 없었을 것이다. 오호난화를 당의 번영으로 직접 연결시키는 것은 너무 단순화한 것이라고 하겠지만, 당이 '다원문화주의(Multi-Culturalism)', '세계주의(Cosmopolitanism)'가 구현된 '다원사회(Multi-Society)'를 열게한 것은 장기적 관점에서 보면 틀린 견해라고 볼 수 없다.[16] 또 당의 다원주의

---

16   소위 '中華民族'의 凝聚力은 民族遷徙 → 民族居住地域 限界의 타파 → 민족의 雜居 → 민족간 경제·문화의 교류 → 言語의 融合 → 生産·生活方式의 同化(融合)의 과정을 밟는다고 본다(陳育寧, 「中華民族

가 없었다면 이후 요·금의 중원 할거와 몽골·만주족의 원·청제국도 없었을 것이다. 뿐만 아니라 중국 역사를 개관해 보면 전한 이후 중국의 한족 정권이 개척·정복한 영토는 거의 없다. 대부분 지금의 소수민족의 전신인 이민족이 갖고 온 것이거나 그들이 정복한 땅이었다. 이민족에 의한 척토(拓土)뿐만 아니라 한인 거주지를 크게 확장시킨 것도 이민족 정권이었다.[17]

현재 중국에서는 중국인을 '중화민족'이라 부른다. 사실 '서양민족' 혹은 '미국민족'이란 말이 성립할 수 없는 것처럼, '중화민족'이라는 용어는 논리상 존재할 수 없는 것이었다. 중화민족이란 '국민'과 '민족'의 의도적 혼동을 통해서 만든 용어다.[18] 미국국민처럼 '중국국민'으로 불러야 옳다. 그러나 중화민족이 중국 대륙에서 유효한 단어로서 현실적으로 작용하고 있는 것은 소위 '민족이동' 이후 중국은 서양과는 다른 역사의 노정을 걸어왔기 때문이다. 그리고 전혀 근거가 없는 명칭도 아니다. 한족은 화하족의 후손이 아니고, 90여 개의 민족들이 합쳐진 민족들의 집단 명칭일 뿐이다. 아마도 머지 않아 상당수의 소수민족은 사라질 것이다. 그들이 한족이라 불려질지 아니면 '중화민족'이라 불려질지 누구도 모른다. 그런데 이런 이들의 정체성 형성·전개와 관련하여 가장 듣기 거북한 것이 '한화'라는 말이 아닐까 한다. 이미 한은 너무 아득한 옛날의 그 무엇이기 때문이다.

현재 '한족'의 민족의상도 만주족의 것이고, 한대의 것과도 아무런 관계가 없다. 현대 중국의 표준어인 북경어도 청조의 지배자인 만주인들이 주로 사용하던 중국어이다. 최근 고려말부터 조선시대에 걸쳐 쓴 중국어 학습교재

凝聚力的歷史探索』, 昆明: 雲南人民出版社, 1994, p.12).
17 異民族 정권의 中原征伐 후에는 이민족의 중원진입만 있었던 것이 아니라 한인의 戎地로의 遷徙도 적지 않았다. 예컨대 칭기즈칸이 金을 정복하고 나서 河北 10만 호를 漠北지구에 천사하니 漠北 牧奴 가운데 「牧者謂之兀刺赤, 回回居其三, 漢人居其七」[(宋)彭大雅 撰, 徐霆 疏證, 『黑韃事略』(叢書集成初編本, 北京: 中華局, 1985), p.11]이라는 기록이 있다.
18 森安孝夫, 『シルクロードと唐帝國』, pp.34-37.

인 『노걸대(老乞大)』의 연구에 의하면 몽골이 중원을 정복한 원나라 이후 북경 지역에는 이전 시대와 전혀 다른 중국어가 탄생했다는 것이다. 이후 몽골·여진·거란 등 여러 민족이 섞여 만들어진 '잡탕 중국어'가 공식언어로 정착했으며 이를 '한아언어(漢兒言語)'라 한다. 한아는 양자강 이북 사람을 일컫는 말로서 이남 사람인 '오아(吳兒)'와 대비되는 것이다. 한아언어가 현재 중국인이 쓰는 북경 중심의 '보통화'로 발전했다.[19] 이런 각도에서 본다면 오호십육국 이후 당대까지 선비어 등이 중원 언어에 미친 영향은 대단하였을 것은 미루어 짐작할 수가 있다. 사실 순수 중국어의 흔적은 오호의 침입에 의해 서진 말 이후 남천하기 시작한 객가(客家)들에게서 찾을 수 있을지 모른다.

중국이 '한'으로 대표된 사연은 이렇다. 오호십육국 이후 갑자기 나타난 다원사회를 영도해간 통치자들은 그 구성원을 어떻게 통합시키느냐가 당면의 과제일 수밖에 없었다. 정복자·통치자로서 유목민족에게는 지켜서 육성해야 할 문화도 없었고, 그 생활 제체도 초원 그것의 모습만큼이나 단순했다. 그리고 중원 한족에 비해 절대 소수였다. 그래서 표면적으로 보면 새외에 활동하던 민족들이 중원에 들어와서는 '동화'되거나 완전 '융해'된 것처럼 보이고, 또 역사책에는 대개 그렇게 기술되었다. 또 중국 역사의 서술은 문필을 가진 한족에게 맡겨졌고, 역사란 대개 후대의 관점에서 전대를 보기 때문에 당시 사회의 정황 자체를 홀시할 가능성이 많다.

유목민족은 자기의 것을 고집하지 않는다. 예컨대 농경민과는 달리 성씨(姓氏)도 자주 바꾸듯이 전통이나 계보에 대해서도 무감각하다. 다만 그 집단을 확장시키기 위해 전략상 그 고유한 라벨에 연연하지 않는다. 예컨대

---

19 정광, 『조선시대의 외국어 교육』, 서울: 김영사, 2014. 반면 한국인은 비교적 쉽게 광둥어(廣東語)를 배울 수 있다는 사실이다. 광둥어와 한국어의 고대 음가가 서로 비슷한 덕분이다. 사실 중국인이 현재 사용하고 있는 푸퉁화(普通話: 북경어)는 북방언어가 외족의 영향을 받아 발전한 형태로 고대 언어와는 차이가 있다.

청은 만주족의 나라가 아니라 명나라 동북변경을 따라 다양한 혈통과 문화 전통을 가진 민족들의 합체였다 할 수 있다. 즉 명왕조를 이어 중국을 지배한 집단은 만주족이 아니라 중국 정복을 위해 의도적으로 만들어진 사람들의 조직이라는 주장처럼,[20] 그들은 어떤 목적(정복이나 통치)을 위해 필요한 경우 자기 것(예컨대, 자기의 명칭마저)을 포기하면서 그 집단을 확장해 간다. 그래서 오호십육국 이후 통치자들은 중국문화의 우수성을 인정하고 그것을 기꺼이 수용·섭취하고 자기 것처럼 육성했다. 원활한 통치를 위한 불가피한 노정이기도 했다. 순수가 아니라 다양성, 원리주의가 아니라 보편주의를 추구했던 결과다. 그리고 중국적인 가치와 고유한 세계질서인 중화를 존중하였다. 다만 그들이 추구한 것은 폐쇄적인 중화가 아닌 개방적인 중화였다. 반면 천하의 주재자는 이민족이라도 얼마든지 될 수 있다고 여겼고, 또 주장했다. 대당제국은 그런 과정에서 탄생했고, 그 통치자들은 그런 주장을 누차 강조했다. 당태종이 호와 월이 한과 더불어 형제라고 했고, 당 사회 자체가 또한 그러했다. 중국대륙을 다양성의 국가로 만드는 데 유목민족이 기친 영향은 이처럼 다대하다.

물론 화이론적인 관점이나 주장이 중국 사회에서 사라진 것은 아니었다. 당대의 한유, 송대의 주자학파, 그리고 역사가 호삼성, 명말·청초의 대유 고염무도 그러하였다. 특히 고염무는 망국과 망천하를 구별하고, 죽림칠현 등에 의해 초래된 유총(劉聰)이나 갈족(羯族) 석륵에 의한 중원왕조의 유린[神州陸沈]을 '망천하'라고 보았다. 또 망국과는 달리 '망천하'는 비천한 필부도 천하를 보위할 책임이 있다고 주장하였다.[21] 그도 그럴 것이 중국 역사를 길게

20 William T. Rowe, *China's Last Empire: The Great Qing*, Cambridge, Mass.; London: Belknap Press of Harvard University Press, 2009(기세찬 譯, 『하버드 중국사 청 - 중국 최후의 제국』, 서울: 너머북스, 2014).
21 『日知錄』 卷13 「正始」, p.590, 「有亡國, 有亡天下, 亡國與亡天下奚辨? 易姓改號, 謂之亡國, 仁義充塞, 而至于率禽獸食人, 人將相食, 謂之亡天下. … 保國者, 其君臣,肉食者謀之; 保天下者, 匹夫之賤 與有

보면 천하국가의 요점인 대의(大義)를 펴는 데 이민족 정권이 소홀시한 점은 없었기 때문이다. 여러 굴곡이 있었지만 다원을 일원화시키기 위해, 더 큰 중국을 만들기 위해 달려간 것이 이민족이었고, 그들이 만들어 낸 족적이 바로 중국의 역사이며 그 성과가 현재의 중국이다. 예컨대 오호 저족(氐族)의 나라 전진왕조의 부견황제가 일으킨 동진 정벌의 비수(淝水)의 전쟁도 이민족에 의한 침략이 아니라 '정의로운 통일전쟁'이라는 논리가 제시된 것은[22] 이 같은 맥락에서다. '중국'의 통일, 또는 그 강역의 확대를 가져 온 모든 전쟁, 예컨대 한족의 주변민족에 대한 침략과 정복은 물론, 주변 민족의 한족에 대한 침략전쟁조차도 객관적으로 조국의 국가통일에 유리하였으며, 민족의 진보와 발전에 유리한, 그럼으로써 과(過)보다는 공(功)이 많은 것으로 평가하고 있는 것도[23] 그 때문이다. 그런 논법이 우리에겐 거북살스럽지만 실상이 그렇다. 그런 면에서 유목민족의 중원진입은 표면적으로는 '오호난화'였지만 실제적으로는 '오호흥화'였다. 중국문명을 대변하는 황하는 황색이다. 그러나 선진(先秦)시대에는 황하의 물이 황색이 아니었다고 한다. 이후 언제부턴가 황색으로 변하였다. '구곡황하(九曲黃河)'라는 말이 있듯이 사실 황하의 하도를 살펴보면 정말 굽이굽이 곡절도 많다. 중국 역사가 그랬던 것처럼 …. 황하의 색깔을 변질시킨 것은 이민족들이었다 하면 너무 지나친 주장일까? 그 최초의 변질을 가져온 것이 오호십육국 이후의 이국인의 대량유입이었다. 새로운 색깔로 처음 정리한 것이 당문화였다. 그런 면에서

責焉耳矣.」

22 前秦과 東晉 사이의 전쟁인 淝水戰을 두고 일어난 '正義' 혹은 '侵略'戰爭의 論爭이 그것이다.(黃烈, 「關于前秦政權的民族性質及其對東晉的戰爭性質問題」, 『中國史研究』 1979-1; 孫祚民, 「處理歷史上民族關係的幾個重要准則」, 『歷史研究』 1980-5; 曹永年·周增義, 「淝水之戰的性質和處理歷史上民族與彊域的准則 -與孫祚民同志商榷-」, 『中國史研究』 1982-2.)
23 范文蘭, 「中國歷史上的民族鬪爭與融合」, 『歷史研究』 1980-1.

이 시대는 새로운 '한민족의 형성기'였다.[24] 이후 요·금조에 들어 재차 변하고, 원대에 들어 다시 변하고, 청대에 들어 다시 변하였다. 현재 중국을 대표하는 단어로 여전히 '한'이 쓰이고 있지만, 한은 너무 멀리, 그리고 그 실상과 너무 동떨어져 있는 것이다.

중국사를 연구하기 시작할 당초부터 필자는 '한화론'에는 관심이 없었다. 1980년대 초 이후 필자의 연구는 '통합'에 중점을 두어왔다. 필자의 작업가설인 '호한체제'가 바로 그것이다. 당왕조를 아니 당대를 다시 인식해 보자는 입장이었다. 이런 필자의 입장을 '신당사(New Tang History)'라고 거창하게 외치지는 않았다. 다만 우연하게도 1990년대 말 이후 청대를 두고 미국학계를 중심으로 하는 필자의 입장과 유사한 새로운 연구경향이 전개되었다. 이블린 로스키,[25] 마크 엘리엇[26] 등이 주창한 소위 '신청사(新淸史: New Qing History)'가 그것이다. 신청사는 '한족중심론'을 반대하고, 청조 통치는 역대 한족왕조와 차별되며 청조 통치 가운데 만족인소를 강조하여, 다민족·다문화적 제국으로 파악하려는 연구방법론이다. 또 한족측 사료보다 만·몽 등 소수민족 사료를 중시하여 기존의 연구 각도, 연구 관점을 초극하려는 시도였다. 우리나라의 구범진 교수의 『청나라, 키메라의 제국』도 같은 입장에서 나온 저작이다.[27] 이민족은 장성을 넘어 중원에 들어와 중국을 통치할 때에 그들의 방식을 적용하면서 중국 고유의 문화에다 새로운 요소를 가미하였던 것이다. 중국 역사에 등장했던 모든 이민족은 한인에 '동화'되었다든가 혹은 '한화'되었다고

---

24 森安孝夫, 『シルクロードと唐帝國』, p.36.

25 Elelyn S, Rawski, *The Last Emperor: A Social History of Qing Imperial Institutions*, Berkely: California Univ. Press, 1998(구범진 譯, 『최후의 황제들 ―청황실의 사회사』, 서울: 까치, 2010).

26 Mark C. Elliott, *The Manchu Way: The Eight Banners and Ethnic Identity in Late Imperial China*, Stanford: Stanford Univ. Press, 2001(이훈·김선민 譯, 『만주국의 청제국』, 서울: 푸른역사, 2009).

27 구범진, 『청나라, 키메라의 제국』, 서울: 민음사, 2012.

주장되는 것은 공통의 문어(文語), 즉 한문으로 표현되었기 때문이다.[28] 한화보다는 '호화(互化)'가 실질에 가깝다.[29] 그래서 필자는 이민족의 중국화를 한화라고 하지 않고 '(중)화화(〈中〉華化)'라고 부른다.[30] 중국 영내에 이미 살고 있건, 추후에 다시 들어왔건 협력하여 공존·공생을 위한 '공통기반(Common Ground)'을 구축해 온 것이다. 서양, 아니 지구상의 어느 나라와도 다른 그 나름의 독특한 역사를 만들어왔던 것이 중국이다. 중국이 세계 각국과 비교해서 특출한 것은 '가장 중국적인 길'을 걸어왔기 때문일 것이다.

4. 중화자손의 공통된 꿈[中國夢]과 대당공정(大唐工程)

지금 중국은 어떤 방향으로 나아가고 있을까? 그리고 이상사회를 항상 옛것에 두는 소위 상고사상(尙古思想)에 젖은 중국인들이 그들의 역사 속에서 찾은 이상사회는 구체적으로 어느 왕조일까? 현재 최고 집권자인 습근평(시진핑: 習近平)은 2014년 11월 APEC에 참석한 미국의 오바마 대통령에게 "중국의 현재를 이해하고 미래를 예측하려면 중국의 과거를 알아야 한다", "중국의 치국(治國) 방침에는 전통의 유전자가 담겨 있다"고 하면서 "중국 역사공부"를 당부했다 한다.[31] 참 맞는 말이다. 또 그는 주석 취임사에서 그의 '통치철학(혹은 '통치비전')'을 '중흥중화(中興中華)'라 요약하였다. 습근평이 말하는 중화는 한족만의 영광의 중흥은 당연히 아닐 것이다. 중국 안의 모든 인민의 중흥이니 소수민족을 포함한 '중화민족'의 중흥이다.

1997년 홍콩을 반환시킴으로서 중국은 아편전쟁 이후 전개된 치욕의 역

---

28 森安孝夫, 『シルクロードと唐帝國』, p.35.
29 付永聚, 「民族互化凝唐人」, 『中國唐史學會第六屆年會暨國際唐史學術研討會提出論文』, 1995.
30 勞榦은 '漢化'와 구별해서 '華化'라는 용어를 쓰고 있으나, 그 사이에 어떤 차이가 나는지는 설명하고 있지 않다(勞榦, 「論魏孝文之遷都與華化」, 『勞榦學術論文集』, 甲編 上, 臺北: 藝文印書館, 1976).
31 『조선일보』 2014년 11월 13일, p.A18.

사를 청산했다. 습근평은 2014년 4월 21일 유럽방문 때에 행한 연설에서 "중화민족은 위대한 민족이었다. 그러나 근대에서는 낙오자였다. 진이 통일한 후 성당시기 정관시기까지 천여 년이라는 긴 시간동안 제도적 우월로서 세계를 앞서 영도하던 중화민족이 어찌하여 근대에 들어 빈약한 나라로 나락하여만 했던가? 이 빈약한 중국이 어떻게 하여 중국공산당 영도 하에 다시 위대한 부흥의 길을 달리게 되었는가? 오늘 전 세계 사람들 모두는 이런 '조셉 니담(Joseph Needham:1900~1995)의 미스터리'를 풀어야 할 과제를 안게 되었다."[32] 고대시기 인류과학기술발전에 중요한 공헌을 했던 중국이 근대에 들어서는 공업혁명이 일어나지 않고 오히려 낙후·몰락하게 되었던가라는 의문을 넘어, 그는 오히려 현재 중국이 욱일창천하여 세계의 최강대국이 된 이유를 캐기에 중국사람뿐만 아니라 세계인 모두가 몰두해야 할 것이라고 말하고 싶은 것이다.

중국의 최고 통치자는 외교와 국내 통치에서 추구할 목표와 이념을 제시하고 있고 그 모델을 역사 속에서 찾아 고사 성어를 가지고 표현하는 관행이 있어 왔다. 모택동이 "대파대립(大破大立:크게 부수고 크게 세운다)"라는 패권적 외교 전략을 썼고, 등소평은 "도광향회(韜光養晦:빛을 감추고 어둠 속에서 힘을 기른다. 즉 남몰래 실력을 쌓으며 때를 기다린다)"를 외쳤다면, 강택민(江澤民:장쩌민)은 "유소작위(有所作爲: 필요한 일에는 적극 참여한다)"였다. 호금도(胡錦濤:후진타오)는 "화평굴기(和平崛起:평화롭게 발전한다)"와 "화해(和諧)사회의 추구"를 내

---

32 央(央電)視(臺)播出習近平訪問歐洲特別報道節目—《一橋飛架中歐》"中華民族是一個偉大的民族，但是在近代落伍了，自秦統一到盛唐貞觀之制長達千年的時間內，以制度優勢領先於世界的中華民族，何以在近代走向積貧積弱？積貧積弱的中國，是怎樣在中國共産黨的領導下重新走向偉大複興？今天，全世界都在思考這個這個被稱爲"李約瑟之謎"的重大課題."(韓毓海〈北京大 中文系〉,「習近平歐洲之行:用自信喚醒歐洲對中國的重新認識」(http://news.xinhuanet.com/world/2014-04/22/c_1110359524.htm)

걸었다.³³ 여기서 특히 '화해사회'는 개혁·개방 이후에 나타난 대내적인 불균형문제뿐만 아니라 56개 민족의 조화를 통한 평화 번영을 목표로 한 것이었다.³⁴ 습근평은 대외적으로는 "주동작위(主動作爲: 해야 할 일은 주동적으로 한다)"를, 대내적으로는 중화자손의 공통된 꿈(中國夢)으로 '중화부흥'을 제시하여 한족을 포함한 56개 다민족 국가의 통일적 정체성을 확보하여 사회통합을 유도하려 하고 있다.³⁵ 그러면 습근평이 '부흥'시켜야 할 중화는 어느 시대 어떤 상황을 모델로 한 것인가? 여러 차례에 거친 그의 연설내용들을 보면, 진(秦) 통일 후 성당(盛唐)까지를 간혹 지목하기도 하였지만 최근에는 주로 당(盛唐)을 그 모델로 삼았던 것이 거의 확실하다.³⁶ 성당은 중화민족이 세계를 앞서 영도하던(領先于世界的中華民族)시대였고, 이런 국세는 다민족의 화합과 협력이 전제된 것이라 보고 있는 듯하다. 거기서 나오는 힘으로 '일대일로(一帶一路; One Belt And One Road: 실크로드경제띠와 21세기해상실크로드〈絲綢

---

33 2004年 9月 19日, 中國共產黨第十六屆中央委員會 第四次全體會議上에서 〈決定〉 정식 제출되어 2005年 2月 19日 胡錦濤의 講話에 의해 천명된 "構建社會主義和諧社會"의 槪念은 "民主法治, 公平正義, 誠信友愛, 充滿活力, 安定有序, 人與自然和諧相處"을 和諧社會의 主要內容으로하고 있다.(「百度百科」의 '和諧社會' 검색일 2015년3월24일)

34 '和諧'는 『春秋左傳』 卷13 襄公11年條의 "如樂之和, 無所不諧"에 근거하고 있다 한다(정동근, 『후진타오와 화해사회』, 서울: 동아시아, 2007) 즉 晉襄公이 魏絳의 말을 들어 천하의 여러 제후들과 소수민족을 도닥거려 규합하는 데 성공했던 정치를 근거로 한 것이다. 혹자는 和諧의 和는 쌀(禾)을 같이 먹는(口) 공동체이고 諧는 모든 사람들이(皆) 자기 의견을 말하는(言) 민주주의를 의미한다고 한다(신영복, 『나의 동양고전 독법 강의』, 파주: 돌베개, p.42). 따라서 화해는 조화와 하모니라는 뜻으로 중국이 개혁·개방을 통해 세계로 진출하면서 중국문명과 서구문명의 조화를 통해 함께 발전해 나가자는 이념인 동시에 대내적으로도 55개 소수민족을 가진 중국에 공존·공생 나아가서 공동번영의 비전을 제시하는 것이다.

35 이찬우, 「중화사상의 전개와 "중국의 꿈"에 대한 고찰」, 『인문논총』(경남대학 인문과학연구소) 34, 2014.

36 「學習習近平關於吸收借鑒人類優秀文明成果講話中的哲學思想」, 『北京日報』 2014년 5月 16일, 「盛唐時期是中國歷史上對外交流的活躍期. 習近平總書記動情地描述: "唐代中國通使交好的國家多達70多個, 那時候的首都長安裏來自各國的使臣·商人·留學生雲集成群, 這個大交流促進了中華文化遠播世界, 也促進了各國文化和物產傳入中國."」; 「學習習近平在文藝工作座談會的講話: 引領新風氣」, 『光明日報』 2014년 10月 22일, 「回顧歷史, 不難發現, 凡是文化昌明進步·文藝健康繁榮的時代, 都是國家走向強盛·歷史走向文明的時代, 漢代如此, 唐代更是如此. 唐代的詩歌·散文·書法, 大家迭出, 高峰並峙: 詩之李杜, 文之韓柳, 楷書之歐體顏體, 草書之顚張狂素, 皆是雙星對出, 交相輝映. 如果說漢代的文藝以古樸渾拙著稱, 那麼唐代的文藝則以豪邁氣勢奪人. 後人一再仰歎的'盛唐氣象'到底是什麼?」

之路經濟帶'和21世紀海上絲綢之路〉라는 경제 동맥)를 건설하여 대당제국시기 70여 개국이 조공(?)하듯이 세계 각국이 중국을 찾게 한다는[通使交好] 목적을 세우고 있다. 이런 그의 정책 목표를 '대당공정(大唐工程)'이라 지칭하기도 한다. 2014년 가을 북경에서 열린 APEC회의에서의 21개국 정상과 습근평의 만남을 대당제국시기 주변국이 조공한 것을 빗대 '만방내조(萬邦來朝)'하던 당시의 제후국을 연상시킨다고 『인민일보』가 보도했다 한다.[37]

　이러한 중국의 모습은 당연히 중화민족, 즉 56개 민족의 단결이라는 전제가 확보되지 않으면 안 되는 것이다. 현재 중국의 소수민족정책은 1911년 신해혁명 전후 손문(孫文: 쑨원)이 구상한 한족·몽골족·회족·티베트족 등 5개의 민족이 협력하는 공화국을 건설해야 한다는 소위 '오족공화론(五族共和論)'에 바탕을 두고 있다. 그러나 손문 사후 중국 내정의 주도권을 장악한 국민당정부의 장개석(蔣介石: 장제스)은 역대 대다수 중원왕조가 취하였던 기본 정책인 '대한족주의(大漢族主義)'로 회귀하여 소수민족에 대한 압박과 강제 동화 정책을 다시 취하였다. '국족(國族)'인 한족 이외의 각 소수민족을 '종족(宗族)'이라 부르며,[38] 중국내 소수민족의 존재를 부인하였다. 중국은 역사적으로 여러 종족이 융합되어 형성된 것이며, 한족의 갈래인 각지의 여러 종족은 단일한 시조에서부터 갈라져 나왔을 뿐 그 원류가 같다는 것이다. 그래서 구체적으로 각 소수민족에게 자신의 민족 언어로 교육할 수 있는 권리도 주지 않았고, 자치권도 부여하지 않았다. 장개석의 패망에는 여러 요인이 작용하였지만 소수민족의 이반도 중요한 변수의 하나였다. 이에 자극을 받은 현재 인민중국을 세운 공산당 정권은 국민당과는 다른 소수민족정책을 채

37　「APEC을 '조공 바치러 온 것'에 비유한 中 관영언론」, 『조선일보』 2014년 11월 14일, p.A18.
38　蔣介石은 『中國之命運』(1943)에서 '國族同源論' 개념을 제시하였다(蔣中正, 『中國之命運』, 臺北: 正中書局, 1967).

택하였다. 정치·경제 등 대내적인 문제와 대외의 정세 변화에 따라 유화와 강압 정책을 거듭 바꾸기도 하였지만, 1978년 문화대혁명이 끝난 이후 소수민족의 다양성과 특수성을 인정하는 다원주의적 측면에서 민족평등과 자치권 행사, 아울러 민족간 공동번영과 점진적인 융합을 추구하는 방향으로 정책이 정착되었다.[39] 앞으로 소수민족정책이 어떻게 바뀔지 모르지만 이것이 중국의 현재 모습이다. 크게 보아 당대 이후의 큰 흐름을 보면 '단일민족'

도판 21 | '시황제(Xi Emperor)' 라 표현되는 習近平(TIME 〈2014.11.17〉의 표지그림)

이 아닌 '다민족' 국가로의 지향이 중국 역사의 진행방향이었던 것은 부정할 수 없다. 현재 선봉에 서서 국가주석 습근평이 그런 방향으로 지휘하고 있다. 혹자는 현재 중국이 경제적으로 당을, 문화적으로는 명을, 정치적(중앙집권)으로는 청나라를 계승했다고 했다.[40] 그러나 인민중국 성립 이후의 큰 흐름을 보면 그렇게 보여지지는 않는다. 특히 미국 시사주간지 타임지(2014-11-17)의 표지에 사진과 함께 '습황제(習皇帝: Emperor Xi)'로 묘사된 현 주석 습근평의 정책만을 본다면[도판 21] 대당제국의 유산을 그의 자산으로 삼고 있음이 명백하다. '법과 제도로서 나라를 통치하려는(以法治國)' 그의 정치철학도 대당제국 황제의 그것과 너무 닮아 있다.

대당제국의 모방이 외형에 그쳐서는 안될 것이다. 대당제국의 진정한 지향은 무엇인가? '패권국'과 '제국'을 구별하는 것은 까다롭지만 당나라가 지향한 것은 '패권적(Hegemonial)'이라기보다는 '제국적(Imperial)'이었다. 현재 습근평이 이끄는 인민중국이 양자 가운데 어느 것을 지향하는지는 확실하지

39   정제남, 『중국의 소수민족』, 파주: 살림, 2008, pp.52-61.
40   Timothy Brook(캐나다 벤쿠버 브리티시 컬럼비아대학 교수)의 진단(『조선일보』 2010년 9월 15일).

않지만, 대·내외적으로 제국적인 경영이 패권적인 것보다는 국가로서는 더 윤리적이고 더 안정적인 것만은 분명하다. 따라서 그 지향은 '강력한 한[强漢]'이 아닌 '번성한 당[盛唐]'이어야 마땅할 것이다.

제국, 특히 다민족 국가를 지향한 대당제국이 민족주의 경향이 강한 우리에게 주는 메시지는 무엇일까? '민족' 혹은 '민족주의'란 1998년 금융위기의 금 모으기나 2002년 대한민국을 열광시킨 월드컵 응원처럼 단시간에 대단히 큰 힘을 발휘할 수도 있다. 그러나 빛이 강할수록 그 그늘도 짙은 법이다.

만년 인종분쟁으로 대학살이 자행되고 만년 빈국을 벗어나지 못하던 아프리카 르완다가 20년 만에 아프리카 경제 강국으로 도약한 이유를 보면 민족 혹은 민족주의가 갖는 맹점이 드러난다. 후투(전인구의 85%)·투치(14%)·트와(1% 미만)·귀화자로 구성된 르완다가 1994년 "종족차별은 없고, 오직 르완다인만이 있을 뿐이다"라고 선언한 폴 카가메((Paul Kagame) 대통령에 의해 새로운 나라로 태어났다. 주민증에 종족구분란을 없애면서, "종족·성별·출신 성분을 따지지 않고 능력으로만 등용하겠다"는 공약을 실천한 덕분에 경제강국으로 재탄생된 것이다.[41] 그러니 다민족국가가 갖는 장점도 많은 것이다.

'단일민족'의 신화를 신봉하면 '나라[국가]'보다 '민족'을 당연히 우선시한다. 단일민족은 국가의 위기에 대처하는 단결력은 강하지만, 나와 내 핏줄만 있지, 다른 핏줄을 함께 살아갈 다양한 인소를 내포한 '우리'로 생각하지 않을 수도 있다. 다민족국가는 오랜 투쟁을 겪고 난 결과 '차이'와 '다름'을 긍정하고 차별·배척보다는 긍정과 공존을 지향하기 때문이다.

다민족국가란 어떤 의미에서 '서로 살리기 위한 싸움'의 결과물이라 할 것이다. '우리가 남이가'라는 폐쇄적 울타리로서의 '우리'가 아닌 타자와 함께

---

41 정지섭, 「20년 만에 阿 경제강국…」, 『조선일보』 2014년 9월 14일, p.A18.

사는 진정한 의미의 '우리'를 찾아야 하는 것이다.

세계화시대에는 우리가 믿는 민족주의는 순기능보다 역기능이 더 많다는 사실은 상식에 속한다. 왜냐하면 지구상의 모든 민족들은 각각 자신들의 '예정된 숙명'에 대한 믿음과 '영광과 구원의 신화'를 가지고 있기 때문이다. 이런 굳은 신념을 가질 때, 각 민족은 자신의 것만이 지고지상의 진리임을 입증하려 한다. 그럴 경우 필연적으로 자기 민족의 고유성·우수성만 강조하고 다른 민족의 신화와 지향하는 가치를 무시하거나 짓밟을 수밖에 없다. 순혈주의의 언어정책도 그러한 예이다. 삼국시대에 전래된 후 동아시아의 국제어로서 기능해왔고, 우리말 단어의 70% 이상을 차지하고 있는 것이 한자임에도 불구하고 한글 전용의 강행은 교류와 다문화 그리고 공존이라는 문명사적 조류와 어울리지 않는다. 민족주의는 이처럼 태생적으로 타민족에 대한 배제와 파괴의 요소를 함유하기 마련인 것이다. 그래서 최근 정치학자들이 '민족주의 없는 애국심'의 가능성을 진지하게 타진하고 있는 것도 이런 (혈통)민족주의가 갖는 역기능을 제어하고, 세계화 시대의 세계시민에게 필요한 새로운 공존의 윤리, 즉 공동의 자유와 공동의 선을 유지할 수 있도록 유도하기 위한 것이다.[42]

물론 최근 부쩍 '다문화주의의 실패'를 거론하기 시작한 영국·독일과 다양한 인종과 문화를 수용하는 소위 '톨레랑스(Tolérance)' 관용정신이 도전 받고 있는 프랑스[43] 등 유럽 여러 나라의 움직임이 있기는 하다. 그렇지만 "미국이

---

42 박지향, 「근대로의 길: 유럽의 교훈」, 『석학과 함께 하는 인문강좌』 7기 제4주 종합토론, 2014년 12월 27일.

43 9.11 테러를 감행한 자들이 미국민 이슬람(무슬림)이 아닌 데 반해, 영국(7.7테러)·프랑스 등에서 일어난 이슬람 극단주의자들의 테러는 그 사회에 동화되지 못한 '영원한 局外者(Outsider)'인 자국민 이슬람에 의한 것이라는 점이 다르다. 그 결과 미국의 이슬람은 71%가 열심히 일하면 앞으로 성공할 수 있다고 믿고 있는 반면, 이슬람 20% 가량이 빈곤 속에 살고 있는 프랑스, 독일, 영국과는 극명하게 대비된다는 것이다(「연합뉴스」 2007년 7월 22일). 미 브루킹스연구소의 보고서에 따르면 프랑스 이주민 첫 세대는 극도의 굶주림과 복지 부족, 가족의 해체 등을 겪는다. 이들 중 5분의 1이 집에서 온수를 사용하지 못할 정도라는 것이다.

왜 강한가?"에 대한 답은 '다양함'이라고 설명하는 데 이의를 다는 자는 많지 않을 것이다. 수많은 피부색과 인종, 종교, 언어들이 섞여 있으면서도 그게 결국 용광로에 녹아 거대한 힘으로 재생산된다는 장점이다. 다양함이란 다른 서로를 존중할 때 유지될 수 있는 것이다. 모래와 자갈 없이 시멘트만으로 몇백 년 가는 튼튼한 콘크리트 건축물을 세울 수는 없는 것이다.

이제까지 평소 연구하면서 생각하고 느낀 것들을 엉성하게나마 정리해 보았다. 유목민이 중원에 들어와 수세기 동안 이룬 최종 결과물이 바로 대당제국이다. 대당제국의 특징을 간단히 요약하면 국문을 활짝 개방하여 세계에 흩어져 살고 있는 다양한 기능을 가진 사람들을 포용하고, 제국으로 모여든 사람들로 하여금 자기가 가진 생각과 지식을 치열하게 경쟁시켜 토론·절충하게 한 후 그 결과 나온 새로운 지식을 공유함으로써 창조와 혁신을 이뤄내는 무대를 제공한 나라였다. 이런 대당제국을 만들어낸 주체였던 유목민족을 그동안 하찮게 보아왔다. 지금도 그 점에선 크게 달라진 것이 없어 보인다. 이 문제와 관련하여 2007년 여름 겪은 일이 생각난다. 한·중·일(한국인은 한 사람뿐이었지만) 3국 역사학자 20여 명으로 구성된 만리장성 학술답사단의 일원으로 참가하였다. 북경에서 출발한 일행은 20일 만에 섬서성 서안(西安) 서북쪽의 빈현(彬縣)이라는 곳에 있는 오호십육국 전진 황제 부견의 묘를 찾아간 적이 있다. 원래 일정에 없던 것이지만 나의 강력한 요청에 의해 겨우 이루어졌다. 그날 아침 나는 백주(白酒) 한 병과 마른 안주에다 종이컵을 준비해갔다. 2002년 4월에 이어 두 번째 방문인 나는 부견 묘(가짜 일지도 모르지만) 앞에서 술을 부어놓고 큰 절을 하였다. 일본 학자들도 일부 나를 따라하였다. 그러나 중국(한인)학자들은 옆에서 웃고 있었다. 돌아오는 차 안에서 어느 중국 교수가 "박 선생, 두 번이나 찾을 정도로 부견(오랑캐)을 왜 그리 존중하시오?"라고 물었다. 나의 대답은 이랬다. "부견이 없었으면 대당제국도 없었을 것이 아니오!"

　이제 정말 책을 접을 때가 된 것 같다. 교정을 끝내고 돌아보니 힘은 쓴 것 같은데 소득은 별로 있어 보이지 않는다. 40여 년 한 곳만 팠는데 고작 이 모양이다. 너저분한 이야기를 중언부언한 것 같아 안타깝지만 한편 나름 최선을 다했다는 자위는 한다. 학문적 진실은 파당이나 패권주의에 의해 결정되는 것이 아니다. 사람은 각자 자기에게 의미가 있다고 생각하는 일을 찾아 골몰하며, 자기가 옳다고 믿는 것을 즐겁게 추구하며 살아가는 것이다. 인생은 누구와의 경주가 아니라 그 길을 한걸음 그리고 한걸음 음미하며 걸어가는 여행이다. 돌아보니 필자 나름대로 그런 삶에서 크게 어긋나지는 않았다는 생각이 든다. 다만 남들이 어떻게 보든 나의 지적 탐구의 여정을 곁눈팔지 않고 묵묵히 걸어왔을 뿐인데, 좁은 한 방면의 앎을 추구하기에도 시간이 너무 모자란다는 생각이 든다. 독자 여러분의 폭넓은 이해와 질정을 바라 마지않는다. 좀 더 나은 다음 작품을 생산하기 위해 노력하겠다는 다짐과 약속을 필자 자신과 독자 여러분에게 하고 싶다.

- 참고문헌

1. 사료

『史記』,『漢書』,『後漢書』,『三國志』,『晉書』,『宋書』,『南齊書』,『梁書』,『陳書』,『魏書』,『北齊書』,『周書』,『南史』,『北史』,『隋書』,『舊唐書』,『新唐書』,『舊五代史』,『宋史』,『金史』,『元史』(이상 中華書局 標點校勘本).

陳連慶,『魏書食貨志校注』, 長春: 東北師範大學出版社, 1999.

『稼亭集』([高麗]李穀 撰,『國譯 稼亭·牧隱集』, 서울: 國譯 稼亭·牧隱文集編纂委員會, 1980).

『括地志』([唐]李泰 等 著, 賀次君 輯校, 北京: 中華書局, 1980).

『廣弘明集』([唐]道宣 撰, 臺北: 臺灣中華書局, 1970).

『國語』(上海師範大學古籍整理組 校點, 上海: 上海古籍出版社, 1978).

『金石萃編』([淸]王昶 撰;『石刻史料新編』一般類 第1輯, 臺北: 新文豐出版, 1977 所收).

『急就篇』([漢]史游 撰, 長沙: 岳麓書社, 1989).

『洛陽伽藍記』([北魏]楊衒之 撰, 范祥雍 校注,『洛陽伽藍記校注』, 上海: 上海古籍出版社, 1978).

『論語』([魏]何晏 注, [宋]邢昺 疏,『論語注疏』, 十三經注疏本, 北京: 北京大學出版社, 2000).

『論語集解義疏』([魏]何晏 集解, [梁]皇侃 義疏, 叢書集成初編本, 北京: 中華書局, 1985).

『論衡』([漢]王充 著, 北京大學歷史系『論衡』注釋小組 編,『論衡注釋』, 北京: 中華書局, 1979).

毛漢光 編,『唐代墓誌銘彙編附考』第1冊, 臺北: 中央研究院歷史語言研究所, 1981.

周紹良 主編,『唐代墓誌彙編』上·中·下, 上海: 上海古籍出版社, 1992.

『唐大詔令集』([宋]宋敏求 編, 上海: 學林出版社, 1992).

『唐大和上東征傳』([日本]眞人元開 著, 汪向榮 校注, 北京: 中華書局, 1979).

『唐令拾遺補』(仁井田陞 著, 池田溫 編, 東京: 東京大學出版會, 1997).

『唐律釋文』([元]王元亮 重編;劉俊文 點校,『唐律疏議』, 北京: 中華書局, 1983 所收).

『唐律疏議』([唐]長孫無忌 等 撰, 劉俊文 點校, 北京: 中華書局, 1983).

『唐昭陵石迹考略』([淸]林侗 撰, 叢書集成初編本, 北京: 中華書局, 1985).

『唐兩京城坊考』([淸]徐松 撰. 李健超 增訂, 西安: 三秦出版社, 1996).

『唐語林』([宋]王讜 撰, 北京: 中華書局, 1987).

『唐六典』([唐]李林甫 等 撰, 北京: 中華書局, 1992).

『唐護法沙門法琳別傳』([唐]彦琮 撰;大正一切經刊行會 編,『大正新修大藏經』第50卷 史傳部 2, 東京: 大正一切經刊行會, 1927 所收).

『唐會要』([宋]王溥 撰, 上海: 上海古籍出版社, 2006).

『大唐西域記』([唐]玄奘·辯機 著, 季羨林 等 校注,『大唐西域記校注』, 北京: 中華書局, 1985).

『大唐新語』([唐]劉肅 撰, 北京: 中華書局, 1984).

『大明律』(『大明律集解附例』, 淸光緒34年重刊本).

『大宋僧史略』([宋]贊寧 撰; 大正一切經刊行會 編,『大正新修大藏經』第54卷 史傳部6, 東京: 大
　　　正一切經刊行會, 1927 所收).

『大學衍義補』([明]丘濬 著, 北京: 京華出版社, 1999).

『陶齋藏石記』([淸]端方 撰, 淸宣統元年石印本; 中國東方文化硏究會歷史文化分會 編,『歷代碑
　　　誌叢書』第12冊, 南京: 江蘇古籍出版社, 1998 所收).

『桃華聖解庵日記』([淸]李慈銘 撰,『越縵堂日記』第11冊, 揚州: 廣陵書社, 2004 所收).

『讀通鑑論』([明]王夫之 撰, 長沙: 岳麓書社, 1988).

『東文選』([朝鮮]徐居正·梁誠之 撰集, 筆書體字木板影印本, 서울: 慶喜出版社, 1966).

『東史綱目』([朝鮮]安鼎福 撰, 朝鮮古書刊行會 編, 서울: 景仁文化社, 1987).

『東城老父傳』([唐]陳鴻祖 撰;『唐代筆記小說』第2冊, 石家莊: 河北教育出版社, 1994 所收).

『孟子』([漢]趙岐 注, [宋]孫奭 疏,『孟子注疏』, 十三經注疏本, 北京: 北京大學出版社, 2000).

『夢溪筆談』([宋]沈括 撰, 胡道靜 校注,『新校正夢溪筆談』, 北京: 中華書局, 1957).

『文獻通考』([元]馬端臨 撰, 北京: 中華書局, 1986).

『白居易集』([唐]白居易 著, 顧學頡 校點, 北京: 中華書局, 1979).

『白虎通』([漢]班固 等 撰, 叢書集成初編本, 北京: 中華書局, 1985).

『樊川文集』([唐]杜牧 撰, 四庫唐人文集叢刊本, 上海: 上海古籍出版社, 1994).

『封氏見聞記』([唐]封寅 撰, 趙貞信 校注,『封氏見聞記校注』, 北京: 中華書局, 2005).

『부족지』(라시드 앗 딘 著, 김호동 譯註, 서울: 사계절, 2002).

『北夢瑣言』([五代]孫光憲 撰, 北京: 中華書局, 2002).

『佛祖統記』([宋]志磐 撰; 大正一切經刊行會 編,『大正新修大藏經』第49卷 史傳部1, 東京: 大正
　　　一切經刊行會, 1927 所收).

『빛의 도시』(야콥 단코나 著, 데이비드 셀번 英文編譯, 오성환·이민아 譯, 서울: 까치글방,
　　　2000).

『三國史記』([高麗]金富軾 撰, 韓國精神文化硏究院 硏究部 編,『譯註 三國史記』, 성남: 韓國精
　　　神文化硏究院, 1997–1998).

『書經』([漢]孔安國 傳, [唐]孔穎達 疏,『尙書正義』, 十三經注疏本, 北京: 北京大學出版社, 2000).

『說文解字』([漢]許愼 撰, [淸]段玉裁 注,『說文解字注』, 臺北: 藝文印書館, 1976).

『星閣史論』([淸]趙靑黎 撰, 叢書集成初編本, 北京: 中華書局, 1985).

『宋高僧傳』([宋]贊寧 等 撰; 大正一切經刊行會 編, 『大正新修大藏經』第50卷 史傳部2, 東京: 大正一切經刊行會, 1927 所收).

『宋高僧傳』([宋]贊寧 等 撰, 北京: 中華書局, 1987).

『松漠紀聞』([宋]洪皓 纂, 叢書集成初編本, 北京: 中華書局, 1985).

『宋刑統』([宋]竇儀 等 撰, 北京: 中華書局, 1984).

『水經注』([北魏]酈道元 撰, [清]戴震 校, 臺北: 世界書局, 1970).

『隋唐嘉話』([唐]劉餗 撰, 北京: 中華書局, 1979).

『樂府詩集』([宋]郭茂倩 編, 北京: 中華書局, 1979).

『安祿山事跡』([唐]姚汝能 撰, 上海: 上海古籍出版社, 1983).

『顔氏家訓』([北齊]顔之推 撰, 檀作文 譯注, 北京: 中華書局, 2007).

『兩京新記』([唐]韋述 撰, 『兩京新記輯校』, 西安: 三秦出版社, 2006).

『역사서설』(이븐 할둔 著, 김호동 譯, 서울: 까치, 2003).

韓國古代社會研究所 編, 『譯注 韓國古代金石文』, 서울: 駕洛國史蹟開發研究院, 1992.

『禮記』([漢]鄭玄 注, [唐]孔穎達 疏, 『禮記正義』, 十三經注疏本, 北京: 北京大學出版社, 2000).

『藝文類聚』([唐]歐陽詢 撰, 汪紹楹 校, 上海: 上海古籍出版社, 1965).

『玉海』([宋]王應麟 纂, 臺北: 大化書局, 1977).

『雍錄』([宋]程大昌 撰, 中華書局編輯部 編, 『宋元方志叢刊』, 北京: 中華書局, 1990 所收).

『往五天竺國傳』([新羅]慧超 原著, 張毅 箋釋, 『往五天竺國傳箋釋』, 北京: 中華書局, 1994).

『容齋隨筆』([宋]洪邁 著, 上海: 上海古籍出版社, 1978).

『元稹集』([唐]元稹 撰, 北京: 中華書局, 1982).

『游城南記』([宋]張禮 撰, 愛宕元 譯注, 京都: 京都大學學術出版會, 2004).

『游城南記』([宋]張禮 撰, 史念海·曹爾琴 校注, 『游城南記校注』, 西安: 三秦出版社, 2006).

『爾雅』([晉]郭璞 注, [宋]邢昺 疏, 『爾雅注疏』, 十三經注疏本, 北京: 北京大學出版社, 2000).

『日知錄』([清]顧炎武 撰, 石家莊: 花山文藝出版社, 1990).

『入唐求法巡禮行記』([日本]圓仁 撰, 小野勝年 校註, 白化文 等 修訂校註, 『入唐求法巡禮行記校註』, 石家莊: 花山文藝出版社, 1992).

『엔닌의 입당구법순례행기』(엔닌 著, 김문경 譯註, 『엔닌의 입당구법순례행기』, 서울: 중심, 2001).

『廿二史箚記』([清]趙翼 撰, 王樹民 校增, 『廿二史箚記校增』, 北京: 中華書局, 1984).

『資治通鑑』([宋]司馬光 編著, [元]胡三省 音註, 北京: 中華書局, 1956).

『長安志』([宋]宋敏求 纂修; 中華書局編輯部 編, 『宋元方志叢刊』, 北京: 中華書局, 1990 所收).

『全唐文』([清]董浩 等 編, 北京: 中華書局, 1983).

『全唐詩』([淸]彭定求 等 編, 北京: 中華書局, 1960).

『貞觀政要』([唐]吳兢 編著, 上海: 上海古籍出版社, 1978).

『朱子語類』([宋]黎靖德 編, 王星賢 點校, 北京: 中華書局, 1994).

『中國印度見聞錄』(穆根來·汶江·黃倬漢 譯, 北京: 中華書局, 2001).

『中華人民共和國憲法』(北京: 北京人民出版社, 1954).

『天聖令』(天一閣·中國社會科學院歷史硏究所天聖令整理課題組 校證, 『天一閣藏明抄本天聖
令校證 –附唐令復原硏究–』, 北京: 中華書局, 2006).

『天下郡國利病書』([淸]顧炎武 輯, 四部叢刊三編本, 臺北: 臺灣商務印書館, 1979).

『冊府元龜』([宋]王欽若 等 編, 臺北: 臺灣中華書局, 1981)

『崔文昌侯全集』([新羅]崔致遠 撰, 서울: 成均館大學校 大東文化研究院, 1991).

『春秋左傳』([周]左丘明 傳, [晉]杜預 注, [唐]孔穎達 正義, 『春秋左傳正義』, 十三經注疏本, 北
京: 北京大學出版社, 2000).

『出三藏記集』([梁]僧祐 撰; 大正一切經刊行會 編, 『大正新修大藏經』第55卷 目錄部, 東京: 大
正一切經刊行會, 1927 所收).

『太平廣記』([宋]李昉 等 編, 北京: 中華書局, 1961).

『太平御覽』([宋]李昉 等 撰, 北京: 中華書局, 1960).

『太平寰宇記』([宋]樂史 撰, 臺北: 文海出版社, 1980).

『通典』([唐]杜佑 撰, 北京: 中華書局, 1988).

『通志』([宋]鄭樵 撰, 王樹民 點校, 『通志二十略』, 北京: 中華書局, 1995).

『萍州可談』([宋]朱彧 撰, 叢書集成初編本, 北京: 中華書局, 1985).

趙萬里 編, 『漢魏南北朝墓誌集釋』, 北京: 科學出版社, 1956.

『海東歷史』([朝鮮]韓致奫 撰, 韓國學基本叢書本, 서울: 景仁文化社, 1973).

『陔餘叢考』([淸]趙翼 撰, 石家莊: 河北人民出版社, 1999).

『弘明集』([梁]僧祐 撰, 臺北: 臺灣中華書局, 1965).

『會昌一品集』([唐]李德裕 撰, 四庫唐人文集叢刊本, 上海: 上海古籍出版社, 1994)

『黑韃事略』([宋]彭大雅 撰, 徐霆 疏證, 叢書集成初編本, 北京: 中華書局, 1985).

2. 연구서

(1) 國文

구범진, 『청나라, 키메라의 제국』, 서울: 민음사, 2012.

권덕영, 『재당신라인사회 연구』, 서울: 일조각, 2005.

김추윤·장삼환, 『중국의 국토환경』, 서울: 大陸出版社, 1995.

김호동, 『동방기독교와 동서문명』, 서울: 까치, 2002.

김호동, 『몽골제국과 세계사의 탄생』, 서울: 돌베개, 2010.

김희보, 『세계사 다이제스트 100』, 서울: 가람기획, 2010.

동양사학회 編, 『東亞史上의 王權』, 서울: 한울아카데미, 1993.

롤프 크뉘텔 著, 신유철 譯, 『로마법 산책』, 파주: 법문사, 2008.

민훈기, 『민훈기의 메이저리그, 메이저리거』, 서울, 미래를소유한사람들, 2008.

박지향, 『영국사 –보수와 개혁의 드라마–』, 서울: 까치, 1997.

박한제, 『中國中世胡漢體制研究』, 서울: 一潮閣, 1988.

배우성, 『조선과 중화』, 서울: 돌베개, 2014.

변인석, 『唐長安의 新羅史蹟』, 서울: 아세아문화사, 2000.

신영복, 『강의 –나의 동양고전 독법–』, 파주: 돌베개, 2004.

신채식, 『宋代 皇帝權 研究』, 서울: 한국학술정보, 2010.

이해원, 『당제국의 개방과 창조』, 서울: 서강대학교출판부, 2013.

임지현, 『민족주의는 반역이다 –신화와 허무의 민족주의 담론을 넘어서–』, 서울: 소나무, 1999.

정광, 『조선시대의 외국어 교육』, 서울: 김영사, 2014.

정동근, 『후진타오와 화해사회』, 서울: 동아시아, 2007.

정수일, 『고대문명교류사』, 서울: 사계절, 2001.

정수일, 『실크로드학』, 서울: 창작과비평사, 2002.

정재훈, 『위구르 유목제국사(744–840)』, 서울: 문학과지성사, 2005.

정재남, 『중국의 소수민족』, 파주: 살림, 2008.

지배선, 『유럽문명의 아버지 고선지 평전』, 서울: 청아출판사, 2002.

지배선, 『고구려·백제 유민 이야기』, 서울: 혜안, 2006.

지배선, 『중국 속 고구려 왕국, 齊』, 서울: 청년정신, 2007.

최진열, 『북위황제 순행과 호한사회』, 서울: 서울대학교출판문화원, 2011.

탈라트 테킨 著, 이용성 譯, 『돌궐비문연구 –퀼 티긴 비문, 빌개 카간 비문, 투뉴쿠크 비문–』, 서울: 제이앤씨, 2008.

(2) 中文

葛承雍, 『唐韻胡音與外來文明』, 北京: 中華書局, 2006.

姜維東, 『唐東征將士事迹考』, 長春: 吉林文史出版社, 2003.

高敏, 『魏晉南北朝兵戶制研究』, 鄭州: 大象出版社, 1998.

高洪雷, 『另一半中國史(The Other Half of China History)』, 北京: 文化藝術出版社, 2012.

龔方震·晏可佳,『祆敎史』, 上海: 上海社會科學出版社, 1998.

國務院人口普查辦公室·國家統計局人口和社會科技統計司 編,『中國2000年人口普查資料』, 北京: 中國統計出版社, 2002.

雷家驥,『隋唐中央權力結構及其演進』, 臺北: 東大圖書公司, 1995.

段鵬琦,『漢魏洛陽故城』, 北京: 文物出版社, 2009.

戴爭,『中國古代服飾簡史』, 北京: 輕工業出版社, 1988.

馬寅 主編,『中國少數民族常識』, 北京: 中國靑年出版社, 1984.

馬馳,『唐代蕃將』, 西安: 三秦出版社, 1990.

潘鏞,『隋唐時期的運河和漕運』, 西安: 三秦出版社, 1987.

方亞光,『唐代對外開放初探』, 合肥: 黃山書社, 1998.

傳熹年 主編,『中國古代建築史』第2卷 兩晉·南北朝·隋唐·五代建築, 北京: 中國建築工業出版社, 2001.

費孝通 等,『中華民族多元一體格局』, 北京: 中央民族學院出版社, 1989.

謝和耐,『中國社會史』, 南京: 江蘇人民出版社, 1996.

尙秉和,『歷代社會風俗事物考』, 臺北: 臺灣商務印書館, 1985.

薛菁,『魏晉南北朝刑法體制研究』, 福州: 福建人民出版社, 2006.

岳南,『千古學案 −夏商周斷代工程紀實−』, 杭州: 浙江人民出版社, 2001(심규호·유소영 譯,『하상주단대공정』, 서울: 일빛, 2005).

梁方仲,『中國歷代戶口·田地·田賦統計』, 上海: 上海人民出版社, 1980.

楊曾文,『唐五代禪宗史』, 北京: 中國社會科學出版社, 1999.

嚴耕望,『中國地方行政制度史』上編 卷上 秦漢地方行政制度 上冊, 臺北: 中央研究院歷史語言研究所, 1974.

呂思勉,『先秦史』, 上海: 上海古籍出版社, 1983.

呂振羽,『中華民族簡史』, 北京: 三聯書店, 1950.

余秋雨,『尋覓中華』, 北京: 作家出版社, 2008(심규호·유소영 譯,『중화를 찾아서』, 서울: 미래인, 2010).

榮新江,『中古中國與外來文明』, 北京: 三聯書店, 2001.

榮新江·張志淸主編,『從撒馬爾干到長安 −粟特人在中國的文化遺迹−』, 北京:北京圖書館出版社, 2004.

吳玉貴,『突厥汗國與隋唐關係史研究』, 北京: 中國社會科學出版社, 1998.

王國維,『觀堂集林』, 北京: 中華書局, 1959.

王壽南,『唐代藩鎭與中央關係之研究』, 臺北: 大化書局, 1977.

王拾遺,『元稹論稿』, 西安: 陝西人民出版社, 1994.

牛致功,『安祿山·史思明評傳』, 西安: 三秦出版社, 2000.

劉淑芬,『六朝城市與社會』, 臺北: 學生書局, 1992.

劉學銚,『五胡興華 —形塑中國歷史的異族—』, 臺北: 知書房, 2004.

劉向陽,『唐代帝王陵墓』, 西安: 三秦出版社, 2003.

陸鍵東,『陳寅恪的最後貳拾年』, 北京: 三聯書店, 1997(박한제·김형종 譯,『진인각, 최후의 20
년 —어느 중국 지식인의 운명 1949–1969—』, 서울: 사계절, 2008).

李錦綉,『唐代制度史略論稿』, 北京: 中國政法大學出版社, 1998.

李大龍,『都護制度研究』, 哈爾濱: 黑龍江教育出版社, 2003.

李凭,『北魏平城時代』, 北京: 社會科學文獻出版社, 2000.

林悟殊,『唐代景教再研究』, 北京: 中國社會科學出版社, 2003.

張金龍,『魏晉南北朝禁衛武官研究』, 北京: 中華書局, 2004.

張雄,『歷史轉折論』, 上海: 上海社會科學出版社, 1994.

莊中正,『中國之命運』, 臺北: 正中書局, 1967.

田餘慶,『拓跋史探』, 北京: 三聯書店, 2003.

程志·韓濱娜,『唐代的州和道』, 西安: 三秦出版社, 1987.

鄭學檬,『五代十國史研究』, 上海: 上海人民出版社, 1991.

鄭學檬 主編,『中國賦役制度史』, 廈門: 廈門大學出版社, 1994.

鄭欽仁,『北魏官僚機構研究』, 臺北: 牧童出版社, 1976.

程喜霖,『唐代過所研究』, 北京: 中華書局, 2000.

周偉洲,『敕勒與柔然』, 上海: 上海人民出版社, 1983.

曾資生,『中國政治制度史』第2冊, 重慶: 南方印書館, 1943.

陳高華·童芍素,『中國婦女通史(元代卷)』, 杭州: 杭州出版社, 2011.

陳育寧,『中華民族凝聚力的歷史探索』, 昆明: 雲南人民出版社, 1994.

陳寅恪,『唐代政治史述論稿』, 上海: 上海古籍出版社, 1982.

陳寅恪 講演, 萬繩楠 整理,『陳寅恪魏晉南北朝史講演錄』, 合肥: 黃山書社, 1987.

陳鐵民,『王維新論』, 北京: 北京師範學院出版社, 1990.

蔡鴻生,『仰望陳寅恪』, 北京: 中華書局, 2004.

畢波,『中古中國的粟特胡人 —以長安爲中心—』, 北京: 中國人民大學出版社, 2011.

賀業鉅,『考工記營國制度研究』, 北京: 中國建築工業出版社, 1985.

何玆全,『中國古代社會』, 鄭州: 河南人民出版社, 1991.

韓國磐,『北朝隋唐的均田制度』, 上海: 上海人民出版社, 1984.

向達, 『唐代長安與西域文明』, 北京: 三聯書店, 1987.

黃淸連, 『元代戶計制度硏究』, 臺北: 國立臺灣大學文學院, 1977.

(3) 日文

加藤謙一, 『匈奴"帝國"』, 東京: 第一書房, 1998.

江上波夫, 『ユウラシア古代北方文化 –匈奴文化論考–』, 東京: 山川出版社, 1948.

關尾史郎, 『西域文書からみた中國史』, 東京: 山川出版社, 1998.

古瀨奈津子, 『遣唐使の見た中國』, 東京: 吉川弘文館, 2003.

谷川道雄, 『隋唐帝國形成史論』, 東京: 筑摩書房, 1971.

堀敏一, 『均田制の研究』, 東京: 岩波書店, 1975.

宮崎市定, 『中國史』, 東京: 岩波書店, 1978(曺秉漢 編譯, 『中國史』, 서울: 역민사, 1983).

宮崎市定, 『大唐帝國 –中國の中世–』, 東京: 中央公論社, 1988.

氣賀澤保規, 『中國の歷史 6: 絢爛たる世界帝國』, 東京, 講談社, 2005,

氣賀澤保規 編, 『遣隋使がみた風景 –東アジアからの新視點–』, 東京: 八木書店, 2012.

內藤湖南, 『中國中古の文化』, 東京: 弘文堂, 1947.

大室幹雄, 『干潟幻想 –中世中國の反園林都市–』, 東京: 三省堂, 1992.

大室幹雄, 『檻獄都市 –中世中國の世界芝居と革命–』, 東京: 三省堂, 1994.

渡邊信一郎, 『中國古代社會論』, 東京: 靑木書店, 1986.

木畑洋一 編, 『21世紀歷史學の創造』, 東京: 有志舍, 2012.

尾形勇, 『中國古代の家と國家』, 東京: 岩波書店, 1979.

濱口重國, 『唐王朝賤人制度』, 京都: 東洋史研究會, 1966.

杉山正明, 『中國の歷史 8: 疾走する草原の征服者』, 東京: 講談社, 2005.

杉山正明, 『モンゴル帝國と長いその後(興亡の世界史09)』, 東京: 講談社, 2008.

森安孝夫, 『シルクロードと唐帝國(興亡の世界史05)』, 東京: 講談社, 2007.

桑原隲藏, 『蒲壽庚の事蹟』, 東京: 平凡社, 1989.

石田幹之助, 『長安の春』, 東京: 平凡社, 1967.

藪內淸, 『隋唐曆法史研究』, 東京: 三省堂, 1944.

辻正博, 『唐宋時代刑罰制度研究』, 京都: 京都大學學術出版會, 2010.

窪添慶文, 『魏晋南北朝官僚制研究』, 東京, 汲古書院, 2003.

王勇, 『唐から見た遣唐使 –混血兒たちの大唐帝國–』, 東京: 講談社, 1998.

原田淑人, 『唐代の服飾』, 東京: 東洋文庫, 1971.

仁井田陞, 『支那身分法史』, 東京: 東方文化學院, 1942.

仁井田陞, 『中國法制史』, 東京: 岩波書店, 1952(1976 增補版).

田畑久夫 等, 『中國少數民族事典』, 東京: 東京堂出版, 2001(원정식·이연주 譯, 『중국소수민족 입문』, 서울: 현학사, 2006.

足立喜六, 『長安史蹟の研究』, 東京: 東洋文庫, 1933.

佐久間吉也, 『魏晉南北朝水利史研究』, 東京: 開明書院, 1980.

佐白好郎, 『景敎の研究』, 東京: 東方文化學院東京研究所, 1935.

川本芳昭, 『魏晉南北朝時代の民族問題』, 東京: 汲古書院, 1998.

靑山定雄, 『唐宋時代の交通と地誌地圖の研究』, 東京: 吉川弘文館, 1963.

澤田勳, 『匈奴 −古代遊牧國家の興亡−』, 東京: 東方書店, 1966.

護雅夫·神田信夫 編, 『北アジア史』, 東京: 山川出版社, 1981.

荒川正晴, 『オアシス國家とキャラヴァン交易』, 東京: 山川出版社, 2003.

荒川正晴, 『ユーラシアの交通·交易と唐帝國』, 名古屋: 名古屋大學出版會, 2010.

(4) 英文 및 歐文

Abramson, Marc S., *Ethnic Identity in Tang China*, Philadelphia: University of Pennsylvania, 2008.

Acemoglu, Daron, and James A. Robinson, *Why Nations Fail: The Origins of Power, Prosperity and Poverty*, New York: Crown Publishers, 2012(최완규 譯, 『국가는 왜 실패하는가』, 서울: 시공사, 2012).

Brook, Timothy, *The Troubled Empire in the Yuan and Ming Dynasties*, Cambridge, MA: The Belknap of Harvard University Press, 2010.

Chen Sanping, *Multicultural China in the Early Middle Ages*, Philadelphia: University of Pennsylvania Press, 2012.

Chua, Amy, *Day of Empire: How Hyperpowers Rise to Global Dominance and Why They Fall*, New York: Doubleday, 2007(이순희 譯, 『제국의 미래』, 서울: 비아북, 2008).

Duara, Prasenjit, *Rescuing History from the Nation: Questioning Narratives of Modern China*, Chicago: University of Chicago Press, 1995(문명기·손승회 譯, 『민족으로부터 역사를 구출하기』, 서울: 삼인, 2004).

Eberhard, Wolfram, *Conquerors and Rulers: Socal Forces in Medieval China*, Leiden: Brill, 1970.

Elliott, Mark C., *The Manchu Way: The Eight Banners and Ethnic Identity in Late Imperial China*, Stanford: Stanford University Press, 2001(이훈·김선민 譯, 『만주족의 청제국』, 서울: 푸른역사, 2009).

Grousset, Renè, *The Empire of The Steppes: A History of Central Asia*, trans. Naomi Walford, New Brunswick, NJ: Rutgers University Press, 1970(김호동 등 譯, 『유라시아 유목제국사』, 서울: 사계절, 2001).

Hardt, Michael, and Antonio Negri, *Empire*, Boston: Harvard University Press, 2000(윤수종 譯, 『제국』, 서울: 이학사, 2001).

Jhering, Rudolf von, *Geist des römischen Rechts auf den verschiedenen Stufen seiner Entwicklung*, Leipzig: Breitkopf und Härtel, 1891.

Krader, Lawrence, *Social Organization of the Mongol–Turkid Pastoral Nomads*, The Hague: Mouton, 1963.

Milward, James A., *Eurasian Crossroads: A History of Xinjiang*, New York: Columbia University Press, 2007(김찬영 · 이광태 譯, 『신장의 역사』, 파주: 사계절, 2013).

Moule, A. C., *Christians in China before the year 1550*, London: Society for Promoting Christian Knowledge, 1930.

Rawski, Evelyn S., *The Last Emperor: A Social History of Qing Imperial Institutions*, Berkeley: California University Press, 1998(구범진 譯, 『최후의 황제들 —청황실의 사회사—』, 서울: 까치, 2010).

Rowe, William T., *China's Last Empire: The Great Qing*, Cambridge, MA and London: Belknap Press of Harvard University Press, 2009(기세찬 譯, 『하버드 중국사 청 – 중국 최후의 제국—』, 서울: 너머북스, 2014).

Schafer, Edward H., *The Golden Peaches of Samarkand: A Study of T'ang Exotics*, Berkeley: University of California Press, 1963.

Schram, Louis M. J., *The Monguors of the Kansu–Tibetan Frontier Part I : Their Origin, History, and Social Organization*, Philadelphia: American Philosophical Society, 1954.

Turchin, Peter, *War and Peace and War: The Rise and Fall of Empires*, New York: Plum Book, 2006(윤길순 譯, 『제국의 탄생』, 서울: 웅진지식하우스, 2011).

Tu Weiming ed., *Confucian Traditions in East Asian Modernity*, Cambridge, MA: Harvard University Press, 1996.

Wittfogel, K. A., and Chia–sheng Feng, *History of Chinese Society: Liao 907–1125*, Philadelphia: The American Philosophical Society, 1949.

Wright, Arthur F., and Denis Twitchett ed., *Perspectives on the T'ang*, New Haven: Yale University Press, 1973.

Wright, Arthur F., *The Sui Dynasty: The Unification of China, A.D. 581–617*, New York: Knopf,

1978.

Yule, Henry trans. and ed., *Cathay and the Way Thither: Being a Collection of Medieval Notices of China vol. 1*, London: Hakluyt Society, 1914.

3. 연구논문

(1) 國文

고병익, 「中共의 歷史學」, 『東亞史의 傳統』, 서울: 一潮閣, 1976.

김덕수, 「팍스 로마나(Pax Romana) 시대 지중해 세계의 언어들」, 『歷史學報』 210, 2011.

김두현, 「遼東支配期 누루하치의 對漢人政策」, 『東洋史學研究』 25, 1987.

김병준, 「秦漢帝國의 이민족 지배」, 『歷史學報』 217, 2013.

김병준, 「秦漢帝國의 변경 이민족 지배 −部都尉와 屬國都尉에 대한 재검토−」, 『傳統時代 東아시아의 外交와 邊境機構』, 동국대학교 동아시아문화연구소 주관 동아시아사 학술회의 제출논문, 2014.

김상범, 「唐代 後半期 揚州의 發展과 外國人社會」, 『中國史研究』 48, 2007.

김성희, 「北魏 河北 支配와 그 志向」, 이화여자대학 박사학위논문, 2005

김유철, 「均田制와 均田體制」, 『講座 中國史』 II, 서울: 지식산업사, 1989.

김택민, 「在唐新羅人의 활동과 公驗(過所) −엔닌의 공험 취득 과정에서 張保皐·新羅人의 역할을 중심으로−」, 『대외문물교류연구』 1, 2002.

김택민, 「특별한 帝國 唐」, 『歷史學報』 217, 2013.

김한규, 「漢代 中國的 世界秩序의 理論的 基礎에 대한 一試論 −특히 『鹽鐵論』에 보이는 儒法論爭을 중심으로−」, 『東亞研究』 1, 1982.

김한규, 「漢代의 天下思想과 〈羈縻之義〉」, 『中國의 天下思想』, 서울: 民音社, 1988.

김한규, 「古代 東아시아의 民族關係史에 대한 現代 中國의 社會主義的 理解」, 『東亞研究』 24, 1992.

김호동, 「라시드 앗 딘(Rashid al−Din, 1247−1318)의 『中國史』 속에 나타난 ‘中國’ 인식」, 『東洋史學研究』 115, 2011.

김호동, 「몽골제국의 세계정복과 지배: 거시적 시론」, 『歷史學報』 217, 2013.

무함마드 깐수, 「"大秦景敎流行中國碑"碑文考」, 『金文經敎授停年退任記念東아시아史研究論集』, 서울: 혜안, 1996.

문미정, 「北魏 行臺의 運用과 그 의미」, 서울대학교 석사학위논문, 2012.

민두기, 「淸朝의 皇帝統治와 思想統制의 實際 −曾靜謀逆事件과 〈大義覺迷錄〉을 中心으로−」, 『中國近代史研究』, 서울: 一潮閣, 1973.

박근칠, 「唐代 籍帳制의 運營과 收取制度에 관한 硏究」, 서울대학교 박사학위논문, 1996.

박지향, 「근대로의 길: 유럽의 교훈」, 석학과 함께 하는 인문강좌 7기 제4주 종합토론, 2014.

박한제, 「南北朝時代의 南北關係 –交易과 交聘을 中心으로–」, 『韓國學論叢』 4, 1982.

박한제, 「北魏均田制의 成立과 胡漢體制」, 『東洋史學硏究』 24, 1986.

박한제, 「北魏王權과 胡漢體制 –北魏社會의 變質과 관련하여–」, 『震檀學報』 64, 1987(『中國中世胡漢體制硏究』, 서울: 一潮閣, 1988 再收).

박한제, 「五胡前期政權과 漢人士族」, 『中國中世胡漢體制硏究』, 서울: 一潮閣, 1988.

박한제, 「前秦苻堅政權의 性格」, 『中國中世胡漢體制硏究』, 서울: 一潮閣, 1988.

박한제, 「胡漢體制의 展開와 그 構造」, 『講座 中國史』 II, 서울: 지식산업사, 1989.

박한제, 「木蘭詩의 時代 –北魏 孝文帝時期 對柔然戰爭과 관련하여–」, 『五松李公範敎授停年退任紀念東洋史論叢』, 서울: 지식산업사, 1993.

박한제, 「七世紀 隋唐 兩朝의 韓半島進出 經緯에 대한 一考 –隋唐初 皇帝의 正統性 確保問題와 關聯하여–」, 『東洋史學硏究』 43, 1993.

박한제, 「西魏·北周時代 胡漢體制의 展開 –胡姓再行의 經過와 그 意味–」, 『魏晉隋唐史硏究』 1, 1994.

박한제, 「東晉·南朝史와 僑民 –'僑舊體制'의 形成과 그 展開–」, 『東洋史學硏究』 53, 1996.

박한제, 「東魏·北齊時代의 胡漢體制의 展開 –胡漢葛藤과 二重構造–」, 『分裂과 統合 –中國中世의 諸相–』, 서울: 지식산업사, 1998.

박한제, 「北魏 均田制成立의 前提 –征服君主의 資源確保策과 督課制–」, 『東亞文化』 37, 1999.

박한제, 「西魏–北周時代 『周禮』官制의 採用의 經過와 그 意味」, 『中國學報』 42, 2000.

박한제, 「北魏均田法令箋釋」, 『서울大 東洋史學科論集』 25, 2001.

박한제, 「唐 長安城 三苑考 –前漢 上林苑의 機能과 비교하여–」, 『歷史學報』 188, 2005.

박한제, 「中華의 分裂과 隣近各國의 對應 –'多重的' 中華世界의 成立–」, 『中國學報』 54, 2006.

박한제, 「遊牧國家와 城郭 –坊牆制의 出現과 그 背景–」, 『歷史學報』 200, 2008.

박한제, 「唐代 六胡州의 設定과 그 의미 –'降民'의 配置와 驅使의 一方法–」, 『中國學報』 59, 2009.

백영서, 「중국제국론의 동아시아적 의미: 비판적 중국연구의 모색」, 『第33次 中國學 國際學術會議 –帝國傳統과 大國化–』, 서울: 韓國中國學會, 2013.

변인석, 「唐宿衛制度에서 본 羅·唐關係 –唐代 '外交宿衛'의 一硏究–」, 『史叢』 11, 1966.

설배환, 「蒙元제국 倉庫制의 성립과 운영」, 서울대학교 석사학위논문, 2009.

송진, 「唐代 '胡商'의 中國 內地 活動과 蓄坊」, 『東亞文化』 48, 2010.

신성곤, 「唐宋變革期論」, 『講座 中國史』 III, 서울: 지식산업사, 1989.

신성곤, 「南北朝時代 官私隷屬民에 관한 硏究」, 서울대학교 박사학위논문, 1995.

신형식, 「新羅의 宿衛外交」, 『韓國古代史의 新硏究』, 서울: 一潮閣, 1984.

유용태, 「근대중국의 민족의식과 내면화된 제국성」, 『동북아역사논총』 23, 2009.

유원적, 「唐代 前期에 있어서 官僚基盤의 擴大過程에 대하여」, 『歷史敎育』 26, 1979.

유원적, 「唐 武·韋后朝의 濫官에 대하여」, 『全海宗博士華甲記念史學論叢』, 서울: 一潮閣, 1980.

유원적, 「唐 前期 支配機構의 變貌硏究 -武·韋后朝의 官僚와 政治·行政을 중심으로-」, 연세대학교 박사학위논문, 1990.

유종수, 「唐 後半期 質子 外交의 성격」, 『서울大 東洋史學科論集』 35, 2011.

이개석, 「元代儒戶에 대한 一考察 -戶籍을 中心으로-」, 『東洋史學硏究』 17, 1982.

이기천, 「唐前期 唐朝의 蕃將 관리와 諸衛將軍號 수여」, 서울대학교 석사학위논문, 2011.

이문기, 「百濟 黑齒常之 父子 묘지명의 검토」, 『韓國學報』 64, 1991.

이성규, 「中華帝國의 팽창과 축소: 그 이념과 실제」, 『歷史學報』 186, 2005.

이성규, 「中華思想과 民族主義」, 정문길 외 編, 『東아시아, 문제와 시각』, 서울: 문학과지성사, 1995.

이찬우, 「중화사상의 전개와 "중국의 꿈"에 대한 고찰」, 『인문논총(경남대학 인문과학연구소)』 34, 2014.

장희권, 「타자의 통합과 배제 -전지구화와 한국의 로컬의 일상-」, 『독일어문학』 56, 2012.

전인갑, 「帝國에서 帝國性 國民國家로(Ⅰ)」, 『中國學報』 65, 2012.

전인갑, 「帝國에서 帝國性 國民國家로(Ⅱ)」, 『中國學報』 66, 2013.

전해종, 「中國人의 傳統的 歷史意識과 歷史敍述」, 『韓國과 中國 -東亞史論集-』, 서울: 지식산업사, 1979.

정하현, 「秦始皇의 巡行에 對한 一檢討 -封禪과 祭禮 문제를 중심으로-」, 『邊太燮博士華甲記念史學論叢』, 서울: 三英社, 1985.

지배선, 「唐代 中國의 基督敎」, 『人文科學』 68, 1992.

최재영, 「唐 前期 三府의 정책과 그 성격」, 『東洋史學硏究』 77, 2001.

최재영, 「唐 長安城의 薩寶府 位置」, 『中央아시아연구』 10, 2005.

한수정, 「隋·唐 皇后권력과 그 실체 -專橫과 不在-」, 『서울大 東洋史學科論集』 31, 2008.

하원수, 「唐代의 進士科와 士人에 관한 연구」, 서울대학교 박사논문, 1995.

한수정, 「五胡十六國-北朝 后妃制度의 運用과 그 特徵 -皇太子妃 不在와 多皇后 현상의 출현-」, 서울대학교 석사학위논문, 2012.

홍정아, 「東晉南朝時代 長江中流域 硏究」, 서울대학교 박사학위논문, 2012.

(2) 中文

甘懷眞,「隋文帝時代軍權與'關隴集團'之關係 –以總管爲例–」,『唐代文化研討會論文集』,臺北: 臺灣文史哲出版社, 1991.

姜維東,「唐麗戰爭中的蕃將」,『長春師範學院學報』2002–1.

谷霽光,「唐代"皇帝天可汗"溯源」,『谷霽光史學文集』, 南昌: 江西人民出版社, 1996.

邱添生,「唐朝起用外族人士的研究」,『大陸雜誌』38–4, 1969.

羅新,「從可汗號到皇帝尊號」,『中古北族名號研究』, 北京: 北京大學出版社, 2009.

羅香林,「唐代天可汗制度」,『唐代文化史』, 臺北: 臺灣商務印書館, 1974.

勞榦,「論魏孝文之遷都與華化」,『勞榦學術論文集』, 甲編 上, 臺北: 藝文印書館, 1976.

唐長孺,「魏晉至唐官府作場及官府工程的工匠」,『魏晉南北朝史論叢續編』, 北京: 三聯書店, 1959.

戴建國,「宋代籍帳制度探析」,『歷史研究』2007–3.

大庭修,「漢代徒遷刑」,『秦漢法制史研究』, 東京: 創文社, 1982.

杜玉亭,「中華民族凝聚力論略」,『中國民族學會第四次學術討論會論文集』, 北京: 中央民族學院出版社, 1993.

鄧小南,「論五代宋初"胡/漢"語境的消解」,『文史哲』2005–5.

鄧奕琦,「封建五刑體系的改造與定型」,『北朝法制研究』, 北京: 中華書局, 2005.

馬馳,「『唐兩京城坊考』中所見仕唐蕃人族屬考」,『史念海先生八十壽辰學術文集』, 西安: 陝西師範大學出版社, 1996.

米文平,「鮮卑石室的發現與初步研究」,『文物』1981–2.

朴漢濟,「北魏王權與胡漢體制–」,『中國史研究的成果與展望』(韓國東洋史學會編, 北京: 社會科學出版社 1991.

朴漢濟,「西魏北周時代胡姓的重行與胡漢體制 –向"三十六國九十九姓"姓氏體制回歸的目的和邏輯–」,『北朝研究』1993–2.

朴漢濟,「西魏北周時代的賜姓與鄉兵的府兵化」,『歷史研究』1993–4.

朴漢濟,「南北朝末羈旅詩人庾信之軌迹–與顏之推的情況比較」,『東南文化』1998 增刊 2, 1999.

朴漢濟,「『僑舊體制的展開與東晉·南朝史 –爲整體理解南·北朝史的一個提議–」, 中國魏晉南北朝史研究會編 『魏晉南北朝史研究』武漢:湖北人民出版社, 1996.

朴漢濟,「爲魏晉南北朝·隋唐史研究而提出的一個方法」,『中國前近代史理論國際學術研討會論文集』, 武漢: 湖北人民出版社, 1997.

朴漢濟,「武則天和東都洛陽–試論武則天長期居住在洛陽的原因和都城構造的變化」,『武則天研究論文集』, 太原: 山西古籍出版社, 1998,

朴漢濟,「北魏洛陽社會與胡漢體制-以都城區劃和居民分布爲核心-」,『中原文物』1998-4.,

朴漢濟,「胡族的中原統治與北魏的均田制」,『中國の歷史世界-統合のシステムと多元的發展-
第1回中國史學會國際學術會議研究報告集』,東京: 東京都立大學出版會, 2002.

朴漢濟,「唐代"六胡州"州城的建置及其運用 -"降戶"的安置和役使的一箇類型-」,『中國歷史地
理論叢』2010-2.

朴漢濟,「游牧國家與城郭 -"坊墙制"的出現及其背景-」, 蘇智良 主編,『都市史學』, 上海: 上海
人民出版社, 2014.

白壽彝,「關于中國民族關係上的幾個問題 -在中國民族關係史研究學術座談會上的報告-」,
翁獨健 主編,『中國民族關係史研究』, 北京: 中國社會科學出版社, 1984.

范文蘭,「中國歷史上的民族鬪爭與融合」,『歷史研究』1980-1.

傅樂成,「唐代夷夏觀念之演變」,『漢唐史論集』,臺北: 聯經出版事業公司, 1977.

傅樂成,「唐代宦官與藩鎮的關係」,『漢唐史論集』,臺北: 聯經出版事業公司, 1977.

傅樂成,「唐型文化與宋型文化」,『漢唐史論集』,臺北: 聯經出版事業公司, 1977.

傅樂成,「沙陀之漢化」,『漢唐史論集』,臺北: 聯經出版事業公司, 1977.

傅樂成,「中國民族與外來文化」,『漢唐史論集』,臺北: 聯經出版事業公司, 1977.

付永聚,「論唐代胡漢民族之間的混融互補」,『山東大學學報』1992-3.

付永聚,「民族互化凝composite人」, 中國唐史學會第六屆年會暨國際唐史學術研討會 提出論文, 1995.

傅熹年,「隋唐長安洛陽城規劃手法的探討」,『文物』1995-3.

山西省考古研究所·靈丘縣文物局,「山西靈丘北魏文成帝『南巡碑』」,『文物』1997-12.

徐杰舜,「漢民族形成三部曲」,『漢民族研究』1, 南寧: 廣西人民出版社, 1989.

徐成,「北朝隋唐內侍制度研究 -以觀念與職能爲中心-」, 上海師範大學博士學位論文, 2012.

成琳,「唐代民族關係中的質子制度研究」, 陝西師範大學碩士學位論文, 2008.

孫祚民,「處理歷史上民族關係的幾個重要准則」,『歷史研究』1980-5.

梁啓超,「中國歷史上民族之研究」,『飮冰室文集』, 昆明: 雲南敎育出版社, 2001.

嚴耕望,「新羅留唐學生與僧徒」,『唐史研究叢稿』, 香港: 新亞研究所, 1969.

嚴耀中,「述論唐初期的庫眞與祭非椽」,『晉唐文史論稿』, 上海: 上海人民出版社, 2013.

連振國,「略談中華民族的主體 -漢族-」,『漢民族研究』1, 南寧: 廣西人民出版社, 1989.

靈丘縣文管所,「山西靈丘縣發現北魏"南巡御射碑"」,『考古』1989-3.

翁俊雄,「唐代的州縣等級」,『北京師範學院學報(社會科學版)』1991-1.

王雙懷·樊英峰,「唐乾陵研究」,『乾陵文化研究(一)』, 西安: 三秦出版社, 2005.

王樹民,「中華名號溯源」,『中國歷史地理論叢』2, 1985.

王永興,「楊隋氏族」,『王永興說隋唐』, 上海: 上海科學技術出版社, 2009.

牛致功,「圓仁目睹的新羅人 –讀『入唐求法巡禮行記』札記–」,『唐代碑石與文化研究』, 西安: 三秦出版社, 2002.

劉義棠,「天可汗探原」,『中國西域研究』, 臺北: 正中書局, 1997.

陸宣玲,「唐代質子研究」, 陝西師範大學碩士學位論文, 2008.

李求是,「談章懷·懿德兩墓的形制問題」,『文物』1972–7.

林吾殊,「回鶻奉摩尼教的社會歷史根源」,『摩尼教及其東漸』, 北京: 中華書局, 1987.

林梧殊,「唐代三夷教的社會走向」,『中古三夷教辨證』, 北京: 中華書局, 2005.

張劍,「關于北魏洛陽城里坊的幾個問題」,『漢魏洛陽故城研究』, 北京: 科學出版社, 2000.

錢國祥,「河南洛陽漢魏故城北魏宮城閶闔門初遺址」,『考古』2003–7.

全漢昇,「唐宋帝國與運河」,『中國經濟史研究』上冊, 香港: 新亞研究所, 1973.

鄭欽仁,「北魏中侍中稿 –兼論劉騰事件–」,『北魏官僚機構研究續篇』, 臺北: 稻禾出版社, 1995.

鄭欽仁,「北魏中侍中稿 –兼論宗愛事件–」,『北魏官僚機構研究續篇』, 臺北: 稻禾出版社, 1995.

曹永年·周增義,「淝水之戰的性質和處理歷史上民族與疆域的"准則" –與孫祚民同志商榷–」,『中國史研究』1982–2.

晁華山,「唐代天文學家瞿曇譔墓的發現」,『文物』1978–10.

佐川英治 著, 王薇 譯,「曹魏明帝太極殿的所在」,『中國魏晉南北朝史學會第十屆年會暨國際學術研討會論文集』, 太原: 山西出版傳媒集團·北岳文藝出版社, 2012.

朱玲玲,「坊里制的起源及其演變」,『中國古都研究』, 杭州: 浙江人民出版社, 1987.

周一良,「關于崔浩國史之獄」,『中華文史論叢』1980–4.

周一良,「北魏用人兼容并包」,『周一良集』第2卷 魏晉南北朝史札記, 瀋陽: 遼寧教育出版社, 1998.

中國科學院考古研究所洛陽工作隊,「漢魏洛陽城初步勘查」,『考古』1974–4(杜金鵬·錢國祥 主編,『漢魏洛陽城遺址研究』, 北京: 科學出版社, 2007 再收).

陳高華,「元朝的后妃與公主」,『文史知識』2009–11.

陳楊,「唐代長安政治權力中樞位置的變遷與'三大內'機能的嬗變」,『西安文理學院學報(社會科學版)』13–2, 2010.

陳連開,「論中國歷史上的疆域與民族」, 翁獨健 主編,『中國民族關係史研究』, 北京: 中國社會科學出版社, 1984.

陳連開,「中國·華夷·蕃漢·中華·中華民族 –一個內在聯系發展被認識的過程–」, 費孝通 等,『中華民族多元一體格局』, 北京: 中央民族學院出版社, 1989.

陳垣,「摩尼教入中國考」,『陳垣史學論著選』, 上海: 上海人民出版社, 1981.

陳垣,「火祆教入中國考」,『陳垣史學論著選』, 上海: 上海人民出版社, 1981.

陳寅恪,「論唐高祖稱臣于突厥事」,『寒柳堂集』, 上海: 上海古籍出版社, 1980.

陳寅恪,「論唐代之蕃將與府兵」,『金明館叢稿初編』, 上海: 上海古籍出版社, 1980.

陳寅恪,「崔浩與寇謙之」,『金明館叢稿初編』, 上海: 上海古籍出版社, 1980.

川本芳昭,「漢唐間"新"中華意識的形成」,『北朝史國際學術研討會暨中國魏晉南北朝史學會第七屆年會論文』, 2001.

竺可楨,「中國近五千年來氣候的變遷」,『地理知識』1973-4.

湯明檖,「元代田制戶籍賦役略論」,『史學論集』, 廣州: 廣州人民出版社, 1980.

何德章,「北魏國號與正統問題」,『歷史研究』1992-3.

胡煥庸,「中國人口之分布 -附統計表與密度圖-」,『地理學報』2-2, 1933.

黃烈,「關于前秦政權的民族性質及其對東晉的戰爭性質問題」,『中國史研究』1979-1.

(3) 日文

江上波夫,「匈奴の飲食」,『ユウラシア古代北方文化 -匈奴文化論考-』東京: 山川出版社, 1948.

谷川道雄,「府兵制國家論」,『增補 隋唐帝國形成史論』, 東京: 筑摩書房, 1998.

堀敏一,「中國における良賤身分制の成立過程」,『中國古代身分制 -良と賤-』, 東京: 汲古書院, 1987.

宮崎市定,「漢代の里制と唐代の坊制」,『東洋史研究』21-3, 1962.

宮崎市定,「晉武帝の戶調式に就て」,『アジア史研究』1, 京都: 同朋舍, 1975.

那波利貞,「支那首都計劃史により考察したる唐の長安城」,『桑原(騭藏)博士還曆記念東洋史論叢』, 東京: 弘文堂書房, 1930.

那波利貞,「唐代の敦煌地方に於ける朝鮮人の流寓に就いて」,『文化史學』8, 9, 10, 1954-56.

內藤儁輔,「唐代中國に於ける朝鮮人の活動について」,『朝鮮史研究』, 京都: 東洋史研究會, 1961.

大澤陽典,「馮后とその時代 -北魏政治史の一齣-」,『立命館文學』192, 1961.

渡邊信一郎,「'仁孝' -あるいは二-七世紀中國における一イヂオロギ-形態と國家-」,『史林』61-2, 1978.

藤田豊八,「薩寶につきて」,『東西交涉史の研究(西域編)』, 東京: 星文館, 1933.

妹尾達彦,「都市の文化と生活」,『魏晉南北朝隋唐史の基本問題』, 東京: 汲古書院, 1997.

妹尾達彦,「中華の分裂と再生」,『岩波講座世界歷史』9, 東京: 岩波書店, 1999

朴漢濟,「北魏洛陽社會と胡漢體制-都城區劃と居民分布を中核心に-」,『お茶の水史學』34 1991.

朴漢濟,「唐 長安城の三苑考 -前漢 上林苑の機能と比較して-」,『都市と環境』, 東京: 中央大

學出版部, 2006.

朴漢濟,「東魏–北齊時代の鄴都の都城構造–立地と用途・その構造的な特徴–」,『中國史學』
　　　20, 京都: 朋友書店, 2010.

白鳥庫吉,「可汗及可敦稱號考」,『東洋學報』11–3, 1921(『白鳥庫吉全集』5 塞外民族史研究下,
　　　東京: 岩波書店, 1970 再收).

白鳥庫吉,「東胡民族考」,『白鳥庫吉全集』4 塞外民族史研究上, 東京: 岩波書店, 1970.

濱口重國,「唐の地稅について」,『秦漢隋唐史の研究』下, 東京: 東京大學出版會, 1966.

山下將司,「隋唐初河西ソグド軍團 –天理圖書館藏『文館詞林』「安修仁墓碑銘」殘卷をぐつて–」,
　　　『東方學』110, 2005.

桑原隲藏,「歷史上より觀た南北支那」,『東洋文明史論叢』, 東京: 弘文堂, 1934.

西村元佑,「北魏均田攷」,『龍谷史壇』32, 1949.

石見淸裕,「唐の建國と匈奴の費也頭」,『唐の北方問題と國際秩序』, 東京: 汲古書院, 1997.

石田幹之助,「天寶10載の差科簿に見ゆる敦煌地方の西域系住民に就いて」,『東亞文化叢考』,
　　　東京: 東洋文庫, 1973.

室永芳三,「唐都長安城の坊制と治安機構(上)」,『九州大學東洋史論集』2, 1974.

安部健夫,「淸朝と華夷思想」,『淸朝史の研究』, 東京: 創文社, 1971.

岩本篤志,「'齊俗'と'恩倖' –北齊社會の分析–」,『史滴』18, 1996.

玉井是博,「唐の賤民制度の由來」,『支那社會經濟史研究』東京: 岩波書店, 1942.

玉井是博,「唐時代の外國奴 –特に新羅奴に就いて–」,『支那社會經濟史研究』, 東京: 岩波書店,
　　　1942.

羽田明,「ソグド人の東方活動」,『岩波講座世界歷史』6 古代 6, 東京: 岩波書店, 1971.

仁井田陞,「中華思想と屬人法主義および屬地法主義」,『中國法制史研究 –刑法–』, 東京: 東京
　　　大學出版會, 1959.

仁井田陞,「外國人 –屬人法主義と屬地法主義–」,『中國法制史研究 –法と慣習 法と道德–』, 東
　　　京: 東京大學出版會, 1964.

日野開三郎,「唐代大城邑の戶數規模について –特に首都長安を中心とする–」,『日野開三郎
　　　東洋史學論集』13 農村と都市, 東京: 三一書房, 1993.

日原利國,「特異な夷狄論」,『春秋公羊傳の研究』, 東京: 創文社, 1976.

箭內瓦,「元朝怯薛考」,『蒙古史研究』, 東京: 刀江書院, 1930.

齊東方,「中國古代都城の形態と機能」, 舘野和己 編,『古代都城のかたち』, 東京: 同成社, 2009.

佐川英治,「曹魏太極殿の所在について」,『岡山大學文學部プロジェクト研究報告書』15, 2010.

中田薰,「唐代法に於ける外國人の地位」,『法制史論集』3–下, 東京: 岩波書店, 1934.

中村久四郎,「唐時代の廣東」,『史學雜誌』28-3~6, 1917.

中村久四郎,「廣東の商胡及び廣東長安を連絡する水路舟運の交通」,『東洋學報』10-2, 1920.

池田温,「8世紀中葉における敦煌のソグド人聚落」,『ユーラシア文化研究』1, 1965.

池田温,「唐初處遇外族官制略考」,『隋唐帝國と東アジア世界』,東京: 汲古書院, 1979.

川合安,「沈約『宋書』の華夷意識」,『中國における歷史意識と歷史意識の展開についての總合的研究』,平成4·5年度科學研究費補助金總合研究(A)報告書, 1994.

村松一彌,「唐人考」,『(東京都立大學)人文學報』98, 1974.

堅間和幸,「秦始皇帝長城傳説とその舞臺 -秦碣石宮と孟姜女傳説をつなぐもの-」,『東洋文化研究(學習院大學)』1, 1999.

荒川正晴,「唐朝の交通システム」,『大阪大學大學院文學紀要』40, 2000.

(4) 英文

Beckwith, C. J., "The Impact of the Horse and Silk Trade on the Economics of T'ang China and the Uighur Empire: On the Importance of International Commerce in the Early Middle Ages", *Journal of the Economic and Social History of the Orient* 34-3, 1991.

Bol, Peter K., "Seeking Common Ground: Han Literati under Jurchen Rule", *Harvard Journal of Asiatic Studies* 47-2, 1987.

Boodberg, Peter A., "The Language of the To-Pa Wei", Alvin P. Cohen comp., *Selected Works of Peter A. Boodberg*, Berkeley: University of California Press, 1979.

Fletcher, Joseph, "Turco-Mogolian Monarchic Tradition in Ottoman Empire", *Harvard Ukrainian Studies* 3·4, 1979-1980.

Han-je Park, "From Barbarians to the Middle Kingdom: The Rise of the Title 'Emperor, Heavenly Qaghan' and Its Significance" *Journal of Central Erasian Studies* Vol.3" Center for Central Eurasian Studies Seoul National University, 2012.

Holmgren, Jennifer, "Women and Political Power in the Traditional T'o-pa Elite: A Preliminary Study of the Biographies of Empresses in the Wei-Shu", *Monumenta Serica* 35, 1981-1983.

Reischauer, Edwin O., "Note on T'ang Dynasty Sea Routes", *Harvard Journal of Asiatic Studies* 5-2, 1940.

Scott, Pearce, "Status, Labour and Law: Special Service Households under the Northern Dynasties", *Harvard Journal of Asiatic Studies* 51-1, 1991.

Sungwoo Cho, "Death, Disease, and Daoism in the Tang(618-907 AD): A Study of Daoist

Lituroy in the Medieval China", PhD Dissertation: University of Cambridge, 2007.

Xiong Victor Cunrui, "Sui Yangdi and the Building of Sui–Tang Luoyang", *Journal of Asian Studies* 52–1, 1993.

Yang Lien–sheng, "Hostage in Chinese History", *Harvard Journal of Asiatic Studies* 15–3/4, 1952.

4. 언론기사

(1) 國文

「디보의 한국사여행」, 『조선일보』 2013년 3월 18일, p.A26.

김경은, 「"오늘날 중국은…경제적으론 唐 문화적으론 明 정치적으론 淸"」, 『조선일보』 2010년 9월 15일.

김성주, 「[김성주의 아빠 어디야?] 독일식 '원팀' 정신으로 해낸 세 남자의 한 달간의 합숙생활」, 『경향신문』 2014년 7월 14일.

김인규, 「'당(唐)나라 군대'가 진짜 강한 군대다」, 『조선일보』 2011년 1월 5일.

김창준, 「[김창준의 숨겨진 정치 이야기] 〈57〉 제도와 국민성 Ⅱ」, 『한국일보』 2009년 4월 29일.

문갑식, 「[문갑식의 영국통신] 한국인 大國을 꿈꾸는가」, 『조선일보』 2014년 7월 21일.

민학수, 「獨, 24년 만에 월드컵 우승, 10년 大計로 유소년·獨리그 키워……'뉴 저먼 사커(New German Soccer)' 황금시대 열다」, 『조선일보』 2014년 7월 17일, p.A2.

민훈기, 「[민기자 MLB 리포트] 2013 MLB 인종, 성별 보고서」, 『민기자 칼럼』 2013년 6월 27일.

박상경, 「'전차군단' 독일의 시대, 정상복귀 비결은?」, 『스포츠조선』 2014년 7월 14일.

백종인, 「[야구는 구라다2] 류현진–추신수 스카우트한 건 유태인〈상〉」, 『스포탈코리아』 2014년 12월 22일.

안용현, 「APEC 앞둔 시진핑 "실크로드 기금 400억달러 내놓겠다"」, 『조선일보』 2014년 11월 10일, p.A16.

안용현, 「APEC을 '조공 바치러 온 것'에 비유한 中 관영언론」, 『조선일보』 2014년 11월 14일, p.A18.

이순흥, 「미국 黑白 분리평등 정책, 어떻게 시작되고 폐지됐나」, 『조선일보』 2014년 4월 26일, p.A14.

임민혁, 「"마이너리거 7000여명, 그들 모두 유망주였다……꿈을 좇는 데는 그만큼 代價가 따르는 법"」, 『조선일보』 2014년 4월 12–13일, p.B2.

정지섭, 「20년만에 阿 경제강국…그 뒤엔 대통령의 '화해 리더십'」, 『조선일보』 2014년 9월 14일, p.A18.

(2) 中文

「學習習近平關於吸收借鑒人類優秀文明成果講話中的哲學思想」,『北京日報』2014年5月16日.

「學習習近平在文藝工作座談會的講話: 引領新風氣」,『光明日報』2014年10月22日.

(3) 英文

Lavis, Michael, "Patriotism floods Beijing, 'washing clean' Hongkong humiliation", *Washington Post* 28 June 1997, p.A18.

석학人文강좌 57